Berit Liland

Die schönste Seereise der Welt
HURTIGRUTEN
Beschreibung der 11tägigen Rei

Natur - Kultur - Geschichte - Sagen

Forlaget 67N

Verfasserin: Berit Liland
Verlagsredakteur: Rolf Liland
Graphisches Design und Layout: Anne Cathrine Jansen, Anca grafisk design AS
Umschlagsgestaltung: Anne Cathrine Jansen
Übersetzung: Renate Bäsemann

Fotos: Ein spezieller Dank geht an alle Fotografen, die mit Hilfe ihrer Bilder das Buch lebendiger gestaltet haben, ohne sie wäre es ein ganz anderes und langweiligeres Buch geworden. Nachweis unter jedem Bild.

Karten, Gemeindewappen und Provinzwappen: Ugland IT

Illustrationen: Kristij Krüger

Druck und Bindung: Gunnarshaug

Copyright 2007 © Berit Liland
Copyright 2007 © Forlaget 67N

Alle Rechte sind den Herausgebern vorbehalten, einschließlich jeglicher Arten von Kopien und Vervielfältigungen des ganzen Buches oder Teilen davon. Die Rechte an den Fotos gehören dem jeweiligen Fotografen, der unter dem entsprechenden Bild angegeben ist.

ISBN 978-82-997206-3-2

Forlaget 67N
Juli 2007

Berit Liland

Die schönste Seereise der Welt
HURTIGRUTEN
Beschreibung der 11tägigen Reise
Natur - Kultur - Geschichte - Sagen

Forlaget 67N

INHALT

Vorwort	7

TAG 1
Die Geschichte Bergens	8
Stadtwanderung in Bergen	13
Aussicht vom Schiffsdeck	24
Die Provinz Hordaland	26
Die Küste als Reichsstrasse	27

TAG 2

Florø – Måløy	29
Måløy	30
Måløy – Torvik	32
Torvik – Ålesund	44
Ålesund – Geiranger – Ålesund	50
Die Geschichte Ålesunds	70
Ålesund – Molde	72
Die Provinz Møre und Romsdal	81
Die Kommunikation an der Küste	82
Norwegen von der Steinzeit bis ins Mittelalter	83
Der Krieg gegen England (die Napoleonkriege)	85
Die Storegga-Lawine	85
Der Golfstrom	85

TAG 3
Die Geschichte Trondheims	87
Stadtwanderung in Trondheim	91
Trondheim – Rørvik	97
Die Fischer hatten Regeln, nach denen man sich im Boot richten sollte	121
Die Provinz Süd-Trøndelag	122
Die Wikinger	123
Der Wikinger Ottar	123

TAG 4
Nesna – Ørnes	125
Ørnes – Bodø	131
Bodø - Stamsund	140
Stamsund - Svolvær	155
Die Provinz Nordland	160
Polarkreis – Mitternachtssonne – Dunkelzeit	161
Seeadler	161
Mahlstrom	162
Das Nordlicht (Aurora borealis)	162
Nordische Götter	163

TAG 5
Harstad – Finnsnes	165
Finnsnes – Tromsø	173
Tromsø	179
Tromsø - Skjervøy	183
Die Provinz Troms	189

TAG 6
Hammerfest – Havøysund	191
Havøysund – Honningsvåg	199
Honningsvåg/Nordkapp	204
Honningsvåg – Kjøllefjord	207
Kjøllefjord – Mehamn	211
Mehamn - Berlevåg	215
Die Provinz Finnmark	217
Vogelfelsen in Norwegen	218
Die Barentssee	220
Konvoifahrten während des Krieges	220
Das Abbrennen Finnmarks 1944	221

TAG 7
Vardø – Vadsø	223
Vadsø – Kirkenes	225
Kirkenes	227
Kirkenes – Vardø	229
Vardø	232
Vardø – Båtsfjord	235
Båtsfjord – Berlevåg	239
Berlevåg – Mehamn	240
Der Pomorenhandel	241
Die Samen	243

TAG 8

Honningsvåg – Havøysund	247
Havøysund – Hammerfest	248
Hammerfest	250
Hammerfest – Øksfjord	253
Øksfjord – Skjervøy	259
Skjervøy – Tromsø	263
Eine Französin besucht Finnmark im Jahre 1838	265
Melkøya og Snøhvitfeld	266
Felszeichnungen in Alta	268
Tirpitz	268

TAG 9

Harstad	271
Harstad – Risøyhamn	273
Risøyhamn – Sortland	283
Sortland – Stokmarknes	288
Stokmarknes – Svolvær	291
Das Hurtigrutenmuseum und MS «Finnmarken»	298
Die Geschichte der Hurtigruten	299

TAG 10

Ørnes – Nesna	303
Nesna – Sandnessjøen	309
Sandnessjøen – Brønnøysund	314
Brønnøysund – Rørvik	324
Die Provinz Nord-Trøndelag	332
Eier- und Dauneninseln	333
Die Holländerzeit	333

TAG 11

Trondheim – Kristiansund	335
Kristiansund	349
Kristiansund – Molde	350
Molde	360

TAG 12

Måløy – Florø	365
Florø – Bergen	372
Die Provinz Sogn und Fjordane	386

KARTEN TAG 1

Stadtplan von Bergen	388

KARTEN TAG 2

Måløy - Torvik	389
Torvik - Ålesund	389
Ålesund - Geiranger - Ålesund	390
Ålesund - Molde	390
Stadtplan von Ålesund	391

KARTEN TAG 3

Stadtplan von Trondheim	392
Trondheim - Bjugn	393
Bjugn - Rørvik I	394
Bjugn - Rørvik II	395

KARTEN TAG 4

Nesna - Ørnes - Bodø	396
Bodø - Stamsund	397
Stadtplan von Bodø	398
Stamsund - Svolvær	398

KARTEN TAG 5

Harstad - Finnsnes	399
Finnsnes - Tromsø	400
Stadtplan von Tromsø	401
Tromsø - Skjervøy	401

KARTEN TAG 6

Hammerfest - Havøysund	402
Havøysund - Honningsvåg / Nordkapp	402
Honningsvåg / Nordkapp - Kjøllefjord	403
Kjøllefjord - Mehamn - Berlevåg	403

KARTEN TAG 7

Vadsø - Kirkenes	404
Kirkenes - Vardø	404
Stadtplan von Kirkenes	405
Stadtplan von Vardø	406
Vardø - Båtsfjord	407
Båtsfjord - Berlevåg	407

KARTEN TAG 8

Honningsvåg - Havøysund - Hammerfest	408
Hammerfest - Øksfjord	409
Øksfjord - Skjervøy	409

KARTEN TAG 9

Harstad - Risøyhamn - Sortland	410
Sortland - Stokmarknes	411
Stokmarknes - Svolvær	411

KARTEN TAG 10

Ørnes - Nesna - Sandnessjøen	412
Sandnessjøen - Brønnøysund	413
Brønnøysund - Rørvik	414

KARTEN TAG 11

Trondheim - Kristiansund	415
Kristiansund - Molde	415
Stadtplan von Kristiansund	416
Stadtplan von Molde	417

KARTEN TAG 12

Måløy - Florø	418
Florø - Bergen I	419
Florø - Bergen II	420

FAKTEN

Das Seezeichensystem	421
Die Schiffe der Hurtigruten	422
Offizielle Flaggentage in Norwegen	423
Umrechnungstabelle Celsius – Fahrenheit	423
Relative Temperatur	423

VORWORT

Die Rundfahrt mit der norwegischen „Hurtigruten" ist von vielen Reiseunternehmen der Welt als „die schönste Seereise der Welt" tituliert worden. Die 11 Tage dauernde Rundreise beginnt und endet in Bergen – mit Bryggen (der deutschen Brücke), schließt den spektakulären Geirangerfjord (in der Sommersaison) ein, die Jugendstilstadt Ålesund, die Mittelalterstadt Trondheim, die Inselwelt der Lofoten, den Raftsund mit seinem magischen Trollfjord, die schmale Risøyrenna, den idyllischen Gisund, die Eismeerstädte Tromsø und Hammerfest, die goldene arktische Küste von Finnmark mit dem Nordkapplateau und Kirkenes an der russischen Grenze. Die Reederei bietet im übrigen verschiedene Ausflüge zwischen einzelnen Häfen an.

Ziel dieses Buches ist es, dem Reisenden Hintergrundinformation zu den vielen visuellen Erlebnissen dieser Reise zu bieten. Ob man im Sommer mit seinen langen, hellen Nächten reist und die Möglichkeit nutzt, die Mitternachtssonne zu sehen, oder im Winter mit seiner Dunkelzeit und dem ganz speziellen Winterlicht und dem flammenden Nordlicht, die Eindrücke sind immer überwältigend und hinreissend!

Die Verfasserin verfolgt das ehrgeizige Ziel, Detailinformationen über Kultur und Geschichte von Orten und Landschaften entlang der Küste zu vermitteln. Eine Bucht, die heute öde und verlassen da liegt, weist vielleicht archäologische Spuren einer stolzen Vergangenheit in der Wikingerzeit auf, eine andere könnte vor hundert Jahren der Sammelplatz Tausender Fischer auf der Jagd nach dem „Silber des Meeres", dem Hering, gewesen sein. Die norwegische Küste ist lang und die Geschichten sind zahlreich.

Die Autorin hat selbst viele Jahre als Funkoffizier in der norwegischen Handelsflotte gedient, hat die Weltmeere überquert und ist an den meisten Küsten entlang gefahren. Dabei hat sie oftmals Hintergrundinformationen über Land und Leute, Küsten und Bestimmungsorte vermisst. Die moderne Technologie mit dem Gebrauch von GPS (Geographic Position Systems) eröffnet heute neue Möglichkeiten. Die ganze Reise wurde in eine elektronische Seekarte eingeloggt, jeder Ort entlang der Fahrtroute ist mit seiner GPS Position versehen. Für die optimale Ausnutzung des Buches ist es daher nützlich, sein eigenes GPS mitzubringen, da aber nicht alle Passagiere sich dieser Technologie bedienen, ist versucht worden, mit möglichst großer Genauigkeit die Uhrzeit anzugeben, wann die einzelnen Orte an der Küste passiert werden, wo auch immer sich das Schiff befindet.

Neben den visuellen Eindrücken soll das Reiseerlebnis hiermit optimiert werden.

Möge jeder einzelne seine persönliche „schönste Seereise der Welt" erleben!

Berit Liland

TAG 1

Bergen

Die Gemeinde Bergen

Bedeutung des Gemeindewappens: Die Wurzeln reichen bis ins 13. Jh. zurück. Unter der Burg sieht man sieben Kugeln als Symbol für sieben Berge.
Bedeutung des Namens: Vom nordischen Bergvin oder Bjǫrgvin, von berg oder bjorg, Berg, und vin bedeutet eng, Wiese.
Gemeindezentrum: Bergen. **Einw.:** 239.209.
Position: 60°23'N 5°18'E.
Areal: 465 km². **Einw.:** 239.209.
Bevölkerungsdichte: 514,4 Einw./km².
Arealverteilung: Landw. 8 %, Forstw. 22 %, Süßwasser 5 %, verbleibendes Areal 65 %.
Wirtschaft: Handel. Schifffahrt, große Reedereien. Schiffsausrüstungsindustrie, viele Hilfsdienste und Ausbildungsinstitutionen. NIS Schifffahrtsregister. Werkstattindustrie mit Schiffbauindustrie. Ölindustrie. Nahrungsmittelindustrie. Textilindustrie. Graphische Industrie und Verlage. Banken, Finanz- und Versicherungsgesellschaften.
Sehenswertes: Zusätzlich zu dem, was unter Stadtwanderung schon vorgestellt wurde: St. Jørgens Hospital Lepramuseum in Bergen, Damsgård Haupthof, Gamlehaugen, Lysøen.
Aktivitäten: Flåmsbahn. Bergenbahn. Kreuzfahrt mit dem Schulschiff „Statsraad Lehmkuhl".
Website der Gemeinde Bergen:
www.bergen.kommune.no, www.visitbergen.com

Bergen war ursprünglich ein kleiner Küstenort, bekam seinen Stadtstatus 1070 von König Olav Kyrre (1050-1093). Die Voraussetzungen für eine Stadt waren hier sehr günstig, vor allem wegen des **Vågen**, der damals tiefer und breiter war. Er zweigte vom inneren Schifffahrtsweg ab, der an der Vestlandsküste entlang führte. Die **Nordneshalbinsel** und die vorgelagerte Insel **Askøy** schirmten den Vågen vor dem Atlantik ab, und die Gebirgszüge rund um die Stadt schützten gut vor den Winden aus Süd und Ost, außerdem lag der Vågen in Lee von den kräftigen Nordwinden. Der Schiffsverkehr war lebhaft, und wegen der vielen Niederschläge hatte man guten Zugriff auf Trinkwasser. Der Küstenstreifen war flach und breit und konnte gut bebaut werden. Das Hochland rund um Bergen war reich an fruchtbarem Boden, der schon frühzeitig genutzt wurde. Die Gebirge rundum boten gute Jagdmöglichkeiten, und die Inseln im Westen waren geradezu ideal als Ausgangspunkt für die Fischerei, deshalb wurden sie schon früh besiedelt. Die Ausbeute des Fischfangs wurde an Land gerudert oder gesegelt. Nach und nach wurden viele Produkte über Landwege transportiert, die das ganze Jahr über benutzt werden konnten.

Bergen hatte auch strategisch gesehen eine geeignete Position zwischen den Fischdistrikten **Lofoten** und **Vesterålen** auf der einen Seite und den großen Hafenstädten in Nordeuropa auf der anderen, und es lag zentral in Bezug auf den Handel mit den Inseln im Westen: **Island, Färöer, Shetland** und **England**. Der lange Seeweg zwischen Nordnorwegen und den europäischen Hafenstädten machte den Vågen bald zu einem zentralen Umschlags- und Transithafen.

Der Königshof **Alrekstad** war ca. 2 km vom Vågen entfernt. Hier hat man Reste von Gräbern aus der Zeit um 400 n. Chr. gefunden und Grabhügel aus der Wikingerzeit (S 83, S 123). Die ökonomischen und kaufmännischen Aktivitäten von Alrekstad wurden hauptsächlich am Vågen abgewickelt und förderten die Entwicklung des Küstenortes zu einem Handelszentrum mit Warenaustausch im In- und Ausland. Der Königshof wurde später nach Holmen verlagert (heute Bergenhus genannt). Eine königliche Kapelle und eine große Halle, das größte und namhafteste Holzgebäude in Norwegen, wurden hier gebaut. Zu einem späteren Zeitpunkt wurden noch mehrere monumentale Bauwerke auf Holmen errichtet, u. a. die Håkonshalle und der Rosenkrantzturm, die beide restauriert wurden und noch immer dort stehen.

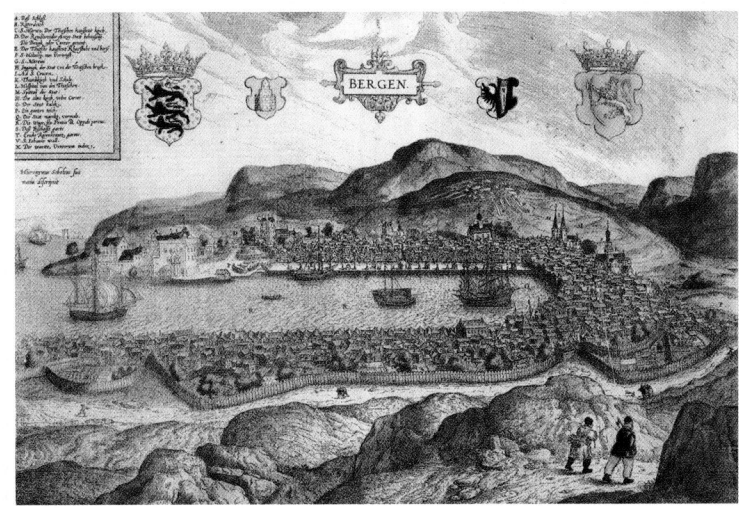

König Olav Kyrre und die nachfolgenden Könige ließen im Laufe von 1100 Jahren mehrere größere Kirchen in Bergen bauen. Die größte von ihnen, die Bischofskirche **Kristkirche,** wurde auf dem Königshof auf Holmen gebaut, auch ein Bischofshof soll dort gelegen haben. Der Bischofssitz für Vestlandet wurde 1163 von **Selje** südlich von **Stad** (S 34) nach Bergen verlegt. Später wurden auch die Gebeine der Heiligen Sunniva der Schutzheiligen des bergensischen Bistums, hierher umgebettet.  Der Bischofssitz brachte viel Betriebsamkeit mit sich. Die Geistlichen bekamen ihren Lebensunterhalt in Form von Naturalien aus den umliegenden Distrikten. Handwerker kamen, um Häuser und Kirchen zu bauen und instand zu halten. Warenaustausch, auch mit dem Ausland, sorgte dafür, dass die Geistlichen ihren privaten und kirchlichen Bedarf decken konnten. Es wurden drei Klöster gegründet und mindestens 11 Kirchen erbaut, die meisten auf - oder in der Nähe von - der allmählich immer dichter bebauten Ostseite des Vågen. Von der Kristkirche ist heute kaum noch ein Stein übrig, sie wurde 1531 abgerissen.

Auf der anderen Seite des Vågen ließ König Øystein (1) Magnusson (1088-1123) eines der ersten Klöster in Norwegen bauen, das Benediktinerkloster St. Mikals (Munkeliv kloster). Der König ließ ebenfalls eine Kirche und einen Hafen in **Agdenes** an der Mündung des Trondheimfjords (S 338), die Kirche in **Vågan** auf den Lofoten (S 156) und in **Trondenes** bei Harstad (S 274) bauen. Vermutlich begann der Trockenfischtransport von Nordnorwegen nach Bergen um diese Zeit. (Die Fischer, die die Fischerboote von den Lofoten nach Bergen ruderten, mussten jeder dem König fünf Fische als Abgabe zahlen.) Handelsstädte, die mit Bergen in Verbindung standen, waren **Borgund** in Sunnmøre (S 70), **Veøy** bei Molde (S 359) und **Vågan** auf den Lofoten (S 156).

Schon seit seiner Gründung im Jahre 1070 hatte Bergen zunehmende Bedeutung für das norwegische Königtum. Es war auf dem Weg, königliche Residenz und die politisch wichtigste Stadt im Lande zu werden. Die königliche Lokal- und Regionalverwaltung wurde hier etabliert. Bergen und der Vågen waren in dieser Periode mehrmals Austragungsort für Streitigkeiten und Kampfhandlungen zwischen verschiedenen „Königsflügeln" um Macht und Erbrechte. In den folgenden Jahrhunderten war der Vågen auch Kampfplatz für internationale Kriege und Piraterie.

Das strenge Verbot der römischen Kirche, in der Fastenzeit Fleisch zu essen, machte den getrockneten Dorsch zum begehrtesten norwegischen Produkt, mehr noch als Tran und Hering. Mit seinem guten, zentral gelegenen Hafen hatte Bergen sich zu einem bedeutenden internationalen Handelszentrum entwickelt. Der Schiffsverkehr kam und ging nach Norden, Westen (Orkney-Inseln, Färöer-Inseln und Island), Südwesten (England) und Süden (Ostsee, Deutschland, Holland und Belgien). Die für den Export bestimmten Waren aus den Gebieten nördlich von Bergen und aus der „Schatzkammer" im Westen wurden im Sommer in die Stadt gebracht und dort gelagert. Die Schiffe aus Europa, die die Waren abholen sollten, brachten Getreide und andere Lebensmittel mit, die es in Norwegen nicht gab, außerdem Zier- und Gebrauchsgegenstände. Vieles davon gelangte dann als Fracht auf dem Rückweg in die nördlichen Landesteile, wenn die Fischerboote ihren Trockenfisch abgeliefert hatten. Auf diese Weise wurde Bergen ein Sammel- und Umschlagsplatz für Exportwaren und entsprechend eine Verteilungsstelle für Importwaren. Die Entwicklung zu einem Handelszentrum brachte auch viele Impulse auf den Gebieten Architektur, bildende Kunst, Kunsthandwerk und Literatur mit sich.

Die Stadt wuchs und entwickelte sich weiter; eine Zeit lang war sie wohl die größte Stadt im Norden. Eine Verdichtung der Bebauung entlang der Strandlinie zwischen Holmen und Vågen war das Resultat einiger großer Stadtbrände. Nach und nach wurden die Strandbereiche mit neuen Gebäuden aufgefüllt und Anlegebrücken geschaffen. Der Hafen bot ein chaotisches Bild. Sobald ein Schiff entladen war, musste es den Kai verlassen und dem nächsten Platz machen, das schon wartete.

Als königliches, kirchliches und politisches Zentrum zog Bergen ab der Mitte des 12. Jh.s die führenden Männer an. Magnus Erlingsson (1156-84) wurde im September 1163 zum norwegischen König gekrönt, als er gerade sieben Jahre alt war. Das war die erste Königskrönung im Norden und ein wichtiges Ereignis in der Entwicklung des norwegischen Staates. Bergen konnte sich Norwegens erste Reichshauptstadt nennen. Diesen Status konnte es bis 1299 halten, bis dann Oslo diesen Titel übernahm.

Am Ende des Hochmittelalters (S 83) wurde Bergens wichtige Stellung bestätigt. Es hatte inzwischen fünf Klöster, mindestens 20-23 Kirchen und Kapellen und zwei Krankenhäuser, mehr als jede andere Stadt im Lande. Auch juristisch gesehen wurde die Stadt durch Gesetze und Privilegien gestärkt. Ausländische Kaufleute durften z. B. nur in begrenztem Umfang innerhalb und außerhalb der Stadt Handel treiben. Sie erhielten auch keine Erlaubnis, ihre Waren nördlich von Bergen zu transportieren. Die meisten dieser Kaufleute kamen aus Deutschland, Engländer fuhren zu anderen Orten. Ab 1250 bekamen besonders die deutschen Kaufleute die Möglichkeit, sich jeweils längere Zeit in der Stadt aufzuhalten. Immer mehr mieteten sich bei Bergensern ein und überwinterten hier. Die steigende Anzahl an Seeleuten und Kaufleuten brachte viel Unruhe, Trunkenheit und Prostitution mit sich.

Im Spätsommer 1349 kam eine Kogge von England nach Bergen und brachte die Pest mit, (Svartedauden)

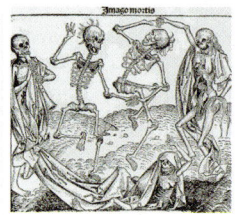

den schwarzen Tod. Die Geschichte berichtet, dass die Pest in den Mittelmeerländern begann und sich in ganz Europa ausbreitete, über England dann nach Bergen, wo sie verheerend wütete. Von hier aus erfasste sie ganz Norwegen. Nur knapp 1/3 der Landesbevölkerung überlebte. Bauernhöfe verödeten, die Handelsgrundlagen wurden stark reduziert. Erst 100 Jahre später nahm die Bevölkerungszahl wieder zu. Was den Handel betraf, so kam man sehr viel schneller wieder zum alten Niveau zurück.

Bergens Rolle als königliche Residenz endete kurz nach der Pest. Die Stadt verlor ihre Bedeutung als kirchliches, und damit auch kulturelles Zentrum. Aber als Handelsstadt nahm ihre Entwicklung einen starken Aufschwung. Die Besiedlung an der Ostseite des Vågen und an seinem Ende wurde dichter, und im innersten Teil wuchs das Stadtgebiet. Die Westseite des Vågen wurde auch allmählich bebaut. Bergen bekam ein mehr kosmopolitisches Gepräge, wurde von vielen ausländischen Schiffen angelaufen, die neue, interessante Produkte mitbrachten. Sie holten hauptsächlich Fisch, aber auch andere norwegische Waren aus den nördlichen Landesteilen und von den Inseln im Westen.

Deutsche Kaufleute waren, wie schon erwähnt, seit dem 13. Jh. in Bergen aktiv, an zweiter Stelle kamen die Engländer. Strenge königliche Verordnungen hatten den eigenen Handelsstand gegen Konkurrenz geschützt, indem sie die Deutschen daran hinderten, nach ihren eigenen

Vorstellungen in und um Bergen Handel zu treiben. Der hanseatische Städtebund, die Hanse, hatte sich an der deutschen Ostseeküste entwickelt. Sie bestand aus Kaufleuten mehrerer Städte, mit **Lübeck** an der Spitze. Die Hanse hatte zum Ziel, ihre Handelsinteressen und damit ihre Wirtschaft zu schützen und das Wohlergehen ihrer Bürger in fremden Städten zu sichern. In den wichtigsten Partnerstädten wie **Nowgorod, Brügge, London** und **Bergen** richteten die Hanseaten sogn. Kontore ein, die ihre Interessen wahrnahmen. Der Handel in Bergen war wenig vergleichbar mit dem in anderen Städten, die ein Hansekontor hatten. Zeitweise gab es 70 Hansestädte. In manchen Ländern genossen sie Sonderrechte.

Nach der Pest 1349-50 war die Wirtschaft in Bergen und seinem Umland zum Teil gelähmt. Die Hanseaten versuchten, die Lücken so gut wie möglich zu füllen. Für die nächsten 150-200 Jahre festigten sie ihre Position in der Stadt. Dies lief nicht ohne Probleme ab, weder unter den Mitgliedern des Kontors noch mit den Einwohnern der Stadt. Der Handelsverkehr änderte sich auch insofern, als die Kaufleute aus dem Norden in wachsendem Maße ihre Waren selbst nach Bergen brachten und in Konkurrenz zu den Kaufleuten der Stadt traten, die dann wiederum gen Norden zogen, um an Handelstreffen in Vågan auf den Lofoten (S 156) und in Borgund bei Sunnmøre (S 70) teilzunehmen.

Zahlen aus dem 15./16. Jh. zeigen, dass unter 7.000 Einwohnern in Bergen allein 2.000 fest angesiedelte Deutsche waren, in der Sommersaison konnte dieser Anteil auf 3.000 steigen, ausschließlich unverheiratete Männer. Unter ihnen waren 200 deutsche Handwerker, die in der Stadt arbeiteten. Die größte Gruppe von denen waren Schuhmacher – mit ihrem Monopol für die Herstellung von Schuhen. Die Deutschen durften sich nicht mit norwegischen Frauen verheiraten, viele legten sich deshalb eine Geliebte zu und sorgten für sie und die gemeinsamen Kinder.

Im 16. Jh. begann die Hanse sich aufzulösen. Deutsche Kaufleute und Handwerker wurden mit der Zeit in die Gemeinde der Bürger von Bergen aufgenommen, Wenn das hanseatische Kontor auch weiterhin in Betrieb blieb, wurde seine Dominanz doch langsam schwächer. Die Einheimischen übernahmen allmählich den Handel innerhalb der Stadt und auch den mit Nordnorwegen. 1766 wurde die letzte deutsche Wohnung an einen Norweger verkauft.

Im Laufe der Jahrhunderte fielen immer mal wieder kleinere oder größere Teile von Bergen den Flammen zum Opfer, wurden aber immer wieder aufgebaut. Rund um den Vågen füllte sich die Bebauung auf und breitete sich ins Umland aus. Erst 1830 überstieg die Einwohnerzahl in Oslo die von Bergen. Mal erfuhr Bergen einen Aufschwung, mal einen Niedergang, aber insgesamt konnte es seine Position als wichtige Kultur- Handels- und Seefahrtsstadt festigen. Ende des 19. Jh.s, als die Segelschiffe nach und nach durch Dampfschiffe ersetzt wurden, etablierten sich mehrere Dampfschiff-Reedereien. Sie übernahmen den Linienverkehr entlang der Küste und auch ins Ausland. Die Verschiffung von Fisch war weiterhin wichtig, außerdem, und zwar schon seit ein paar hundert Jahren, die Verschiffung von Holz. Bergen erlebte starken Zuzug aus den Distrikten. Die zunehmende Industrialisierung konzentrierte sich um den Schiffbau, die Konfektions-, Textil- und Nahrungsmittelindustrie. Im Jahre 1909 wurde die 485 km lange Eisenbahnlinie zwischen Oslo und Bergen in Betrieb genommen. 1916 brannte ein größeres Gebiet südwestlich vom Vågen ab, und der nachfolgende Wiederaufbau gab Bergen das moderne, offene Gepräge, das heute das Zentrum der Stadt kennzeichnet: breite Straßen, offene Plätze und monumentale Steinbauten.

Der wirtschaftliche Rückgang nach dem 1. Weltkrieg traf Bergen hart. Der Handel und alle anderen Wirtschaftszweige erholten sich erst Mitte der 1930er Jahre.

Nachdem am 8. April 1940 die Nachricht kam, dass deutsche Kriegsschiffe auf dem Wege nach Norden waren und sich schon vor der dänischen Küste befanden, wurde die Verteidigung in Bergen in erhöhte Bereitschaft versetzt. Norwegen war ein neutrales Land, daher war die Bemannung reduziert. Die Küstenforts vor Bergen leisteten einigen Widerstand, konnten aber die deutschen Kriegsschiffe nicht aufhalten, die am 9. April mit 1900 Mann in Bergen einfuhren. Eines der Schiffe, der Kreuzer „Königsberg", wurde getroffen und unschädlich gemacht, die übrigen konnten fast ungehindert in die Stadt fahren. Als die Bergenser an diesem Morgen erwachten, wehte die deutsche Hakenkreuzflagge über der Festung Bergenhus, und schwer bewaffnete deutsche Soldaten bewachten viele öffentliche Gebäude in Bergen.

Das war der Beginn einer fünf Jahre währenden deutschen Besatzung. Verglichen mit anderen Städten und Landesteilen waren Bergen und Umgebung in nicht so starkem Umfang gewaltsamen Kriegshandlungen ausgesetzt. Der angeschlagene Kreuzer „Königsberg" wurde von englischen Flugzeugen aus beschossen und am 10. April am Kai versenkt, auch später erfolgten noch mehrere alliierte Luftangriffe auf deutsche Schiffe. Am 15. Juni wurden Schiffe am Kai bombardiert, dabei brannten 113 Häuser im Stadtteil Nordnes auf der Westseite des Vågen ab.

Das deutsche Schlachtschiff „Bismarck", zu der Zeit das größte und schnellste der Welt, lag im Mai 1941 im Grimstadfjord, einem der kleinen Fjorde der Bergenhalbinsel, floh aber aufs Meer hinaus, als es auf Fotos britischer Überwachungsflugzeuge entdeckt wurde, es nahm sich nicht einmal Zeit, Treibstoff zu bunkern. Eine Woche später wurde die „Bismarck" von Flugzeugen eines britischen Hangarschiffes im Atlantik versenkt, allerdings

erst nach einer Jagd, die Tausende deutscher und alliierten Soldaten das Leben kostete.

Im April 1944 explodierte das niederländische Schiff „Voorbode" mit einer Ladung von 124 Tonnen Sprengstoff an Bord unterhalb der Festung Bergenhus (S 13).

Ab 1941 begannen die Deutschen, sich U-Bootbunker in Bergen und Trondheim zu bauen (S 24, S 99). Die alliierten Truppen waren skeptisch, ob sie den U-Bootbunker „Bruno" in Laksevåg in Bergen bombardieren sollten, denn er lag in einem dicht bebauten Gebiet, und die Stadt war nicht evakuiert worden. Dennoch wurde der Bunker dann mehrmals bombardiert. „Bruno" hatte inzwischen Platz für 12 U-Boote, und die stellten eine ernsthafte Bedrohung für die Schiffskonvois nach England und Murmansk dar. Am 4. Oktober 1944 gingen 140 alliierte Kampfflugzeuge zum Angriff auf den Bunker über, doch die meisten Bomben fielen auf ziviles Gebiet. Die Grundschule Holen, die in der Nähe von „Bruno" lag, wurde getroffen und 61 Schüler, Lehrer und andere Personen starben. Insgesamt kamen 193 Zivilpersonen bei dem Angriff um, und viele Gebäude wurden dem Erdboden gleich gemacht. In der Nacht zum 29. Oktober wurde der Bunker wiederum angegriffen, aber nur leicht beschädigt. Die Bomben trafen dafür die Stadtteile Laksevåg und Engen, die nahe dem heutigen Hurtigrutenkai liegen. Am 12. Januar 1945 wurde der Bunker von 31 Lancasterbombern der Royal Air Force angegriffen. Diesmal war der Schaden erheblich größer.

Am 7. Mai 1945 war der Krieg endlich vorüber.

In den Jahren nach dem 2. Weltkrieg hat Bergen sich kräftig entwickelt. Die Stadtgrenzen wurden mehrmals erweitert, und die Stadt, die vorher ein eigenes Fylke darstellte, wurde jetzt ein Teil von Hordaland.

Zusätzlich zu Handel, Schifffahrt, Werkstattindustrie und öffentlicher Verwaltung hat die Öl- und Gasindustrie einen bedeutenden Platz im Wirtschaftsleben von Bergen eingenommen. Die Stadt hat mehrere Hochschulen und gute Forschungsbedingungen.

Quelle: Bergen bys historie I-IV, Knut Helle.

STADTWANDERUNG IN BERGEN

Die Stadtwanderung beginnen wir im äußersten Teil der Nordostseite des Vågen, nahe Bergenhus, dem früheren historischen Holmen (S 9). Am Hafen liegt der **Skoltenkai**, ein Schiffsterminal für den Passagierverkehr zwischen Bergen und Newcastle in England. Dieser Liniendienst wurde 1852 von der früheren Firma „Det Bergenske Dampskipsselskap" eingerichtet, Norwegens ältester Linienreederei. Heute wird die Linie von der dänischen Reederei DFDS betrieben mit mehreren wöchentlichen Abgängen von Haugesund und Stavanger nach Newcastle. Die Reedereien DFDS und Color Line fahren auch zwischen Bergen und Hanstholm in Dänemark. Die Smyril Linie fährt von Bergen zu den Färöerinseln, nach Island und Schottland.

Bergen ist Norwegens größter Kreuzfahrtschiffshafen und auch einer der größten in Europa. In der Sommersaison legen die meisten Kreuzfahrer während ihres Besuches hier am Kai an, den Rest des Jahres benutzt man ihn für Versorgungsschiffe und andere Fahrzeuge im Zusammenhang mit den Ölplattformen draußen in der Nordsee.

Nicht weit vom Kai liegt **Bergenhus**, der frühere Königshof **Holmen**, mit der **Håkonshalle** und dem **Rosenkrantzturm** (S 9). Die Håkonshalle war ursprünglich als Festhalle von König Håkon IV Håkonsson (1204-63) zur Hochzeit seines Sohnes Magnus V Lagabøte im Jahre 1261 erbaut worden. Die Halle wurde mehrmals ausgebessert. Bei einer gründlichen Restaurierung ab 1873 bekam das Bauwerk neue Giebel, Mauerkronen, Dachstühle und ein Treppenhaus vor der Eingangstür. Im Inneren wurde die Halle reich ausgeschmückt.

Am 20. April 1944 explodierte das holländische Schiff „Voorbode" am Festningskai (Festungskai) bei Bergenhus. Das Schiff war auf dem Weg von Oslo nach Kirkenes mit einer Ladung von 124 Tonnen Dynamit, Zündhütchen und Lunten. Es lag in Bergen, um einen Maschinenschaden zu beheben, obwohl es keine Erlaubnis hatte, größere norwegische Städte anzulaufen. Doch die Kontrolle beim Einlaufen war mangelhaft, das Schiff erhielt daher einen Liegeplatz unterhalb der Festung Bergenhus.

Am Morgen, vier Tage nach Ankunft, sahen ein Schifsmaschinist und zwei norwegische Reparaturarbeiter Rauch aus dem Frachtraum der „Voorbode" aufsteigen. Sie schafften es, an Land zu kommen, aber um 08.39 Uhr explodierte die Fracht. Eine mehrere 100 m hohe Wassersäule stieg auf und riss Sand, Schlick, Steine, Eisenplatten, Planken und Metallkonstruktionen mit sich. Teile des Ankers wurden ganz bis aufs Sandviksfjellet gesch-

leudert, den Berg hinter der Festung Bergenhus. Die Luftdruckwelle von der Explosion fegte an beiden Seiten des Vågen entlang und zerstörte alles, was ihr in den Weg kam. Häuser brachen wie Streichholzschachteln zusammen, große Steinbauten stürzten ein, die Fenster in mehr als zwei km Umkreis zersprangen. Die nachfolgende Flutwelle warf mehrere Schiffe an Land, die Wassermassen füllten die unteren Etagen der Häuser und Lagerschuppen am Strand, fegten über die Kais und rissen Menschen und Tiere ins Meer. Die Gebiete um den Explosionsherd herum, auf beiden Ufern des Vågen, standen sofort in Flammen. Binnen kurzem war das Zentrum von Bergen in ein Katastrophengebiet verwandelt, in dem das Chaos herrschte. 4.536 Gebäude, mehr als die Hälfte der Stadt, waren beschädigt, 131 davon total, 117 so stark, dass man sie nicht reparieren konnte. Die Festung Bergenhus mit der Håkonshalle und dem Rosenkrantzturm lag in Ruinen, viele Kirchen waren beschädigt und die charakteristischen Stadtteile waren ausradiert.

160 Menschen starben an den Folgen der Explosion, mehr als 5.000 wurden verletzt. Das Krankenpersonal strömte aus dem ganzen Land herbei, um zu helfen. 5.000 Personen wurden obdachlos, und 4.260 Kinder wurden in andere Landesteile evakuiert wegen der Seuchengefahr. Umfassende materielle und kulturelle Werte gingen verloren. Die Explosion war das schwerste Unglück im 2. Weltkrieg und die größte Katastrophe in Bergens 900jähriger Geschichte.

Die frisch restaurierte Håkonshalle war zerstört, aber 1961, nach 10 Jahren archäologischer Untersuchungen, begann die erneute Restaurierung. Heute dient die Håkonshalle der Repräsentation Bergens und als Konzerthalle.

Der Rosenkrantzturm steht neben der Håkonshalle. Er wurde in der Mitte des 13. Jh.s in Verbindung mit dem Königshof Håkons IV Håkonsson errichtet. Im Keller befindet sich das berüchtigte Gefangenenloch, das von Ende des 15. Jh.s bis ins 19. Jh. hinein in Gebrauch war. Der Turm brannte 1513 ab und wurde 1523 wieder instand gesetzt. 1530 explodierte die Pulverkammer im Turm. 20 Jahre später war erst ein Teil wieder repariert. 1562 beschloss der Lehnsherr Erik Rosenkrantz, einen ganz neuen Turm zu bauen. Der Wappenschild seiner Familie schmückt ein Feld in der Fassade, zwei ältere Anlagen wurden in den Turm mit integriert. 1848 war wieder eine Restaurierung fällig. Bei der Explosion 1944 wurde auch der Rosenkrantzturm stark in Mitleidenschaft gezogen. Er gilt als eines der wichtigsten Renaissancebauten in Norwegen und wurde in Zusammenarbeit mit dem Reichsantiquaren wieder hergestellt.

Wenn wir Glück haben, liegt das Schulschiff „**Statsraad Lehmkuhl**" am Kai. Das Schiff wurde als Schul-

schiff für die deutsche Handelsflotte 1914 in Bremerhaven gebaut, wurde von den Engländern nach dem 1. Weltkrieg als Kriegsbeute einbehalten, 1921 dann von dem damaligen Staatsrat K. Lehmkuhl nach Bergen gebracht. Von 1923 bis 1968 wurde es als Schulschiff verwendet, ausgenommen 1940-45. Heute benutzt die Marine die „Statsraad Lehmkuhl" als Schulschiff.

Wandern wir weiter durch das Gebiet am Kai, passieren wir die **Mariakirche** und das **Bryggen Museum**, beide etwas abgelegen von Straßenverkehr. Die Mariakirche, Bergens älteste Gemeindekirche und ihr ältestes erhaltenes Bauwerk überhaupt, wurde in den Jahren 1130 bis 1170 erbaut. Sie fiel zweimal Stadt-

bränden zum Opfer, 1198 und 1248. Es handelt sich um eine typische Basilika mit hohem Mittelschiff und zwei niedrigeren Seitenschiffen mit abgesetzten Dächern. Die beiden Türme über dem Westportal sind noch die originalen, sie wurden erst drauf gesetzt, als die übrige Kirche fertig war. Von 1408 bis 1766 wurde die Mariakirche von deutschen Hansekaufleuten benutzt, noch bis 1906 wurden hier deutsche Gottesdienste abgehalten. Heute gehört sie der norwegischen Kirche.

Die Kirche ist reich ausgeschmückt. Der vergoldete Altarschrank, das älteste Inventarstück in der Kirche, ist wahrscheinlich Ende des 15. Jh.s aus Lübeck hierher gebracht worden. Er ist dreigeteilt, mit einem großen Mittelfeld und zwei beweglichen Seitenflügeln, aufwendig mit geschnitzten Holzfiguren verziert. 1634 erhielt die Mariakirche 15 lebensgroße Apostelfiguren als Geschenk. Die stehen auf geschnitzten Konsolen. Die eigenartige Kanzel, ein Geschenk von 1676, ist zum Teil aus Schildkrötenhaut gefertigt und reich ausgeschmückt. Auch der Himmelsglobus ist ungewöhnlich. Die eine Halbkugel bildet die Innenseite der Kuppel über der Kanzel, die andere ihren unteren Abschluss. Neben dem Altarschrank und der Kanzel sind auch die Gemälde sehr interessant. Im Laufe des 17. und 18. Jh.s wurden die Wände der Kirche fast ganz mit Gemälden bedeckt. Es waren Erinnerungsbilder an besondere Bürger, die mit der Kirche verbunden waren. Die meisten der Gemälde wurden bei der Restaurierung 1860 abgenommen, doch etliche hängen dort noch. Die 1692 in Nürnberg gedruckte Bibel wird nicht täglich benutzt.

In der Nähe der Mariakirche steht das Bryggen Museum, 1976 eröffnet. Im Sommer 1955 brannten Teile des Stadtteils Bryggen ab, 1958 folgte noch einmal ein kleineres Feuer. In den Jahren 1955-74 führte man in den abgebrannten Gebieten

umfangreiche archäologische Ausgrabungen durch. Die Funde zeigen uns, wie die Menschen im Mittelalter in Bergen gelebt haben. Das reiche Fundmaterial gewährt uns Einblicke in Handel, Schifffahrt, Handwerk und das tägliche Leben. Die ältesten Hausgrundrisse sind aus dem 12. Jh. Viele Funde liegen heute noch genau so in der Erde, wie die Archäologen sie vorgefunden haben.

Gleich neben dem Bryggen Museum hat das **Radisson SAS Royal Hotell** seinen Platz, 1982 eröffnet. Die Architektur wurde der historischen Umgebung angepasst, es weist denselben charakteristisch Stil auf wie die Front von **Bryggen**.

Bryggen ist mit seiner besonderen Prägung Bergens ältester Teil der alten Hafenbebauung. Die ältesten Gebäude gehen bis auf die Jahre nach dem großen Brand von 1702 zurück, als 80% der damaligen Stadt Bergen in Schutt und Asche gelegt wurden. Bryggen wurde so wieder aufgebaut, wie es 1350 gewesen war als Hauptsitz der Hanse in Bergen (S 10). In seiner Glanzzeit bestand Bryggen aus 12 Doppelhäusern, d.h. langen Häuserreihen zu beiden Seiten einer gemeinsamen Strasse, vier Einzelhäusern und ein Handelshof in der Mitte.

Im hinteren Teil befinden sich einige Steinkeller aus dem 15./16. Jh. Heute sind davon nur noch 3 1/2 Doppelhäuser und 3 Einzelhäuser im nördlichen, und ½ Doppelhaus im südlichen Teil von Bryggen übrig geblieben. Der nördlichste Teil, wo Bryggens Museum und das Radisson SAS Royal Hotel heute liegen, wurde beim Brand 1955 zerstört. Der Wiederaufbau erfolgte im Stil der alten Bryggengiebel. Bei Ausgrabungen in den folgenden 24 Jahren kam nicht nur umfassendes Material von Bergens ältester Geschichte zu Tage, sondern man entdeckte auch, dass die Kailinie damals 140 m weiter zurück lag. Eine Kaianlage aus der Zeit um 1200 wurde in einer Länge von 55 m ausgegraben, dazu Reste von ein paar hundert Gebäuden, die meisten davon Lagerschuppen, aber auch Feuerwehr und Versammlungshaus im hinteren Teil. Reste einer Kirche von 1206 wurden ebenfalls gefunden und Haushaltsgegenstände aus Keramik und Glas, Objekte aus Holz, Knochen und Stein, Schuhe, Textilien, Essensreste, Werkzeuge, Schiffsteile und eine große Anzahl Runenstäbe (Holzstäbe mit Runeninschriften), die als kurze Briefe und Mitteilungen fungierten, sehr aufschlussreich im Hinblick auf das damalige Leben und Handelsgebaren. Die meisten dieser Funde kann man im Bryggen Museum besichtigen.

Bryggen in Bergen wurde 1979 in die Liste des Weltkulturerbes der UNESCO aufgenommen. Das ganze Viertel wird kontinuierlich instand gehalten. Bryggen steht auf Platz 2 in der Popularität der Attraktionen in Norwegen mit 583.510 Besuchern in der Zeit vom 1. Mai bis 31. August 2006.

Anfang des 20. Jh.s wurde die Hälfte der Gebäude im südlichen Teil von Bryggen abgerissen und durch Backsteinbauten nach dem Modell der Lübecker Hafenbebauung wieder aufgebaut.

Das **Hanseatische Museum** befindet sich am südlichen Ende von Bryggen. Das Gebäude trägt den Namen Finnegården, wurde nach dem Brand von 1702 errichtet und ist eines der ältesten und am besten bewahrten in Bergen. Als das Museum sich ausweitete, fügte man einen Anbau hinzu, genannt „Murtasken". Das Museum zeigt, wie die deutschen Hansekaufleute lebten und ihre Handelshäuser führten in der Zeit von 1360 bis 1754. Das Museum wurde 1872 gegründet, bis 1916 privat betrieben, dann übernahm es die Gemeinde Bergen.

Kjøttbasarens (des Fleischbasars) charakteristisches Gebäude im neuromantischen Stil wurde 1877 fertig. In den ersten 18 Jahren hieß das Gebäude „Byens Bazar" (Bazar der Stadt). Der größte Teil des Lebensmittelhandels war früher auf dem Markt vor sich gegangen, aber man hatte schlechte Erfahrungen mit der Reinlichkeit der Marktbeschicker gemacht. Die Einführung des norwegischen Gesundheitsgesetzes im Jahre 1860, dazu der Wunsch, den Umsatz der Markthändler zu kontrollieren, fand seinen Niederschlag in Kjøttbasaren. Am Anfang konnten die Kunden unter 44 Verkaufbuden wählen, außerdem gab es 27 Kellerläden. Die erste Bibliothek der Stadt hatte z. B. so ein Lokal. 1965 war das Gebäude so herunter gekommen, dass der Abriss genehmigt wurde. Diese Genehmigung wurde später zurück genommen und das Gebäude 1982 unter Denkmalschutz gestellt. In den 90er Jahren waren die Renovierung und Modernisierung abgeschlossen.

Am Ende der breiten Straße **Vetrlidsallmenningen** südöstlich vom Kjøttbasaren steht ein kleines, efeubewachsenes, weißes Gebäude; das ist der Eingang zur berühmten „**Fløibane**". Sie ist die einzige auf Schienen fahrende Seilbahn in Skandinavien. Schon 1895 wurde sie geplant, aber wegen Geldmangels konnte der Bau erst 1914 begonnen werden. Im Jahr darauf arbeiteten 150 Mann an dem Projekt, das dann 1918 in Betrieb genommen werden konnte. Es handelt sich um eine elektrisch betriebene Kabelbahn mit einer Spurweite von 1 m, einer Strecke von 850 m, einem Höhenunterschied von 302 m und einer Steigung zwischen 15° und 26°. Die Fahrt dauert 5-6 Minuten. Fløibanen ist eine der bekanntesten Attraktionen der Stadt, jährlich von rund einer Million Leuten benutzt. Das leicht zugängliche Wandergebiet an der Bergstation lädt zu einer Wald- und Bergtour ein, bevor man in die Stadt zurückfährt. Dort oben wartet auch das bekannte Fløirestaurant und ein Kiosk.

Der **Fløyen** (399 m ü M), der Berg der hinter Bryggen aufragt, ist der bekannteste und meist besuchte der sieben Berge von Bergen, wohl auf Grund seiner Nähe zur Stadt und leichten Zugänglichkeit. Erst am Ende des 19. Jh.s begannen die Bergenser, Touren auf den Fløyen zu unternehmen, seit nämlich der 1891 angelegte Fløyenweg mit seinen Kurven den Aufstieg erleichtert hatte. Er ist in vielen romantischen Bergenliedern seit der Wende zum 20. Jh. besungen worden.

Neben der Talstation der Fløybahn liegt die **Christi Krybbe** (Krippe) Schule von 1738. Sie wurde auf den Grundmauern der Martinskirche erbaut, die beim Stadtbrand 1702 nieder gebrannt war. Die Schule, die für arme und elternlose Kinder gedacht war, wurde 1874 umgebaut und durch ein Schulgebäude unterhalb der alten Schule erweitert. Von da an war sie eine normale Volksschule. 1999 war wiederum ein Umbau fällig.

Hinter dem Stationsgebäude der Fløibahn zieht sich die Straße **Skansensvingene** (die Skansenkurven) hinauf zum Stadtteil **Skansen** (die Schanze). Hier liegt eines der typischen alten Wohngebiete von Bergen mit kleinen Holzhäusern und schmalen, steilen Gassen, „smau" genannt. Von Skansen aus hat man einen wunderbaren Blick über das Zentrum von Bergen und den Vågen. Das schöne, weiße Holzgebäude ist die **Feuerwehr von Skansen**, erbaut nach dem großen Stadtbrand von 1901 und seit 1903 in Gebrauch. Hier war Platz für ein Löschfahrzeug, Ställe und Arbeitsräume. Der Wachtposten auf dem Turm hatte Kontakt mit der Hauptfeuerwehr über ein Kurbeltelefon. Das erste Feuerwehrauto kam 1936. Die Brandstation in Skansen wurde 1969 aufgehoben. Der **Skansendamm** (Skansenteich) (66 m ü M) neben der Brandstation diente als Wasserlieferant beim Feuerlöschen.

Wir setzen unseren Spaziergang fort, vorbei an zwei der ältesten Kirchen von Bergen. Die erste ist **Korskirken** (die Kreuzkirche), schon 1181 in schriftlichen Quellen genannt. Sie ist mehrmals abgebrannt und wieder aufgebaut worden. Die Kirche, die wir hier heute vorfinden, unterscheidet sich daher wesentlich von der ursprünglichen romanischen Steinkirche mit dem hölzernen Turm. Die beiden Flügel, die die Kirche zu einer Kreuzkirche machen, sind 1615-32 angebaut worden, der Westturm 1596.

Bergen Domkirke hat ihren Platz ca. 150 m südöstlich der Kreuzkirche, genau an der Stelle, wo die frühere Olavskirche am Ende des Vågen stand, zwischen 1150 und 1180 erbaut. Einen kleinen Rest der alten Steinkirche mit dem Westturm, ein Stück des rechteckigen Schiffes und des schmalen Chores (1248 und 1270 abgebrannt), hat man in die Nordmauer der Domkirche mit eingebaut. Die alte Kirche wurde 1248 zur Klosterkirche der Franziskaner, nach dem Brand 1270 im gotischen Stil wieder aufgebaut. Nach der Reformation 1536 wurde Bergens Domkirche erweitert und verändert. 1665 fand im Vågen eine Schlacht zwischen Holländern und Engländern statt. Während der Schlacht wurde auch in die Stadt hinein geschossen, und eine Kanonenkugel traf den Turm der Domkirche. Die Kugel sitzt immer noch fest in der Turmmauer und erinnert daran, dass es in Bergen nicht immer so friedlich zuging.

Nordwestlich der Domkirche kommen wir zu einem alten Gebäude, in dem einmal die **Katedralsschule** von Bergen untergebracht war, die älteste Schule der Stadt, 1153 gegründet. Die Schule stand zuerst in Holmen bei der Håkonshalle, wurde dann im Jahr der Reformation 1536 versetzt.

Der Platz am Ende des Vågen war schon seit Gründung der Stadt 1070 ein Handelszentrum. Heute ist er **Fisketorget i Bergen**, Bergens Fischmarkt. Im Laufe der Jahrhunderte ist auch dieser Teil am Vågen bebaut worden. Archäologische Ausgrabungen haben darüber Aufschluß gegeben, welche Aktivitäten hier früher statt gefunden haben. Unter anderem hat man Spuren des Gerber- und Schuhmacherhandwerks aus der Hansezeit gefunden.

Gemälde aus früheren Jahrhunderten und alte Fotografien zeigen einen ganz anderen Betrieb auf dem Marktplatz als er heute vor sich geht. Segelschiffe wurde mit Hilfe von kleinen Booten be- und entladen, Segel- und Ruderboote lagen Seite an Seite im Vågen. Bauern von nah und fern brachten Obst, Gemüse und Feuerholz aus ihren Dörfern mit Booten in die Stadt. Die sogn. Nordlandsboote kamen mit Trockenfisch, Tranfässern und anderen Handelswaren.

Die Fischer der Umgebung ruderten ihre Boote in den Hafen, mit Fischkästen voller lebender Fische im Schlepp. Auf dem Markt kamen Käufer und Verkäufer zusammen. Dienstmädchen der reichen Familien und auch feine Damen tätigten ihre Einkäufe. An den hygienischen Bedingungen und der Qualität der Waren konnte man durchaus seine Zweifel haben. Die Milch konnte mit Wasser gestreckt sein und das Mehl mit Sägemehl. Dennoch wurde hier der meiste Umsatz gemacht.

Besonders in der Sommersaison wird auf dem Markt auch heute noch mit Fisch, Blumen, Obst, Gemüse und anderen Waren gehandelt. Natürlich haben die Supermärkte inzwischen zum großen Teil den Verkauf von frischen Waren übernommen, aber der Markt, und besonders der Fischmarkt, sind weiterhin ein beliebter Treffpunkt für Bergenser und Touristen aus aller Welt.

Bummeln wir etwas weiter, nähern wir uns **Torgallmenningen** („Platz für die Allgemeinheit"), die große Stube der Stadt. Der letzte verheerende Stadtbrand ereignet sich 1916, da wurden zentrale Teile der Stadt auf der Westseite des Vågen in Schutt uns Asche gelegt. Wie in vielen anderen großen Städten in Norwegen, die im Laufe der Jahrhunderte immer wieder durch Brände zerstört wurden, erhob sich auch in Bergen die Forderung nach Steinbauten, breiten Straßen und großen Plätzen beim Wiederaufbau. Durch solche Maßnahmen wollte man die Ausbreitung des Feuers verhindern. Der breite, offene Platz für die Allgemeinheit, umgeben von monumentalen Steinbauten, wurde nach dem Brand von 1916 angelegt. Am Ostende des Platzes steht das Seefahrtsmuseum, erbaut zu Ehren des norwegischen Seemanns.

Johanneskirken, eine Backsteinkirche im neugotischen Stil mit 1250 Sitzplätzen, 1894 eingeweiht, grüßt von einer Anhöhe an der Südwestseite des Platzes herüber. Mit 61 m hat sie den höchsten Turm in der Stadt.

Als Bergen im Frühsommer 1986 das Finale des europäischen Musikwettbewerbs „Grand Prix de la Chansons Eurovision" arrangierte, explodierte die Stadt förmlich vor festlichen Begebenheiten. Am Hang unterhalb der Johanneskirche fand ein Wettbewerb im Skispringen statt. Mit Eisenbahnwagons brachte man riesige Schneemengen von der Hochebene der Hardangervidda zwischen Oslo und Bergen heran und stattete den Hang damit aus. Vor zahlreichem Publikum konkurrierten viele der besten Skispringer des Landes um die weitesten Sprünge.

An der Westseite des Torgallmenningen sehen wir der **Musikpavillon**, den See **Lille Lungegårdsvannet**, die grauen Steingebäude drum herum sind Bergens Eisenbahnstation und die öffentliche Bibliothek auf der Südseite, sowie mehrere Kunstmuseen auf der Westseite des Sees.

Im Hintergrund ragt **Ulriken** (der Ulrik) auf (643 m ü M), der höchste der sieben Berge Bergens. Hinter der steilen Felswand erstreckt sich ein Hochplateau mit guten Wandermöglichkeiten. Hier kann man ca. 10 km weit in 600 m Höhe in ebenem Gelände wandern. Bergens Nationalhymne „Ich nahm meine frisch gestimmte Gitarre zur Hand...", geschrieben von Bischof Johan Nordal Brun (1745-1816), ist ein Loblied auf die Stadt, worin er auch die Aussicht vom Gipfel des Ulriken schildert. **Ulriksbanen** (die Ulriksbahn), eine 1120 m lange Seilbahn, wurde 1961 angelegt. Die Endstation liegt auf 607 m Höhe mit einem Restaurant und einer Kaffeebar. Die Ulriksbahn wird mit zwei Gondeln betrieben.

1959 baute man einen Fernmeldeturm auf dem Ulrik, gegen den starken Widerstand der Stadtbevölkerung. Der Turm ist 40 m hoch, obendrauf ist ein 38 m hohes Metallrohr montiert.

Im Norden, an der Westseite des Torgallmenningen, befindet sich das Theater **Den Nationale Scene**, 1909 eingeweiht. Die Nationale Scene wurde als Norwegens erstes Theater 1850 eröffnet, gänzlich finanziert von dem international bekannten Violinisten Ole Bull. Theaterdirektor wurde der damals noch unbekannte Dramatiker Henrik Ibsen.

Wenden wir uns wieder dem Ende des Vågen zu, sehen wir das Verwaltungsgebäude von Norwegens größter Bank an der südwestlichen Ecke des Platzes. **Børsbygningen**, das alte Börsengebäude, stammt von 1862, erweitert 1893. In diesem Haus befindet sich auch die **Frescohalle**. Die an die Wand gemalten Fresken gehören zu Norwegens Nationalschatz. Sie wurden 1921-23 von dem Kunstmaler Axel Revold (1887-1962) gemalt und umfassen drei Themenbereiche:
• Die Nordlandwand – zeigt in drei Feldern die Dorschfischerei auf den Lofoten, die Verarbeitung der Fische an Land und die Seereise nach Bergen, wo der Fisch verkauft werden soll.

- Die **Bergenwand** – zeigt in vier Feldern die Ankunft der Nordleute in Bergen, den weiteren Transport des Fisches in die Welt, den Verkauf des Fisches in fremden Häfen und den Schiffsbau.
- Die **Weltwand** - zeigt arbeitende Menschen auf Schiffen während des Transports, die verschiedenen Arbeitsphasen in der Landwirtschaft und ein Urwaldmotiv, das die Nutzung des Überflusses der Natur zum Thema hat.

Die **Touristinformation von Bergen** ist in der Frescohalle untergebracht.

An der Westseite des Vågen gehen wir den lebhaften **Strandkai** entlang. Viele Schiffe der Küstenlinien und Schnellboote, die in die Distrikte rund um Bergen fahren, legen hier an. Direkt am Kai findet im Sommer der Blumen- und Gemüsemarkt statt. Die massiven Steinbauten entlang der Straße wurden nach den großen Stadtbränden von 1901 und 1916 errichtet, darin befinden sich Kontore, Hotels, Cafes, Geschäfte und einige Warenhäuser. Vor 150 Jahren und noch früher lagen am Kai vom Vågen bis Tollboden (Zollabfertigung) weiter draußen viele Segelboote unterschiedlicher Größe und Nationalität zum Be- und Entladen. Die Schiffe lagen in Dreier- und sogar Viererreihen nebeneinander mit dem Bug dem Meer zugewandt.

Am Ende des Kais sieht man im Westen **Muren** (die Mauer) oder **Murhvelvingen** (die Mauerwölbung), 1562 als Privathaus von dem Lehnsherrn Erik Rosenkrantz erbaut, demselben, der den Rosenkrantzturm hat bauen lassen (S 14). Das Gebäude wurde mehrfach vom Feuer beschädigt und hat viele Umbauten erlebt, ist aber dennoch eines der weniger aus dem 16. Jh. erhaltenen Bauten in Bergen. Einst lag ein Brunnen unter Murhvelvingen, der wurde aber um 1880 abgedeckt. Das Haus wurde 1927 unter Schutz gestellt. Es war eines der wenigen Gebäude, die bei der Explosion 1944 keinen Schaden nahmen (S 13). Heute steht es dem Buekorps (Bogenkorps) zur Verfügung (S 22).

Oberhalb von Muren führt unser Weg durch die Fußgängerzone **Småstrandgate**. Zwischen dieser und **Klosterhaugen**, wo man noch Reste des Munkeliv Klosters sehen kann, liegt eines der typischen alten Stadtviertel von Bergen mit „smitt og smau", kleinen, alten Holzhäusern und schmalen, kurvenreichen, oft steilen Gassen mit Kopfsteinpflaster, in deren Mitte die Steine oftmals in einem abweichenden Muster gelegt wurden, damit Pferde, die schwere Lasten vom Kai herauf zogen, sicheren Tritt hatten und auf den glatten Steinen nicht ausrutschten. Diese Gassen wurden im 17. Jh. angelegt, um Waren vom Kai in andere Stadtteile verfrachten zu können.

Wenn wir weiter gehen, kommen wir zu Gebäuden, die erst nach dem 2. Weltkrieg entstanden sind. Dieses Gebiet war stark zerstört worden bei der Explosion vorm Bergenhus 1944 und auch von Bomben, die ihre eigentlichen Ziele verfehlt hatten und dafür zivile trafen.

Nykirken oder Den Nye Kirke (die neue Kirche) wurde 1621 auf Wunsch der Bewohner erbaut, weil die meinten, der Weg zur Domkirche sei zu lang. Die neue Kirche wurde auf den Resten des alten Erzbischofssitzes von Ende des 13. Jh.s erbaut. Die Bedingung für den Bau der Kirche lautete, dass die Ruinen des Erzbischofssitzes so gut wie möglich bewahrt werden sollten. Die Ausgrabungen auf dem 500 m² großen Gelände haben Mauern frei gelegt, die zeigen, wie großartig der Erzbischofssitz einst gewesen sein muß. Von 1637 bis 1856 wurde ein Teil des Gemäuers als Grabkeller be-

nutzt, nach einer späteren Erweiterung wurden hier auch die Armen der Stadt bestattet.

Die Kirche trägt den Namen Neukirche zu Recht, denn sie ist mehrfach abgebrannt und immer wieder erneuert worden: 1623, 1756, 1800, das letzte Mal 1944 bei der Explosion beim Bergenhus (S 13). Die heutige Kirche wurde 1956 eingeweiht.

Der große Platz **Tollbodallmenningen** liegt weiter draußen auf der **Nordneshalbinsel**, auf der Westseite des Vågen. Am Hafen liegt **Tollboden** (das Zolllager). Das alte Gebäude war zu seiner Zeit das größte Holzbauwerk, es soll ab 1651 auf diesem Grundstück gestanden haben. 1761 wurde ein Steinhaus entworfen, als die Stadt nach dem großen Brand von 1756 wieder aufgebaut werden sollte. Das heutige Gebäude gilt als eines der schönsten in Bergen, es wurde 1954 so wieder aufgebaut, wie Tollboden vor der Explosion beim Bergenhus 1944 ausgesehen hat (S 13).

An der Spitze den Nordneshalbinsel und des **Nordnesparks** passieren wir das moderne, helltürkis farbene und weiße Spitzgiebelhaus des **Fischdirektorates** in Bergen. Es hat den Architekturpreis für die beste Anpassung an das umgebende Hafenmilieu bekommen.

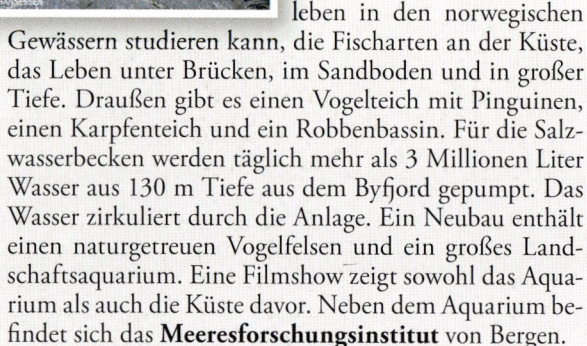

Der Nordnespark mit **Bergens Aquarium** liegt vor uns. Das Aquarium wurde 1960 eröffnet. Es ist Norwegens größtes, ältestes und best ausgestattetes und obendrein eines der schönsten und umfassendsten in Europa mit seinen über 60 kleinen und großen Aquarien, in denen man das Tierleben in den norwegischen Gewässern studieren kann, die Fischarten an der Küste, das Leben unter Brücken, im Sandboden und in großer Tiefe. Draußen gibt es einen Vogelteich mit Pinguinen, einen Karpfenteich und ein Robbenbassin. Für die Salzwasserbecken werden täglich mehr als 3 Millionen Liter Wasser aus 130 m Tiefe aus dem Byfjord gepumpt. Das Wasser zirkuliert durch die Anlage. Ein Neubau enthält einen naturgetreuen Vogelfelsen und ein großes Landschaftsaquarium. Eine Filmshow zeigt sowohl das Aquarium als auch die Küste davor. Neben dem Aquarium befindet sich das **Meeresforschungsinstitut** von Bergen.

Der Nordnespark liegt an der Spitze der Nordneshalbinsel, die den Vågen vom **Puddefjord** trennt. Im Mittelalter gehörte das Gebiet dem Munkeliv Kloster (S 9). Im 17./18. Jh. bildete der heutige Park die Wallanlagen des **Fredriksberg Forts**, zu dem wir später kommen. Diese Gegend hat auch eine düstere Vorgeschichte als eine der meist benutzten Richtstätten vom Mittelalter (S 83) bis 1876. Fast 700 Jahre lang wurden hier öffentliche Hexenverbrennungen und Enthauptungen durchgeführt. Der Nordnespark wurde 1888-98 angelegt. Zur Erinnerung an all die vielen Hexenverbrennungen hat man einen „Hexenstein" aufgestellt.

Im Nordnespark steht ein Totempfahl, ein Geschenk an Bergen von seiner Partnerstadt Seattle an der Westküste der USA.

Nordwestlich des Parks liegt das Nordnes Seebad, ein Freibad mit erwärmtem Seewasser im Bassin.

An der Westseite des Parks befindet sich das majestätische Gebäude der früheren **Seemannsschule von Bergen.** In vielen größeren norwegischen Städten beweist die Platzierung der Seemannschulen, wie wichtig die Seefahrt und die Seeleute dem Land waren. Die meisten Schulen liegen auf hervorragenden Grundstücken mit wunderbarer Aussicht. Die Seemannsschule in Bergen wurde 1904 in Betrieb genommen, 1950 und in den 1960er Jahren erweitert. Seit 1991 ist das Gebäude im Gebrauch der Hochschule in Bergen, Abteilung Gesundheit und Soziales.

Die **Nordnesschule**, eine Volksschule, liegt hinter der Seemannsschule. Sie wurde 1903 gebaut für 1800 Schüler, verteilt auf 54 Klassen. Der Unterricht musste vormittags und nachmittags abgehalten werden, weil die Schule nicht für so viele Klassen dimensioniert war. Nordnes war zu der Zeit sehr dicht bevölkert, man hatte den Eindruck „dichter als in Hong Kong". Die Einwohnerzahl ging dann später zurück, aber die Schule wird immer noch als Grundschule benutzt.

Das heute still gelegte **Fredriksberg Fort** wurde 1666-67 angelegt und in den 1690er Jahren weiter ausgebaut. Im August 1665 wurde eine Seeschlacht im Vågen ausgefochten zwischen Holländern und Engländern, bei der viele Schiffe versenkt wurden. Von den Verteidigungsanlagen wurden mehr als 1000 Kanonenkugeln verschiedenen Kalibers abgeschossen. Diese Schlacht zeigte den Bergensern die Notwendigkeit, ihre Befestigungen aufzustocken. Bergenhus wurde verstärkt und das Fredriksberg Fort gebaut. Zu Anfang bestand das Fort fast nur aus Erdwällen, erst um 1690 begann man, Mauern zu errichten, 1706 war das Fort fertig. Es nahm nie aktiv an einer Schlacht teil, fand aber seine praktische Anwendung innerhalb der Feuerwehr, hier war nämlich eine Brandwache stationiert. Vom Fredriksberg aus konnte fast die ganze Stadt überblicken. Bei Ausbruch eines Feuers wurden vom Fort aus drei Schüsse abgegeben. 1905 baute man eine Brandstation in dem Fort, 1926 wurde sie wieder aufgehoben.

Auf dem Rückweg zum Zentrum von Bergen passieren wir unterhalb des Forts eine Anzahl „smitt og smau", eines der charakteristischen Viertel mit kleinen Holzhäusern an schmalen, steilen Gassen gelegen (S 19). Das Gebiet mit Namen **Verftet** (die Werft) ist in Verbindung mit der **Georgenes Verft** zu sehen, die 1850 ihren Betrieb aufnahm, heute aber nicht mehr existiert. In den Häusern wohnten hauptsächlich Arbeiter der Schiffswerft. Eine der Gassen heißt **Galgebakken** (Galgenabhang), denn hier war früher die Richtstätte mit dem Galgen. Die Westseite der Nordneshalbinsel wendet sich dem Puddefjord zu. Auf der anderen Seite des Fjords liegt der Stadtteil **Laksevåg** unterhalb des Berges **Løvstakkfjellet**.

Das offene Gelände **Klosteret** hat seinen Namen vom **Munkeliv Kloster**, das von König Østein (1) Magnusson (1088-1123) erbaut worden war (S 9). Von dem Kloster sind keine Reste mehr zu sehen, seine Mauern und Türme standen hoch oben und hatten einen freien Blick über den Vågen. Dies war das reichste Kloster in Bergen, es hatte umfangreiche Ländereien, die ein gutes Einkommen garantierten. Wenn auch das Leben im Munkeliv Kloster über lange Zeit friedlich mit Arbeit und Gebet verlief, gab es doch auch Anlass zu manchen politischen Unruhen. 1198 wurde das Kloster abgebrannt, und 1393 war es Opfer eines Piratenüberfalls. 1455 kam eine Schar bewaffneter Hanseaten, setzte das Kloster in Brand und tötete den Steuereintreiber, der sich auf die Privateinkünfte der deutschen Handelsschiffe konzentriert hatte. Auch der Bischof wurde getötet. Das Kloster brannte mehrfach, wurde aber immer wieder aufgebaut. Doch als es nach der Reformation 1536 wieder angezündet wurde, baute man es nicht mehr wieder auf. Die Reste des Munkeliv Klosters sollen unter dem großen Platz, den man heute Klosteret nennt, verborgen liegen.

Der Stadtbummel endet in Bergens „großer Stube" Torgallmenningen (S 18).

Bergen hat auch außerhalb des Zentrums noch viele Sehenswürdigkeiten, darunter die meist besuchten Troldhaugen und Gamle Bergen.

Troldhaugen (Trollhügel) ist das Privathaus von Edvard Grieg (1843-1907), dem international berühmtesten norwegischen Komponisten. Das idyllische Anwesen am Binnensee Nordåsvannet im Süden von Bergen steht heute noch genau so da wie zu Griegs Lebzeiten. Heute dient es als Museum und für Konzerte im kleinen Kreis.

Das Stadtmuseum **Gamle Bergen** (das alte Bergen) ist eine idyllische Anlage im nördlichen Teil der Stadt. Ca. 50 erhaltenswerte alte Häuser aus Bergen aus dem 18., 19. und 20. Jh. sind an ihren ursprünglichen Standorten abgetragen und hier in Gamle Bergen wieder auf-

gebaut worden. Die Häuser sind sehr sorgfältig und individuell in ihrem ursprünglichen Stil eingerichtet. Es handelt sich um Privathäuser und eine Reihe verschiedener Werkstätten und Läden, obendrein gibt es mehrere Ausstellungen.

Für Bergenser gibt es viele Gründe, ihre Stadt zwischen den Bergen für etwas Besonderes zu halten:

Das Wetter in Bergen ist außergewöhnlich, geradezu berühmt/berüchtigt weit über die Landesgrenzen hinaus. **In Bergen regnet es!!!** Die Stadt liegt an der Nordwestküste der größten zusammenhängenden Landmasse der Erde, die – abgesehen vom Bottnischen Meerbusen zwischen Schweden und Finnland – sich nach Osten bis an den Pazifik an Sibiriens Ostküste erstreckt. Das Meeresklima dominiert, aber kalte Luftströmungen aus dem Osten können ungewöhnlich strenge Kälte mit sich bringen, und Hochdruck aus Süd- und Osteuropa kann trockene und warme Sommer verursachen.

Als Kardinal Vilhelm von Sabina 1247 in die Stadt kam, um König Håkon Håkonsson zu krönen, regnete es „Tag und Nacht". Er erlaubte daher den Bauern, auch an kirchlichen Feiertagen Heu, Getreide und Hülsenfrüchte einzubringen, wenn es sich wegen „unmäßigen Wetters" nicht anders machen ließ. „Er hatte am eigenen Leibe erfahren, wie das Wetter in diesem Teil der Welt sein konnte. Von Mitte Juni bis Ende August regnete es derart, dass man weder anständig pflügen noch säen konnte."

Die Niederschlagsperioden können ziemlich lange dauern. Im Winter 2006/2007 regnete es an 84 Tagen hintereinander.

Das traditionsreiche **Buekorps** (Bogenkorps, von Pfeil und Bogen) in Bergen geht auf Knabenorganisationen von 1850 zurück. Diese hatten wiederum ihre Wurzeln in der früheren Bürgerwehr, d.h. Kaufleute und andere Bürger waren verpflichtet, zusammen mit der Besatzung der Festung Bergenhus die Stadt zu verteidigen und die nötige Bewaffnung dafür bereit zu halten. Die Jungen in Bergen ahmten die Erwachsenen nach. Mit von den Vätern ausgeliehenen Säbeln, mit selbst gemachten Holzgewehren und ebensolchen Uniformen bildeten sie Korps, Bataillone, Jägerkorps und Kompanien. Das war nur ein Spiel nach dem Muster der Bürgerwehr, wo jeder Stadtteil sein eigenes Korps hatte. Zusätzlich zum Exerzieren und Marschieren widmete sich jedes Korps verschiedenen Sportarten. Die Jungen waren zwischen 9 und 20 Jahren alt.

In der Buekorpssaison, die gewöhnlich von März bis Juni dauerte, waren die Korps ein lautstarkes Element im Straßenbild. Sie marschierten mit lauten Trommelwirbeln durch die Straßen. Bis 1991 waren sie ausschließlich Jungenkorps, danach haben auch Mädchen ihre Korps gebildet.

Die **Festspiele in Bergen** gibt es seit 1951, sie werden jedes Jahr im Mai/Juni für zwei Wochen arrangiert. Es handelt sich um ein Musik-, Theater- und Kunstfestival mit dem Ziel, norwegische Kunst bekannt zu machen und ausländische Künstler dem norwegischen Publikum vorzustellen. Das Programm besteht aus Konzerten, Theater-, Ballett-, Opern- und Folklorevorstellungen, Kunstausstellungen und Kinderveranstaltungen.

Die wichtigsten Konzertlokale sind die Grieghalle, die Håkonshalle, Troldhaugen und die Kirchen der Stadt. Edvard Griegs Musik steht immer im Zentrum der Festspiele.

Die Bergenser haben den Ruf, etwas Besonderes zu sein. Sie selbst sagen: „Ich bin nicht aus Norwegen, ich bis aus Bergen."

AUSSICHT VOM OBERSTEN SCHIFFSDECK VOR ABGANG VON BERGEN:

Vom Schiff aus hat man einen 360° Rundblick auf Bergen und Askøy.

An BB sehen wir drei der bekannten sieben Berge von Bergen. Ganz außen **Lyderhorn,** dann **Damsgårdsfjellet** (350 m ü M) und **Løvstakken** (477 m ü M), eine beliebte Gegend zum Bergwandern. Lyderhorn ist einer der sogn. „Hexenberge" von Norwegen (S 231). Es wird erzählt, dass die Hexen vom Berg **Domen** bei **Vardø,** wenn sie auf ihren Besen durch die Luft geritten kamen, zum Lyderhorn bei Bergen wollten – oder zu einem der anderen Hexenberge in Norwegen.

Unterhalb des Damsgårdsfjellet liegt ein großes Schwimmdock. Das wurde in den Jahren 1932-33, als die Arbeitslosigkeit unter den Werftarbeitern groß war, gebaut.

Während des Krieges spielten sich um das Schwimmdock herum dramatische Dinge ab. Es lag in der Nähe des deutschen U-Bootbunkers „Bruno" (S 12) und einer deutschen Werft für die Reparatur und Ausrüstung von Schiffen und U-Booten. Der U-Bootbunker „Bruno" und das Schwimmdock bei **Laksevåg** waren mehrmals das Ziel britischer Bomber (S 12). Außerdem wurde das Schwimmdock oft von batteriegetriebenen Mini-U-Booten angegriffen, die von Schottland geholt worden waren. Das Mini-U-Boot „X24" hatte die Form einer großen Zigarre und eine Besatzung von 4 Mann. Der erste Angriff im April 1944 missglückte, aber beim zweiten Versuch gelang es „X24", einige Sprengladungen unter dem Schwimmdock anzubringen. Als diese explodierten, wurde das Dock so schwer beschädigt, dass es innerhalb kurzer Zeit sank. 17 norwegische Arbeiter kamen dabei ums Leben. Einige Jahre später wurde das Schwimmdock gehoben.

Hinter uns an BB ragt der Berg **Sydnesfjellet** auf, später in **Dragefjellet** umbenannt. Mitte des 17. Jh.s entstanden die Stadtteile **Nøstet** und **Sydnes,** und mit der Zeit wurde auch der Berghang bebaut. Ab 1641 befand sich eine der Richtstätten der Stadt auf dem Dragefjellet. Die letzte Hinrichtung fand dort 1803 statt, ein Mann wurde geköpft, weil er den Militärdienst verweigert hatte.

Der sperrige Backsteinbau am Rande des Berges ist die Dragefjellet Schule, erbaut 1891, war zunächst bis 1946 eine Volksschule, danach Aufbau- und Jugendschule, bis das Gebäude von der Universität Bergen übernommen wurde. 1995 wurde es modernisiert und ein Neubau hinzu gefügt. Heute ist es von der Fakultät Jura und der dazu gehörigen Fakultätsbibliothek belegt.

Den hohen Steinturm der Johanneskirche (S 18) sieht man südöstlich des Schulgebäudes.

Die Bucht **Jekteviken** mit dem Hurtigrutenterminal vereint Historisches und Modernes. Hier befinden sich die Stadtteile **Nordnes** an SB, **Nøstet** im Hintergrund und **Sydnes** an BB, alle schon im 15. Jh. in der Stadtgeschichte erwähnt. In dieser Gegend hat man kleine Häuser für die ärmeren Bürger gebaut, für Fischer, Seeleute, Arbeiter und Handwerker. Am Ende des 17. Jh.s begann man mit der Seifensiederei, Trankocherei, Salzsiederei und Ölmühle im Gebiet von Sydnes. Der Wohnungsbau nahm im folgenden Jahrhundert zu, aber ohne irgend einen Bebauungsplan, was sich in den vielen engen Gassen niederschlug, die so typisch sind für die Wohngebiete rund ums Hafenbecken. Diese engen Wohnverhältnisse, dazu die schlechten sanitären Anlagen, führten zu höherer Sterblichkeit als in den meisten anderen Stadtteilen Bergens. Am Kai wurden die alten Holzbrücken in den 1880er Jahren durch neue ersetzt.

An den beiden Kais **Sukkerhusbryggen** und **Nøstekai** herrschte lebhafte Aktivität. Flößer ruderten Passagiere von und nach **Laksevåg** und **Askøy.** Frachtschiffe von nah und fern benutzten die Kais und Lagerhäuser. Als Touristen die Schönheit der norwegischen Fjorde und Nordnorwegens entdeckten, kamen Passagierschiffe, ankerten draußen vor den Fjorden, und die Touristen wurden mit kleineren Booten zum Nøstekai gebracht.

Die Stadtteile Nøstet und **Engen** haben alte und neue Bebauung. Das Feuer im Jahre 1930 und der Bombenangriff 1944 zerstörten viele der alten Holzhäuser. Neue und zweckmäßigere Wohnbauten, Kontore und öffentliche Gebäude wurden auf den abgebrannten Grundstücken errichtet. Das Zentralbad, die erste moderne Schwimmhalle der Stadt, wurde 1960 gebaut und der Kinokomplex in Engen 1961 eröffnet.

Hinter Nøstet und Engen ragt der **Ulriken** (643 m ü M) auf, der höchste der sieben Berge von Bergen, mit dem Sendemast auf dem Gipfel (S 18).

Norwegens zweitgrößte Fernsehstation **TV2** ist mit ihren großen Parabolantennen hinter uns an SB zu sehen. Die Fernsehstation hat ihren Hauptsitz in Bergen und eine umfangreiche Nachrichtenredaktion in Oslo. TV2, ein Privatsender, der durch Werbung finanziert wird, kam 1992 nach Bergen.

Hinter dem TV2-Gebäude sieht man eine grüne Kirchturmspitze, die gehört der Kirche Nykirken auf der Ostseite der Nordneshalbinsel (S 19).

Im Hintergrund erhebt sich der Berg **Fløyen** mit dem Fløirestaurant, der Bergstation der Fløienbahn und der Fløienbahn selbst (S 16). Das **Sandviksfjellet** (417 m ü M) liegt nordwestlich von Fløyen. Noch weiter hinten, zwischen diesen beiden Bergen, der **Rundemannen** (586 m ü M) mit den Radiomasten der früheren Küstenradiostation Bergen Radio, die 1960 still gelegt wurde.

An SB das Kulturhaus **USF Verftet** vor **Nordnespynten.** Die 1200m² große Anlage besteht aus zwei zusammenhängenden Gebäuden, einem aus weißem und einem aus rotem Backstein mit einem hohen Fabrikschornstein. Früher war das einmal die Sardinenfabrik USF, heute findet man dort Bühnen für Musik, Theater, Tanz und Film, dazu 80 Ateliers für Künstler, insgesamt 180 verschiedene Aktivitäten im Bereich Kunst und Kultur.

Auf der Anhöhe hinter dem Kulturhaus sieht man den westlichen Teil des Fredriksberg Forts (S 20) und das Gebäude der früheren Seemannsschule von Bergen (S 20).

Die neuen Häuser im Stadtteil **Georgenes Verft** hat man auf dem Gelände der alten Schiffswerft Georgenes Verft gebaut, die 1784 gegründet wurde. In den ersten Jahren baute man auf der Werft nur einige Segelboote, das Hauptarbeitsgebiet war Reparatur und Instandhaltung von Schiffen. Später wurden viele Segelboote hier gebaut, das letzte 1883, und einige Dampfschiffe aus Holz. Nach 1890 ging es mit der Werft steil bergab, und 1912 wurde sie geschlossen.

Die alte Bebauung des Werftgeländes mit seinen Häusern und schmalen Gassen ist zum größten Teil einem der Großbrände in Bergen zum Opfer gefallen, doch einige Häuser sind noch so erhalten, wie man sie im 17. Jh. erbaut hat. Die Bewohner waren meist Arbeiter auf Georgenes Verft.

Nahe bei Nordnespynten liegen die Badehäuser, die zum Nordnes Sjøbad (Seebad) gehören, einem Schwimmbad an Land mit erwärmtem Seewasser und einem eingefriedigten Seewasserbassin im Freien (S 20).

Vor uns Askøy (100 km²). Nach Abgang von Bergen passieren wir die Insel auf unserem Weg nach Norden. Normalerweise fahren die Schiffe an der Südseite der Insel vorbei. Beschreibung erfolgt am Tag 12.

Hordaland fylke (die Provinz Hordaland)

(Ein „Fylke" entspricht einem Bundesland in Deutschland. Das Wort hat keine deutsche Entsprechung.)

Ursprung des Namens: Erster Teil vom Stammesnamen horðar, aus dem Germanischen von haruðóz, wahrscheinlich ein ehemals keltischer Name mit der Bedeutung „Krieger, Held"; der zweiter Teil bedeutet „Land" oder „Landschaft".
Areal: 15.460 km². **Einwohner:** 448.343.
Gemeindezentrum: Bergen.
Gemeinden, die auf dem Weg gen Norden passiert werden, in der Reihenfolge der Fahrtrichtung: Bergen, Askøy, Fjell, Øygarden, Meland, Radøy, Fedje, Austrheim.
Landschaftsformen: Die Fjorde und Täler rund um Bergen werden von Bergketten dominiert, zwei konzentrischen Bögen aus kambro-silurischen Gesteinen mit Überschiebungen präkambrischer Blöcke dazwischen. Die Bögen öffnen sich nach Westen und prägen die Topographie der Landschaft. Zwei der größten Gletscher des norwegischen Festlandes, Folgefonna und Hardangerjøkulen, liegen in diesem Fylke, dasselbe gilt für viele der höchsten und bekanntesten Wasserfälle des Landes, die bis zu 300 m senkrecht herab fallen.
Klima: In diesem Fylke fallen die meisten Niederschläge im ganzen Land, besonders an der Küste, Hauptwindrichtungen sind West und Südwest. Die hohen Berge schirmen das Binnenland zum Teil gegen die Regenwolken von der Küste ab. Die Windverhältnisse im Flachland werden vom Terrain beeinflusst. Im Winter bläst es vorwiegend aus Süd oder Ost. Januar und Februar sind die kältesten Monate mit einer Mitteltemperatur an der Küste von +2°C, im Binnenland von – 5°C. Die Mitteltemperatur im Juli beträgt 14 bis 16°C. Der meiste Niederschlag fällt im Oktober, der geringste im Mai.
Besiedlung: Hordaland ist eines der am dichtesten besiedelten Fylke. Ca. 53 % der Einwohner wohnen in der Stadt Bergen, nimmt man das Einzugsgebiet Bergens dazu, sind es 66 %.

WIRTSCHAFT:
Land- und Forstwirtschaft: Viele Haustiere, vor allem Rinder und Schafe. 97 % des Landwirtschaftsareals werden als Wiesen und Weiden genutzt. Das Fylke hat 1/3 des norwegischen Obstanbaus. Verhältnismäßig wenig Wald.
Fischerei: In den letzten Jahrzehnten starker Rückgang des traditionellen Fischfangs, aber vieles wird kompensiert durch den Fortschritt auf dem Gebiet der Fischzucht. Die wichtigsten Fischannahmestellen für die traditionelle Fischerei liegen in den Gemeinden Bergen, Askøy und Austevoll. Hordaland ist da wichtigste Fylke in Bezug auf Fischzucht, 75 % der Schlachtfische sind Lachse.
Industrie: Hordaland ist das zweitwichtigste Fylke in Bezug auf Industrie und Ölgewinnung. Werkstattindustrie mit Schiffs- und Maschinenbauindustrie, Textil- und Bekleidungsindustrie hatten früher große Bedeutung, doch die Schiffbauindustrie ist in den letzten Jahren zurück gegangen. Heute steht die Maschinenbauindustrie an erster Stelle, danach erst kommt der Schiffbau und die Transportindustrie. Bergen hatte im Jahr 2002 46 % aller in der Industrie Beschäftigten in diesem Fylke. Viele der Industriegemeinden werden geprägt von 1-2 Hauptbetrieben.
Energie: Hordaland liefert den meisten Strom, ca. 13 % der gesamten Stromproduktion des Landes.
Handelsflotte: Viele der größten Reedereien des Landes haben ihren Sitz in Bergen. Doch in den Letzten Jahren gab es einen Rückgang.
Tourismus: Spielt eine große Rolle, viele unterschiedliche Attraktionen: Großstadt, Schärengarten, Fjordlandschaft, Hochgebirge, Gletscher. Bergen ist das wichtigste Touristenziel im Fylke. Viel Touristenverkehr in Hardanger, dichtes Wegenetz auf der Hardangervidda. Kulturhistorische Sehenswürdigkeiten wie Mittelalterkirchen in Bergen und anderwo, Håkonshalle und Rosenkrantzturm in Bergen, Finneloftet in Voss, eines der ältesten weltlichen Bauwerke aus Holz. Klosterruinen. Die Baronie Rosendal in Kvinnherad mit ihrer originalen Gartenanlage aus dem 17. Jh. Eine Reihe kunst-, kultur- und naturhistorischer Museen in Bergen. Fløybahn, Aquarium und „deutsche Brücke" in Bergen.
Verkehr: Eisenbahn, d.h. Bergenbahn von Bergen nach Oslo. Vier Hauptstrassen führen übers Gebirge ins Østlandet, drei davon können das ganze Jahr befahren werden. Die großen Fjorde schaffen Probleme bei der Kommunikation, doch Fähren, Brücken und Tunnel binden das Fylke zusammen. Das gilt besonders für die Verbindung von Bergen mit den Inseln im Westen der Stadt. Um Bergen herum existiert ein dichtes Netz aus Busslinien, Lokalbooten und Schnellbooten. Außerdem ist Bergen der Ausgangspunkt für die Hurtigrute und andere Küstenrouten.

Der Flugplatz Flesland südlich von Bergen ist ein Stammflugplatz und der Passagierzahl nach der zweitgrößte im Lande. Stord (Sunnhordaland) hat einen eigenen Flugplatz mit festem Linienverkehr.

Quelle: Store norske Leksikon

DIE FANTOFT STABKIRCHE

SKIAKTIVITÄTEN IN FINSE

DER VØRINGSWASSERFALL IN HORDALAND

Die Küste als Reichsstrasse im Laufe der Zeiten

Norwegen ist ein Land mit hohen Gebirgen, die das Land unterteilen, und langen, tiefen Fjorden. Die totale Küstenlänge beträgt 83.000 km (Festland 25.148 km, Inseln 58.133 km). Die ersten Menschen, die sich hier an der Küste vor ca. 10.000 Jahren nieder ließen, kamen mit dem Boot.

Der Seeweg ist durch alle Zeiten hindurch bis in 1930er Jahre die Hauptverkehrsader, die „Reichsstrasse Nr.1", gewesen. Sie hat die verschiedenen Landesteile miteinander verbunden. Das erste Zeugnis für den Gebrauch von Booten finden wir in den steinzeitlichen Felszeichnungen und in den Bootsresten ausgehöhlter Baumstämme, die man im Moor gefunden hat, die ältesten von ca. 170 v. Chr. Andere Bootstypen waren aus Tierhäuten gemacht, die man über Holzrahmen gespannt hat. Aus zusammen gebundenen Baumstämmen hat man Flöße gefertigt. Die Boote wurden gerudert. Sogn. „Kvalsundboote" aus dem 7. Jh. wurde in der Gemeinde Herøy gefunden (S 42). Die Schiffsfunde aus der Wikingerzeit, 1200 bis 1000 Jahre alt, zeigen, dass man Segel zusätzlich zu den Rudern hatte. Ausgrabungen an den Brandstätten von Bryggen in Bergen (S 15) führen uns vor Augen, wie man im mittelalterlichen Norwegen Schiffe gebaut hat, in einer Zeit, in der die Hanse mit ihren Koggen und Hulken dominierte.

Schiffsfahrten von Nordnorwegen in südliche Landesteile entwickelten sich im Takt mit den Fischlieferungen nach Bergen. Die Schiffstypen veränderten sich mit der Zeit, doch das typische „Nordlandsboot", ein Segelboot, hatte Ähnlichkeit mit dem Wikingerschiff. Im 18. und 19. Jh. war die große Zeit der Segelschiffe, eine Zeit, in der die norwegische Handelsflotte stark expandierte. Der Raddampfer „Prinds Gustav" (124 ft) wurde 1838 auf der Route Trondheim – Hammerfest eingesetzt, und der Raddampfer „Prinds Carl" 1851 auf der Route Bergen – Hammerfest. Im Jahre 1893 war die MS „Vesteraalen" (168 ft, 200 Passagiere) das erste Hurtigrutenschiff, das im Sommer bis Vadsø und im Winter bis Hammerfest fuhr. Zunächst war Trondheim der Ausgangshafen, ab 1898 dann Bergen.

Der Schiffsverkehr entlang der langen, zerklüfteten Küste von Norwegen war mit Gefahren verbunden. In alten Erzählungen wird geschildert, wie man an strategischen Punkten Feuer anzündete, um den Seefahrern den Weg zu weisen. Die ersten norwegischen Seekarten erschienen erst im 18. Jh., von Holländern angefertigt, und deckten nur Süd- und Ostnorwegen ab, außerdem war nicht gut nach ihnen zu segeln. Der erste Leuchtturm des Landes wurde 1655 ganz im Süden bei Lindesnes gebaut. Bis 1814 gab es dann zehn Leuchttürme, nämlich fünf Küstenfeuer und fünf Hafen- bzw. Leitfeuer. Bis 1841 war die Zahl auf 27 gestiegen. Die ersten Leuchtfeuer bestanden aus offenen Feuerstellen, wo Kohle, Holz und Torf in einem Eisengefäß glühten. Nach und nach wurde die Navigation auf dem äußeren und inneren Schiffsweg sicherer. 1932 waren es dann insgesamt 212 bemannte Feuerstationen entlang der Küste, dazu etwa 4.000 Leuchtfeuer, Laternen und Leuchtbojen.

Erst als die Küstenlinie mit Feuerstationen und anderen Lichtmarkierungen ausgestattet war, konnten die Schiffe auch nachts segeln. Selbst die Hurtigrute fuhr in ihren ersten Jahren nach dem Start 1893 nur tagsüber. Einen Lotsen brauchte man auf der

ganzen Strecke. Als Hilfsmittel für die Bestimmung der Position und zur Berechnung von Geschwindigkeiten und Distanzen standen Uhr und Kompass zur Verfügung. Heutzutage sind alle Feuerstationen an der Küste automatisiert und mit elektrisch betriebenen Blinkern und avancierten Linsen ausgestattet, die ferngesteuert werden können.

Der Küstenverkehr und die Navigation haben eine enorme Entwicklung durchgemacht. Die heutigen Schiffe sind speziell für eine bestimmte Fracht gebaut. Außer Öltankern – vom Supertanker bis zum bescheideneren Küstentanker – gibt es Containerschiffe, Schwerlastschiffe, Spezialschiffe für Gas- und Chemikalientransporte und solche für Trockenlasten wie Getreide. Die Ölindustrie in der Nordsee hat ihre speziellen Versorgungsschiffe, oft mit einem Hubschrauber-Landeplatz ausgerüstet. Auch in der Fischereiflotte gibt es eine Reihe Spezialschiffe, von riesigen Fabrikschiffen über Trawler bis zu den kleinen, traditionellen Fischerbooten. Passagierschiffe verschiedener Größe besuchen die bekannten Touristenorte und fahren die Küste entlang. Kleine Auto- und Passagierfähren sorgen für den lokalen Transport in den Fjorden und zu den Inseln.

Auch in der Navigation hat sich vieles getan. Um die Sonnenhöhe für die Bestimmung der Schiffsposition zu messen, benutzt man alles vom Sextanten bis zu GPS und elektronischen Seekarten, dazu Radar, traditionelle Seekarten und visuelle Navigation, basiert auf Leuchtfeuern und Seezeichen.

Ein großer Teil des Personen- und Warentransports, der früher die „Reichsstrasse Nr.1" benutzt hat, wird jetzt auf dem Land- oder Luftwege abgewickelt. Doch in einem so lang gestreckten Land wie Norwegen wird dennoch vieles übers Wasser transportiert.

TAG 2

Florø, Måløy, Torvik, Ålesund, Geiranger, Ålesund und Molde

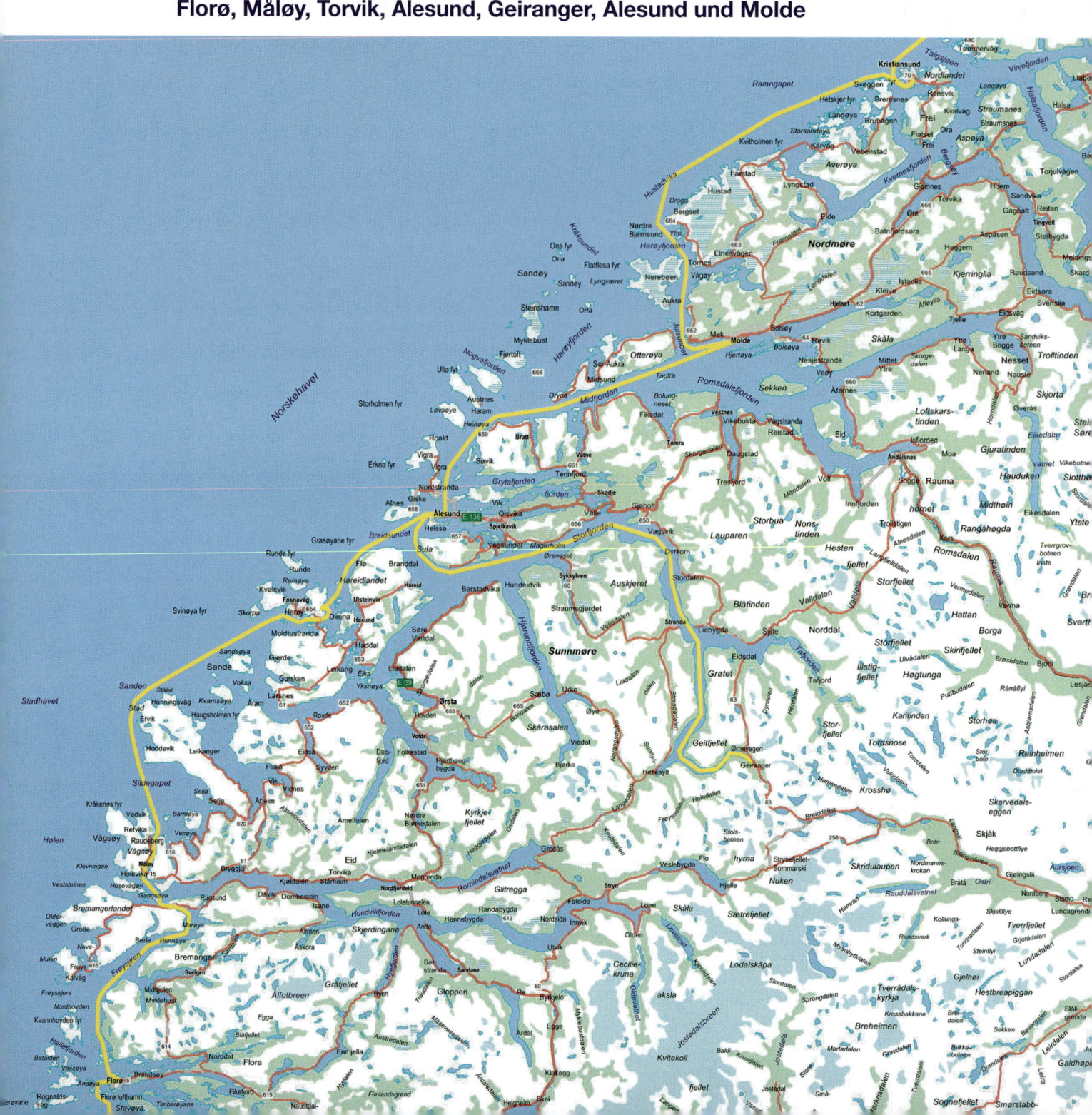

Nach Abgang von Bergen hat das Schiff die Gemeinden Askøy, Meland, Radøy, Fedje und Austrheim in der Provinz Hordaland und die Gemeinden Gulen, Solund, Hyllestad, Askvoll, Flora, mit dem erste anzulaufenden Hafen **Florø** (61°36'N 5°01'34"E, 01.50-02.15 Uhr), und Bremanger in der Provinz Sogn og Fjordane passiert. Wir befinden uns im nördlichen Teil des Skatestraumen mit der Insel Rugsundøya an SB und dem Fåfjord an BB.

Ca. 61°53'N   5°10'E
Wir passieren die Grenze zwischen den Gemeinden Bremanger und Vågsøy.

Die Gemeinde Vågsøy
Bedeutung des Gemeindewappens: Symbolisiert die Steuerung.
Bedeutung des Namens: Nach der Hauptinsel in der Gemeinde, erste Silbe „våg", Bucht.
Gemeindezentrum: Måløy (3 053 Einw.), **Position:** 61°56'31"N 5°07'35"E.
Areal: 176 km². **Einw.:** 6 123.
Bevölkerungsdichte: 34,8 Einw./km².
Arealverteilung: Landw. 4 %, Forstw. 14 %, Süßwasser 3 %, verbleibendes Areal 79 %.
Wirtschaft: Fischerei/Fischindustrie. Fischexport. An die Fischereiflotte gebundene Werkstattindustrie. Landwirtschaft mit Rinder-und Schafhaltung. Oft in Verbindung mit Fischerei.
Sehenswertes: Das Kråkenes Feuer. Refviksand. Der Handelsplatz Vågsberget.
Website der Gemeinde Vågsøy: www.vagsoy.kommune.no

Die Gemeinde umfasst die Insel Vågsøy, Teile des Festlandes östlich des Ulvesundes und die Inseln Husevågøy, Gangsøy und Silda nördlich des Ulvesundes. Die Besiedlung ist am dichtesten auf Vågsøy entlang des Ulvesundes.

61°53'N   5°10'E
Der Eingang zum **Nordfjord** (106 km lang) liegt an SB. Der Fjord erstreckt sich nördlich der Insel **Rungsøya**, er ist der viert längste in Norwegen und hat viele Verzweigungen: den **Eidsfjord** (13 km lang) mit dem Ort **Nordfjordeid** (2 606 Einw.), das Fjordsystem **Hundvikfjord/Utfjord/Nordfjord** mit den Orten **Stryn** (2 107 Einw.), **Loen** und **Olden** (491 Einw.), den **Gloppenfjord** (12 km lang) mit dem Ort **Sandane** (2 135 Einw.), den **Hyenfjord** (14 km lang) mit dem Ort **Hyen** und den kurzen Fjord **Ålfoten** mit dem Ort **Ålfoten**.

Der Ort **Allmenningen** an SB hat einen holzverarbeitenden Betrieb, wo man Fenster und Türen produziert.

Die Insel **Husevågøy** (9,3 km² inklusive **Gangsøya**) liegt an BB. Hier hat man Felszeichnungen aus der Bronzezeit (1800 – 500 v.Chr.) gefunden. Die Darstellung von 15 Schiffen kann Teil eines religiösen Opferrituals zur Sicherung der Fruchtbarkeit sein. In der Nähe liegen Reste eines Steinbruchs, wo man Speckstein abgebaut hat, der sich ausgezeichnet für Kochgeschirre und Kochsteine eignet, weil er so gut die Wärme hält.

Im Dorf **Angelshaug** an der Südspitze von Husevågoy an SB lag im zweiten Weltkrieg eine deutsche Torpedobatterie, sie war nur provisorisch, bestand aus zwei norwegischen 45-cm- Torpedorohren. Die Batterie war klein und gut getarnt und sollte den Eingang zum Nordfjord kontrollieren. Sie lag in einer kleinen Bucht und sah aus wie ein Schuppen, damit sie nicht auffiel. Die Batterie wurde im Dezember 1940 in Betrieb genommen. Ab August 1944 wurde eine deutsche Kommandozentrale im Dorf eingerichtet.

61°55'N   5°07'E
Den **Vågsfjord** haben wir an BB zwischen den Inseln Husevågøy im Süden und Vågsøy im Norden.

Die Insel **Vågsøya** (59,1 km², 604 m ü M) ist vom Festland durch den schmalen **Ulvesund** getrennt. Die Besiedlung auf der Insel ist verhältnismäßig dicht, besonders entlang des Ulvesundes. Die Orte **Måløy** und **Raudeberg** haben die größte Bevölkerungsdichte.

An SB liegt die Bucht **Skavøypollen** mit dem Ort **Tennebø**. Hier befindet sich ein Schul- und Sportzentrum, eine Schiffswerft und ein Holzlager. Der Hof Tennebø wird schon in schriftlichen Quellen von 1563 erwähnt.

Wir fahren in den Ulvesund hinein, um uns in Måløy an den Kai zu legen. An BB liegt Vågsøya, an SB das Festland.

Als die **Måløybrücke** (1224 m lang) 1974 eröffnet wurde, war sie die längste Straßenbrücke Norwegens. Sie hat insgesamt 34 Spannelemente, die zwei in der Mitte haben eine Länge von 125 m. Die geringste Segelhöhe beträgt 42 m. Die Brücke verbindet Vågsøya mit dem Festland. Sie soll Windstärken bis zu 75 m/s aushalten können. Informationstafeln an beiden Brückenenden zeigen die Windstärke an. Ist der Wind zu stark, muss die Brücke gesperrt werden. Bläst der Wind aus einer bestimmten Richtung, singt die Brücke das eingestrichene C.

Die Sør-Vågsøy-Kirche in Måløy liegt westlich der Måløybrücke. Die schöne Kirche wurde 1907 gebaut und hat 500 Sitzplätze.

Vorbei an der Sør-Vågsøy-Kirche führt eine kürzlich restaurierte Treppenstiege mit 250 Stufen hinauf auf den Berg zur Kanonenstellung und zur Wachstation über den Måløysund.

Der Ort **Deknepollen** (ca. 500 Einw.) liegt hinter der Landzunge **Naustneset** an SB. Bevor die Måløybrücke gebaut wurde, lag hier die Fährstation der Måløysundfähre. Heutzutage hat Deknepollen Fischindustrie und eine mechanische Werkstatt.

Die kleine Insel **Moldøen** liegt mitten im Ulvesund. Snorre erzählt in seinen Königssagen, dass König Magnus der Gute (1024 – 47) im Ulvesund im Jahre 1035 an Land gegangen ist, vermutlich auf der kleinen Insel Moldøen, und dort das Thing einberufen hat. Er wollte, dass ihn die Mächtigen des Nordfjords als Nachfolger seines Vaters, Olav des Heiligen (995 – 1030), zum König ausrufen sollten. Moldøen lag strategisch günstig im Ulvesund, wo aller Schiffsverkehr vorbei musste, und entwickelte sich im Laufe der Jahrhunderte zu einem wichtigen Handelsplatz. U.a. soll König Fredrik 4. von Dänemark-Norwegen auf seiner Norwegenreise 1704 auf Moldøen übernachtet haben. Große Schuppen wurden auf der Insel gebaut, aber ab Ende des 19. Jh.s verlor Moldøen allmählich an Bedeutung. Die Unternehmen wurden aufs Festland verlegt, aber in noch größerem Maße nach Måløy auf Vågsøya. Während des zweiten Weltkrieges wurden viele der alten Gebäude auf Moldøen abgerissen, um den deutschen Militärstellungen Platz zu machen. Der Rest brannte beim Angriff auf Måløy ab (S 31). 1951 wurde eine Mole gebaut mit einer Wegverbindung zwischen Moldøen und Måløy auf Vågsøya. Danach ging aller Schiffsverkehr im Ulvesund an der Außenseite der Insel entlang. In späteren Jahren siedelte sich neue Industrie auf Moldøen an.

Das Schiff legt am Kai in Måløy an

Der Name des Ortes **Måløy** (3 062 Einw.), der 1997 Stadtstatus erhielt, leitet sich von Moldøen ab. Ursprünglich bestand der Ort nur aus 5 alten Höfen, von denen heute nur die geographischen Bezeichnungen übrig geblieben sind. Der Regulierungsplan für 10 000 Einwohner wurde 1920 beschlossen. Die Straßen verlaufen nahezu parallel, sie haben keine Namen, sondern sind fortlaufend von 1 bis 8 nummeriert. Die „Sjøgate" (Seestraße) bekam eine elektrische Straßenbahn und eine Eisenbahnstation. Die Brückenverbindung zum Festland kam erst mehr als 50 Jahre später.

Die Fischerei hat eine große Rolle in der Entwicklung Måløys gespielt. Am Ende des 19. Jh.s begann der Ausbau Måløys als Fischereizentrum für Sogn und Fjordane. Die großen Saisonfänge an Dorsch und Hering rund um die Insel Vågsøya und nördlich davon wurden zum größten Teil in Måløy angelandet. Dasselbe galt für den „Bankfisch" (auf Fischbänken vor der Küste gefangen), hauptsächlich Heilbutt aus der Gegend nördlich von Stad. 1899 nahmen z. B. 1 620 Fischer in 323 Booten an der Skreifischerei (Skrei = geschlechtsreifer Dorsch) teil in der Umgebung von Selje – Vågsøy. Auf der Westseite von Vågsøy fiel die Dorschfischerei zwischen 1890 bis ca. 1920 geradezu abenteuerlich aus. Viele der hiesigen Fischerdörfer wurden in dieser Zeit gegründet und existieren heute noch.

Die Fischereiflotte wuchs und wurde motorisiert. 1905 berichtete ein Zeitungsartikel: „In Moldøen wird mit 4-5 Dampfschiffen und 40 Segelfahrzeugen gefischt. Emsige Zeiten für die Arbeiter. Leben und Geschäftigkeit überall." Måløy eignete sich gut für die modernisierte Fischereiflotte. Außerdem war Måløy schon 1858 eine Haltestelle für den öffentlichen Schiffsverkehr.

> Es wird von einem Schiffsuntergang im Måløysund aus dem Jahre 1905 berichtet „Das Stavangerschiff „Sjøgutten" war auf dem Weg durch den Måløysund in Richtung Norden. Es hatte 700 t Mauersteine geladen, die für Ålesund bestimmt waren. Es herrschte dichter Schneefall in Sund. Um 09.00 Uhr lief das Schiff auf Grund und um 12.00 Uhr sank es in 30 Fuß Tiefe" dabei rissen 5 Kabelrossen. Es liegt quer über dem Telegraphenkabel, das gerade hier über den Sund nach Vaagsøen gelegt worden ist. Das Nordfjordkabel ist schon durchtrennt. Das gesunkene Schiff hat sich so platziert, dass es ein Hindernis für den Verkehr im Sund darstellt. Die Bergungsmannschaft mit Tauchern ist schon in Bergen angefordert worden. Die Leute wurden gerettet. Die Ladung wurde im Laufe des Frühjahrs geborgen und der Verkauf von Mauersteinen lief gut in Måløy. Als man das Schiff gehoben hatte, funktionierte die Maschine trotz des Unterganges noch. Anfang Juni verließ das Schiff aus eigener Kraft Måløy mit zwei Tauchbooten als Eskorte. „Es gab einen beeindruckenden Abschied unter Tuten der Dampfschiffe und Salutschuss an Land, viele winkten mit Flaggen und Taschentüchern."

Von 1900 bis 1920 wuchs die Bevölkerungszahl in Måløy von 400 auf 1200. Große Fischhallen und Gefrierhäuser aus Beton wurden am Strand entlang errichtet. Die intensivste Entwicklung fand zwischen 1910 und 1920 statt, aber dann folgte der ökonomische Einbruch, so dass viele der größten Fischexporteure Konkurs gingen. Ab 1928 erholte sich die Heringsfischerei wieder. Ein paar Jahre später gewann der Fang von Grönlandhai und Heringshai an Bedeutung für den Export dieser Gegend.

Der Angriff auf Måløy fand am 27. Dezember 1941 statt. Um 9.00 Uhr wurden 576 alliierte Kommandosoldaten, darunter 43 Norweger von der Kompanie Linge, an der Südküste von Vågsøya an Land gesetzt. Das Hauptziel war, deutsche Truppen anzugreifen und deutsche Kriegsschiffe in der Umgebung zu versenken. Die Deutschen wurden sofort von Schiffen und Flugzeugen aus angegriffen. Man rechnete mit 300 deutschen Soldaten in diesem Gebiet. Der Angriff dauerte sechs Stunden. Auf Seiten der Alliierten wurden 17 Soldaten getötet, darunter Kapitän Martin Linge, weitere 58 wurden verwundet. 150 deutsche Soldaten fielen, 98 wurden gefangen genommen. Keine Zivilperson wurde in Måløy getötet, aber viele Gebäude am Strand, Wohnhäuser und zwei Fabriken wurden zerstört. Die deutsche Küstenbatterie wurde daraufhin hier verstärkt. Mit dem Angriff auf Måløy und einem ähnlichen auf den Lofoten (S 159) beabsichtigte man, die deutsche Führung glauben zu machen, dass eine Invasion der Alliierten in Norwegen bevorstünde. Das funktionierte, so dass für den Rest des zweiten Weltkrieges eine große Anzahl deutscher Truppen in Norwegen stationiert wurde, während die Kriegshandlungen relativ gering waren im Verhältnis zu anderen Teilen Europas.

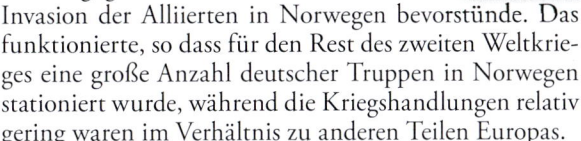

Ein Großangriff mit 49 alliierten Flugzeugen fand am 22. April 1945 statt. Zuerst griffen 26 Beaufighter drei Fahrzeuge im Gebiet Vågsøy/Måløy an. Die Fahrzeuge waren bei einem Erkundungsflug am selben Tag entdeckt worden. 24 Mustang-Jagdflieger waren als Eskorte dabei. Ein Flugzeug havarierte auf dem Flug nach Norwegen, eins wurde beim Angriff abgeschossen.

Måløys Fundament war und ist der Fisch, aber manche Fischarten schwanken in ihrem Vorkommen in einem gewissen Zyklus. Eine neue Periode mit abenteuerlichen Fängen begann 1947. In den besten Zeiten waren mindestens 1000 Boote mit 10 000 Fischern in Måløy versammelt. Der Fisch gab Tausenden an Land Arbeit. 1956 war das Spitzenjahr, 1960 war dann wieder Schluss.

Die Fischindustrie in Måløy basierte im Großen und Ganzen auf der Anlandung von Fischrohstoff unter großen saisonabhängigen Schwankungen bis in die 1980er Jahre. Die Produktionsanlagen an Land wurden daher nie vollständig ausgenutzt. In späteren Jahren stützte sich die Fischindustrie auf die Rohstofflieferung aus näheren und entfernteren Meeresgebieten und aus Aufzuchtsanlagen. Die Fischindustrie kann in ihren Produktionsanlagen den gesamten Fisch verwerten: in Filetierungsbetrieben, Trankochereien und Fischmehlfabriken. Måløy ist einer der wichtigsten Fischerorte und Fischexporthäfen im Lande. Die Fischprodukte werden in weltweiten Ketten verkauft. Måløy ist außerdem ein wichtiges Handels- und Kommunikationszentrum.

Das Wrack der D/S „Klaus Fritzen" liegt in 40-55 m Tiefe im Ulvesund zwischen Måløy und Deknepollen. Das Schiff, 1922 gebaut, wurde von britischen Fliegern der 608. Schwadron im Mai 1942 mit Bomben zerstört und sank rasch. Da lag es im Hafen von Måløy vor Anker. 19 Mitglieder der Mannschaft kamen um. Abgesehen von den Bombenschäden ist das Wrack verhältnismäßig intakt.

Das deutsche Schiff „Anhalt", gebaut 1921, wurde ebenfalls getroffen. Es war schon vorher mehrmals beschädigt worden, war 1940 vor der schwedischen Küste auf eine britische Mine gelaufen und 1941 vor den Niederlanden mit Bomben angegriffen worden unter Verlust mehrerer Menschenleben. Während des Angriffs auf Måløy befand sich das Schiff mitten im Zielgebiet und wurde stark beschädigt, hielt sich aber bis zu einem erneuten Angriff im Mai 1942. Heute liegt Anhalt im flachen Wasser bei Vågsøy.

Der Berg **Hanekammen** (652 m ü M) auf der Festlandsseite. An BB passieren wir den Berg **Veten** (604 m ü M), ein Seezeichen. Man nimmt an, der Name kommt von „Vetesystem", einem Warnsystem, das an der Küste bis vor 200 Jahren in Gebrauch war (S 82).

Das Schiff fährt weiter nach Torvik   + 0 Std 00 Min

Nach Verlassen Måløys fahren wir weiter durch den Ulvesund. Dieser Sund hat seinen zentralen Platz in der Geschichte Norwegens, und so manches Mal hat er den Seefahren Schutz geboten, die sich beim schlimmsten Sturm nicht auf die tobende See bei Stad gewagt haben. In Snorres Königssagen kann man lesen, dass die Söhne von König Eirik Blodøks (895 – 954) im Jahre 954 mit einem großen Heer gen Norden segelten. Sie waren auf dem Weg nach Nordmøre, wo sie König Håkon den Guten überfallen wollten, trafen aber bei Stad auf schlechtes Wetter und lagen sieben Tage an einer geschützten Stelle vor Anker. Die Getreuen des Königs sandten inzwischen eine Nachricht auf dem Landwege an ihn, so dass er gewarnt war und sein eigenes Heer sammeln konnte, um ihnen entgegen zu treten. König Håkon gewann die Schlacht.

An SB die Industrieansiedlung **Trollebø** mit Heringsölfabrik und Fischveredelungsbetrieb. Hier entwickelt sich ein Industriegebiet. Danach folgen die Dörfer **Saltkjelen** und **Hagevik,** beide schon 1563 in schriftlichen Quellen erwähnt.

61°58'16"N 5°09'E   + 0 Std 20 Min

Die Landzunge **Kapellneset** an BB wurde in den letzten Jahren immer mehr industrealisiert, z.B. mit Werftindustrie.

1944 wurde zur Erinnerung an die erste Kirche in dieser Gegend, die 1580 gebaut und bis 1854 benutzt wurde, ein Glockenturm errichtet. Unterhalb des dazu gehörenden Friedhofs hat man 1949 Reste eines Wikingerschiffes gefunden, das vermutlich vor ca. 1000 Jahren gesunken ist.

An BB der Ort **Raudeberg** (697 Einw.) nördlich von Kapellneset, der zweitgrößte Ort in der Gemeinde Vågsøy. Das Wirtschaftsleben hier beruht auf Fischindustrie (Klippfisch und Stockfisch) und Werkstattindustrie (Reparatur und Umbau von Fischerbooten). Auch Raudeberg wurde schon 1563 in Schrift-

quellen erwähnt, der Name geht wahrscheinlich auf das rote Gesteinsvorkommen im Ort zurück.

Die Nord-Vågsøy-Kirche liegt auf der Landzunge hinter Raudeberg. Sie ist seit 1960 in Gebrauch und hat 492 Sitzplätze. Die alte Holzkirche, die da vorher stand, brannte nach einem Blitzeinschlag 1945 ab.

Das Ulvesund-Feuer, an SB hinter Raudeberg, liegt auf der Landzunge **Hjarteneset** bei Osmundsvåg und ist ein Leit- und Einfahrtsfeuer, gebaut 1870, automatisiert 1985, restauriert 2003. Der Leuchtturm ist heute im Privatbesitz, wird als Cafè genutzt und für Ausstellungen und Kulturveranstaltungen ausgeliehen.

Im Dorf **Osmundsvåg** an SB am nordöstlichsten Ausläufer des Ulvesundes hat man einen steinzeitlichen Siedlungsplatz mit Gerätschaften und Waffen gefunden.

Der Eigentümer des Handelsplatzes Osmundvåg erhielt schon 1707 den Königsbrief für Handel und Gastwirtschaft. Um 1875 gab es hier eine Konservenfabrik für Krabben- und Fischprodukte, die erste in der Provinz Sogn und Fjordane. Die Produkte bekamen ausgezeichnete Kritik bei einer Ausstellung in Philadelphia, USA, und Medaillen bei Ausstellungen in Europa. In den 1880er Jahren wurde der Betrieb eingestellt. Vom Beginn des 20. Jh. an gingen die Aktivitäten des Handelsplatzes langsam zurück. 1956 brannten die Gebäude ab.

Von November 1942 bis August 1944 befand sich hier ein deutsches Fort, das Sildegapet in nördlicher Richtung und auch den nördlichen Eingang zum Ulvesund überwachen sollte. Das Fort war u.a. bestückt mit vier belgischen 155 mm Feldkanonen mit einer Reichweite von 13 km, dazu fünf kleineren Kanonen zur Nahverteidigung und einem großen Scheinwerfer. Obendrein war es von 1650 Minen zu seinem Schutz umgeben. Ein weiteres deutsches Fort lag bei Halsør an BB, etwas weiter nördlich auf Vågsøya. Die Kanonen, die in den Küstenforts benutzt wurden, waren z. T. Kriegsbeute oder vorher auf Kriegsschiffen benutzt worden und auch Neuproduktionen.

Das Gebirge **Ramnereiret** (407 m ü M) an BB, an seinem Fuß die Dörfer **Halsør** und **Langenes**. Im Berg hinter Halsør befand sich ein deutscher Kommandobunker, der dieselbe Umgebung wie das Fort in Osmundsvåg abdecken sollte.

62°00'31"N   5°09'E   + 0 Std 24 Min

Die Insel **Silda** (1,1 km²) an SB liegt sehr dem Wetter ausgesetzt draußen vor Sildegapet und dem Meeresgebiet von Stad. Silda ist eines der ältesten Fischerdörfer in der Gemeinde Vågsøy, schon 1340 in Schriftquellen erwähnt. Auf der Insel stand eine Kapelle von 1320 bis 1580. Später wurde eine neue Kirche in Nord-Vågsøy gebaut. Dieser Platz ist heute mit einer Gedenktafel markiert. Hier im Hafen haben die Schiffe auf besseres Wetter gewartet, um Stad umrunden zu können und die Lotsenstation Stad zu erreichen.

In Snorres Königssagen steht in der Sage von König Håkon Håkonsson (1204 – 63), dass er und Sture Jarl am 24. April 1237, zu einer Zeit, da der König schon 20 Jahre lang regiert hatte, zusammen nach Trondheim reisen wollten. Als sie Stad erreichten, gab es ein Unwetter, das sie im Nothafen von Silda abwarten mussten. Über König Magnus Lagabøte (1238 –80) heißt es, dass er Silda im November 1264 besucht hat. Er wollte schon im Herbst nach Trondheim reisen, kam aber spät los. Zur Sonntagsmesse lag er in Leirgulen, weiter ging's über Silda nach Selje, danach über Eidet (Dragseidet), alles nur, um nicht um Stad herum fahren zu müssen.

Während des Napoleon-Krieges (S 85), als Norwegen von Dänemark abhängig war, wurde Silda im Juli 1810 von den beiden britischen Fregatten „Nemesis" und „Belvedere" angegriffen. Die Fregatten beschossen zwei Kanonenschoner, die dort stationiert waren. Die Schiffe wurden konfisziert und die norwegische Mannschaft gefangen genommen. Danach verfolgten die Engländer norwegische Soldaten in den Bergen von Osmundsvåg auf dem Festland.

Der Ausbau des Inselhafens mit zwei Molen begann in den 1860er Jahren. Viele der seegehenden Fischerboote hatten damals ihren Heimathafen auf Silda. Und so manches Schiffsdrama hat sich dort abgespielt. Der letzte Lotse der Insel kam beim Untergang des Schoners „Marie" aus Drammen im Dezember 1862 ums Leben.

> Am 22. Januar 1925 lief die D/S „Aladdin" bei Silda auf Grund. Das Schiff lag bei starkem Sturm im Måløysund vor Anker, doch der Anker riss sich los, und das Schiff begann zu treiben. Unter dramatischen Umständen mit Hilfe eines anderen Schiffes und unter heldenmütigem Einsatz einiger Inselbewohner gelang es, alle Menschen zu retten. Dieses Ereignis nannte man später „die Aladdinsnacht".

Während des zweiten Weltkriegs spielten die Bewohner von Silda eine große Rolle beim Transport norwegischer Flüchtlinge nach Shetland und England und auch sonst in der Widerstandsbewegung.

Heute wohnen 30 Menschen ganzjährig auf Silda, in der Sommersaison beträchtlich mehr. Silda ist eine beliebte Ferieninsel mit täglicher Fährverbindung nach Måløy.

Die gebirgige Insel **Barmøya** (9 km²) liegt zwischen Silda und dem Festland in der Gemeinde Selje (S 36). Auf der Ostseite der Insel steht am Strand ein Runenstein, 1,55 m hoch, 50-70 cm breit und 15 cm dick. Vermutlich stammt er aus der älteren Eisenzeit (S 83). In der Umgebung gibt es viele Grabhügel und Bautasteine.

Das vor uns liegende Meeresgebiet um die Halbinsel Stad gilt als eines der gefährlichsten in Norwegen. Man hat sogar erwogen, einen **„Stad-Tunnel"** zu bauen. Schon im September 1874 wurde diese Möglichkeit in einem Zeitungsartikel vorgestellt. Seitdem ist das Projekt immer mal wieder diskutiert worden, aber der politische Beschluss und der Zeitpunkt, wann denn ein Schiffstunnel eventuell gebaut werden soll, stehen noch aus. Nach den Berechnungen soll der Tunnel 1800 m lang werden, mit einer Segelhöhe von ca. 22 m, einer Tiefe von 12 m und einer Fahrrinne von 23 m Breite. Die Dimensionen sind aber noch in der Diskussion, selbst das größte Hurtigrutenschiff soll hindurch passen. Die Streckenführung soll im Inneren des **Moldefjords** beginnen, hinter den Inseln Silda und Barmøya entlang führen bis Kjødepollen am Vanylsfjord hinter dem Stadland, wo die Halbinsel am schmalsten ist – ca. 1900 m breit. Der Berg, durch den der Tunnel gehen soll, ist ca. 400 m hoch.

Damit wird die Sicherheit erheblich zunehmen, und zusätzlich rechnet man damit, dass der „Schiffstunnel von Stad" für den Tourismus der Gegend eine große Bedeutung erlangen wird. Es wird der einzige Schiffstunnel der Welt sein, vergleichbar mit dem Kanal von Korinth in Griechenland, der vor ca. 100 Jahren gebaut wurde. Aber der ist durch poröseres Gestein geführt worden und ohne Dach, und die Felswände haben nur eine Höhe von 70 m.

Sildegapet ist der Name der Fjordbucht zwischen dem Kråkenes-Feuer auf Vågsøy und Furenes auf der Stad-Halbinsel. Die wetterumtoste Öffnung zur Stad-See ist zwischen diesen beiden Punkten ca. 10 km breit, die Fjordbucht ca. 33 km lang.

62°01'28"N   5°08'38"E   + 0 Std 32 Min ②

Die kleine Insel **Selja** (1,6 km²) in der Gemeinde Selje an SB. Auf der Insel liegt die Ruine des Selje-Klosters, des ältesten Kirchenzentrums im Vestlandet.

Die Sage erzählt, dass eine christliche, irische Königstochter im 10. Jh. vor ihrem heidnischen Freier flüchtete mit einem Gefolge von drei Schiffen. Die Schiffe trieben steuerlos und ohne Segel auf die norwegische Küste zu und strandeten auf Selja. Das Häuflein Menschen suchte in einer Berghöhle Zuflucht, die man später die „Sunnivahöhle" nannte. Als die heidnischen Norweger unter Håkon Jarl sie von der Insel jagen wollten, baten die irischen Flüchtlinge Gott um Hilfe. Sie wurden daraufhin von einer Steinlawine begraben. Später erschien eine geheimnisvolle Lichtsäule über Selja. Da ließ König Olav Tryggvason (968 – 1000) die Gebeine der Märtyrer einsammeln. Sunnivas Gebeine erwiesen sich als gänzlich unbeschädigt. Man legte sie in einen Schrein, den „Sunnivaschrein" und Sunniva selbst wurde die Lokalheilige des Vestlandet.

Der König soll im Jahre 996 die erste Sunnivakirche hat bauen lassen, eine Holzkirche, direkt unterhalb der Höhle, in der man die Überreste von Sunniva und ihrem Gefolge gefunden hatte. Ungefähr an demselben Platz hat man 1070 die erste Steinkirche des Landes errichtet, auch die hieß Sunnivakirche. Im Innern der Höhle fand man Spuren der aller ersten Kirche der Insel, genannt „Salen" oder „Michaeliskirche", dem Erzengel Michael geweiht. Die Reste bestehen aus einem gepflasterten Weg und einem aufgerichteten Stein, der wohl als Altar gedient hat.

Kurz nach 1100 bauten Benediktinermönche ein Kloster nahe dem Ufer von Selja zu Ehren des englischen Heiligen St.Alban, der der Sage nach der Bruder und Begleiter Sunnivas gewesen sein soll. Ein separater Teil des Klosters lag oben im Berg unterhalb der Sunnivahöhle. Das Kloster ist wahrscheinlich das älteste christliche Heiligtum im Lande. Es hat einen dominierenden, viereckigen römischen Turm von 14 m Höhe und liegt auf der Strandfläche auf der Westseite der Insel. Man nimmt an, dass das Kloster im 14. Jh. fertig gestellt wurde, 1913 und 1935-40 wurde es jeweils restauriert.

Auf der Strandfläche unterhalb des Berges baute man im frühen 12. Jh. auch eine Albanuskirche, die zum Kloster in Selje gehörte. Die Kirche war innen und außen mit exakt zugehauenen olivinhaltigen Steinen bedeckt; man kann heute noch die Schlagmarken sehen. In späterer Zeit wurde die Kirche ausgebaut, vermutlich nach dem Brand von 1305.

Es gilt als einzigartig, dass die Klosteranlage und das Heiligtum, bestehend aus der Sunnivahöhle mit Salen (Michaeliskirche), der Sunnivakirche und der Terrassenanlage, hier zusammen an einem Ort liegen.

Selja war der erste Bischofssitz des Vestlandet von 1068 bis 1170. Als dieser 1170 nach Bergen verlegt wurde, übernahmen die Benediktinermönche die Albanuskirche. Der Sunnivaschrein zog mit dem Bischofssitz nach Bergen, wo er seinen Platz auf dem Hochaltar der Domkirche fand. Es wird angenommen, dass der Schrein zerstört wurde, als das Munkelivkloster in Bergen in der Reformationszeit im Jahre 1536 abgerissen wurde.

62°01'N 5°09'E ②

Das Feuer von **Skongenes** an BB an der nordöstlichsten Spitze von Vågsøy wurde 1870 gebaut und hat eine Reichweite von 13,9 n.M. Es ist ein Leit- und Einfahrtsfeuer, bekam 1963 ein Nebelsignal, Nautofon. 1985 wurde es automatisiert und damit unbemannt. Die Anlage besteht aus vier Gebäuden, die einen Innenhof umschließen, und ist ein beliebtes Touristenziel.

Skongeneshellaren ist eine Höhle nahe beim Leuchtfeuer, 100 m vom Meeresufer entfernt und 20 m ü M gelegen. Die Höhle ist 40-50 m tief und 30-35 m hoch, im Innern hat man 2 400 Jahre alte Reste aus der älteren Eisenzeit gefunden.

62°02'46"N 5°07'47"E + 0 Std 40 Min

Das Feuer von **Kråkenes**, etwas weiter entfernt an BB, liegt an der nordwestlichsten Spitze von Vågsøy. Es wurde 1906 gebaut, liegt 45 m ü M und hat eine Reichweite von 17,5 n.M. Es ist ein Leit- und Einfahrtsfeuer.

Während des zweiten Weltkrieges war in Kråkenes ein deutscher Artillerietrupp stationiert. 1942 wurde hier eine der ersten Radaranlagen Norwegens gebaut, dasselbe geschah 1944 auf dem Berg Kjerringa auf Stad. Das Kråkenesfeuer brannte 1945 ab, nach einem Bombenangriff eines alliierten Flugzeugs. Im Jahr darauf wurde ein mittelfristiges Feuer eingerichtet, 1950 war dann das neue Leuchtfeuer fertig, 1961 wurde es an das Stromnetz angeschlossen, 1986 automatisiert und war dann ab 1991 unbemannt. Die Wetterstation dort ist weiterhin in Betrieb.

Kråkenes ist einer der Orte in Norwegen, der dem Wetter am stärksten ausgesetzt ist. Man hat Wellen bis zu 26 m Höhe gemessen. 1994 gelangte der Leuchtturm in Privatbesitz und wurde restauriert. Man hat dort ein Café eröffnet, es gibt Übernachtungsmöglichkeiten und sogar eine Hochzeitssuite.

Die Bucht **Refvika** mit **Refviksanden** liegt zwischen den Leuchtfeuern von Kråkenes und Skongenes. Es wird behauptet, Refviksanden hätte einen der schönsten Sandstrände in Norwegen. Während des Krieges waren 7 100 Landminen im Gebiet von Vågsøy vergraben, 4000 davon in Refviksanden.

> Etwas südlich vom Kråkenesfeuer liegt das Wrack des deutschen Dampfers „Gilhausen" (gebaut 1921), der am 26. September 1941 auf der Landzunge Palleneset strandete. Das Wrack liegt in 36 – 50 m Tiefe und ist in relativ gutem Zustand.

Ca. 62°03'N   5°07'37"E

Wir passieren die Grenze zwischen den Gemeinden Vågsøy und Selje.

Die Gemeinde Selje

Bedeutung des Gemeindewappens: Bezieht sich auf St.Sunniva.
Bedeutung des Namens: Ursprünglich ein Inselname, vielleicht von sel „Bergdorf" oder von sal, bezogen auf die Sunnivahöhle auf der Insel.
Gemeindezentrum: Selja (713 Einw.).
Position: 62°03'N 5°20'43"E. **Areal:** 226 km².
Einw.: 2 958. **Bevölkerungsdichte:** 13,1 Einw./km².
Arealverteilung: Landw. 6 %, Forstw. 7 %, Süßwasser 3 %, verbleibendes Areal 85 %.
Wirtschaft: Landwirtschaft mit Schaf- und Rinderhaltung. Etwas Pelztierzucht, Fischerei auf Fischbänken und mit Küstennetzbooten. Fischaufzucht. Werkstattindustrie mit Bootsbau. Nahrungsmittelindustrie mit Fischverarbeitung. Textil- und Bekleidungsindustrie. Tourismus.
Sehenswertes: Selje Kloster und Heiligtum. Das Westkapp-Plateau mit dem Westkapp-Haus.
Hinweis auf Aktivitäten: Wellensurfen in Hoddevika. Bergtouren bei Stad. Historisches Spiel „Auf Sverdeggja" bei Dragseidet jedes zweite Jahr zu Pfingsten.
Website der Gemeinde Selje: www.selje.kommune.no

Die Gemeinde Selje an BB umfasst die Halbinsel **Stadlandet**, das Gebiet südlich davon mit den Inseln Barmen und Selja. Die Bebauung erstreckt sich entlang der Küste, die stärkste Konzentration findet sich im Verwaltungszentrum Selje (694 Einw.) auf der Festlandsseite hinter der Insel Barmen.

Vor dem äußeren Teil der Halbinsel Stadlandet gibt es keinen Schärengarten, deshalb ist er sehr stark dem Wetter ausgesetzt. Der Name leitet sich von der nordischen Bezeichnung **stadr** ab, angeblich mit der Bedeutung stanse (anhalten), weil die Seeleute hier besseres Wetter abwarten mussten.

62°04'24"N   5°06'44"E   + 0 Std 46 Min

Bei dem Dorf **Dragseidet** an SB befindet sich der flachste Pass über die Halbinsel. Eine Alternative zum Abwarten auf besseres Wetter war, das Boot über Land zu tragen. Dafür eignete sich Dragseidet am besten. Die Boote wurden über Stöcke gerollt. Man weiß nicht genau, wo der Weg entlang führte, aber man nimmt an, dass die Boote auf der Westseite des Stadlandes bei **Drage** an Land geschoben wurden, auf der Nordostseite der Halbinsel bei **Leikanger.** Dies war in der Wikingerzeit wohl eine oft angewendete Methode, wenn man es eilig hatte. Der Weg, der heute über die flache Stelle führt, ist ein alter Postweg, ca. 5 km lang. Der höchste Punkt, **Kongshaugen,** liegt ca. 240 m ü M.

Die Geschichte berichtet, dass König Olav Tryggvasson im Jahre 997 viele Leute, die aus der Gegend von Sogn, Norfjord, Sunnmøre und Romsdal in Kongshaugen zusammen gekommen waren, zum Christentum bekehrt habe. Etwas nördlich von Kongshaugen steht das Denkmal Olavkrossen (das Olavskreuz), das 1913 zur Erinnerung an dieses Ereignis aufgestellt wurde. Das Kreuz bezeichnet die Stelle, wo die Taufe stattfand.

In Snorres Königssagen von 1220 wird die Geschichte von der Christianisierung in Dragseidet etwas anders erzählt. König Olav berief das Vierprovinzen-Thing ein und erschien mit großem Gefolge und einem Heer aus Rogaland und Hordaland. Die Versammelten konnten zwischen zwei Dingen wählen: entweder traten sie zum Christentum über und ließen sich taufen oder sollten gegen ihn kämpfen. Als die Bauern sahen, dass ein Kampf gegen den König und sein Heer aussichtslos sein würde, ließen sie sich taufen.

An den Stränden von **Drage** und dem Nachbardorf **Austmyr** liegen 16 Gräber aus der älteren und jüngeren Eisenzeit (S 83). Die Funde in den Gräbern waren spärlich, aber in einem fand man einen Krug aus der Völkerwanderungszeit.

62°06'N   5°05'42"E   + 0 Std 53 Min

Der Höhenzug **Signalen** (441 m ü M) an SB, wird auch **Revjehornet** genannt. Er gehört zu den Bergen, die an dem militärischen Warnsystem in Selje und Nordfjord beteiligt waren (S 82).

Die Landzunge **Gamla** liegt am südwestlichen Punkt des Signalen mit den Dörfern Indre Fure und östlich des Berges Ytre Fure, letzteres inzwischen unbewohnt.

62°07'22"N   5°05'E   + 0 Std 59 Min

Furestaven, ein flacher, kegelförmiger Berg, ragt am äußersten nordwestlichen Punkt des Signalen als ein Teil des Gebirges heraus. In ungefähr 50 m Höhe befindet sich ein Specksteinvorkommen. Speckstein war eine begehrte Handelsware im Süden Europas, ein Gestein, aus dem man Kunstgegenstände und Kochtöpfe machte. In der Felswand von Furestaven findet man Spuren von ca. 50 Entnahmen, die bis in die Wikingerzeit oder noch weiter zurück datiert werden.

In der Bucht **Hoddevika** liegt zwischen den Höhenzügen Signalen und **Måsekleivhornet** (540 m ü M) das Dorf **Hoddevik**. Das Dorf lebt von der Landwirtschaft und hat einen der schönsten Sandstrände des Landes. Hoddevik wird immer bekannter und beliebter wegen seiner guten Möglichkeiten zum Wellensurfen.

Der Berg **Hovden** erhebt sich zwischen den Buchten Hoddevika und Ervika. 1932 wurde auf Hovden eine norwegische, militärische Flugwarnstation installiert. 1942/43 bauten die Deutschen dort eine Küstenfestung, die im Sommer 1944 einsatzfähig war und noch bis einen Monat nach der deutschen Kapitulation 1945 unter deutscher Leitung stand. Hier wurden vier 105 mm Kanonen, drei 40 mm und zwei 20 mm Luftabwehrkanonen und zwei 60 cm Scheinwerfer installiert. Ein Tunnel von 94 m Länge wurde durch den Berg getrieben für eine Seilbahn auf Schienen, die dem Transport von Munition für die Kanonenstellungen diente. Ein weiterer Tunnel von 104 m Länge führte zu einer Kanonenstellung auf der Bergspitze. Die Kommandozentrale, der Gemeinschaftsraum und das Munitionslager waren in einem Bunker im Berg untergebracht. Auf dem Berg gab es außerdem eine deutsche Flugzeugmeldestation und eine Marinesignalstation. Die Festung wurde gleich nach dem Krieg aufgegeben.

Die strategische wichtige Stadsee war außergewöhnlich gut gesichert. Auf der Meeresstrecke von Vågsøy im Süden bis Åram im Nordosten von Stad standen im Ganzen 19 große Kanonen vom Kaliber 40 bis 105 mm und 14 Luftabwehrkanonen. Das offene Fahrwasser, das die Schiffe und ihre Konvois passieren mussten, bot keine einzige Möglichkeit, einem Luftangriff auszuweichen.

Als im Sommer 1945 endlich Frieden war, wurden große Mengen an deutschem Kriegsmaterial von den Briten vernichtet, obwohl sie gut für zivile Zwecke oder zum Aufbau einer norwegischen Verteidigung zu gebrauchen gewesen wären. Die Küstenfestungen wurden allerdings nicht zerstört, vermutlich, weil viele von ihnen weit entfernt von den Bevölkerungszentren lagen und weil sie von Minenfeldern umgeben waren, die schwer zu sprengen waren. Aber Flugmaterial, Fahrzeuge und vieles mehr wurde gleich nach dem Krieg vernichtet.

Das Dorf **Ervika** im äußersten Westen Norwegens liegt im Innern der Bucht zwischen den Bergen Hovden und Kjerringa/Vestkapp. Mitten im Dorf befand sich ein für seine Brutalität berüchtigtes Kriegsgefangenenlager für 120 Gefangene. Die Deutschen zwangen osteuropäische und russische Kriegsgefangene, die Festungen auf Stad zu bauen. Die Reste des Gefangenenlagers kann man noch heute sehen.

Zwischen der Landspitze Gamla und Ervika hat man 58 Schiffswracks lokalisiert, die meisten sind nicht identifiziert. Es gibt viele Berichte über Schiffsunglücke in dieser Gegend. 1594 gingen 15 Fang- und Handelsschiffe beim selben Sturm unter, auf jedem kamen 20 bis 40 Leute um. 1692 gingen 16 Nordlandsboote auf dem Weg nach Bergen verloren, die meisten Seeleute kamen dabei um. 1763 waren es 14 Nordlandboote, die mit 15 – 20 Menschen untergingen. 1920 lagen 30 Boote von den Færør-Inseln zum Fischen vor Ervika, als plötzlich ein starker Sturm die Boote kentern ließ, die meisten Fischer jedoch wurden gerettet. 1956 kenterte das Fischerboot „Brenning". Die Rettungsmannschaft hörte Klopfsignale aus dem Innern, schaffte es aber nicht, das Boot an Land zu schleppen, bevor es unterging. 19 Menschen kamen um. Dies sind nur einige Bespiele aus einer langen Reihe von Havarien bei Stad.

Bei Buholmen vor Ervika liegen die verwitterten Reste des Wracks der „Sanct Svithun". Das Schiff war am 30. September 1943 auf dem Weg von Ålesund nach Måløy, als es von sechs britischen Flugzeugen angegriffen wurde, obwohl es deutlich als ziviles und unbewaffnetes norwegisches Schiff gekennzeichnet war (andere Quellen behaupten, das Schiff hätte von Deutschen bemannte Flugabwehrkanonen an Bord gehabt). „Sanct Svithun" wurde in Brand gesetzt, wobei viele umkamen, andere sprangen ins Wasser und ertranken. Trotz kräftigen Seegangs gelang es den Bewohnern von Ervika, 76 Menschen zu retten. Das Schiff sank bei Kobbeholmen zwischen Buholmen und dem Festland auf den Meeresgrund. Die Anzahl der Umgekommenen wird auf 50 geschätzt. Die Umstände dieses dramatischen Schiffsuntergangs wurden lange vor der Öffentlichkeit geheim gehalten. Als Grund für den Angriff wurde unterdessen angenommen, dass sich ein Kontingent von 50 deutschen Soldaten mit auf der „Sanct Svithun" befunden hätte. Aber die Soldaten waren schon in Ålesund von Bord gegangen, worüber die Alliierten nicht informiert worden waren.

Zur Erinnerung an die Rettungsaktion wurde später eine kleine Kapelle am Strand von Ervika errichtet. Die Schiffsglocke der „Sanct Svithun" wurde geborgen und der Bevölkerung als Dank überreicht. Sie hängt jetzt im Turm der Kapelle.

Etliche Funde aus verschiedenen Epochen kamen im Sand von Ervika ans Tageslicht, die meisten sind Wracks und Gefäße aus der älteren Eisenzeit bis ins 18. Jh. Ein paar Meter von der Wasserlinie entfernt liegt der von Menschen aufgeschüttete Kjempehaugen (Riesenhügel), vermutlich aus der jüngeren Eisenzeit. Er hat ungefähr einen Durchmesser von 10 m und eine Höhe von 1 m. Gleich neben der Kapelle von Ervika gibt es drei kleinere Grabhügel aus derselben Zeit. Im Innern der Hügel hat man keine Funde gemacht.

62°11'32"N   5°05'E   + 1 Std 16 Min   ③

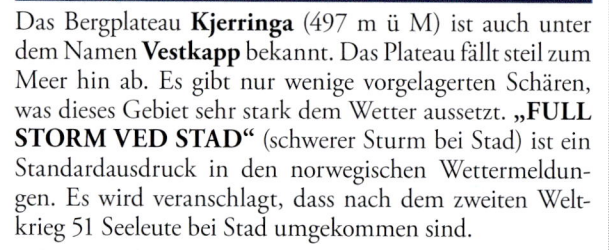

Das Bergplateau **Kjerringa** (497 m ü M) ist auch unter dem Namen **Vestkapp** bekannt. Das Plateau fällt steil zum Meer hin ab. Es gibt nur wenige vorgelagerten Schären, was dieses Gebiet sehr stark dem Wetter aussetzt. „**FULL STORM VED STAD**" (schwerer Sturm bei Stad) ist ein Standardausdruck in den norwegischen Wettermeldungen. Es wird veranschlagt, dass nach dem zweiten Weltkrieg 51 Seeleute bei Stad umgekommen sind.

1944 begann man, eine große Radaranlage auf dem Berg zu bauen. Sie bestand aus zwei Radargeräten, vom Typ „Würzburg-Riese", eins vom Typ „Wassermann" und eins vom Typ „Freya". Der Aktionsradius betrug 350 km. Die Radars sollten zur Überwachung und Navigation der eigenen Jagdflugzeuge dienen. Ein Radio- und Peilsender war an einem 52 m hohen Mast montiert, der in einem Radius von 300 km operieren sollte. Die Anlage kam unbeschadet durch den Krieg, wurde dann kurze Zeit von der norwegischen Verteidigung benutzt, bevor sie demontiert und entfernt wurde.

Die Grenze zwischen der Nordsee und der Norwegischen See verläuft bei Stad. Das Stadland wird als „eine geballte Faust" gegen die See bezeichnet. Ein Blick in den Atlas kann dies bestätigen.

Das Dorf **Honningsvåg** liegt in der Bucht hinter **Kjerringa**, dahinter erhebt sich der Höhenzug **Stålet** (397 m ü M), der sich sowohl zur Norwegischen See als zur Vanylvsgapet hin erstreckt, dem offenen Seegebiet, das die Mündung des Vanylvsfjords bildet.

Das Dorf **Eltvik** liegt am äußeren Teil der **Vanylvsgapet** hinter dem Berg **Stålet**. Auf der Landzunge südlich des Dorfes hatten die Deutschen ein großes Fort angelegt, das das offene Meeresgebiet zwischen Stålet/Stad und Kvamsøya abdecken und den Eingang zum Vanylvsfjord schließen sollte. Das Fort wurde 1942 gebaut Die Anlage war u.a. durch 2 256 Minen geschützt, die später entsorgt wurden. Man nimmt an, das Fort hatte eine Mannschaft von 100, dazu 26 Offiziere und Unteroffiziere.

An SB liegt der **Vanylvsfjord** mit einer Länge von 30 km. Er teilt sich in den **Syltefjord** und den **Kjødepollen**.

Das **Haugsholmfeuer** liegt mitten im Vanylvsgapet am Eingang zum Vanylsfjord. Es wurde 1876 gebaut und 1979 automatisiert. Im Sommer 2006 ging es in Privatbesitz über.

Ca. 62°14'N   5°12'E

Wir passieren die Grenze zwischen den Provinzen Sogn og Fjordane (S 386) und Møre og Romsdal (S 81).

Wir passieren die Grenze zwischen den Gemeinden Selje und Sande.

Die Gemeinde Sande

Bedeutung des Gemeindewappens: Symbolisiert Fisch.
Bedeutung des Namens: Ursprünglich ein Hofname nach dem nordische Wort sandr, „Sand".
Gemeindezentrum: Larsnes (489 Einw.).
Position: 62°12'N 5°34'E. **Areal:** 93 km².
Einw.: 2 539. **Bevölkerungsdichte:** 27,3 Einw./km².
Arealverteilung: Landw. 9 %, Forstw. 3 %, Süßwasser 6 %, verbleibendes Areal 83 %.
Wirtschaft: Maritime Werkstattindustrie. Nahrungsmittelindustrie. Holz-, Textil- und Plastikwarenindustrie. Landwirtschaft.
Sehenswertes: Die Dollsteinhöhle. Das Svinøy Feuer.
Hinweis auf Aktivitäten: Das „König Arthur Spiel".
Website der Gemeinde Sande:
www.sande-mr.kommune.no

62°15'26"N 5°15'27"E + 1 Std 42 Min

Die Insel **Kvamsøya** (7,5 km², 272 m ü M) liegt an SB im Nordosten der Sildegapet. Auf dieser Insel befinden sich einige der größten Grabhügel Norwegens und viele schöne Sandstrände. Auf Kvamsøya gibt es mehrere Plastikwarenfabriken. Autofähre zum Festland.

Die winzige Insel **Riste** an SB nördlich Kvamsøya.

Das **Svinøyafeuer** auf der kleinen Insel **Svinøy** an BB ist ein Küstenfeuer auf einem niedrigen Steinturm, 1905 gebaut. Die Höhe des Lichtes beträgt 46,2 m, seine Reichweite 18,5 n M. 1938 wurde es mit Nebelsignal und Diaphon ausgestattet, was 1982 wieder still gelegt wurde. 2005 wurde es automatisiert.

1856 errichtete man eine Steinwarde als Landmarke auf Svinøy. Da es aber so schwierig war, auf die Insel zu gelangen, selbst bei guten Verhältnissen, gingen viele Jahre ins Land, bis man endlich den Leuchtturm baute. 1901 wurde ein Gesuch für das Feuer eingereicht und im Jahr danach die Insel käuflich erworben. Drei Leute bedienten das Feuer. Wegen der schwierigen Landungsverhältnisse war es den Familien nahezu unmöglich, auf die Insel zu kommen, deshalb kündigten die Bediensteten in der Regel schon nach kurzer Zeit. 1952 wurde der Dienst dort turnusmäßig organisiert. Da arbeiteten ein Feuermeister und drei -bedienstete dort mit regelmäßigen Freiwachen. Als in den 1970er Jahren die Küste mit Helikoptern zugänglich gemacht wurde, reduzierte man die Bemannung auf zwei Personen mit zwei weiteren auf Freiwache.

Während des zweiten Weltkriegs hatten deutsche Soldaten das Svinøyfeuer besetzt. Die Kugeleinschläge der alliierten Flugangriffe sind noch heute zu sehen. Jetzt steht die Anlage Übernachtungsgästen und Kulturveranstaltungen zur Verfügung.

> Im Sommer 2004 wurde im offenen Wasser nördlich von Kjerringa ein Wrack gefunden. Es erwies sich als die Reste des norwegischen Schiffes „Joarnes", das 1929 gesunken war, als es auf dem Weg von Sande in Møre und Romsdal nach Sapsborg in Østfold mit einer Last Kalksteine auf Grund stieß und in der Tiefe verschwand. Die Wrackreste liegen vor Svinøya in einer Tiefe von 50 m.

62°17'N 5°23'E + 1 Std 54 Min ④

Die Insel **Sandsøya** (12 km², 369 m ü M) liegt an SB mit dem Berg **Rinden** (369 m ü M). Der Gemeindename Sande ist derselbe wie der des Kirchenortes. Auf dem **Hof Sande** auf der Südseite der Insel gab es nämlich seit dem 13. Jh. eine Kirche. Historische Quellen nennen eine Stabkirche von 1329. Die heutige Kirche in Sande ist eine Langkirche aus Holz, gebaut 1880. Sie hat ein ganz besonderes Altarbild.

Teile von Sandsøya stehen unter Naturschutz. Dort gibt es ein reiches Vogelleben, 90 Arten hat man registriert (S 217). Auf der Nordostseite der Insel hält sich eine der größten Seeadlerkolonien Norwegens auf (S 161). Brücke und Autofähre zum Festland.

Die **Dollsteinhöhle** liegt auf der Südseite des steilen **Dollsteins** (227 m ü M) im Nordwesten von Sandsøya. Der Eingang zur Höhle liegt 60 m hoch, sie ist 185 m lang und gilt als eine der größten und bemerkenswertesten Höhlen in Norwegen. Fünf Grotten liegen hintereinander, verbunden mit langen, schmalen Gängen. Die Höhle ist z. T. sehr hoch und erinnert an Kirchengewölbe. Sie wurde von der Meeresbrandung ausgewaschen zu einer Zeit, als das Land tiefer lag als heute, und wurde sicherlich von Menschen der Vorzeit bewohnt.

Die Dollsteinhöhle wird in mehreren alten Sagen und Schriften erwähnt, auch in der Encyclopaedia Britannica von 1800. Da heißt es, dass die Höhle unter dem Meer nach Schottland führt; doch das ist nur eine Sage. An anderer Stelle wird von einem Hund erzählt, der in der Dollsteinhöhle verschwand und in Schottland wieder zum Vorschein kam, haarlos und abgemagert. Eine dritte Sage berichtet, dass König Arthur von England im 6. Jh. in der Dollsteinhöhle einen Schatz vergraben hat. Bisher hat ihn keiner gefunden, aber im Jahre 1127 soll der Orkney-Jarl Ragnvald die Höhle aufgesucht haben, um nach dem Schatz zu suchen.

Jedes Jahr am zweiten Wochenende im August wird im Freilichttheater der Gemeinde Sande das „König-Arthur-Spiel" aufgeführt. Das Stück basiert auf der Sage von König Arthur und den Rittern seiner Tafelrunde, die der Sage nach auf Sandsøya (Dollsøy) nach dem Ringschatz und dem Heiligen Gral gesucht haben. Den Schatz soll Olav Ringe (Arthurs Vater) in der Dollsteinhöhle versteckt haben. Außerdem soll er von dem Jøtul Bruse bewacht werden. Eine alte Saga weiß zu berichten, dass König Arthur über weite Landstriche regierte, einen davon nannte man Havland (Seeland), was viele heute für das Gebiet von Møre halten. Arthur wurde der Heerführer von Britannien, nachdem er das Schwert „Excalibur" aus dem Stein gezogen hatte, in dem es fest gesteckt hatte. König Arthurs engster Ratgeber, der Trollmann Merlin, begleitete den König auf seinen Reisen und beschloss seine Tage auf der Insel, wo der Schatz lag.

In der Einleitung zum Theaterstück ist folgendes zu lesen:

> König Arthur ist infolge britischer, französischer und nordischer Quellen eine nachgewiesene Sagengestalt. Er wurde im Alter von 15 Jahren in Wales gekrönt, sein Herrschersitz hieß Camelot.
>
> Nach einem ruhmreichen Leben wurde er in einer Schlacht am Fluss Camlan in Cornwall im Jahre 542 verwundet. Er war ja auch der Herrscher über Havland, und nach seiner Verwundung fuhr er mit einem Schiff nach Marr oder Mer, wie man damals Møre in Norwegen nannte. Er hatte seinen Königssitz in Kongsvollen bei Earnaness (Adlernase) am Arihaugan (Adlerhügel) auf der Insel Dol (Tisch auf keltisch), die heute Sandsøy heißt. Sein berühmtes Schwert Excalibur hatte König Arthur übrigens von der Wasserfrau bekommen.

> Als Sohn des Königs Olav Ringe, der aus einem norwegischen Geschlecht stammte, erbte König Arthur den Ringeschatz und Havet (Møre in Norwegen). Der Sage nach beinhaltete der Ringeschatz auch den Heiligen Gral, der in Norwegens größter Höhle, der Dollsteinhöhle, im Berg Rinden auf der Insel Dol (Sandsøy) versteckt war. Im Kampf um den Schatz fiel König Arthur von der Hand Wiglafs, eines Gefolgsmannes von Beowulf, dem König von Geatland (Land östlich des Oslofjords).
>
> Beowulfs Leben endete im Kampf mit einem Meeresdrachen in Havet, also Møre. Nach der Arthursage war Arthur ein norwegischer König und Drachen auf der Jagd nach dem goldenen Gral, den ihm jemand „gestohlen" hatte. Schließlich begab er sich nach Havet. Auch das Beowulfslied berichtet von einem Drachen in Havet, der König in Norwegen war und nach dem goldenen Gral suchte, den ihm jemand gestohlen hatte. Da Arthur und der Drache gleichzeitig existierten, kann kein Zweifel an der Übereinstimmung ihrer Identität bestehen.
>
> Auch Beowulf hatte die Absicht, in den Besitz des berühmten Ringeschatzes des Drachen zu gelangen. Daher hatte er den Mann mitgenommen, der den goldenen Gral gestohlen hatte und den Weg zum Versteck des Schatzes kannte. Es heißt da: „der Berg und seine Erdhalle gleich am Strand in der Nähe der Brandung, eine unterirdische Höhle."

Die Dollsteinhöhle ist Norwegens größte Höhle. Der Jarl Ragnvald Kole Kolson versuchte, den Schatz zu finden. Doch es gelang ihm nicht, weil, wie die Orkneysage behauptet, die Fackeln ausgingen. Der Jarl verfasste später ein Gedicht über den Drachen in Dols dunkler Höhle, wo er nach kostbaren Ringen gesucht hatte. Es besteht kein Zweifel darüber, dass das Beowulfslied von der Auseinandersetzung zwischen Beowulf und dem Drachen auf Dol erzählt. Danach wohnte der Drachen im Meer dort, wo die unterirdische Höhle war, vermutlich an der Stelle auf der Insel, die heute den Hafen Sandshamn bezeichnet.

Dass der Drachen Arthur seinen norwegischen Herrschersitz auf Dol gehabt zu haben scheint, ist ein interessanter Aspekt. Keltisch war seine Muttersprache. Dol bedeutet auf keltisch „bord" (Tisch). Sein Markenzeichen war der Arthursage nach „der runde Tisch", in seiner Sprache dol.

Der Troll Bruse von Saudøy

Die Geschichte des Treffens Storolvssons mit dem Troll Bruse wird zu den Märchen gezählt. Der Sage von Orm Storolvsson zufolge ereignete sich dies am Ende von Håkon Jarls Regierungszeit, also Anfang der 990er Jahre.

„Im Norden der Møreküste" oder „draußen vor der Küste nördlich von Møre" liegen zwei Inseln mit Namen Saudøy. Auf der äußeren der beiden lebte der Troll und Riese Bruse, auf der inneren seine Mutter, „eine kohlschwarze Katze größer als der größte Ochse". Orms Freund Åsmund ging trotz aller Warnungen in Ytre Saudøy an Land und wurde von Bruse auf brutale Weise getötet. Als Orm das hörte, begab er sich zur Höhle des Trolls, um Rache zu nehmen. Dort traf er auf die Schwester des Trolls, Menglød, die Orm guten Rat für den Kampf gab. Nach einem gewaltigen Kampf wurden sowohl Bruse als auch seine Mutter getötet.

In Sunnmøre hat man dieses Geschehen auf die Insel Sandsøy in Sande verlegt. Das ist wiederum nur eine Vermutung wegen der ziemlich unsicheren geographische Beschreibung. Als Bestätigung dieser Ortsangabe dient aber die gewisse Namensgleichheit und die Wahrscheinlichkeit, dass in dem Fall die Dollsteinhöhle als Bruses Aufenthaltsort in Frage kommt.

So ragt der Dollstein auf der Westseite von Sandsøy hervor. In der dunklen Spalte mitten im Fels, ca. 70 m über dem Meer, liegt der Eingang zur Dollsteinhöhle (Pfeil). Dies ist die größte Höhle in Sunnmøre. Sie geht 150 m in den Berg hinein.

Die Höhle wurde durch eine Verwerfung im festen Gestein gebildet, und später hat das Eis seine mitgeführten Schuttmassen dort in der „Moränenfalle" abgelagert. Das Moränenmaterial füllt nur einen Teil des Hohlraumes aus, so dass die heutige Höhle sich zwischen dem festen Gestein an der Decke und den Moränenmassen am Boden erstreckt. Im Innersten der Höhle liegen große Gesteinsbrocken, die durch Frostsprengung von der Decke gefallen sind. Sowohl der Dollstein als auch die Höhle machen einen gewaltigen Eindruck auf die Besucher. Es wundert nicht, dass vor diesem Hintergrund die Sage von Bruse, dem Riesen, und seiner Schwester gedeihen konnte. Es ist auch verständlich, dass Kali Kolsson die Neugier trieb, herauszufinden, was in der Höhle zu finden war, aber er ist offensichtlich nicht ganz hinein gegangen. Das „Wasser", durch das er am Höhleneingang schwimmen musste, war sicherlich nur eine Schlammpfütze, falls die Verhältnisse damals so waren wie heute.

Im Hintergrund sehen wir die berühmten Sunnmøre-Alpen.

Ca. 62°18'N   5°29'E

Wir passieren die Grenze zwischen den Gemeinden Sande und Herøy.

Die Gemeinde Herøy

Bedeutung des Gemeindewappens: Bezieht sich auf den Fund des Kvalsundschiffes aus dem 7. Jh.
Bedeutung des Namens: Der erste Teil wohl nach dem nordischen „herr", wahrscheinlich in der Bedeutung „skipaherr", Sammlungsplatz für die Flotte. **Gemeindezentrum:** Fosnavåg (3 508 Einw.). **Position:** 62°20'N 5°36'E. **Areal:** 121 km². **Einw.:** 8 386. **Bevölkerungsdichte:** 69,3 Einw./km².
Arealverteilung: Landw. 9 %, Forstw. 4 %, Süßwasser 1 %, verbleibendes Areal 86 %.
Wirtschaft: Gebunden an die Fischerei mit Nahrungsmittel- und Fischveredelungsindustrie. Fischannahme. Fischaufzucht. Schiffswerft und Bau von Plastikbooten. Werkstatt-, Textil- und Konfektionsindustrie. Etwas Landwirtschaft.
Sehenswertes: Die Voglinsel Runde mit dem Rundebranden. Das Runde Feuer. Das Museum von Herøy.
Hinweis auf Aktivitäten: Das Herøy-Spiel.
Website der Gemeinde Herøy:
www.heroy.kommune.no

TAG 2 | MÅLØY - TORVIK

62°18'N 5°30'E + 2 Std 10 Min

Die Insel **Skorpa** (2,8 km², 431 m ü M) in der Gemeinde Herøy passieren wir an BB. Die Insel hat keine ganzjährigen Bewohner mehr, sie wird als Ferieninsel benutzt und dient einer Herde wilder Ziegen als Weideplatz. Im zweiten Weltkrieg spielte die Insel eine wichtige Rolle im Widerstand und für die Shetlandfahrten. Das Versteck auf Skorpa wurde im Gegensatz zu vielen anderen entlang der norwegischen Küste während des Krieges nicht entdeckt. Die Widerstandsarbeit konnte von hier aus bis zum Frieden 1945 durchgeführt werden. Vom Vestlandet aus fuhren viele Fischerboote zu den Shetlands mit Norwegern, die aus verschiedenen Gründen ihr Land verlassen mussten oder sich bei den Alliierten zum Militärdienst melden wollten. Einige wurden gefangen genommen, andere verschwanden auf See bei Unwetter oder Flugangriff, aber etliche kamen sicher ans Ziel und machten die Fahrt mehrere Male. Auf vielen Inseln entlang der Küste waren norwegische Agenten versteckt, die ihre Informationen über die Schiffsbewegungen an die Nachrichtenstation der Alliierten in England weiter gaben. Als die Deutschen Material und Kampfeinheiten 1944-45 an die Ost- und Westfront überführen wollten, war es wichtig für die Alliierten, jeglichen Schiffsverkehr zwischen Norwegen und Deutschland zu stoppen und auch die entsprechende Versorgung von Deutschland aus zu den wichtigen deutschen Uboot-Basen in Norwegen zu verhindern.

Die Insel **Gurskøya** (137 km², 621 m ü M) an SB ist zwischen den Gemeinden Sande und Herøy aufgeteilt. Auf der Nordwestseite der Insel liegt der Berg **Veten** (556 m ü M) (S 82). Südlich vom Veten liegt das kleine Dorf **Gjerde**.

Der Ort **Moltustranda** (356 Einw.) wird an SB passiert. Die Bebauung folgt der Strandlinie. Die Industrie ist an die Fischerei und Fischveredelung geknüpft, die Werkstattindustrie mit der Myklebust Werft (ca. 120 Angestellte) an die Kleven Maritime in Ulsteinvik. Der Ort hat eine Brückenverbindung zur nördlich gelegenen Insel **Hareidlandet** und eine Autofähre zum Festland.

Die Insel **Nerlandsøya** (15 km²) liegt an BB nördlich von Skorpa mit dem Berg **Varden** (430 m ü M) als höchster Punkt. Der Ort Kvalsund (531 Einw.) an BB ist ein Fischereizentrum. Das Fischerdorf **Kvalsvik** (265 Einw.) liegt im Nordosten der Insel. Die Brückenverbindung führt über andere Inseln zum Festland.

Im Jahre 1920 wurden zwei Boote in einem Moor des Hofes Kvalsund ausgegraben. Es wird geschätzt, dass sie um das Jahr 600 n. Chr. gebaut worden sind. Man hält sie für „Mooropfer". Sie wurden vor der Versenkung in Stücke gebrochen. Das größere, das Kvalsundschiff, war ein Ruderboot mit 10 Paar Rudern, 18 m lang, 3,2 m breit und mit einem Tiefgang von 0,78 m. Das Boot wurde wohl innerhalb der Schären für kürzere Strecken benutzt, vielleicht in zeremoniellem Zusammenhang oder um den Status des Besitzers zu markieren, wahrscheinlich eines lokalen Häuptlings. Das kleinere Boot, Kvalsundfæringen (ein kleineres Ruderboot), hatte drei Paar Ruder, es war 9,55 m lang, 1,5 m breit. Das Baumaterial war Eiche und Kiefer, der Konstruktion nach den Wikingerschiffen ähnlich.

Die **Flåværsøyene** sind eine Gruppe kleiner Inseln bestehend aus **Flåvær, Husholmen, Torvholmen** und **Varholmen**. Sie sind heute unbewohnt. Flåvær war einst am wichtigsten mit seinem Fischerdorf und dem Kaufladen. Während des Heringsfanges konnten hier bis zu 1500 Menschen versammelt sein. Von 1873 bis 1976 gab es eine Post, bis 1984 eine Schule. Heutzutage kann man auf den Flåværinseln Urlaub machen und Konferenzen abhalten.

Das Flåværfeuer an BB wurde 1870 gebaut, das Licht hat eine Reichweite von 13 n.M. 1952 wurde es verstärkt, 1979 automatisiert und war damit unbemannt.

62°19'24"N 5°35'45"E + 2 Std 19 Min

Die Insel **Bergsøya** (6,7 km²) an BB ist eine der am dichtesten besiedelten Inseln in Sunnmøre. Auf der Nordseite liegt das Gemeindezentrum **Fosnavåg** (3 521 Einw.), das im Jahre 2002 Stadtstatus erhielt. Im Norden von Bergsøya liegen die Inseln **Remøya** und **Runde**. Die Inseln sind durch eine Brücke miteinander verbunden.

Fosnavåg hat den größten natürlichen Hafen in Norwegen und ist damit selbstverständlich ein Sammelplatz für die Boote der Umgebung. Die Stadt ist das Handelszentrum der Gemeinde Herøy und wirtschaftlich an die Fischerei und andere maritime Aktivitäten gebunden.

Den Industrieort **Eggesbønes** an BB passieren wir an der Südseite der Insel. Hier gibt es eine Heringsölfabrik, Plastik- und Zementwarenindustrie, Fischzucht und Fischverarbeitung.

62°19'N 5°40'43"E   + 2 Std 30 Min

Die Insel **Nautøya** (0,7 km²) an SB. Die Brückenverbindung zwischen Leinøya und Gurskøya verläuft über Nautøya.

Die Insel **Herøya** (0,2 km²) liegt nordwestlich von Nautøya. Sie ist eine der kleinen Inseln im Herøyfjord und hat der Gemeinde ihren Namen gegeben. Die Insel wird in Sagen und in der Geschichte erwähnt. Im Mittelalter war sie Thingstätte und im übrigen der Handelsplatz der Umgebung.

Der Sage nach lagen die Jomswikinger 986 bei Herøy auf ihrem Weg nach Hjørungsvåg in der Gemeinde Hareid, wo die bekannte Schlacht gegen Håkon Jarl (935-995) stattfand (S 52). Die Jomswikinger kamen von der dänischen Wikingerburg Jomsburg, vermutlich bei der Stadt Wollin an der Mündung der Oder in Polen.

Herøy hatte oft Königsbesuch:
Im Jahre 1027 soll König Olav Haraldsson (995- 1030) mit allen seinen Schiffen bei Herøy gelegen haben, während er auf die „Leidangsmannschaft" (Leidang = Schiff, Mannschaft und Proviant, die dem König für eine gewisse Zeit zur Verfügung gestellt werden mussten) von Sunnmøre wartete. Im 12. Jh. war König Sverre Sigurdsson (1150-1202) in Herøy auf seinem Weg nach Süden entlang der Küste. 1263 lag König Magnus Håkonsson (Magnus Lagabøte, 1238-80) in Herøy. 1976 eröffnete König Olav 5. (1903-1991) hier die neue Herøybrücke.

Eine der ersten Kirchen von Sunnmøre wurde auf Herøy gebaut. Es war eine Steinkirche, die im 11./12.Jh. errichtet wurde. 1859 musste sie einer größeren und schöneren Kirche Platz machen, einer Holzkirche. Die neue Kirche stand von 1859 – 1916, dann wurde sie abgerissen und z. T. nach Fosnavåg versetzt.

Eine Sage erklärt, warum man die Kirche für das große Kirchspiel ausgerechnet auf dieser kleinen Insel gebaut hat, die doch nicht gerade besonders gut dafür geeignet war. Drei Schwestern sollen einst in Seenot geraten sein; eine von ihnen betete zu Gott und gelobte, dass sie dort eine Kirche stiften würde, wo sie im Falle einer Rettung ankäme. Sie trieb in Herøy an Land, erfüllte ihr Gelübde und ließ auf der Insel eine Kirche bauen.

Das alte Fahrwasser führte zwischen Leinøya an BB und Gurskøya an SB hindurch. Herøy lag mitten drin und war ein guter Hafen nördlich von Stad. Vieles deutet darauf hin, dass hier schon seit der Wikingerzeit ein Handels- und Treffpunkt war. Da musste die Insel auch ein passender Ort für eine Kirche sein. Die Priester wollten aber nicht in der Priesterwohnung auf der Insel wohnen. Außerdem gab es wenig Erdreich auf der Insel. Wenn also jemand beerdigt werden sollte, musste Erde heran geholt werden. Die Kirche war damals katholisch und hatte viele Besucher. Sie war ursprünglich 22,3 m lang, 8,6 m breit und 11,3 m hoch und im selben Stil gebaut wie man das von Irland und England her kannte.

Nach der Reformation 1573 wurde alles entfernt, was an Katholizismus erinnerte, die Kirche auf Herøy wurde lutheranisch. Sitzplätze gab es nicht, im Stehen hielt sich die Gemeinde besser wach! Später bekam die Kirche aber doch 260 Sitzplätze. Auf den Grundmauern der alten Kirche wurde die neue Holzkirche 1859 schöner und moderner errichtet. Diese hatte 483 Sitzplätze. 1916 wurde sie abgerissen und eine neue wurde auf der Insel Bergsøya gebaut.

> Auf dem alten Kirchhof von Herøy steht ein großes Eisenkreuz mit der Inschrift „Anna und ihr Kind". Die Geschichte erzählt von einer jungen Frau mit Namen Anna, die Mitte des 19. Jh.s lebte und kurz vor ihrer Niederkunft starb. Sie wurde begraben, aber wegen der dünnen Erdschicht auf der Insel war der Sarg nur spärlich bedeckt. Ein Friedhofswärter ging in der Nacht am Grab vorbei und hörte ein Kind weinen. Er holte Hilfe, und als man am nächsten Morgen den Sarg öffnete, fand man Anna und ein neugeborenes Kind, beide tot! Anna war nur scheintot gewesen und hatte ihr Kind im Sarg geboren!

Im 18. Jh. zeichnete Herøya sich als eines der großen Handelszentren des Distriktes aus. Diese Rolle ging später an **Fosnavåg** auf Bergsøya über, besonders nachdem die größeren Inseln der Gemeinde durch Brücken miteinander verbunden worden waren. Doch Herøy ist weiterhin ein aktives kulturelles Zentrum geblieben. Das Küstenmuseum von Herøy wurde 1981 eröffnet; ein Freilichttheater mit 1500 Tribünenplätzen wurde eingerichtet, wo jedes Jahr ein historisches Stück aufgeführt wird.

Die Insel **Leinøya** (14,4 km²) an BB ist die drittgrößte Insel der Gemeinde Herøy. Leinstrand auf der Westseite ist der größte Ort der Insel.

Das Schiff fährt unter der **Herøybrücke** hindurch. Als die Brücke 1976 fertig wurde, war sie die längste der Welt mit den Hauptspannelementen von 85, 170 und 90 m. Sie ist eine Spannbeton-Kastenträger-Brücke, freitragend gebaut. Die Gesamtlänge beträgt 544 m.

Etwas weiter vorn an SB sieht man die Industriestadt Ulsteinvik in der Gemeinde Ulstein.

Das Dorf **Røyra** liegt an SB vor der Brücke, südwestlich vom Berg **Staven**. Das Dorf nordöstlich des Berges heißt **Frøystad**.

Die Insel **Dimna** (9 km²) an SB gehört zur Ulsteingemeinde. Die Insel soll ihren Namen daher haben, dass sie so dämmrig aussah, wenn Seeleute sich ihrem Strand näherten. Die Bewohner hier leben von Landwirtschaft und etwas Schiffsindustrie. Brückenverbindung zum Festland.

Der Ort **Hasund** (1 100 Einw.) liegt auf der Insel **Hareidlandet** hinter Dimna. Hier gibt es etwas Schiffsindustrie.

Die kleinen Inseln mit Namen **Torvikholme** liegen an SB vor Torvik.

> Im Winter 1987 ging das Fischerboot „Pastan" (113 BRT) hier unter. Es war 1956 in Ulsteinvik gebaut worden. 1966 sank es zum ersten Mal, nachdem es bei Sula in Fosna auf Grund gelaufen war, als es ein Leuchtfeuer falsch gedeutet hatte. Es wurde dann gehoben und zur Reparatur nach Ålesund geschleppt. Das Schiff wurde also repariert, verlängert, verkauft und wieder in Betrieb genommen. 1987 lief es dann erneut auf Grund, und liegt nun gekentert in 58 m Tiefe.

Das Schiff legt am Kai in Torvik an

Der Ort **Torvik** wird zweimal am Tag von der Hurtigrute angelaufen, von der nord- und südgehenden, zusätzlich natürlich von Frachtern. Der Herøyterminal am Kai von Torvik vermittelt Küstentransportaufträge für Industriewaren in die übrigen Orte der Gemeinde Herøy. In Torvik gibt es eine Industrie für Fischereiausrüstung. Von Torvik aus können wir an SB nach Ulsteinvik auf der Insel Hareidlandet hinüber schauen.

Nördlich von Torvik liegt der steile Höhenzug **Kattulhammaren**. In dem Ort **Bø** an BB nördlich von Torvik wird Fischereiausrüstung produziert.

Die gebirgige Insel **Hareidlandet** (165 km²) an SB ist die größte Insel in Sunnmøre. Die Gemeinde **Ulstein** liegt auf der Westseite der Insel, die Gemeinde Hareid auf der Ostseite, der Berg **Blåtind** (697 m ü M) im Südosten, der **Botnen** (654 m ü M) südöstlich der Insel Dimna, das **Melshorn** (668 m ü M) im Osten der Insel, die Berge **Sneldelida** (633 m ü M) und **Signalhorn** (627 m ü M) im Norden.

Das Schiff fährt weiter nach Ålesund +0 Std 00 Min

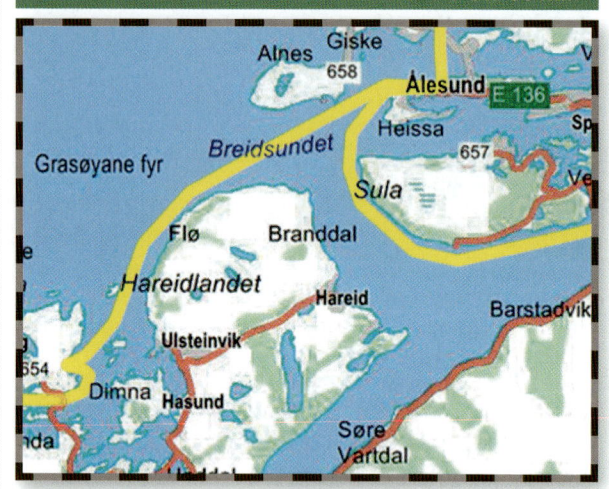

Ca. 62°21'N 5°45'E

Wir passieren die Grenze zwischen den Gemeinden Herøy und Ulstein.

Die Gemeinde Ulstein

Bedeutung des Gemeindewappens: Illustriert den Gemeindenamen.
Bedeutung des Namens: Nach dem nordischen Ulfsteinn, ursprünglich der Name eines Berges, der erste Teil entweder der Flussname Ulva oder die Bezeichnung ulv für den Wolf.
Gemeindezentrum: Ulsteinvik (5 103 Einw.).
Position: 62°20'N 5°50'E. **Areal:** 97 km².
Einw.: 6 813. **Bevölkerungsdichte:** 70,2 Einw./km².
Arealverteilung: Landw. 6 %, Forstw. 13 %, Süßwasser 2 %, verbleibendes Areal 79 %.
Wirtschaft: Schiffbauindustrie. Mechanische Industrie. Etwas Fischerei. Etwas Landwirtschaft.
Sehenswertes: Das Dorf Flø.
Website der Gemeinde Ulstein: www.ulstein.kommune.no

Ulstein erhielt im Jahre 2000 Stadtstatus.

Die Insel **Hatløya** an SB vor Ulsteinvik ist flach und lang gestreckt. Hier gab es im 17. Jh. schon „Bürger". Mit dem Erwerb des „Bürgerbriefes" hatten sie das Recht, an der Küste entlang zu fahren und Handel zu treiben. Daher auch der Name **Borgarøya**. Händler aus Bergen hatten hier Warenlager und trieben Tauschhandel mit importierten Hanse-Waren, Fisch- und Landwirtschaftsprodukten. 17 Gebäude standen auf der Insel, wenn es hoch kam. Der Handel gedieh hier bis in die 1880er Jahre. Nach Ausbau des Wegenetzes ging vieles von dieser Handelstätigkeit nach Ulsteinvik über.

Das Verwaltungszentrum **Ulsteinvik** (5 102 Einw.) taucht mit allen seinen Schiffskränen hinter Hatløya auf. Ulsteinvik ist das Zentrum für den Schiffbau in Sunnmøre und ist für seine aktive Schiffbauindustrie in Norwegen bekannt. Hier kommen Kontrahenten aus der ganzen Welt zusammen, sogar aus Korea und Schanghai, die selbst umfangreiche Schiffbauindustrien haben.

Das Industrieabenteuer begann in Ulsteinvik im Jahre 1917, als der an Mechanik interessierte Martin Ulstein zusammen mit Andreas Fløe die Ulstein mek. Verkstad für Reparaturen aller Motorentypen, Winschen, Ankerspills und Maschinen gründete. Die Werkstatt war 50 m² groß und hatte zwei Bootsslipanlagen. Die Werkstatt der Brüder Hatløy lag ebenfalls in diesem Distrikt.

Um 1880 begann eine Umwälzung in der Fischerei. Die Boote wurden größer und teurer. Am Anfang des 20 Jh. wurden die meisten Fischerboote motorisiert. Ulstein Mechanische Werkstatt folgte dieser Entwicklung, musste sich frühzeitig anpassen und vergrößern. Es folgten schwierige Zeiten, denn als es zwischen 1920 und 1932 mit der Wirtschaft abwärts ging, bekamen viele Reedereien ökonomische Probleme, was sich auch auf die Werkstattindustrie auswirkte. Dennoch überlebte der Betrieb in Sunnmøre, und Ende der 30er Jahre stand ein ganz neues Werkstattgebäude bereit. Die Hauptarbeit auf der Werft bestand aus Reparaturen und Wartungen.

Im 2. Weltkrieg wurden Ulstein mek.Verkstad nur wenige Kriegsaufgaben auferlegt, aber nach dem Krieg bekam sie reichlich Aufträge, um die strapazierte Schiffsflotte zu renovieren. Wieder wurde der Betrieb erweitert, und von außerhalb des Ortes mussten extra Arbeitskräfte gesucht werden. Von 1917 bis 1957 war die Grundfläche der Werkstatt von 50 m² auf 1870 m² angewachsen. 1963 war ein Rekordjahr. Die anfallende Arbeitsmenge wurde so groß, dass man Tochtergesellschaften und andere Partnerbetriebe mit heranziehen musste. 1974 fusionierte der Betrieb mit der Hatløwerft, das Ergebnis nannte man Ulstein Hatlø AS, eine mehr als doppelt so große Schiffswerft. Gleichzeitig entwickelte sich die Ölindustrie in der Nordsee. Ulstein Hatlø AS lieferte die Offshore-Fahrzeuge für die Plattformen in der Nordsee. Die Aufträge wurden so zahlreich, dass man einige anderen Werften überlassen musste. Die Ulsteingruppe konnte auch Schiffsausrüstung nach eigener Konstruktion und Produktion anbieten, d.h. die Reeder konnten Spezialfahrzeuge nach Wunsch bestellen. In den 1970er Jahren richtete Ulstein Hatlø in vier verschiedenen Ländern Werbe- und Verkaufsbüros ein. Nach und nach entwickelte sich eine internationale Gesellschaft mit Verkaufsbüros und Werkstätten in Europa, Asien und Amerika. 1988 etablierte sich Ulstein international als Teil von Ulstein Holding AS. Die Gesellschaft hatte das Ziel, Ulstein zu einem international anerkannten Lieferanten von Produkten und Dienstleistungen für die marine Industrie in der ganzen Welt zu machen.

1999 wurde die Ulsteingruppe, außer dem Werftanteil, von der britischen Firma Vickers pic. übernommen, die bald darauf ein Teil des Rolls-Royce-Konzerns wurde. Heute läuft der Betrieb unter dem Namen Rolls-Royce Marine AS mit ca. 3 500 Angestellten in 24 Ländern. Rolls-Royce Marine AS dept. Ship Technology-Ulstein entwickelt und verkauft Design, integrierte Schiffssysteme und schiffstechnische Beratungsdienste. Die Entwicklung von Schiffsdesign bezieht sich hauptsächlich auf Servicefahrzeuge für die Ölindustrie und andere Spezialfahrzeuge. Die Schiffe werden auf Werften in der ganzen Welt gebaut. Das Hauptkontor von Rolls-Royce Commercial Marine in Ulsteinvik hat ca. 100 Angestellte. Zusätzlich wurde 1966 Rolls-Royce Maritime Propulsion in Ulsteinvik etabliert. Hier werden Propelleranlagen für die Manövrierung von Schiffen und Bohrplattformen für den internationalen Markt produziert. Einschließlich der Produktionsabteilung in Volda arbeiten hier ca. 400 Angestellte.

Der Werftanteil der früheren Ulsteingruppe hat sich unter dem Namen Ulstein Mekaniske Verksted Holding ASA versammelt, dazu gehören Ulstein Werft AS, Ulstein Elektro AS, Reederei und lokaler Besitz mit insgesamt 400 Angestellten.

Kleven Maritime AS ist ein weiterer Eckbetrieb in Ulsteinvik. Die Werft fing 1939 klein an, als M. Kleven Reparaturen und Wartungen für die stetig stärker motorisierte und technisch anspruchsvollere Fischereiflotte anbot. Der Betrieb hat sich in technologischer Hinsicht kräftig entwickelt und wird heute zu den führenden Lieferanten an avancierten Spezialschiffen im Offshorebereich, Chemikalientankern, Fruchtsafttankern und anderen Spezialtankschiffen gerechnet. Auch auf Fabrikschiffe für Fisch, seismische Fahrzeuge und Küstenwachtschiffe hat man sich spezialisiert. Drei der neuen Hurtigrutenschiffe sind auf dieser Werft gebaut worden. Teile von Kleven Maritime liegen in Florø (S 370), andere in Myklebust auf Gurskøya (S 42).

„The Maritime Cluster" (Die maritime Ansammlung) in Sunnmøre kennt man. Sie besteht aus den oben genannten Eckbetrieben, mehreren anderen großen Betrieben, die hauptsächlich die maritime Wirtschaft beliefern, und einer großen Anzahl verschiedener Zuliefererbetriebe. Dazu kommen lokale Werkstätten und Produktionsbetriebe, die in harter Konkurrenz zueinander stehen, extern aber gut zusammen arbeiten, wenn es um Kontrakte für Entwicklungsprojekte für norwegische und ausländische Kunden geht.

Auf der Landzunge **Osnes** vor Ulsteinvik liegt Oshaugen, einer der größten Grabhügel in Norwegen, 45 m im Durchmesser und 5-6 m hoch. Entlang des äußeren Schifffahrtsweges in Sunnmøre liegen noch weitere 5-6 große Grabhügel mit über 30 m Durchmesser, wahrscheinlich aus der Zeit von 300-400 n. Chr. Viele andere Grabhügel verteilen sich rund um Ulsteinvik. Archäologische Ausgrabungen beweisen, dass schon seit 5000 Jahren Menschen hier gelebt haben.

Das Dorf **Ulstein** an SB. An dem Fluss Ulstein, der durch das Dorf fließt, siedelte man schon seit der Eisenzeit. Ulstein ist ein alter Kirchenort. Man schätzt, dass die erste Kirche am Ende des 12.Jh.s gebaut wurde. Bis 1878 gab es hier eine Kirche, dann wurde sie nach Ulsteinvik verlegt. Es wird berichtet, dass man in der Kirche von Ulstein dieselben Probleme hatte wie in vielen anderen. Die Toten sollten in geweihter Erde begraben werden, es konnten aber Wochen vergehen, bis ein Priester kam. Um dieses Problem zu lösen, stellte man ein Holzrohr senkrecht auf den Sarg, bevor man das Grab verfüllte. Wenn dann der Priester kam, warf er geweihte Erde durch das Rohr auf den Sarg. Dann wurde das Rohr herausgezogen.

62°21'23"N   5°46'E   + 0 Std 09 Min   ①

Die Insel **Remøya** (3,6 km²) an BB nordwestlich hinter Leinøya. Das Wirtschaftsleben auf Remøya ist an die Fischerei und den Eismeerfang geknüpft. Brückenverbindung mit den Inseln Runde und Leinøya.

Die Insel **Runde** (6,2 km²) an BB, nördlich von Remøya. Die Vogelinsel Runde, mit dem **Rundebranden** (294 m ü M) auf ihrer Westseite, gilt national und international als eine der bekanntesten Inseln Norwegens. Dieser südlichste Vogelfelsen des Landes fällt fast senkrecht zum Meer ab. Die einzigartige Vogelwelt steht unter Naturschutz. Am Rundebranden nisten 500 000 Vögel, darunter Papageitaucher, Krähenscharben, Dreizehenmöwen (S 217). Ca. 240 Vogelarten wurden auf der Insel beobachtet, 80 davon nisten hier. Rundebranden ist der artenreichste Vogelfelsen in Norwegen. Von den norwegischen Seevogelarten fehlt nur der Kormoran und der Krabbentaucher, dafür gibt es dort die größten Kolonien an Eissturmvögeln, Basstölpeln und Skuas. 1981 wurden auf Runde vier Vogelschutzgebiete abgegrenzt, die während der Brutzeit vom 15. März bis 31. August weder vom Land noch vom Wasser her betreten werden dürfen.

Am Fuße des Rundebranden gibt es mehrere Höhlen. Die größte ist Storhulen (Großhöhle) mit 120 m Tiefe, eine kleinere geht 64 m tief in den Berg. Diese Höhlen kann man mit dem Boot erreichen, wenn das Wetter es zulässt. Runde ist bekannt für seine geologischen Besonderheiten wie eben die tiefen Höhlen und die „Strandpfeiler", Steinsäulen, die senkrecht im Meer stehen.

Varden (332 m ü M) im Südosten von Runde ist der höchste Punkt der Insel. Das Dorf **Goksør** liegt an der Nordostseite, der Hof Runde an der Südseite. Die Rundebrücke sorgt seit 1982 für die Verbindung mit dem Rest der Herøy-Gemeinde, vorher konnte man Runde nur auf dem Seeweg erreichen.

Das Wirtschaftsleben in Runde basiert hauptsächlich auf Fischerei, Landwirtschaft, Gartenbetrieben und Campingplätzen.

Runde weist eine lange Reihe an Schiffsunglücken und dramatischen Geschehnissen auf. Einige davon sind an Sagen geknüpft. Ein Schiff der spanischen Armada soll hier am Ende des 16. Jh.s untergegangen sein. Ein anderes dramatisches Unglück geschah, als im März 1880 bei einer Havarie acht Personen ums Leben kamen, die meisten von Runde.

Bei den Unterwasser-Schären rund um Runde liegen viele Schiffswracks. Eines davon ist der niederländische Ostindienfahrer „Akarendam", der auf dem Weg von den Niederlanden nach Java vom Weg abkam und am 8. März 1725 unterging. Das Schiff war 145 Fuß lang, hatte eine 200 Mann starke Mannschaft und einen Geldbetrag von 230 000 Floriner an Bord. Fünf von den neunzehn Kisten, in denen die Floriner gelagert waren, wurden geborgen und in die Niederlande zurück gebracht. 1972 fanden drei Sporttaucher ca. 6 000 Gold- und 39 000 Silbermünzen (die Angaben schwanken etwas). Es handelte sich um niederländische, spanisch-niederländische und spanisch-amerikanische Münzen. Die Münzen gingen zu 67,6 % an die Finder, 25,4 % an den norwegischen Staat, 7 % an den niederländischen Staat.

Am 12. März 1992 lief der in Panama registrierte Massengutfrachter „Arisan" (75.361 dwt) auf Grund und havarierte westlich von Runde. Ca.150 t Schweröl und Diesel liefen aus. 32,5 km Strand wurden verschmutzt. 570 t Öl wurden aus dem Wrack abgepumpt. Mehrere tausend Seevögel starben an der Ölverseuchung.

Das Runde-Feuer, ein Küstenfeuer ganz im Südwesten von Runde, ist eines der ältesten Leuchtfeuer in Norwegen. Es wurde 1767 von Privatleuten gebaut und anfangs mit Kohle und Torf in einem Eisenofen befeuert.

Die Flammen waren zwar sichtbar für die Seeleute, aber nicht besonders hell. 1807 wurde das Feuer vom Staat übernommen, doch noch im selben Jahr gelöscht, um nicht den Feinden der Engländer im Napoleonkrieg (S 85) dienlich zu sein. 1826 wurde der einfache Eisenofen gegen ein geschlossenes Kohlenflammenfeuer in einem viereckigen Turm ausgetauscht. 1858 errichtete man einen 27 m hohen gusseisernen Turm mit Ölfeuerung auf der Spitze der Landzunge Kvalvågneset, der 1935 durch einen Betonturm, etwas weiter die Böschung hinauf, ersetzt wurde. 2002 wurde das Feuer automatisiert. Das Leuchtfeuer liegt 49,5 m über der Flutlinie und hat eine Reichweite von 19 n.M. Heute stehen dort sechs Gebäude: der Leuchtturm, zwei Wohnhäuser, eine kombinierte Stall-Scheune, je ein Öl- und Holzschuppen. Im Laufe der Jahre wohnten dort Feuerwächter, Assistenten, Frauen und Kinder, Gouvernanten, Diener und Haustiere.

62°22'N 5°47'23''E   + 0 Std 12 Min

Die kleine Insel **Vattøya** passieren wir dicht an BB. Die Insel hatte einen guten Hafen und spielte eine gewisse Rolle im Handel mit Fisch. Die ersten beiden Höfe wurden 1603 angelegt. Ein 2-3000 Jahre alter Grabhügel wurde hier gefunden. Ernährungsgrundlage war Landwirtschaft und Fischerei auf Heringe und Hummer. Seit 1973 ist die Insel unbewohnt.

An BB das Dorf **Bølandet** auf Leinøya.

62°24'N 5°49'E   + 0 Std 21 Min   ②

Die Inselgruppe **Grasøyane** sehen wir im äußeren Teil des Rundefjords zwischen den Inseln **Runde** und **Godøy** in der Gemeinde Giske. Die Inseln und ihre Umgebung stehen – genau wie Runde – während der Brutzeit der Seevögel unter Naturschutz. In diesen Gewässern gibt es je eine Kolonie von Seehunden und Kegelrobben.

> In „Søndmors Beschreibung" von 1766 heißt es: „Græsøen, ein rundliches, flaches und grasreiches Inselreich..., das an seiner klippenreichen Küste einige große Berghöhlen hat, die den Schafen als Zufluchtsorte bei schlechtem Wetter dienen, da sie hier das ganze Jahr über herum laufen können, sowohl im Winter als auch im Sommer, ohne jede Wartung und Aufsicht. Dazu benutzte man sie damals und heute, außerdem wirft sie jedes Jahr etwas Heu ab". Vielleicht ist dies die Erklärung für den Namen der Inseln.

Das Feuer auf Grasøyane, ein Einfahrtsfeuer, wurde 1999 unter Denkmalschutz gestellt. Es wurde 1886 gebaut, ist seit 1986 unbemannt. Die Station hat zwei Leuchttürme. Der ursprüngliche aus Holz wurde 1945 bei einem Luftangriff beschädigt, **der andere stammt von**

1950, ein 16 m hoher, roter, gusseiserner Turm mit weißem Ring, der letzte seiner Art, der in Norwegen gebaut wurde. Das Leuchtfeuer ist 29 m hoch, seine Reichweite 7-9 n.M. Die Station erhält ihren Strom von 36 Platten mit Solarzellen. Sie hat ein Maschinenhaus, einen Schuppen, einen Bootsschuppen und einen langen Kai. Von dem Haus des Assistenten sind nur noch die Grundmauer vorhanden.

Das Dorf **Flø** an SB am Fuß des Berges **Sneldelida** (623 m ü M) hat keinen Schutz vor dem Ansturm der norwegischen See. Das Dorf lebt von der Landwirtschaft, hat schöne Strände mit abgerollten Steinen und erlebt wegen seiner schönen Natur einen ständig steigenden Tourismus.

Die Gemeinde **Hareid** liegt östlich der Insel Hareidlandet (S 44).

Hinter der Insel **Hareidlandet** liegt der **Vartdalsfjord**. Ein Strassentunnel von 7 765 m Länge wird 287 m tief unter dem Fjord hindurch von der Südostspitze der Insel aus gebaut. Dieser bisher tiefste Tunnel der Welt soll ein Teil der **Eikesundsambandet** (Eikesundverbindung) werden. Im Herbst 2007 soll er fertig sein und wird dann eine fährenunabhängige Festlandsverbindung für die Inselgemeinden Hareid, Herøy, Sande und Ulstein sein.

Der **Sulafjord** führt in nordöstlicher Richtung im Norden von Hareidelandet vorbei, zwischen der Halbinsel Sula und Hareidelandet.

Der **Sulafjord** und der **Vartdalsfjord** laufen im **Storfjord** zusammen. Der Storfjord hat viele Arme, einer davon ist der berühmte **Geirangerfjord.**

Ca. 62°26'N   5°57'E

Wir passieren die Grenze zwischen den Gemeinden Ulstein und Giske an BB.

Wir passieren die Grenze zwischen den Gemeinden Ulstein und Sula an SB (S 50).

Die Gemeinde Giske

Bedeutung des Gemeindewappens: Das Motiv geht zurück auf das Giske-Geschlecht.
Bedeutung des Namens: Inselname, nordisch gizki, möglicherweise Wischtuch.
Gemeindezentrum: Valderhaug (-).
Position: 62°30'N   6°08'29"E. **Areal:** 40 km².
Einw.: 6 591. **Bevölkerungsdichte:** 164,9 Einw./km².
Größte Inseln: Vigra 18,9 km², Godøya 10,9 km², Valderøya 6,5, km².
Arealverteilung: Landw. 28 %, Forstw. 2 %, Süßwasser 3 % Verbleibendes Areal 67 %.
Wirtschaft: Fischerei. Fischveredelung. Werkstattindustrie für Fischerboote, Möbel-industrie, etwas Landwirtschaft. Ca. 25 % der Berufstätigen arbeiten in Ålesund.
Sehenswertes: Die Alnes Feuerstation. Der Eilivs-Grabhügel. Die Skjonghöhle. Die Kirche von Giske.
Website der Gemeinde Giske
www.giske.kommune.no

Das italienische Schiff „Fidelitas" wurde 1943 von der deutschen Besatzungsmacht in Bordeaux in Frankreich konfisziert und für zivile Dienste eingesetzt. 1944 fuhr es im Konvoi mit einem anderen Schiff und vier deutschen Eskort-Fahrzeugen nach Ålesund. Im Sulafjord wurde der Konvoi von Kanonen und Torpedos von zehn australischen Beaufighter-Flugzeugen der RAF-Schwadronen 404 und 489 angegriffen. „Fidelitas" und zwei der anderen Schiffe wurden stark beschädigt, „Fidelitas" sank daraufhin mit 35 Mann. 1988 lokalisierten Taucher das Wrack in 107 m Tiefe.

62°26'46''N   6°00'E   + 0 Std 31 Min   ③

Die Landzunge **Eltraneset** an SB ist der nordwestlichste Punkt der Insel Sula in der Gemeinde Sula (S 50). Danach kommt der Heissafjord mit den Orten Langevåg und Spjelkavik ganz im Innern des Fjords.

Die Insel **Godøya** (10,87 km²) in der Gemeinde Giske an BB. Die gebirgige Insel ist eine der vier großen Inseln der Gemeinde mit dem Berg **Storehornet** (497 m ü M) mitten drin. Der Süßwassersee **Alnesvatnet** oben auf dem Storehornet ist ca. 1 km² groß und versorgt die

Inseln der Gemeinde mit Trinkwasser. Die wichtigsten Wirtschaftszweige sind Fischerei und Fischveredelung. Ein Tunnel von 3 844 m Länge, 153 m ü M , nordöstlich von Godøya, wurde 1989 eröffnet und schafft eine Verbindung zur Nachbarinsel Giske.

An der Südostspitze von Godøya, nahe am Fahrwasser der Hurtigrute, steht das Hogsteinen-Feuer. Es wurde 1857 am äußersten Ende einer langen Natursteinmole gebaut, 1905 wieder außer Betrieb genommen. Der Turm ist 11 m hoch, das ursprüngliche Leuchtfeuer vom Eisenwerk in Nes wurde durch eines aus Gusseisen ersetzt. Der weiße Leuchtturm steht unter Denkmalschutz und ist eine wichtige Landmarke.

In der Nähe des Hogsteinen befindet sich **Eilifrøysa,** einer der großen Grabhügel in Norwegen, 40 m im Durchmesser und ca. 5 m hoch aus der Zeit um 300-400 n. Chr. Er enthielt u. a. einen „Vestlandskjel" (Westlandskessel) aus Bronze, zwei Becher aus Silberblech, einen 311 g schweren Goldring, ein Medaillon aus Gold und Aschenreste einer Leichenverbrennung. Es wurde irrtümlich angenommen, das Eilif Jarl hier begraben läge, daher der Name. Aber er lebte in späterer Zeit.

Der Name Godøya (Götterinsel) ist mythologischen Ursprungs. Man meint, das der äußere, nordwestliche Teil des Höhenzuges **Lesten**, im Westen der Insel, in heidnischer Zeit als Opferplatz und Richtstätte benutzt wurde. Die Opfer wurden die steile Felswand hinab gestoßen im Augenblick des Sonnenaufgangs. Der heidnische Tempel, dem nordischen Gott Odin geweiht, soll auf dem Hof **Godøygården** auf der Südseite der Insel gestanden haben. Dieser Hof war der größte auf der Insel. Er umfasste 1864 einen Besitz mit 128 Gebäuden. 1945 wurden 90 Gebäude abgerissen oder verlegt. In späterer Zeit hat man auf dem Gelände des Hofes einen Opferstein mit einer Runeninschrift gefunden. Lesten wurde im Mittelalter als Sunnmøres Hexengebirge betrachtet, dort sollten sich Teufel, Hexen und Trollweiber aufgehalten haben (S 231).

Der Ort **Alnes** im Nordwesten von Godøya ist eine kleine, nette Ansiedlung, wo die Häuser dicht an dicht stehen, kaum verändert seit 1905. Zu seiner Zeit war Alnes eines der größten Fischerdörfer in Sunnmøre. Hier liegt auch eines der Leuchtfeuer der Insel. Das erste Feuer war nur ein kleines „Fischerfeuer" (in einem Blockhaus mit einer Tranlampe) für die Dorschfischer, finanziert mit Hilfe einer lokalen Sammelaktion im Jahre 1853. 1869 wurde es vom Staat übernommen. Ein neues Holzhaus mit Feuer wurde 1878 aufgestellt mit besseren Bedingungen für den Feuerwächter versehen. 1892 wurde es umgebaut. Bis 1928 war es mit Gas und Paraffin befeuert worden, danach mit elektrischem Strom. Das heutige Feuer wurde 1937 aus Winkeleisen gebaut, der Turm ist 18 m, das Feuer 36 m hoch, mit einer Reichweite von 16,4 n. M. Die Automatisierung erfolgte 1982, im Jahre 2000 stellte man es unter Denkmalschutz.

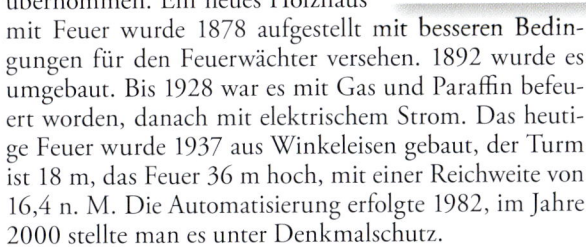

Draußen vor der Nordspitze der Insel, auf dem kleinen Holm **Furkenholmen,** lag Sunnmøres vielleicht größtes Fischerdorf der 1880er Jahre. Während der Saison im Februar-März konnten dort bis zu 500-600 Mann, verteilt auf 90-100 Boote, zusammen kommen. Im Jahre 1884 gingen wohl 1000 Mann von der Insel aus auf Fischfang. Sie wohnten in sogn. Fischerstuben, bis zu 120 Mann in jeder. Die letzten Fischerstuben von Furkenholmen wurden in den 1960er Jahren abgerissen.

Auf Godøya gibt es etliche vorzeitliche Hinterlassenschaften. Außer einem Siedlungsplatz aus der Steinzeit fand man 130 Gräber, Grabhügel aus Erde oder Steinen, 60 davon stammen aus der Zeit um 500-600 n. Chr.

Nordöstlich von Godøya liegt der Holm **Havstein.**

Zwei andere Inseln der Gemeinde Giske**,** Giske (2,5 km²) und Valderøya (6,5 km²) sehen wir an BB nach Abgang von Ålesund. Giske liegt am weitesten westlich (S 48).

62°27'N   6°00'E   + 0 Std 35 Min

Das Schiff befindet sich im **Breisund**. Hareidlandet liegt hinter uns an SB, wir haben den **Sulafjord** an SB, danach **Sula** und den **Heissafjord**. Vor uns an SB liegt die Insel **Heissa** mit ihrem charakteristischen Berg **Sukkertoppen**.

Die Insel Godøy an BB.

Ca. 62°27'33"N   6°03'47"E

Wir passieren die Grenze zwischen den Gemeinden Sula und Ålesund an SB.

Die Gemeinde Ålesund

Bedeutung des Gemeindewappens: Illustriert Fisch.
Bedeutung des Namens: Wahrscheinlich vom Fischnamen ål (Aal), kann aber auch mit åll zusammen hängen, „Streifen, schmale Rinne".
Gemeindezentrum: Ålesund (37 755 Einw.).
Position: 62°28'N 6°09'E. **Areal:** 98 km².
Einw.: 44 706. **Bevölkerungsdichte:** 456,2 Einw./km².
Arealverteilung: Landw. 2 %, Forstw. 12 %, Süßwasser 6 %, verbleibendes Areal 80 %.
Wirtschaft: Fischveredelung. Schiffbau und andere Werkstattindustrie. Graphische Industrie. Plastikwarenindustrie. Textil- und Bekleidungsindustrie.
Sehenswertes: Siehe Stadtbeschreibund S 70.
Website der Gemeinde Ålesund:
www.alesund.kommune.no

Die Stadt Ålesund ist auf mehreren Inseln gebaut, die durch Brücken miteinander verbunden sind, sie hat daher vieles gemeinsam mit anderen „Kanalstädten". **Heissa** ist die westlichste dieser Inseln. Der bekannte charakteristische Berg **Sukkertoppen** (316 m ü M) erinnerte frühere Seefahrer- und tut es auch heute noch – an seinen Namensvetter in Rio de Janeiro in Brasilien.

Wir umrunden den Sukkertoppen und fahren nach Ålesund hinein.

Das Schiff legt am Kai in Ålesund an

In der Sommersaison wird Ålesund auf dem Rückweg vom Geirangerfjord beschrieben. Für Reisende in der Wintrsaison wird die Reisebeschreibung auf S 70 fortgesetzt.

Das Schiff fährt weiter nach Geiranger +0 Std 00 Min

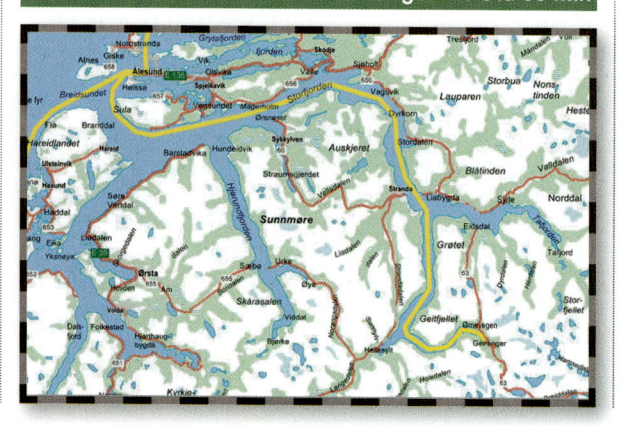

Das Schiff lichtet den Anker in Ålesund und nimmt Kurs auf den berühmten **Geirangerfjord.** Vor uns liegt die Insel Godøya (S 48), an BB die flache Insel Giske und die Insel Valderøya (S 74) nach Abgang von Ålesund auf dem Weg nach Norden). An BB der Sukkertoppen (316 m ü M) auf der Insel Heissa (4 km²).

Ca. 62°27'N   6°03'E   ①

Wir passieren die Grenze zwischen den Gemeinden Ålesund und Sula.

Die Gemeinde Sula

Bedeutung des Gemeindewappens: Spielt auf den Gemeindenamen an.
Bedeutung des Namens: Von Súla „kløft", etwas Geteiltes, entweder bezogen auf die Gebirgsformation oder die Küstenlinie, kann aber auch „Säule, Pfosten, Stütze" bedeuten.
Gemeindezentrum: Langevåg (-).
Position: 62°27'N 6°13'E.
Areal: 59 km². **Einw.:** 6 951.
Bevölkerungsdichte: 117,8 Einw./km².
Arealverteilung: Landw. 3 %, Forstw. 19 %, Süßwasser 2 %, verbleibendes Areal 75 %.
Website der Gemeinde Sula:
www.sula.kommune.no

An BB der **Heissafjord**, mitten durch den Fjord geht die Grenze zwischen den Gemeinden Ålesund und Sula. Im Innern des Fjords liegt der Ort **Spjelkavik**, der heute als Vorort von Ålesund gerechnet wird. Spjelkavik hat verschiedene Industriezweige; Möbel-, Holzwaren-, Textil-, Plastikindustrie.

Das Verwaltungszentrum **Langevåg** liegt mitten an der Nordseite von Sulaøya, hat Textil- und Bekleidungsindustrie, Nahrungsmittel-, Holzwaren- und Werkstattindustrie. O. A. Devolds Sønner AS, ein bekannter norwegischer Konfektionsbetrieb, befindet sich in Langevåg. Der Betrieb wurde 1850 gegründet und hatte in Spitzenzeiten 800 bis 900 Angestellte. Der Schornstein der Fabrik ist ein ungewöhnliches Kulturdenkmal und eine bekannte Landmarkierung in Langevåg. D/S „Thorolf", gebaut 1911, ist Skandinaviens ältestes dampfgetriebenes Holzschiff und gehört dem Betrieb. Es beförderte früher Verkäufer, Rohmaterial und Fertigprodukte an der gesamten norwegischen Küste entlang. Heute besteht die Fracht des 52 Fuß langen Schiffes aus Touristen.

Der Ort **Fiskarstranda** liegt auf der Nordostseite der Insel im Innern des Fjords mit dem Betrieb „Fiskarstranda Slip & Motorverksted", gegründet 1909. In der Werkstatt werden Fähren und Fischerboote repariert und Hurtigrutenschiffe gewartet. In Sula gibt es mehrere große Fischverarbeitungsbetriebe.

Zwischen Eltraneset und Langevåg, im Innern des Fjords auf der Nordseite der Insel Sula, liegt eine weite Kulturlandschaft mit vielen vorzeitlichen Denkmälern. Mehrere Siedlungsreste sind in der Strandzone gefunden worden, von der römischen Eisenzeit an (0-400 n. Chr.) bis ins 18. Jh.

Ungefähr 6 km in den Heissafjord hinein liegt das Wrack de M/S „Øygar" (1908 gebaut). Das Schiff war im Passagierbetrieb und als Wachtschiff entlang der norwegischen Küste eingesetzt. Die Deutschen nahmen es unter dem Namen „Bisam NB07" als Wachtboot in Dienst, später als „V-5507". Es kam unbeschadet durch den Krieg und wurde dann wieder in den Passagierdienst an der Küste gestellt. Nach langen, getreuen Diensten wurde das Schiff im November 1983 versenkt, es liegt heute in 23 m Tiefe.

Wir umrunden **Eltraneset** an BB und fahren in den **Sulafjord** hinein. Vor uns das Dorf **Brandal**.

62°27'17"N 6°03'30"E
Wir passieren die Grenze den Gemeinden Hareid an SB.

Die Gemeinde Hareid
Bedeutung des Gemeindewappens: Bezieht sich auf die Schlacht bei Hjørungavåg; Liavågen in Hareid.
Bedeutung des Namens: Der erste Teil vom Inselnamen Hod, „skum" (Schaum), letzter Teil eid (Übergang vom Wasser zum Land).
Gemeindezentrum: Hareid (3 628 Einw.).
Position: 62°22'N 6°02'E.
Areal: 82 km². **Einw.:** 4 670.
Bevölkerungsdichte: 56,9 Einw./km².
Arealverteilung: Landw. 8 %, Forstw. 18 %, Süßwasser 6 %, verbleibendes Areal 68 %.
Wirtschaft: Werkstattindustrie. Möbel-, Nahrungsmittel-, Textilindustrie. Fischerei in nahen und fernen Gewässern. Etwas Landwirtschaft auf kleinen Höfen.
Sehenswertes: Das Eismeermuseum von Brandal. Hjørungavåg, das Hjørungavåg-Spiel.
Website der Gemeinde Hareid:
www.hareid.kommune.no

Die Landzunge **Kvitneset** am Fuße des **Signalhornet** (627 m ü M) in der Gemeinde Hareid auf der Insel Hareidlandet an SB liegt vis-a-vis Eltraneset auf der anderen Seite des Sulafjordes. Auf Kvitneset stehen Reste einer deutschen Küstenbatterie von 1941-45. Wenn es hoch kam, waren 500 Deutsche auf Kvitneset stationiert. Gleich daneben lag ein Gefangenenlager mit mehr als 100 Kriegsgefangenen, zumeist aus Russland, einige aus Jugoslawien. Die Gefangenen mussten die Festungsanlage bauen.

Das Dorf **Brandal** (313 Einw.) auf Hareidlandet an SB. Brandal war früher mal ein dominierendes „Eismeerdorf" mit Robbenfang und Fischerbootreederei. Von hier aus fuhr man schon 1898 in den Nordatlantik, nach Grönland und Neufundland. Brandal war die ganze Zeit bis 1998 Heimathafen für 47 Eismeer-Fangschiffe. Eine Fabrikanlage an Land nahm bei Ankunft der Schiffe die Robben entgegen, der Speck wurde zu Öl gekocht, die Felle erhielten ihre erste Behandlung. Es wurden auch lebende Eisbären und Moschusochsen gefangen und an europäische Tiergärten verkauft. Bevor man sie verkaufen konnte, wurden die Moschusochsen so lange im Gebirge auf die Weide geschickt, Eisbären mussten in Käfigen in den Strandschuppen ausharren, und Walrosse ließ man unter den (auf Stelzen stehenden) Strandschuppen schwimmen.

Das Eismeermuseum in Brandal dokumentiert die intensive Beziehung zum norwegischen Robbenfang. Das Museum stellt u. a. den unter Denkmalschutz stehenden Eismeerschoner „Aarvak" aus, gebaut 1912, der im Trockendock an Land liegt. Außerdem hat das Museum noch ca. 2000 weitere Ausstellungsstücke. Dies ist das einzige Polarmuseum in Norwegen südlich von Tromsø.

62°24'N 6°05'E   + 0 Std 30 Min   ②

Hareid (3 628 Einw.) an SB, die Industriestadt und das Verwaltungszentrum in der Gemeinde Hareid, liegt zwischen den Bergen Skafjellet (573 m ü M) und Melshornet (668 m ü M). Die verschiedenen Industriezweige sind u. a. Elektro-, Technologie-; Werkstatt- und Plastikindustrie. Man stellt z. B. Vakuumtoiletten für Schiffe und den Offshorebereich her. Ungefähr 40 % der Berufstätigen arbeiten außerhalb der Gemeinde.

Die frühere Kirche brannte nach einem Blitzeinschlag 1806 ab, eine neue Kirche wurde im Jahr darauf gebaut. Die heutige Kirche von Hareid baute man 1877, eine Langkirche aus Holz mit Rosenbemalung im Innern. Sie hat Platz für 500 Personen. Das Altarbild stammt von 1660, es wurde auf einer Auktion in der Hospitalkirche von Stavanger 1915 erworben und nach Hareid gebracht. Zum 100jährigen Jubiläum 1977 restaurierte man das Altarbild, dazu waren fast 1000 Arbeitsstunden nötig.

Von Hareid aus besteht Hurtigrutenverbindung nach Ålesund, nach Valderøya per Flugzeug zum Flugplatz Vigra und per Autofähre nach Sulasund auf Sula.

Der Ort **Hjørungavåg** (ca. 940 Einw.) liegt nahe dem östlichsten Punkt der Insel Hareidelandet, südöstlich von Hareid, am Fuße des **Melshornet** (668 m ü M). Der Ort ist bekannt wegen der berühmten Schlacht zwischen dem Leidangsheer Håkon Jarls und den gefürchteten Jomswikingern im Jahre 986. Die Schlacht von Hjørungavåg wird in Snorres Königssagen geschildert, dies war die erste Schlacht um Norwegen.

> Håkon Jarl (ca.935-995) war der Jarl des Dänenkönigs Harald Blåtands (Harald Blauzahns) in Norwegen. Harald Blåtand (starb 985) und sein Sohn Svend Tveskæg herrschten über große Teile Schwedens und Norwegens, waren aber unzufrieden mit Håkon Jarl. Dieser weigerte sich nämlich, Steuern für sie einzutreiben, und lebte ein heidnisches, ausschweifendes Leben in seinem Heimatland. Svend Tveskæg schickte also nach den Jomswikingern in Dänemark, machte sie betrunken und brachte zwei ihrer Anführer, Sigvalde Jarl und Bue Digre, dazu, ihm zu versprechen, dass sie innerhalb von drei Jahren Håkon Jarl entweder getötet oder aus Norwegen vertrieben hätten. („Jomswikinger" war der Name einer Gruppe von Wikingern, die in der Jomsburg an der Küste des heutigen Polen, wahrscheinlich in Wollin nahe Stettin wohnten, und zwar im 10.-11. Jh. Im Jahre 1043 machte König Magnus den gode (der Gute) mit den Jomswikingern kurzen Prozess. Er griff die Jomsburg an, zerstörte die Festung und tötete die Überlebenden.)

Im selben Winter, als die zwei Jomswikinger-Häuptlinge ihr Versprechen abgelegt hatten, zogen zwei mächtige Heere mit Jomswikingern die norwegische Küste hinauf. Sie plünderten und mordeten alles, was ihnen in den Weg kam. Håkon Jarl erhielt Kenntnis davon und sammelte ein Heer aus Trøndelag, Nordmøre, Sunnmøre, Romsdal, Namdalen und Hålogaland. Die Jomswikinger kamen von Süden, fuhren an Stad vorbei und lagen zuerst vor Herøya, danach vor Hareidelandet. Da die Leute an Land ihnen nichts davon erzählten, wussten sie nicht, dass sie im Norden ein Heer erwartete. Man hatte ihnen allerdings gesagt, dass Håkon Jarl mit drei oder weniger Schiffen in den Hjørundfjord hinein gefahren wäre. Deshalb sprangen sie in ihre Boote und segelten zum Hjørundfjord. Håkon Jarl und sein Sohn Eirik Jarl lagen mit 180 Schiffen im Fjord, einige davon ziemlich klein. Als die beiden Jarle hörten, dass Sigvalde und die Jomswikinger vor Hareidelandet lagen, ruderten sie los, um sie zu finden. Die beiden Heere trafen in Hjørungsvågen aufeinander.

Der Kampf war hart und mit großen Verlusten an Männern auf beiden Seiten, am meisten auf Seiten der Norweger, denn die Jomswikinger waren tüchtige Krieger. Als man zum Nahkampf überging, gewannen die Norweger die Oberhand. Während eines schweren Hagelschauers mit ungewöhnlich großen Hagelkörnern flüchtete der Jomswikinger Sigvalde Jarl mit 70 Schiffen. Der Jomswikinger Bue Digre kämpfte weiter mit 25 Schiffen, war aber in der Unterzahl und musste aufgeben. Als er verwundet wurde, nahm Bue Digre eine Kiste mit Gold unter jeden Arm und rief laut: „Über Bord, alle Männer von Bue!" Und damit stürzte er sich über Bord. Viele seiner Männer folgten ihm, andere fielen an Deck. Die am Leben gebliebenen 30 Männer wurden gefangen genommen.

Zum 1000jährigen Jubiläum 1986 errichtete man ein Denkmal zur Erinnerung an die Schlacht bei Hjørungavåg. Es zeigt den Bug von drei Wikingerschiffen, die sich gegeneinander erheben. In der Umgebung wurden noch weitere Denkmäler aufgestellt und jeden Sommer wird das **Hjørungavågspiel** aufgeführt zur Erinnerung an das Geschehen vor und während der Schlacht.

Unter den Industriebetrieben in Hjørungavåg gibt es eine Gesellschaft für Öltechnologie mit mehr als 250 Angestellten und mit Filialen in USA und Canada. Ein anderer wichtiger Betrieb ist eine moderne Fischveredelungsanlage mit einer Kapazität von ca. 250 t Fisch pro Tag.

> Geschichten von **Seeschlangen** und Seeungeheuern gibt es überall auf der Welt, so natürlich auch in den Gewässern rund um Sula. Im 13. Jh. soll eine Seeschlange den Eingang zu dem engen Hjørungavågen abgesperrt haben, die Schlange hatte 12 Buckel. Der dortige Bischof soll die Seeschlange mit Hilfe von Gebeten und Weihwasser vertrieben haben.

62°23'N 6°10'41"E   + 0 Std 40 Min

An SB die Fährstation **Sulasundet,** von wo eine Autofähre nach Hareide auf der Insel Hareidelandet abgeht. Dahinter der Höhenzug **Tverrfjellet** (776 m ü M).

Das Schiff fährt in den **Storfjord** ein (86 km lang) auf dem Weg nach Geiranger. An BB laufen hier der **Sulafjord** und der **Vartdalsfjord** zusammen, die Tiefe beträgt ca. 440 m. Der Vartdalsfjord erstreckt sich an BB hinter Hareidelandet..

An SB liegt der nördliche Teil der Gemeinde Ørsta.

Die Gemeinde Ørsta
Bedeutung des Gemeindewappens: Illustriert Gebirge, das sich im Fjord spiegelt.
Bedeutung des Namens: Kommt vom nordischen Ørstr.
Gemeindezentrum: Ørsta (6 337 Einw.).
Position: 62°12'N 6°09'E.
Areal: 805 km². **Einw.:** 10 257.
Bevölkerungsdichte: 12.74 Einw./km².
Arealverteilung: Landw. 5 %, Forstw. 16 %, Süßwasser 2 %, verbleibendes Areal 76 %.
Wirtschaft: Möbel-, Metallwaren-, Nahrungsmittel- und Elektrotechnik-Industrie. Landwirtschaft mit Haustierhaltung.
Sehenswertes: Hotel Union Øye.
Hinweis auf Aktivitäten: Touren in die Sunnmørsalpen.
Website der Gemeinde Ørsta: www.orsta.kommune.no

62°23'36"N 6°15'E   + 0 Std 49 Min   ③

An SB die Orte **Barstadvika** und **Romestrand**, im Hintergrund die mächtigen **Sunnmørealpen**. Barstadvika liegt zwischen den Gebirgszügen **Klovekinn** (920 m ü M) im Südwesten, **Middagshornet** (1 091 m ü M) direkt hinter dem Dorf, **Jønshornet** (1 419 m ü M) im Osten und **Festøykollen** im Nordosten.

Das Dorf **Eikrem** auf Sula an BB.

62°24'N 6°19'19"E   + 0 Std 51 Min   ④

An BB die Orte **Solevåg, Sunde** und **Leirvåg** in der Gemeinde Sula. Von Sunde geht eine Autofähre über den Storfjord nach **Festøya** in der Gemeinde Ørsta.

An SB die Insel **Festøya** am Fuße des **Festøykollen** (911 m ü M), an der westlichen Mündung des Hjørundfjords. Von Festøya aus gibt es eine Autofähre nach **Sunde** in der Gemeinde Sula und nach **Hundeidvik** auf der Ostseite des Hjørundfjords.

Der **Hjørundfjord** (35 km lang) an SB schneidet sich durch die steilen **Sunnmørealpen**, die sich beiderseits des Hjørundfjords erstrecken. Weiter drinnen teilt sich der Fjord in den **Norangsfjord** und den **Storfjord**. Im Innersten des Norangsfjords liegt der Touristenort **Øye** mit dem bekannten und ungewöhnlichen Union Hotel von 1891. Dieses Hotel war lange Zeit der Treffpunkt des Adels und der Oberschicht. Unter den Gästen waren Kaiser Wilhelm 2 von Deutschland, Königin Wilhelmine der Niederlande, König Oscar 2 von Schweden, König Haakon 7 und Königin Maud von Norwegen, der amerikanische Autor Sir Conan Doyle, die norwegischen Polarforscher Roald Amundsen und Fridtjof Nansen und die dänische Autorin Karen Blixen. Im 19. Jh. und in der ersten Hälfte des 20. Jh.s zog das Hotel auch Bergsteiger und andere Naturliebhaber aus dem Ausland an. Die Bauern der Umgebung taten sich zu einer Fahrgemeinschaft mit nummerierten Pferdekutschen zusammen und fuhren die Touristen von Øye aus, wo man sie von den Kreuzfahrtschiffen an Land gesetzt hatte, durch die schönen, wilden Täler **Norangsdalen** und **Nibbedalen** nach Hellesylt am Geirangerfjord, wo sie wieder an Bord genommen wurden. Auf halber Strecke, in Øyebakken, machte man Station, wo Pferde und Menschen sich eine Pause gönnen konnten.

Die äußersten Höhenzüge, die den Hjørundfjord umkränzen, sind im Westen der Festøykollen (911 m ü M) und das **Jønshornet** (1 419 m ü M), im Osten **Sunnavindsnipa** (1 367 m ü M), **Skopphornet** (1 226 m ü M) und **Blåbretinden** (1 476 m ü M).

Ca 62°24'N 6°22'29"E

Wir passieren die Grenze zwischen den Gemeinden Ørsta und Sykkylven an SB.

Die Gemeinde Sykkylven

Bedeutung des Gemeindewappens: Bezieht sich auf den Sykkylvfjord.
Bedeutung des Namens: Von den nordischen Fjordnamen Sikiflir, von sik „kleine Bucht" und iflir „flache, feuchte Ebene".
Gemeindezentrum: Sykkylven/Aure (3966 Einw.).
Position: 62°24'N 6°35'E.
Areal: 338 km². **Einw.:** 7 421.
Bevölkerungsdichte: 22,0 Einw./km².
Arealverteilung: Landw. 5 %, Forstw. 22 %, Süßwasser 3 %, verbleibendes Areal 71 %.
Wirtschaft: Möbelindustrie. Inneneinrichtung. Werkstattindustrie. Landwirtschaft mit Haustierhaltung. Fischzucht.
Hinweis auf Aktivitäten: Touren in die Sunnmørsalpen.
Website der Gemeinde Sykkylven: www.sykkylven.kommune.no

62°23'50"N 6°21'E + 0 Std 59 Min

Das Dorf **Hundeidvik** an SB an der östlichen Mündung des **Hjørundfjords**. Das Dorf liegt zwischen den Bergen **Sunnavindsnipa** im Westen und **Skopphornet** im Osten.

Ca. 62°24'N 6°22'E

Wir passieren die Grenze zwischen den Gemeinden Sula und Ålesund (Storfjord) an BB.

Der Industrieort **Vegsund** in der Gemeinde Ålesund an BB im Innern der Bucht hinter der Landzunge **Flisneset**.

Vegsund ist ein Teil von **Spjelkavik** mit verschiedenen Industriezweigen wie Textil-, Plastik-, Möbel-, Holzwaren- und Werkstattindustrie. Hinter Vegsund liegen die Orte **Emblem** (1 140 Einw.) und **Aksla**.

An SB am Fusse des **Skopphornet** liegen die kleinen Orte **Kurset**, **Litlevik** und **Tusvika**.

An SB voraus sehen wir das Gemeindzentrum **Sykkylven/Aure**.

62°25'28"N 6°29'32"E + 1 Std 16 Min ⑤

Der **Sykkylvsfjord** (8 km lang) zieht zwischen den Höhenzügen Skopphornet und **Blåbretinden** im Westen und **Sandvikshornet**, **Langfjella** und **Dravlausnyken** (1 056 m ü M) im Osten hindurch. Viele Einwohner der Gemeinde wohnen entlang des Fjordes. Im Innersten des Fjords liegt der Ort **Straumsgjerdet** (478 Einw.), dort gibt es Möbelindustrie.

Vom Fährort **Ørsneset** an der östlichen Mündung des Fjords führt eine Autofähre nach **Magerholm** an BB. Dies ist die meist benutzte Fährstrecke im Regierungsbezirk Møre und Romsdal. An der Spitze der Landzunge hat man sechs gut erhaltene Grabhügel aus der Eisenzeit gefunden. Man ist der Ansicht, dass die Grabhügel als Grenzmarkierung für den sehr großen eisenzeitlichen Besitz bei Aure gedient haben.

Nahe der Mündung des Fjords die zwei Industrieorte **Ikornnes** auf der Westseite und **Sykkylven/Aure** auf der Ostseite des Fjords. Die **Sykkylvsbrücke** (eine 890 m lange Betonkastenbrücke), die die zwei Orte miteinander verbindet, wurde im Jahre 2000 fertig gestellt.

Ikornnes (737 Einw.) ist bekannt durch seine Möbelindustrie. Ekornes ASA (ca. 1 500 Angestellte) wurde 1934 gegründet und ist Norwegens größter Produzent von Matratzen, Stühlen, Sofas und Schaumstoff. Das bekannteste Erzeugnis, „Stresslesstolen" (der Entspannungsstuhl), ist weltberühmt. Die Ekornes-Produkte werden in über 20 Ländern vertrieben.

Das Gemeindezentrum **Sykkylven/Aure** (3 924 Einw.) bei Ørsneset hat Möbel- und Holzwarenindustrie und mechanische Werkstätten. Aure kannte man von alters her als Kirchenort, auch Grabhügel wurden in der Nähe gefunden. In der Umgebung von Aure haben die Menschen seit 800 v. Chr. ihre Spuren hinterlassen. Es handelt sich um Wohnbaureste, Feuerstellen, Kochgruben. Manche Pfostenlöcher, die von Hausgrundrissen zeugen, hatten Durchmesser von 1 bzw. 2 m und 70 bzw.

90 cm Tiefe, und sind damit die größten Pfostenlöcher, die man je in Skandinavien gefunden hat. Das dazugehörige Haus schätzt man auf 40-60 m Länge, vielleicht eine Gildehalle, wo sich Häuptlinge und andere wichtige Leute bei großen Begebenheiten zusammen gefunden haben. Man nimmt an, dass das Haus von 100 bis 500/600 n. Chr. benutzt wurde. Man hat auch die Reste von 10 bis 15 weiteren Häusern gefunden, kleiner als die Gildehalle, zwischen 8 und 15 m lang und mit kleineren Pfostenlöchern. Sie gehen sicherlich auf das Bronze/Eisenzeitalter zurück (S 83).

Die Kirche, die wir sehen, ist eine Arbeitskirche aus Beton von 1990.

62°26'30''N 6°37'E   + 1 Std 32 Min

Wir fahren weiter in den Storfjord hinein, mit dem Berg **Sandvikshornet** (876 m ü M) an SB. Die Tiefe des Fjords beträgt hier ca. 590 m. Wir fahren an dem Hof **Sandvika** vorbei.

Ca. 62°27'N 6°41'E

Wir passieren die Grenze zwischen den Gemeinden Ålesund und Skodje an BB.

Die Gemeinde Skodje

Bedeutung des Gemeindewappens: Zeigt die Brücke von Skodje über den Skodjestraumen.
Bedeutung des Namens: Von Skodin, erster Teil skad, unsichere Bedeutung, zweiter Teil vin, "eng"(Wiese).
Gemeindezentrum: Skodje (1 651 Einw.).
Position: 62°30'N 6°41'E.
Areal: 120 km². **Einw.:** 3 638.
Bevölkerungsdichte: 30,3 Einw./km².
Arealverteilung: Landw. 5 %, Forstw. 48 %, Süßwasser 8 %, verbleibendes Areal 40 %.
Wirtschaft: Holzwaren- u. Möbelindustrie. Werkstattindustrie. Etwas Landwirtschaft. 60 % der Berufstätigen arbeiten außerhalb der Gemeinde.
Website der Gemeinde Skodje:
www.skodje.kommune.no

62°27'N 6°38'E   + 1 Std 34 Min

An BB haben wir **Heggebakk** am **Meraftafjellet** (576 m ü M) passiert, danach die Landzunge **Nesvika** vor der Mündung des **Honningdalsvågen** mit dem Ort **Glomset** im Innern der Bucht, dann den Ort **Ytrevika** vor **Solnørvika.**

Der Hof **Solnør** im Innern der Bucht Solnørvika ist seit Ende des 17. Jh.s bewohnt und gehörte ursprünglich zum Giske-Bjarkøy-Besitz (S 74). Das heutige Hauptgebäude stammt von 1825, wurde 1939 unter Denkmalschutz gestellt. Der Hof besitzt eine der größten Privatbibliotheken des Landes, ca. 10 000 Bände.

Ca. 62°26'N 6°54'E

Wir passieren die Grenze zwischen den Gemeinden Skodje und Ørskog an BB.

Die Gemeinde Ørskog

Bedeutung des Gemeindewappens: Symbolisiert Pelztierzucht und Wald.
Bedeutung des Namens: Ein Hofname, bei dem der erste Teil der Genitiv Plural von øyr, Grasufer, ist, der Hof liegt nämlich an einer Flussmündung, der zweite Teil skog, Wald.
Gemeindezentrum: Sjøholt (1 131 Einw.).
Position: 62°29'N 6°48'42"E. **Areal:** 129 km².
Einw.: 2 093. **Bevölkerungsdichte:** 16,2 Einw./km².
Arealverteilung: Landw. 4 %, Forstw. 26 %, Süßwasser 3 %, verbleibendes Areal 67 %.
Wirtschaft: Landwirtschaft mit Milchproduktion. Gärtnereien und Obstanbau. Fischzucht und Pelztierzucht. Etwas Holzwaren-, Plastik- und Werkstattindustrie. Wintertourismus.
Website der Gemeinde Ørskog:
www.orskog.kommune.no

Auf den meisten Höfen am Storfjord in Ørskog hat man Reste früherer Besiedlung gefunden. Die Bedingungen waren in dieser Gegend besonders gut, deshalb meint man, dass die früheste Besiedlung in Sunnmøre gerade hier statt fand.

Die Insel **Langskipsøya** an der östlichen Mündung von Solnørvika. Die Insel hatte im 17.Jh. einen betriebsamen Ausschiffungshafen für Baumstämme der früheren Großgemeinde Ørskog, die heute aufgeteilt ist in Skodje, Ørskog und Stordal. Die Stämme wurden nach Europa verfrachtet, besonders in die Niederlande und nach Schottland (S 333). In den Jahren 1603-1623 gingen von hier 113 Schiffslasten mit Baumstämmen in 30 verschiedene europäische Häfen.

62°27'37"N 6°42'44"E + 1 Std 42 Min ⑥

Wir passieren die Orte **Håeim** und **Tyssegardene** an BB. In der Bucht zwischen diesen und der Landzunge **Gausneset** liegt das Verwaltungszentrum **Sjøholt** (1 131 Einw.) mit Möbel-, Holzwaren- und Plastikindustrie. Etwas Tourismus.

Das erste Hotel in Sjøholt war ein Holzbau von 1887, der 1900 abbrannte. Das neue war 1901 fertig, ist inzwischen restauriert worden und immer noch in Betrieb. Nachdem die Touristen die Fjorde von Sunnmøre Ende der 1890er Jahre entdeckt hatten, nahm der Tourismus in Sjøholt zu.

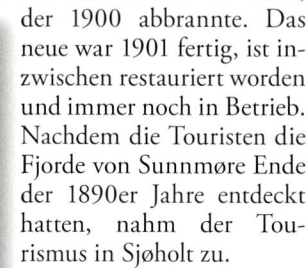

Sjøholt ist auch einmal ein militärisches Zentrum gewesen. In alten Karten ist es als Exerzierplatz eingetragen.

Die Ørskog-Kirche liegt in Sjøholt. Die heutige Kirche wurde 1873 eingeweiht, eine Langkirche mit 650 Sitzplätzen. Die alte Kirche war zu klein geworden und wurde an die Gemeinde Herøy verkauft und dorthin verlegt, sie ist immer noch in Gebrauch.

Ørskog war in früherer Zeit ein traditionsreiches Zentrum für die Verbreitung des Christentums, wahrscheinlich eine der ersten Städte, die eine öffentliche christliche Volkskirche bekam. Diese wurde unter König Østein Magnus (1103-1123) gebaut. Die älteste schriftliche Quelle über eine Stabkirche stammt von 1280.

Wir umrunden die Landzunge **Røneset** an SB, vis a vis Gausneset an BB. Der Fjord ist hier 666 m tief.

Vor uns das Dorf **Dyrkorn.**

62°27'N 6°46'E + 1Std 50 Min

Die Dörfer **Søvika** und **Ramstad** in der Bucht an SB. Rund um die Bucht ragen die Berge **Rømerhornet** (866 m ü M), **Auskjeret** (1 202 m ü M), und **Ramstadvarden** (962 m ü M) empor.

An BB passieren wir die drei kleinen Dörfer **Åmdåm**, **Vestre** und **Vagsvik**.

Ca. 62°25'N 6°53'E

Wir passieren die Grenze zwischen den Gemeinden Ørskog an BB, Sykkylven und Stordal an SB.

Die Gemeinde Stordal

Bedeutung des Gemeindewappens: Symbolisiert Möbelindustrie.
Bedeutung des Namens: Von Stóladal, der erste Teil stól (Stuhl) vom Namen des Berges Stolen.
Gemeindezentrum: Stordal (597 Einw.).
Position: 62°23'N 6°59'E. **Areal:** 247 km².
Einw.: 996. **Bevölkerungsdichte:** 4,03 Einw./km².
Arealverteilung: Landw. 2 %, Forstw. 15 %, Süßwasser 1 %, verbleibendes Areal 82 %.
Wirtschaft: Landwirtschaft mit Haustierhaltung. Möbelindustrie.
Sehenswertes: Die alte Kirche von Stordal.
Hinweis auf Aktivitäten: Lachsfischerei, Wintertourismus.
Website der Gemeinde Stordal:
www.stordal.kommune.no

62°25'13"N 6°54'28"E ⑦

Der Gebirgshof **Ytste Skotet** (Ytterste = der Äußerste) liegt an SB vor der Landzunge Skothalsen. Der Hof liegt auf einem Bergabsatz 225 m ü M und wurde von der Wikingerzeit an bis 1954 bewohnt. Er war als guter Getreidehof bekannt, hatte 8-9 Gebäude und ein Areal von ca. 3000 mål (1 mål = 1000 m²). Neben der Landwirtschaft ging man auf Fischfang. Im Sommer wird auf dem gut in Schuss gehaltenen Hof immer noch in gemeinschaftlicher, freiwilliger Arbeit das Heu geerntet und anderes erledigt.

In Snorres Königssagen wird erzählt, dass König Olav der Heilige (995-1030) im Jahre 1028/29, als er in den Storfjord hinein segelte und mit Pfeil und Bogen in die Felswand hinauf schoss, einen Felsblock so getroffen hat, dass der sich löste und sich Skotet (eine Stufe an einer steilen Felswand) bildete. Hier sollen schon seit Håkon des Guten Zeiten (920- 960), also seit mehr als 1000 Jahren, Leute gewohnt haben.

Wir umrunden **Skotet** an SB. An BB der Ort **Dyrkorn** mit einer Fabrik für Fischköder.

Zwischen Dyrkorn und Skotet ist der Storfjord 682 m tief.

62°23'N 6°55'26''E   + 2 Std 14 Min   ⑧

Der Ort **Stordal** (597 Einw.) liegt am Eingang zu dem Tal gleichen Namens mit dem bekannten und unter Schutz stehenden Lachsfluss **Stordalselva.** Zwischen Dyrkorn und Stordal zieht sich der Höhenzug **Varden** hin. Der **Dyrkorntunnel** führt durch den Berg und verbindet die beiden Orte. Stordal hatte einst Norwegens größte Möbelproduktion, und es werden noch immer viele Möbel dort hergestellt. Die Gemeinde hat außerdem verhältnismäßig gute landwirtschaftliche Bedingungen.

Die erste Kirche in Stordal, in schriftlichen Quellen von 1432 erwähnt, war eine Stabkirche mit dem Turm an einem Ende, vermutlich um 1200 gebaut, und zwar an derselben Stelle, wo heute die alte Kirche von Stordal steht.

Die **alte Kirche von Stordal** wurde 1789 von den Hofbesitzern des Ortes gebaut und war bis 1907 in Gebrauch. Die achtkantige Kirche wird auch „Rosenkirche" genannt wegen der einzigartigen Rosenmalerei ihrer Einrichtung. Die Wände, die Decke und das Gebälk sind im Innern über und über mit Figuren, Ornamenten und Ranken auf weißem Grund bemalt. Diese Dekorationen sind im Barock- und Renaissancestil ausgeführt, sowohl was die Wahl der Motive als auch die Art der Darstellung betrifft. Die alte Kirche in Stordal ist eine der am reichsten ausgeschmückten Kirchen in ganz Norwegen. Ein Teil des Materials und Interieurs der ersten Stabkirche, die hier gestanden hat, wurde in der neuen Kirche wieder verwendet. Im Anschluss an die Kirche liegt die Priesterstube, die als Wärmestube für Täuflinge und andere Gemeindemitglieder diente, seit 1908 im Besitz des Vereins für die Bewahrung norwegischer Altertümer.

Die Kirche in Stordal in eine Langkirche aus Holz, 1907 gebaut, und hat 270 Sitzplätze.

Auf **Stordalsholm**, einer Landzunge, die hinter Stordal herausragt, soll die letzte Hexe Norwegens am Ende des 18. Jh.s verbrannt worden sein. Hier wurde auch ein großer Teil der in England produzierten BBC- TV- Serie „Malstrøm" gefilmt. Die Serie wurde in viele Länder der westlichen Welt ausgestrahlt.

Wir fahren am **Jolgrøhornet** (1 253 m ü M) an BB vorbei, hinein in die Gemeinde Stranda.

Ca. 62°21'N   6°56'E

Wir passieren die Grenze zwischen den Gemeinden Stordal und Stranda.

Die Gemeinde Stranda

Bedeutung des Gemeindewappens: Gibt Fjord und Gebirge wieder.
Bedeutung des Namens: Die bestimmte Form von Strand (der Strand).
Gemeindezentrum: Stranda (2 499 Einw.).
Position: 62°18'N 6°57'E.
Areal: 866 km². **Einw.:** 4 544.
Bevölkerungsdichte: 5,25 Einw./km².
Arealverteilung: Landw. 2 %, Forstw. 11 %, Süßwasser 2 %, verbleibendes Areal 85 %.
Wirtschaft: Nahrungsmittelindustrie. Möbelindustrie. Etwas Metall-, Plastik- und Bekleidungsindustrie. Landwirtschaft mit Milchproduktion, Schaf- und Ziegenhaltung. Obstanbau. Tourismus, besonders in Geiranger.
Sehenswertes: Geiranger. Die Geirangerfjord. Die Bergbauernhöfen am Geirangerfjord.
Hinweis auf Aktivitäten: Touren zu den Bergbauernhöfen am Geirangerfjord. Wintersports.
Website der Gemeinde Stranda:
www.stranda.kommune.no

An SB passieren wir das Dorf **Fausa** und fahren am **Roaldshornet** (1 230 m ü M) vorbei.

Zwischen Fausa und dem Gemeindezentrum Stranda liegt der Hof **Espehjelle** ca. 200 m den Berghang hinauf. Der Hof soll um 1560 urbar gemacht worden sein. Das älteste Gebäude stammt aus dem 18. Jh. Auf dem steilen, gefährlichen Stieg gingen 7 Schulkinder jeden Tag und bei jedem Wetter die 4 km zur Schule in Stranda, bis der Hof 1961 verlassen wurde.

Am Berghang gegenüber von Espehjelle auf der andern Seite des Fjords liegt der Hof **Djupdalen.** Hier hatte man guten Zugang zu den Baumstämmen im Wald und stellte deshalb Ruderboote her. An der steilen Felswand wurde eine Strasse in den Wald gehauen, durch die die fertigen Ruderboote mit Hilfe einer Seil- und Drahtvorrichtung zum Meer hinunter gelassen wurden.

62°19'42"N   6°57'09"E   + 2 Std 32 Min ⑨

Die Landzunge **Uraneset** an BB zwischen Stordal und Gravaneset. Auf dem kleinen ockergelben Hof am Fjord gegenüber Stranda wohnte das Ehepaar Uranes von 1892 bis 1929 mit seinen 10 Kindern. Sie ernährten sich von Haustierhaltung, Forstwirtschaft und Fischerei.

Um sich mehr Grasland zu verschaffen, spannten sie eigenhändig einen Handlauf von 1.500 m von ihrem Haus am Fjord bis hinauf auf den Berg, wo sie einen Heuschober aufstellten. Die Kinder gingen in Stranda zur Schule, ruderten also jeden Tag über den Fjord.

62°18'N   7°00' E

Das Verwaltungszentrum **Stranda** (2 493 Einw.) an SB ist die größte Siedlung der Gemeinde. Stranda ist ein bekannter Industrieort. Schon 1907 gab es den ersten Möbelherstellungsbetrieb. Viele der bekannten Möbelhersteller von Sunnmøre haben Produktionsabteilungen in Stranda, mehr als 1/3 der Berufstätigen sind hier beschäftigt. Der Nahrungsmittelproduzent Stabburet, der auch Norwegens größter Produzent an tief gefrorenen Pizzen wie die Pizza Grandiosa ist, befindet sich hier; deshalb hat der Ort auch den Beinamen „Grandiosa-Dorf". Viele haben Stranda zum „besten Ort zum Leben" erkoren. Hier gibt es ein gutes Freizeitangebot, u. a. sind die Wintersportanlagen in der einzigartigen Natur in den Bergen von Stranda gut ausgebaut.

Die erste Kirche wurde vermutlich um das Jahr 1000 in Stranda gebaut, eine andere im 15.Jh., aber die wurde von einer Flutwelle erfasst, erzeugt von einer großen Steinlawine, die 1731 auf der anderen Seite des Fjords niederging (das Skafjellunglück).

Die heutige Kirche von Stranda wurde 1838 gebaut, eine achtkantige Kirche aus Holz mit 400 Sitzplätzen. Der wertvolle Altaraufsatz wurde wahrscheinlich in Lübeck hergestellt oder von einem norddeutschen Handwerker in Bergen am Ende des 15. Jh.s. In der ersten Hälfte des 17. Jh.s wurde er erweitert. Eingelassen in den Altartisch befindet sich eine weiße Marmorplatte, die wohl schon seit 800 Jahren in Strandas Kirchen benutzt wird. Die Kanzel stammt von 1648. 1927 hat man die Kirche restauriert.

Autofähre zwischen Stranda und der Anlegestelle **Gravaneset** bei Liabygda an BB.

Der Ort **Liabygda** (260 Einw.) an BB auf der anderen Seite des Storfjords an der Einfahrt zum **Norddalsfjord**. Möbelindustrie.

Die Kirche von Liabygda ist eine Langkirche aus Holz von 1917 mit 165 Sitzplätzen.

Der Gebirgshof **Ovrå** östlich von Liabygda am Eingang zum Norddalsfjord.

Die Orte **Sandvika** und **Uksvik** an SB auf der Landzunge **Uksneset,** bevor das Schiff in den schmalen **Synnulvsfjord** hinein schwenkt.

Ca. 62°17'N 7°01'E
Wir passieren die Grenze zwischen den Gemeinden Stranda und Norddal.

Die Gemeinde Norddal
Bedeutung des Gemeindewappens: Illustriert Erdbeerzucht.
Bedeutung des Namens: -.
Gemeindezentrum: Sylte (398 Einw.).
Position: 62°17'50"N 7°15'37"E.
Areal: 944 km². **Einw.:** 1 817.
Bevölkerungsdichte: 1,92 Einw./km².
Arealverteilung: Landw. 1 %, Forstw. 11 %, Süßwasser 5 %, verbleibendes Areal 83 %.
Wirtschaft: Gartenbetriebe, Obstanbau. Möbelindustrie. Landwirtschaft mit Haustierhaltung.
Hinweis auf Aktivitäten: Diverse Naturerlebnisse.
Website der Gemeinde Norddal: www.norddal.kommune.no

Vor uns der **Norddalsfjord**, der in den 12 km langen **Tafjord** übergeht. Am 1. April 1934 raste ein Steinblock von ca. zwei Millionen m³ aus einer Höhe von 700-750 m in den Fjord hinab. Die Flutwelle, die sich daraufhin erhob, war 62 m hoch, wo die Lawine heruntergekommen war, 4 m hoch in 7 km Entfernung weiter zum Ausgang des Fjords hin und 15,6 m hoch am inneren Ende des Fjords, ebenfalls 7 km von der Lawinenstelle entfernt. Diese Flutwelle zählt zu den schlimmsten Naturkatastrophen in Norwegen im 20. Jh. 40 Menschen kamen um, Gebäude, Kaianlagen und Strassen wurden in den Fjord gespült.

Das Schiff hat sich nach Süden gedreht und fährt in den schmalen **Synnulvsfjord** ein mit seinen steilen Felswänden. Der Berg **Grøtet** (1 519 m ü M) an BB, der **Heimste** (1336 m ü M) an BB.

62°15'N 7°01'13"E   + 2 Std 50 Min ⑩

Wir passieren an BB auf **Røbbevika** eine Grube mit Dunit, einem Gestein, das zu 90 % Olivin besteht. Jedes Jahr werden von hier aus ca. 500.000 t Dunit ausgeschifft, das meiste geht an große Stahlwerke in Europa und USA. Der Abbau wird seit 1983 betrieben.

Olivin ist ein schweres, hartes Mineral von grüner Farbe, es schmilzt bei rund 1800 °C. Daher benutzt man zermahlenen Dunit für die Herstellung feuerfester Materialien, für Werkzeuge zur Behandlung von Schlacke und als Formsand für Gießereien, da er nicht die Lungenkrankheit Silikose verursacht. Dunit wird auch als Ballast, z. B. bei Ölplattformen, verwendet.

62°14'20"N 7°01'17"E   + 2 Std 54 Min ⑪

Die aufgegebenen Höfe **Ytste** (Ytterste = der Äußerste), **Smoge**, **Vonheim** und **Smogeli** an BB ca. 300 m hoch in der Bergwand zwischen den Bergen **Grøtet** (1 519 m ü M) und **Smogehornet** (1 446 m ü M). Die Höfe hatten ein eigenes Postamt und 1938 bekamen sie Telefonverbindung. Die Gebirgsbauern verfrachteten selbst – mit Pferden und Schlitten – die Telegrafenmasten übers Gebirge und bauten sich ihre Telefonlinie in Gemeinschaftsarbeit. Mit einer selbstgebauten doppelten Seilbahn zwischen den Höfen und dem Fjord transportierten sie Materialien und Hausrat sehr viel leichter. In den 1950er Jahren wurden die Höfe aufgelassen, aber sie werden instand gehalten und als Ferienwohnungen benutzt.

Auf Smoge fand man Reste eines reich ausgestatteten Wikingergrabes.

> **Ca. 62°13'41"N 7°01'18"E**
> Wir passieren die Grenze zwischen den Gemeinden Norddal und Stranda an BB.

> **62°10'08"N 7°01'17"E + 3 Std 10 Min** ⑫

Die steile Bergwand auf der Landzunge **Åknes** an BB ist sehr lawinengefährdet. Der Berg hat eine 600 m lange Spalte, die sich jedes Jahr um mehrere cm ausweitet, 1000 m senkrecht über der Wasseroberfläche. Mit Hilfe einer gründlichen geologischen Kartierung und Überwachung versucht man, heraus zu finden, wie stark die Bewegungen in der unsicheren Felspartie sind. Dabei setzt man Radartechnologie ein, Laser- Reflektoren und GPS-Punkte für die Satellitenüberwachung. Im Vergleich der Satellitenaufnahmen, die in regelmäßigem Zeitabstand gemacht werden, kann man erkennen, ob die Reflektoren sich bewegt haben, der Berg also unstabil geworden ist. Messinstrumente sind entlang der Spalte angebracht, und mit langen Ketten sind elektronische Messinstrumente in tiefe Bohrlöcher hinab gelassen worden, um alle Bewegungen und Veränderungen in Temperatur und Druckverhältnissen in diesem lawinengefährdeten Gebiet messen zu können. Via Internet werden täglich alle Daten an die Überwachungsstation in Stranda überführt, was auch via e-mail und handy möglich ist. In Åkeneset fürchtet man Norwegens stärkste Bedrohung durch eine Naturkatastrophe mit Flutwelle. Im schlimmsten Fall können mehrere –zig Millionen m³ Gesteinsmasse herab stürzen und eine Flutwelle von 40 m im Geirangerfjord und Synnulvsfjord erzeugen.

Erfahrung mit Erdrutschen, Kenntnisse und Technologie sollen es ermöglichen, dass vor einer eventuellen Lawine mit nachfolgender Flutwelle mindestens einen Tag im voraus gewarnt werden kann.

Nach einer geringen Kursänderung bei Åknes an BB sehen wir die aufgelassenen Höfe **Me-Åknes** und **Inste Åknes** in ca. 100 m Höhe in der Bergwand an SB. Dahinter die Berge **Overvollshornet** (1 502 m ü M) und **Flosteinnibba** (1 501 m ü M).

Der Hof Me-Åknes besteht aus fünf Gebäuden, die aneinander gebaut sind, so dass die Bewohner sich in ihnen bewegen konnten, ohne nach draußen gehen zu müssen. Die Gebäude liegen unter einem steilen Felsüberhang und die Dächer bilden eine Flucht mit dem Terrain. Die Häuser sind so gebaut, dass Schnee- und andere Lawinen über sie hinweg gehen.

Das aufgelassene Dorf **Oaldsbygda** liegt in der Bergwand an BB.

Weiter vorn an BB liegt der Hof **Furnes**, ca. 450 m ü M am Berg **Geitfjellet** (1 615 m ü M). Der verlassene Hof liegt auf einer ebenen Stufe auf einem hervor stehenden Bergrücken. Bei entsprechend guten Wetterverhältnissen soll es möglich sein, zum gegenüber liegenden Hof **Timbjørgane** an SB auf der andern Seite des Fjords hinüber zu rufen.

Der Hof **Timbjørgane** soll schon seit den 1750er Jahren in Betrieb sein. Zu der Zeit gab es dort die größte Bärenpopulation der Umgebung. Die Hofbewohner mussten wiederholt erleben, dass Bären versuchten, in Haus und Stall einzubrechen. Der Bauer, der den Hof zu Beginn des 19. Jh.s bewirtschaftete, starb schon mit 48 Jahren, weil er sich zu sehr abgearbeitet hatte, um alles Nötige für die Familie den steilen Berg hinauf zu tragen. Seine Witwe blieb auf dem Hof und ernährte sich und ihre sechs Kinder noch viele Jahre dort und versuchte, die Bären fern zu halten. Es wird erzählt, dass eines Weihnachtsabends ein großer Bär versuchte, die Haustür einzuschlagen. Als es plötzlich still wurde, dachten die Frau und die Kinder schon, der Bär sei verschwunden, bis sie plötzlich einen Bärenkopf zwischen den Dachsparren sahen. Der Duft des Weihnachtsessens hatte den Bären aufs Dach gelockt. Heute ist der Hof verlassen.

Vor uns liegt der Ort **Hellesylt** (680 Einw.). Funde aus der Steinzeit (S 83) zeigen, dass hier seit Ende der letzten Eiszeit gesiedelt wurde. Hellesylt begann schon 1875, sich als Touristenort zu entwickeln, als die ersten Touristenschiffe in den Geirangerfjord kamen und das erste Hotel gebaut wurde. Der Ort hatte damals schon über 100 Jahre lang eine Posthalterei und einen Schiffsanleger. Mitten im Ort rauscht der imposante Wasserfall **Hellesyltfossen** herab.

Hellesylts erste Kirche soll von einer Schneelawine 1727 zerstört worden sein. Die Nachfolgerin wurde 1730 gebaut und stand bis zum Abriss 1858. Die neue Kirche wurde 1859 eingeweiht.

Henrik Ibsen (1823-1906), der international bekannte norwegische Schriftsteller und Dramatiker, soll sich 1862 eine Zeit lang hier aufgehalten haben. Hier soll er die Inspiration zu seinem berühmten Schauspiel „Brand" gehabt haben. Im Jahre 2002 wurde ein Kunstzentrum auf dem Hof Heggestad eröffnet, wo u. a. zehn Reliefs von Personen und Szenen aus Henrik Ibsens berühmtem Theaterstück „Peer Gynt" gezeigt werden.

2006 liefen 138 Kreuzfahrtschiffe Hellesylt an. Ca. 70 % der Passagiere gehen hier an Land, um mit dem Bus nach Geiranger zu fahren, wo sie wieder an Bord gehen. Die Bustour kann auch in umgekehrter Richtung von Geiranger nach Hellsylt gemacht werden.

Hellesylt hat Holzwaren-, Plastik- und Nahrungsmittelindustrie. Durch den Ort fließt ein beträchtlicher Durchgangsverkehr auf dem Rv 60 zwischen den Gemeinden Sogn und Fjordane einerseits und Møre und Romsdal andererseits.

62°07'02"N 6°57'E + 3 Std 29 Min ⑬

An der Landzunge Lundanes unterhalb des **Geitfjellet** (1 615 m ü M) an BB dreht der Kurs um 90°. An SB der Berg **Nokkenibba** (1 380 m ü M). Hier beginnt der Geirangerfjord.

Die Landzunge Lundaneset am Fusse des Berges **Lundanesegga** ist eine achäologische Fundstelle. Feuersteinwerkzeuge und Pfeilspitzen aus der jüngeren Steinzeit (2000-3000 v. Chr.) hat man dort gefunden.

Am Berghang an BB liegen die Höfe **Øvre** und **Nedre Ljøen**. An diesem Hang verläuft auch der Rv. 60 zwischen Hellesylt und Ålesund. Stellenweise führt die Strasse durch Tunnel, wir sehen zwei Tunnel in der Bergwand über den Ljøen-Höfen: den **Hamregjølet**-Tunnel, 590 m lang, dessen südliche Öffnung 370 m ü M liegt, und den **Ljønibba**, 2 531 m lang, der seinen höchsten Punkt auf 440 m ü M hat.

Das Schiff fährt in den **Geirangerfjord** ein. Geiranger in seiner großartigen, weltbekannten Naturschönheit, ist das meist besuchte Touristenziel in Norwegen. Ein Gebiet von 498 km² rund um den Fjord und nach Norden hin steht unter Naturschutz, 46 km² davon sind von Wasser bedeckt. Am 14 Juli 2005 wurden sowohl der Geirangerfjord als auch der Nærøyfjord (Gemeinde Sogn und Fjordane) in die prestigevolle Liste der UNESCO über die bedeutendsten Kultur- und Naturschätze der Erde aufgenommen. In seiner Begründung für die Aufnahme wies das Komitee des Weltkulturerbes darauf hin, dass...."der Geirangerfjord und der Nærøyfjord zu den schönsten Fjordlandschaften der Erde gehören. Die einzigartige Naturschönheit beruht auf den engen Tälern, begrenzt durch steile, kristalline Felswände, die von 500 m unterhalb der Wasseroberfläche bis 1 400 m über die Oberfläche der norwegischen See reichen. Unzählige Wasserfälle stürzen sich die senkrechten Felswände hinab, während zahlreiche Flüsse von den Gipfeln der Berge, von Gletschern und Bergseen aus durch Laub- und Tannenwälder hinunter in den Fjord fließen. Eine Vielfalt weiterer Naturphänomene zu Land und zu Wasser, u. a. Moränen auf dem Fjordgrund und spezielle Meeressäuger, unterstreichen das Naturerlebnis. Reste von alten, heute meist verlassenen, Bauernhöfen und Sennhütten, fügen der dramatischen Naturlandschaft eine kulturelle Dimension hinzu, die den Gesamtwert des Gebietes noch erhöht."....

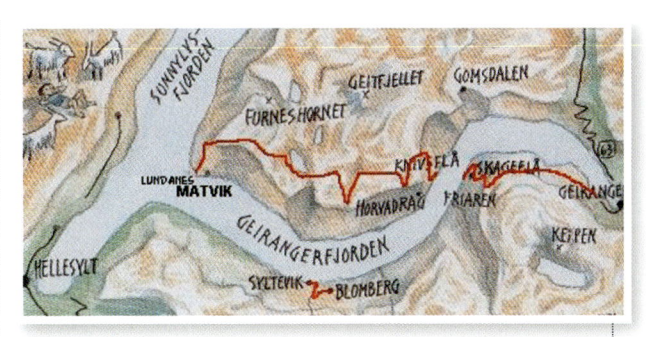

Im Jahre 2006 wurde „Vest Norsk Fjordlandskap" (die westliche norwegische Fjordlandschaft) von der Gesellschaft „National Geographic" zum schönsten Weltkulturerbe der Welt gekürt. 800 Weltkulturerbe-Lokalitäten standen für diesen Titel zur Auswahl.

62°06'33"N 6°58'E + 3 Std 29 Min ⑬

Der verlassene Hof **Matvika** (Nahrungsbucht) an BB. Der Ort hat diesen Namen bekommen, weil die Erde dort sehr fruchtbar war. Es ließen sich sogar Aprikosen dort züchten. 100 kg pro Saison sollen der Rekord gewesen sein.

Die Reise geht weiter zwischen den Gebirgszügen **Syltavikheia** an SB und **Grautnibba** an BB.

62°05'26"N 7°01'53"E + 3 Std 36 Min ⑭

Der Hof **Blomberg** an SB, wo der Fjord eine kleine Krümmung nach Nordosten macht, liegt auf 452 m ü M. Der steile Weg zu den Häusern hinauf hat 28 Kehren. Der Hof wurde schon 1650 in schriftlichen Quellen erwähnt. Das Bauernpaar, das den Hof zuerst pachtete und 1875 dann kaufte, bekam 10 Kinder. Immer, wenn wieder mal eine Taufe bevorstand, wurden alle Kinder, eins nach dem andern, hinunter ins Ruderboot beim Hof **Syltevika** getragen, 452 m unterhalb

Blomberg. Dann ruderten sie die 11,5 km nach Maråk (Geiranger) zur Kirche und nach der Taufe ruderten sie dieselbe Strecke zurück. Darauf wurden die Kinder wieder die 452 m und 28 Kehren hinauf zum Hof getragen. In Syltevika, wo das Ruderboot lag, gab es ein kleines Haus mit einem Ofen, wo die Leute von Blomberg sich umziehen konnten, auf dem Hinweg ihre Festkleidung anlegen und auf dem Rückweg wieder in die Alltagskleider schlüpfen konnten, bevor sie den Aufstieg begannen. Wenn das Wetter zu schlecht war, um sich auf den gefährlichen Bergpfad zu wagen, konnten sie auch in Syltevika übernachten. Die Bauersfrau starb 1942 im Alter von 100 Jahren! 1948 wurde der Hof aufgegeben. Heute steht er unter Denkmalschutz und wurde kürzlich restauriert.

62°05'28''N   7°02'48''E   + 3 Std 38 Min ⑭

Den bekannten Wasserfall **Brudesløret** (Brautschleier) passieren wir an BB. Der Wasserfall ist 300 m hoch und unregulär. Wie viele andere der bekannten Wasserfälle im Geirangerfjord, ist auch bei diesem die Wassermenge abhängig vom Niederschlag und der Schneeschmelze in der Umgebung. In regenarmen Perioden kann der Wasserfall fast austrocknen.

Am Brudesløret vorbei kann man den aufgegebenen Berghof **Horvadraget** sehen. Der Hof war nicht so leicht zugänglich. In einer Beschreibung von 1866 heißt es :

> ...Wenn die Leute von Horvedrag im Winter nach starkem Schneefall zur Kirche wollten, mussten zwei Mann am frühen Morgen den Weg nach unter begehbar machen. In den Klüften gab es oft Schneeverwehungen und Eisbeulen. Zuerst wurde der Schnee weg geschaufelt und dann Stufen hinein geschlagen.
>
> Während der eine arbeitete, hielt der andere Wache, ob sich nicht Eis oder Schnee oberhalb in der Wand löste. Kam etwas herunter, mussten sie augenblicklich unter dem nächsten Vorsprung in Deckung gehen.
>
> Wenn viel Eis auf dem Weg lag, mussten Frauen und Kinder mit Tauen gesichert werden.
>
> In Bootsschuppen sollte man sich nicht länger als nötig aufhalten; dort war man nämlich auch Steinlawinen ausgesetzt. Am 28. Mai 1879 stürzte eine den Berg hinab, zerstörte den Schuppen und Ingebrigt Horveddrags Boot...
>
> Quelle: Arild Flydahl

Zur Kirche in Geiranger waren es 8 km zu rudern.

Der Berghof wurde 1899 verlassen. Es war zu gefährlich geworden, auf Horvadraget zu wohnen. Im Jahr davor hatte eine Steinlawine das halbe Haus mitgenommen, während sechs zu Tode erschrockene Menschen sich in der anderen Hälfte zusammen drängten, die von einem Felsüberhang geschützt wurde. 1994 ging beim Horvadragshof eine 100 m breite Steinlawine nieder. Die Spur ist deutlich in der Felswand zu sehen.

62°06'08''N   7°05'47''E   + 3 Std 44 Min ⑮

An BB haben wir die bekannte Gruppe von Wasserfällen mit dem Namen **„De syv søstre"** (Die sieben Schwestern) in 300 m Höhe. Genau wie der „Brudesløret", den wir gerade passiert haben, können diese Wasserfälle sehr unterschiedlich viel Wasser führen. In der Regel ist immer Wasser in den Fällen vorhanden, doch ohne Niederschlag oder Schneeschmelze können sie sehr unscheinbar werden.

An SB von „De syv søstre" sehen wir den Wasserfall **„Friaren"** (der Freier) 440 m hoch. Es wird erzählt, dass der Freier um die sieben Schwestern auf der anderen Seite des Fjords, eine nach der andern, gefreit hat, aber als die steilen und stolzen Wasserfälle, die sie nun mal sind, haben sie ihn nie einer Antwort gewürdigt. Aus Frustration darüber hat sich der Freier der Flasche hingegeben. Die Flasche sieht man deutlich mitten im Wasserfall, da, wo er sich teilt.

Der aufgegebene Hof **Knivslå,** der aus zwei Höfen bestand, liegt 250 m ü M nordöstlich der "sieben Schwestern". Knivslå wird schon 1603 in Schriftquellen erwähnt. 1899 wurde der Hof verlassen. Wenn der Boden dort auch verhältnismäßig fruchtbar war, wurde das Leben doch zu gefährlich mit den häufigen Schneelawinen und Steinschlägen. Ein Felsüberhang direkt über dem Hof drohte auch abzustürzen, was eine große Gefahr für die Menschen bedeutete. Als die beiden Hofstellen verlassen wurden, gab es 13 Kinder dort, die jüngste Tochter war gerade 2 Jahre alt. Sie heiratete später den Gründer der Ulsteingruppe in Ulsteinvik. Der innere Teil des Hofes wurde noch viele Jahrzehnte zum Heumachen benutzt. Das Heu wurde an Seilen zum Fjord herab gelassen und mit dem Ruderboot nach Geiranger gebracht. (Bis 2006 war der gefährliche Felsüberhang immer noch nicht abgestürzt.)

Gomsdalen (S 64) liegt weiter hinein in den Geirangerfjord auf einem Plateau am Berg. Ein Teil der Strecke von Gomsdalen nach Skageflå hat den Namen „Jordmorruten" (Hebammenroute) bekommen. Der Name geht auf die Gomsdalerin Kristianne zurück, die mit 77 Jahren mitten im Winter am Weihnachtsabend 1892 sich durch Schnee und Eis und Dunkelheit von Gomsdalen nach Knivsflå durchkämpfte, um bei einer Geburt zu helfen. Sie war eine sehr erfahrene Hebamme und ließ sich auch von den schlimmsten Winterverhältnissen nicht abschrecken. Als sie endlich in Knivsflå ankam, hörte sie Kindergeschrei und konnte feststellen, das Mutter und Kind wohl auf waren. Am nächsten Tag kehrte sie nach Gomsdalen zurück. Danach wurde die Strecke, die sie auf so unglaubliche Weise zurück gelegt hatte, „die Hebammenroute" genannt. Die Route ist so steil und gefährlich, dass Besuchern empfohlen wird, sich anzuseilen.

Gleich hinter den Wasserfall „Friaren" (Skageflåfossen) liegt der bekannte, aber längst verlassene Berghof **Skageflå,** 270 m hoch an dem steilen Berghang. An manchen Stellen ist der Hang so steil, dass man nur mit einer Leiter hinauf kam. Man erzählt sich, dass, wenn der Steuereinnehmer nahte, der Bauer die Leiter einzog, damit er keine Steuern zu bezahlen brauchte. Kinder und Haustiere wurden fest gebunden, damit sie nicht die steile Felswand hinunter fielen. Wenn es hoch kam, gab es 118 Schafe, Kühe, Ochsen und Pferde auf dem Hof. Ein Pferd musste als Fohlen hinauf getragen werden, nur so war es möglich, es die steile Wand hinauf zu befördern. Skageflå wurde 1916 aufgegeben.

Als das norwegische Königspaar, König Harald und Königin Sonja, 1993 silberne Hochzeit feierten, luden sie über 30 königliche Gäste zum Essen nach Skageflå ein. Man bot den Gästen an, sie mit dem Hubschrauber dorthin zu bringen, aber keiner nahm das Angebot an, alle gingen zu Fuß hinauf. Die vier Gebäude von Skageflå wurden zu diesem Anlass renoviert.

Ca. 300 m oberhalb Skageflå liegt die Bergformation **Prekestolen** (Predigtstuhl).

62°07'N 7°08'E + 3 Std 47 Min ⑯

Gomsdalen ist ein Hangtal in 600 m ü M an BB. Dort hat man schon seit der Steinzeit gewohnt. Hier wohnte einst die Hebamme, die am Weihnachtsabend 1892 nach Knivsflå ging, um bei einer Geburt beizustehen. Der steile Weg zu den Höfen führte am Bringefluss entlang. Die Höfe in Gomsdalen waren bis 1907 bewohnt. Die Kinderschar war groß und der Schulweg nach Geiranger konnte sehr beschwerlich sein. Zuerst ging es 600 m abwärts zum Fjord, dann mit dem Ruderboot nach Geiranger, später denselben Weg zurück bei jedem Wetter. Als die Leute fort zogen, nahmen sie von dem einen Hof das halbe Haus mit. Sie demontierten es, trugen die Teile den steilen Weg hinunter, ruderten damit nach Geiranger und bauten dort das Haus wieder auf.

An BB sehen wir den steilen, kurvenreichen **Ørneveien** (Adlerweg), Rv 63, der von Geiranger nach Åndalsnes bei Molde führt. Diese Strasse ist die einzige in Geiranger, die das ganze Jahr befahren werden kann. Sie hat 11 Kehren auf 8,6 km, jede Kehre hat einen Radius von 13 m. Die steilste Stelle hat eine Steigung von 1:10. Am Fuße des Ørneveien liegen das Ferienzentrum von Geiranger und das Grande Hotel.

Das Schiff erreicht Geiranger ⑰

Der Ort **Geiranger** (240 Einw.) war einst ein kleines isoliertes Dorf am Ende des Geirangerfjordes. Der Weg dorthin bestand entweder aus einer langen, anstrengenden Rudertour durch den Fjord oder führte übers Gebirge auf einem mühsamen, gewundenen Pfad. Die wöchentliche Bootsverbindung ab 1858 verschaffte den Dorfbewohnern besseren Kontakt mit den Nachbardörfern und mit Ålesund. Einige der ersten Reisenden waren Ausländer.

1869 begann man mit dem Bau der ersten „låna" (Laden und Hotel), des späteren Meroks Hotels, doch vom Krämerladen und Hotelbetrieb konnte man nicht leben, der Besitzer hielt nebenbei eine Kuh, zwei Schafe und ein Schwein. Gleichzeitig begannen die Vorbereitungen zum Bau der Geirangerstraße, deren Öffnung 1889 neue Reisende ins Dorf brachte, was wiederum eine Erweiterung der Hotelkapazität zur Folge hatte. Das Hotel Geiranger wurde 1885 erbaut, Hotel Union 1891, Hotel Utsikten 1893 und Djupvasshytta 1892.

Im Jahre 1906 kamen 112 Touristenschiffe nach Geiranger, die Zahl der Passagiere, die dort an Land gingen, belief sich auf ca. 11.000. Nach einer Touristenstatistik von 1910 kamen mit verschiedenartigen Touristenschiffen 4.914 Deutsche, 4.793 Engländer, 3.562 Norweger und 532 anderer Nationalität. Im Sommer 1926 besuchten 50 große Schiffe mit fast 19.000 Passagieren Geiranger. Das große Aufgebot an Touristen bescherte der Lokalbevölkerung willkommene Extraeinnahmen. Einige booteten die Passagiere aus, andere kutschierten sie mit dem Pferdewagen die steilen Hänge hinauf. Im Jahre 2006 besuchten, außer der Hurtigrute, 156 Kreuzfahrtschiffe den Geirangerfjord.

Die heutige Geiranger Kirche wurde 1842 gebaut, eine achteckige Rundholzkonstruktion mit 200 Sitzplätzen. Die erste Kirche in Geiranger wurde vermutlich 1450 gebaut, keine reine Stabkirche, der angebaute Chor und die Eingangshalle waren aus Holzbalken, diese Kirche wurde 1742 abgerissen. Die neue Kreuzkirche war zwei Jahre später fertig, inwendig mit Rosenmalerei geschmückt. 1841 wurde sie angezündet und brannte total ab. Die heutige Kirche ist die dritte an demselben Platz.

Die Natur am Ende des Geirangerfjordes und auch der Ort selbst präsentieren sich überwältigend und majestätisch, im Hintergrund umkränzt von den Bergen **Grindalsnibba** (1.636 m ü M) im Norden, **Vinsåshornet** (1.343 m ü M) in der Mitte und **Dalsnibba** (1.476 m ü M) im Süden, alle mit phantastischer Aussicht über Geiranger, den Fjord, die Berge und die Straße, die sich in vielen Kehren den Berghang hinab windet. Der Aussichtspunkt **Flydalsjuvet** liegt an der Straße auf halbem Wege zwischen dem Ort und Dalsnibba, auch der ist bekannt für seine phantastische Aussicht, von dort aus werden übrigens die meisten Fotos in Norwegen gemacht. In der Nähe von Flydalsjuvet befindet sich die Abzweigung für **Knuten**, einen befahrbaren Teil des alten Geirangerweges, der 1889 eröffnet wurde, außerdem steht dort ein großartiges Beispiel der Ingenieurkunst, die älteste Straßenbaumaschine der Welt.

Geiranger ist Ausgangspunkt für Auto-, Bus-, Boots und Fußtouren in die imponierende Umgebung. Es gibt vier Hotels, mehrere Pensionen und Cafés, mitten im Ort ergießt sich der Storseter-Wasserfall, den man von hinten umgehen kann. Wanderwege führen zu beliebten Zielen.

| Das Schiff fährt weiter nach Ålesund   + 0 Std 00 Min |

Am Berghang sehen wir beim Hinausfahren aus dem Fjord an BB den Wasserfall „**Geirangerelva**".

| 62°07'N   7°09'E   + 0 Std 08 Min   ⑯ |

Am Berghang in 600 m Höhe liegt das Hängetal **Gomsdalen** (S 64).

An BB der Berghof **Skageflå** mit dem Wasserfall **Friaren** (S 62).

Die „Sieben Schwestern" vor 100 Jahren

An SB die Berghöfe **Knivsflå** und die sieben Wasserfälle „**De syv søstre**" (S 62).

| 62°05'50"N   7°04'55"E   + 0 Std 23 Min   ⑭ |

An SB der Wasserfall „**Brudesløret**" (S 62).

Vor uns an BB sehen wir den Berghof **Blomberg** (S 61).

| 62°06'27"N   6°58'20"E   + 0 Std 31 Min   ⑬ |

Wir passieren den Hof **Matvika** an SB (S 61).

Am Berghang vor uns sehen wir die Höfe **Øvre** und **Nedre Ljøen** (S 61).

Lundaneset wird umrundet und der Kurs nach Norden gesetzt.

Wir haben den Geirangerfjord verlassen und fahren in den **Sunnylvsfjord** ein. An BB liegt der Ort **Hellesylt** (S 60).

| 62°09'N   6°59'E   + 0 Std 47 Min   ⑫ |

Am Berghang an SB sieht man den Hof **Furnesgården** (S 60).

An BB sehen wir den Hof **Timbjørgane** (S 58).

Vor uns an BB die Berghöfe **Inste Åknes** und **Me-Åknes** (S 58).

Hinter den Höfen der lawinengefährdete Berghang **Åknes** (S 58).

| 62°13'20"N   7°01'E   + 1 Std 03 Min   ⑪ |

An SB die Berghöfe **Smogeli**, **Vonheim** und **Smoge** (S 57).

An SB die Olivingruben in **Røbbervika** (S 57).

Wir umrunden **Uksneset** an BB und sind raus aus dem **Synnylvfjord.**

Vor uns, auf der Nordseite des Storfjords, liegt **Liabygda** (S 57).

An SB der **Nordalsfjord** (S 57).

Der Kurs wird auf NW gesetzt, hinaus aus dem **Storfjord.**

Den Ort **Stranda** passieren wir an BB (S 56).

An SB die Landzunge **Uraneset** und der Berghof **Djupedal** (S 56).

| 62°19'38"N   6°57'E   + 1 Std 29 Min   ⑧ |

Wir fahren ab dem Gebirgszug **Roaldhornet** vorbei, an BB der Berghof **Espehjelle**.

Das Dorf **Fausa** an BB (S 56).

Stordalsholmen an SB (S 56).

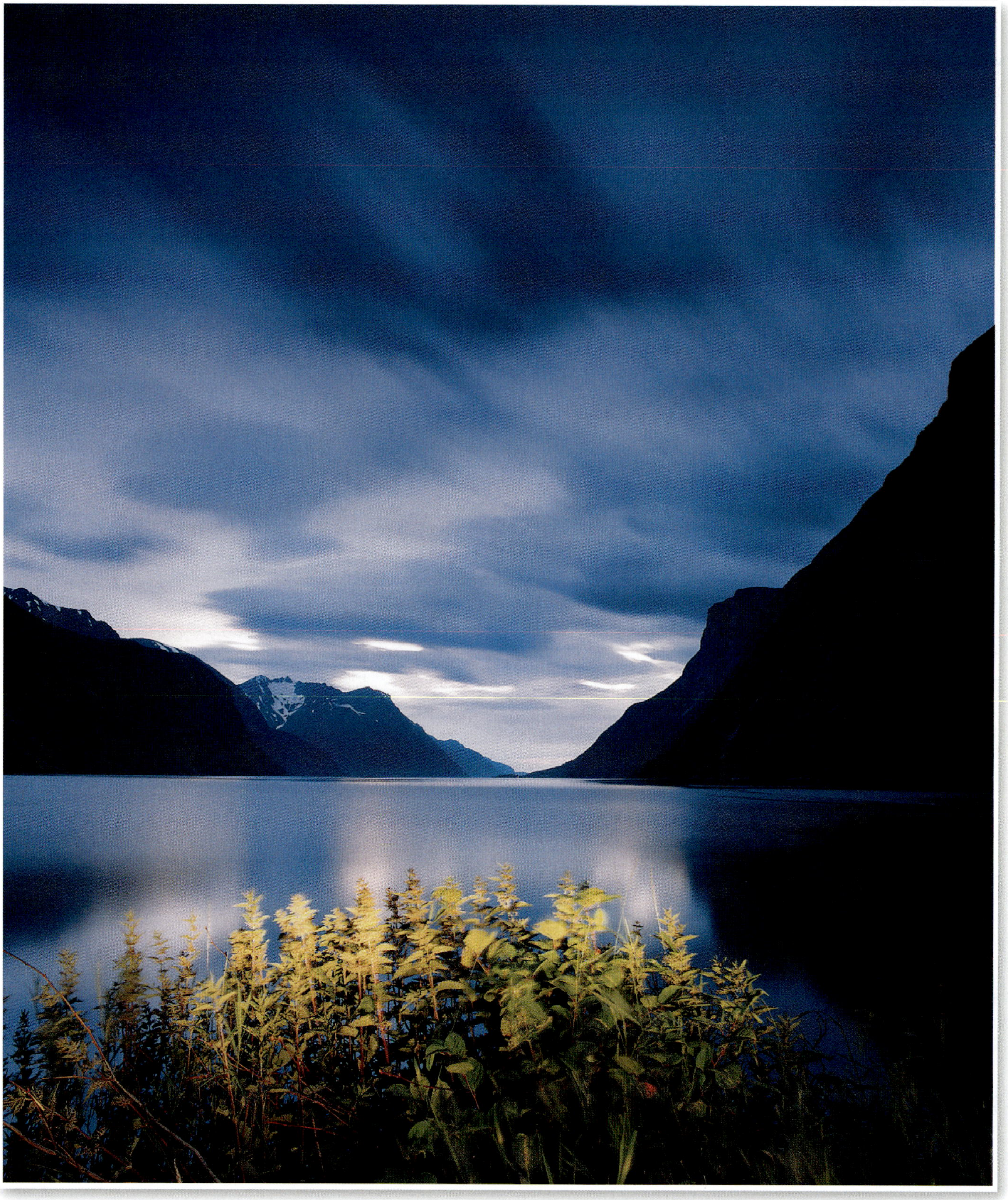

Den Ort **Stordalen** passieren wir an SB (S 55).

62°24'37"N 6°55'23"E   + 1 Std 51 Min ⑦

Die Landzunge **Skotet** und den Berghof **Ytste Skotet** haben wir an BB (S 54).

Den Ort **Dyrkorn** sehen wir an SB (S 54).

62°26'N 6°46'27"E   + 2 Std 12 Min ⑥

Die Landzunge **Gausneset** vor dem Ort **Sjøholt** in der Bucht (S 54).

An SB die Dörfer **Ramstad** und **Søvika** vor der Landzunge **Røneset** (S 54).

Vor uns an SB sehen wir **Solør,** in der Ferne **Skodje** (S 53).

In einer Bucht an SB liegt der Ort **Glomset** (S 53).

62°25'49"N 6°32'32"E   + 2 Std 39 Min ⑤

Unser Kurs hält auf die Fährstation **Ørsneset** zu, an BB die Orte **Sykkulven/Aure** und **Ikornes** zusammen mit dem **Sykkulvsfjord**, an SB die Fährstation **Magerholm** (S 52).

Die Orte **Flisneset, Vegsund, Leirvåg, Solevåg** und **Eikreim** passieren wir an SB (S 52).

62°24'24"N 6°23'E   + 2 Std 57 Min ④

An SB der **Hjørundfjord** mit den Dörfern **Hundeidvik** und der Fährstation **Festøya** (S 51).

An SB das Dorf **Solevåg** mit Fähranleger (S 51).

62°24'N 6°17'E   + 3 Std 09 Min ③

An SB das Dorf **Eikrem**, an BB das Dorf **Barstadvika** (S 51).

62°23'N 6°12'E   + 3 Std 19 Min ②

Wir fahren entlang der Ostküste der Halbinsel **Sula** an SB. Der **Vartdalsfjord** vor uns an BB geht in südöstlicher Richtung hinter der Insel Hareidlandet (S 49) hinein. Vor uns die Gemeinde Hareid mit dem Verwaltungszentrum Hareid (S 49).

Wir fahren in den **Sulasund** hinein, nachdem wir an SB den Fähranleger **Sulasundet** mit Verbindung nach Hareid passiert haben (S 51).

Weiter geht es in den **Sulafjord**, an BB die Insel Hareidlandet, die Gemeinde Hareid mit dem Gemeindezentrum Hareid (S 49).

Nördlich von Hareid an SB liegt das „Eismeerdorf" **Brandal,** so genannt wegen seiner engen Verknüpfung mit dem Robbenfang in der Arktis (S 49).

62°24'N 6°05'E   + 3 Std 33 Min ②

Vor uns **Godøya**, die Insel der Götter (10,87 km²), wo man Menschenopfer gebracht hat, indem man sie von dem Berg Lesten im Westen der Insel hinab stürzte. Im Mittelalter soll auf demselben Berg ein Versammlungsort der Hexen gewesen sein. Auf der Insel gibt es viele vorzeitliche Hinterlassenschaften (S 46).

Wir umrunden **Eltraneset** an SB. Diese Landzunge ist der westlichste Punkt der Insel Sula. Die Nordseite der Insel wendet sich dem Heissafjord zu (S 46).

Einige Kilometer östlich von Eltraneset, im Heissafjord, gibt es eine weite Kulturlandschaft mit vielen vorzeitlichen Hinterlassenschaften. In der Strandzone hat man mehrere Hausgrundrisse gefunden, die ältesten aus der frühen Eisenzeit (0 - 200 n. Chr.). Man fand auch Reste eines Bauernhofs, der seit der römischen Eisenzeit (200 – 400 n. Chr.) bis ins 18. Jahrhundert hinein bewirtschaftet wurde.

Der Ort **Spjelkavik**, ein wichtiger Verkehrsknotenpunkt, liegt im Innersten des Heissafjords. Der Ort ist heute in die Stadt Ålesund eingemeindet. Er hat Möbel-, Holzwaren-, Textil-, Bekleidungs- und Plastikindustrie.

Das Schiff legt am Kai in Ålesund an

Die Stadt Ålesund

ÅLESUND | **TAG 2**

TAG 2 | DIE GESCHICHTE ÅLESUNDS

1968 wurden **Ålesund** und die Nachbargemeinde **Borgund** zusammen geschlossen zu der Stadtgemeinde **Ålesund**. Die frühere Gemeinde Borgund mit der aus der Geschichte bekannten Stadt **Borgund kaupang** (Handelsstadt) liegt im östlichen Teil der heutigen Stadtgemeinde Ålesund, in Richtung Borgundfjord und Heissafjord. Im Mittelalter war Borgund eine bedeutende Handelsstadt mit engen Beziehungen zum Giske-Geschlecht auf der Insel Giske (S 73). Kaupang fungierte als Sammelplatz für die Produkte des Distrikts, bevor sie nach Bergen verschifft und dort an die Hansekaufleute zum weiteren Export zum Kontinent verkauft wurden. Andere Waren nahmen den umgekehrten Weg, z. B. Keramik aus Deutschland und England. Auf einem relativ begrenzten Areal haben archäologische Ausgrabungen eine dichte, stadtähnliche Bebauung nachgewiesen, die bis in das 11. Jh. zurück reicht. Es handelt sich um 40 bis 50 Häuser, Lagerschuppen und Ställe, dazu Kaianlagen, Wege und Brunnen. Borgund hatte im 13. Jh. drei oder vier Kirchen, aber im 14. und 15. Jh. nahm die Bedeutung der Stadt langsam ab. Um 1450 verlor Borgund seine Handelsstadtprivilegien.

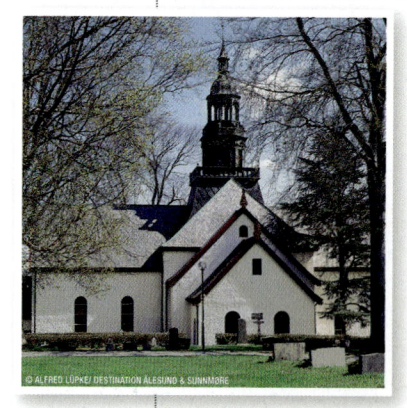

Die Stadt Ålesund verteilt sich auf mehrere Inseln, **Heissa** (4 km²) im äußersten Westen, **Aspøya** (0,5 km²) und **Nørvøya** (7 km²), die Hälfte von **Oksenøya** (58 km²) im Osten und die lang gestreckte **Ellingsøya** (28 km²) im Norden, von den anderen Inseln durch den **Ellingsøyfjord** getrennt. Die Inseln sind mit Brücken oder Tunneln verbunden. Dazu kommt eine Reihe kleiner, meist unbewohnter Inseln. Siedlungsspuren können bis in die Steinzeit zurück datiert werden.

Das Zentrum der Stadt Ålesund wurde rund um den schmalen Sund gleichen Namens angelegt zwischen Aspøya (0,5 km²) und Nørvøya (7 km²). Die ersten, die sich dort am Sund niederließen, sollen Bergenser gewesen sein, die einen Teil des Jahres dort Handel trieben. Sie tauschten Fisch gegen Getreide und andere Nahrungsmittel. Entlang dem Teil des Ålesunds, der heute den Namen **Brosund** trägt, und unterhalb des Berges **Aksla** wuchs die Stadt am Ende des 19. Jh.s heran.

Die guten Hafenbedingungen waren der Hauptgrund dafür, Ålesund dort anzulegen, wo es heute liegt. Der Ort hat längst die Bedeutung der früheren Stadt Borgund übernommen, nämlich als 1793 deren Stapelrechte eingeschränkt wurden. Ab 1824 wurde Ålesund zunächst Stapelplatz (ein Ort ohne Handelsrechte), 1848 bekam die Stadt dann Handelsrechte. Ihre Bedeutung wuchs mit dem Anstieg der Fischerei vor der Küste von Sunnmøre. Ålesund bot der ständig wachsenden Fischereiflotte einen guten Hafen, ob es sich nun um Segel-, Motor- oder Dampfschiffe handelte, und entwickelte sich dank der Fischwirtschaft in der 2. Hälfte des 19. Jh.s zu einer bedeutenden Stadt für Handel und Export mit Fischprodukten.

Wegen ihrer einzigartigen Bausubstanz im Jugendstil ist Ålesund als Jugendstilstadt bekannt. Die Bebauung in der Stadt bestand bis zum 23. Januar 1904 fast ausschließlich aus alten, unregelmäßigen Holzgebäuden. An dem Tag verbreitete sich bei starkem Sturm aus Südwest ein verheerendes Feuer mit explosionsartiger Kraft und legt große Teile der Stadt, einschließlich des Zentrums, in Schutt und Asche. Man schätzt die Zahl der abgebrannten Gebäude auf ca. 800, dabei wurden 10 000 Menschen obdachlos. Nur eine ältere Frau, die neben der Feuerwehrstation wohnte, kam um, weil sie zurück in ihr brennendes Haus ging, um einiges von ihrem Eigentum zu retten! Es heißt, dass in einer anderen Gegend nur ein Haus stehen blieb. Der Besitzer weigerte sich, sein Haus zu verlassen, während die Nachbarn und Familienmitglieder seine Möbel hinaustrugen, um sie zu retten. Das Haus stand schließlich ganz allein zwischen den abgebrannten Nachbarhäusern. Auch die heraus getragenen Möbel waren verbrannt!

Sehr schnell nahte Hilfe für die Obdachlosen in Ålesund aus dem In- und Ausland. Besonders großzügig half der deutsche Kaiser Wilhelm 2 (Kaiser von 1888 bis 1918), der seinen Urlaub auf seiner Yacht „Hohenzollern" an der norwegischen Küste zu verbringen pflegte, besonders in den westnorwegischen Fjorden. Er sandte umgehend vier voll beladene Schiffe mit Nahrungsmitteln, Medikamenten, Baumaterial, Wolldecken usw. in die Stadt. Als Dank dafür wurde eine der Hauptstrassen nach ihm benannt. Hilfe kam im übrigen aus allen Himmelsrichtungen.

DIE GESCHICHTE ÅLESUNDS | TAG 2

Die Architektur beim Wiederaufbau der Stadt stand in starkem Kontrast zu der planlosen Holzbebauung vor dem Brand. Die ca. 50 Architekten, die am Wiederaufbau beteiligt waren, alles junge norwegische, im Ausland ausgebildete Leute, waren vom Jugendstil inspiriert (l'art nouveau auf französisch, new style auf englisch), der seine Blütezeit von Mitte der 1890er Jahre bis ca.1910 hatte, dazu kamen norwegische und nationalromantische Impulse. Schon 1906 war ein großer Teil der Stadt nach einem regelmäßigen Plan wieder aufgebaut worden. Die strengen Bauvorschriften verboten Holzgebäude im Zentrum. Der zentrale Teil der Stadt besteht seitdem aus meist schönen, stilvollen Steingebäuden mit Türmchen, Vorsprüngen und vielen detailreichen Ornamenten an den Fassaden. Der rasche Wiederaufbau war möglich, weil in Norwegen zu der Zeit große Arbeitslosigkeit herrschte, es war also leicht, die nötigen Baufachleute und Arbeiter zu finden. Ålesund hat heute ein Stadtzentrum, das in ganz Europa als einzigartig gilt, sie ist eine der wenigen noch existierenden Jugendstilstädte in Europa.

Es drückt sich in der Architektur auch aus, dass Ålesund eine Fischerei- und Seefahrerstadt ist. Die ehemaligen Fischhallen werden heute allerdings als Hotels, Restaurants und Wohnhäuser benutzt. Der Hafen ist seit Generationen der Mittelpunkt des Lebens in der Stadt – angefangen beim Rundholzhandel mit Holland (S 333), über den Krieg mit England (1808-12) (S 85), das sogn. Heringsabenteuer, die Entwicklung der Fischereiflotte und den Export von Fischprodukten, besonders Klippfisch, bis hin zum hektischen Betrieb eines Handels- und Ausschiffungshafens von heute. Die erste Exportlieferung an Fischprodukten erfolgte 1823, und seither hat sich der Hafen von Ålesund und damit die ganze Stadt im Takt mit dieser Betriebsamkeit entwickelt.

Ålesund ist heute das Zentrum für die ganze Region Sunnmøre und für eine der größten und modernsten Fischereiflotten Norwegens, die in nah und fern liegenden Meeresgebieten fischt. Große Mengen an Fisch werden in Ålesund an Land gebracht. Sie bilden die Grundlage für die Fischindustrie und andere Nahrungsmittelproduktion. Der Export von Klippfisch spielt weiterhin eine zentrale Rolle im gesamten Fischexport von Ålesund, Norwegens größtem Exporthafen für Fischprodukte. „Bacalao de Noruega" ist in der ganzen Welt bekannt.

Ålesunds Verbindung mit dem Meer drückt sich auch durch Schiffbau- und Werkstattindustrie aus. Außerdem gibt es noch viele Betriebe, die Textilien, Möbel, Plastikwaren und graphische Produkte herstellen.

Sunnmøres Einwohner von Ålesund haben sich in Sachen „Fisch" in der ganzen Welt bemerkbar gemacht. Sie haben die Fischereiflotte in Seattle an der Nordwestküste der USA mit aufgebaut und auch die Fischzucht in USA und Canada. Sie haben die Meeresfischerei vor den Küsten Neuseelands, Argentiniens, Chiles und Afrikas mit entwickelt. Weiterhin trug die Fischereitechnologie und Kompetenz der Sunnmøringer dazu bei, die russische Fischereiflotte zu erneuern und weiter zu entwickeln.

Sehenswürdigkeiten in Ålesund

Der Hausberg **Aksla** (189 m ü M) direkt hinter dem Stadtzentrum bietet einen prachtvollen Ausblick über die Stadt, den Schärengarten und die Sunnmørealpen im Hintergrund. 418 Stufen führen vom Stadtzentrum hinauf auf den Gipfel. In einer Parkanlage am Fuße des Berges steht eine Statue von dem Wikinger Gange-Rolf oder Rollo, wie die Franzosen ihn nannten. Er kam aus Vigra, nordwestlich von Ålesund, war friedlos geworden und mußte aus Norwegen fliehen. Im Jahre 911 soll er das Herzogtum Normandie in Frankreich gegründet haben. Die Statue war ein Geschenk der Stadt Rouen in der Normandie im Jahre 1911, als sich die Gründung der Normandie zum 1000. Mal jährte (S 74).

In der Nähe des Akslagipfels befindet sich eine moderne Sportanlage und direkt auf dem Gipfel eine Berggaststätte. Es führt eine Autostraße hinauf.

Atlanterhavsparken, Ålesunds Aquarium, liegt auf dem Weg in die Stadt westlich vom Berg **Sukkertoppen**. Dies ist eines der größten Meerwasseraquarien Europas und zeigt das Leben unter der Wasseroberfläche auf eine faszinierende Weise. Großformatige Landschaftsmotive hat man mit eingebaut. Das Tierleben des gesamten Atlantiks von Nord nach Süd, mit Schwerpunkt Wetsnorwegen, wird einem vor Augen geführt. Hier kann man das Leben unter dem Fähranleger, zwischen den Inseln, in der Tiefe des Storfjords und in der Meeresströmung studieren. 1998 wurde der Park eröffnet. Mit dem Taxi sind es 5 Minuten Fahrt vom Zentrum in Ålesund.

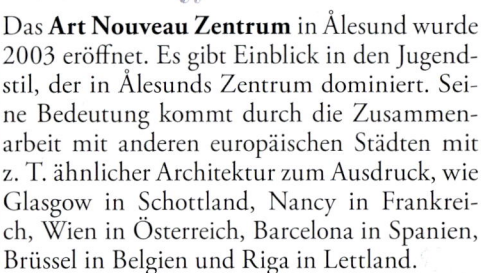

Das **Art Nouveau Zentrum** in Ålesund wurde 2003 eröffnet. Es gibt Einblick in den Jugendstil, der in Ålesunds Zentrum dominiert. Seine Bedeutung kommt durch die Zusammenarbeit mit anderen europäischen Städten mit z. T. ähnlicher Architektur zum Ausdruck, wie Glasgow in Schottland, Nancy in Frankreich, Wien in Österreich, Barcelona in Spanien, Brüssel in Belgien und Riga in Lettland.

Das **Ålesund Museum** liegt im Zentrum der Stadt.

Das **Sunnmøre Museum** liegt in Borgund.

Stadtwanderung in Ålesund unter Führung oder individuell.

Kurz nach Abgang von Ålesund kreuzen wir die Gemeindegrenze nach Giske (S 48).

Godøya in der Gemeinde Giske haben wir an BB hinter uns gelassen (S 48).

Der **Ellingsøyfjord** an SB vor der lang gestreckten Insel **Ellingsøya** (28 km²). Der Ort **Hovland** liegt am äußersten Punkt von Ellingsøya. Der **Ellingsøytunnel** (3 250 m lang, 140 m u M), verbindet die Insel mit Ålesund. Ein anderer Autotunnel führt unter dem **Valderhaugfjord** hindurch nach **Valderhaugstranda** an BB.

Die Inseln Giske (2,5 km²) und Valderøya (6,5 km²) in der Gemeinde Giske liegen an BB, Giske am weitesten westlich. Diese flache Insel ist die kleinste in der Gemeinde, ihr höchster Punkt liegt 23 m ü M. Ernährungsgrundlage sind Fischerei und Fischzucht. Die Insel hat eine Tunnelverbindung nach Godøya im Süden. Der Tunnel wurde 1989 eröffnet, ist 3 844 m lang und geht bis 153 m unter die Meeresoberfläche runter. Die **Giskebrücke,** eine 552 m lange Pfostenbrücke aus Beton, schafft die Verbindung mit Valderøya im Süden.

Über **Giske** liegt ein Hauch von Geschichte. Hier war der Hauptsitz des Giske- oder Arnunge-Geschlechtes, seinerzeit des mächtigsten Adelsgeschlechtes in Norwegen. Der ehemalige Wohnsitz der Familie ist einer der ältesten Herrenhöfe in Norwegen. Kalv Arneson, einer der Anführer des norwegischen Bauernheeres, das König Olav Haraldsson (Olav der Heilige, 995-1030) in der Schlacht bei Stiklestad am 29. Juli 1030, in der der König fiel, gegenübertrat, gehörte dem Arnunge-Geschlecht an. Das Geschlecht hielt sich vom 10. Jh. an bis 1582 auf der Insel Giske auf. (Die Sage erzählt, dass der Stammvater der Familie, Finnvid Funnen, in Seide gewickelt in einem Adlerhorst gefunden wurde.) Die Mitglieder des Geschlechtes heirateten in sehr einflussreiche Familien ein, König Harald Hardrådes Frau Tora z. B. kam aus diesem Geschlecht. Sie wurde die Stammmutter der nachfolgenden norwegischen Könige.

Die Kirche von Giske, auf der Südostseite der Insel gelegen, zeugt am deutlichsten von der Größe des Giske/Arnunge-Geschlechtes. Diese Kirche ist die älteste in Sunnmøre, sie wurde im 12. Jh. als Familienkapelle für die Adelsfamilie aus Marmor im romanischen Stil errichtet. 1756 wurde sie restauriert und bekam z. T. eine neue Einrichtung, u.a. einen schön geschnitzten Altaraufsatz und eine Kanzel. Das Altartuch stammt von 1688, das Taufbecken von 1707. Weitere Restaurierungen wurden 1860 und 1930 vorgenommen.

Eine bekannte Grabstätte auf Giske ist der **Mjeltehaugen**, auf einer natürlichen Sandbank südöstlich der Insel angelegt. Der Grabhügel hatte ursprünglich einen Durchmesser von 30 m und eine Höhe von 2 m. Bei Ausgrabungen 1847, 1867 und 1878 wurden zwei Bestattungen aus verschiedenen Epochen in dem Hügel gefunden. Die eine ging zurück in die ältere Bronzezeit (1500-500 v. Chr.), ein Sarg mit acht verzierten Platten, die andere war ein Frauengrab mit seltenen, westnorwegischen Bronzespangen und Silberbeschlägen aus der Zeit um 200 n.Chr. und mit Leichenbrand. Der Mjeltehaugen gilt als einzigartig und steht unter Denkmalschutz.

62°30'N 6°08'46''E   + 0 Std 12 Min

Valderøya (6,5 km²), die wir an BB passieren, ist die am dichtesten bevölkerte Insel in der Gemeinde Giske, besonders im südlichen und östlichen Teil. Das Gemeindezentrum **Valderhaug** liegt am Schifffahrtsweg. Die Insel ist hügelig, der Berg **Signalen** (231 m ü M) ist die höchste Erhebung. Hauptsächliche Wirtschaftszweige sind Fischerei, Fischveredelung und Werkstattindustrie. Von der Südspitze aus führt der Valderøytunnel unterm Fjord hindurch nach Ellingsøy (SB). Den Tunnel gibt es seit 1987, er ist 4.222 m lang und liegt 137 m unter dem Meer.

Die Valderøy-Kirche im Süden der Insel ist eine Langkirche in Beton mit 530 Sitzplätzen, gebaut 1961.

Beim Rathaus in Valderøy liegt der **Kongshaugen** (Königshügel), ein mit Steinen bedeckter Grabhügel von 42 m Durchmesser und 3 m Höhe. Er wurde aus Strandgeröllen auf sumpfigem Untergrund aufgeschichtet, die Steine mit einer Torflage abgedeckt. Der Sage nach soll der Dorfhäuptling Valder in dem Hügel begraben sein und die Insel nach ihm benannt worden sein. Kongehaugen wird auf 350-400 n. Chr. datiert. Bei Ausgrabungen 1824-27 entdeckte man die ältesten Bootsreste, die in Nordeuropa gefunden wurden, ca. 3000 Jahre alt. Die Kieferbohlen des Bootes waren zusammen genäht mit verzwirbelten Sehnen und die Lücken mit Wolle ausgestopft. Auch einige alte Werkzeuge hat man gefunden. Die Größe des Grabhügels lässt wohl auf mehrere Nachbestattungen schließen. Eine vollständige, systematische Ausgrabung fand nicht statt. Heute steht ein Haus auf dem Hügel, so dass wohl auch keine Ausgrabung mehr zu erwarten ist.

Die Höhle **Skjonghelleren** liegt auf der Nordwestseite von Valderøya. Der Höhleneingang liegt 57 m ü M, er wurde von der Brandung ausgewaschen, als die Meeresoberfläche auf diesem Niveau lag. Die Öffnung ist am Eingang 38 m hoch und wird immer schmaler bis 111

m in den Berg hinein. In den Jahren 1875, 1878 und 1983 wurden Ausgrabungen in der Höhle durchgeführt. Bei der letzten war eine Besiedlungsphase aus der älteren Eisenzeit zu erkennen (ca. 500 v. Chr.). Man fand Reste von Haushalts- und Fanggeräten und auch von Fischen, Vögeln und Säugetieren aus der letzten Eiszeit, ca. 30 000 Jahre alt. Den Archäologen ist es gelungen, einige dieser Tierarten zu bestimmen.

62°31'N 6°09'E + 0 Std 15 Min

An BB fahren wir an Valderøyas Ostseite entlang mit der ineinander übergehenden Besiedlung von **Skjong** im Süden über **Valderhaugstranda** bis **Uksneset** im Norden.

Die kleine Insel **Kjeholmen** an SB, nordöstlich von der etwas größeren **Kalvøya** mit dem **Oksebåsen-Feuer** auf der südlichsten Landspitze.

62°31'42"N 6°09'27"E + 0 Std 18 Min ②

An BB **Vigra** (18,9 km²), die größte Insel in der Gemeinde Vigra, nördlich von Valderøya mit Brückenverbindung dorthin. Die Insel ist flach, hat weite Moorflächen, im Norden einige Höhenzüge (**Molnesfjellet** 128 m ü M) und viele Buchten mit herrlichen Stränden, besonders auf der Westseite. Wichtigste Wirtschaftszweige sind Fischerei, Fischveredelung und Landwirtschaft.

Der **Flughafen von Ålesund, Vigra**, liegt im Südosten der Insel. Er wurde 1958 eröffnet und bekam 1986 ein neues Abfertigungsgebäude. Die Rollbahn ist 2 314 m lang. In der Nähe des Flughafens befindet sich die Verkehrsflugschule North European Aviation Recources AS (NEAR). Die Schule arbeitet mit der amerikanischen Flugschule North American Institute of Aviation (NAIA) zusammen, die auch Schüler aus ganz Europa hat. Der Flughafen hat Direktverbindung nach Oslo, Bergen und Trondheim mit SAS Braathens und Charterverbindung zu verschiedenen Zielen im Süden.

Die Rundfunkstation Vigra liegt auf der Insel **Synes** im südwestlichen Teil. Die Station hatte ursprünglich zwei Sendemasten, jeder 106 m hoch. Im November 1935 begannen die Probesendungen mit Hilfe eines 10 KW Senders von RCA. Ein 100 KW Sender wurde 1939 installiert. Bei der deutschen Invasion 1940 wurde die Station während einer Direktsendung bombardiert, das wurde dann „live" gesendet. Der Originalsender mit seinen Einschusslöchern wurde später als Kuriosität gezeigt. 1952 bekam der Sender eine Antenne mit zylindrischer Abstrahlcharakteristik von 242 m Höhe, zu damaliger Zeit die höchste in Norwegen. Die Stahlrohre mit einem Durchmesser von über 2 m hatten in der Mitte auf der ganzen Länge Stufen. Der Rekord im Erklettern der Masten lag bei 17 Minuten. 1984 wurden sie abgebaut, später aber mit 180 m etwas niedriger wieder aufgebaut, um den wachsenden Flugbetrieb in Ålesund-Vigra nicht allzu sehr zu stören.

Auf Synes liegt die Synes-Feuerstation, ein Einfahrtsfeuer von 1867.

Der Hof **Blindheim** auf der Westseite der Insel war der Sitz des bekannten **Blindheim-Geschlechtes** (1120-1228), von dem in Snorres Königssagen die Rede ist. Zwei Söhne dieses Geschlechtes heirateten Töchter von König Harald Gille (1103- 36). Die Familie spielte eine große Rolle beim Aufstand gegen König Sverre (1184-1202). Auf der Insel gibt es mehrere Grabhügel, zwei davon auf dem Hof Blindheim. Stølshaugen wurde 1874 entdeckt, er hat einen Durchmesser von 30 m und eine Höhe von 3-4 m. Man nimmt an, dass hier in der Völkerwanderungszeit im 5.Jh. eine wichtige Persönlichkeit bestattet worden ist. Der Tote war verbrannt worden, die Reste in einem Bronzekessel zusammen mit Beigaben beigesetzt. Ein Bronzeteller diente als Deckel für den Kessel. Das andere Grab auf Blindheim nennt man den Blimshaugen mit einem Durchmesser von 36 m und einer Höhe von 5 m aus der Zeit 300-350 n. Chr. Bei Ausgrabungen 1901 und 1942 fand man vier Bestattungen im Blimshaugen, die eines Mannes, zweier Mädchen und zweier Frauen. 1984 stellte man den Grabhügel unter Denkmalschutz.

Die Historiker meinen, Ragnvald Mørejarl (Ende 9. Jh.) habe auf einer der Inseln in Giske gewohnt. Einer seiner Söhne, Gange-Rolv oder Rollo, soll auf Vigra aufgewachsen sein. Er wurde friedlos in Norwegen und musste das Land verlassen. Nach vielen Widrigkeiten ließ er sich schließlich in Frankreich nieder. Und dort gelang es ihm, im Jahre 911 das Herzogtum Normandie zu gründen. Gange-Rolv ist ein Ahnherr von Wilhelm dem Eroberer und damit Stammvater des englischen Königshauses.

Gange-Rolv oder Rollo, wie ihn die Franzosen nennen, soll seinen Namen daher bekommen haben, dass er so groß und schwer war, dass kein Pferd ihn tragen konnte. Er war also gezwungen, zu gehen statt zu reiten.

Im Norden der Insel Vigra liegt der Ort **Roald** mit rund 700 Einwohnern.

Zwischen Vigra und der Insel Løvsøya liegt der **Vigrafjord**.

Ca. 62°31'N 6°09'E
Wir passieren die Grenze zwischen den Gemeinden Giske und Haram.

Die Gemeinde Haram

Bedeutung des Gemeindewappens: Symbolisiert das Meer als Arbeitsplatz und Bindeglied.
Bedeutung des Namens: Von Harhamarr, erster Teil vielleicht har, steiler Weg, zweiter Teil hamarr, „berghamar", herausragender Felsbrocken.
Gemeindezentrum: Brattvåg (2 097 Einw.).
Position: 62°36'N 6°27'. **Areal:** 257 km².
Einw.: 8 715. **Bevölkerungsdichte:** 33,9 Einw./km².
Arealverteilung: Landw. 9 %, Forstw. 25 %, Süßwasser 3 %, verbleibendes Areal 63 %.
Wirtschaft: Maritime Werkstatt- und Schiffbauindustrie, Nahrungsmittel-, Textil- und Möbelindustrie. Landwirtschaft mit umfangreicher Viehhaltung. Fischerei.
Sehenswertes: Die Hamnsundhöhle.
Das Petter Dyrkorn Heimatmuseum in Fjørtoft.
Website der Gemeinde Haram:
www.haram.kommune.no

62°32'N 6°10'E + 0 Std 22 Min
Hinter den Holmen an SB erstreckt sich der **Grytafjord** nach Osten. Die Grenze zwischen den Gemeinden Ålesund und Haram verläuft mitten im Fjord. Der Ort **Tennfjord** liegt im Innern des Fjords, das Dorf **Engeset** leicht zu erkennen auf der Südwestseite der Halbinsel.

Das Dorf **Hamnsund** liegt im südwestlichsten Teil der Haramhalbinsel, ebenfalls die Höhle **Hamnsundhellaren**. Die erste Ausgrabung fand 1877 statt. Man schätzt, dass die Höhle vor 24 500 Jahren entstanden ist, in einer Zeit, als das Land nicht von Eis bedeckt war. Die archäologischen Funde stammen aus der jüngeren Steinzeit, der Bronzezeit und der älteren Eisenzeit. Die Menschenknochen sind auf 50 v. Chr. datiert (S 83).

Die Kirche in Hamnsund ist eine Langkirche aus Holzbalken von 1875 mit 350 Sitzplätzen. 1899 und 1956/57 wurde sie restauriert.

Vor Hamnsund liegt die flache Insel **Kalvøya**, die wir an SB passieren.

62°33'34"N 6°11'22"E + 0 Std 26 Min ③
Der Ort **Søvik** liegt an SB am Festland, hat Werkstattindustrie, u.a. die Søviknes Werft, eine Tochtergesellschaft der Firma Aker Brattvåg.

Nordwestlich von Søvik die beiden Inseln **Bjørnøya** (weiter draußen) und **Terøya**. Das Küstenfort auf Bjørnøya hatte 1942 vier 10,5 cm Kanonen.

An BB der **Vigrafjord** nördlich der Insel Vigra.

Die vier Inseln **Lepsøya/Løvøya, Haramsøya, Flemsøya** und **Fjørtofta** liegen hintereinander an BB.

Die Insel **Lepsøya/Løvøya** (12,1 km²) mit dem Höhenzug **Goaldet** (490 m ü M) ist in der Strandzone dicht bebaut. Es gibt eine Fährverbindung zum Festland und zur Nachbarinsel Haramsøya. Der Ort **Lausund** liegt auf der Südostseite der Insel.

In der **Rønstadhöhle** am Berghang auf der Westseite der Insel hat man Spuren ehemaliger Bewohner gefunden. Leider ist die Kulturschicht, die Aufschluss hätte geben können über das Leben früherer Zeiten, abgetragen und an eine Guanofabrik verkauft worden! Direkt darunter, in der **Columbinebucht**, steht eine Tafel, die über ein Schiffsunglück von 1886 Auskunft gibt.

Die Insel **Haramsøya** (13,3 km²) mit dem Berg **Mannen** (347 m ü M) liegt nördlich von Lepsøya/Løvøya. **Austnes** (380 Einw.), der größte Ort der Insel, liegt auf der Südostseite.

Auf Haramsøya hat man 1968 den reichsten Grabfund in Norwegen aus der römischen Eisenzeit (ca. 400 n. Chr.) gemacht. In einer Steinkiste wurde ein großes römisches Bronzegefäß mit Resten einer Brandbestattung gefunden. Außer dem Leichenbrand fand man dort drei Fingerringe, einen großen Armreifen und ein Medaillon, alles aus Gold, zusammen etwa 623 g Gold. Damit ist dies der goldreichste Grabfund, der aus der römischen Eisenzeit in Nordeuropa bekannt ist. Das Medaillon wies das Bildnis eines römischen Kaisers auf mit einer Inschrift, die besagt, dass es für Kaiser Constantin 2 (337-361 n. Chr.) angefertigt wurde.

Die Kirche von Haramsøya an der Südspitze der Insel ist eine sechseckige Holzkirche, gebaut 1838. Der Altaraufsatz stammt von 1660, die Ausgestaltung des übrigen Interieurs von 1911.

Die Haramsinsel hat Brückenverbindung mit Skuløya/Flemsøya, Schiffsverbindung mit Lepsøya/Løvøya und dem Festland.

Auf Haramsøya und auf der Nachbarinsel Flemsøya/Skuløya läuft ein Antrag für eine Konzession, um einen Windpark mit 33 Windrädern aufstellen zu dürfen. Diese sollen 135 m hoch werden. Das Projekt ist sehr umstritten.

Skuløya/Flemsøya (14,3 km²) ist die dritte der vier Inseln an BB. Der Berg **Skulen** ist der höchste Punkt (492 m ü M). Aus den Mooren hat man viele Baumwurzeln heraus geholt, die davon zeugen, dass es einst Wälder hier gegeben hat.

Auf der Südwestseite der Insel liegt der Ort **Longva** mit dem schiffstechnisch hoch entwickelten Betrieb Rolls Royce Marine AS mit über 100 Arbeitsplätzen. Der Betrieb produziert computergesteuerte Schiffskonsolen, Starter und dynamische Positionierungssysteme für die Schiffswerftindustrie. Es handelt sich um eine Tochtergesellschaft von Rolls Royce Marine in Ulsteinvik (S 45).

Bei archäologischen Ausgrabungen in Longva kamen Funde von ca. 9000 Jahre alter Besiedlung zu Tage.

Die Insel **Fjørtoft** (9,2 km²) liegt im Norden von Skuløya/Flemsøya. Im Gegensatz zu den andern drei Inseln ist Fjørtoft flach und sumpfig. Die höchste Erhebung ist **Fjørtofta** (113 m ü M).

Im Herbst 1940 wurden zwei Boote, die Fjørtoftboote, in einem Moor südöstlich von Fjørtoft gefunden. Das eine war 10 m lang, aus Eiche in Klinkerbauweise hergestellt und mit Eisen beschlagen. Das andere war kleiner. Beide waren mit Steinen gefüllt und im Moor versenkt worden. Nichts deutet darauf hin, dass es sich um Gräber handelte, sie waren wohl eher eine Opfergabe. Das Alter war schwer zu bestimmen, es wird auf 860 n. Chr. geschätzt oder etwas eher. Im Frühjahr 1973 fand man einen gut bewahrten, versunkenen Siedlungsplatz aus der Steinzeit im Südosten der Insel. Dort hatten Menschen vor über 8000 Jahren gelebt.

Der Platz wurde dann vom Meer überflutet und mit einer Lage Geröll und Kies überdeckt.

Bei Oterlei im Südwesten der Insel wurden 1965 die Reste einer 1 100 Jahre alten Bootsbestattung einer Frau gefunden. Unter den Grabfunden war auch eine Kette aus mehreren hundert Perlen aus farbigem Glas und einigen großen Keramikperlen, offenbar aus dem mittleren Osten stammend.

Es wird behauptet, Fjørtoft sei in Geologenkreisen weltbekannt wegen der Mikrodiamanten, die man 1993 hier im Gestein gefunden hat.

Der Gebirgszug **Gamlemsveten** (790 m ü M) (S 82) auf der Halbinsel **Haramshalvøya** hat auf seinem Gipfel den Hauptradio- und Fernsehsender

62°35'32"N   6°15'26"E   + 0 Std 38 Min   ④

Das Leuchtfeuer von Lepsøyrev an SB war ursprünglich 1856 Norwegens erstes Feuerschiff, d.h. ein Feuer, das auf dem fest verankerten Fahrzeug „Enigheten" („Einigkeit") montiert war. Schon im Jahr darauf havarierte das Schiff. Nach mehreren Versuchen mit anderen Fahrzeugen baute man schließlich 1879 einen 11,5 m hohen Leuchtturm aus Stein, der bis 1956 bemannt war und dann automatisiert wurde.

Zwischen Lepsøya an BB und ihrer nördlichen Nachbarinsel **Haramsøya** zieht sich der **Haramsfjord** hin. Nordöstlich von Lepsøya passieren wir an BB eine Reihe kleinerer Inseln, die größte von ihnen ist **Hestøya.**

Skuløya nördlich von Haramsøya.

Die Fahrt geht entlang des flachen, bewohnten und bewirtschafteten Haramslandes an SB, vorbei an **Skjelten**, von wo eine Autofähre zu den Inseln im Nordwesten geht.

Vor uns sehen wir die Berge auf **Otterøya** vor Molde.

62°37'N   6°20'E   + 0 Std 48 Min   ④

Der Ort **Hildre** an SB liegt auf der Nordwestspitze von Haramhalvøya.

Die Hildre-Kapelle in **Hildrestranda** an SB ist eine Langkirche aus Holz mit 385 Sitzplätzen, gebaut 1934.

Das Dorf **Alvestad** an SB liegt am Fusse des Höhenzuges **Hildrehesten,** der sich weit nach Nordosten hinstreckt. Das Schiff fährt auf **Midfjorden** zu auf seinem Weg nach Molde. An BB sehen wir in den **Harøyfjord** hinein.

ÅLESUND - MOLDE | TAG 2

62°37'28"N   6°25'15"E   + 0 Std 58 Min ⑤

Industriestadt und Verwaltungszentrum **Brattvåg** (2 097 Einw.) an SB an der Mündung des 5 km langen **Samfjords**. Brattvåg wurde am 11. 11. 1911 gegründet, als ein paar vorausschauende Leute aus Skjelten und Hildre (Dörfer, die wir gerade passiert haben) die Wasserrechte am Synnalandsfluss gepachtet und am See ein Kraftwerk gebaut hatten. Das Schwungrad des Kraftwerks steht am heutigen Kraftwerksgebäude mit der Inschrift: Um dieses Rad herum ist Brattvåg gewachsen. Brattvåg ist heute eine der größten Industriestädte in Sunnmøre.

© HARAM KOMMUNE

Die Werft Aker Brattvaag ist der einer der Hauptbetriebe in Brattvåg (gegründet 1936 als Brattvaag Schiffswerft). 1993 wurde die Werft von Aker Yards übernommen. Aker Brattvaag ist eine Tochtergesellschaft der Aker Yards Group, der größten Werft in Europa mit Hauptkontor in Oslo und einer der fünf größten in der Welt. Die Aker Yards Group ist u. a. bekannt dafür, dass ihre finnische und deutsche Werft einige der größten und luxuriösesten Kreuzfahrtschiffe gebaut haben, die Royal Caribbean und Carnival Cruises, die ganz oben auf der Kundenliste stehen.

Unter der Schirmherrschaft von Aker Brattvaag stehen auch Brattvaag Offshore, Søviknes Werft (die 1995 übernommen wurde), Aker Tulcea in Rumänien (übernommen 2000) und Aker Estaleiro Promar in Brasilien (übernommen 2001). Eine Reihe kleinerer Betriebe im Regierungsbezirk sind Tochtergesellschaften von Aker Brattvaag. Insgesamt werden ungefähr 3 650 Menschen beschäftigt, auf der Werft in Brattvåg allein.

Wegen ihrer vielseitigen Zusammensetzung kann Aker Brattvåg mittels ihrer lokalen Tochtergesellschaften Dienste im Bereich Elektrotechnik und elektrische Installation, Röhrenproduktion und –installation, Decksmaschinen, Deckskräne, Design, Ingenieurdienste, „presure vessels" und Projektentwicklung in Norwegen, Rumänien und Brasilien anbieten. Aker Brattvaag baut ein weites Spektrum an Spezialschiffen, einschließlich Offshore- Versorgungsschiffe und Fischerboote für Kunden in der ganzen Welt. Sie bieten auch „turnkey" Projekte an und übernehmen größere Umbauten und Wartungen.

Rolls Royce, Abteilung Decksmaschinen in Brattvåg, ist ebenfalls ein Hauptbetrieb in Brattvåg, eine Tochtergesellschaft von Rolls Royce Marine in Ulsteinvik, und gilt als Hauptlieferant an Schiffdesign und kompletter Systemlösung für die meisten Fahrzeugtypen in der Welt. Die Firma hat insgesamt ca. 6 500 Angestellte. Der Betrieb ist einer der größten Lieferanten an Winschen in der Welt und hat eine führende Position auf dem Gebiet der Ausrüstung zum Ausbeulen. Es werden Winschen mit verschiedener Handhabung für Handelsschiffe produziert, Takelagen und Ankerungsfahrzeuge.

Obendrein gibt es in Brattvåg noch Textil- und Fischveredelungsindustrie.

Gleich hinter Brattvåg und dem Samfjord sieht man ein langes, weisses Gebäude. Hier werden Fenster produziert, und zwar die bekannten H-Fenster.

Das Schiff fährt weiter in den **Midfjord** hinein, die Nordküste von Haramhalvøya liegt an SB.

2°37'40"N   6°28'48"E

Wir passieren die Grenze zwischen den Gemeinden Haram und Midtsund an SB.

Die Gemeinde Midsund

Bedeutung des Gemeindewappens: Zeigt die beiden größten Inseln und den Sund dazwischen.
Bedeutung des Namens: Eigentlich der Name eines Hofes, erster Teil der Inselname Midøya (Mittelinsel), von Miðja, der andere Teil sund für den Sund zwischen den beiden größten Inseln.
Gemeindezentrum: Midsund (479 Einw.)
Position: 62°39'N 6°33'40"E. **Areal:** 94 km².
Einw.: 1 939. **Bevölkerungsdichte:** 20,6 Einw./km².
Arealverteilung: Landw. 7 %, Forstw. 6 %, Süßwasser 1 %, Verbleibendes Areal 86 %.
Wirtschaft: Fischerei mit relativ großen, modernen Schiffen, Fischzucht, Fischverarbeitung, Landwirtschaft mit Haustierhaltung, etwas mechanische Industrie.
Website der Gemeinde Midsund: www.midsund.kommune.no

TAG 2 | ÅLESUND - MOLDE

62°37'50"N 6°31'E   + 1 Std 08 Min

An SB das Dorf **Skor** und die Landzunge **Baraldsneset** am Fuße des **Storfjellet** (950 m ü M).

662°38'N 6°30'E   + 1 Std 09 Min ⑥

An BB die kleine Insel **Dryna** mit Brückenverbindung nach Midøya im Osten und Schiffsverbindung nach Brattvåg und zu den größeren Inseln im Nordwesten.

Ca. 4-500 m vom Fähranleger auf Dryna, auf der Südwestseite der Insel, zieht sich **Franskhellaren** (die Franzosenhöhle) ca. 55 m in den Berg hinein. Die Höhle hat ihren Namen von vier jungen, französischen Kriegsgefangenen, die aus dem Gefangenenlager auf Otterøya im November 1944 geflohen sind. Nach der Flucht wurden sie zur Nachtzeit von freundlichen Norwegern nach Dryna gerudert und zur Höhle gebracht. Man baute ihnen dann eine kleine Hütte in der Höhle als Schutz vor Kälte und Feuchtigkeit. Die norwegischen Helfer sammelten Nahrungsmittel und brachten sie zu verabredeter Zeit an den verabredeten Ort. Die Franzosen wohnten bis Kriegsende 1945 in der Höhle. Dann wurden sie abgeholt und hoch geehrt. Und seitdem trägt die Höhle den Namen „Franskhellaren".

An SB passieren wir die Landzunge **Baraldsneset**, an BB den **Drynasund** zwischen den Inseln **Dryna** und **Midøya.**

Die Betonbrücke zwischen Dryna und der größeren Midøya wurde 1969 gebaut. Die Inseln hatten allerdings schon seit 1904 eine Brücke zwischen einander. Einer der Bauern auf Dryna wollte für seine Kinder einen sicheren Schulweg mit einer Brücke über den Sund haben. Ganz allein baute er nur mit seinen Händen unter großer Mühsal im Laufe von zwei Jahren die Varnesbrücke. Sie ist als Erinnerungsstück bewahrt worden.

62°38'N 6°35'E   + 1 Std 17 Min ⑦

Der **Vatnefjord** (ca. 7 km lang) an SB mit dem Ort **Vatne** (1 636 Einw.) am Fjordende (Möbelindustrie). Ebenfalls an SB die Insel **Tennøya** mitten in der Fjordmündung.

An BB die Insel **Midøya** (13,9 km²). Der Berg **Bløkallen** (521 m ü M) ist die höchste Erhebung. Mehrere vorzeitliche Siedlungsplätze wurden auf der Insel gefunden. Bei **Bjørnarem** im Norden von Midøya befinden sich drei Höhlen nahe bei einander: Sauhellaren (Schafshöhle, 21 m lang, 3 m breit, 10 m hoch), Geithellaren (Ziegenhöhle, 10 m lang, 20 m breit, 10 m hoch) und Lillehellaren (Kleine Höhle, 8-9 m lang, 2 m breit, 3-4 m hoch). 1912 wurden die drei Höhlen zum Teil ausgegraben. Hier wohnten vermutlich die ersten Romsdaler. Man fand Werkzeuge aus Knochen und Stein, wahrscheinlich aus der Völkerwanderungszeit. Die Tierknochen waren Reste von 55 verschiedenen Tierarten, 29 Vogelarten und 20 Säugetierarten.

Von 1380 bis 1814 waren Dänemark und Norwegen eine Union. Mitte des 17. Jh.s führten sie Krieg mit Schweden und mussten nach der Niederlage umfangreiche Gebiete an Schweden abtreten. Mit einem erneuten Angriff 1657 versuchte man, die Gebiete zurück zu gewinnen, aber das Resultat war eine erneute Niederlage. Beim Friedensschluss am 28. Februar 1657 musste Dänemark/Norwegen wiederum Gebiete an Schweden abtreten, darunter Bohuslen und Trondhjemslen. Dadurch wurde Norwegen in zwei Teile geteilt. Die neue Reichsgrenze zwischen Schweden und Dänemark/Norwegen führte über Midøya an einem mächtigen Steinwall entlang, einer früheren Vogteigrenze. Ein erneuter Krieg zwischen den Ländern dauerte von August 1658 bis Mai 1660. Beim Friedensschluss kam Trondhjemslen zurück an Dänemark/Norwegen. Seitdem ist der Steinwall die Gemeindegrenze.

Midøya hat Brückenverbindung zur Nachbarinsel Otterøya.

Hinter der Landzunge **Ørnes** an SB, östlich des **Vatnefjords,** liegt der kurze **Vestrefjord,** dahinter die Dörfer Birkeland, Rekdal und **Dragneset** am Fusse des **Rekdalshesten** (775 m ü M). Der Berg **Blåskjerdingen** (1 062 m ü M) im Hintergrund.

62°39'N 6°41'E   + 1 Std 29 Min

Otterøya (76 km²) an BB ist die größte Insel in der Gemeinde Midsund. Das Verwaltungszentrum **Midsund** (479 Einw.) liegt auf der Südwestseite unterhalb des **Klausethornet** (660 m ü M).

62°42'N 6°58'E

An BB passieren wir die Grenze zwischen den Gemeinden Midsund und Molde.

Die Gemeinde Molde

Bedeutung des Gemeindewappens: Weist auf den Heringsfang hin, der die Ernährungsgrundlage der Stadt ist.
Bedeutung des Namens: Vom Hofnamen Moldar, Plural von mold, Erde.
Gemeindezentrum: Molde (18 594 Einw.).
Position: 62°44'N 7°09'15"E.
Areal: 363 km². **Einw.:** 24 138.
Bevölkerungsdichte: 66,5 Einw./km².
Arealverteilung: Landw. 4 %, Forstw. 47 %, Süßwasser 2 %, Verbleibendes Areal 47 %.
Wirtschaft: Werkstattindustrie mit Schiffswerft, Motorenfabrik, elektrotechnische Industrie, Nahrungsmittelindustrie, graphische Industrie. Landwirtschaft mit Haustierhaltung, Gartenbau, Forstwirtschaft.
Website der Gemeinde Molde: www.molde.kommune.no

Das Schiff fährt weiter in den Moldefjord hinein zur Stadt Molde. Der 15 km lange **Julsund** an BB trennt Otterøya vom Festland. Die Landzunge **Julneset** mit dem Berg **Julaksla** (476 m ü M).

An der ganzen norwegischen Küste werden Geschichten von Seeschlangen erzählt. Eine davon handelt von einer Seeschlange, die eine Schiffsmannschaft im August 1746 bei Juleneset gesehen hat. Der Kapitän schoss mit einer Schrotladung aus seiner Flinte auf das Tier. Die Seeschlange streckte ihr Haupt, das aussah wie ein Pferdekopf, mehr als 60 cm aus dem Wasser. Der Kopf war grau mit schwarzem Maul und großen Augen und einer langen weißen Mähne, die vom Nacken bis ins Wasser hinab lief. Von dem ziemlich dicken Körper waren 7-8 Buckel sichtbar. Diese Beobachtung wurde vor dem Amtsgericht in Bergen 1751 bestätigt.

62°40'N 7°13'E   + 2 Std 15 Min   ⑧

An SB vor uns sehen wir die Insel **Sekken** (18,37 km²) mit dem Berg **Tranhaugen** (304 m ü M). In Snorres Saga wird berichtet, dass Håkon Herdebrei (1147- 1162), ein unehelicher Sohn von König Sigurd Munn (König ab 1157), von Erling Skakke in einer Seeschlacht vor der Insel im Jahre 1162 getötet wurde.

Zwischen Otterøya und Sekken teilt sich der **Moldefjord** in zwei Arme, der eine behält den Namen Molde-

---

Wir fahren an den Dörfern **Klavset, Sør-Heggdal, Oppstad** und **Nord-Heggdal** vorbei.

Hinter dem Dorf **Oppstad**, mitten auf der Südostseite der Insel, ragt das steile **Oppstadshorn** (737 m ü M) auf. Die Geologen haben eine leichte Bewegung im Berg festgestellt, sie fürchten, dass eine Gesteinspartie von 20 Millionen m³ in den Fjord hinab stürzen könnte. Eigentlich hält man die Wahrscheinlichkeit für gering, sollte es aber doch geschehen, wäre das eine Katastrophe für die ganze Gegend. Die Flutwelle als Folge der Steinlawine würde 20 m hoch sein und viele Zerstörungen anrichten. Messinstrumente (GPS) sind an strategischen Punkten in der 700 x 700 m umfassenden Gefahrenzone angebracht.

Die Insel **Tautra** liegt direkt vor uns.

Wenn wir am Oppstadshorn vorbei fahren, haben wir die kleine Insel **Tautra** an SB. Die Insel hat eine reiche Kulturlandschaft mit vielen alten Gräbern und Bautasteinen.

Vor Tautra öffnet sich an SB der **Tomrefjord** (ca. 9 km lang). Am Ende des Fjords liegt der Ort **Tomra** (1 167 Einw.) mit einer Schiffswerft und Konfektionsindustrie.

fjord, der andere heißt **Romsdalsfjord**. Der **Moldefjord** verläuft parallel zum Festland, bis er hinter der Stadt **Molde** unter dem Namen **Fannefjord** noch 30 km weiter ins Land zieht.

Der **Romsdalsfjord** zieht südöstlich an Sekken vorbei, dann verzweigt er sich in einen östlichen Arm, der weiterhin Romsdalfjord heißt (55 km), und einen nördlichen mit Namen **Langfjord**. Hinter dem Ort **Åndalsnes** setzt sich der Romsdalfjord unter dem Namen **Isfjord** fort. Der Ort **Isfjord** (1 240 Einw.) hat Konfektionsindustrie und ein Konfektionsmuseum.

Östlich der Insel Sekken erstreckt sich der 35 km lange Langfjord, an dessen Ende der Seitenarm **Eresfjord** abgeht.

Die kleinen Inseln **Hjertøya**, **Seterøya**, **Fårøya** und **Bolsøya** an SB vor der Ankunft in Molde.

Auf **Hjertøya** gibt es eine Unterabteilung des Fischereimuseums von Molde. Das Museum besteht aus 15-20 Gebäuden, die sich alle mit dem Meer und seiner Nutzung durch den Menschen beschäftigen. Ca. 20 offene Ruder- und Segelfahrzeuge werden gezeigt, und mehrere Tausend Gebrauchsgegenstände wie Fischereiausrüstung der lokalen Küstenkultur sind ausgestellt. Seit der Eröffnung 1948 sind viele geeignete Gebäude im ganzen Bezirk abgetragen und in dem idyllischen, maritimen Milieu auf der Insel wieder aufgebaut worden. Genau wie die anderen Inseln bei Molde, so gehörte auch Hjertøya zu dem großen Besitztum Moldegaard auf dem Festland. Die Insel wurde vom 18. Jh. an bis in die 1950er Jahre bewohnt. Heutzutage sind Hjertøya und die anderen Inseln Naturschutz- und Naherholungsgebiete.

Der deutsche Multikünstler und Avantgardist Kurt Schwitters, der als Ahnherr der modernen Kunst gilt, war von Hjertøya so begeistert, dass er sich in den 1930er Jahren immer wieder in der alten Steinhütte eines Hausmannplatzes auf der Insel einquartierte.

Die lang gestreckte Insel **Fårøya** (69,6 m ü M) östlich von Hjertøya hängt mit der flachen, bewaldeten Insel **Bolsøya** (5,15 km²) zusammen. Die Insel ist ein beliebtes Wohngebiet, da sie mit dem Festland sowohl durch eine Brücke (555 m lang) als auch einen Tunnel (2 743 m lang) verbunden ist.

Archäologische Funde weisen auf eine lange Bootsbautradition hin. Von Ende des 19. Jh.s an bis 1905 baute man in einer Bootsbauwerkstatt auf Bolsøya gute Segelschiffe und Robbenfänger.

Ein Stück entfernt vom alten Kirchhof auf Bolsøya steht einer von Norwegens größten Bautasteinen. Wer ihn einst aufstellte, ist unbekannt. Eine alte Sage weiß aber folgendes zu berichten:

> „Olav der Heilige fuhr an Bolsøya vorbei, gleich nachdem er Romsdal christianisiert hatte. Der König zeigte auf Bolsøya und sagte, diese Insel sei gut geeignet als Kirchenstandort. Das Trollweib von Skåla aber (die höchste Erhebung auf dem Festland hinter der Insel heißt so, 1 128 m ü M) wollte keine Kirche so nahe bei sich haben. Deshalb nahm sie ihren Bogen, legte den Trollpfeil auf die Saite und schoss auf die Kirche. Der Pfeil erreichte die Kirche nicht, sondern fiel dort nieder, wo der Bautastein heute steht. Das Trollweib war so fuchsteufelswild darüber, dass es zersprang und der See Skålvatnet dabei entstand." Tatsache ist, dass das Gestein, aus dem der Trollpfeil gemacht war, auf Bolsøya nicht vorkommt, dafür aber auf dem Berg Skåla.

Bolsøya war Jahrhunderte lang das Zentrum der Umgebung, und hier lag auch die Hauptkirche. 1907 wurde sie abgerissen, weil man kein Geld hatte, um sie instand zu halten. Einiges von Inventar befindet sich heute in anderen Kirchen der Gemeinde Molde.

Vom geologischen Gesichtspunkt aus ist Bolsøya sehr interessant. Hier gibt es Kalkstein, Glimmerschiefer, Grünschiefer, Hornblenden-Porphyroblast-Schiefer, geschieferten Quarzit, Augengneis, sowie verschiedene andere Gneise und Amphibolith. Große Mengen an Gestein hat man für Hausbau, Straßenbau und für Kantsteine abgebaut. Bis zu 60 Steinmetze arbeiteten hier im Steinbruch. 1940 baute man ein Werk zum Zerkleinern von Steinen, das aber heute an anderer Stelle steht.

Auch archäologisch gesehen ist Bolsøya interessant. Ausgrabungen zeigen, dass die Stadt Molde eigentlich auf dieser Insel ihren Anfang nahm. Auf der Landzunge Tingneset wurde schon seit mehr als 800 Jahren gesiedelt. Hier fand man steinzeitliche Wohnplätze, viele bearbeitete Feuersteine und Reste der ältesten Eisenschmiede, die bisher in Norwegen registriert wurde.

Der größte Betrieb auf der Insel, der ca. 30 Leute beschäftigt, produziert Möbel und andere Einrichtungen für Boote und Schiffe.

Das Schiff legt am Kai in Molde an.

Møre og Romsdal fylke (die Provinz Møre und Romsdal)

Bedeutung des Namens: Møre kommt von mærr, „land" (Land), sicher im Zusammenhang mit marr, „hav" (Meer), d.h. das Land am Meer oder „myrlandet" (Sumpfland). Romsdal steht im Zusammenhang mit dem Flussnamen Rauma, vielleicht von straumr, „strøm" (Strom).
Areal: 15 121 km². **Anzahl Einwohner:** 244 689.
Verwaltungszentrum: Molde
Gemeinden, die auf der Fahrt gen Norden passiert werden, in geographischer Reihenfolge:
Sande, Herøy, Ulstein, Giske, Ålesund, Sula, Hareid, Ørsta, Sykkulven, Skodje, Ørskog, Stordal, Stranda, Norddal, Haram, Midsund, Molde.
Geologische Ausformung: Während der kaledonischen Gebirgsbildung wurden die Bergmassive zusammen gepresst und vor allem übereinander geschoben mit Druck von Nordwest und verursachten Streichrichtungen Südwest-Nordost. Quer zur Längsrichtung bildeten sich Klüfte, die von der Erosion ausgeweitet wurden und ein System von tiefen Tälern und Fjorden zwischen hohen Gebirgszügen schufen, mit großen und kleinen vorgelagerten Inseln.. Die Gebirge erhoben sich mehr als 1 900 m ü M. Ca. 55 % des Areals liegen oberhalb der klimabedingten Baumgrenze (200 m ü M im Küstenstrich, ca. 600 m ü M im Innern des Landes). In den Tälern gibt es ebene Gebiete. Strandflächen im äußeren Teil der Küste bilden große zusammen hängende Flächen, oftmals sumpfig.
Klima: Das Wetter wird vom Meer im Nordwesten beeinflusst, im Osten und Süden von hohen Bergen abgeschirmt. Im Winter bläst es meist aus Südost oder Südwest. In den Fjorden lenkt das Terrain den Wind. Im Sommer bläst der Wind oft aus Nordost an der Küste. Wandernde Tiefdruckgebiete erzeugen starken Wind, gelegentlich auch Sturm, der meist aus Südwest oder Nordwest kommt. Der Februar ist normalerweise der kälteste Monat, an der Küste mit Temperaturen um 2°C, in den Fjorden sinkt sie unter 0°C, in Tälern des Binnenlandes auf ca. -5°C. August ist der wärmste Sommermonat mit Temperaturen von ca. 14°C an der Küste. Der Jahresniederschlag beträgt 1000-2000 mm. Nur eine schmale Zone entlang der Küste hat weniger Niederschlag, nämlich 750-1000 mm. Der meiste Niederschlag fällt im Herbst.
Besiedlung: Dichte Besiedlung im Flachland entlang der Küste, entlang einiger Fjorde und flachen Tälern im Landesinnern. Ein Großteil der Bevölkerung wohnt auf Inseln. Die drei größten Städte liegen jeweils an einer Fjordmündung.

WIRTSCHAFT:
Land- und Forstwirtschaft: unterschiedliche Bedingungen für Landwirtschaft, besonders im Süden sind die Höfe klein. Im mittleren und inneren Teil im Norden gute Landwirtschaftsbedingungen mit einigen großen Höfen. Viele kleine Höfe mit schwierigen Bedingungen sind aufgegeben worden, es findet aber auch neue Urbarmachung statt. Es gibt umfangreiche Reserven an nutzbarem Land im Norden und im Binnenland. 95 % des landwirtschaftlich genutzten Areals dient der Grasproduktion und als Weide für Haustiere, wobei Rinder am wichtigsten sind, aber auch für Schafe und Ziegen. Etwas Gemüse-, Obst- und Beerenanbau. 19 % des Areals sind produktiver Wald, mit leichter Zunahme, am wichtigsten im nördlichen Teil des Regierungsbezirkes.
Fischerei: Neben Nordland der wichtigste Fischereibezirk gemessen an der Anzahl der Fischer und dem Wert des an Land gebrachten Fangs. Wichtigste Fischarten dem Wert nach sind Makrele, Dorsch, Hering und Köhler („Seelachs"). Lachsschlachtereien. Die Fischer des Bezirks waren Pioniere, wenn es darum ging, sich anzupassen an veränderte Verhältnisse in Bezug auf die Fischgründe und Technologien; sie machten den Anfang, in neuen Gewässern zu fischen, Expeditionen ins Eismeer zu unternehmen und mit Fabriktrawlern zu arbeiten. Sie fischen an der norwegischen Küste, in der Nordsee und in fernen Gewässern.
Industrie: Betriebe, die Gas an Land schaffen. Schiffbauindustrie. Möbelindustrie. Fischindustrie (Heringsöl, Konserven, Fischprodukte). Bootsbau. Motorenfabriken. Fischereiausrüstung. Holzwarenindustrie. Stromproduktion. Etwas Konfektion.
Handelsflotte: Der Tonnage nach wenig Bedeutung, aber nach der Anzahl der Beschäftigten große Bedeutung.
Tourismus: Fjorde und Gebirge in Sunnmøre (Geirangerfjord, Hjørundfjord), die Sunnmørealpen (S 53), das Romsdal (Romsdalsalpen mit dem Trolltinden) und Nordmøre (Sunndalsfjellene, Trollheimen). Wanderwege (Trollstigen, Dalsnibbevegen). Mardalsfossene (Mardalswasserfälle), Vogelreservat auf Runde (S 46). Das aufgegebene Fischerdorf bei Grip (S 347). Das Jazzfestival in Molde (S 361), Atlanterhavsveien (Atlantikweg) (S 353). Alpinanlagen.
Verkehr: Die stark zerklüftete Landschaft macht dem Verkehr Schwierigkeiten. Relativ dichtes Wegenetz, besonders im Küstenstrich, verbunden mit einem guten Fährennetz. Große neuere Brücken- und Fährprojekte. Die drei großen Städte haben Flugplätze, der Flughafen von Ålesund in Vigra, Moldes Flugplatz in Årø und Kristiansunds in Kvernberget. Ørsta-Volda hat einen Kurzbahn-Flugplatz.

Quelle: Store norske Leksikon

Die Kommunikation an der Küste in früheren Zeiten

Viele der Berge, an denen wir vorbei fahren, tragen Namen, die auf das frühere Warn- und Kommunikationssystem hinweisen. Zwei dieser Namen sind **Veten** und **Signalen**.

Warnungen mittels **Veter** begannen vor ca. 1500 Jahre um 500-600 n. Chr. und waren bis vor 200 Jahren in Gebrauch. König Håkon, der Gute (ca.920-960) setzte das Veter- Warnsystem als Teil des Küstenschutzes ein. Veter warnten vor Überfällen. Sie waren meistens auf Bergen mit freier Sicht aufgestellt und lagen strategisch in Sichtweite zueinander. Die wichtigsten Küstenveter sollten in freier Sicht von 30-40 km Abstand miteinander kommunizieren können. Auch in Fjorden und Tälern gab es solche Vetersysteme. Der König ließ außerdem eine Veterreihe von der schwedischen Grenze nach Finnmark aufstellen.

Die Begriffe **Veter, Varder** und **Bauner** werden gerne synonym gebraucht.
- Eine **Varde** (Warde) war aus Steinen aufgebaut und sollte in den Bergen den Weg markieren oder diente als Grenzmarkierung oder auch als Seezeichen, dann selten höher als 150 m überm Meeresniveau.
- Eine **Baune** wurde auf Berggipfeln angezündet, um vor feindlichen Aktionen zu warnen. Ihre Aufgabe war mehr auf eine lokale Region beschränkt, in der sie Nachrichten übermitteln sollte. Eine **Vete** war eine Warde aus Holz auf einem flachen Steinsockel. Innerhalb der Steine wurden aus Stämmen und Stöcken, die oben zusammenliefen, ein Gerüst errichtet, im Innern kleinere Holzstücke und leicht brennbares Material aufgeschichtet. Wo Walknochen zur Verfügung standen, gab man denen den Vorzug, denn Walknochen brennen auch bei Regen.

Kleine Wachthäuser oder –stuben sollten möglichst neben einer Vete stehen, so dass die Wächter nach allen Seiten Ausschau halten konnten. Wenn das Wachthaus auf einem Berg stand, sollten nach jeder Himmelsrichtung Öffnungen vorhanden sein. Die Bewohner der Umgebung waren für die Instandhaltung der Vete und den Wachtdienst verantwortlich, besonders in Zeiten, wenn Krieg oder Überfälle zu erwarten waren. Beim Ting wurde die Einteilung der Leute für die Vetewacht bekannt gegeben. Jede Wachtmannschaft war in drei Schichten eingeteilt, jede Schicht sollte 24 Stunden Wache halten. Die Wächter mussten junge, gesunde und freie Einheimische sein, keine Sklaven oder Gefangene, sie sollten mündig und kriegstüchtig sein, mit scharfen Augen und Ohren und schnellen Beinen. Wer Fehlmeldungen aussandte, nicht zum Wachtdienst erschien oder während der Wache einschlief, machte sich strafbar. Die Strafe richtete sich nach der Schwere des Vergehens, im schlimmsten Fall konnte man als friedlos erklärt werden.

Die wichtigste Funktion des Vetesystems war also, vor Krieg und Gefahr zu warnen. Wenn ein Wächter eine Flotte von 3-5 oder mehr Kriegsschiffen kommen sah, sollte er die Vete anzünden. Die Kette der Warnungen konnte innerhalb weniger Tage, maximal 7, von einem Ende des Landes zum anderen gelangen, ein echtes Lauffeuer.

Man schätzt, dass es in Norwegen 800-1000 Veteplätze gegeben hat, von denen sind uns heute an der Küste 768 bekannt. Das Vetesystem war bis Anfang des 19. Jh.s in Gebrauch.

Das Königreich Dänemark/Norwegen nahm in den Jahren 1807-1814 auf Napoleons Seite an den Napoleonkriegen teil und befand sich damit im Krieg gegen England und Schweden. Viele Schiffe wurden an der Küste gekapert, daher wurde eine Küstenwache etabliert. Zusätzlich zum Vetesystem wurde ein Netz von Klappentelegrafen (optische Telegrafen) auf zentral gelegenen Anhöhen mit guter Sicht übers Meer eingerichtet. Diese deckten einen Teil der Küste von der schwedischen Grenze in der Nähe von Halden in Südnorwegen bis Nord- Trøndelag ab. Insgesamt soll das Klappentelegrafsystem sich über 1300 km erstreckt und 175 Stationen umfasst haben. Eine dieser Anlagen befand sich auf dem Berg **Signalen** bei Stad.

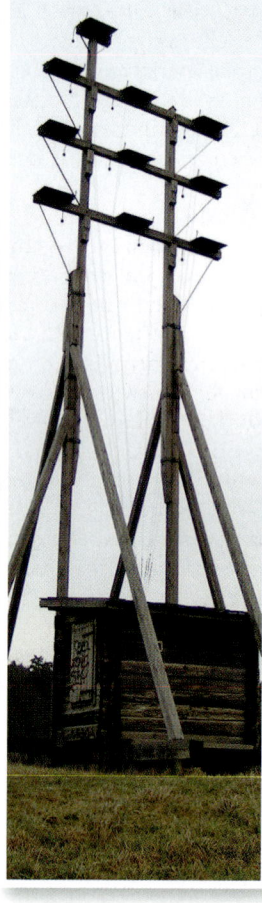

Oben auf dem Signalmast waren Luken angebracht, die sich um eine horizontale Achse drehen ließen. Der Mast konnte damit verschiedene Signalbilder zeigen, je nachdem, welche Kombination von „offenen" und „geschlossenen Luken" gewählt wurde. Einige ausgefeilte Signalsysteme konnten Zahlen von 1 bis 42221 übermitteln, doch das in Norwegen benutzte soll nur 229 Zeichen gehabt haben. An jeder Station lag ein Codebuch. Die Botschaften wurden als Zahlencode gesendet, und die Codebücher entschlüsselten die Bedeutung der Zahlencodes in Klartext. Die Signalmasten standen in 6-8 km Abstand, jede Station hatte eine Wache, und es gab freie Sicht zwischen den Stationen. Die Signale wurden in der Kette der Signalmasten weiter gegeben. Einige Stationen waren Hauptstationen, andere Repetitionsstationen, die nur die empfangenen Signale weiter geben sollten.

Die Klappentelegrafen waren kostspielig zu unterhalten und wurden nach den Napoleonkriegen aufgegeben.

Norwegen von der Steinzeit bis ins Mittelalter

Auf der Fahrt entlang der norwegischen Küste passieren wir viele Orte, wo man Reste einstiger Besiedlung gefunden hat. Die folgenden Kapitel berichten darüber, wie die Menschen an der Küste Norwegens die Jahrhunderte hindurch gelebt und gearbeitet haben, von der Altsteinzeit bis ins Mittelalter.

Die folgenden Zeitangaben gelten für Norwegen, in anderen Ländern gibt es abweichende Einteilungen und Unterteilungen. Selbst für Norwegen sind die Zahlen nicht einheitlich, denn in diesem langen Land war die Entwicklung im Süden und im Norden des Landes durch die Einflüsse verschiedener Nachbarländer, - im Süden von Europa, im Norden von Finnland und Russland – unterschiedlich. Um ganz Norwegen zu erfassen, musste daher stark generalisiert werden. Die Eisenzeit wird hier in Norwegen bis 1030 gerechnet, also einschließlich der Wikingerzeit, in Deutschland zählt die gesamte Wikingerzeit zum frühen Mittelalter.

Die Altsteinzeit (ca. 9000 bis 4000 v. Chr.): Die ältesten Funde wurden in Finnmark und in Südnorwegen gemacht. Das Klima war damals etwas milder als heute. Die Menschen lebten von der Jagd, vom Fischfang und Sammeln, ihre Kleider machten sie aus Fellen, es gab reichlich zu essen und die Fortbewegung geschah zu Fuß oder mit Kajaks und Kanus. Kajaks wurden aus Holzplanken oder Fellen hergestellt, Kanus aus ausgehöhlten Baumstämmen. Die Menschen lebten in Familienverbänden zusammen, die leicht von einem Ort zum anderen ziehen konnten. Als Behausungen dienten Zelte oder leichte Hütten und auch trockene Höhlen und Abris unter Felsvorsprüngen.

Die Waffen der Altsteinzeit waren Pfeilspitzen aus Flint (Feuerstein) oder anderem Gestein, sehr scharf und mit großer Durchschlagskraft. Befestigt wurden sie an Holzschäften mit Hilfe von Sehnen, Därmen, Lederriemen, Rindenfasern und Pflanzenhalmen, alles organische und damit vergängliche Materialien. Weitere Werkzeuge aus Stein waren z. B. Beile, Messer, Speere. Mit Steinschabern wurde das Fett von den Tierhäuten geschabt, damit sie sauber und geschmeidig wurden, bevor man sie zu Kleidern, Zelten oder Booten verarbeitete. Kleine Senkgewichte aus Speckstein, nicht größer als 2 cm, wurden gefunden. Als Angelschnur verwendete man Tierdärme, Angelhaken wurden aus Knochen oder Geweih gemacht.

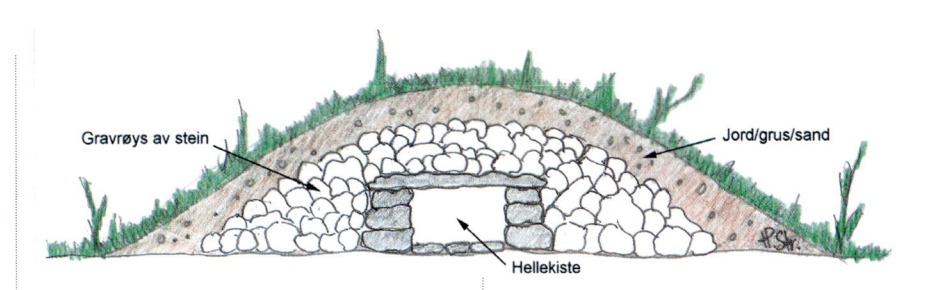

Am Ende der Altsteinzeit wohnten die Menschen vermutlich längere Zeit an einem Ort, man hat nämlich Pfostenlöcher von stabileren Behausungen gefunden.

Die Jungsteinzeit (ca. 4000 bis 1800 v. Chr.): Die Menschen wurden sesshaft, begannen, die Erde zu beackern, und hielten sich Haustiere. Man lebte weiterhin an der Küste, wo man leicht an Fisch herankam, oder in den Bergen, wo es Rentiere zu jagen gab. Man wohnte in Zelten, kleinen Hütten oder Langhäusern, die man aus Fellen, Grassoden, Steinen oder Holzmaterial baute. An Haustieren hatte man Rinder, Schweine, Schafe und Ziegen. Ochsen wurden als Zugtiere benutzt. Das Fleisch der Tiere wurde gegessen, das Fell und die Wolle für Kleider und vieles mehr verwendet, aus Gehörn und Knochen machte man Geräte und nähte mit den Sehnen. Milch wurde z. T. zu Käse verarbeitet, Buchweizen und Weizen waren die ersten Getreidesorten, die man anbaute und aus denen man Brot, Brei und Bier herstellte.

Archäologische Funde zeigen, dass die Menschen der Steinzeit zarter und kleiner waren als wir heute. Sie beherrschten die Kunst des Spinnens und Webens und nähten auch Kleidung aus Leder.

Die Bronzezeit
(ca. 1800 bis 300 v. Chr.)
Ältere Bronzezeit
(ca. 1800 bis 1100 v. Chr.)
Jüngere Bronzezeit
(ca. 1100 bis 300 v. Chr.)

In der Bronzezeit benutzte man weiterhin Feuerstein und andere Gesteine, um Werkzeuge herzustellen. Das neue Metall, die Bronze, war wertvoll und daher nur wenig in Gebrauch. Die Landwirtschaft wurde zum wichtigen Nahrungserwerb in vielen Teilen des Landes. Die Menschen begannen, große, reich ausgestattete Gräber anzulegen. Im Westland gibt es entlang der Küste viele bronzezeitliche Gräber. Die Grabhügel liegen auf Landvorsprüngen und sind deutlich von Schiffen aus zu sehen. Sie enthielten oft reiche Beigaben, aber die in unserer Zeit ausgegrabenen waren oft leer, weil sie schon lange vorher geplündert worden waren. Oder sie wurden als Markierung angelegt, um einen Besitzanspruch zu verdeutlichen. Leute, die vorbei segelten sollten die Botschaft empfangen: dieses Land hat einen Eigentümer, hier kann sich niemand mehr niederlassen. Die Gräber konnten bis zu 30 m Durchmesser haben und bis zu 6 m Höhe.

Die Eisenzeit
(ca. 300 v. Chr. bis 1030 n. Chr.)
Die vorrömische Eisenzeit
(ca. 300 v. Chr. bis Christi Geburt):

Die Menschen lernten, Eisen aus Eisenerz zu gewinnen. In Mitteleuropa erlebte die Kultur einen erheblichen Aufschwung.

Die Veränderung in der Kultur schlägt sich in der norwegischen Eisenzeit durch neue Grabsitten nieder. Es werden keine großen Grabhügel mehr errichtet. Die Toten wurden oft verbrannt und die Reste in flachen „Brandgräbern" unter der Erde begraben, oft in langen Reihen nebeneinander (Reihengräber). Der Tote bekam wenige oder keine Beigaben mit ins Grab. Die Tradition aus der Stein- und Bronzezeit, Felszeichnungen einzuritzen, fand in der vorrömischen Eisenzeit ihr Ende.

Die römische Eisenzeit (ca. Christi Geburt bis 400 n. Chr.): Römische Bronzegefäße wie Wannen, Kessel und Eimer wurden in Norwegen gefunden, die oft nach langem Gebrauch schließlich als Graburnen endeten. Außerdem fand man römische Schöpflöffel, Siebe, Vasen und Gläser in vielen Farben. Diese Gegenstände sind sicherlich als Handelsware nach Norwegen gelangt. Die Römer hatten damals Gallien und England unter ihrer Herrschaft, hatten Handelszentren an der Donau und am Rhein. Nur selten kamen sie so weit nach Norden bis Norwegen.

Wiederum veränderten sich die Grabsitten. Die Wohlhabenden bekamen reiche Grabbeigaben mit in ihre Körpergräber, die oft mit Steinen abgedeckt waren. Die Gräber für das einfache Volk waren sehr viel schlichter.

Die Völkerwanderungszeit (ca. 400 bis 550 n. Chr.): Das weströmische Reich löste sich auf, und die Handelswege nahmen einen anderen Verlauf. Vestlandet (das Westland) fungierte bis dahin als Zwischenstation für den Handel nach Norden, verlor aber nun diese Position. Die Stadtburgen wurden zu Festungen ausgebaut. Die Küstenwälder im Westland wurden zum großen Teil abgeholzt.

Die Merowingerzeit (ca. 550 bis 800 n. Chr.) ist der Beginn der **jüngeren Eisenzeit**. Die Einwohner Trøndelags und Nordlands trieben lange Zeit direkten Handel mit Dänemark und Frankreich, weiter im Norden nahm der Handel mit Russland zu. Der Bekleidungsstil änderte sich, und bei Schmuck und Waffen setzte sich die Tierornamentik durch. Der zunehmende Verkehr auf dem Meer, ob mit Rudern oder Segeln, brachte neue Bootskonstruktionen hervor (Kvalsundboot, S 42, Wikingerschiff, S 123).

Aus dieser Periode gibt es nur wenige Grabfunde. Den Toten gab man ihr Arbeitsgerät mit ins Grab, wie Pflug, Sense und Sichel, was auf die Arbeit beim Ackern und Ernten hinweist.

Die Wikingerzeit (ca. 800 bis 1066 n. Chr.): Viele Wikinger zogen auf ihre berüchtigten Raubzüge, andere trieben friedlichen Handel und gründeten Kolonien. Sie ließen sich auf den Orkneys und Shetlands nieder, auf der Isle of Man, den Hybriden, in Schottland und Irland. In den 840er Jahren gründeten sie Dublin und machten es bis 1171 zu einem nordischen Königssitz. Auch in Island und Grönland siedelten sie.

Die Araber kontrollierten das Mittelmeer. Von Skandinavien aus öffneten sich neue Handelswege nach Osten, einer führte von Finnmark zum weißen Meer ins Land der Bjarmen. Von der Ostsee aus segelten Kaufleute die großen russischen Flüsse hinauf bis ins Schwarze Meer. Andere Handelswege führten übers Meer zu den Inseln im Westen und zu den britischen Inseln. Die Handelswaren der Norweger bestanden hauptsächlich aus Tierprodukten wie Pelz- und Lederwaren, aber auch solche aus Speckstein und Eisen. Als Bezahlung dienten Münzen und Edelmetalle, feine Kleidungsstücke, Glas, Schmuck und andere Kostbarkeiten.

Um 1030 begann die Christianisierung Norwegens, und die damit einer gehenden neuen Grabsitten machten ein Ende mit den reich ausgestatteten Gräbern. Die Schlacht bei Stanford Bridge in York, England, im Jahre 1066, wo der Wikingerkönig Harald Hardråde fiel, gilt als das Ende der Wikingerzeit.

Das Mittelalter (ca. 1066 bis 1536 n. Chr.): Ganz Norwegen wurde unter einem König geeint. Die neuen Gesetze galten für das ganze Land. Der Handel mit fremden Ländern weitete sich aus. Vom 13. Jh. an wurde Bergen das Handelszentrum. Trockenfisch (Stockfisch) und Klippfisch wurden gegen Getreide, Tuche, Leinwand, Wein, Silber, Geschirr, Honig und Salz getauscht. Fast der gesamte Transport ging über den Seeweg, daher benötigten die Städte und größeren Handelsplätze gute Häfen.

Die Pest kam 1349 nach Bergen, vermutlich auf einem Handelsschiff, und kostete die Hälfte der norwegischen Bevölkerung das Leben. 1380 geriet Norwegen in eine Union mit Dänemark, die bis 1814 andauern sollte. Die Hansezeit begann in Norwegen um 1350, mit Bergen als wichtigste Stadt des Landes. Deutsche Kaufleute, die meisten aus Lübeck, eröffneten in Bergen ein eigenes Handelskontor.

Die Reformation hatte zur Folge, dass 1536 die Kirche sich in einen katholischen und einen protestantischen Teil aufspaltete. Norwegen wurde protestantisch.

Quelle: www.uib.no/gamle-naboar

Der Krieg gegen England (die Napoleonkriege)

Norwegen war von 1380 bis 1814 mit Dänemark durch eine Union verbunden. Diese Zeit nennt man in Norwegen „dansketiden" (die Dänenzeit). Aber da der norwegische Reichsrat erst 1536 aufgehoben wurde, könnte man sagen, dass erst da die Dänenzeit begann.

Da Dänemark/Norwegen während der Napoleonkriege 1807-1814 mit Frankreich alliiert war unter dessen Kaiser Napoleon Bonaparte, errichteten die Großmächte England, Russland, Österreich und Preußen eine Blockade gegen Norwegen. Das Land war damit sowohl von Dänemark als auch von den Handelsmächten in Europa abgeschnitten. Der Export von Holz kam zum Erliegen und auch die Schifffahrt. Das Ergebnis war Hungersnot. An vielen Orten entlang der Hurtigrutenstrecke wird von damaligen Angriffen und Belagerungen englischer Kriegsschiffe berichtet.

Schweden wurde um Hilfe gegen Frankreich gebeten, und im Falle eines Sieges sollte es Norwegen als Schadensersatz erhalten. Frankreich und Dänemark/Norwegen verloren den Krieg. Als Ergebnis wurde Norwegen 1814 an Schweden abgetreten.

Die Storegga-Lawine

Ca. 70 km vor dem Schärengarten fällt der Kontinentalsockel steil von ca. 200 m auf ca. 900 m Tiefe ab. Storegga ist ca. 100 km lang und erstreckt sich von Stad bis zur Insel Smøla (S 34, S 344).

Vor ca. 8200 Jahren ging eine riesige untermeerische Lawine bei Storegga runter. Ungefähr 3000 km³ Unterwasser-Landmasse, das entspricht der Größe Dänemarks, brach vom Kontinentalsockel ab und raste in die Tiefe. Die Abbruchkante war ca. 300 km lang, und die Massen stürzten 800 km weit ins Meer hinaus. Storeggaskredet ist einer der größten Unterwasser-Erdrutsche die sich bisher auf der Erde ereignet haben. Er erzeugte eine Flutwelle, die sich bis nach Island, Schottland, zu den Shetland- und Färöerinseln ausbreitete. An der Küste von Nord-Vestland war die Flutwelle 5-10 m hoch, in den Fjorden 40-50 m.

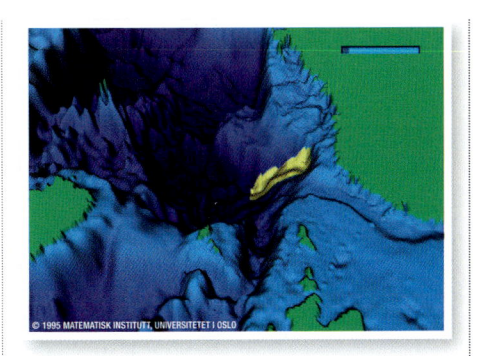

Der Golfstrom

Der Golfstrom ist einer der bedeutendsten Meeresströme, die große Wassermengen über große Entfernungen mit sich führen und in einem großen zusammenhängenden System sich gegenseitig beeinflussen. Der nordatlantische Teil des Golfstromes beschert Norwegen eine wesentlich höhere Temperatur als in anderen Ländern in gleicher nördlicher Breite herrschen, wie Baffin Island in Kanada, das Innere von Grönland und die Tundra in Sibirien, die alle ganz andere klimatische Bedingungen aufweisen. Der Golfstrom führt warmes Wasser die norwegische Küste entlang und verursacht unser mildes Klima, und auch der Westwindgürtel in Europa erhält zum großen Teil seine Wärme von diesem Meeresstrom. Man vermutet, dass es ihn schon seit 10-20 Millionen Jahren gibt.

Der gewaltige, warme Golfstrom ist ein Oberflächenstrom, der von der Floridastrasse über den Golf von Mexiko entlang des Kontinentalsockels an der Ostküste der USA führt. Er zieht dahin mit einer Geschwindigkeit von 1,0-1,5 m/sec in der Nähe von Florida, verlangsamt sich auf 0,5-1,0 m/sec, 500 m tief und mit einem Volumen von 40 Mill. m³ pro sec, bevor er auf den kalten, nach Süden fließenden Labradorstrom trifft und in Richtung Atlantik nach Europa gelenkt wird, ungefähr auf der Breite von 35-40° N (zwischen Cape Hatteras, Nord Carolina, und Philadelphia). Am Anfang hat das Wasser eine Temperatur von 25-27°C und hohen Salzgehalt. Nach und nach auf seinem Weg nach Norden mischt sich das warme Oberflächenwasser mit kaltem Wasser außerhalb des Stromes. Die Wassertemperatur fällt, der Salzgehalt vermindert sich, das Wasser wird schwerer und sinkt ab. Dieser Prozess löst einen gigantischen Pumpeffekt aus, der dann wieder warmes Oberflächenwasser von Süden nach Norden treibt.

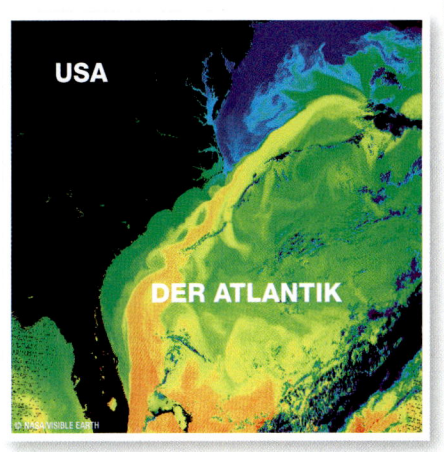

Westlich von Irland verzweigt der Golfstrom sich. Je ein Arm führt nach Norden und Nordwesten zwischen Schottland und Island hindurch (der nordatlantische Strom), und wiederum eine Abzweigung davon führt zwischen den Shetlands und Färöerinseln in die norwegische See und folgt dem Abhang des norwegischen Kontinentalsockels vor der norwegischen Küste (der norwegische Atlantikstrom). Vor Nordnorwegen teilt sich dieser Ast noch einmal, ein Arm führt in die Barentssee (der Nordkapstrom), der anderer fließt weiter nach Norden in Richtung Svalbard (der Westspitzbergenstrom). Wenn die Wassertemperatur auf dem Weg nach Norden auch erheblich reduziert wird, so hält sie doch mehrere Plusgrade beim Passieren des Polarkreises.

Weiter fließt der Strom an Grönland vorbei, bis er sich mit dem kalten, nach Süden gerichteten, Labradorstrom vereinigt, der dann weiter im Süden wieder auf den Golfstrom stößt.

TAG 3

Kristiansund, Trondheim und Rørvik

DIE GESCHICHTE TRONDHEIMS | TAG 3   87

URBS NORRIGIÆ CELEBERRIMA NIDROSIA ÆRI INCISA HIC EXHIBETUR A⁰ 1674

Die Gemeinde Trondheim

Bedeutung des Gemeindewappens: Auf der einen Hälfte steht ein Bischof mit Bischofsmütze und Krummstab als Zeichen seiner Würde in einer Kirche, auf der anderen sieht man einen König mit Krone, der eine Waagschale in der Hand hält, umgeben von einer Art Burg. Die Waage symbolisiert Gerechtigkeit. Die drei Köpfe darunter vertreten den Stadtrat, sie sollen auf die Balance zwischen Kirche und Staat hinweisen.
Bedeutung des Namens: Der erste Teil nennt den Namen des Volkstammes þrændr, „trønder", was vermutlich „die Starken, Fruchtbaren" bedeutet, der zweite Teil, heimr, den „Aufenthaltsort".
Gemeindezentrum: Trondheim (185 513 Einw.).
Position: 63°26'N 10°24'E.
Areal: 342 km², **Einw.:** 156 161.
Bevölkerungsdichte: 456,6 Einw./km².
Arealverteilung: Landw. 21 %, Forstw. 34 %, Süßwasser 6 %, verbleibendes Areal 39 %.
Wirtschaft: Die Wirtschaft ist eng an die Stadt Trondheim als das Handelszentrum des Landesteils gebunden. Die meisten Branchen sind durch größere Betriebe repräsentiert. Die Unternehmen sind mit den Forschungsinstitutionen SINTEF und NTNU verknüpft (Norwegens Technische und Naturwissenschaftliche Universität). Braugewerbe, Schokoladenfabrik, Konservenproduktion, Werkstattindustrie, Holzveredelung, Landwirtschaft.
Sehenswertes: Die Stadt Trondheim, der Nidarosdom, die Insel Munkholm (in Absprache mit der Gemeinde), das Musikmuseum in Ringve.
Website der Gemeinde Trondheim:
www.trondheim.no
www.trondheim.kommune.no

Nach Abgang von Molde hat das Schiff die Gemeinden Aukra, Fræna, Eide, Averøy, Kristiansund mit dem Hafen **Kristiansund** (60°07'N 7°44'E), danach die Gemeinden Aure und Smøla in der Provinz Møre und Romsdal passiert, ebenso die Gemeinden Hitra, Snillfjord, Agdenes, Ørland, Rissa und Trondheim in der Provinz Sør-Trøndelag, Hitra und Snillfjord werden unter Tag 11 (S 335) beschrieben. Wir befinden uns in der Stadt Trondheim.

Trondheim (ca. 160.000 Einw.) ist Norwegens drittgrößte Stadt und eine der ältesten in Skandinavien. Die Stadt wurde von dem Wikingerkönig Olav Tryggva-

Peter Nicolai Arbo: Olav Tryggvasons Ankunft in Norwegen.

son im Jahre 997 als die erste Hauptstadt des Landes gegründet, doch die Besiedlung an der Mündung des Nidelvs (Nidflusses) konnte schon für einen erheblich älteren Zeitraum belegt werden. Der Sagaschreiber Snorre Sturlasson schrieb, dass „ kein norwegischer König in Sicherheit regieren konnte, wenn die Trønder (Leute aus Trøndelag) nicht auf seiner Seite waren". In alten Zeiten wurde den Königen beim **Øreting** in Trondheim gehuldigt, auf dem Tingplatz an der Mündung des Nidelvs. Harald Hårfagre (865-933), der Norwegen 885 zu einem Reich vereinigte, wurde hier zum König erwählt.

Olav Tryggvason (968-1000) war der Urenkel von König Harald Hårfagre. Er wuchs in Gardarike (Russland) auf, nahm an Wikingerzügen rund um die Ostsee und nach England teil und wurde 995 zum Christentum bekehrt. Sein Ziel war es, die Heiden zu bekämpfen, sie zum Christentum zu bekehren und König von Norwegen zu werden. Als Olav Tryggvason nach Trøndelag kam, wurde er sehr gut aufgenommen und beim Øreting zum König ausgerufen. Er soll die Stadt Nidaros (Trondheim) gegründet haben, wo schon zu seiner Zeit eine ziemlich dichte Besiedlung vorhanden war. Hier erbaute er seinen Königshof. König Olav begann mit der Christianisierung, wurde aber in der Schlacht von Svolder im Jahre 1000 getötet, bevor er sein Lebenswerk vollenden konnte. In einer Seeschlacht bei der Insel Rügen oder im Øresund kämpften der König und seine Männer gegen den schwedischen und dänischen König. Man weiß nicht genau, wo Svolder gelegen hat.

Sein Nachfolger **Olav Haraldsson** (der Heilige) (995-1030) war ebenfalls ein Nachkomme Harald Hårfagres. Schon im Alter von 12 Jahren ging er auf Wikingfahrt. Er war auch dabei, als die dänische Flotte 1009 London angriff. 1015 kehrte er nach Norwegen zurück und etablierte sich als Reichskönig mit Sitz in Trondheim, nachdem er seinen Königsstatus in Südnorwegen gesichert hatte. 1016 ließ er die Holzkirche **St. Clemens** nahe seinem Königssitz erbauen. In den darauf folgenden Jahren reiste er durchs Land, verfasste ein Rechtssystem nach christlichen Prinzipien und baute die Kirche als Machtfaktor aus. Der Christianisierungsprozess führte zur Konfrontation mit den etablierten Häuptlingsgeschlechtern der Umgebung, so dass Olav 1026 nach Gardarike fliehen musste. 1029 kehrte er zurück, fiel aber im Sommer 1030 in der Schlacht bei **Stiklestad**. Mehrere unerklärliche Geschehnisse nach seinem Tode führten dazu, dass er für heilig erklärt wurde. Der Widerstand der heidnischen Häuptlinge wurde gebrochen, das Christentum setzte sich durch, und Pilger aus dem In- und Ausland zogen zum Schrein mit den Gebeinen von St. Olav, der in der St. Clemenskirche in der Nähe des Königssitzes 1031 aufgestellt wurde. Im selben Jahr baute man über der Grabstätte St. Olavs eine hölzerne Kapelle.

Im Jahre 1070 wurde der Grundstein zu einer neuen Kirche, der **Kristkirche**, gelegt, die an derselben Stelle stehen sollte, wo vorher die Kapelle gestanden hatte. Der Hochaltar mit dem St. Olav-Schrein wurde über der Grabstelle errichtet. 1080 wurde Trondheim Bischofssitz, damit stieg die Zahl der Pilger. 1150 begann man mit einem neuen Querschiff für die Kirche.

1052 wurde in Nidaros (Trondheim) ein norwegisches Erzbistum gegründet. Der Trønder Eystein Erlendsson war von 1161 bis 1188 dort der erste Erzbischof. Er trieb den Bau des neuen Querschiffes voran, ließ ein Kapitelhaus bauen und begann mit der Errichtung des Oktogons, eines höchst ausgefallenen, achteckigen Chores im Osten, und eines großen Kirchenschiffs mit einer Westfront. Dieses Kirchenschiff war der größte Raum in Norwegen bis Ende des 19. Jh.s, 1320 wurde der Bau der Kirche vollendet.

Mit dem Bau des **Erzbischofssitzes** (aus Stein) begann man um die Gründungszeit des Erzbistums. Hier entstand ein geistiges Zentrum nicht allein für die Kirchenprovinzen in Norwegen, sondern auch für die Färöinseln, die Shetlands, Isle of Man, Island und Grönland.

Erzbischof Eystein wurde schon 1229 für heilig erklärt, doch erst 2001 vom Vatikan endgültig als einer der vier norwegischen Heiligen sanktioniert.

Wenn Norwegen auch zu einem Reich vereint worden war, so gab es doch viel Streit darüber, wer der rechtmäßige König des Landes wäre. Es gab viele ehrgeizige Kronerben und viele Kriege um die Königsmacht. 1179 fand die berühmte Schlacht bei **Kalvskinnet** zwischen dem damaligen König Sverre Sigurdsson (1150-1202) und Erling Jarl Skakke statt. König Sverre gewann den Kampf und herrschte danach über größere Teile Norwegens als je ein König vor ihm. Zion, Norwegens erste steinerne Burg, wurde 1182-83 in Verbindung mit dieser Schlacht erbaut. Heute ist sie ein Volksmuseum, zur Sverresborg gehörig. Kalvskinnet ist ein Stadtteil im südwestlichen Teil von Trondheim.

Ab 1130 war Trondheim Norwegens erste Hauptstadt, verlor diese Rechte aber 1217 an Bergen, als König Håkon Håkonsson (1204-63) seinen Herrschersitz in Bergen einrichtete. Für Trondheim begann damit eine Stillstandsperiode, das starke Bevölkerungswachstum bis zum Jahre 1200 war beendet und kam erst um 1500 wieder in Gang.

Trondheim ist von vielen großen Feuern heimgesucht worden. 1295 brannten die Stadt und der Sitz des Erzbischofs. 1328 brannte bei einem großen Stadtbrand zum ersten Mal die Kristkirche (auch Nidarosdom genannt), die um das Jahr 1320 fertig geworden war. Die Kirche war reich ausgeschmückt und galt als prachtvollstes Heiligtum Norwegens. Bei diesem Feuer verbrannte die gesamte Holzkonstruktion der Kirche, samt Dach und Inventar. Danach waren umfangreiche Restaurierungen nötig. Das nächste Feuer verheerte 1432 die Stadt, auch die Kirche brannte erneut, aber diesmal hielten sich die Restaurierungsarbeiten in Grenzen. 1531 brannten Stadt und Kirche erneut, doch danach wurde nur wenig restauriert, weil nach der Reformation die Einkünfte der Kirche stark zurück gegangen waren. Teile der Kirche blieben daher fast 400 Jahre lang als unbedachte Ruine liegen.

Als der letzte katholische Erzbischof Olav Engelbrektsson 1537 unmittelbar vor Einführung der Reformation aus Trondheim flüchtete, war Trondheims große Zeit beendet.

Norwegen war von 1380 bis 1814 in einer Union mit Dänemark verbunden. Zwischen Dänemark/Norwegen und Schweden gab es viele Konflikte in dieser Zeit. Einer davon war der siebenjährige Krieg 1563-1570. 1564 rückte das schwedische Heer nach Trondheim vor und belagerte die Stadt zwei Monate lang, danach wurde das Heer aus dem Land gejagt. Nach einem erneuten Krieg zwischen Schweden und Dänemark/Norwegen 1657/58, den Schweden gewann, wurde im Februar 1658 beim „Frieden von Roskilde" die Provinz Trøndelag an Schweden abgetreten. Im Dezember desselben Jahres wurde sie aber von norwegischen Truppen zurück erobert und wieder in Norwegen eingegliedert.

Nach einem umfassenden Stadtbrand im Jahre 1681 berief man den Luxemburger General Johan Caspar de Cicignon (1625-1696) nach Trondheim, um einen Wiederaufbauplan mit Hinblick auf die Brandsicherheit auszuarbeiten. Die breiten Strassen in der Stadtmitte und der quadratische Grundriss sind das Resultat dieses Planes, der als das beste Beispiel für eine barocke Stadtanlage in Norwegen gilt. Militärstrategische Aspekte wurden ebenfalls berücksichtigt, als Folge davon wurde die **Kristiansten Festung** errichtet.

1708 verheerte das nächste Feuer die Stadt. Vom Nidarosdom blieben nur die Mauern stehen. Der Wiederaufbau war knapp beendet, als 1719 ein Blitzeinschlag die Kirche erneut anzündete. Diesmal erfolgte der Wiederaufbau auf einfachste Art mit einem Pyramidendach über dem alten Turm. Das Oktogon bekam eine Zwiebelkuppel im Barockstil, und die alte Mittelalterkapelle wurde zur Grabkapelle für die wohlhabenden Bürger der Stadt umgebaut.

Mehrere große Stadtbrände folgten zwischen 1788 und 1842. Wegen der vielen Feuer wurden beim Wiederaufbau oft die Straßenführungen verändert. 1845 kam die Forderung auf, alle neuen Gebäude in Stein zu bauen, um weitere Brände zu verhindern. Diese Forderung wurde nicht eingehalten, es schien Einigkeit darüber zu bestehen, dass Trondheim weiterhin eine „Holzhausstadt" bleiben sollte, außerdem hatten viele Geschäftsleute ein Interesse am Holzhandel. Erst nach dem nächsten Feuer, das 1899 Teile der Stadt in Asche legte, trat das „Mauergesetz" unmittelbar in Kraft. Es wurde 1906 als Gesetz fest geschrieben, was sich in den Villenbauten der Stadt zeigt.

Nur wenige Areale mit Holzbauten sind seit Beginn des 18. Jh.s von Bränden verschont geblieben. Sowohl Arbeiterwohnungen als auch hölzerne Prachtbauten sind zwischen 1760 und 1811 errichtet worden, einige stehen noch heute. Der markanteste ist **Stiftsgården**, eines der größten Holzbauten des Nordens und seit 1906 das offizielle Stadthaus des Königs. Das Anwesen wurde 1778 eingeweiht, es ist dreistöckig, hat eine Grundfläche von nahezu 3.000 m² und 140 Zimmer. Zwei weitere erhaltene Bauwerke im Zentrum Trondheims sind **Hornemannsgården** (1780) und **Svaneapoteke/Sommergården** (1770er Jahre).

Trondheim hat eine lange Tradition als Geschäftsstadt, sowohl Holzhandel (S 333) als auch Bergwerks- und Fischereibetriebe trieben die Entwicklung voran. Schon im 13. Jh. gab es eine Ziegelei, später kamen Reeperbahnen, Schiffswerften und Mühlenbetriebe dazu. Der erste moderne Industriebetrieb, „die Fabrik", war 1843 eine mechanische Werkstatt und Metallgießerei. Von 1842 bis 1870 gab es einen starken wirtschaftlichen Aufschwung. Viele Handwerksbetriebe wurden industrialisiert. Handel und Industrie folgten der internationalen Konjunktur im Aufschwung um den 1. Weltkrieg herum und im Niedergang in der Zwischenkriegszeit. Nach dem 2. Weltkrieg folgte eine lange Aufschwungperiode bis 1975, in dieser Zeit wurden viele neue Betriebe gegründet. Manche Wirtschaftszweige wurden aufgegeben oder stark reduziert, wie z. B. die Bekleidungsindustrie in den 1960er Jahren und die Bauindustrie, da in den 1980er Jahren mehrere Ziegeleien nieder gelegt worden waren. Dasselbe galt für die mechanische Industrie, damals eine der größten Arbeitgeber der Stadt, und für die Metall-, Möbel- und chemische Industrie.

Trondheim ist Norwegens zweitgrößte Universitätsstadt, trägt auch den Beinamen „Technologiehauptstadt". 1760 wurde „Det Kgl. Norske Videnskabers Selskab" (die königliche norwegische Wissenschaftsgesellschaft) gegründet. 1910 begann der Unterricht an der NTH, Norwegens Technischer Hochschule. Später ließen sich noch andere Hochschulen und Institutionen in Trondheim nieder, wie die allgemeine wissenschaftliche Hochschule (AVH), die medizinische Fakultät und das Wissenschaftsmuseum. 1996 wurden diese alle zur NTNU, Norwegens Technischer-Naturwissenschaftlicher Universität, zusammengefasst, die ihren Schwerpunkt auf Ausbildung und Forschung in den Fächern Gesellschaftswissenschaft, Humanistik, Naturwissenschaft, Medizin, Architektur und Kunst legt. Im Jahre 2006 studierten an der NTNU ca. 19.700 Studenten und es gab 2.500 wissenschaftliche Angestellte.

Das Forschungszentrum **SINTEF** (Stiftung für industrielle und technische Forschung) ist an die NTNU angeschlossen. Es soll die technologische und andere industrielle Forschung an der NTNU vorantreiben und die Zusammenarbeit mit dem Wirtschafts- und Arbeitsleben, anderen Forschungsinstituten und dem akademischen Milieu ausbauen. SINTEF ist die größte unabhängige Organisation für Auftragsforschung im privaten und öffentlichen Sektor innerhalb der Bereiche Technologie, Naturwissenschaften, Medizin und Gesellschaftswissenschaften in Skandinavien. 1950 wurde SINTEF gegründet und hat heute in Trondheim ca. 1.400 Angestellte.

Trondheim war und ist „die Königsstadt". Viele Könige des Mittelalters sind in St. Olavs Stadt begraben. Auch wenn sie an anderen Orten des Landes oder sogar im Ausland starben, wurden sie doch nach Trondheim gebracht und dort bestattet. In der Unionszeit mit Schweden (1814-1915) wurde Carl Johan XIV im Jahre 1818 hier gekrönt, Carl XV und Königin Louise 1860, Oscar II und Königin Sophie 1873. Im vorigen Jahrhundert wurden König Haakon VII (1872-1957) und Königin Maud (1869-1938), das erste Königspaar im selbständigen Norwegen, 1906 im Nidarosdom gekrönt, König Olav V (1903-91) im Jahre 1958 und König Harald V (1937-) und Königin Sonja (1937-) 1991.

STADTWANDERUNG IN TRONDHEIM

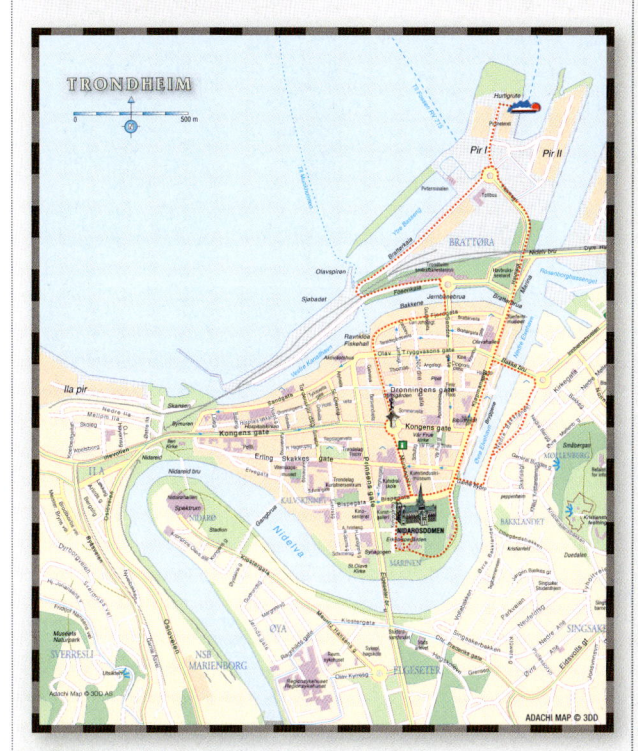

Das Schiff bleibt in Trondheim einige Stunden am Kai liegen, da gibt es etliche Möglichkeiten, den Aufenthalt zu nutzen. Man kann u.a. eine Wanderung durch das Stadtzentrum machen.

Das Schiff liegt an Pier 1. Wenn wir von Bord gegangen sind, führt unser Weg zunächst durch den neuen, modernen Schul-, Büro- und Geschäftskomplex **Pirsenter**, vorbei am Auswanderermonument, einer Statue des Wikingers Leif Eriksson, eines Geschenks zu Trondheims 1000jährigem Stadtjubiläum im Jahre 1997, zur Erinnerung an die Auswanderer nach Amerika. Die Statue ist eine Kopie des Originals, das in Seattle, USA, steht. Hinter dem Pirsenter kommen wir an einen Kreisverkehr und gehen weiter nach rechts in südwestlicher Richtung am **Brattørkai** entlang. Vor dem kleinen quer verlaufenden Kanal geht es durch eine Eisenbahnunterführung zum **Forsenkai**, wo wir nach links in östlicher Richtung am Indre Kanalhafen entlang zurückgehen. Am Forsenkai kreuzen wir die Kanalbrücke, kommen somit in die **Fjordgata** und wenden uns nach rechts. Am Ende der Fjordgata liegt Trondheims Fischmarkt, Ravnkloa. Zwischen der Straße und dem Kanal liegen Hafengebäude aus dem 18. Jh., heute sind dort Wohnungen, Geschäfte und Restaurants untergebracht.

Auf dem Markt von **Ravnkloa** wurde schon seit alters her mit Fisch gehandelt, der Name taucht schon 1619 in historischen Quellen auf. Seit dem 19. Jh. gibt es hier einen Markt, seit 1896 einen Fischmarkt. Mitte der 1990er Jahre wurde er ausgebaut und im Jahre 2000 die Fischhalle eröffnet. Auf dem Platz steht eine Kopie der alten Ravnklo-Uhr und die Skulptur „Der letzte Wikinger" von dem Bildhauer Nils Aas. Im Sommer gibt es von hier aus eine Bootsverbindung nach Munkholm (S 97).

Von Ravnkloa führt der Weg weiter die **Munkegata** hinauf, Trondheims mit Holzhäusern geschmückte Prachtstraße, sie erstreckt sich vom Nidarosdom bis Ravnkloa. In gerader Fortsetzung dieser Straße nach Norden liegt die Insel Munkholm. Die Straße ist ein typisches Beispiel für den quadratischen Stadtplan von 1681, den Johan Caspar de Cicignon ausgearbeitet hat. Früher standen hier nur niedrige Holzhäuser, heute - nach vielen Bränden – findet man Gebäude verschiedener architektonischer Perioden.

Die **Olav Tryggvasons gate** ist die erste breite Querstraße zur Munkegata, ebenfalls nach dem Bauplan von 1681 angelegt. Das Eckhaus **Thaulowgården** (Nr. 42) auf der Westseite der Munkegata ist ein Holzpalais im Empirestil von 1807.

Dronningens gate heißt die nächste Querstraße zur Munkegata. **Stiftsgården** steht an der südöstlichen Ecke von Munkegata und Dronningens gate und hat die Adresse Munkegata 23. Dies ist, wie schon gesagt, die Königswohnung in Trondheimw, das größte Holzpalais des Nordens. Das Gebäude hat eine 58 m hohe Fassade zur Munkegata, 140 Zimmer mit zusammen ca. 4.000 m² Wohnfläche, ursprünglich für die reiche Geheimratswitwe Cecilie Christine Schøller erbaut. Im Jahre 1800 wurde das Gebäude an den Staat verkauft, und der Stiftsamtmann zog dort ein. Stiftsgården wurde im 19. und 20. Jh. mehrmals als Ausgangspunkt für Krönungsprozessionen zum Nidarosdom benutzt, das erste mal 1818 für die Krönung von König Carl Johan, später für andere schwedisch-norwegische Herrscher. 1906 wurde der norwegische König Håkon VII gekrönt und Stiftsgården wurde Königswohnung.

Stiftsgården ist ein klassischer Barockbau, hat aber Elemente vom Rokoko und Neoklassizismus. Das Äußere hat im Gegensatz zum Interieur keine großen Veränderungen erfahren. Gestaltung, Dekor und viele Details machen das Bauwerk zu einem richtigen Schloss. Die Repräsentationsräume nehmen das ganze Erdgeschoss und das erste Stockwerk ein. Der Thronsaal oder Ballsaal liegt im Erdgeschoss, der Salon der Königin im ersten Stock. Zu beiden Seiten liegt eine Reihe von Sälen mit dazugehörigen kleineren Kabinetten. Hier findet man kunstfertigen Dekor, elegante Verzierungen, Wandmalereien und Originaltapeten, die mit chinesischen Motiven bemalt sind. Fortwährende Restaurierungs- und Instandhaltungsarbeiten in den letzten Jahren sollen das Bauwerk in den ursprünglichen Stil zurück führen. In der Sommersaison werden stündlich Führungen angeboten.

An der Kreuzung Munkegata/Kongens gate liegt Trondheims Marktplatz, auch der wurde von Johan Caspar de Cicignon nach dem Stadtbrand von 1681 angelegt. Vorher gab es mehrere kleinere Märkte in der Stadt, bis man 1797 den Markthandel offiziell auf den großen Marktplatz verlegte. Ein Jahr später setzte man Verordnungen zur Regulierung des Marktbetriebes in Kraft.

Mitten auf dem Marktplatz steht die Statue des Stadtgründers, König Olav Tryggvasons (968-1000) (S 87). Schon 1860 hatte man die Idee für eine Königsstatue, aber erst 1921 konnte der damalige König Haakon VII die Statue einweihen. Sie ist aus Bronze, 3,5 m hoch und steht auf einer 14,5 m hohen Granitsäule. In der linken Hand hält der König einen Abendmahlskelch, in der rechten ein Schwert. Zu seinen Füßen liegt das abgeschlagene Haupt des Gottes Thor (S 163) als Symbol für den Sieg des Königs über die Heiden. Die ganze Anlage fungiert als horizontale Sonnenuhr mit der Statue als vertikalem Zeiger, die Stundeneinteilung ist mit Pflastersteinen markiert.

Rund um den Marktplatz herum sieht man viele Prachtbauten. In der nordwestlichen Ecke (Munkegata 26) liegt das **Hotel Residence**, 1914 im Stile des Neubarocks erbaut. Das Hotel trug früher den Namen Phönix Hotel. Man erkennt die Skulptur des Vogels Phönix, der sich aus der Asche erhebt.

Die mittelalterliche **Vår Frue kirke** (Kirche unserer lieben Frau) hat die Adresse Kongens gate 5. Die Steinkirche hat mehrere Brände erlitten, ist aber immer wieder aufgebaut worden. Der Chor und die östliche Hälfte der Kirche gehörten zu der mittelalterlichen Mariakirche. Diesen Namen trug die Kirche bis ins 15. Jh. Nach der Reformation 1537 wurde die Kirche nach Westen hin erweitert und ist heute die drittgrößte erhaltene Mittelalterkirche Norwegens. 2004 wurde sie vom Reichsantiquar in die Liste der 12 Kirchen von nationaler Bedeutung aufgenommen. In den letzten Jahren sind größere Renovierungen in der Kirche ausgeführt worden.

Alter und Geschichte der Kirche sind unsicher. König Harald Hardråde (1015-66) soll um 1060 nahe dem heutigen Nidarosdom eine Kirche erbaut haben mit dem Namen „den eldre Mariakirken" (die ältere Mariakirche), die dann Ende des 12. Jh.s abgerissen wurde. Vermutlich wurde kurz danach mit der heutigen „nye Mariakirken" (neue Mariakirche) begonnen. Die Kirche hatte die traditionelle Form eines rechteckigen Langschiffes von 25 x 18 m mit einem quadratischen Chor von 11,5 x 11,5 m. Neben der Domkirche war sie eine der größten Kirchen des Landes. Einer Theorie zu Folge soll sie zunächst als Stabkirche gebaut worden sein, die z. T. bei einem Brand 1206 zerstört und danach in Stein wieder aufgebaut wurde. Dem Baumaterial nach zu urteilen ist sie aber älter, vermutlich wurde Ende des 12. Jh. schon mit dem Bau begonnen. 1531 wurde sie bei dem umfassenden Stadtbrand zusammen mit dem Nidarosdom und dem Rest der Stadt zerstört, aber im Gegensatz zum Nidarosdom wurde Vår Frue kirke vollständig wieder aufgebaut. Diese Kirche ist die einzige der einstmals neun Kirchspielkirchen der Stadt, die vom Mittelalter bis heute überdauert hat. 1599 brannte sie erneut ab und wurde erneut wieder aufgebaut. In den 1640er Jahren bekam sie einen Turm mit Glocken und Turmuhr. 1651 ereignete sich der nächste Brand und dann weiterhin noch mehrere, der letzte 1708. 1662 wurde ein neuer solider Turm aus massivem Stein errichtet. Die Steine stammten u.a. vom Reinskloster am Trondheimsfjord (S 102).

Auf dem Grundstück Kongensgate 7 steht das große Holzpalais **Hornemansgården**, das ein ganzes Quartal ausfüllt. Der älteste Teil des eingeschossigen Gebäudes wurde um 1720 erbaut. 1765 wurde es Eigentum der Familie Horneman, die auch das Reinskloster besaß (S 102). Ende der 1770er Jahre bekam beim Umbau ein Teil des Anwesens eine Etage draufgesetzt. 1840 veränderte man die Fassade mit neuen Fenstern und einem Portal im klassischen Stil. Hornemansgården wurde 1870 von der Gemeinde Trondheim käuflich erworben und ca. 100 Jahre lang als Polizeistation benutzt. Heute dient das Gebäude als Altersheim und steht seit 1984 unter Denkmalschutz.

An der südöstlichen Ecke des Marktplatzes steht das Haus **Matzowgården** (Munkegata 19), in dem Trondheims Touristinformation untergebracht ist.

Auf der anderen Straßenseite sehen wir **Trondheim Tinghus** (Gerichtsgebäude). Der Grundstein wurde kurz vor dem 2. Weltkrieg von dem damaligen Staatsrat Trygve Lie (später der erste Generalsekretär der UN) gelegt. Bei Kriegsausbruch 1940 war das Gebäude fast fertig. Der größte Teil konnte ab 1949 benutzt werden, aber erst 1951 waren die Bauarbeiten abgeschlossen.

Südlich von Trondheims Tinghus (Munkegata 10) liegt das **Fylkeshus** (Sitz der Provinzregierung).

Munkegata 8 ist die Adresse des **Harsdorff-Gebäudes**, des ältesten Teils der **Kathedralschule** von Trondheim. Sie wurde 1152 unter der Bezeichnung Scholae Cathedralis Nidrosiensis als älteste Schule Norwegens gestiftet. Bevor sie an diesem Platz landete, soll sie an mindestens fünf anderen Stellen untergebracht gewesen sein. Das heutige Gebäude hat ein damals sehr bekannter dänischer Architekt entworfen, 1786 war der Bau vollendet. Seit 1983 steht das Harsdorff-Gebäude unter Denkmalschutz. In den 1920er Jahren wurde die Schule erweitert, der letzte Neubau, der sich zur Seitenstraße Erling Skakkes gate hin wendet, wurde 1960 eingeweiht.

Das **Nordenfjeldske Kunstindustriemuseum** hat die Adresse Munkegata 5. Hier stand früher das zweigeschossige Holzgebäude Hegdahlsgården aus den 1770er Jahren, das 1968 dem heutigen Gebäude Platz machen musste.

Das Nordenfjeldske Kunstindustriemuseum wurde 1893 gegründet. Die Sammlungen des Museums zeigen Kunsthandwerk aus Glas, Silber und Keramik, stellen Trachten, Textilien und Möbel aus dem 16. Jh. bis heute aus. Die Dauerausstellungen zeigen Kunsthandwerk und Design aus ganz Europa, besonders aus dem 20. Jh. Ein Interieur aus der Periode Art nouveau von 1907 wurde eigens für das Museum geschaffen, ebenso eine Büroeinrichtung von 1952. das Museum hat eine permanente Ausstellung mit dem Titel „Drei Frauen – drei Künstlerinnen", die Wandteppiche von zwei der berühmtesten Bildweberinnen des Landes und Glasobjekte einer bekannten Glaskünstlerin umfasst. Obendrein gibt es ca. 25 Wechselausstellungen pro Jahr.

Die drei letzten Gebäude vor dem Nidarosdom, Munkegata 6, 4 und 2 sind im Besitz des Militärs.
- **Nr. 6** wird die **Unteroffiziersschule** genannt, 1812-14 für das Depot der Ingenieurswaffen erbaut, aber auch als Unteroffiziersschule benutzt, daher der Name, seit 1930 Offiziersschule.
- **Nr. 4** ist das 1806 erbaute **Exerzierhaus** für die Soldaten Trondheims, mit einem Gymnastiksaal von 350 m² Fläche.
- **Nr. 2** nennt sich die **Bäckerei** des Militärs, 1808-1810 erbaut. Bis 1870 war dort wirklich die Bäckerei für das Militär Trondheims untergebracht, danach Schumacher- und Tischlerwerkstatt. Eine Zeit lang befand sich dort auch das Kommandokontor.

Ab 1945 waren die drei Holzgebäude das Hauptquartier für das **Distriktskommando Trøndelag.**

Munkegata 1 ist Trondheims **Rathaus,** ein Gebäude im Renaissancestil, 1895-96 zunächst als Trondheims Technische Lehranstalt erbaut. Ab 1912 war dort die Ingenieurhochschule untergebracht, nach dem Umbau 1929-30 wurde es zum Rathaus. Neben der Stadtverwaltung beinhaltet das Rathaus auch eine Kunstsammlung, u.a. eine Galerie mit Portraits der Bürgermeister von Trondheim.

Die Querstraße **Bispegata** markiert das südliche Ende der Munkegata.

Der **Nidarosdom** liegt östlich der Bispegata. Die Geschichte der monumentalen Kathedrale reicht fast bis zur Gründung der Stadt im Jahre 977 zurück (S 87). Die Geschichte und Beschreibung des Bauwerkes sind so umfassend, dass sie nicht mit ein paar Zeilen im Kapitel Stadtwanderung in Trondheim abgehandelt werden können. Die Hurtigrute arrangiert geführte Touren, die den Nidarosdom mit einschließen. Bei einer individuellen Stadtwanderung empfiehlt es sich, an einer professionellen Führung im Dom teilzunehmen.

An der Ostseite des Nidarosdomes befindet sich **Erkebispegården** (der Sitz des Erzbischofs). Auch hier würde eine kurze Beschreibung im Kapitel Stadtwanderung der Anlage nicht gerecht werden. Es wird eine professionelle Führung empfohlen.

Der älteste Teil vom Erkebispegården, das Osthaus, kann auf das Gründungsjahr des Bischofssitzes 1152 datiert werden. Archäologische Ausgrabungen einer Ringmauer aus dem 13. Jh. deuten darauf hin, dass der Erzbischofssitz ursprünglich größer war als heute. Die Ringmauer und Reste einer Halle aus Stein sind in das Museum integriert worden. Sie vertreten einen Teil der ältesten Geschichte der Anlage aus der Zeit von 1150-1500.

Ganz in der Nähe des Nidarosdomes steht das Steingebäude mit der Halle und der Wohnung des Erzbischofs aus der Zeit 1500-1550. An der Ringmauer reihen sich im Osten und Süden Werkstätten aneinander. Ringmauer, Waffenschmiede und Münzwerkstatt befinden sich im Museum. 1532 haben die Männer des Königs die Anlage geplündert und in Brand gesteckt.

Nach der Reformation wurde Erkebispegården vom König konfisziert und erhielt den Namen **Kongsgården.** Hier wohnten die Lehnsherren. Nach dem Bau vieler neuer Gebäude erhielt Erkebispegården den Charakter eines Herrensitzes mit einem Wohnflügel und einem Turm über dem Eingangsportal, das sich dem Nidarosdom zuwandte. Ab Ende des 17. Jh. wurde Kongsgården als Militärlager verwendet mit Arsenal und Zeughaus. Die alten Gebäude in der Nähe des Nidarosdomes wurden umgebaut, um möglichst viel Platz für die Magazine zu schaffen. Der Proviantverwalter wohnte in einem Haus an der südlichen Ringmauer.

Erkebispegården wurde mehrmals geplündert und angesteckt, aber immer wieder aufgebaut. Das letzte Feuer brach in den 1990er Jahren aus, zwei Magazine brannten ab und wurden durch einen Winkel-Neubau ersetzt.

Heutzutage ist Erkebispegården ein großes Museumszentrum mit wichtigen Zeugnissen von Trondheims und Norwegens Geschichte.

Das **Museum Erkebispegården** wurde 1997 eröffnet und 1998 zum „Museum des Jahres" gekürt. Es befindet sich im südlichen Teil der Anlage, errichtet auf der Brandstätte zweier Magazine, die 1983 den Flammen zum Opfer fielen. Bevor der Neubau begonnen werden konnte, unternahmen 1991-95 120 Archäologen aus 12 Ländern Ausgrabungen auf dem Bauplatz. 150.000 Funde wurden im NTNU - Wissenschaftsmuseum konserviert und archiviert, 500 davon sind im Museum ausgestellt. Die alten Verteidigungsmauern wurden frei gelegt und in das Museum integriert. Die Münzwerkstatt des Erzbischofs wurde ebenfalls ausgegraben und so bewahrt, wie die Archäologen sie vorgefunden haben. Das Museum beherbergt auch Originalskulpturen aus dem Nidarosdom, die in ganz Skandinavien nicht ihresgleichen finden.

Im Nordflügel aus den 1160er Jahren kann man die große Halle besuchen, in der der Erzbischof seine Gäste empfangen hat und wo sich auch seine Wohnung befand. Die Rüstkammer und das Heimatfrontmuseum repräsentieren das Militär Norwegens von seinen Anfängen bis 1945.

Im Westflügel wurde 2006 in den unterirdischen Gewölben eine permanente Ausstellung von Norwegens Reichsregalien, bestehend aus drei Kronen, zwei Zeptern, zwei Reichsäpfeln, Reichsschwert, Reichsbanner, einem Salbungshorn und anderen Krönungsutensilien, eröffnet.

In der **Rüstkammer** kann man blanke Waffen, Rüstungen und Handfeuerwaffen besichtigen und im **Heimatfrontmuseum** sich über die Arbeitsverhältnisse der Norweger informieren, die im 2. Weltkrieg an der Heimatfront Dienst taten.

Gleich außerhalb vom Erkebispegården befand sich eine alte Sattlerei und Büchsenmacherei aus dem 18. Jh., als die Anlage zum Kongsgården geworden war und als Militärlager benutzt wurde. Alle feuergefährlichen Aktivitäten wurden damals in entsprechendem Abstand vom Munitionslager untergebracht. Heute befindet sich in der ehemaligen Werkstatt das Restaurant „Grenaderen" (der Grenadier).

Die Stadtwanderung kann entweder durch die **Kongsgårdsgata** fortgesetzt werden, vorbei am Nidarosdom zur **Bispegata** und dann nach rechts durch die Bispegata zum **Nidelv**. Man kann aber auch vom Erkebispegården aus den Fußweg am Fluss entlang nehmen. Beide Wege enden an der **Kjøpmannsgata**, die parallel zum Fluss verläuft.

Gamle Bybro (die alte Stadtbrücke) liegt am östlichen Ende der Kjøpmannsgata und führt von der Stadtmitte aus über den Nidelv in den Stadtteil Bakklandet (Hinterland) auf der Ostseite des Flusses. Die erste Brücke wurde an dieser Stelle 1685 gebaut, und zwar aus militärischen Gründen, denn sie führte zur Fredriksten-Festung. An beiden Enden der Brücke gab es je ein Zoll- und Wachthaus. Am Westkopf hielt bis 1816 eine 12 Mann starke Truppe Wache. Das Wachthaus steht heute noch. In der Mitte der Brücke versperrte ein Eisengitter den Weg. So wie die Brücke heute da steht, wurde sie 1861 erbaut. Sie trägt auch den Beinamen „Das Tor zum Glück" und ist eines von Trondheims Wahrzeichen.

Von Gamle Bybro aus sieht man die Hafenbebauung entlang des Flusses. Hier haben seit alters her Hafengebäude, Anlegebrücken und Lagerschuppen gestanden, von hier aus wurde weit reichender Handel betrieben. In König Sverres Zeit (1177-1202) wurden die Hafenanlagen auch zur Verteidigung benutzt. Damals hatte man Abschirmungen und Stege in den Fluss hinaus gebaut, von denen aus man eventuelle Angreifer mit Steinen bewerfen konnte.

Der Nidelv fließt durch Trondheim. Er bildet den Unterlauf des 153 km langen Wasserlaufes Neavassdrag, der seine Quelle in dem 950 m hoch gelegenen See Nesjön in Schweden hat. Ein Kraftwerk an diesem Wasserlauf versorgt die Stadt Trondheim mit Elektrizität. Schon seit dem Mittelalter wird der Fluss industriell genutzt. An vielen seiner Wasserfälle stellte man Mühlen auf, wo die Bauern ihr Korn mahlten, außerdem diente der Fluss zum Flößen der Baumstämme. Der Nidelv gilt als einer der besten Lachsflüsse Norwegens.

Von Gamle Bybro aus hat man die Möglichkeit, die Wanderung entlang der **Kjøpmannsgate** auf der Westseite des Nidelvs fortzusetzen oder den Fluss zu kreuzen und Bakklandet am Ostufer zu besuchen.

Sykkelheisen Trampe befindet sich auf der Ostseite von Gamle Bybro. Hierbei handelt es sich um den einzigen Fahrradaufzug der Welt, 1993 installiert. Der Aufzug hat eine Länge von 130 m und überwindet einen Höhenunterschied von 24 m mit einer Steigung zwischen 1:11 und 1:5. Die Geschwindigkeit beträgt 2 m/s, die Kapazität 288 Radfahrer pro Stunde mit maximal fünf Radfahrern gleichzeitig.

Bakklandet ist ein alter Stadtteil von Trondheim, der sich im 17. und 18. Jh. entwickelte. In den kleinen Holzhäusern dort wohnten Seeleute, Fischer und Handwerker. Der Stadtteil war schon ziemlich verfallen, als man 1983 beschloss, ihn zu bewahren. Heutzutage findet man dort gepflegte Häuser und ausgefallene Cafés. Folgt man der Straße **Nedre Bakklandet**, durchquert man dieses pittoreske Viertel. Am Kreisverkehr hinter Verftstomta geht man über die Bakke Brücke zurück zum nördlichen Teil der Kjøpmannsgata.

Die **Bakke Brücke** wurde 1887 als hölzerne Klappbrücke dem Verkehr übergeben. Viele Jahre lang nannte man sie Nybrua (die neue Brücke). 1928 wurde sie in Stahl umgebaut und bekam ihr heutiges Aussehen.

Wählt man den Weg entlang der **Kjøpmannsgata** auf der Westseite des Nidelvs, befindet man sich weiterhin in der Stadtmitte. Kjøpmannsgata wurde als ein Teil der Stadtplanung von 1681 angelegt. Bis Ende des 19. Jh.s dominierten auf der Westseite der Straße die Häuser der Grossisten. Die Straße liegt auf zwei Ebenen, getrennt durch eine breite Mittelrabatte mit schrägen Böschungen, die mit Bäumen bepflanzt sind und im Falle eines Feuers die Funken auffangen sollen. Bei einigen Stadtbränden, aber durchaus nicht allen, haben sie tatsächlich schon verhindert, dass die Hafenbebauung Feuer fing. Bis ins 18. Jh. hinein war die Hafenanlage am Nidelv der einzige Hafen in Trondheim, heute stehen nur noch wenige der alten Hafengebäude aus dieser Zeit. In den 1930er Jahren wurde der Vorschlag gemacht, die Hafengebäude entlang der Kjøpmannsgata zu sanieren und sie zu funktionalistischen Lamellenblocks umzubauen.

An der Ecke Kjøpmannsgata 12 und Erling Skakkes gate steht **Håndverkerforeningens hus**. Nach einem Feuer im Jahre 1898, das das gesamte Quartal zerstörte, entdeckte man im Brandschutt die Reste einer Mittelalterkirche. Das heutige Bauwerk wurde 1898 als Prestigeobjekt von Trondheims Handwerkerverein errichtet und weist wertvolle Maurer- und Tischlerarbeiten auf.

Das Nachbargebäude **Huitfeldtgården**, Kjøpmannsgata 14, wurde 1900 im Gegensatz zu den früheren Holzpalais in Stein erbaut. Es gilt als das letzte Palais der Stadt im französisch inspirierten Neurenaissancestil.

Lorckgården, nahe der Ecke Kjøpmannsgata und Kongens gate, war früher mal Trondheims Rathaus und ist heute Stadtbibliothek. Das Erdgeschoss stammt vermutlich von 1708, der erste Stock von 1790. nach einem Feuer im Jahre 1957 wurde der nördliche Teil abgerissen, der Rest wurde 1984 unter Denkmalschutz gestellt. Ein Besuch der Bibliothek ist zu empfehlen. Bei archäologischen Ausgrabungen an der Brandstelle hat man Ruinen einer mittelalterlichen Kirche gefunden, die Mitte des 12. Jh.s erbaut worden war. Teile der Ruine und eine Reihe gut bewahrter Skelette vom ehemaligen Kirchhof wurden zwischen dem alten und neuen Bibliotheksbau gefunden.

Wo heute das Haus Kjøpmannsgata 34 steht, befand sich früher **Gramgården**, 1951 abgerissen. 2001 wurde es rekonstruiert und steht heute im Volksmuseum von Trøndelag in Sverresborg. Gramgården wurde 1745 vom damaligen Bürgermeister als eines der wenigen Privathäuser aus Stein mit 90 cm dicken Mauern erbaut. Es wird berichtet, dass der Besitzer beim Stadtbrand 1841 „in sein Kontor ging, die Eisenklappen vor den Fenstern schloss und sich dort aufhielt, während das Feuer ringsum tobte".

Das **Olavsquartal** liegt nordöstlich von Bakke bru. Den Grundstein für dieses Quartal legte König Olav V 1988. Es hat einen öffentlichen und einen privaten Teil. Der öffentliche Teil besteht aus den Konzertsälen der Olavshalle, den Räumen des Trondheimer Symphonieorchesters, der NTNU, dem Institut für Musik und Trondheims kommunaler Musik- und Kulturschule. Der private Wirtschaftsteil besteht aus Hotel, Geschäften und Dienstleistungsangeboten. Im September 1989 wurde die Olavshalle eröffnet.

Nachdem man das Olavquartal passiert hat, geht es über die **Brattørbrua**, erbaut in den frühen 1880er Jahren, 1938-39 als rollende Klappbrücke umgebaut. Die Brücke hat drei Spannelemente mit einer Gesamtlänge von 32 m. Brattørbrua gehört zu den schützenswerten Brücken der Nation.

Die Stadtwanderung ist beendet, wenn man die **Havnegata** entlang zurück zum Schiff an **Pier 1** geht.

Das Schiff fährt weiter nach Rørvik
Kartenausschnitt 1: Trondheim-Bjugn

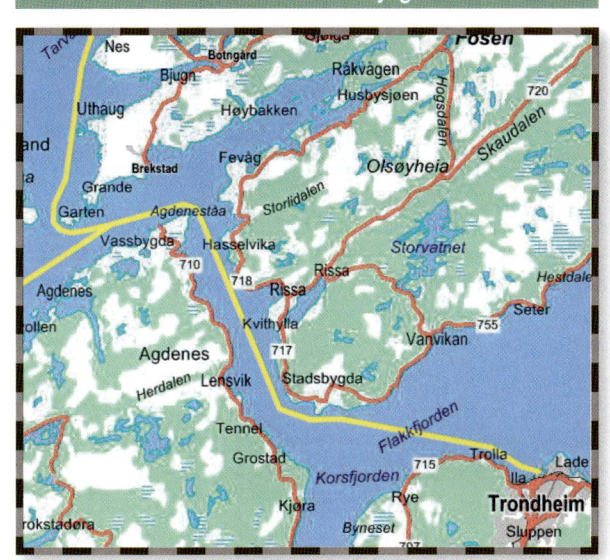

Die kleine Insel **Munkholm** (0,013 km²) wird gleich nach Abgang von Trondheim an SB passiert. Die Insel hieß lange Zeit Holm oder Nidarholm, der Name wurde vermutlich um 1573 geändert.

Munkholm hat eine lange, sagenumwobene, berühmte Geschichte. Die Insel wurde als Richtplatz benutzt, bevor das Kloster dort gebaut wurde. Nach der Königssage von Snorre wurden der Jarl Håkon Jarl (935-995), der die Schlacht gegen die Jomswikinger bei Hjørungavågen im Jahre 986 gewonnen hatte (S 52) und sein Knecht Kark 995 auf Munkholm enthauptet. Ihre Köpfe wurden auf Befehl des Königs Olav Tryggvason (968 – 1000) auf der Insel auf Stangen gesteckt und zur Schau gestellt.

Der Zeitpunkt der Errichtung des Mönchsklosters, wahrscheinlich des ersten in Norwegen, ist etwas unklar, soll aber in den Zeitraum 1000 – 1100 fallen, Das Kloster soll St.Benedikt (Benediktinerorden) und dem Märtyrer St.Laurentius geweiht sein. Das Regelement des Benediktinerordens gibt genaue Anweisungen, wie das Leben im Kloster zwischen Gebet und Arbeit aufgeteilt ist. Der Orden wird als ein Kulturträger angesehen. Durch testamentarische Schenkungen wurde das Kloster auf Munkholm mit der Zeit Eigentümer von mehr als 200 Höfen rund um den Trondheimfjord. Es betrieb u.a. eine Mühle, eine Reederei und engagierte sich im Handel mit England. Das Kloster war die letzte katholische Festung in Norwegen, als der Erzbischof 1537 aus dem Lande flüchten mußte.

König Magnus 4. Sigurdsson („Magnus der Blinde") (1115-39) war Mönch auf Munkholm. Er war ein unehelicher Sohn von König Sigurd Jorsalfare (1090-1130) und mußte die Königsmacht mit seinem Halbbruder Harald Gille (1103-36) teilen, den die meisten norwegischen Größen vorzogen. „Magnus der Blinde" geriet in Streit mit seinem Halbbruder, wurde von ihm gefangen genommen, kastriert, geblendet, verstümmelt und im Jahre 1135 als Gefangener ins Kloster gesperrt. Später wurde er im Kloster zum Mönch geweiht. Als Harald Gille ermordet wurde, holte man 1137 „Magnus den Blinden" von Munkholm. Er starb in einer Schlacht im Jahre 1139. Nach der Reformation verfiel das Klostergebäude und verschwand ganz im 17. Jh. Das Gebiet diente viele Jahre lang dem Stadtvogt in Trondheim als Weide und zum Heumachen. Archäologische Ausgrabungen haben wichtige Erkenntnisse über das alte Kloster geliefert.

Der bekannteste Gefangene auf Munkholm war der dänische Graf Peder Schumacher Griffenfeld (1635-99). Er war von 1680-1698 auf der Insel gefangen. Griffenfeld war von bürgerlicher deutscher Herkunft, machte aber auf Grund seiner Tüchtigkeit innerhalb des dänischen Staatsapparates eine steile Karriere. 1668 wurde er 33jährig Kanzleirat, 1673 Reichskanzler. Im selben Jahr wurde er unter dem Namen Griffenfeld zum Grafen ernannt und erhielt Tønsberg als Grafschaft. Während er für König Christian 5. (1646-99) arbeitete, trug Griffenfeld dazu bei, die Macht des alten dänischen Adels zu schwächen, was ihn für diese Gruppierung wenig populär machte. Er wollte auch den Krieg zwischen Dänemark und Schweden verhindern, denn Schweden würde dann Frankreich auf seiner Seite haben. Dies misslang ihm. Der Kriegsausbruch gegen Schweden bewirkte Griffenfelds Untergang. Er hielt hinter dem Rücken des Dänischen Königs die Verbindung mit Frankreich aufrecht und wurde deshalb 1676 wegen Landesverrats und Majestätsverbrechens zum Tode verurteilt. Vor Gericht wurde er zu lebenslanger Haft begnadigt und 1680 nach Munkholm gebracht. Hier blieb Griffenfeld bis 1698, ein Jahr vor seinem Tod. Das letzte Jahr verbrachte er in Trondheim, wo er eine gewisse Freiheit genoss.

Munkholmen bis 1537

Munkholmen von 1537 bis 1814

Kammerjunker Ahlefeldt war ebenfalls ein bekannter dänischer Gefangener. Er wurde in Kopenhagen ins Gefängnis geworfen, weil er Prinzessin Louise, die Schwester des Königs Fredrik 5. (1723-66) verführt hatte. Nach 5 Jahren in der Festung Kastell in Kopenhagen wurde er 1752 nach Munkholm überführt. 1755 kam er frei und wurde zum Chef über die Festung Helgoland ernannt.

Munkholm spielte auch eine Rolle als der schwedische König Karl 12. seinen General Armfelt mit 7000-10000 Mann in Trøndelag einrücken ließ. Der Oberstkommandierende, Generalmajor Vincent Budde, hatte auf norwegischer Seite seine Truppen nach Trondheim verlegt, und zwar 1000 Mann nach Kristiansten und 400 Mann nach Munkholm. Als Karl 12. bei Fredriksten bei Halden fiel, endete die Belagerung Trondheims. Ein großer Teil von Armfelts Truppen erfror beim Rückzug nach Schweden im Dezember 1718.

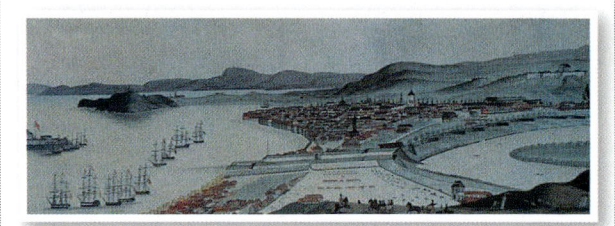

Nach den Napoleon- Kriegen in Europa (1807-1814), bei denen Dänemark/Norwegen auf der Seite Napoleons gegen England kämpfte, wurde Munkholm in Kriegsbereitschaft versetzt. Die alte Festung war veraltet, denn jetzt gebrauchte man neuere, stärkere Kanonen. Daher wurde die Festung umgebaut, um der neuen Kriegsführung gewachsen zu sein. Abgesehen von Munkholm wurden die anderen Festungen in Trøndelag 1816 aufgegeben. Der Umbau Munkholmens fand zwischen 1825 und 1850 statt, da bekam sie die heutige Form mit der niedrigen Mauer aus grauen Steinen und den 8-10 m dicken Wällen. Der Zentralturm wurde mit einer neuen Pulverkammer versehen, die Gefängniszellen im Turm wurden entfernt und weniger als die Hälfte der alten Ringmauer blieb erhalten. Wenn auch Munkholm eine der stärksten Festungen in Norwegen war, wurde sie doch nie in Kampfhandlungen verwickelt.

1893 wurde Munkholm als Festung aufgegeben. Später wurde die Insel ein beliebtes Ausflugsziel für die Trondheimer Bevölkerung.

Im 2. Weltkrieg diente Munkholm der deutschen Verteidigung. Die Deutschen richteten 6 Luftabwehrstellungen auf der Insel ein, um u.a. den großen U-Boot-Stützpunkt Dora in Trondheim zu verteidigen. Die Spitze des Steinturmes trug man ab und montierte auf dem flachen Dach Geschütze und einen überdachten Beobachtungsposten. 180 Mann wurden auf Munkholm stationiert.

Zusätzlich zu den oben genannten Funktionen hatte Munkholm mal ein Leuchtfeuer, hat obendrein als Zollstation für die Schifffahrt nach Trondheim gedient und als Teil von Trondheims Feuerwarnsystem.

∽

Wir lassen Trondheim hinter uns und verlassen den **Trondheimfjord** (130 km lang, drittlängster in Norwegen). Der Trondheimfjord verzweigt sich in mehrere Arme.

∽

Die Gemeinde **Steinkjer** (1564 km², 20 477 Einw.), mit der Stadt Steinkjer (11 137 Einw.), liegt am Ende des **Beitstadfjords**, dem nördlichsten Arm des Trondheimfjords. Steinkjer war schon in der Wikingerzeit ein Handelszentrum. Das heutige Wirtschaftsleben basiert auf Bauholz und Landwirtschaft.

∽

Die Landwirtschaftsgemeinde **Verdal** (1548 km², 13 900 Einw.) liegt mit dem Ort **Verdalsøra** (7 396 Einw.) am Ende des Hauptarmes des Trondheimfjords.

Verdalsøra hat einen modernen Hafen, an den die dortige Industrie angeschlossen ist, und hat eine ebensolche Industriewachstumsanlage. In Verdal befindet sich u.a. eine Fabrik für Betonelemente, eine für Metallkonstruktionen, eine Sägemühle, Zementfabrik, Mühle, Kornsilos und eine große Meierei mit Käseherstellung. Bei der Firma Aker Kværner Verdal wurden in der Periode 1973-1982 zehn halb versenkbare Ölplattformen gebaut. Die Werft hat eine Spezialkompetenz für den Bau größerer Stahlkonstruktionen für die Offshore Ölindustrie.

∽

Der historisch bedeutsame Ort **Stiklestad** liegt ebenfalls in dieser Gemeinde. Hier fand am 29. Juli 1030 eine der in der norwegischen Geschichte berühmteste Schlacht statt. König Olav Haraldsson (993-1030) traf auf das norwegische Bauernheer unter der Leitung von Kalv Arneson aus Giske (S 73), Hårek von Tjøtta (S 319) und Tore Hund von Bjarkøy (S 166). Olav Haraldsson fiel in der Schlacht, wurde aber später heilig gesprochen, bekannt als Olav der Heilige. Er wurde als Märtyrer für das Christentum in Norwegen angesehen. Olsok (29. Juli), der Tag der Schlacht, ist seit dem Mittelalter ein kirchlicher Feiertag und seit 1930 ein offizieller Flaggentag. Die heutige Kirche stammt aus dem 12. Jh. Und steht dort, wo der König fiel. Im Mittelalter war dies ein Wallfahrtsort.

1954 wurde im Freilichttheater von Stiklestad „Das Spiel vom Heiligen Olav" aufgeführt. Seit 1960 geschieht dies jährlich zur Erinnerung an die historischen Begebenheiten. Die Bevölkerung des Ortes wirkt als Statisten mit. Um die Aufführung herum hat sich ein Festival entwickelt, die Olavstage.

Die Gemeinde **Levanger** (656 km²,) mit dem Gemeindezentrum **Levanger** (8 543 Einw.) liegt südwestlich der Gemeinde Verdal. Die Gemeinde Levanger hat mit die besten landwirtschaftlichen Nutzflächen in Trøndelag, hier befindet sich auch Norwegens größte Zeitungspapierfabrik.

Die Gemeinde **Stjørdal** (938 km², 19 892 Einw.) mit dem Gemeindezentrum **Stjørdalshalsen** (10 277 Einw.) liegt östlich der Gemeinde Levanger an dem kurzem, breiten Seitenarm Stjørdalsfjord. Auch Stjørdal ist ein bedeutender Land- und Forstwirtschaftsort. Trondheims Flughafen Værnes liegt in Stjørdal. Der Ort Hell ist auf Grund seines Namens, der im Englischen, Norwegischen und Deutschen unterschiedliche Bedeutung hat, international bekannt. Am Bahnhof hängt außer dem Schild mit dem Stationsnamen noch eines mit der Aufschrift „Hell, Gods expedition".

Die Gemeinde **Malvik** (172 km², 12 213 Einw.) mit dem Gemeindezentrum **Hommelvik** (4 193 Einw.) liegt südlich der Gemeinde Trondheim. Malvik ist eine typische Randgemeinde von Trondheim mit etwas Werkstatt- und Papierindustrie, Holzverarbeitung, Landwirtschaft. Hommelvik hatte im zweiten Weltkrieg und auch in der Zeit von 1945 bis zum Bau des Landflugplatzes in den 50ger Jahren den Wasserflughafen für Trondheim und Umgebung.

Die Gemeinde **Frosta** (76 km², 2 467 Einw.) mit dem Gemeindezentrum **Frosta** liegt auf einer Halbinsel, die sich mitten in den Trondheimfjord erstreckt. Hier dominiert die Landwirtschaft. Man hat viele Hinterlassenschaften aus der Vorzeit gefunden, auch zahlreiche Hügelgräber. Auf dem Hof Logtun im Süden wurde das Frostating abgehalten. Die Kirche stammt aus dem 12. Jh., hier bewahrt man ein Dokument aus dem 13. Jh. auf, in dem die Gesetze des Frostatings niedergeschrieben sind.

> Zwischen Munkholm und dem Festland östlich der Insel Ladehammer liegt das Wrack des Schleppers M/S „Herkules", 140 BRT, Baujahr 1914, im September 1957 gesunken. Während eines Schleppmanövers geriet das Schleppseil wegen Unachtsamkeit der Mannschaft quer übers Schiff. Herkules kippte zur Backbordseite, kurz darauf drang Wasser ein und das Schiff sank. Es ist niemand umgekommen, aber der Schlepper wurde niemals gehoben. Er liegt in ca. 35 Meter Tiefe. Er gelangte im August 1957 als Teil der Hilfe des amerikanischen Marschallplans nach Norwegen und sollte als Schlepper und Rettungsboot dienen.

63°27'N   10°21'E   + 0 Std 12 Min

Wir fahren an der Küste des Trondheimfjords entlang. Nach Verlassen der Stadt Trondheim geht es zwischen Munkholm und dem Festland hindurch. An BB passieren wir die Landzunge **Høvringen** mit seiner Reinigungsanlagen für 2/3 aller Abwässer der Stadt Trondheim. Die Aufbereitungsanlage liegt in den Bergen.

In der Bucht bei dem Stadtteil **Ila**, vor Høvringen, liegen 3 Wracks vom deutschen Wasserflugzeugtyp Heinkel 115, typische zweimotorige Torpedobomber mittlerer Größe, wie man sie vor und nach dem zweiten Weltkrieg produziert hat. Es wird vermutet, dass diese Flugzeuge während eines Luftangriffs der Alliierten auf den deutschen U-Boot-Bunker Dora im Jahre 1943 sanken. Es wird behauptet, dass noch weitere 13 Flugzeuge zu finden sein müssten, dass diese aber noch nicht lokalisiert wurden. Der U-Boot-Bunker Dora wurde von der deutschen Besatzungsmacht gebaut, sollte die größte Marinebasis in Nordeuropa sein und die Nordsee von Trondheim aus beherrschen. Sie hatte Platz für 16 U-Boote und 200 000 Mann. Im Falle eines Angriffs konnte sie wie eine Festung hermetisch abgeriegelt werden.

63°27'22"N   10°19'34"E   + 0 Std 14 Min ①

Trolla Brug passieren wir an BB, leicht zu erkennen an dem 4-stöckigen Gebäude am Kai. Trolla ist ein alter Industrieort von 1650, Trolla Brug war der Hauptarbeitgeber in dieser Ortsgemeinde für die ca. 300 Haushalte. Hier wurden die bekannten Trolla-Öfen und -Kamine aus Gusseisen hergestellt.

Die Gemeinde Leksvik liegt vor uns an der Nordseite des Trondheimfjords.

Die Gemeinde Leksvik

Bedeutung des Gemeindewappens: Wachstum und Lebenskraft.
Bedeutung des Namens: Der erste Teil ist ein alter Flussname unsicherer Herkunft, der zweite bedeutet Bucht.
Gemeindezentrum: Leksvik (1085 Einw.).
Position: 63°40'N 10°38'E.
Areal: 431 km². **Einw.:** 3 508.
Bevölkerungsdichte: 7,3 Einw./km².
Arealverteilung: Landw. 5 %, Forstw. 36 %, Süßwasser 7 %, Verbleibendes Areal 52 %.
Wirtschaft: Hochtechnisierte Industrie im Werkstatt- und Chemiebereich, Plastik- und Gummiwarenproduktion. Landwirtschaft mit Tierhaltung, Forstwirtschaft.
Sehenswertes: Bauernmuseum in Lesvik, Landhandelmuseum in Grande, Lesviker Kirche von 1668, Ruinen der Burganlage von Borgåsen, Amborneset, Gräber aus der Eisenzeit.
Website der Gemeinde Leksvik: www.leksvik.kommune.no

Ort Vanvikan (736 Einw.) an SB, an der Nordseite des Trondheimfjords gelegen. Hier gibt es u.a. Plastikrohr- und Elektroindustrie und Zulieferproduktion für die Ölindustrie. Die Stranda-Kirche in Vanvika ist eine Langkirche aus Holz von 1897. Schnellbootverbindung zwischen Vanvika und Trondheim.

An SB nähern wir uns der Gemeinde Rissa.

Die Gemeinde Rissa

Bedeutung des Gemeindewappens: Bezieht sich auf die Krone von Herzog Skule Bårdsson. Ihm gehörte das Reinskloster.
Bedeutung des Namens: Vielleicht ein Fjordname, abgeleitet aus dem nordischen „Bergrücken" oder vom Verb Risa „Steige".
Gemeindezentrum: Årnset (993 Einw.).
Position: 63°35'N 9°8'E.
Areal: 621 km². **Einw.:** 6 414.
Bevölkerungsdichte: 10,4 Einw./km².
Arealverteilung: Landw. 10 %, Forstw. 29 %, Süßwasser 6 %, verbleibendes Areal 55 %.
Wirtschaft: Fosen Mek Verksteder AS, Nahrungsmittel und Holzwarenindustrie. Landwirtschaft mit Tierhaltung und Getreideproduktion, Gemüse- und Beerenanbau. Lachsfischerei.
Sehenswertes: Reinskloster mit Ruinen der Klosterkirche, Bauernmuseum Rissa, das Museum „Erbe der Küste", Anlegebrücken in Åkvåg, Rødberg tåkeklokke.
Website der Rissa-Gemeinde: www.rissa.kommune.no

Auf den Ort Vanvikan folgen an SB **Vikan** und der Fährhafen **Rørvika**. Von Rörvika geht eine Autofähre nach **Flakk** (an BB) in der Gemeinde Trondheim. Diese Fähre ist die meist benutzte in Norwegen. Rørvika ist der Hauptzugangsort zur Halbinsel **Fosenhalvøya**.

Den Teil des Fjordes zwischen Rørvika und Flakk nennt man **Flakkfjord.**

63°28'N 10°07'E + 0 Std 36 Min ②

Wir fahren weiter aus dem Flakkfjord hinaus. An SB die Dörfer **Trongan**, dann **Rein**.

Südlich des Fährhafens Flakk öffnet sich an BB der **Korsfjord**, die Gemeindegrenze zwischen Trondheim und **Orkdal/Agdenes** verläuft in der Mitte des Fjords. Der Korsfjord teilt sich in die Arme **Gaulosen** nach Süden mit dem Ort **Buvika/Ilhaugen** (1 780 Einw.) und **Orkdalsfjord** nach Südwesten mit der Industriestadt **Orkanger/Fannreim** (6 540 Einw.).

An der Westseite des Korsfjords liegt die Gemeinde **Orkdal** (594km², 10 632 Einw.) mit Industrie, Land- und Forstwirtschaft als wichtigste Ernährungsgrundlage.

63°28'N 10°03'E + 0 Std 42 Min ③

Das Dorf **Rein** kommt an SB direkt vor der Landzunge **Raudbergneset** vor dem Schiff in Sicht.

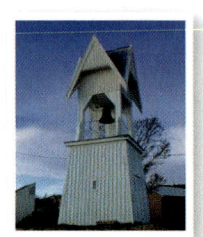

Bei **Raudbergneset** an SB wechselt der Kurs um 90° nach NNW. Ein alter, weißer viereckiger Glockenturm steht an der äußersten Spitze der Landzunge. Der Turm warnte die Schifffahrt von und nach Trondheim vor Nebel, damit kein Schiff bei der in den Trondheimfjord hineinragenden Raudbergneset auf Grund laufen sollte. Der Turm gehört Kystverket, das ihn auch in Stand hält.

Der Ort **Stadsbygda** liegt vor Raudbergneset. Der alte Name lautete **Stadr**, was „Anhalten" bedeutet. Bei Raudbergneset mussten die Seefahrer den Kurs wechseln. In Zeiten, als die Schiffe noch mit Segeln fuhren, musste man dort oft anhalten und auf den richtigen Wind warten.

Stadsbygda (ca. 1 500 Einw.) ist schon seit historischen Zeiten ein Bauerndorf. 5500 Jahre alte Felszeichnungen von 5 Elchfiguren hat man hier an einer 10 m langen, senkrechten Felswand gefunden.

Von 1806 bis ins 20.Jh. sind viele Männer aus Stadsbygda auf Lofotfischerei gefahren. Stadsbygda und das Dorf

Reinsgrenda etwas weiter nördlich sollen die Heimstatt der Personen aus Johan Bojers bekanntem Buch „Den siste viking" („Der letzte Wikinger") gewesen sein, in dem die Lofotfischerei um die vorige Jahrhundertwende geschildert wird. Das am Strand gelegene Museum „Kystens arv" („Das Erbe der Küste") zeigt die Tradition und Geschichte aus der im Buch geschilderten Zeit, und im Freilichttheater nebenan wird jedes Jahr ein Spiel aufgeführt, das auf dem Buch basiert.

Der größte Arbeitgeber im Dorf ist eine holzverarbeitende Fabrik mit 100 Beschäftigten.

Die Kirche von Stadsbygda wurde 1842 fertig gestellt. Die 34 m lange und 12,5 m breite Holzkirche hat 400 Sitzplätze. Nahebei liegt der Platz, wo die alte Kirche 1837 abgebrannt ist. Die Umrisse dieser Kirche sind mit Steinen markiert.

63°30'N   9°56'E   + 0 Std 57 Min   ④

An BB voraus liegt die Gemeinde Agdenes.

Die Gemeinde Agdenes

Bedeutung des Gemeindewappens: Ein Hermelin ist traditionell ein königliches Symbol, weist aber auch auf Pelztierzucht hin.
Bedeutung des Namens: Im ersten Teil sicher derselbe Ursprung wie bei Aga und Agder von westnorwegischer Herkunft, „Land, das aus dem Meer herausragt".
Gemeindezentrum: Selbekken (382 Einw.).
Position: 63°30'N   9°48'E. **Areal:** 318 km².
Einw.: 1 799. **Bevölkerungsdichte:** 5,6 Einw./km².
Arealverteilung: Landw. 5 %. Forstw. 26 %, Süßwasser 7 %, verbleibendes Areal 62 %.
Wirtschaft: Landwirtschaft mit Äckern u. Erdbeeranbau, Pelztierzucht, Forstwirtschaft, Lachsfischerei, eine kleine Werft.
Sehenswertes: Leuchtturm von Agdenes, König Øyteins Hafen, Museum in Ligård mit Skiern und alten Maschinen.
Website der Gemeinde Agdenes: www.agdenes.kommune.no

Das Dorf **Ingdalen**, Gemeinde Agdenes an BB voraus an der Westseite des Trondheimfjords. Die Kapelle in Ingdalen stammt von 1960, eine Langkirche aus Holz mit 140 Sitzplätzen.

Das Dorf **Brøskift** (Brødreskift), Gemeinde Rissa, passieren wir an SB, vis a vis Ingdal. Der Ortsname geht wahrscheinlich zurück auf eine Sage aus dem 13.Jh.

Zwei Brüder hatten gemeinsam einen Hof geerbt und konnten sich nicht über die Aufteilung einigen. Das führte zu Streit und Missstimmung in der Familie. Der jüngere Bruder wollte ständig mehr Land haben als die Eltern ihm zugedacht hatten. Da mussten die Behörden eingreifen. Doch in der Nacht, bevor die Leute vom Gericht erscheinen sollten, brach ein gewaltiges Unwetter mit Regen, Sturm und Gewitter los. Ein riesengroßer Stein löste sich von der Felswand und rollte und rutschte ganz hinunter bis an der Strand. In der Furche, die der Stein gerissen hatte, bildete sich ein Bachlauf. Am Morgen danach, als die Brüder und die übrigen Leute erwacht waren, sahen sie dies als Gottesurteil an. Sie akzeptierten die Teilung, die der Allmächtige vorgenommen hatte. Die ganze Dorfbevölkerung kam herbei und sah mit Ehrfurcht, was da geschehen war. Sie nannten den Ort Brødreskifte (Bruderteilung), und das wurde der Name für die beiden Halbhöfe. Bei der Ausgrabung am Strand im Jahre 1928 kam ein großer Stein von 9 t Gewicht zum Vorschein.

Gemeindezentrum **Selbekken** (376 Einw.) und das Dorf **Lensvik** in der Gemeinde Agdenes an BB. Der Hafen von Lensvik war von alters her bekannt als der geschützteste und sicherste Hafen im ganzen Trondheimfjord. Besonders zu Zeiten der Segelschifffahrt diente der Hafen oft als sicherer Liegeplatz für Boote bei jeglichem Wetter. Die Geschichte weiß zu berichten, dass Håkon Håkonsson im Jahre 1236 einmal mit 40 Schiffen im Lensviker Hafen lag.

Lensvik ist für seine ausgezeichneten Erdbeeren bekannt und wird deshalb „das Erdbeerdorf" genannt.

Die Kirche von Lensvik wurde 1863 gebaut, eine Langkirche aus Holz mit 230 Sitzplätzen.

Aus Lensvik kommt u.a. der Pionier im Tunnelbau Ole Singstad, geb.1882. Im Jahre 1905 ging er nach Amerika und arbeitete dort als Zeichner und Ingenieurassistent. Schon 1913 wurde geplant, einen Autotunnel unter dem Hudsonriver hindurch zu bauen, um New Jersey und Manhattan miteinander zu verbinden. Viele der damaligen Ingenieure, unter ihnen auch der geniale Erfinder Thomas Edison, hielten diese Aufgabe für unlösbar. Ole Singstad aus Lensvik löste sie!

Hinter Lensvik erheben sich die Berge **Hestgrovheia** (656 m) und **Langrøheia** (631 m).

Am Abhang nordwestlich von Lensvik sieht man deutlich vom Schiff aus eine lange graue Fläche mit einem großen Gebäude drauf. Das ist eine Pelztierfarm, wo die Pelztierzüchter der Umgebung gemeinsam ihre Zuchtanlagen errichtet haben. In der Gemeinde Agdenes werden 20 % aller Silberfuchspelze der Welt produziert.

An SB liegt das Dorf **Reinsgrenda** in der Gemeinde Rissa. Genauso, wie bei Stadsbygda weiter im Süden, ist auch die Geschichte von Reinsgrenda mit der Lofotfischerei von 1806 bis ins 20. Jh. verknüpft, wie man in Johan Bojers Buch „Der letzte Wikinger" nachlesen kann.

Die Kirche von Rein ist eine Schenkung des Schriftstellers Johan Bojer an die Einwohner von Reinsgrenda. Die Kirche wurde 1932 eingeweiht und war eine Kopie einer früheren, abgerissenen Kirche.

Auf einer Anhöhe am Binnensee **Botnen** (5,6 km², 2 m ü M), leider vom Schiff aus nicht sichtbar, liegt der historische Herrenhof **Reinskloster** in einem schönen Naturpark mit Wanderwegen. In der Wikingerzeit lag hier ein Königshof. Viele norwegische Könige und Königinnen können ihre Abstammung bis Rein zurück verfolgen. Es wird gesagt, die Familie des Herzogs Skule Bårdson (1189 – 1240), des Stammvaters des mächtigen Reingeschlechtes, habe Rein einst als Geschenk von König Olav Kyrre (1050 – 93) erhalten. Rein blieb im Besitz der Familie, bis der Eigentümer im Jahre 1226 auf dem Krankenbett in Nidaros gelobte, in Rein ein Kloster zu errichten. Er baute eine Steinkirche, richtete ein Nonnenkloster ein und gab dem Kloster Ländereien. Das Reinskloster war 300 Jahre lang ein wichtiges religiöses und kulturelles Zentrum. 1532 wurde Frau Inger zu Austrått zur Leiterin des Reinsklosters ernannt. Sie trat ihren Dienst 1541 an. Da verfügte das Kloster über 202 große Höfe.

Im Laufe der Reformationszeit im 16. Jh. musste einiges von diesem Landbesitz an die Eigentümer zurück gegeben werden. Das Kloster wurde schlecht instand gehalten. Bis 1675 wurde es von einigen Besitzern, die keine persönliche Beziehung zum Reinskloster hatten, vernachlässigt. Dann lag es in Ruinen. Die Bausteine wurden für andere Bauwerke verwendet, z.B. für den Wiederaufbau von Vår Frue Kirke (Kirche Unserer Lieben Frau) in Trondheim im 17.Jh.,1675 wurde das Reinsklos-ter an einen Privatmann verkauft. Die Familie des heutigen Eigentümers kaufte den Hof 1704. Der größte Teil des Grund und Bodens ist nun verkauft. Das jetzige Hauptgebäude von 1866 wurde auf dem Grundstück des alten Klosters errichtet. Das Museum von Rissa liegt auch auf diesem Grundstück.

63°32'N   9°52'E   + 1 Std 08 Min   ⑤

Der Industrieort **Kvithylla** an SB, Reinskloster, danach **Sundsbukta**, Botnensee (5,2 km², 2 m ü M) innerhalb Kvithylla.

Rissaraset (die Rissalawine) ging nieder im April 1978. 5-6 Mill. km³ Quickton rasten im Dorf Fissa in den Botnensee, ausgehend von einem 330 000 m² großen Ursprungsgebiet. Die Lawine erzeugte eine 1,5 km lange Abrutschkante. Das Lawinengebiet ist vom Schiff aus nicht zu sehen, es liegt einige 100 m landeinwärts am Botnensee. 15 Bauernhöfe, eine Hütte und ein Gemeinschaftshaus verschwanden ganz oder teilweise unter dem Quickton. Eine Person kam ums Leben. Dies war die größte Quicktonlawine im 20. Jh., eine 3 m hohe Flutwelle richtete rund um den Botnensee Zerstörungen an.

Fosen Mekaniske Verksted (FMV)(Fosen Mechanische Werkstatt) liegt bei **Kvithylla** vor Sundsbukta. Die Geschichte der Werft deckt sich mit der Geschichte von Askeladden (Aschenputtel). Der Gründer der Schiffswerft, Jens Petter Bye, wuchs in armen Verhältnissen auf. Die Kinderschar zu Hause war groß. Als 7-jähriger verdiente er seine ersten Groschen als Hütejunge. Nach der Konfirmation fuhr er als Koch zur See. Auf diese Weise lernte er die Küste kennen, bekam Einsicht in die Grundzüge des Handels und knüpfte viele persönliche Kontakte zu Seeleuten und Reedern. Mit 17 Jahren musterte er als Maschinist an und fuhr bis 1940 als Mannschaftsdienstgrad. Mit 21 Jahren erwarb er sein Kapitänspatent und kaufte sein erstes Schiff. Später wurden es mehrere. Während des Krieges betrieb er Küstenschifffahrt, musste aber 1944 wegen illegaler Tätigkeit nach

Schweden fliehen. Nach dem Krieg kehrte er zurück und nahm den Betrieb mit seinen 4 Schiffen wieder auf. Aus familiären Gründen beschloss er dann, „an Land zu gehen" und verkaufte einige seiner Schiffe. 1961 gelang es ihm, einen ausreichenden Kredit aufzunehmen, um in Frengen, im nordwestlichen Teil der Gemeinde Rissa, eine kleine Werft mit 12-14 Angestellten zu kaufen. Die Werft baute und reparierte Holzboote. Doch die Zukunft lag in Stahlbooten. Bye kaufte ein altes Stahlschiff, das umgebaut wurde, und schulte seine Holzschiffbauer zu Schweißern und Stahlplattenmonteuren um. Wegen mangelnder Schiffbauerfahrung hatte Bye große Schwierigkeiten, den ersten Kontrakt zu bekommen. Schließlich erhielt er den Auftrag, für eine größere Osloer Reederei ein Schiff zu bauen. Die erste große Aufgabe wurde mit Bravour erledigt, das Schiff wurde im November 1966 zu Wasser gelassen und bekam viel positive Aufmerksamkeit von den Medien, ebenso das nächste Schiff, das 1967 fertig wurde. Die Bautätigkeit wuchs, die Schiffe wurden immer größer und die Werft expandierte.

Die Werft in Frengen wurde mit der Zeit zu klein, deshalb verlegte man sie 1972 nach Kvithylla. Sie expandierte stark und bekam den Namen Fossen Mekanisk Verksted (FMV). Die Schiffe wurden immer größer, schöner und mit mehr hochentwickelter Technik ausgestattet. Die Aufträge strömten nur so herein. Das Jahr 1986 dann brachte Probleme mit sich. Es folgten einige schwierige Jahre. Aber man bemühte sich weiterhin um Aufträge und einige Jahre später lief der Laden wieder. Der Fortschritt ging unter Leitung der nächsten Generation weiter. Es wurden u. a. viele Kreuzfahrtschiffe und Passagierfähren für schwedische, griechische du türkische Reedereien auf der Werft gebaut.

Das Schiff „The World", das exklusive, 200 m lange Kreuzfahrtschiff mit 110 Appartements und 88 Suiten an Bord wurde von Fosen Mekaniske Verksted gebaut. Der Rumpf wurde auf einer Werft in Landskrona in Südschweden hergestelltt, die auch der FMV gehört. Dies war das erste Schiff der Welt mit Luxuswohnungen auf See, Wohnungen von 100 bis 300 m² Grundfläche. Die Suiten wurden an Gäste ausgeliehen. Der Stapellauf erfolgte 2002.

Zwei der neuesten und größten Hurtigrutenschiffe MS „Trollfjord", Baujahr 2002, und MS „Midnatsol", Baujahr 2003, sind bei Fosen Mekaniske Verksted gebaut worden, dasselbe gilt für viele der neueren großen Passagierfähren im Mittelmeer.

Im Juni 2007 bekam Fosen Mek. Verksted einen neuen Besitzer.

Sundsbukten an SB, nachdem wir Fosen Mek. Verksted passiert haben. Im Norden der Bucht das **Blåheia**-Gebirge (392 m). Im Innern der Bucht liegt der Ort **Uddu**.

63°37'23"N   9°47'E   + 1 Std 30 Min   ⑥

Hambåra fort (das Fort Hambåra) an BB, direkt vor der Landzunge Selvnes. Das Fort war ein Teil des Agdenes Forts, genauso wie das Hysnes und das Brettingen Fort an SB des Schiffes (S 104). Das fort Hambåra war ursprünglich eine norwegische Batterie von 1897, mit zwei 21 cm Armstrong-Kanonen. 1942/43 wurde das Fort verstärkt mit einer Kanone vom Brettingen Fort. 1944 wurden die Hambåra-Kanonen außer Landes gebracht, wahrscheinlich im Zusammenhang mit dem missglückten deutschen Versuch der Invasion auf den Åland-Inseln und den Suursaari/Gogland-Inseln in Finskebukten. Im März 1945 wurden sie durch drei 12 cm Armstrong-Kanonen ersetzt. Hambåra hatte auch eine Torpedobatterie von einem deutschen Jagdflugzeug. Die wurde zunächst an einem Kahn vertäut, später in Hambåra an Land gebracht und in einem Holzschuppen versteckt.

Danach die Landzunge **Selvnes** an BB mit dem Ort **Selva** im Innern der Bucht. Beide Orte haben ihre Bedeutung in der Geschichte Norwegens. Mitte des 9. Jh. gab es einen Häuptlingssitz in Selva. Hier wohnte Håkon Jarl Grjotgardsson, der die Herrschaft über den strategisch und geographisch wichtigen Einfahrtsweg in den Trondheimfjord hatte. des weiteren soll auf der Landzunge Selvnes ein Königshof gelegen haben. Der Jarl wurde einer von König Harald Hårfarges (Harald Schönhaars) (865-933) wichtigsten Männern, seine Tochter Åsa heiratete den König und wurde die erste Königin des vereinten Norwegens. Eines ihrer Kinder, Halvdan Svarte, der zusammen mit seinen Brüdern in Selva aufwuchs, soll versucht haben, seinen Halbbruder Eirik Blodøks (895-954) (Erich Blutaxt) zu verbrennen, als dieser eines Winters Selva besuchte. Es wird behauptet, dass das rote Feld im Gemeindewappen seine Bedeutung auf diesen Mordbrandversuch zurückführt.

Die Landzunge **Agdenes** ist die äußerste Landzunge an BB.

Das ehemalige Fort Hysnes an SB auf der Landzunge **Hysnes** vor Hasselvika. Das Fort Hysnes war ein Teil der marinen Befestigungsanlagen von 1897 am Eingang in den Trondheimfjord. Die Kanonen wurden für Sperrfeuer benutzt, da der Fjord zu tief war, um ein Minenfeld anzulegen. Von 1880 bis in die 1890er Jahre war das Verhältnis zwischen Norwegen und seinem Unionspartner Schweden angespannt. In Norwegen wurde der Parlamentarismus eingeführt. Der schwedisch-norwegische Kronprinz äußerte sich dahin gehend, das es aktuell werden könnte, „eine militärische Promenade" nach Kristiania (heute Oslo) zu unternehmen, und das führte zu umfangreichen Befestigungen um die größten Städte des Landes herum. Die norwegische Verteidigungsgesellschaft des Kreises Trøndelag stellte im Jahre 896 NKr 75 000 für den Ausbau der Festung Agdenes zur Verfügung. In Hasselvika gab es Barackenlager, und im Fort Hysnes war eine Rekrutenschule für Seeverteidigung untergebracht. Heute ist das Verteidigungswerk hier aufgelassen und von der Gemeinde übernommen worden.

Dorf Hasselvika, Gemeinde Rissa, an SB, danach die Landzunge Hysneset und die Bucht Hasselvika. Die Kirche von Hasselvika wurde 1951 eingeweiht, eine Langkirche mit 200 Sitzplätzen. Die Besonderheit des Altarbildes besteht darin, dass bekannte Lokalgrößen dafür Modell gestanden haben.

Das ehemalige Fort **Brettingen** auf der Landzunge **Brettingsneset** nördlich von Hasselvika. Die Verteidigungsanlage des Forts von 1898 ist militärhistorisch von großer Bedeutung und daher denkmalgeschützt.

Die Forts Hysnes und Brettingen waren Teile der ehemaligen Festungsanlage von Agdenes. Als der Krieg am 8.-9. April 1940 plötzlich über Norwegen hereinbrach, war die Festung Agdenes nur mit ¼ der vollen Kriegsstärke ausgerüstet. Die deutsche Marine stürmte die Festung über Nacht, unterstützt von Truppen, die in ihrem Rücken an Land stationiert waren, und eroberte sie nach kurzem Gefecht.

Folgendes ist über den Angriff auf Trondheim belegt: „Der Einfallsweg nach Trondheim war im Jahre 1940 von 3 Forts beschützt, die verhindern sollten, dass feindliche Schiffe ganz bis zur Stadt Trondheim vordringen könnten. Im April 1940 war die Festung nur zum Teil bemannt. Sowohl Brettingen mit seinen 5 Kanonen als auch Hysnes mit seinen 4 Kanonen hatte reduzierte Bemannung. Hambåra war überhaupt nicht bemannt, aber der Festungskommandant bekam Order, eine Mannschaft einzuberufen. Das wurde gemacht und die Besatzung der Forts in Bereitschaft versetzt. In Trondheim war man schlecht informiert über die Geschehnisse im Süden, man wusste nicht, mit welcher Stärke die deutsche Marine auf dem Weg nach Norden war. Da man nicht mit einem so raschen Angriff rechnete, blieb der Befehl zu verstärkter Bereitschaft aus.

Im Laufe der Nacht zum 9. April bekamen die Mannschaften der drei Forts Bescheid, dass kleine Forts rund um Oslo in Kampfhandlungen verwickelt waren. Es erging der Befehl, mehr Munition zu diesen Batterien zu schaffen. Kurz vor 3 Uhr nachts beobachtete eines der Wachboote der Festung, dass ein großes Schiff auf dem Weg in den Fjord war.

Der Kreuzer „Blücher", Schwesterschiff von „Admiral Hipper".

Im Dämmerlicht der Nacht entdeckte man den schweren Kreuzer **„Admiral Hipper"**. Er fuhr an der Spitze der deutschen **„Kampfgruppe 2"** auf dem Weg nach Trondheim mit einer Geschwindigkeit von ca. 25 Knoten. „Admiral Hipper" gab dem norwegischen Wachboot „Fossen" auf Englisch klar Bescheid, keine feindlichen Absichten zu haben, sondern auf Befehl der Regierung nach Trondheim zu fahren. Als „Fossen" seine Scheinwerfer einschaltete, wurden im selben Augenblick zwei große Scheinwerfer auf „Admiral Hipper" eingeschaltet, die die Mannschaft der „Fossen" blendeten. „Fossen" feuerte daraufhin zwei rote Signalschüsse ab, um die Festungen zu warnen. Dasselbe tat das Wachboot „Stenkjær" weiter drinnen im Fjord. Dies löste in den Forts Brettingen und Hysingen Alarm aus. Es dauerte 12-13 Min., bis die Batterien von Brettingen das Feuer eröffneten. Der größte Teil der Kanonenbesatzung war immer noch mit dem Munitionstransport beschäftigt. Als Brettingen das Feuer eröffnete, war „Admiral Hipper" schon an dem Fort vorbei gefahren und das Feuer wurde auf die Kreuzer gerichtet, die „Admiral Hipper" folgten, aber ohne zu treffen. „Admiral Hipper" blendete die Zieleinrichtungen an den Kanonen mit ihren Scheinwerfern und feuerte Granaten ab, die die Stromkabel des Forts trafen.

Da die Besatzung nun im Dunkeln arbeiten musste, wurde sie außer Gefecht gesetzt.

Auch im Fort Hysnes brauchte man so lange, bis die Kanonen klar zum Einsatz waren, dass die Deutschen da schon quer vor dem Fort lagen. Auch hier war der Strom aus demselben Grunde wie in Brettingen ausgefallen, gleichzeitig hatten die Deutschen einen dicken Rauchteppich hinter sich ausgebreitet, weshalb die Kanonen keinen Schuss abgeben konten, und als der sich endlich verzogen hatte, waren die Deutschen schon im Fjord verschwunden."
Quelle: www.daria.no

Während der Okkupation wurde die Festung von den Deutschen ausgebaut. Nach dem Krieg wurde sie erweitert und modernisiert, besonders in der zweiten Hälfte der 1960er Jahre. Der Name Agdenes Festung wird nicht mehr benutzt. Beide Festungen Brettingen und Hysnes sind inzwischen aufgelöst worden.

63°38'26"N   9°46'28"E   + 1 Std 34 Min

An der Bucht **Djupvika** in der Gemeinde Agdenes liegt an BB, ein Stück die Böschung hinauf, **Tjalvehellaren**, ein Felsüberhang, der seinen Platz in der norwegischen Geschichte hat. Håkon Jarl, der 986 die Schlacht über die Jomswikinger bei Hjørungavågen gewonnen hatte (S 52), konnte 995 seinen Rivalen um die norwegische Krone Olav Tryggvasson von Dublin nach Norwegen locken, er wollte ihn nämlich umzubringen. Olav Tryggvasson lagerte mit seinem Gefolge in Djupvika, und wollte unterhalb Tjalvehellaren übernachten. Hier wurde er von Leuten aus Selva vor Håkon Jarls Absichten gewarnt und zog deshalb weiter in den Trondheimfjord hinein. Da erfuhr er, dass Håkon Jarls Knecht, Kark, den Jarl getötet hatte. Kark wurde dafür enthauptet. Beide Köpfe wurden auf Stangen gesteckt und auf Nidarholm (Munkholm) zur Schau gestellt (S 97).

Agdenes Feuer an BB, an der Mündung des Trondheimfjords. Das Feuer wurde 1804 zum ersten Mal entzündet. 1828 wurde es verlegt und verbessert und bestand dann aus einem hölzernen Gebäude von 7,5 x 7,5 m mit Feuerstube, Wohn- und Schlafraum, Küche und Flur. 1956 bekam es einen 14 m hohen, viereckigen Betonturm. 1984 wurde das alte Feuer als bemannte Station aufgelöst und 600 m weiter nach Osten durch ein elektrisches Feuer ersetzt.

Ein Grabhügel aus der Vorzeit oder dem Mittelalter wurde in der Nähe des Feuers gefunden.

Das Agdenes Feuer.

Am Meeresgrund vor Agdenes soll ein wertvoller Schatz liegen, der Olavsschatz, historischen Berichten zu Folge aus der Zeit um 1540. Der dänisch-norwegische König Christian 3.(1503 – 59) hatte zwei Schiffe nach Nidaros (Trondheim) entsandt, um den Kirchenschatz zu holen, der in des Königs Schatzkammer in Kopenhagen eingeschmolzen werden sollte. Alle Reliquien von Olav dem Heiligen und der Heiligenschrein wurden zusammengerafft und an Bord der beiden Schiffe gebracht, die dann Kurs auf Dänemark nahmen. Eines dieser Schiffe soll bei Agdenes gesunken sein. Die Fracht auf diesem Schiff soll u. a. ein großes silbernes Prozessionskreuz von 1052 enthalten haben, Kirchenglocken vom Nidarosdom und anderen Kirchen und weitere kleinere Kirchenschätze. Viele Taucher, Amateure und professionelle, allein und in Gruppen, haben vergeblich nach dem Schatz gesucht, denn das Gebiet ist sehr groß, der Fjord tief und die Unterströmung stark.

63°39'N   9°43'E   + 1 Std 42 Min   ⑦

Der Kurs dreht nach West. An BB die Landzunge **Agdenes** und der Sund **Trondheimsleia**.

„König Øysteins Hafen" liegt in einer Bucht westlich von Agdenes, südwestlich vom Agdenes Feuer. Der Hafen soll von König Øystein 1. Magnusson (1088-1123) angelegt worden sein, während sein Bruder und Mitkönig Sigurd Jorsalfare auf Reisen war. Der Hafen wurde zufällig beim Tauchen 1991 entdeckt, als in 7-8 m Tiefe am Meeresgrund mitten in der Bucht Reste von Konstruktionen gefunden wurden. Diese Reste bestanden aus Holzkästen, gefüllt mit Steinen. Dies ist der einzige Hafen aus der Wikingerzeit und dem Mittelalter mit solchen überlieferten Resten in Norwegen. Das Wissenschaftsmuseum hat marinearchäologische Untersuchungen in dem Gebiet angestellt, die noch nicht abgeschlossen sind.

An SB voraus **Gemeinde Ørland**.

Die Gemeinde Ørland

Bedeutung des Gemeindewappens: Das Motiv gehört dem Rømer-Geschlecht. Frau Inger zu Austrått gehörte diesem Geschlecht an.
Bedeutung des Namens: Vom west-norwegischen Yrjar, abgeleitet von Aurr, „grus" (Kies).
Gemeindezentrum: Brekstad (1 865 Einw.).
Position: 63°40'N 9°35'E. **Areal:** 74 km².
Einw.: 5 113. **Bevölkerungsdichte:** 69,4/km².
Arealverteilung: Landw. 53 %, Forstw. - %, Süßwasser - %, verbleibendes Areal 45 %.
Wirtschaft: Ørlands Hauptflughafen, Meierei, Fischveredelung, Textilindustrie, Betonfabrik, große Bauernhöfe mit Getreideanbau und Viehhaltung.
Sehenswertes: das Gut Austrått, das Fort Austrått, die Kirche in Ørland, Reste der Burg in Borgklinten, Kjeungskjæret Feuer.
Website der Gemeinde Ørland:
www.orland.kommune.no

Vor dem Schiff taucht die Gemeinde **Ørland** auf mit dem Gemeindezentrum **Brekstad** (1 865 Einw.), der Stjørnfjord an SB. Im Innern des Stjørnfjords der Ort **Råkvåg** (256 Einw.) mit der größten Dichte an Annahmestellen für Hering außerhalb norwegischer Städte. Die meisten Annahmestellen wurden im 19. Jh. gebaut. Als in den 1920-30er Jahren die Heringsfischerei ihre Blütezeit hatte, war Råkvåg ein lebhaftes Zentrum für Fischerei und alle Tätigkeiten, die mit dem Meer zu tun hatten. Zeitweise lagen die Boote so dicht, dass man trockenen Fußes von Boot zu Boot die Bucht überqueren konnte.

Im Stjørnfjord an SB, östlich von Brekstad, liegen das Gut **Austrått** und das Austrått Fort. Der Turm des Gutes Autrått schimmert durch die Bäume, links von einer großen Scheune.

63°39'N 9°45'25"E   + 1 Std 44 Min

Das **Gut Austrått** an SB ist eines der ältesten und bekanntesten Herrenhöfe in Norwegen und eines der hervorragendsten Kulturschätze des Mittelalters und der frühen Neuzeit. Der Grundbesitzer Finn Arnesson aus Arnmødlingætten in Giske außerhalb Ålesund (S 73) war vermutlich der erste, der in Austrått gewohnt hat, um das Jahr 1000. Er war in Streitereien und Intrigen rund um König Harald Hardråde (1015-66) verwickelt, hat dann aber das Land verlassen, um in den Dienst des Dänenkönigs zu treten. Danach wurde Austrått wahrscheinlich Königshof. Das Gut soll im Besitz verschiedener adliger Familien gewesen sein, einige von ihnen mit Verbindungen zum Reinskloster im Trondheimfjord. Von 1500 – 1552 waren der Reichsrat und Reichshofmeister Niels Henrikson Gyldenløve und seine Frau Inger Ottersdatter Rømer (Frau Inger) Eigentümer des Hofes. Frau Inger war eine sehr markante Persönlichkeit in der Reformationszeit, (sie war die Figur in Henrik Ibsens Schauspiel von 1854 „Frau Inger zu Østeraad"). Die letzten 32 Jahre ihres Lebens war sie Witwe und betrieb das Gut allein und hatte viele Güter und Lehen unter sich. Kurz bevor sie mit 85 Jahren bei einem Schiffsuntergang im Jahre 1555 ertrank, überließ sie den Hof einer ihrer Töchter, die in die Familie Bjelke eingeheiratet hatte. Im 17. Jh. gehörten fast 100 Höfe zu den Gut, darunter auch der Herrenhof Storfosna. Das Gut Austrått war bis 1719 im Besitz des Geschlechtes Bjelke. 1935 kaufte die Gemeinde Ørland den Besitz, 1947 wurde er an den Bezirk Sør-Trøndelag verkauft, aber zurück erworben von der Gemeinde im Jahre 1985.

Die ursprünglichen, mittelalterlichen Gebäude – außer der Kirche – waren aus Holz gebaut. Die Kirche, eine Privatkapelle aus Stein, wurde Mitte des 13.Jh. errichtet. Sie hatte einen großen, starken Turm, wohl um sich verteidigen zu können.

Das Schloss von Austrått wurde vom damaligen Besitzer Ove Bjelke in den Jahren 1654-56 erbaut. Es war eine viereckige Anlage rund um den oberen und unteren Burghof herum. Die umgebaute Kirche und ein Teil des Hauptgebäudes waren durch zwei niedrigere Seitenbauten miteinander verbunden. Das großartige Hauptportal war von Wappenschildern eingerahmt, die in den Speckstein eingemeißelt waren. Einrichtung und Ausschmückung waren erlesen nach damaligem Standard. Die Geschichte weiß zu berichten, dass das Schloss deshalb gebaut wurde, weil die Frau des damaligen Besitzers behauptete, „der Stall ihres Vaters sei besser als das Wohnzimmer in Austrått".

Das Schloss wurde 1914 vom Staat erworben. 1916 schlug der Blitz ein und setzte es in Brand, doch 1927 wurde es restauriert. Seit 1923 steht Austrått unter Denkmalschutz. Die gesamte Anlage wurde nach dem 2. Weltkrieg restauriert und 1961 dem Staat übergeben.

Das mächtige Verteidigungswerk Fort Austrått am Eingang des Trondheimfjords wurde von den Deutschen im 2. Weltkrieg errichtet und ist das einzige seiner Art auf der ganzen Welt. Hauptattraktion ist der fünfstöckige Kanonenturm mit 3 Rohren. Der Turm geht zusätzlich 5 Stockwerk tief in den Fels hinunter und wiegt mehr als 800 t. Ursprünglich war die Kanonenbatterie ein Teil der Bewaffnung des deutschen Schlachtschiffes „Gneisenau", das von britischen Bombern zerstört wurde, als es 1942 in Kiel im Schwimmdock lag. Die drei Kanonenbatterien wurden zur Küstenverteidigung ausquartiert. Eine davon kam nach Austrått. Die Kanonen haben eine Reichweite von 42,6 km und alle 3 konnten gleichzeitig abgefeuert werden. Sie wurden aber niemals im Kampf eingesetzt. Das gefechtsklare Fort erforderte 117 Mann zur Bedienung. Der Teil der Anlage, der sich auf Kugellagern bewegen ließ, wog über 600 t. Eine weitere Kanonenbatterie von der Gneisenau steht vor Bergen. Der dritte Turm wurde demontiert und die Kanonenrohre einzeln am deutschen Atlantikwall bei Rotterdam aufgestellt. Das Fort in Austrått hatte im Berg ein Lager mit Platz für mehrere 100 Mann.

1968 wurde die Batterie still gelegt, aber bis 1977 instand gehalten. Danach wurde die Instandhaltung der Kanonen von der Luftwaffe übernommen. Nach einer gründlichen Restaurierung durch das Verteidigungsministerium wurde die Verantwortung für die Kanonenstellungen der Gemeinde Ørland übertragen, damit sie zu touristischen Zwecken verwendet werden konnten.

Vor Ørland liegt der Ort Brekstad (1 865 Einw.), ein Verwaltungszentrum mit der ältesten Meierei des Landes, die ununterbrochen seit 1878 in Betrieb ist. Die Meierei ist viele Male erweitert und aufgerüstet worden, zuletzt im Jahre 2000. Sie hat sich auf die Produktion von Norvegia-Käse spezialisiert. Brekstad ist ein Kommunikationsknotenpunkt mit Schnellboot-Verbindung nach Trondheim und Autofähre nach Valset südlich Agdenes Feuer. 3 Windmühlen wurden bei Brekstad aufgestellt.

> Der deutsche Schlepper D/S „Seeadler", 191 BRT, sank im November 1942 bei Kvitsandskjær außerhalb Brekstad. Der Schlepper wurde 1867 in Kopenhagen gebaut und 1923 in Deutschland umgebaut. Bei schlechter Sicht und Schneeschauern lief der Schlepper eines nachts auf Grund. Der Schaden war so groß, dass er in 3-10 m tiefem Wasser sank. Niemand kam dabei um.

Die Ørlandkirche von Brekstad datiert nach historischen Quellen zurück bis 1342. Die heutige Steinkirche hat noch mittelalterliche Mauern, die Holzkonstruktion wurde nach einem Brand 1854 im Jahr darauf wiederhergestellt, nichts von dem ursprünglichen Inventar blieb erhalten. Die Kirche ist die älteste Gemeindekirche in Fosen.

Der Ort **Hovde** liegt auf der Landzunge südlich von Brekstad. In Hovde fand man deutliche Spuren von 6 Langhäusern, die von einer Hofanlage in zwei Phasen zeugen. In der ersten Phase waren drei Häuser in U-Form angelegt, bewohnt von ca. 300 v.Chr. bis 50 n.Chr., die drei Häuser der zweiten Phase könnten vor 500 n.Chr. bewohnt gewesen sein.

Im 2. Weltkrieg gab es in Hovde ein Gefangenenlager für serbische Kriegsgefangene.

> Über die Bucht zwischen Hovde und Brekstad erzählt die Geschichte, dass hier ein Seeungeheuer aufgetaucht sei, das hin und her schwamm. Keiner wagte, auf Fischfang zu gehen, doch der Schmied Bjørn Hovde wusste Rat. Er nahm einen dicken Stock, schlug Eisenspitzen hinein und fuhr hinaus auf die Bucht. Als das Ungeheuer sich näherte, schleuderte er ihm den Stock entgegen, und das Ungeheuer spießte sich daran auf.

Die Dörfer **Grande** und **Beian** passieren wir an SB, die Südostspitze von Beiarn ist hügelig.

63°38'34"N 9°35'E + 1 Std 56 Min ⑧

Beian (ca. 100 Einw.) hatte wegen seiner Bedeutung als Verkehrsknotenpunkt schon vor 1799 die Bewilligung für eine Gastwirtschaft und eine Krankenstation. Beian gehörte zum Gut Storfosen, dessen Besitzer die Bewilligung erteilte. 1828 wechselte der Besitzer, der drei Jahre später zusätzlich die Erlaubnis erhielt, einen Laden zu betreiben. 1840 entstand hier die erste feste Anlaufstelle für Dampfschiffe. 1859 wurde das Landpostamt in Beian eröffnet, später auch eine Telegrafenstation. In Zusammenhang mit einem Antrag auf Ausbesserung des Hafens im Jahre 1876 fand man heraus, dass 3100 Passagiere ihren Weg über Beian genommen hatten, 4000 Fahrzeuge hatten den Hafen besucht und man hatte 1028 Dampfschiffanläufe verzeichnet. Mehrere verschiedene Besitzer trieben hier später noch Handel, aber der Betrieb nahm langsam ab, bis er 1938 ganz aufhörte.

Vor uns 4 Inseln. **Garten** (1,5 km²), dahinter **Storfosna** (11 km²), noch weiter hinten **Hitra** (571,5 km²) mit Windmühlen. Vor uns an BB die Insel **Sørleksa**.

Der Kurs ändert sich in Richtung Garten nach SB, die Insel hat Molen- und Brückenverbindung mit dem Festland.

Nachdem das Schiff Garten umrundet hat, fährt es durch den Sund zwischen den Inseln Fosenheia und Storfosna an BB und Garten an SB. Der Sund ist fischreich wegen des starken Gezeitenstroms zwischen den Inseln.

Die Insel **Storfosna** (11 km²) an BB ist uneben, aber gut bewirtschaftet. Autofähre zum Festland.

Die ältesten Funde auf dem Gut Storfosna stammen aus dem 7. Jh.. Einer der früheren Besitzer wird in norwegischen Königssagen erwähnt. Unter Håkon Håkonsson (1204-63) war dies ein Königshof. Die Sage erzählt von einer blutigen Auseinandersetzung im Jahre 1239 auf diesem Königshof. In dem Jahr hatte Herzog Skule das Banner des Aufruhrs gehisst und sich selbst zum König ernannt. König Håkon hatte zwei Hirten mit Briefen zu ihm gesandt. Skule empfing sie als Gäste und beschenkte sie großzügig. Aber auf dem Rückweg wurden sie von seinen Männern auf Storfosna überfallen. Der eine Hirte wurde auf dem Königshof getötet, dem anderen gelang es, sich halbnackt auf das Kirchendach zu flüchten, und da harrte er aus in der Kälte der Nacht. Als der Tag graute, wurde er entdeckt und erstochen, so dass das Blut die Kirchenmauer herunter rann.

Einige Jahre lang gehörte Storfosen zum Gut Austrått unter der eigenwilligen Herrschaft von Frau Inger. Auch in den folgenden Jahrhunderten gab es unter den Besitzern etliche berühmte Namen aus der Umgebung von Trøndelag. Das Gut Storfosen war bis 1574 Ein Gut der Krone und dominierte in dieser Gegend bis ins 19. Jh. zusammen mit dem Gut Austrått. Dann verlor es seine Adelsrechte. Seit 1969 ist es im Besitz des heutigen Eigentümers.

Heutzutage steht Storfosen auf mehreren wirtschaftlichen Beinen. Milchproduktion ist das wichtigste. Es werden über 900 000 Liter Milch pro Jahr unter der Regie des Gutes Storfosen erzeugt. 400 Rinder liefern Gourmetfleisch für die Gegend um Trondheim. Aus 50 m Tiefe, aus einem Gebiet 150 m vor der Insel gelegen, pumpt man Wasser In Becken an Land und züchtet darin Heilbutt. Der große Damwildbestand Storfosens lädt zur Jagd ein.

Vor Storfosen an BB sieht man die Nordspitze von **Fjellværsøya** in der Gemeinde Hitra (S 339).

Nachdem wir die Insel Garten umrundet haben, gehen wir wieder auf nördlichen Kurs. An SB passieren wir die Westseite des Ortes Beian.

63°40'N   9°29'E   + 2 Std 17 Min   ⑨

Vor **Grandfjæra**, der flachen, breiten Bucht an SB, hat man einen Damm gebaut und damit 2,5 km² Land trocken gelegt, das landwirtschaftlich genutzt wird.

Der Hauptflughafen von **Ørland** an SB ist der größte Arbeitgeber der Region. Er ist die Hauptbasis der Luftverteidigung in Trøndelag und eine der voll funktionsfähigen festen Flugstationen des Landes für Jagdflugzeuge und Helikopter. Der Flughafen wurde von der deutschen Besatzungsmacht im 2. Weltkrieg gebaut und später viele Male ausgebaut. Die Betonrollbahn ist 2700 m lang.

Die Schwadron 330 wurde 1973 mit Sea King Rettungshelikoptern gegründet. Unter den 340 Aufträgen im Jahr sind die meisten Krankentransporte, Such- und Rettungseinsätze. Die Helikopter bilden einen Teil der staatlichen Rettungsambulanz. Die 330er Schwadron deckt ein Großteil der Küste ab mit Stationen in Rygge in Østfold, Sola bei Stavanger, Ørland, Bodø und Banak am Lakselv in Finnmark. Ab 2007 werden die Helikopter in weniger als 15 Minuten vom Abflug am Einsatzort sein.

Voraus ist deutlich der Berg **Steinsvikfjell** (324 m) zu erkennen und das Dorf **Djupfest**. Der Berg liegt nördlich vom **Bjugnfjord**.

63°43'30''N   9°32'E   + 2 Std 33 Min

Das Leuchtfeuer **Kjeungskjær** passieren wir an der Mündung des **Bjugnfjords**. Der außergewöhnliche, berühmte Leuchtturm ragt 20,6 m über dem Meer auf, das Licht steht in einer Höhe von 17,5 m über Hochwasser,

Reichweite 13,1 n.M. Der Leuchtturm steht auf einem Betonfundament auf einer Schäre, die bei Hochwasser überflutet wird.

Dies ist der einzige achteckige Leuchtturm in Norwegen, 1880 errichtet, bis 1947 ein „Familienfeuer", danach wurde der Dienst turnusmäßig versehen. Der Leuchtturmwärter wohnte an Land, wenn er nicht gerade Schicht hatte. 1987 wurde das Leuchtfeuer von Kjeungskjær automatisiert und verlegt. Erst nachdem 1965 ein Stromkabel gelegt war, konnte es elektrisch betrieben werden. Im Jahre 2000 wurde der Leuchtturm unter Denkmalschutz gestellt.

„Familienfeuer" bedeutet in diesem Zusammenhang, dass der Leuchtturmwärter seinen gesamten Hausstand, Frau, Kinder und Gouvernante, dabei hatte. Das Feuer musste Tag und Nacht bedient werden, d.h. die Frau des Leuchtturmwärters musste ihren Mann ablösen. Bei gutem Wetter konnten sie an Land rudern zum Einkaufen, aber in Unwetterzeiten waren sie total isoliert. Ohne Telefon mussten sie durch Morsen mit der Umwelt kommunizieren. Eine Lehrerin, die 1938 dort wohnte, berichtete als Beispiel für die besonderen Verhältnisse auf dem Turm, „dass sie einen Scheuerlappen ins Waschbecken legen mussten, um zu verhindern, dass Seewasser über den Fußboden spritzte. Bei schlechtem Wetter konnte der Lappen fast bis zur Decke hinauf geschleudert werden." Die Kinder mussten an einem Pfahl festgebunden werden, wenn sie draußen auf der Schäre spielten, und vor Hochwasser heraufgeholt werden. Heute kann man sich über Nacht auf dem Leuchtturm einquartieren. Die längste zusammenhängende Dienstzeit für einen Leuchtturmwärter auf Kjeungskjær waren 26 Jahre, von 1926 bis 1952.

Die Gemeindegrenze zwischen Ørland und Bjugn geht mitten durch den Bjugnfjord.

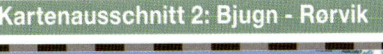

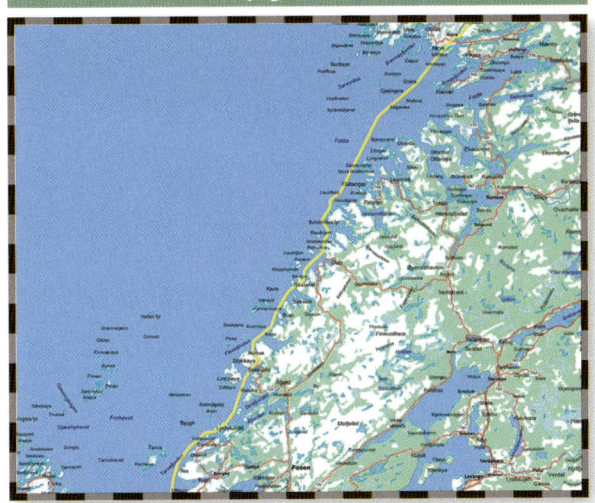

Die Gemeinde Bjugn

Bedeutung des Gemeindewappens: Hat mit der Wichtigkeit des Fischfangs und der Seefahrt zu tun.
Bedeutung des Namens: Hängt zusammen mit bjugr, gebogen, es ist aber ungewiss, ob dies auf einen Fjord-, Hof- oder Flussnamen zurück geht.
Gemeindezentrum: Botngård (1 103 Einw.).
Position: 63°46'N 9°49'E.
Areal: 382 km². **Einw.:** 4 685.
Bevölkerungsdichte: 12,26 Einw./km².
Arealverteilung: Landw. 10 %, Forstw. 26 %, Süßwasser 7 %, verbleibendes Areal 57 %.
Wirtschaft: Auf offshore ausgerichtete Werkstattindustrie, Nahrungsmittel- und Holzwarenindustrie, Fisch- und Muschelzucht. Futtermittel. Landwirtschaft mit Viehzucht und Getreideanbau, etwas Tourismus.
Sehenswertes: Handelsplatz Vallersund mit alten Häusern, der Hof Molnargården in Uthaug mit Ausstellungen und Freilichttheater, Die Kirche in Bugn. Sjøgate (Seestraße) in Uthaug. Die Kirche in Nes, die Inselgruppe Tarva, Ein Fels mit Runeninschrift bei Valseidet.
Hinweis auf Aktivitäten:
Die Küstenkulturtage in Lysøysund.
Website der Gemeinde Bjugn:
www.bjugn.kommune.no

Die breite Mündung des **Bjugnfjords** öffnet sich an SB. Der Fjord streckt sich 14 km lang in die Fosenhalbinsel hinein. Das Verwaltungszentrum **Botngård** liegt im Innern des Fjords. Der Bjugnfjord war früher als guter Heringsfjord bekannt.

Der Ort **Uthaug** (391 Einw.) an SB in der Nähe des Leuchtturms Kjeungskjær am Eingang des Bjugnfjords. Uthaug hat einen guten Hafen und war schon seit dem 17. Jh. bekannt als aktives Fischereizentrum. Die erhaltenswerte Sjøgate entlang des Strandes am alten Hafen von Uthaug weist charmante hölzerne Fischerhäuser aus dem 19. Jh. auf, bestehend aus Erdgeschoss und Dachboden. Norwegens erste Fischervereinigung wurde 1896 in Uthaug gegründet.

Der Hof Uthaugsgården wurde um 1740 als Nebenresidenz für das Gut Austrått erbaut. Das Hauptgebäude hat 40 Zimmer, alle mit ihrem ursprünglichen Inventar ausgestattet. Außerdem gibt es einen Renaissancegarten und einen dreistöckigen Viehstall mit allem Zubehör. Die Anlage ist von großem kulturhistorischem Wert.

Die Kirche von Bjugn liegt ca. 8 km innerhalb des Fjords. Hier gab es schon seit 1637 eine Kirche, doch 1952 brannte die alte Kirche nach einem Blitzeinschlag ab. Die neue wurde 1956 eingeweiht.

Die Inselgruppe **Tarva** (12,8 km²) liegt an BB, ca. 10 km vom Festland entfernt, hat so viele Inseln wie Tage im Jahr, der höchste Punkt liegt 23 m ü M. **Husøya** (7,8 km², 50 Einw.) ist die größte. **Karlsøya** im Südwesten weist alte Siedlungsreste auf, hat an der Außenseite Bombenkrater und Schussfelder. Auf der Insel **Været** im Nordosten gibt es Grabhügel aus der Wikingerzeit und im Innern ein Landschaftsschutzgebiet. Bis 1858 gehörte die Inselgruppe zum Gut Austrått, dann wurde daraus ein eigenes Gut mit 10-15 Hausmannsplätzen. Die Fischerei hatte am Ende des 19. Jh. große Bedeutung für Tarva, in einer Zeit mit starkem Bevölkerungswachstum. Die Inselbewohner ernährten sich als Fischer-Bauern, also mit Hilfe einer Kombination aus Landwirtschaft, Fischerei und Jagd. Ab 1960 zogen viele fort.

Einige der Inseln wurden 1878 zum Eier- und Daunensammeln unter Schutz gestellt. Været und einige andere Schären wurden 1982 zum Landschaftsschutzgebiet erklärt. Man hat in dieser Gegend 206 verschiedene Pflanzenarten und über 100 Vogelarten beobachtet. Die Inselgruppe weist die in Mittelnorwegen am besten bewahrte Landschaft mit Küstenheide auf und ist damit eine schützenswerte Kulturlandschaft.

Während des Krieges wurden auf Tarva zahlreiche Küstenbefestigungen errichtet, bis zu 2000 deutsche Soldaten waren hier stationiert, Kriegsgefangene vieler Nationen mussten die Arbeit ausführen. Auf Tarva erinnert vieles an den Krieg. Die deutsche Luftwaffe baute ein Mammut-Radar und dazu einen Bunker von den Ausmaßen 24x25 m, in den 2500 m³ Beton verbaut wurden. Bei einem Sturm im Jahre 1944 kippte das Radar um. Der Bunker wurde unter einem Steinhaufen versteckt, so dass er aus einiger Entfernung wie ein Grabhügel aussah.

63°45'N   9°32'E   + 2 Std 39 Min   ⑪

Am Strand unterhalb des Berges **Steinviksfjell** (324 m ü M) an SB passieren wir die Orte **Berg**, **Nes** und **Djupfest**, von wo man mit der Fähre nach Tarva übersetzen kann. Der Fährhafen von Djupfest ist zum Teil hinter einer Steinmole verborgen. In der Umgebung hat man Grabhügel und andere Funde aus der Vorzeit entdeckt.

> Am 14. März 1944 sank vor Djupfest die D/S „Irma" in eine Tiefe von 10-46 m. Das Schiff war in Sunderland in England 1906 gebaut worden, hatte 3 757 BRT und war in Hamburg registriert. Es hatte Eisenerz geladen und war auf dem Weg von Narvik nach Hamburg. Niemand kam um, aber das Schiff lief auf Grund und brach entzwei. Das Vorschiff blieb an Land liegen, so dass das kostbare Erz geborgen werden konnte, das Achterschiff hingegen wurde ein beliebtes Ziel für Sporttaucher. Der Reserveanker wurde 2001 gehoben und liegt jetzt vor der Station der Rettungshelikopterschwadron 330 bei der Flugstation Ørland, als ein Symbol für die Sicherheit der Helikopter.

Die Kirche von Nes an SB nordwestlich der Fährstation Djupfest. Die Kirche, die in der ersten Hälfte des 16. Jh.s gebaut wurde, brannte 1770 nach einem Blitzeinschlag ab. Im selben Jahr begann man mit einem Neubau etwas weiter nördlich. Diese Kirche wurde 1774 fertig, hatte 250 Sitzplätze und eine ansehnliche Kirchturmspitze, die als Seezeichen dienen konnte. Als die Kirche zu klein wurde, verkaufte man sie und verlegte sie nach Sunnmøre. Die neue Kirche aus Holz, 1879 eingeweiht, bekam 500 Sitzplätze. Später erfuhr sie eine umfassende Renovierung. Die Kirche liegt hinter einem Berghang und kann besser vom Bjugnfjord aus gesehen werden, wenn das Schiff sich dem Valsfjord nähert.

Im Hintergrund ragt der **Kopparen** (483 m ü M) auf. Auf dessen Spitze befindet sich eine Radio/Fernsehstation der Firma Televerket.

63°48'N   9°35'E   + 3 Std 02 Min   ⑫

Der **Valsfjord** an SB erstreckt sich in nordöstlicher Richtung vor der **Vallersundhalbinsel**. Am innersten Punkt dieses kurzen Fjords liegt das schmale **Valseidet** als Übergang von der Halbinsel zum Festland und trennt den Valsfjord von dem 7,1 km langen, 1,5 km breiten **Koetfjord**, auch der erstreckt sich nach NO. Bei Valseidet fand man mehrere Grabanlagen aus der Eisenzeit, vermutlich für bedeutende Persönlichkeiten angelegt. Einige wurden untersucht. In denen fand man Gold- und Silberringe, Nadeln und Beschläge aus Bronze.

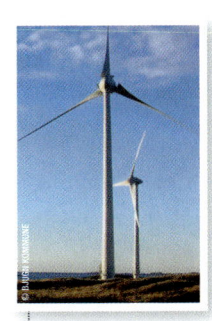

An SB passieren wir die Landzunge **Valsneset** auf der Vallersundhalbinsel. Dort stehen Windmühlen.

| 63°51'25''N 9°40'E + 3 Std 08 Min ⑬ |

Das Dorf **Haldorhamn** passieren wir an SB.

Auf der Insel **Vasøy** nahe Haldorhamn liegt **Torra**, „Norwegens Mittelpunkt". Wenn man die ganze Küste von Nord nach Süd ausmisst, soll hier genau die Mitte sein.

Die kleinen Inselgruppen **Tristeinen** und **Gjæsingen** an BB voraus.

Die Fahrt geht durch einen Schärengarten mit einer Vielzahl kleiner Inseln. Normalerweise fährt das Schiff im Sommer zwischen den Inseln hindurch, im Winter außen herum.

| 63°52'N 9°41'37''E + 3 Std 09 Min |

Valsøya passieren wir an SB, die 1977 gebaute Brücke verbindet die Insel mit einer Halbinsel auf dem Festland. Auf der Ostseite von Valsøy liegt der alte Handelsplatz **Vallersund** aus dem 18. Jh.. Im 19.Jh. wurde hier umfangreicher Handel mit Fisch von den Lofoten betrieben. Der Fisch wurde auf den Uferfelsen getrocknet. Diese Tätigkeit erstreckte sich bis ins 20. Jh. und erreichte ihren Höhepunkt 1916-18. Heute gibt es einen Fischveredelungsbetrieb in Vallersund.

| 63°52'33'N 9°46'E + 3 Std 10 Min |

Jøssund mit der Kirche von Jøssund an SB weiter nordöstlich auf der Insel. Die heutige Kirche ist ein Langbau von 1886 mit äußerer und innerer Holzverschalung und 450 Sitzplätzen. 1951-53 wurde sie restauriert.

Sie ersetzte eine ältere Kirche in der Nähe, als diese abgerissen und verkauft wurde.

Wir fahren durch das enge Fahrwasser zwischen Inseln, Schären und schmalen Buchten. Hinter Jøssund geht es zwischen den Inseln **Skjørøy** an BB und zunächst **Madsøy**, dann **Lysøy** an SB hindurch, vorbei an dem Ort **Lysøysundet** (315 Einw.) am Festland mit Nahrungsmittel- und Offshore-Industrie und Fischzucht.

An BB die Insel **Asen** und das **Asen-Vågsøy**- Feuer, 1921 fertig gestellt, sollte es den Schiffsverkehr während der Heringsfischerei sichern, da die meisten Boote Lysøysund und **Stokksund** anliefen. 1975 wurde das Leuchtfeuer automatisiert.

| Ca. 63°54'40''N 9°52'E |

Wir passieren die Grenze zwischen den Gemeinden Bjugn und Åfjord.

Die Gemeinde Åfjord

Bedeutung des Gemeindewappens: Symbolisiert das Åfjordboot.
Bedeutung des Namens: Vom Hofnamen Å, abgeleitet von å, „Fluss".
Areal: 955 km². **Einw.:** 3 315.
Bevölkerungsdichte: 3,5 Einw./km².
Gemeindezentrum: Årnes/Å (1 117 Einw.).
Position: 63°57'N 10°13'E.
Arealverteilung: Landw. 3 %, Forstw. 17 %, Süßwasser 6 %, verbleibendes Areal 74 %.
Wirtschaft: Etwas Nahrungsmittel- und Holzindustrie, Betonfabrik, Bauindustrie, Bootsbau (Åfjordboot), Landwirtschaft mit Haustierhaltung, Küstenfischerei, Forstwirtschaft im Binnenland.
Sehenswertes: Die Harbakk-Höhle, großes Gräberfeld aus der Wikingerzeit bei Å.
Website der Gemeinde Åfjord: www.afjord.kommune.no

| 63°54'40''N 9°52'E + 3 Std 26 Min ⑭ |

Der **Lauvøyfjord** beginnt zwischen den Inseln **Lysøy** und **Lauvøy** an SB. Er setzt sich fort als **Åfjord** (15 km lang), der sich in nordöstlicher Richtung ins Land hineinschneidet. Das Verwaltungszentrum **Å/Årnes** (1 117 Einw.) liegt mit seiner Mühle, Holz- und Betonwarenindustrie am Ende des Fjords.

Der **Skråfjord** verläuft nördlich parallel zum Åfjord.

Der Ort **Selnes** an SB liegt am äußersten Zipfel der schmalen Halbinsel zwischen dem Åfjord und dem Skråfjord. Ca. 6 km von **Selnes** landeinwärts liegt zwischen den Fjorden der Ort **Dragseid**. Der Name macht deutlich, dass die Leute in früherer Zeit ihre Boote über die schmale, flache Landschwelle zwischen dem Åfjord und Skråfjord gezogen haben.

∽

Bei Dragseid befindet sich die größte Anhäufung von Bautasteinen und Grabhügeln verteilt auf ungefähr 20 größere und kleinere Gräberfelder. Das größte umfasst ca. 40 repräsentative Grabanlagen aus der Wikingerzeit, d.h. eine Reihe von Bautasteinen, runde und langgestreckte und einen sternförmigen Grabhügel. Diese Hinterlassenschaften zeugen von reger Tätigkeit in der Gegend, besonders in der Völkerwanderungszeit um 400-600 n. Chr.

∽

63°55'N   9°53'E   + 3 Std 28 Min   ⑮

Die grüne Insel **Lauvøya** passieren wir an SB. Sie liegt an der Mündung des Skråfjords, hat 80 Einwohner und eine Brückenverbindung zum Festland.

∽

An SB sieht man den Eingang zum Skråfjord. Im Hintergrund das **Kvenndalsgebirge** mit dem **Bjørnabakklumpen** (444 m ü M).

∽

63°56'15''N   9°48'E   + 3 Std 33 Min

Die Insel Asen mit dem Asen-Vågsøy-Feuer haben wir an BB passiert. Vor uns, auch an BB, liegt die Insel **Linesøya** (17 km², ca. 80 Einw.) mit dem **Linesberg** (230 m ü M). Die Bebauung erstreckt sich entlang der Küstenlinie hauptsächlich an der Ost- und Nordseite der Insel. Zwischen Linesøy und der Nachbarinsel Stokkøy soll eine Brücke gebaut werden, die 2007/2008 fertig sein soll. Bis dahin wird der Fährbetrieb aufrecht erhalten.

An SB die Landzunge **Tårnes** nördlich des Skråfjords, danach die Dörfer Tørhogg, Ratvika und Grøttingen.

∽

64°00'27''N   9°58'E   + 3 Std 58 Min

Wir fahren weiter in den **Linesfjord** hinein und sehen die Insel Stokkøya vor uns an BB. An SB passieren wir die kleinen Orte **Herfjorden**, **Lauvik** und **Lauvstranda**.

∽

> Bei **Maltsekken** auf Stokkøya liegt das Wrack von M/S „Moi", gebaut 1952. Das Schiff war im Januar 1975 auf dem Weg nach Süden mit einer Ladung Steine, als es bei schlechter Sicht und Schneetreiben auf Grund lief. Es sank und liegt jetzt in einer Tiefe von 20-35 m.

∽

Bei Stokkøya wurden eine Zeit lang Seeigel im Tanggürtel gezüchtet für den Export nach Japan. Aber es lohnte sich nicht, und so wurde nach einigen Jahren die Produktion eingestellt.

∽

Wir nähern uns dem **Stokksund**, einer der bekanntesten Passagen der Hurtigrute zwischen Trondheim und Rørvik. Der Stokksund ist die schmale Durchfahrt zwischen Stokkøya (16,7 km²) an BB und dem Festland. An der schmalsten Stelle ist er 45 m breit.

∽

An BB das Dorf **Harsvika** auf Stokkøya am Eingang zum Stokksund.

∽

Die **Stokkøybrücke**, unter der wir hindurchfahren, wurde im Dezember 2000 eröffnet und ist die längste im Verwaltungsbezirk Süd-Trøndelag. Sie ist 525 m lang, sie hat 6 Spannelemente, das längste ist 206 m lang. Die Segelhöhe beträgt 30m.

∽

Gleich am an SB gelegenen Brückenpfeiler der Stokkøybrücke befindet sich ein Betrieb zum Abwracken von Schiffen.

∽

An SB die Marina von **Kuringvågen** gleich hinter der Brücke. Hier kann man ein Exemplar eines Åfjordbootes sehen. Dieser Bootstyp wurde über mehrere 100 Jahren in Åfjord entwickelt und in allen Fischerorten für die lokalen Transporte benutzt, bis dampf- und motorgetriebene Schiffe die Aufgabe übernahmen. Die Boote wurden auf den Höfen gebaut, die geeigneten Nadelwald hatten. Die Produktion lag bei höchstens 1000 Booten pro Jahr.

Die rot angestrichene Stokksundkirche sieht man ab SB auf **Revnes**, nachdem man die Brücke passiert hat. Es handelt sich um eine hölzerne Kreuzkirche von 1825 mit 300 Sitzplätzen. 1885 und 1955 wurde sie restauriert

Mitten im Stokksund setzt das Schiff einen um 90° gedrehten Kurs nach Nordwest. Wenn wir aus dem Sund herauskommen, passieren wir an SB die Schären **Langholmen** und **Høgholmen**.

Westlich von Langholmem, in einer Tiefe von 27-50 m, liegt das Wrack von D/S „Lita", 318 BRT, die am 30. Januar 1944 auf Grund lief und sank, als sie mit Ballast auf dem Weg nach Süden war von Brønnøysund nach Trondheim. Das Schiff wurde 1890 in Deutschland gebaut und 1936 nach Norwegen verkauft. Ab 1940 benutzten die Deutschen es im Küstenverkehr.

Ca. 60 m von dem Wrack entfernt liegt ein anderes Wrack, das des deutschen Wachbootes „V-5706/Ostmark", 204 BRT. Das Schiff wurde 1925 als Walfänger in Norwegen gebaut, dann aber als Wachboot in der norwegischen Marine eingesetzt. Nach der Invasion in Norwegen im April 1940 wurde es unter deutscher Flagge mit einer 76 mm Kanone bestückt. Es lief 1941 nahe dem Stokksund auf Grund und ruht jetzt in einer Tiefe von 35-45 m, immer noch gut erhalten. Die gefährliche Munition hat man in den 1990er Jahren entfernt.

Es wird erzählt, dass der deutsche Kaiser Wilhelm 2. vor dem 1. Weltkrieg auf einer seiner vielen Reisen entlang der norwegischen Küste bei seiner Fahrt durch den Stokksund den Eingang zum Sund nicht gefunden hatte. Er beschimpfte den Lotsen, weil die kaiserliche Yacht offensichtlich direkt auf die Felswand zu lief.

Das Schiff fährt durch den schmalen **Stokken**. An SB der Berg **Harbak** (363 m ü M), an BB der Berg **Nyphogg** (225 m ü M) auf Stokkøya.

Die „Uranus" lief 1948 in dichtem Nebel bei Svartskjær im Stokksund auf Grund. Sie war auf der Reise von Bergen nach Tromsø. Das Schiff wurde 1925 gebaut und hatte 935 BTR. Im Krieg geriet es mehrmals unter das Feuer der Alliierten, kam aber davon. Nachdem es auf Grund gelaufen war, kamen ihr mehrere Schiffe zu Hilfe, ein Teil der Ladung konnte gelöscht werden. 20 Minuten nachdem das Bergungsschiff angekommen war, glitt die Uranus in die Tiefe und verschwand. Das gut erhaltene Wrack liegt in 70-90 m Tiefe.

Der Ort **Harbakstranda** an SB liegt auf einer grünen Landzunge im Sund Stokken mit dem imponierenden Harbakfjell (363 m ü M) im Hintergrund.

Das Dorf **Harbak**, auf der Landzunge gelegen, passieren wir, nachdem wir den Stokksund hinter uns haben. Harbak gehörte ursprünglich zum Reinskloster in Rissa, wurde aber 1754 von zwei Brüdern gekauft. Heute wohnen ca. 30 Menschen in dem kleinen Dorf. Sie leben von der Landwirtschaft.

Die berühmte, großartige **Harbak-Höhle** liegt 50 m hoch im Fels oberhalb von **Harbakbygden**. Die Höhle wurde durch eine Kluft im Berg gebildet zu einer Zeit, als das Land tiefer lag (während der Eiszeit). Das Meer hat sie dann erweitert. Sie ist 130 m tief, hat eine Höhe von 30-40 m und erstreckt sich 160 m in den Berg hinein. Sowohl Konzerte als auch Kunstausstellungen finden in der Höhle statt. Sie hat eine sehr gute Akustik. Nichts deutet darauf hin, das hier für längere Zeit Menschen gewohnt hätten, dennoch gibt es Spuren einer Mauer, die sich von Wand zu Wand erstreckt hat. Das weist darauf hin, dass die Höhle mal als Fluchtburg für die Dorfbewohner gedient hat (S 83) Die Höhle ist eine der schönsten Naturformationen in Sør-Trøndelag. Am besten ist sie zu sehen, nachdem der Kurs wieder nach Norden gesetzt wurde.

Der Sage nach soll ein portugiesischer Weltumsegler im Mittelalter vor Harbak gesunken sein. Einige Mannschaftsmitglieder ertranken, andere konnten sich an Land retten und suchten Schutz in der Harbak-Höhle. Von hier aus nahmen die Seeleute Kontakt mit der Bevölkerung auf und wurden sicher nach Hause geleitet. Einer der Portugiesen aber entschloss sich der Sage nach, in Norwegen zu bleiben. Er verliebte sich nämlich in eine Dame vom Stokksund und heiratete sie, machte sich ein Stück Land urbar und siedelte sich in Harbak an. Die vier Söhne teilten sich das Land, als ihr portugiesischer Vater starb. Es wird gesagt, dass die Leute von Harbak auf Grund ihres portugiesischen Ahnen ihre besonderen Merkmale haben, die sich durch alle Generationen erhalten haben: ein echter Harbaker ist klein von Wuchs, hat kohlschwarze Haare und dunkle, funkelnde Augen. Er ist fleißig, sparsam und nimmt alles mit stoischer Ruhe hin. Er hat eine tiefe, raue Bassstimme und sein Dialekt unterscheidet sich deutlich von dem anderer Dörfer der Umgebung. Zudem sind die Harbaker sehr gastfreundlich.

Außerhalb des Stokksundes liegt eine Reihe von kleinen Inseln an BB, u.a. **Hosnaøya**, **Flesa** und **Gjæsingen**. An SB passieren wir **Pålsodden** auf der Harbakhalbinsel.

An SB die Bucht Skjørin, die Gemeindegrenze zwischen den Gemeinden Åfjord und Roan verläuft in der Mitte der Bucht.

64°06'42"N 10°02'34"E   + 4 Std 36 Min ⑯
Wir sind in die Gemeinde Roan hineingefahren.

Die Gemeinde Roan

Bedeutung des Gemeindewappens: Symbolisiert die Küste mit ihrem Vogelleben.
Bedeutung des Namens: Vom nordischen róda, "Stange", im Zusammenhang mit Bergspitzen benutzt.
Gemeindezentrum: Roan (-).
Position: 64°10'N 10°13'43"E.
Areal: 373 km². **Einw.:** 1 066.
Bevölkerungsdichte: 2,9 Einw./km².
Arealverteilung: Landw. 3 %, Forstw. 9 %, Süßwasser 5 %, verbleibendes Areal 83 %.
Wirtschaft: Fischzucht, Baugewerbe, Landwirtschaft mit Haustierhaltung, Fischerei.
Sehenswertes: Die Kirche von Roan. Der Strandort Bessaker.
Website der Gemeinde Roan: www.roan.kommune.no

64°07'43"N 10°04'56"E   + 4 Std 41 Min ⑰
Der Ort **Kiran** an SB mit dem **Kiransfjellet** (308 m ü M) im Hintergrund, danach der Ort **Hongsand**, die kleine Insel **Sørkråkøya** und die größere, bebaute Insel **Brandsøya** mit Brückenverbindung zum Festland.

An BB viele kleine Inseln, dann die Insel **Almenningen** (1,7 km²), deren Steinbruch den Marmor für den Nidarosdom in Trondheim geliefert hat. Danach **Værøya**.

64°11'N 10°09'42"E   + 4 Std 58 Min ⑱
Der **Berfjord** an SB erstreckt sich hinter Brandsøya. Am nördlichen Teil der Fjordmündung liegt der Hof **Utro Bygdetun,** wo eine Sammlung von 300 Jahren alten Gebäuden steht, die für die Küstenkultur von Roan zeugen.

Die Kirche von Roan, auch **Fosenkathedrale** genannt, liegt etwas weiter drinnen im Berfjord. Sie wurde 1702 erbaut, sowohl das Altarbild, als auch die Kanzel, das Epitaph (eine Erinnerungstafel an der Wand) und der Altarkalk sind sehr alt. Die ältesten Objekte werden bis 1639 zurück datiert. Die Kirche gilt als eine der schönsten dieser Gegend.

Unter den Inseln an BB befinden sich **Farmannsøya**, **Kjeøya**, **Værøya**.

64°12'32"N 10°12'E   + 5 Std 10 Min ⑲
Das Leuchtfeuer **Kaura** auf der Schäre **Kaura** an BB ist ein 22 m hoher, roter Turm aus Gusseisen mit einem weißen umlaufenden Streifen, auf einem grauen, 30 m hohen Steinsockel montiert. 1931 wurde es als Leitfeuer installiert. Dieser bemannte gusseiserne Leuchtturm ist der vorletzte seiner Art, den man in Norwegen aufstellte. 1959 wurde er automatisiert. Das Feuer hat eine Reichweite von 12,2 n.M., 1984 wurde es auf Solarzellenbetrieb umgestellt. Das Leuchtfeuer in Kaura wurde im Jahre 2000 unter Denkmalschutz gestellt und hat einen hohen historischen Wert.

Die Insel **Terningen** an SB liegt am Eingang zum **Brandsfjord**. In den 1970er Jahren zogen die letzten Bewohner fort. Die Dörfer **Hofstad** und **Straum** liegen im inneren Teil am Brandsfjord.

64°14'N   10°15'45"E   + 5 Std 15 Min   ⑳

Wir passieren die Inseln **Sandøya** und **Børøya** an BB, an SB liegen am Festland das Dorf **Storvika** und der Strandort **Bessaker**, wo jedes Jahr ein Fischerfestival abgehalten wird. Dann folgt das Dorf **Vik** unterhalb des Berges **Skjelden** (360 m ü M).

Ca. 64°18'N   10°21'E

Wir passieren die Grenze zwischen den Gemeinden Roan und Osen.

Die Gemeinde Osen

Bedeutung des Gemeindewappens: Symbolisiert die Beziehung zur Fischerei.
Bedeutung des Namens: Vermutlich nach einem Hof an der Mündung des Steindalsflusses benannt. Der Ort am tiefsten Punkt des Fjords heißt auch Osen.
Gemeindezentrum: Steinsdalen (- Einw.).
Areal: 387 km². **Einw.:** 1 059.
Bevölkerungsdichte: 2,7 Einw./km².
Arealverteilung: Landw. 2 %, Forstw. 10 %, Süßwasser 5 %, verbleibendes Areal 83 %.
Wirtschaft: Steinbruch, Plastikröhrenfabrik, Landwirtschaft mit Haustierhaltung und Fischfang, etwas Fischzucht.
Website der Gemeinde Osen: www.osen.kommune.no

Während wir den Kurs nach **Sandviksberget** setzten, passieren wir an BB die beiden Inseln **Skjervøyan**, **Hepsøya** liegt an BB voraus.

64°18'43"N   10°24'E   + 5 Std 44 Min   ㉑

Die **Osen-Bucht** an SB mit dem Ort gleichen Namens hat auch der Gemeinde ihren Namen gegeben. Die Kirche von Osen stammt von 1878. Bei der Kirche stehen Bautasteine zur Erinnerung an die Fischer, die am „Unwettertag" 1859 umgekommen sind, und an die Gefallenen vom 2. Weltkrieg.

Danach passieren wir den Ort **Sundet** mit der Brücke über die Mündung der Bucht.

64°19'23"N   10°25'47"E   + 5 Std 48 Min   ㉒

Das Schiff fährt zwischen **Ramsøya** und dem Festland hindurch. Die Orte an SB sind zunächst **Strand**, dann **Sandviksberget** am Fuße des Berges **Hopaheia** (311 m ü M). Hier hat man Felszeichnungen aus der jüngeren Steinzeit entdeckt. Von den 8 Figuren ist eine fast 3 m lang, sie stellt einen Grindwal dar. Außerdem fand man ein Felsengrab aus der jüngeren Bronzezeit. Heute gibt es hier Industrie und Wohnbauten. Strand hat einen gut ausgebauten Hafen für den Küstenverkehr.

An SB die Bucht **Høvika** nördlich von Sandvikberget, dann die Inseln **Ramsøya** und **Skokkeløya** an BB. Dann folgen an SB der kurze Fjord **Hopen** und der Fischerhafen **Vingsand** innen im Fjord.

64°22'N   10°27'E   + 6 Std 03 Min   ㉓

Die beiden Inseln **Raudøyan** an BB und **Fårøya** an SB liegen an der Mündung des schmalen Fjords **Vingen**. Dahinter folgt die Halbinsel mit dem Berg **Langstrandheia** (344 m ü M) und der kleinen Bucht **Helvika** vor dem **Svesfjord** an SB in südöstlicher Richtung.

Wir setzen Kurs auf das Leuchtfeuer von Buholmsråda. Das Dorf **Sætervika** liegt an SB an einer Festlandsnase an der Südspitze des Berges **Oksbåsheia** (268 m ü M). Sætervika war früher ein typisches Fischerdorf, ist aber heute wie so viele andere Fischerorte an der Küste auf Tourismus eingestellt.

64°23'N   10°26'46"E   + 6 Std 07 Min   ㉔

Das Leuchtfeuer von **Buholmsråsa** an SB liegt auf der kleinen Insel **Sønnaholmen**. Es wurde 1917 als Leitfeuer gebaut. Es hat einen 23,5 m hohen gusseisernen Turm mit weißem umlaufenden Band. Das Licht hat eine Höhe von 36 m überm Meer, seine Reichweite beträgt 17 n.M. 1994 wurde es automatisiert und blieb damit unbemannt. 1992 wurde dort Radar installiert. Das Buholmråsa-Feuer wurde im Jahre 2000 unter Schutz gestellt. Die dazugehörigen Wohnungen und Schuppen wurden zu einem Anwesen zusammen gestellt. Befestigte Wege führen vom Anleger zu den Gebäuden. Bei einem Bombenangriff im Krieg wurden die Gebäude zerstört, nach dem Krieg aber wieder aufgebaut. Der Leuchtturm ist von großem historischen Wert.

Hinter Buholmråsa kommen wir in das berüchtigte Meeresgebiet **Folda**.

> D/S „Pollux", 1676 BRT, sank im November 1900 auf dem Weg von England nach Tromsø mit einer Ladung Kohlen. Nach einem Rettungsversuch, der eine Woche in Anspruch nahm, sank das Schiff endgültig in 34 m Tiefe. Das Wrack ist nahezu intakt.

Das Leuchtfeuer von **Kya** liegt nordwestlich von Buholmsråsa extrem weit draußen im Meer auf einer kleinen Schäre. Es hat einen 22,5 m hohen zylindrischen Turm aus Gusseisen, der auf einem hohen Sockel aus dicken, sorgfältig zugehauenen Steinen steht. Das Licht hat eine Höhe von 29 m und eine Reichweite von 12,3 n.M.. 1974 wurde es automatisiert, indem man es auf elektrischen Batteriebetrieb umstellte. Im Leuchtturm gibt es einen kleinen, einfachen Wohnteil mit vier Schlafkabinen. Der Schuppen ist architektonisch den harten Wetterverhältnissen angepasst, indem er dem Wind so wenig wie möglich Widerstand bietet. Selbst bei gutem Wetter ist eine Landung dort schwierig. Der Leuchtturm ist einer der am stärksten wetterumtosten an der ganzen norwegischen Küste. Im Jahre 2000 hat man den historisch wertvollen Turm unter Schutz gestellt.

Wir fahren am Gebirge **Oksebåsheia** an SB vorbei in die Gemeinde **Flatanger** hinein.

Ca. 64°26'N   10°27'E

Wir passieren die Provinzgrenze zwischen Sør-Trøndelag und Nord-Trøndelag (S 332).

Wir passieren die Grenze zwischen den Gemeinden Osen und Flatanger.

Die Gemeinde Flatanger

Bedeutung des Gemeindewappens: Symbolisiert einen Schiffsbug von vorne gesehen.
Bedeutung des Namens: Vermutlich von „flat" (flach) in Bezug auf flaches Wasser, und von „angr", Fjord oder Bucht.
Gemeindezentrum: Lauvsnes (433 Einw.).
Areal: 458 km². **Einw.:** 1 205.
Bevölkerungsdichte: 2,6 Einw./km².
Arealverteilung: Landw. 2 %, Forstw. 16 %, Süßwasser 5 %, verbleibendes Areal 77 %.
Wirtschaft: Metallwaren, Fischzucht und -veredelung, relativ kleine Bauernhöfe mit Kombination Landwirtschaft/Fischerei. Dorschfischerei wichtig.
Website der Gemeinde Flatanger: www.flatanger.kommune.no.

Das Meeresgebiet von **Folda** liegt vor uns. Diese offene Strecke beginnt beim Leuchtfeuer Buholmråsa und erstreckt sich bis zu den Gjæslingan-Inseln und dem Leuchtturm von **Grinna** im Norden, eine Strecke von ca. 30 n.M., das Hurtigrutenschiff braucht ca. 2 Stunden dafür. Es handelt sich um ein berüchtigtes, unruhiges Meeresgebiet, zu Recht „Friedhof des Meeres" genannt.

> Folgendes erzählt man sich über Folda: „In einem Augenblick bietet sie uns mit aller Freundlichkeit die schönsten Aussichten, nur um uns im nächsten Moment wie eine Furie einem unfassbaren Inferno wie beim Weltuntergang auszusetzen. Umgeben von Tausenden von Inseln und noch mehr drohenden von Wasser bedeckten Felsen im Norden, hält sie uns ständig in Atem."

64°30'N   10°34'E   + 6 Std 41 Min

Die 4 größeren Inseln Aspøya, Halmøya (173 m ü M), Værsøy und Villa (106 m ü M) passieren wir an SB.

64°31"22"N   10°35'35"E   + 6 Std 45 Min ㉕

Die Insel **Halmøya** (173 m ü M) ist seit alters her bis in die 2. Hälfte des 19. Jh. ein zentraler Treffpunkt für die Menschen dieser Gegend gewesen. Auf der Insel liegen Reste der früheren Halmøya-Kirche, Niemand weiß, wann die erste Kirche hier gebaut wurde, aber schriftliche Quellen weisen darauf hin, dass schon 1468 hier eine stand. 1724 schlug der Blitz ein und beschädigte sie beträchtlich, aber man reparierte sie wieder und erweiterte sie. 1773 brannte sie wieder nach einem Blitzeinschlag ab und wurde 1779 wiederum repariert. 1873 schlug der Blitz zum dritten Mal ein. Die Brandschäden waren diesmal so stark, dass man die Reste abriss. Der Friedhof mit dem von See aus sichtbaren Bautastein wurde bis 1887 benutzt. Bei speziellen Anlässen werden noch heute auf dem Grundstück der ehemaligen Kirche Gottesdienste abgehalten.

Auf Halmøya liegt die Höhle **Håkkahalla**, 32 m tief, 12 m breit und bis zu 6 m hoch. Wegen der guten Akustik werden hier Konzerte gegeben.

64°32'48"N   10°37'30"E   + 6 Std 53 Min ㉖

Der außergewöhnlich solide sechseckige Leuchtturm von **Villa** an SB ist aus behauenen Felssteinen errichtet. Er liegt 14,7 m ü M, das Leuchtfeuers selbst 39,2 m ü M mit einer Reichweite von 18 n.M. Das Leuchtfeuer von Villa wurde 1838 eingerichtet, und zwar als erstes nördlich von Trondheim. Vermutlich war es das letzte mit Kohlen befeuerte, denn Kohle war damals schon vom Öl als Brennstoff überholt worden. Aber weil es so abseits lag, meinte man, es wäre leichter, das Feuer mit Kohle zu versorgen. Für den Leuchtturmwärter gab es ein Wohnhaus, dazu einen Schuppen, eine Schmiede, 2 Kohlenmagazine, einen Bootsschuppen und einen Lagerplatz. Ca. 70 Mann wurden für den Bau des Leuchtturms benötigt, 59 700 Steine wurden verbaut, 100 Schiffsladungen Kalk, 1600 Dachsteine. Für den Betrieb des Feuers gingen pro Jahr fast 500 t Kohle drauf. Die Kohle kam aus Schottland und von den Kanalinseln. 1859 wurde der Betrieb auf Öl umgestellt und 1890 eingestellt. 1999 stellte man den Leuchtturm unter Denkmalschutz. Das Feuerhaus wurde auf den Leuchtturm von Nordøyan versetzt, nur der steinerne Turm blieb stehen.

Auf beiden Inseln, Villa und Holmøya, gibt es Siedlungsspuren, die bis in die Wikingerzeit zurück reichen.

64°36'49"N   10°42'29"E   + 7 Std 15 Min

Die Festung **Utvorda** an SB (vom Schiff aus nicht zu sehen) liegt hinter mehreren Inseln. Dieses Küstenfort, zwischen 1941 und 1945 von mehreren 100 deutschen Soldaten, den Arbeitern der „Organisation Todt", russischen Kriegsgefangenen und norwegischen Arbeitern gebaut, war das größte von 11 Forts entlang der **Namdalsküste** und des **Namsenfjords**. Im Ganzen bestand das Fort 1945 aus ca. 100 Gebäuden, darunter 14 Betonbunkern. Es hatte 10 große Kanonen, Panzerkanonen, Granatwerfer, Luftabwehr, Flammenwerfer, Scheinwerfer und Radar. Stollen und Tunnel als Munitionslager und Laufgräben bildeten ein Netzwerk im Berg Utvordfjell (277 m ü M). 9 Minenfelder und 4 km Stacheldraht sollten das Fort absichern. Auch ein Seeminenfeld wurde ausgelegt. Meist waren 1200 bis 1400 deutsche Soldaten in der Festung stationiert. Eine ähnliche Festung baute man bei Rørvik. Diese hatte die volle Kontrolle über den Schiffsverkehr im Gebiet der Folda.

Nach dem Krieg mussten die Deutschen die Minenfelder räumen, die Norweger sprengten die Tunnel und Bunker, und die Soldaten- und Gefangenenbaracken wurden abgerissen. Die Reste der deutschen Installationen, der sperrigen Bunker und Bauwerke, zeugen noch davon, welche Dimensionen das Küstenfort hatte.

Ca. 64°38'N   10°45'E

Wir passieren die Gemeinde Namsos an SB.

Die Gemeinde Namsos

Bedeutung des Gemeindewappens: Weist auf den Elchbestand in der Gegend hin (Namsdalen).
Bedeutung des Namens: Vom Flussnamen Namsen und os, Flussmündung.
Gemeindezentrum: Namsos (9 159 Einw.).
Areal: 775 km². **Einw.:** 12 498.
Bevölkerungsdichte: 16,1 Einw./km²).
Arealverteilung: Landw. 3 %, Forstw. 40 %, Süßwasser 3%, verbleibendes Areal 54 %.
Wirtschaft: Rundholzhandel und Sägewerke, Nahrungsmittelindustrie. Graphische Production. Werkstattindustrie. Eisen- u.a. Metallverarbeitung. Land- und Forstwirtschaft.
Sehenswertes: Namsos. Fosnes. Overhalla.
Hinweis auf Aktivitäten: Jagd. Fisching.
Website der Gemeinde Namsos: www.namsos.kommune.no

Bei der Invasion im April 1940 hatte der Ort **Namsos** am Namsenfjord eine große strategische Bedeutung. Die Eisenbahnlinie nach Norden war wichtig für die Versorgung der deutschen Truppen, aber genauso wichtig würde sie für die alliierten Truppen sein, um ins Gebiet von Stjørdal und Trondheim im Süden zu gelangen. Daher war es wichtig, eine alliierte Gegeninvasion nach Namsos zu verhindern. Am 14. April 1940 wurde eine große Zahl britischer, später auch französischer Soldaten in Namsos an Land gebracht, um Trondheim und den Flugplatz Værnes außerhalb Trondheims zurück zu erobern. Die Deutschen starteten am 20 April eine massive Bombardierung von Namsos, die alliierten Kampfverbände wurden zurück gedrängt. Am 3. Mai 1940 zogen die Alliierten 6000 Soldaten ab und brachten sie zurück nach Großbritannien. Um einen neuen Angriff auf Namsos von See aus zu verhindern, wurden die Festung Utvorda und einige kleinere Festungen in der Umgebung gebaut.

An BB sehen wir nacheinander die Inseln der Gemeinde **Vikna**: **Ytter-Vikna**, **Mellom-Vikna** und **Inner-Vikna**.

Ca. 64°38'N   10°45'E
Wir fahren in die Gemeinde Vikna hinein.

Die Gemeinde Vikna

Bedeutung des Gemeindewappens: Symbolisiert Fischerei und Aufzucht von Lachs.
Bedeutung des Namens: Vom nord. vikn, „vik", ein alter Inselname, gut geeignet für die zerteilte Inselgruppe.
Gemeindezentrum: Rørvik (2 634 Einw.).
Areal: 310 km². **Einw.:** 4 013.
Bevölkerungsdichte: 12,9 Einw./km².
Arealverteilung: Landw. 5 %, Forstw. 6 %, Süßwasser 2 %, verbleibendes Areal 87 %.
Wirtschaft: Fischzucht und große Fischannahmestellen, Nahrungsmittelindustrie, Holzverarbeitung, Werkstattindustrie, Landwirtschaft mit Haustierhaltung.
Sehenswertes: Die Inseln Sør-Gjæslingan. Das Küstenmuseum Norveg.
Website der Gemeinde Vikna:
www.vikna.kommune.no

Vikna hat die längste Küstenlinie Norwegens mit seinen 5712 Inseln, Schären, Holmen und stellenweise unübersichtlichen Fahrtstrecken, was an den vielen Landmarken und Feuern zu erkennen ist, die wir passieren.

Die Gemeinde **Fosnes** passieren wir an SB (546km², 717 Einw.). Der höchste Berg ist der **Grønkleppen** (765 m ü M), die größte Insel **Jøa** (55 km²). Dies ist eine typische Küsten-/Landwirtschaftsgemeinde mit verhältnismäßig wenig Tradition in der Fischerei. Jøa ist der Geburtsort des Dichters Olav Duun. Seine Dichtung ist von dem Leben hier geprägt.

64°42'N   10°52'E   + 7 Std 45 Min   ㉗

Unter einem Gewirr von Inseln an BB befindet sich auch **Sør-Gjæslingan**, eine alte Fischersiedlung auf eine Gruppe kleiner Inseln verteilt. Sør-Gjæslingan war einmal eine der wichtigsten Fischerorte südlich der Lofoten. Als die Fischerboote im frühen 20.Jh. motorisiert wurden, nahm die Größe und Aktivität in den Fischerdörfern zu. Während des Skreifangs (Skrei = der geschlechtsreife Dorsch) konnten bis zu 1300 Fischerbbote mit 4000 Fischern hier versammelt sein, und da konnte man trockenen Fußes von Insel zu Insel über die Boote laufen. Damals hatte man hier eine Krankenstation, ein Telegrafenamt, Fischerwohnheime, Versammlungslokale und mehrere Geschäfte. Mit der Zeit fiel die Ernährungsgrundlage weg, und 1975 unterstützte man die Einwohner darin, hier fort zu ziehen. Heute steht die Siedlung unter Schutz. Das Küstenmuseum in Nord-Trøndelag hat die Betreuung übernommen.

In einer Abhandlung über das Gjæslingsunglück im Jahre 1906 wird das Drama beschrieben, in dem 1500 Fischer verzweifelt in dem aufgewühlten Meeresgebiet Folda um ihr Leben kämpften. Durch Brandung und Brecher retteten sich die meisten an Land, aber nicht ohne Einbusse an Gesundheit und Lebenskraft. Über 30 Fischer verloren den Kampf gegen das wütende Meer.

„Schon früher in dieser Woche war das Wetter so schlecht gewesen, dass die Netze lange draußen bleiben mussten. Es gab viel Skrei in dem Jahr, daher waren die Netze sicher voller Fisch. Als das Unwetter sich gelegt hatte und es wieder ruhig war, gingen die erfahrendsten Wetterkundigen eines Morgens hinaus, um mit Blick nach Westen die Wetterverhältnisse zu prüfen. Da war ein merkwürdiges Sausen in der Luft. Dennoch wurde zur üblichen Tageszeit das Signal zur Ausfahrt gegeben.

Der Skrei stand in dem Jahr weit draußen im Meer, man musste also weit hinaus rudern. Es war so windstill, dass die meisten gar nicht die Segel gesetzt hatten. Um das Rudern zu erleichtern, warfen viele den Ballast über Bord, der das Segeln bei starkem Wind hätte erleichtern sollen. Im Laufe des Tages wollten sie den Fisch an Bord nehmen, dann hätten sie ja genug Ballast gehabt.

Aber dazu kam es nicht. Der Sturm näherte sich von Westen, bevor die meisten dazu gekommen waren, die Netze einzuholen. Es wird berichtet, dass sie ein furchtbares Getöse hörten und der Sturm mit gewaltiger Stärke ganz plötzlich über sie herein brach. Das Wasser wurde aufgepeitscht, das Schneetreiben so dicht, dass man im Boot nicht mehr von einem Mast zum andern sehen konnte"

Eine alte Weisheit besagt, „Das Meer nimmt sich, was es haben will".

Das Leitfeuer auf der Station **Gjæslingene** liegt auf einer kleinen Schäre nördlich von Sør-Gjæslingane. Der 1877 erbaute 24,3 m hohe gusseiserne Turm steht auf einem Steinsockel und einem armierten Betonblock mit 4 Etagen, in dem der Wohnteil, der Lagerraum und die technische Zentrale untergebracht waren. Die Station hatte neue PRB-Scheinwerfer und eine gegossene Beton-Landungsbrücke. Seit 1987 ist die Station automatisiert und damit ohne Bewohner. Das Interieur hat der Sturm zerstört, bis auf einen Wohnraum mit liebevoll eingepasster Einrichtung. Man hat vorgeschlagen, die Fischersiedlung Sør-Gjæslingan zusammen mit dem Leuchtturm von Gjæslingene als Kulturdenkmal unter Schutz zu stellen, da der Turm die Materialverwendung und Formensprache seiner Epoche repräsentiert und hohen kulturhistorischen Wert hat.

Auf der Inselgruppe **Nordøyan** an BB weit draußen im Meer liegt die vermutlich älteste Fischersiedlung Norwegens mitten in einem reichen Fischfanggebiet. Sie lässt sich bis 1521 zurück verfolgen und wird immer noch jeden Winter genutzt.

Das Leuchtfeuer von Nordøyan ist ein Küstenfeuer und liegt auf einer kleinen Schäre im Norden von Folda in der Nähe des Fischerdorfes Nordøyan. Der Leuchtturm aus Gusseisen auf einem Steinfundament trägt ein Gebäude aus Holz mit einem großen Feuerhaus, das von der Station Villa hierher versetzt wurde (S 117), als 1890 der Leuchtturm gebaut wurde. Die große französische Linse hat eine Optik von seltenem Typ und ist immer noch in Gebrauch. Die Drehmechanik ist noch zum Teil bewahrt, ebenso viele originale Wohnelemente in dem modernisierten Wohnteil. Feuerhaus, Schuppen und Öltank auf dem Fundament eines früheren Schuppens bilden ein Anwesen, Bootsschuppen und Landesteg liegen nördlich davon. Das Leuchtfeuer befindet sich in einer reichen Kulturlandschaft mit Spuren ehemaliger Weidewirtschaft. Zusammen mit der Fischersiedlung Nordøyan und dem Leuchtfeuer von Villa hat die Anlage großen kulturhistorischen Wert.

Das Hurtigrutenschiff „Sanct Svithun" havarierte im Oktober 1962 bei Nordøyan auf Grund eines Navigationsfehlers. Das Schiff sollte der Rute von Buholmsråsa über Folda nach Rørvik folgen, geriet aber auf falschen Kurs und fuhr weiten in Richtung auf das Leuchtfeuer von Nordøyan zu. Das Schiff sollte mit seinen 89 Menschen an Bord um 2130 Uhr in Rørvik ankommen, was es niemals tat. Eine halbe Stunde später kam das Notsignal. Der Boden der „Sanct Svithun" war aufgerissen worden und das Schiff sank. Da es auf falschem Kurs gewesen war, suchte man am falschen Ort nach Überlebenden. Die Suchmannschaften nahmen an, das Schiff sei beim Leuchtfeuer von Grinna auf Grund gelaufen. Erst spät in der Nacht trieben einige erschöpfte Passagiere in Rettungsbooten beim Feuer von Nordøyan an Land und konnten Bescheid geben, wo

> das Schiff gesunken war. 41 Menschen verloren in dieser Nacht in Folda ihr Leben. Sowohl der Lotse als auch der Steuermann und Rudergänger, die in dieser Nacht Wache hatten, kamen um. Im Jahre 2002 wurde ein Denkmal zur Erinnerung an die Toten errichtet.

An SB der Eingang zum Fjord **Folda**, der 4-7 km breit ist. Der Fjord geht zwischen den Inseln **Jøa** und **Abelvær** hindurch und erstreckt sich lang in die Gemeinde **Nærøy** hinein.

Ca. 64°43'N   10°55'E
Wir passieren die Grenze zwischen den Gemeinden Fosnes und Nærøy an SB (S 330).

64°44'25"N   11°00'E   + 8 Std 00 Min   (28)

Das Leuchtfeuer von **Grinna** wurde am 1. August 1904 angezündet. Heute ist es automatisiert und unbemannt. Der Küstenverein von Folda verfügt darüber und hat sich der Wartung des Inneren angenommen.

64°46'37"N   11°03'42"E   + 8 Std 13 Min   (29)

Der Ort **Abelvær** in der Gemeinde Nærøy liegt an SB auf der Insel **Store Kalvøy** (0,48 km², 191 Einw. im Jahre 2001) auf der äußersten Spitze eines Vorsprungs, der in die Folda hineinragt. Abelvær war früher ein Fischerdorf mit Laden und Gastwirtschaft, Konservenfabrik, Bootsslipp und mechanischer Werkstatt.

Auf der Insel **Ramstad** (120 m ü M) hinter Abelvær lag in der Wikingerzeit einer der großen Häuptlingssitze. Eine der größten Grabanlagen der Gegend ist der Kjetilshaugen auf Ramstad, geformt wie ein Schiff (Schiffssetzung).

Die drei großen Inseln der Gemeinde Vikna an BB liegen jenseits eines schmalen Sundes.

Ytter-Vikna (85 km²) weit nach BB, danach **Mellom-Vikna** (50 km²) und die flache, unfruchtbare, sumpfige Insel **Inner-Vikna** (99 km²). Auf der Insel **Borgan** nordwestlich von Ytter-Vikna fand man Spuren einer Steinzeitsiedlung. In Vikna wurden zahlreiche Grabhügel entdeckt, der größte wurde 1991 bei Ryum im Südwesten von Inner-Vikna ausgegraben. Der Fund zeigt, dass Ryum aller Wahrscheinlichkeit nach in der Wikingerzeit ein Machtzentrum gewesen ist. Auf Grund der späteren landwirtschaftlichen Nutzung sind viele Grabhügel eingeebnet, aber es wurden zahlreiche Gegenstände geborgen. Außerdem fand man Opferplätze, Steinzeitlagerplätze, Steinsetzungen und viele Bautasteine in Vikna.

Wir fahren weiter in den **Nærøysund** hinein, voraus unser nächster Halt: **Rørvik**. An SB Arnøyan hinter Abelvær, danach die kleinen Insel **Nordøyan** und **Treholmen**.

64°48'N   11°07'E   + 8 Std 23 Min   (30)

Die Insel **Nærøya** (149 m ü M) liegt an SB nahe dem Schifffahrtsweg. Nærøya war mehr als 1000 Jahre lang ein kulturelles, ökonomisches und religiöses Machtzentrum für das Gebiet Ytre Namdal. Die alte Kirche von Nærøy, die St.Maura-Kirche, ist eine der ältesten Steinkirchen des Landes. Man begann mit dem Bau im 12.Jh. Die Kirche brannte mehrmals ab, wurde aber immer wieder aufgebaut. Heute steht sie als Ruine da, wird aber als solche bewahrt. Der Priesterhof wurde landwirtschaftlich genutzt, das denkmalgeschützte Hauptgebäude wurde restauriert, der Rest der Hofgebäude ist stark verfallen.

Der Dichterpriester Petter Dass lebte als Kind ein paar Jahre lang auf Nærøya.

Den Flughafen von Rørvik mit seinem Mast sieht man an BB, ein Kurzbahn-Flugplatz mit einer Rollbahn von 800 m, 1986 eröffnet. Er hat Verbindungen zu Trondheims Flugplatz Værnes und kleineren Flughäfen in Helgeland.

64°50'N   11°12'E   + 8 Std 34 Min

Marøya (150 Einw.) liegt nördlich von Nærøya. Der **Martnadssund** verläuft zwischen den beiden Inseln. Hier gab es von 1600 bis 1877 ein lebhaftes Handelszentrum an der Küste. Von einer langen Handelstätigkeit zeugen die Gegenstände, die man am Meeresgrund gefunden hat und die bis ins 14. Jh. zurück datiert werden. Früher ernährte man sich hier hauptsächlich von Landwirtschaft und Fischerei, heute gibt es nur wenige Fischer auf der Insel und keine Landwirtschaft mehr. Die meisten Bewohnen haben ihre Arbeit anderswo.

Wir fahren unter der **Nærøysundbrücke** hindurch, die 1981 eröffnet wurde. Die Hängebrücke hat eine Länge von 701 m in17 Spannabschnitten, davon ist der Hauptabschnitt allein 325 m lang, die Segelhöhe beträgt 41 m. Die Brücke verbindet die Inseln Inner-Vikna und Marøya. Die **Marøysundbrücke** an SB verbindet Marøya mit dem Festland in der Gemeinde Nærøy.

Das Schiff legt am Kai in Rørvik an (S 330)

Die Fischer hatten Regeln, nach denen man sich im Boot richten sollte

1. Wenn du morgens aufs Meer hinausruderst oder segelst, ist es ein gutes Zeichen, wenn ein Kormoran hinter dir her fliegt. Da kannst du getrost hinaus fahren. Fliegt der Kormoran dagegen dem Boot voraus oder quer zum Kurs oder dir entgegen, bedeutet das Unglück, und du solltest lieber umkehren.
2. Ein schlechtes Zeichen ist es auch, wenn eine Robbe vorm Boot auftaucht, wenn du aufs Meer hinaus ruderst, taucht sie aber hinterm Boot auf, gilt das als gutes Zeichen.
3. Man kann nicht mit gutem Heringsfang rechnen, wenn die Mannschaft keine Läuse hat. Je mehr Läuse desto mehr Hering. Träumte man von Läusen, konnte man auch einen guten Fang erwarten.
4. Ein alter Skipper erzählte folgendes: wenn ein bestimmtes Mitglied seiner Mannschaft am Morgen vor der Ausfahrt sang oder guter Laune war, konnte man Ungemach erwarten, meistens Ärger mit dem Motor oder der Fangausrüstung.
5. Menschen oder Tiere, die eine schwere Entbindung durchmachten, bekamen nicht eher Erleichterung, bis die Flut begann, aufzulaufen.
6. Hering und andere Fische lassen sich am leichtesten bei Neumond oder Vollmond fangen.
7. Hatte ein Segelboot Flaute, bekam man Segelwind, wenn man am Mast kratzte. Ein probates 7. Mittel sollte auch sein, mit einer Münze gegen den Mast zu schlagen.
8. Fahrtwind bekommt man, wenn es jemandem gelingt, einen Span aus dem Mast heraus zu beißen.
9. Bestimmte Frauen sollten lieber nicht über fangbereite Netze gehen, weil das Unglück und schlechten Fang verursachte.
10. Man sollte nicht über Stall und Vieh sprechen, wenn man zum Fischen draußen war, auf keinen Fall über Pferd oder Ziege, das verhieß Unglück. Otter und Fuchs sollten auch möglichst nicht erwähnt werden.
11. Man sollte auf keinen Fall mit Kuhfladen an den Stiefeln ein Boot besteigen oder mit Grassamen an der Kleidung, denn sonst gäbe es ein Unglück.
12. Alles, was mit Landwirtschaft zu tun hatte, war tabu, sobald man zum Fischen fuhr. Sprach man darüber, führte das zu Ungemach.
13. Unsere Vorväter hatten keinen Kompass. Hatten sie die Richtung verloren, nahmen sie eine Laus und legten sie auf die Ruderbank. Die Laus kroch immer nach Norden, meinte man.
14. Eine Fischmahlzeit, die bei Flut zubereitet wurde, war immer lockerer und wohlschmeckender als eine bei Ebbe zubereitete.
15. Wenn du auf See hinaus fährst, solltest du dein Boot immer mit der Sonne drehen. Drehst du es gegen die Sonne, verheißt das Unheil und schlechten Fang.
16. Wenn ein Fisch den Schwanz hebt, sobald er von der Angel genommen und ins Boot geworfen wurde, versprach das guten Fang. Das Boot würde sich soweit füllen, wie der Schwanz des Fisches hinauf reichte. Das war das Maß.
17. Wenn man auf die Angel spuckte und sagte „tvi fesk at katta" („gib mir soviel Fisch, dass auch für die Katze was übrig bleibt"), bevor man die Angel auswarf, hatte man meistens Glück.
18. Man sollte niemals einen Heringsköder ablehnen. Ablehnung eines Köders führte zu schlechtem Fang.
19. Wenn jemand ertrunken war und man suchte nach ihm, war es gut, einen ausgewachsenen Hahn mit ins Boot zu nehmen. Passierte man die Stelle, wo der Ertrunkene lag, fing der Hahn an zu krähen.
20. Man sollte niemals freitags rausfahren. Auch nicht an einem 13., die 13 galt als Unglückszahl.
21. Wenn einer beim Hinausfahren aufs Meer eine Frau erblickte, die Schmutzwasser ausleerte, verhieß das Unheil.

Sør-Trøndelag fylke (die Provinz Süd-Trøndelag)

Fylkeswappen: Entspricht dem Wappen des Erzbistums 1475-1510.
Ursprung des Namens: Vom nordischen thrændr und log, „lov" (Gesetz), das Gebiet, wo das Gesetz der Trønder, der Leute von Trøndelag, gilt.
Areal: 18.848 km². **Einwohnerzahl::** 275.403.
Verwaltungszentrum: Trondheim.
Gemeinden, die wir der Reihe nach auf unserem Weg nach Norden passieren: Gemeinde Hitra, Gemeinde Hemne, Gemeinde Snillfjord, Gemeinde Agdenes, Gemeinde Orkdal, Gemeinde Trondheim, Gemeinde Rissa, Gemeinde Ørland, Gemeinde Bjugn, Gemeinde Åfjord, Gemeinde Roan, Gemeinde Osen.
Landschaftsformen in Süd-Trøndelag: In den Grenzgebieten im Süden und Osten haben wir Gebirgszüge, im Südwesten Trollheimen und Dovrefjell mit Berggipfeln von 1.600-1.700 m ü M, im südöstlichen Teil Rørosvidda mit Höhen unter 1.200 m ü M, entlang der schwedischen Grenze sind die Berge bis 1.762 m ü M hoch. An den Fjorden und an der Küste ist die Landschaft flacher. In den breiten Tälern gibt es gute Moränenerde, die Nadelwaldgrenze liegt bei 800 m ü M. Das Flachland am Trondheimsfjord und an den Ausgängen der Täler ist mit marinen Ablagerungen und Sand bedeckt, hier gab es viele Erdrutsche. Im Küstenstrich gibt es wenig Wald, viele Kuppen sind ganz kahl. Ca. 46 % der Gesamtfläche der Provinz liegen höher als 600 m ü M, 26 % zwischen 300 und 600 m ü M, 28 % niedriger als 300 m ü M.
Das Klima in Süd-Trøndelag: Im Nordwesten maritimes Klima, im Südosten kontinentales. Hohe Gebirge schirmen nach Süden und Osten ab. Die Winde kommen im Winter hauptsächlich von Osten bis Süden. Der Trondheimsfjord bildet die Ausgangspforte für kalte Luft aus dem Binnenland. Im Sommer bläst der Wind meist aus Nordwest bis Nordost. Die mittlere Januartemperatur an der Küste liegt gewöhnlich bei 0°C, im anschließenden Flachland bei −2 bis −5°C und im östlichen Teil der Täler bei ca. −10°C. Die Mitteltemperatur im wärmsten Monat (Juli oder August) beträgt ca. 14°C im Küstenbereich und 10-15°C im Landesinnern. Die Jahresniederschlagsmenge liegt bei 1.200 mm an der Küste, 1.500-2.000 mm in küstennahen Gebirgen, ansonsten 800-1.000 mm. Die meisten Niederschläge fallen im Herbst und Winter.
Besiedlung: Am dichtesten im Flachland rund um den Trondheimsfjord, an der Küste und in den größeren Tälern. Trondheim ist die größte Stadt, weitere Städte liegen entlang des Trondheimsfjords. Von den 14 Orten, außer Trondheim, mit mehr als 1.000 Einwohnern haben sieben einen Abstand von weniger als 45 km von Trondheim, viele der dortigen Bewohner arbeiten in Trondheim.

WIRTSCHAFT:
Land- und Forstwirtschaft: Große Landwirtschaftsflächen mit fruchtbarer Erde und größeren Bauernhöfen rund um den Trondheimsfjord und in den flachen Tälern. Die Größe der meisten Höfe liegt über dem Landesdurchschnitt. Gute Anbauflächen auch in anderen Tal- und Bergdörfern, aber kleinere Höfe. 4,1 % des Areals dient der Landwirtschaft. Auf 22 % der Ackerflächen im Flachland wird Getreide angebaut, hauptsächlich Gerste. Im Küstengebiet, in den Tälern und Bergdörfern ist Haustierhaltung mit Milchproduktion am wichtigsten, dort hält man sich auch Schafe. Ca. 20 % des Provinzareals ist mit produktivem Wald bedeckt.
Fischerei: Auf den größeren Inseln Hitra und Frøya und in den Küstengemeinden nördlich des Trondheimsfjords ist Fischerei ein wichtiger Erwerbszweig. Man fängt hauptsächlich Heringe, Dorsche und Schalentiere. In den Seen und Flüssen fängt man Lachse und Lachsforellen, die viel Geld einbringen. Die Provinz hat mehrere große, bekannte Lachsflüsse. Auch Fischzucht ist wichtig, Süd-Trøndelag ist die viert größte Fischzuchtprovinz in Norwegen.
Bergwerk und Industrie: Kupferbergbau hatte mal eine große Bedeutung, aber jetzt sind die Gruben geschlossen. Nahrungsmittelindustrie mit Veredelung der Landwirtschaftsprodukte, Schokoladenfabrik und Brauereigewerbe sind vertreten, außerdem Holzindustrie, Sulfatcellulose- und Papierfabrik, grafische Industrie und ein Ferrosiliziumwerk. In Rissa Schiffbauindustrie.
Dienstleistungen: Das Dienstleistungsgewerbe befindet sich in starkem Wachstum, besonders in Trondheim, wo es auch Hochschulen gibt und viel Forschung betrieben wird. Handel, Banken und Dienstleistungen gibt es in beträchtlichem Umfang.
Tourismus: Stadttourismus und Ferien an der Küste im Sommer, im Gebirge starker Wintertourismus. In Trondheim werden am häufigsten der Nidarosdom, Munkholm und das Ringve-Museum (S 91) besucht, in Røros das Bergwerk und die alte Bebauung, die 1980 auf UNESCO´s Liste des Weltkulturerbes gesetzt wurde. Reiseziele entlang der Schiffsroute sind das Reinkloster (S 102), die Austrått-Burg (S 107) und das Austrått-Gut (S 106). Dovrefjell und Trollheim sind die meist besuchten Gebirgsregionen, das Skizentrum in Oppdal ist das wichtigste Wintersportgebiet.
Verkehr: Trondheim ist der Verkehrsknotenpunkt dieser Provinz. Es existiert ein gut ausgebautes Straßennetz, Schnellbootverbindung zu vielen Orten an der Küste, Eisenbahnverbindung nach Bodø im Norden und Oslo im Süden, nach Østersund und Stockholm in Schweden. Der Trondheimer Flughafen Værnes, der Flughafen in Røros und der Militärflughafen in Ørland, wo auch zivile Linienflugzeuge landen, sorgen für lebhaften Luftverkehr.

Quelle: Store norske Leksikon

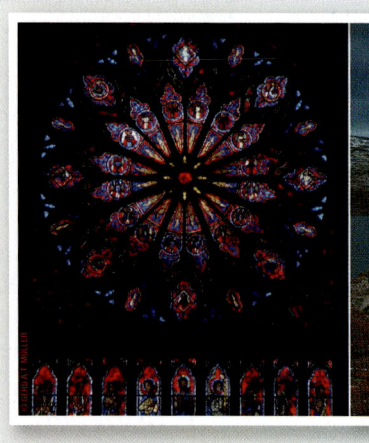

Die Wikinger

Die Wikingerzeit rechnen wir von 793 bis 1066. Das erste, was wir von den Wikingern wissen, ist, dass 793 „Horden von heidnischen Männern das Gotteshaus in Lindisfarne plünderten, zerstörten und die Menschen dort ermordeten." Lindisfarne (5 km²) ist eine Insel vor der Küste Nothumberlands in England. Das Kloster auf der Insel wurde ausgeplündert, den Menschen wurde entweder mit dem Schwert der Kopf abgeschlagen oder sie wurden ins Meer gejagt, wo sie ertranken. Einige wurden als Sklaven verschleppt.

Während der Wikingerzeit nahm die Bevölkerungszahl in Skandinavien zu. Im Westland und anderen Gebieten konnte die Landwirtschaft keine weiteren Anbauflächen finden, daher versuchte man, in andere Länder auszuweichen. Die Wikinger aus dem heutigen Schweden fuhren die russischen Flüsse hinauf, die aus dem heutigen Dänemark nach England und Frankreich und die aus dem heutigen Norwegen zogen gen Westen zu den Färöerinseln, nach Island, Grönland und sogar nach Neufundland in Amerika.

Die Wikinger waren tüchtige Bootsbauer und Seeleute. Die umfangreiche Flotte der Wikingerschiffe war hochseetüchtig, in Klinkerbauweise zusammengefügt und mit Hilfe von Segeln oder Rudern fortbewegt; und sie waren geräumig. Langschiffe konnten durchaus 25 m messen. Entlang der Reling gab es Öffnungen für die Ruder, der Mast stand mittschiffs. Die meisten Schiffe waren aus Eiche und hatten vorn und achtern reiches Schnitzwerk. Die Ruder machte man aus Kiefernholz. Die Schiffe waren flachbodig und hatten bei voller Ladung nicht mehr als 1 m Tiefgang. Mit diesen Schiffen reisten die Wikinger weit und relativ schnell. Sie kamen im Süden bis nach Istanbul, im Norden bis ins Weiße Meer, im Westen bis nach Vinland (Neufundland) und im Osten bis Nowgorod in Russland. Zwei der Schiffe hat man gut erhalten gefunden, sie sind im Wikingermuseum in Oslo zu besichtigen.

Die Wikinger, auch Normannen genannt (die Männer aus dem Norden), raubten und plünderten, nahmen Sklaven und kamen reich nach Hause zurück, oder sie ließen sich in den eroberten Gebieten nieder. So gründeten sie z. B. Dublin in Irland und York in England. Die inneren Streitigkeiten in vielen Ländern erleichterten ihnen die Kolonisierung. Die Wikinger waren wegen ihrer Brutalität gefürchtet, aber wegen ihrer Unerschrockenheit und Abenteuerlust auch bewundert. Einige verdingten sich als Soldaten oder Leibwächter bei fremden Königen, Fürsten und Kaisern.

Die Dominanz der Araber am Mittelmeer hatte ihnen neue Handelswege nach Osten und Süden eröffnet, über die Ostsee und die russischen Flüsse in den Mittleren Osten und ans Mittelmeer, im Norden über Finnmark ans Weiße Meer. Die Wikinger trieben intensiv Handel mit den begehrten norwegischen Waren wie Pelze, Walrosszähne, Eisen und Speckstein, aus dem man Kunstgegenstände und Kochtöpfe fertigte. Der Tauschhandel mit anderen Ländern war sehr wichtig.

Einige der bekanntesten norwegischen Wikingerhäuptlinge waren Tore Hund von Bjarkøy (S 166), Hårek von Tjøtta (S 311), Asbjørn Selsbane von Trondarnes (S 273), Tore Hjort von den Lofoten und Raud den Ramme (Raud der Ernste) von Salten (S 138).

Im Laufe der Wikingerzeit wurden Dänemark, Schweden und Norwegen eigenständige Königreiche. In Norwegen wurde um 880 Harald Hårfarge (Haarfarbe, in Deutschland „Schönhaar" genannt) zum König ernannt. Mehrere der norwegischen Wikingerkönige wurden im Ausland vom Christentum inspiriert, einige versuchten sogar, Norwegen zu christianisieren. Das gelang schließlich Olav Haraldsson, der nach seinem Tod in der Schlacht bei Stiklestad im Jahre 1030 zu „Olav dem Heiligen" erklärt wurde.

Die Wikingerzeit fand ihr Ende im Jahre 1066, als König Harald Hardråde in der Schlacht bei Stamford Bridge in York in England fiel.

Der Wikinger Ottar

In dem Geschichtswerk des römischen Verfassers Orosius über den englischen König Alfred den Großen finden wir den Bericht des Königs über den Besuch des Wikingerhäuptlings Ottar am englischen Hofe um das Jahr 890. Darin erzählt Ottar, dass „er weiter nördlich wohnt als irgend ein anderer Norweger" (wahrscheinlich zwischen Gibbostad und Tromsø). Am Ende des 9. Jh.s segelte er zuerst gen Norden und dann gen Osten am Nordkap vorbei, an der Kolahalbinsel entlang und dann ins Weiße Meer zum dicht besiedelten Land der Bjarmen (dieser Name wird in den Sagas für das Land im nordwestlichen Russland benutzt). Zwischen seinem Wohnort und dem Bjarmenland war er auf keine Siedlung gestoßen. Ottar hatte auf seinem Weg nach Osten nur öde Landschaft passiert, abgesehen von einzelnen Fischern, Jägern und Vogelfängern.

Ottar bezeichnete sich selbst als wohlhabenden Mann. Nach seinen eigenen Angaben beruhte sein Reichtum auf der Besteuerung der Samen und auf dem Handel mit ihnen, bei dem er vielerlei Felle, Daunen und Schiffstaue aus Wal- und Robbenhaut erwerben konnte.

Ottars Erzählung ist der älteste Augenzeugenbericht über die damaligen Verhältnisse im unbekannten Norwegen.

TAG 4

Brønnøysund, Sandnessjøen, Nesna, Ørnes, Bodø, Stamsund und Svolvær

Im Laufe der Nacht haben wir die Gemeinden Nærøy und Leka in der Provinz Nord-Trøndelag passiert und die Grenze zur Provinz Nordland, danach die Gemeinden Sømna und Brønnøy mit dem Hafen **Brønnøysund** (00.30- 01.00 Uhr, 65°28'N 12°38'E). Wir haben die Gemeinden Vega, Vevelstad und Alstahaug mit dem Hafen **Sandnessjøen** (03.40- 0415 Uhr, 66°01'30"N 12°38'E) passiert, weiterhin die Gemeinden Dønna und Nesna mit dem Hafen **Nesna** (05.25- 05.30 Uhr, 66°12'N 13°00'E), zum Schluss noch die Gemeinden Lurøy und Rødøy. Wir befinden uns jetzt in der Gemeinde Meløy mit Kurs auf den nächsten Hafen Ørnes.

gens zweitgrößten Gletscher, Svartisen (das Schwarzeis) sehen. Die berühmte Landmarke des sagenumwobenen Rødøyløva (der Rotinsellöwe) mit der Rødøykirche wird an BB passiert. Rødøyløva sieht aus, als wenn er am Boden liegt und den Kopf hebt, um nach dem Berg **Hestmannen** (der Pferdemann) weiter im Süden Ausschau zu halten (S 306).

Auf der Nordseite des **Tjongsfjords** an SB die verhältnismäßig niedrigen Berge zwischen dem Tjongsford und dem Skardfjord vor dem Dorf **Sleipnes.**

66°44'N   13°12'E ①

Das Schiff fährt durch den **Bolgfjord** auf dem Weg zu seinem nächsten Anlauf, Ørnes. Vor uns an BB die Insel Bolga mit ihrer charakteristischen pyramidenartigen Form. Die Inselgruppe Bolgværet mit unzähligen kleinen Holmen und Schären.

Der **Skardsfjord** an SB zieht sich südlich von Åmnøya hin. Er teilt sich östlich von Åmnøya in den **Holandsfjord** und den engen, einsamen Bjærangsfjord mit dem **Bjærangstal.** Ein Seitenarm des Holandsfjords ist der schmale, steilwandige Nordfjord mit dem Svartisen-Kraftwerk in Kilvik im Innern des Fjords. Im Innern des Holandsfjords kann man nahe an den **Engabreen**, einen Seitenarm des Svartisen, herankommen.

Hinter den beiden kleinen Inseln **Forøya** und **Esøya** im Skardsfjord, auf der Westseite der Halbinsel zwischen dem **Holandsfjord** und dem **Bjærangsfjord** liegt das Dorf **Halsa**. Auf Forøya hat man Gräber aus der Altsteinzeit gefunden (S 83). In Halsa gibt es eine der größten Fischzuchtanlagen des Landes und eine moderne Fischfutterfabrik von 1989.

An BB passieren wir die zwei Inselgruppen Svinvær und Bolgvær. Zu Svinvær gehören ungefähr 60 Inseln und Holme. Viele davon haben guten Boden für landwirts-

Die Gemeinde Meløy

Bedeutung des Gemeindewappens: Die Blume Svartisvalmue (Mohn, der am Gletscher Svartisen wächst) kommt in dieser Gemeinde vor.
Bedeutung des Namens: Wahrscheinlich von mjol, „mel" (Mehl), hier ist damit wohl Feinsand gemeint.
Gemeindezentrum: Ørnes (1 551 Einw.).
Position: 66°52'N 13°42'E.
Areal: 871 km². **Einw.:** 6 759.
Bevölkerungsdichte: 7,76 Einw./km².
Arealverteilung: Landw. 2 %, Forstw. 11 %, Süßwasser 6 %, verbleibendes Areal 81 %.
Wirtschaft: Chemische Industrie, Maschinen- und Nahrungsmittelindustrie. Fischerei in nahen und fernen Gewässern. Fischzucht. Landwirtschaft mit Milch- und Fleischproduktion. Eierproduktion. Stromproduktion.
Sehenswertes: Der Gletscher Svartisen. Die Inselgruppe Bolga. Die Insel Meløy. De Inselgruppe Støttvær.
Website der Gemeinde Meløy:
www.meloy.kommune.no

66°41'N   13°09'E

Wir befinden uns im **Røydøyfjord.** An SB das Dorf **Værnes** vor der imposanten Bergkette mit dem **Værnestinden** (688 m ü M) und **Blokktinden** (1032 m ü M), danach der **Tjongsfjord.** Von hier aus kann man Norwe-

chaftliche Nutzung. Die Seevögel, die auf der Insel brüten, verschaffen den Grundeigentümern zusätzliches Einkommen durch Eier und Daunen (S 333).

Svinvær ist einer der ältesten Handelsplätze an der Helgelandsküste. Archäologische Funde weisen darauf hin, dass die Insel schon seit der Steinzeit bewohnt wird. Ab 1620 gab es hier einen Krämerladen und Branntweinhandel, viele Generationen hindurch von derselben Familie betrieben. Svinvær war außerdem der Gerichtsstand der Umgebung. 1850 wurde auf einer Auktion der Handelsplatz verkauft, weil er nicht mehr mit anderen Handelsplätzen der Umgebung konkurrieren konnte, die sich an günstigeren Plätzen entwickelt hatten. Das alte Gebäude brannte 1958 ab, wurde später aber wieder aufgebaut.

Bolgværet an BB nennt man die Inseln und Holme, die sich um die pyramidenförmige Insel Bolga gruppieren. Es sollen 365 Inseln sein, für jeden Tag im Jahr eine.

Die Insel **Åmnøya** (23,4 km²) an SB mit dem Fischerort **Åmnøyhamn** an der Südwestspitze. Die Insel wird von ihren Bergen dominiert: **Harfjelltinden** (488 m ü M), **Snødalstinden** (640 m ü M) und **Skardstinden** (648 m ü M). Im Hintergrund am Festland der Gletscher **Svartisen.** An der Nordspitze der Insel liegt das Zentrum der Landgemeinde **Åmnes**. Die Felszeichnungen im Nordwesten der Insel können 4000-5000 Jahre alt sein. Diese Felszeichnungen weisen eine Besonderheit auf, die Figuren sind nicht eingepickt, sondern eingeschliffen worden. Es handelt sich ausschließlich um naturalistisch dargestellte Tierfiguren in nahezu natürlicher Größe. Der Abstand zur Meeresoberfläche, die Technik und der Stil weisen darauf hin, dass sie in der Altsteinzeit hergestellt wurden (S 83).

66°46'N 13°13'E ②

Die Insel **Bolga** (2,4 km²) an BB. Der Höhenzug **Bolgtinden/Bolgbørra** (338 m ü M) hat, genau wie der berühmtere **Torghatten** weiter südlich an der Helgelandsküste, ein Loch, das ganz durch ihn hindurch geht. Eine weitere Attraktion auf dieser Insel ist der **Ruggestein**. Der bewegliche Koloss wiegt mehr als 60 Tonnen und ist so austariert, dass man leicht mit einer Hand 10 cm weit bewegen kann.

Die Fischerinseln von **Bolgværet** mit ihren 141 Einwohnern liegen an der Schifffahrtslinie und am äußersten Rand der Gemeinde Meløy. Hier befindet sich eine der größten Fischzuchtanlagen des Landes, Bootsslip und mechanische Werkstatt. Bolga war der Austragungsort für Festspiele und Luftsportarten wie Hang- und Paragliding.

Wir fahren weiter durch den **Meløyfjord.** Vor dem Sund zwischen Bolga und Meløya liegen **Oterværet** und **Flatværet,** zwei Inselgruppen mit kleinen Holmen und Schären.

Vor uns an BB die Insel **Meløya** (21,8 km²), mit einer 10 000 Jahre alten interessanten Geschichte. Sie hatte einst eine zentrale Position, als noch Boote die Hauptverkehrsmittel an der Küste waren. Die Meløy-Kirche oder –Kathedrale und der Meløygården (-Hof) waren daher natürliche Treffpunkte für die Bevölkerung der Umgebung. Der Berg **Meløytinden** (582 m ü M) ist die höchste Erhebung auf der Insel.

Die heutige Kirche von Meløy wurde 1867 eingeweiht. Sie ist eine der größten Langkirchen aus Holz im Lande mit 800 Sitzplätzen. Sie wurde mehrmals restauriert und umgebaut. Schon im 14. Jh. soll es auf Meløy eine Kirche gegeben haben, aber die erste Kirche, von der man weiß, wurde im Herbst 1655 von einem Sturm umgeblasen. Die nächste brannte 1703 ab, wahrscheinlich nach einem Blitzeinschlag. Die dann folgende wurde abgerissen, als die heutige gebaut wurde, und auf einer Auktion 1868 verkauft. Beim Abriss wurden unter dem Kirchenboden 70 Särge gefunden, der älteste von 1741. Es war damals sehr kostspielig, einen Bestattungsplatz unter dem Fußboden der Kirche zu bekommen, nur die Reichsten konnten sich das leisten.

Der Gemeinschaftshof vor dem Kirchhof wird Meløygården genannt. Man nimmt an, dass dies mal der Adelssitz eines der wohlsituierten Geschlechter in Nordland gewesen ist, nämlich des Benkestok-Geschlechtes. Es wird erzählt, dass die Adelsfamilie ihren Namen damit erworben hat, dass der Ahnherr einst seinen König auf der Flucht in einem Bettkasten oder unter einer Bank versteckt haben soll. Es gibt dafür aber keine Bestätigung in seriösen Geschichtsbüchern. Der letzte Eigentümer starb 1695.

Der Gemeinschaftshof soll einst aus 13 Gebäuden bestanden haben, heute sind es noch 7, alle mit ihrer besonderen Geschichte. Der Hof war von 1884 bis Mitte der 1950er Jahre das Verwaltungszentrum der Gemeinde Meløy, das dann nach Ørnes umzog.

1910 wurde die 90 m lange, sorgfältig aus grauen, zugehauenen Steinen gebaute Mole im Ort **Meløysjøen** bei Meløygården fertig. Die Mole sollte den Landgang erleichtern und vor dem Südwestwind schützen.

Der westliche Teil der Insel ist flaches Ackerland, der östliche dagegen hügelig.

Das Dorf **Åmnes** an der Nordspitze von Åmnøya wird an SB passiert.

66°48'N   13°26'E

Die flache, bewaldete Insel **Grønøya** (2,6 km²) an SB, nordöstlich von Åmnøya, haben wir fast hinter uns. Das Dorf **Jektvika** an der Nordspitze von Grønøya war im 18. Jh. ein wichtiger Handelsplatz an der Helgelandsküste. Zwischen 1914 und 1933 wurde Jektvika sechs mal die Woche von der Hurtigrute angelaufen, danach wurde bis 1957 der Anlauf nach Ørnes verlegt, vier mal die Woche. Seit 1957 musste Jektvika die Funktion als Anlaufhafen für die Hurtigrute an Ørnes abtreten.

Als Kuriosität kann erwähnt werden, dass Norwegens berühmteste Küstenkiefer, die auf der Streichholzschachtel von *Nittedal* abgebildet ist, einem Bild des Malers T. Holmboe entnommen ist, auf dem er ein Motiv von Grønøya darstellt.

Wir haben den Gletscher Svartisen schon gesehen und werden dazu noch öfter an SB Gelegenheit haben.

66°47'N   13°21'E   ③

In **Jektvika** hält das Schiff in der Sommersaison, um die Passagiere, die den Svartisen besuchen wollen, auf kleinere Schiffe umsteigen zu lassen. Mit denen werden sie dann bis ans Ende des Holandsfjords gefahren, eines Seitenarms des Skardfjords, der südlich von Åmnøya abgeht.

Svartisen (375 km²) ist Norwegens zweitgrößter Gletscher, nach dem Jostedalsbreen (415 km²) im Bezirk Sogn und Fjordane (S 386). Der Snøtind (1 594 m ü M) ist die höchste Erhebung im Svartisen, er ragt aus den Eismassen heraus. Der Gletscher wird durch das enge Vesterdalen, das sich in Nordost/Südwest Richtung erstreckt, in **Vestisen** (das Westeis, 221 km²) und **Østisen** (das Osteis, 148 km²) geteilt. Der Name Svartisen (das Schwarzeis) erklärt sich durch den Kontrast zwischen dem blauen Grundeis und dem weißen Schnee. Das Grundeis erscheint hier im Vergleich sehr dunkel (schwarz). Vestisen kann man vom Schiff aus sehen.

Svartisen ist ein sogn. Plateaugletscher. Er bedeckt eine Gebirgspartie von 1100 bis 1500 m ü M, wo das Eis von allen Seiten heran kriecht. Der Gletscher hat ca. 60 Zungen. Die bekanntesten sind **Østerdalsisen** im Südosten,

An links: Svartisen 1950.
An rechts: Svartisen heute.

Fonndalsbreen und **Engabreen** im Westen. Vor 100-200 Jahren reichte die Front des Engabreen fast bis hinunter zum Holandsfjord, seitdem hat sie sich um einige Kilometer zurück gezogen. Die Front liegt nur fünf Meter über dem Meeresniveau, und damit ist der Engabreen der am niedrigsten liegende Gletscher auf dem europäischen Festland. Klimaschwankungen wirken sich auf die Dicke des Gletschers aus und auf das Vorrücken und Zurückweichen der Gletscherzungen. Seine Dicke hat maximal 450 m betragen.

Der **Saltfjellet-Svartisen Nationalpark** (1 840 km²) ist der zweitgrößte Nationalpark in Norwegen. Die Landschaft ist sehr wechselhaft, besteht jedoch meist aus Hochgebirge mit fruchtbaren Flusstälern und Birkenwäldern. Die Flora ist üppig und interessant. Die Gemeinden Rødøy und Meløy liegen innerhalb des Nationalparks, ebenso der Svartisen.

Schon 1936 kam der Vorschlag, hier einen Nationalpark einzurichten, doch die Interessenkonflikte um die Ausnutzung des Gebietes verhinderten die Durchsetzung bis 1989.

Die Sage über die Entstehung des Gletschers Svartisen hat mindestens drei Varianten. Arnfinn Myrvang schrieb 1994 folgendes im Jahrbuch für Helgeland:

> Im Band „Nordlands Amt" von 1908 gibt der bekannte Geologe Amund Helland aus Bergen, mit Bezug auf Ivar Aasen als Quelle, folgende Variante wieder:
> Es wird erzählt, dass eine Frau ein Geschenk an ihre Schwester schicken wollte, die auf Meløya wohnte. Ein Same wurde beauftragt, das Paket übers Gebirge zu bringen. Als der Same soweit gekommen war, dass er das Meer sehen konnte, wurde er neugierig, was wohl darin sein könnte. Doch als er den Deckel abhob, fiel ein Funken aus der Schachtel. Als der Funken zur Erde fiel, breitete er sich nach allen Seiten aus, bis das ganze Gebirge ringsum bedeckt war. Daher kommt der große Gletscher, der jetzt das Gebirge bedeckt. Man soll versucht haben, Teile davon mit Wärme weg zu schmelzen, aber es ließ sich nicht machen.

> In den Sagen um den Svartisen finden wir auch die Version, die bei Ryvarden und Wold wieder gegeben wird in dem Buch „Norges isbreer" (Norwegens Eisgletscher), Oslo 1991:
> Auf Rødøy befand sich in alten Zeiten ein Same, den man wegen seiner Zauberkünste oder anderer Übel verjagt hatte. Verbittert zog er an die schwedische Grenze, wo ihm von einem ebenfalls zauberkundigen Samen ein paar Ganfliegen (Fliegen, die schädlichen Zauber ausüben können) überlassen wurden. Mit diesen machte er sich sofort auf den Rückweg um ganz Rødøy zu zerstören. Aber zum Glück wollte der Same unterwegs einen Blick auf seine Fliegen werfen. Kaum hatte er den Deckel der Schachtel gelüftet, in der sie eingeschlossen waren, da flogen sie heraus und siehe, der Gletscher, der eigentlich Rødøy unter sich begraben sollte, legte sich auf die Gegend, wo er sich heute ausbreitet. Überall, wo die Ganfliegen umher flogen, fielen Unmengen von Schnee. Die Fliegen machten sich auf den Weg zum Meer, und deshalb erstreckt sich der Gletscher bis ans Meer. Sieben Meilen soll der Abstand gewesen sein von der Stelle, wo er die Fliegen frei ließ, bis wohin der Schnee reichte.

Eine dritte Version finden wir in O. T. Olsens „Norwegische Volksmärchen und Sagen", Kristiania 1908:

Als St. Olav auf dem Weg nach Helgeland war, um die Helgeländer zu christianisieren, wollte der lokale Herrscher in Misvær, ein großer Trollmann (Zauberer), die Einfahrt versperren, indem er eine Eismauer vom Meer bis ans Ufer von Rødøy anlegen wollte. Wenn ihm das gelänge, würde Saltdalen und Misvær der Besuch von St. Olav erspart bleiben. Der Zauberer füllte eine große Kiste mit Ganfliegen und belegte sie mit seinem wirksamsten Zauber. Dann fand er einen Samen, der sich die Kiste auf den Rücken lud und damit über das Misværland nach Rippevagga ging. Dort sollte er die Fliegen frei lassen. Der Same tat, wie ihm geheißen. Er kam nach Rippevagga und ließ die Fliegen frei. Aber um die Fliegen herum schneite es so gewaltig, dass der Schnee in weitem Umkreis die Täler füllte und die Berge bedeckte. Nach einer Weile sank der Schnee zusammen und wurde zu hartem Eis.

Inzwischen war St. Olav in Bliksvær angekommen, und als er den vielen Schnee sah, vermutete er sogleich, dass ein Trollmann dahinter steckte. Er schlug ein Kreuz mit seinem Schwert über sich und band die bösen Kräfte im Namen Jesu. Im selben Moment fiel der Fliegenschwarm ins Meer und der Schnee reichte nur bis zur Küste.

Wären die Fliegen über Rødøyløva nieder gegangen, wäre die Einfahrt von Eisbergen versperrt worden und der Trollmann hätte gewonnen. Nun lag das Eis nur so weit, wie der Fliegenschwarm geflogen war: von Rippevagga bis an die Küste von Rødøy. Da liegt es noch heute und heißt Svartisen.

66°48'31"N 13°28'E ④

Auf der Landzunge **Dyrneset** an SB, vor dem Dorf **Valla** am Festland, hat man ein Gräberfeld mit acht Grabhügeln aus der Eisenzeit (S 83), 4-10 m im Durchmesser, ausgegraben und zwei Bautasteine entdeckt, alle aus der Zeit 500-800 n. Chr., außerdem Pfeilspitzen aus Schiefer und Flint und eine Steinaxt, die auf die ältere und jüngere Steinzeit zurück gehen (10000-1800 v. Chr.).

Nachdem wir den kleinen Ort **Valla** am Festland und den Holm **Oksholmen** an SB passiert haben, fahren wir weiter unserem nächsten Hafen, **Ørnes**, entgegen.

Das Dorf **Vassdalsvik**, am Ausgang des breiten U-Tals an SB, liegt zwischen den Bergen **Stordalstinden** (573 m ü M), **Oldratinden** (802 m ü M) und **Hesten** (822 m ü M). Von Vassdalsvik geht eine Fähre nach Ørnes und Meløy/Bolga.

An BB der schmale **Meløysund** zwischen der Insel **Meløya** und der kleinen Nachbarinsel **Skjerpa** (275 m ü M), vis a vis Vassdalsvik.

Die Insel **Messøya** (8 km², 364 m ü M) vor uns an BB.

66°49'30"N 13°38'20"E ⑤

Die Mündung des **Glomfjords** an SB. Er ist 21 km lang und 1-3 km breit, mit steilen Felswänden, die zum Fjord hin abfallen. Im Innern des Glomfjords, im Fykendalen, befindet sich eine Wand mit 8000 Jahre alten Felszeichnungen.

Norsk Hydro in Glomfjord.

Der Industrieort **Glomfjord** (1 178 Einw.) liegt fast am Ende des Fjords. Der größte Teil der Industrieproduktion in der Gemeinde Meløy ist hier angesiedelt. Glomfjord konnte mit billigem Strom versorgt werden, als die **Glomfjord Kraftstation** als eine der ersten Kraftwerke im Lande gebaut worden war. Ein Wasserfall von ca. 468 m Höhe wurde dafür genutzt. Der Bau der Anlage wurde zunächst in privater Regie 1912 begonnen, 1918 dann vom norwegischen Staat übernommen. 1920 war der erste Bauabschnitt fertig, zwei Jahre später wurde die Kraftstation weiter ausgebaut. Eine kurze Zeit lang benutzte man den Strom, um ein Zinkwerk zu versorgen. 1927 begannen Engländer und Deutsche mit einer Aluminiumproduktion, 1932 ging das Aluminiumwerk in andere Hände über.

Im 2. Weltkrieg spielten sich dramatische Ereignisse in Glomfjord ab. Das Folgende stammt aus dem „Kriegstagebuch" von Otto Ruge, 1946.

„Um Mitternacht am 20. September 1942 griffen 12 uniformierte alliierte Kommandosoldaten, zwei davon aus der Kompanie Linge, das bewachte Kraftwerk in Glomfjord an, welches das kriegswichtige Aluminiumwerk in Haugvik mit Strom versorgte. Die Aktion lief unter dem Codenamen „Muskedunder". Die Gruppe teilte sich auf. Die eine, bestehend aus drei Mann, befestigte starke Sprengladungen an den Rohrleitungen, die steil hinunter zur Station führten. Sieben Mann drangen in das Kraftwerk ein, zwei standen draußen Wache. Die Sprengladungen wurden an den Generatoren der Turbinen befestigt, während ein deutscher Wachtposten auf einer Kiste im Gang zur Maschinenhalle saß und schlief. Fünf deutsche Wachposten hielten sich im Kontrollraum des Gebäudes auf.

Die Saboteure sorgten dafür, dass das norwegische Bedienungspersonal und einige Norweger, die im obersten Stockwerk wohnten, gewarnt wurden. Um halb eins in der Nacht explodierten die meisten der Sprengladungen. Die gewaltige Auswirkung war im weiten Umkreis zu spüren. Die Fenster in 3 km entfernten Häusern zersprangen. Der Knall der Explosionen erreichte die Saboteure an den Rohrleitungen oben auf dem steilen Berg. Das war für sie das Signal, den Sprengmechanismus auch an ihren Sprengladungen auszulösen. Kurz darauf erfolgte die Explosion und das Wasser schoss auf die Station herab, hinein in die Maschinenhalle und machte das Aluminiumwerk in Glomfjord für den Rest des Krieges unbrauchbar.

Das Ziel der Saboteure war nun, die schwedische Grenze zu erreichen. Sie waren vorher, in der Nacht zum 16. September, von dem französischen U-Boot „Juno" im Bjærangfjord an Land gebracht worden und waren über einen Arm des Svartisen nach Glomfjord hinab gestiegen, wo ein deutsches Wachtkommando von 100 Mann stationiert war. Dieses sollte

> mit Unterstützung von Flugzeugen Saboteure fangen. Diesmal hatten die Deutschen das Glück auf ihrer Seite. Sie umringten sieben Männer und nahmen sie gefangen. Zuerst kamen sie ins Gefängnis, später wurden sie in Deutschland hingerichtet. Ein achter lag schwer verletzt in Bodø im Krankenhaus uns starb kurz darauf. Den übrigen vier gelang auf unfassbare Weise die Flucht nach Schweden."

Die Glomfjord Kraftstation wurde nach dem Krieg ausgebaut. Norsk Hydro nahm den Betrieb 1947 auf und produzierte bis 1993 Ammoniak. Von 1955 an produzierte man in Glomfjord auch Mineraldünger und Kalksalpeter. Bis 1993 war das Kraftwerk in Glomfjord der einzige Stromlieferant für diese Betriebe, danach lieferte auch das Svartisen Kraftwerk Strom nach Glomfjord.

Das heutige **Glomfjord** ist ein Industrieort mit einer Vielfalt an Betrieben und Produktion. Der Industriepark von Glomfjord umfasst folgende Betriebe:

- Norsk Hydro Landwirtschaftabteilung, Yara, der größte Betrieb, produziert NPK Dünger und Kalksalpeter. Yara Norge Glomfjord hatte 205 Angestellte im Jahre 2004.
- Scan Wafer AS produziert kristalline Siliziumscheiben (Wafer) für Solarzellen und ist einer der größten Produzenten der Welt auf diesem Gebiet. Scan Wafer AS hatte im Jahre 2004 200 Angestellte.
- SiTech AS schmilzt Silizium zu Siliziumstäben, die als Rohstoff für Solarzellen gebraucht werden. Der Betrieb hatte 40 Angestellte im Jahre 2004.
- PQ Norge Silicates AS produziert Wasserglas (Natriumsilikat) mit Hilfe von elektrischem Strom. 16 Beschäftigte im Jahre 2004.
- Marine Harvest Norway AS und Glomfjord Smolt betreiben Aufzucht von Jungfischen und Setzfischen. Beide Gesellschaften zusammen hatten 2004 21 Beschäftigte.

Der Hafen von Glomfjord ist einer der betriebsamsten in ganz Nordnorwegen. Die Schiffe liegen oft lange auf Reede und warten auf einen Platz am Kai.

In den Bergen hinter Glomfjord breitet sich der Gletscher **Glombreen** (ca. 8 km²) aus. Der höchste Punkt ist der **Istind** (1 194 m ü M) im Nordwesten des Gletschers. Der Glombreen ist ein Plateaugletscher ohne richtige Ausläufer.

Glomfjord hat eine Straßenverbindung durch den Svartisentunnel (7 615 m lang), der unter einem Ausläufer des Svartisen hindurch führt. Er wurde 1987 eröffnet und ist einer der längsten Straßentunnel Nordeuropas.

In **Neverdal**, im äußeren Teil des Glomfjords, steht ein Gedenkstein für russische Kriegsgefangene.

Wir fahren weiter durch den **Eidet**, den Sund zwischen der Halbinsel **Glomneset** an SB und der Insel **Mesøya** (8 km², 242 m ü M) an BB. Das steile Profil des Berges Spildrehesten haben wir an SB mit den Dörfern Våtvika, **Nedre** und Øvre Spildra an der Strandlinie. Hinter dem Berg können wir noch einmal den Glombreen sehen.

An SB das Dorf **Spildra** unterhalb des Berges **Spildrehesten.** Vor uns der Hurtigrutenhafen **Ørnes** (1 538 Einw.) zwischen den Bergen **Spildrehesten** (815 m ü M) mit seinem charakteristischen Profil und **Blåtinden** (716 m ü M). Im Hintergrund **Ruffedalsstinden** (939 m ü M). Direkt hinter Ørnes der Berg **Raudhaugen**. Die Einfahrt nach Ørnes gilt als eine der schönsten auf der Hurtigrutenstrecke.

Das Schiff legt am Kai in Ørnes an

Ørnes, heute Verwaltungszentrum, wird in schriftlichen Quellen zum ersten Mal 1610 erwähnt, da gab es einen Hausmannsplatz an dieser Stelle. 1794 pachtete ein Mitglied der adligen Benkestokfamilie von Meløy den alten Hausmannsplatz und erhielt die Bewilligung, in Ørnes Handel zu treiben. Er wohnte weiterhin auf Meløy, aber als er starb, zog seine Witwe nach Ørnes und setzte die Handelstätigkeit fort. Späterhin wechselten die Eigentümer mehrmals innerhalb der Familie einer Seitenlinie, als die ursprüngliche Benkestokfamilie ausgestorben war. Die Handelstätigkeit wurde gern mit Küstenschifffahrt kombiniert.

Ørnes wurde mehrmals vom Feuer heimgesucht. Doch einige Gebäude des ursprünglichen Handelsplatzes von 1800 stehen heute noch, so mehrere Wohnhäuser, Lager- und Bootsschuppen und eine Schmiede, alle in gutem Zustand und unter Denkmalschutz.

Das Verwaltungszentrum Ørnes ist ein Verkehrsknotenpunkt für Busse, Boote und Fähren. Im Sommer wird das Festival „Sommerdagene" (die Sommertage) in Form einer Kulturwoche veranstaltet und jedes zweite Jahr das Revuefestival „Revyfestival" mit Revuekünstlern dieses Landesteils.

Das Schiff fährt weiter nach Bodø   + 0 Std 00 Min

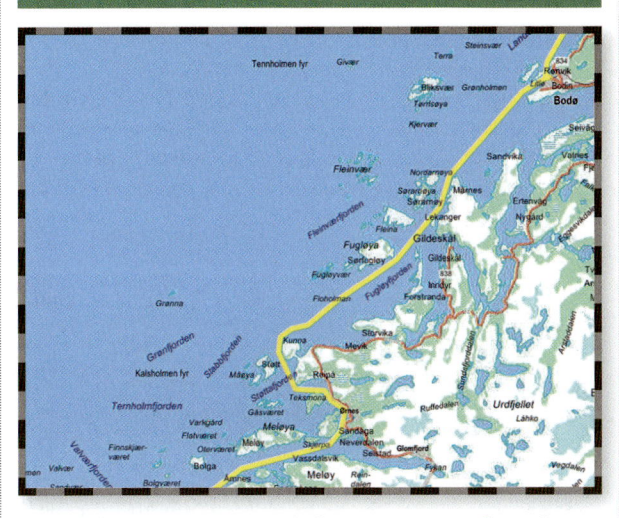

Nach Abgang von Ørnes haben wir an SB den **Blåtinden** (716 m ü M).

Vor uns an BB die Inseln **Mesøya** und **Teksmona**, am Festland das Dorf Reipå am Fusse des Skjeggen (904 m ü M).

66°53'15"N   13°37'E   + 0 Std 09 Min   ⑥

Die Insel **Teksmona** (5,2 km²) mit dem Berg **Nattmålstuva** (227 m ü M) passieren wir an BB. Wegen ihres alten, unberührten, manchmal sehr dichten, Kiefernbestandes wurde die Insel im Dezember 1992 zum Teil unter Naturschutz gestellt. Man wollte damit einen von der Nähe zum Meer geprägten und vom Menschen unbeeinflussten Nadelwald schützen, dessen Vegetation typisch ist für diese Gegend. Teksmona ist eine von den wenigen Inseln an der Nordlandsküste mit Kiefernwald.

An SB das Dorf **Reipå** (315 Einw.) zwischen dem **Blåtinden** (716 m ü M), dem **Breitinden** (727 m ü M) und **Skjeggen** (904 m ü M). Am Rande der Landzunge der Berg **Skroven** (463 m ü M). Reipå mit seinem Meløy-Bauernmuseum ist der nördlichste Ort der Gemeinde.

Westlich von Reipå liegt das Dorf **Fore** mit der Fore-Kirche. Das ursprüngliche Bethaus wurde umgebaut und 1909 als Kapelle eingeweiht. Es handelt sich um eine Kreuzkirche im neugotischen Stil mit 500 Sitzplätzen. Die Kirche wurde 1932 restauriert.

In der Nähe von Fore fand man Siedlungsreste und einen Grabhügel mit einem 3,6 m hohen Bautastein, genannt „Pila", alles aus der Zeit ca. 800 n. Chr. (S 83).

Das Schiff fährt weiter, mit der Nordseite von Teksmona an BB und dem Festland mit Fore an SB. Vor uns an BB die kleine Inselgruppe **Gåsværet**. Der **Støttafjord** geht zwischen den Inselgruppen Gåsvær und Støttvær hindurch. Die größten der flachen kleinen Inseln und Holme **Støttværs** sind **Innerstøtt** mit dem Fischerdorf **Støtt** (2,7 km²), **Svenningen** (1,6 km²) und **Helløya** (1,4 km²). Auf Svenningen, deren höchster Punkt 76 m ü M liegt, befinden sich mehrere Bunker und Reste einer Kanonenstellung aus dem 2. Weltkrieg. Die Batterie wurde 1943 mit vier 10,5 cm Kanonen errichtet. Der Aufbau der deutschen Küstenforts war eine ziemlich kostspielige Angelegenheit, er wurde finanziert mit Geldern, die die Deutschen in der Norwegischen Bank beschlagnahmten.

Støtt war früher mal ein Handelsplatz und war immer wichtig für die Seefahrer.

Westlich der Inselgruppe Støttvær kann man bei klarem Wetter das Kalsholmen-Feuer sehen auf der kleinen Insel **Ternholmen**. Das Feuer wurde 1916 gebaut und hat eine Reichweite von 16 n. M., 1993 wurde es automatisiert und damit unbemannt.

66°55'N   13°30'E   + 0 Std 24 Min   ⑦

Die Insel Innerstøtt wird an BB passiert.

Nachdem wir am Skroven vorbei gefahren sind, sehen wir die Halbinsel **Kunna** an SB mit dem Berg **Kunna** (599 m ü M). Vor der schmalen Landzunge, die die Halbinsel mit dem Festland verbindet, liegen die Orte **Nerstranda**, **Øysund** und **Øra**.

Auf Nerstranda gewahren wir den obersten Teil eines Antennenturmes, der auch als Landemarkierung beim Anflug von Süden auf Bodø fungiert.

Im Gebiet von Øysund und Kunna gab es in der Eisenzeit einen wichtigen Häuptlingssitz. Mehr als 30 große Grabhügel, Reste von 11 Bootsschuppen, einer Hofanlage und einer Warft zeugen davon, (S 83). Die ältesten Schichten der Warft können aus der Wikingerzeit stammen, die jüngsten aus dem späten Mittelalter. Unter den Gräbern sind mehrere eisenzeitliche, in einem fand man die Reste eines Mannes, der in einem Boot bestattet worden war, zu seinen Füssen ein Hund. Dem Manne hatte man ein Schwert, einen Schild, einen Wetzstein aus Schiefer und Schmuckgegenstände mit ins Grab gelegt. Die Hofanlage stammt aus der Wikingerzeit. Im Gegensatz zu anderen Höfen, wo die Häuser ringförmig um einen offenen Platz angeordnet waren, liegen die Grundrisse von Øysund in Reih und Glied mit den Langseiten zueinander. Die Außenwände waren mit Grassoden gedeckt.

In der Eisenzeit lag das Land tiefer, und da konnten die Boote über **Kunnavalen** zwischen der heutigen Halbinsel Kunna und dem Festland hindurch fahren. Da das Meer vor Kunna gefährlich zu befahren war, die Bedingungen für die Landwirtschaft und die Übersicht über das Meeresgebiet aber gut, bot sich das Gebiet Øysund-Kunna für die Errichtung eines Häuplingssitzes an.

Øysund wird um 1430 zum ersten Mal in schriftlichen Quellen genannt, Kunna 1530.

Die Halbinsel Kunna wird umrundet, an SB der kurze **Kunnesund** mit dem schmalen Landstreifen Kunnavalen zwischen Kunna und dem Festland.

> An der Grenze zwischen den Gemeinden **Meløy** und **Gildeskål** steht ein Gedenkstein für das U-Boot „KNM Uredd". Das Wrack liegt südwestlich von Fugløyvær. Das U-Boot fuhr mit 42 Menschen an Bord 1943 in den **Fugløyfjord** ein, als es in ein unbekanntes deutsches Minenfeld geriet und explodierte. Es war in streng geheimem Auftrag unterwegs, bei dem es britische und norwegische Agenten an Land setzen sollte. Diese Agenten hatten wichtige Sabotageaufträge gegen die deutsche Kriegsindustrie und sollten über den Schiffsverkehr entlang der Küste berichten. „KNM Uredd" wurde mit Hilfe eines Mini-U-Bootes 1983 in 105 m Tiefe gefunden. 1986 wurde das Wrack zum Kriegsgrab erklärt.

Fugløya wird an BB vor uns sichtbar.

Bei klarem Wetter kann man in der Ferne an BB die äußersten Inseln der **Lofoten** sehen, nämlich **Røst**, **Værøy** und die Berge von **Moskenesøya.**

Ca. 66°58'N   13°34'E

Wir passieren die Grenze zwischen den Gemeinden Meløy und Gildeskål.

Die Gemeinde Gildeskål

Bedeutung des Gemeindewappens: Symbolisiert sowohl weltliches Gelage als auch kirchliche Zeremonien.
Bedeutung des Namens: Vom nordischen gildaskáli, „gildestue", Gildestube, Versammlungsort einer Gilde.
Gemeindezentrum: Inndyr (664 Einw.).
Position: 67°02'N 14°01'E.
Areal: 664 km². **Einw.:** 2 178.
Bevölkerungsdichte: 3,28 Einw./km².
Arealverteilung: Landw. 2 %, Forstw. 13 %, Süßwasser 6 %, verbleibendes Areal 79 %.
Wirtschaft: Fischerei mit kleineren Fahrzeugen. Landwirtschaft mit Haustierhaltung, Rinder und Schafe. Fischzucht. Lachsschlachterei. Schiffswerft mit Slippanlage. Quarzitsteinbruch. Stromproduktion.
Sehenswertes: Die Insel Fugløya. Der Ort Inndyr. Der Hof Angellgården. Die alte Kirche von Gildeskål. Das Dorf Våg.
Website der Gemeinde Gildeskål: www.gildeskal.kommune.no

66°58'22"N   13°34'E   + 0 Std 46 Min   ⑧

Wir haben die steile Rückseite des Berges Skjeggen (904 m ü M) an SB passiert, danach kommt die Bucht **Storvika** mit dem Dorf **Storvika** vor dem Berg **Høgnakken** (1 045 m ü M).

66°59'20"N   13°36'28"E   + 0 Std 52 Min   ⑧

Hinter Storvika ragt die Landzunge **Finnes** mit dem Berg **Årfjellet** (529 m ü M) in den Fjord hinein.

Das Schiff befindet sich nun im **Fugløyfjord**. Ab SB passieren wir hinter Finnes und Årfjellet die Berge **Høgnakken** (1 045 m ü M) und **Høgstjerna** (820 m ü M), dazwischen liegt das Dorf Novika.

67°00'18"N   13°40'21"E   + 0 Std 58 Min   ⑨

In **Novika** am Høgnakken hat das skandinavische Militär in den 1960er Jahren seine einzige Antennenanlage mit VLF (Very Low Frequency) für die Kommunikation von U-Booten unter Wasser installiert. Die NATO war bis 2006 an die Anlage angeschlossen. Die Horchkabel

Fugløya

wurden zwischen den Bergen Høgnakken und Høgstjerna ausgespannt. (Bei klarem Wetter sind die Kabel sichtbar).

Auf **Forstranda**, der Landzunge nördlich von Høgstjerna, liegt die Höhle **Brusteinshola**, eine gewaltige Grotte, auch „Kathedrale" genannt. In **Skauvolldal**, am Festland hinter dem Høgstjerna, befindet sich auch ein großes Grottensystem, **Greftkjelen** und **Greftsprekken**. Die Grotten gehören zu den tiefsten im Lande, bis zu 315 m tief, insgesamt sind die Grottengänge 9 km lang.

An BB fahren wir an einer Gruppe mit Schären und flachen, nackten Holmen entlang, die den gemeinsamen Namen **Floholman** tragen.

Fugløyvær heißt die Gruppe aus 140 kleinen Inseln, Holmen und Schären an BB vor der bergigen Insel **Fugløya**. Fugløyvær steht auf der Liste der alten Sammelstellen für Eier und Daunen, (S 333).

Auf **Fugløya** (13 km²) liegt im Süden das verlassene Dorf **Sørfugløy.** Teile der Insel stehen unter Naturschutz. **Hagtinden** (765 m ü M) ist die höchste Erhebung. Entlang des Strandes gibt es einen „brem" (Randstreifen), auf dem man früher Schafe weiden ließ. Gleich nach dem zweiten Weltkrieg hatte die Insel ca. 200 Einwohner, 1960 noch 124, 2001 waren es nur noch drei. Heute ist die Insel verlassen, einige der alten Häuser werden aber als Ferienwohnungen genutzt.

Fugløya ist ein wichtiges Brutgebiet für Seevögel, besonders für Papageitaucher, (S 217). In Lunddalen, auf der Westseite der Insel, brüten wohl an die 10 000 Paare Papageitaucher. Ende August verlassen sie die Insel. Im übrigen brüten dort noch viele andere Seevögel, bei allen Arten ist der Bestand zahlreich. Auch Raubvögel gibt es in dem Gebiet, u. a. mehrere Paare an Seeadlern (S 161).

Im Nordosten der Insel, gleich am Schifffahrtsweg, kann man mit dem Fernglas am Berghang eine kleine Figur sehen, einen weißen Adler mit ausgespannten Flügeln. Manche meinen, es handele sich um eine natürliche Figur, andere behaupten, ein deutscher Soldat hätte sie im zweiten Weltkrieg in den Fels gehauen. Der Soldat soll an einem Tau von der Spitze des Berges herab gelassen worden sein, um die Adlerfigur dort heraus zu modellieren. Der kleine, weiße Adler befindet sich in einer Vertiefung zwischen zwei Felsvorsprüngen. Man sieht ihn gleich hinter dem Leuchtfeuer auf der Landzunge.

Im Nordosten der Insel liegt der Ort **Nordfugløy.**

Über die Gegend um Fugløya und Gildeskål gibt es viele Sagen und Geschichten. Hier ein Beispiel:

> Die Geschichte von „Tjyv-finnan på Sørfugløy" (Dieb-Finn auf Sørfugløy):
>
> „Es gab einst in Ytre Gildeskål ein Räuberpaar, Tjyv-Finn und seine Frau. Sie wohnten in einer Höhle in Sørfugløy. Die Höhle trägt heute noch den Namen Tjyv-Finnhellaren. Dieses Räuberpaar war als friedlos erklärt worden wegen seiner Untaten, Diebstahl und Kinderraub. Tjyv-Finn und seine Frau führten ihre Raubzüge per Boot durch. Das Boot wurde endlich gefunden, sie hatten es auf einer flachen Sandbank im Süden von Fugløy zwischen der Schäre Totmålskjæret und Fugløy versenkt. Nachdem das Boot erst mal gefunden war, dauerte es nicht lange, bis auch Tjyv-Finn gefunden wurde.
>
> Zu der Zeit wohnten hier in Sørfugløy auch zwei Brüder, Kristen und Svend Svendsen. Sie waren bekannt für ihre Stärke und ihren Wagemut und hatten ihre Namen auf die Liste der starken Männer setzen lassen. Kristen und Svend erklärten sich bereit, zu versuchen, das Räuberpaar zu töten. Spät abends am Tag vor Weihnachten nahmen die Brüder ihr Gewehr und machten sich auf zur Tjyv-Finnhöhle. Aber der Weg dorthin war lebensgefährlich. Als sie die Höhle erreichten, saß Tjyv-Finn mit seiner Frau am Feuer, das die Höhle hell erleuchtete, und aß zu Abend. Da zielte Kristen auf Tjyv-Finn und spannte den Hahn an seiner alten Bärenbüchse. Doch da klickte es. Der Mann fragte seine Frau: „Was hat da so geklickt?" Die Räuberfrau antwortete: „Das war nur das Knistern im Feuer." Auf die Weise erhielt Kristen Gelegenheit, erneut zu zielen, und so erschoss er zuerst Tjyv-Finn und danach die Frau, und damit ist die Geschichte zu Ende."

Wenn man Fugløya passiert hat und zurück blickt zur Nordostseite der Insel, kann man einen Streifen aus Kies und Sand sehen, der aus einer Öffnung in der Felswand zu kommen scheint. Fugløya ist also nicht nur für ihre Vogelfelsen bekannt, sondern auch für den merkwürdigen Fließsand, der wie ein Wasserfall aus dem Berg rinnt.

67°02'N 13°47'E + 1 Std 12 Min ⑩

An SB hinter dem Berg Høgstjerna und dem Dorf Vigdel liegt die flache, lang gestreckte Insel **Femris**, deren höchster Punkt 48 m ü M liegt.

Der Ort **Inndyr** (664 Einw.) das Zentrum der Gemeinde Gildeskål, ist vom Schiff aus hinter der Insel Femris kaum zu sehen. Inndyr lag früher mal mehr im Zentrum des Schiffsverkehrs, größere Schiffe fahren heute vorbei durch den Fugløyfjord. In Inndyr gibt es eine Schiffswerft mit Slipanlage für größere Schiffe, dazu eine mechanische Werkstatt, Betonwarenfabrik und Kleinindustrie, obendrein die Gildeskål Versuchsstation für Aquakultur.

Inndyr, zum ersten Mal im 17. Jh. schriftlich erwähnt, war schon seit dem Mittelalter ein lebhafter Ort. Die Bebauung wuchs um den natürlichen Hafen herum. Der Hof Inndyr hatte große Bedeutung für das Dorf, sowohl als Adelssitz als auch als Gut.

Angellgården (Rødgården) ist ein Hof im Zentrum von Inndyr aus dem Jahre 1590, ursprünglich als Witwensitz gebaut. 1760 wurde er an seinen heutigen Platz versetzt und vergrößert. 1807 folgte noch eine Erweiterung. Angellgården hat man restauriert und unter Denkmalschutz gestellt.

Das Gebiet von Inndyr ist für seine Vielfalt an wilden Orchideen bekannt.

Der bekannte Kirchplatz von **Gildeskål** liegt einige Kilometer nördlich von Inndyr, ist aber vom Schiff aus schwer zu sehen, da die Inseln im Vordergrund die flache Landschaft dahinter z. T. verdecken. Der Kirchort besteht aus zwei alten Kirchen mit dem Pfarrhof dazwischen.

Die alte Kirche von Gildeskål ist die am besten bewahrte mittelalterliche Kirche in Nordnorwegen. Man nimmt an, dass schon im 11. Jh. hier eine kleine Holzkirche gestanden hat, aber die Spuren sind entweder verschwunden oder man hat die Kirche später zu einer Steinkirche umgebaut. Gesichert ist, dass diese dort im 12. Jh. stand. Wahrscheinlich war sie eine der beiden Steinkirchen, die König Østein (1088-1123) auf seiner Reise gen Norden 1114 in Auftrag gegeben hat, es kann aber auch sein, dass sie erst um 1170 erbaut wurde. Gildeskål war in vorchristlicher Zeit eine "Kultstätte", wo Gelage abgehalten wurden, daher der Name. Die Kirche war, wie viele andere auch im 11.Jh., im romanischen Stil gebaut, mit Rundbögen und fast 1,5 m dicken Mauern. Die Drachenköpfe an den Dachfirsten muß man sich wohl als Schutz gegen die bösen Mächte des Heidentums erklären. Nach einem Blitzeinschlag 1710 brannte die alte Kirche ab, wurde aber mit eigenen Mitteln des damaligen Kirchspielpriesters wieder aufgebaut. Der Südflügel von 1711 wurde da hinzugefügt. Die Kirche erhielt gleichzeitig auch einen Zwiebelturm, der aber 1890 wieder entfernt wurde aus Angst davor, dass er herabfallen könnte. Die Kirche wurde in den Zeiträumen 1936-37 und 1953-62 restauriert. Die alte Kirche von Gildeskål ist auch als Kirche des Psalmendichters Elias Blix bekannt, der 1836 in Gildeskål geboren wurde.

Statt die Kirche zu erweitern, als sie in der zweiten Hälfte des 19. Jh.s zu klein geworden war, baute man eine neue Kirche und legte die alte 1881 still. Daher hat die alte Kirche von Gildeskål im Vergleich zu anderen alten Kirchen im Norden ihr besonderes Gepräge bewahren können. Sie wurde neu geweiht im Jahre 1962.

Die neue Kirche ist eine Langkirche aus Holz im gotischen Stil mit 750 Sitzplätzen. Sie liegt auf einem erhöhten Platz mit Aussicht über den Fjord und Fugløya. Auf dem Kirchplatz befindet sich auch die Sammlung von Gildeskåls Bauernhäuser, einschließlich des alten Pfarrhauses. Das Hauptgebäude ist ein 33 m langes Haus aus dem 18. Jh. Die alten Gebäude stehen unter Denkmalschutz.

Nachdem wir den schmalen **Røssøysund** und die Insel **Røssøy** nördlich von Femris passiert haben, öffnet sich an SB die Mündung des **Morsdalsfjords**, der die **Inndyrhalbinsel** von der Insel Sandhornøya trennt. Den Kirchplatz von Gildeskål kann man von hier aus hinter Femris liegen sehen.

67°04'N   13°54'E   + 1 Std 27 Min   ⑪

Die Insel Fugløya mit dem Ort Nordfugløy haben wir hinter uns. Nordöstlich davon an BB liegt die verhältnismäßig flache Insel **Fleina** (225 m ü M).

Fleina wurde in den 1970er Jahren als Wohnort aufgegeben. Man benutzt sie nur noch als Freizeit- und Ferieninsel.

Die Inselgruppe **Fleinvær** an BB besteht aus 230 nackten kleinen Inseln draußen vor dem **Fleinværfjord**, westlich davon **Fleina** und **Sørarnøya**. Im Jahre 2001 waren nur 6 der Inseln bewohnt von insgesamt 31 Einwohnern, die hauptsächlich von der Fischerei leben.

Die Inseln **Sørarnøya** (4 km²) und **Nordarnøya** (3 km²) an BB sind mir einer Brücke über den schmalen **Arnøysund** verbunden. Der Ort Sørarnøy ist ein Fischerdorf mit Fischindustrie. Das Küstenfort auf Nordarnøy wurde im Juni 1942 aus Memel an der Ostsee hierher versetzt. Es handelt sich um eine von sechs Batterien, die die Einfahrt nach Bodø verteidigen sollten. Allein auf Nordarnøy wurden vier Kanonenstellungen, mit Waffenlagern darunter, gebaut. Die alten Schiffskanonen aus dem ersten Weltkrieg hatten ein Kaliber von 15 cm, waren aber effektiv und hatten eine Schussweite von 16 000 m. Drei von ihnen stehen heute noch vor Ort, die vierte kann man in Oscarsborg im Oslofjord besichtigen.

Auf Sørarnøya befinden sich 30 Grabhügel aus der Eisenzeit. Eine der größeren Inseln südöstlich von Sørarnøya ist **Hestøya.** Hier liegen am nördlichen Ende des Sundes 12 Grabhügel, etwas weiter noch mal 5 im Abstand von 10-100 m Zwischenraum. Alle diese Grabhügel sind rund, mit Durchmessern von 3-4 m und ca. 50 cm Höhe. Ein wenig weiter nach Norden liegt ein länglicher Hügel, 11 x 5 m groß und 1 m hoch, etwas nach Süden 5 weitere, 4-10 m im Durchmesser und 50 cm hoch. Der letzte in der Reihe ist der größte, aber zum Teil zerstört.

Unter den anderen Holmen draußen am Schifffahrtsweg befindet sich der kleine flache **Stangholmen**. Hier gibt es sechs Grabhügel mit Steinkisten im Innern, die mit Grassoden bedeckt sind. Fünf der Grabhügel sind rund mit 4-8 m Durchmesser und 0,5-1 m Höhe, einer ist lang gestreckt, 12,5 x 3 m, und ganz niedrig. In zwei Fällen handelt es sich um Männergräber aus der Wikingerzeit mit Eisenaxt, Eisenschwert, Spielsteinen aus Knochen, einer Waage aus Bronze und Wetzsteinen als Beigaben. In einem wikingerzeitlichen Frauengrab fand man einen Kamm und Haarnadeln aus Knochen (S 83).

Die Insel Landegode vor Bodø sieht man in der Ferne an BB, an SB die Berge bei Bodø.

67°06'N   14°00'E   + 1 Std 39 Min

Die Insel **Sandhornøya** (103,3 km²) haben wir an SB. Dies ist die größte Insel in der Gemeinde Gildeskål. Am Fusse des steilen, charakteristischen Berges **Sandhornet** (993 m ü M), des höchsten Berges auf der Insel, liegt eine verhältnismäßig breite Strandfläche mit dem Dorf **Hustad** (hinter einer größeren Insel), das eine Lachszuchtanlage hat, und mit dem Ort **Lekanger** mit seiner Kirche. Das Dorf **Våg**, in einer Bucht nördlich Sandhornet, ist bekannt wegen seiner alten heidnischen Kultstätte. In Våg wurde der bekannte Psalmendichter Elias Blix geboren.

67°07'28"N   14°01'E   + 1 Std 43 Min   ⑫

Elias Blix wurde 24. 02. 1836 auf dem Hof **Våg** geboren. Als er drei Jahre alt war, starb sein Vater. Die Mutter heiratete ein paar Jahre später erneut. Elias machte in Tromsø eine Lehrerausbildung und unterrichtete gleichzeitig dort an einer Schule. Mit finanzieller Unterstützung des Kaufmanns von Nordarnøy konnte er nach Oslo reisen und Theologie studieren. Er legte sein Examen Artium ab und unterrichtete Latein, Französisch und Altnorwegisch. Während des Theologiestudiums lernte er Hebräisch, für das er eine besondere Begabung hatte. 1866 legte er das theologische Staatsexamen ab. Um als Pastor arbeiten zu können, musste er auch ein praktisches Examen vorweisen, dieses wollte er gern in der Kirche von Gildeskål ablegen. Er bekam eine Absage von dem Kirchspielpfarrer, der als sehr konservativ galt und selbst aus einem alten Beamtengeschlecht stammte. Die Absage soll angeblich auf Elias Blix` einfache Herkunft zurück zu führen sein, er kam aus einer Fischer- und Bauernfamilie und „hatte deshalb nichts auf einer Kanzel zu suchen". Außerdem sprach er die Sprache des einfachen Volkes, was auf großen Widerstand unter den Beamten und den „guten Bürgern" stieß. Am Tag nach der Absage verließ Elias Blix sein Heimatdorf und kehrte nie wieder zurück.

1879 wurde Elias Blix zum außerordentlichen Professor für Hebräisch ernannt. Unter Johan Sverdrups Linksregierung von 1884-1888 war er Kirchenminister, danach ging er wieder seiner Professur nach. Als Kirchenminister war er 1885 formell verantwortlich für die Anerkennung der Gleichstellung der Volkssprache mit Bokmål, der offiziellen Schriftsprache Norwegens.

Am bekanntesten wurde Elias Blix als Psalmendichter, aber auch als Bibelübersetzer. Die Volksausgabe „Das neue Testament", das 1889 heraus kam, hat er zum größten Teil übersetzt, dazu 50 der Davids-Psalme. Die erste Psalmensammlung erschien 1869, anonym. Später folgten eine Reihe anderer mit dem Ziel, „das Kirchenjahr mit Psalmen in der Volkssprache zu füllen". 1892 wurde seine Ausgabe „Nokre Salmar" autorisiert für den Gebrauch in der norwegischen Kirche – neben „Landstads Salmebok". 1900 gab er noch ein Buch mit 50 Psalmen heraus, 44 davon selbst geschriebene und 6 übersetzte, dazu 10 Lieder mit dem Thema Heimat und Vaterland. Zwei seiner bekanntesten Psalme sind „Gud signe vårt dyre fedreland" (Gott segne unser teures Vaterland) und "No livnar det i lundar" (Nun kommt Leben in den Wald).

Ein Gedenkstein für Elias Blix steht im Blixgarten in Våg, an SB zu sehen.

Vor uns an BB die **Bliksvær-Inseln** westlich von Bodø, die Insel **Landegode** direkt vor Bodø.

An SB die flache Landzunge **Mårnesskagen** nordwestlich von Sandhornøya mit dem Mårnesskagen-Feuer.

67°10'13"N   14°04'E   + 1 Std 55 Min   ⑬

Der Ort **Mårnes** an SB, am äußeren Teil der Bucht hinter Mårnesskagen gelegen, hat einen Quarzitsteinbruch, der das Ferrosiliziumwerk in Sørfold mit Rohstoff beliefert. Südlich von Mårnes wurde ein eisenzeitliches Grab gefunden.

Das Schiff fährt vor Bodø in den **Saltfjord** hinein. An SB die Nordspitze von **Sandhornøya** mit dem Dorf **Sandvika** und der Landzunge **Skårneset** nördlich des Berges **Telnestinden** (656 m ü M).

An SB der **Saltfjord,** vor uns unser nächster Anlauf, **Bodø**

Ca. 67°12'N 14°10'E
Wir passieren die Grenze zwischen den Gemeinden Gildeskål und Bodø.

Die Gemeinde Bodø

Bedeutung des Gemeindewappen: Die Mitternachtssonne weist darauf hin, dass Bodø der erste Ort nördlich des Polarkreises ist.
Bedeutung des Namens: Ein Hofname, die ältere Form von Bådøya, abgeleitet von Bothin. Der erste Teil vielleicht von bothi, „båe", oder aber von both „gjestebud" (Gastmahl), anderer Teil vin, "eng" (Wiese).
Gemeindezentrum: Bodø (34 073 Einw.).
Position: 67°17'N 14°24'E.
Areal: 921 km². **Einw.** 44 414.
Bevölkerungsdichte: 48,22 Einw./km².
Arealverteilung: Landw. 3 %, Forstw. 22 %, Süßwasser 5 %, verbleibendes Areal 70 %.
Wirtschaft: Nordnorwegens zweitgrößte Stadt, Zentrum für Handel, Service, Verwaltung, Ausbildung und Kommunikation. Nahrungsmittelindustrie. Metallwaren und Maschinenindustrie. Grafische Industrie und Verlage. Stromproduktion. Landwirtschaft mit Haustierhaltung, Produktion von Milch und Fleisch. Kartoffel- und Gemüseanbau. Etwas Fischerei.
Sehenswertes: Der Saltstraumen. Das norwegische Luftfahrtzentrum. Das Fort Nyholmen Skandse. Die Bodin-Kirche. Der Berg Keiservarden. Der Handelsplatz von Kjerringøy. Das Landegode-Feuer.
Website der Gemeinde Bodø: www.bodo.kommune.no

Beiarnkjeften, hinter uns an SB, heißt die nördliche Mündung der Fjorde **Nordfjord** und **Holmsundfjord** hinter Sandhornøya, ebenfalls an SB die Insel **Straumøya** (29 km²), die dritt größte Insel in der Gemeinde Bodø. **Straumøya** und **Knapplundøya** (6,6, km²) bilden den Südrand des **Saltfjords**, der sich nach Osten ins Land schneidet.

Auf der Nordwestseite von Straumøya liegt ein sumpfiges Gebiet mit mehreren Seen und Hügeln. Dieses Feuchtgebiet steht unter Naturschutz, ist ein wichtiges Brut- und Durchzugsgebiet für Vögel. Bei **Seines**, nordwestlich von Straumøya, befindet sich ein Antennenpark, der dem Militär gehört. Das Licht ist in der Dunkelheit zu sehen.

Die Stadt Bodø liegt vor uns mit den Inseln Lille Hjartøy und Store Hjartøy westlich der Stadt. Der Landegodefjord verläuft zwischen dem Festland und der Insel Landegode.

Der breite, offene **Saltfjord** (ca. 40 km lang) setzt sich als **Skjerstadfjord** weiter fort, führt an **Fauske** (5 970 Einw.) vorbei und endet bei **Rognan** (2 518 Einw.). Fauske ist für seinen Marmorsteinbruch bekannt. Im Berg bei **Reitan** zwischen Bodø und Fauske befindet sich eine Radarstation, ein nationales Hauptquartier und eine Operationszentrale der NATO, alles immer noch in Betrieb. Dasselbe gilt für die Horchanlage der Verteidigung bei Fauske, die in den 1950er Jahren eingerichtet wurde.

In der Ferne schimmert der Gletscher **Blåmannsisen** (1 540 m ü M, 87 km²), nahe der Grenze zu Schweden. Der Gletscher ist der fünftgrößte in Norwegen. Nicht weit davon liegt die historisch interessante Industriestadt **Sulitjelma.**

30 km südöstlich von Bodø zieht der Saltstraumen zwischen den Inseln **Straumøya** und **Knapplundøya/Godøya** hindurch.

Der **Saltstraumen** ist als einer der stärksten Gezeitenströme oder Mahlströme bekannt (S 162). Er entsteht dadurch, dass sich 400 Millionen m³ Wasser alle sechs Stunden mit einer Geschwindigkeit von 52 km/Std. durch den 150 m schmalen, 3 km langen Sund pressen, d.h. vier mal am Tag, immer wenn das Wasser seine Srömungsrichtung zwischen Ebbe und Flut ändert. Dabei können sich Wirbel bilden, die bis zu 10 m Durchmesser haben und 4-5 m tief hinunter reichen.

Der schmale Sund verbindet zwei Fjorde, den Saltfjord und den Skjerstadfjord, beide mehrere 100 m tief. Der Sund ist 50-80 m tief. Große Unterwasserschären verursachen die starken Wirbel. Der Saltstraumen kann dem Bootsverkehr sehr gefährlich werden, wenn der Mahlstrom seine volle Stärke erreicht. Aber die Fahrzeuge können jeweils ca. zwei Stunden nach jeder Flut oder Ebbe hindurch fahren. Der Saltstraum ist ein beliebtes Angelgebiet für Sportfischer aus ganz Europa, und das internationale Magazin National Geographic preist ihn als einer der schönsten Tauchgebiete der Welt.

Ungefähr 10 000 Jahre alte Siedlungsreste, mit die ältesten in Norwegen, hat man beidseits des Saltstraumens gefunden. Sicherlich hat man diesen Platz gewählt wegen der reichen Vorkommen an Fisch, Seevögeln, Robben und Walen.

Dramatisches hat sich hier am Saltstraumen ereignet. Im Jahre 997 überfiel König Olav Tryggvason den Wikingerhäuptling Raud den Ramme auf Godøy (Knapplundøy) und tötete ihn. Der Häuptlingshof am Saltstraumen spielte dabei eine wichtige Rolle. Weder König Olav noch der spätere Sagenschreiber Snorre Sturlason verstanden, wie der Mahlstrom entstand, sie schrieben ihn den Trollkünsten des Häuptlings Raud zu, und das war der Anlass genug für einen Mord.

Die Saltstraumen-Kirche wurde 1886 erbaut, aber später abgerissen und 1903 an ihren heutigen Platz versetzt, weil die Bodenverhältnisse am ersten Platz schlecht waren. Die beiden Kirchenglocken wurden 1885 gegossen, das Taufbecken aus Fauske-Marmor stammt von 1953.

An BB nordöstlich vom Saltfjord ragen die mächtigen Berge **Mjønestindan** (1 058 m ü M)) und **Mjønesfjellet** (708 m ü M) empor.

Die Inselgruppe **Bliksvær** an BB besteht aus 60 flachen Inseln und Holmen ohne Baumbewuchs. Aber es gibt ein reiches Vogelleben. Die Inseln stehen unter Naturschutz.

Im Jahre 1999, 1000 Jahre, nachdem König Olav Tryggvason 999 auf die Inseln gekommen war, um das Volk zu christianisieren, wurde Norwegens einzige Heiligenkirche, die Mariakapelle, eingeweiht. Die Kapelle wurde aus privaten Mitteln finanziert. Bliksvær hatte da nur 10 Einwohner.

> Der britische Kreuzer „HMS Effingham" (9 920 BRT, 1921 vom Stapel gelaufen) lief am 17. Mai 1940 nordwestlich von Bliksvær auf eine Schäre und sank rasch im flachen Wasser. Im April 1940 war die HSM Effingham nach Norwegen beordert worden. Unter anderem transportierte sie Truppen der französischen Fremdenlegion in die Gegend von Narvik, wo sie an Kampfhandlungen teilnehmen sollten (S 144). Der Kreuzer hatte 1 020 Soldaten und Kriegsmaterial an Bord, als er auf Grund lief. Die Soldaten und die 712-köpfige Mannschaft wurden im Laufe weniger Stunden von anderen britischen Kriegsschiffen in der Nähe aufgenommen. Einige Tage später kehrten mehrere der britischen Kriegsschiffe zurück, um die Ladung und die militärische Ausrüstung zu bergen. Sie zerstörten die Kanonen an Bord und feuerten ein Torpedo auf den Kreuzer ab. Zusätzlich wurde das Schiff noch von schweren Marineeinheiten beschossen, um es wirklich fahruntüchtig zu machen. Nach dem Krieg wurde der Kreuzer ausgeschlachtet. Heute ist nur noch Abfall vorhanden.

Die Inselgruppe **Tennholmen** besteht aus 25 kleinen Inseln westlich von Bliksvær.

Das **Tennholmen-Feuer**, ein Küstenfeuer, wurde 1901 in Verbindung mit dem Erztransport aus Schweden bei Narvik aufgestellt. Das Licht hat eine Höhe von 27,3 m überm Meer und eine Reichweite von 15,5 n. M.

67°15'49"N   14°18'E   + 2 Std 27 Min

Bei der Einfahrt nach Bodø passieren wir den Flughafen von Bodø und die Bodø-Hauptflugstation an SB. Der Flugplatz dient sowohl militärischen als auch zivilen Zwecken.

Die Hauptflugstation in Bodø ist Norwegens größte militärische Flugstation, die Basis für die Jagdschwadronen 331 und 332 (F-16 Jagdflugzeuge), die Rettungsschwadron 330, die mit Sea King Rettungshelikoptern operiert, und für einige Unterstützungsabteilungen.

Im Sommer 1951 wurde eine neue Rollbahn, berechnet für die Düsenflugzeuge des Militärs, angelegt. Der Grund dafür war die Furcht der Amerikaner und Europäer vor einem sowjetischen Angriff nach dem Ausbruch des Koreakrieges im Jahre 1950. Die Hauptflugstation von Bodø machte auf sich aufmerksam, als 1960 ein amerikanisches Spionageflugzeug vom Typ U-2 über der Sowjetunion abgeschossen und der Pilot gefangen genommen wurde. Das Flugzeug war da auf dem Weg von Pakistan nach Bodø. Da zeigte es sich, wie wichtig Bodø als Landeplatz für U-2 Flugzeuge nach Überfliegen der Sowje-

Bodø 19. Jh.

tunion war. Eine Anzahl europäischer Flugschwadronen hat mittlerweile eine Abmachung mit Bodø in Verbindung mit Übungen getroffen. In Bodø sind oft NATO-Übungen durchgeführt worden.

Der Flughafen von Bodø ist zivil. Er ist die Basis für Widerøe's Fluggesellschaft, eine der größten regionalen Fluggesellschaften Europas. Die Gesellschaft fliegt die meisten Kurzbahn-Flughäfen in Norwegen an. Von Bodø führen Direktflüge zu den Flughäfen von Helgeland, Lofoten und Vesterålen. Eine andere Fluggesellschaft fliegt Røst (S 146) an, während der Flugplatz von Værøy (S 150). Anfang der 1990er Jahre still gelegt wurde wegen gefährlicher Vorkommnisse und Unglücksfälle mit Linienflugzeugen, alle verursacht durch schwierige Windverhältnisse. Værøy wird nun mit Hubschraubern angeflogen, die an einem vor Wind besser geschützten Platz der Insel landen können. Der Flugplatz in Bodø hat heute eine Betonrollbahn von 2 793 m.

Das Schiff legt am Kai in Bodø an

Bodø wurde ursprünglich um den Hof Hundholmen herum angelegt, das war damals auch der Name Bodøs. Die Stadt wurde 1816 als Handelsstadt für die Fischer Nordnorwegens gegründet, an Stelle von Bergen. Die Wahl fiel auf Bodø, weil es im Zentrum der Fischgründe der Umgebung liegt und guten Zugang zu Bauholz hat. Schon 1775 hatte Hundholmen (Bodø) den Status eines Handelsplatzes. Bergen war natürlich heftig gegen die Stadtgründung, Bodø war eine Bedrohung des Handelsmonopols für Fisch, das Bergen in Bezug auf den Handel mit dem Ausland hatte.

Gleich, nachdem Bodø den Stadtstatus erhalten hatte (mit 55 männlichen Einwohnern), begann eine Periode des Entwicklungsstillstandes. Die dauerte bis 1864, in dem Jahr war die Heringsfischerei sehr erfolgreich, was große Veränderungen für die Stadt mit sich brachte. Bis 1874 wurden enorme Mengen an Großheringen gefangen (ausgewachsene, geschlechtsreife Heringe vorm Laichen). Als die verschwanden, kamen die Fettheringe (dreijährige, halbwüchsige Heringe). 1874 war die Bevölkerungszahl auf 1 478 angestiegen, 1884 auf 2 685. Mitte der 1880er Jahre blieb der Hering aus, da musste Bodø sich umstellen und sich einer neuen, harten Wirklichkeit anpassen. Die Kirche von Bodø wurde 1888 gebaut, 1894 wurde Bodø ein eigenes Kirchspiel, das Schulwesen wurde ausgebaut, Mole und Dampfschiffskai wurden 1904 angelegt. Im Jahre 1900 hatte Bodø 4 877 Einwohner.

Am 27. Mai 1940, gleich, nachdem der neue, von den Engländern angelegte, Flughafen fertig war, wurde der größte Teil von Bodø dem Erdboden gleich gemacht. Die deutschen Bombenflugzeuge brauchten dafür nur 2 ½ Stunden. Nur 200 Häuser blieben stehen, 3 500 von den 6 000 Einwohnern wurden obdachlos.

Gleich nach Ende des Krieges begann der Wiederaufbau. Bevor die Leute in den zerstörten Gebieten mit dem Bauen anfangen konnten, mussten neue Bebauungspläne erstellt werden. Es war verboten, mittelfristig Baracken aufzustellen. Daher ist Bodø heute eine der Städte in Norwegen mit der besten Bauplanlösung. 1952 eröffnete man den neuen, großen Flughafen, die Domkirche von Bodø wurde 1957 eingeweiht, und die Eisenbahnstation für die Nordlandsbahn nahm 1962 ihren Betrieb auf, sie ist gleichzeitig die nördliche Endstation der Bahn.

Heutzutage ist das Gemeinde-, Verwaltungs- und Regionszentrum Bodø die zweitgrößte Stadt in Nordnorwegen mit 35 106 Einwohnern. Die Stadt ist der wichtigste Kommunikationsknotenpunkt dieses Landesteils mit vielseitigen Transportverbindungen wie Hurtigboot, Flugzeug und Eisenbahn. Hier befindet sich der Hauptflughafen, die Hauptflugstation des Verteidigungskommandos Nordnorwegen, Bodøs Hochschule (ca. 4 800 Studenten), das Norwegische Luftfahrtzentrum (1995), das Museum für norwegische Luftfahrtgeschichte, alle sind wichtige Institutionen.

Die **Domkirche von Bodø** wurde 1956 fertig gestellt. Sie nimmt ein ganzes Quartal ein, ist als dreischiffige Basilika im gotischen Stil gebaut, mit einem Mittelschiff, das hoch über die Seitenschiffe hinaus ragt, und einem frei stehenden Glockenturm. Ein 12 m hohes Glasmosaik, 10 Bildteppiche aus Nordland und ein Rosettenfenster schmücken das schöne Interieur. Die Domkirche gilt als eines der gelungensten Exemplare neuerer norwegischer Architektur. Die Kirche wurde 2002 unter Denkmalschutz gestellt.

Die **Bodin-Kirche** ist eine mittelalterliche Steinkirche, ungefähr 1240 wahrscheinlich von König Håkon Håkonsson (1204-63) erbaut, 1784 erweitert und später restauriert. Heute hat die Kirche ein Langschiff mit kleineren Seitenschiffen und einen quadratischen Chor. Man nimmt an, dass es sich ursprünglich um eine Klosterkirche gehandelt hat, die zu dem nahe gelegenen Kloster gehörte.

Bevor Norwegen christianisiert wurde, diente der heutige Kirchenplatz wahrscheinlich als religiöses Zentrum mit Kultstätte und Tingversammlung (Ting = Gericht und Parlament). Die erste Kirche war nur ganz klein, doch als die Bevölkerung wuchs, wurde sie um ein Kirchenschiff erweitert. Sie hatte dicke, schwere Mauern, wie das bei damaligen Steinkirchen üblich war. Die Bodin-Kirche wurde so oft umgebaut, dass es unmöglich ist, die einzelnen Bauphasen voneinander zu unterscheiden, aber sie hatte wohl ursprünglich ein Spitzdach und einen kegelförmigen Turm. Während der Restaurierung fand man innerhalb der heutigen Mauern Reste von älteren, wohl von der alten, kleineren Kirche. Die Mauern im Chor waren nahezu 4 m dick, sie können versteckte Gänge und Treppen enthalten haben, die später mit Steinen und Mörtel gefüllt wurden. Wegen der schweren Kirchenmauern hat der Boden unter der Kirche nachgegeben. Deshalb musste die Kirche mehrmals zum Teil abgerissen werden und wurde dann im alten Stil wieder aufgebaut. Vieles von dem alten Inventar ist bei den zahlreichen Umbauten verloren gegangen.

Das Schiff fährt weiter nach Stamsund + 0 Std 00 Min

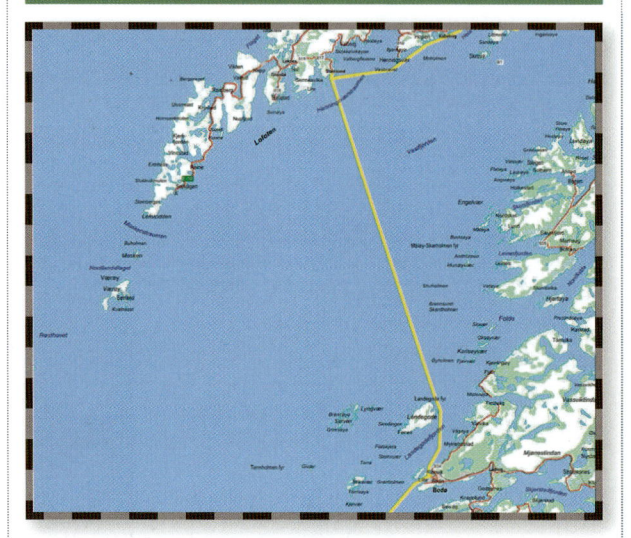

An BB der äußere Teil des Saltfjords.

An SB passieren wir die kleine Halbinsel **Nyholmen** mit Resten des Forts **Nyholmen Skandse** (Schanze). Das Fort wurde 1810 während der Napoleonkriege (1807-1814) gebaut, als das Königreich Dänemark/Norwegen auf Seiten Frankreichs gegen England kämpfte (S 85). Englische Kriegsschiffe blockierten die norwegische Küste. Die Aufgabe der Nyholmen Skandse war es, Hundholmen/Bodø zu schützen. Russland stand ebenfalls auf Frankreichs Seite, der Handel zwischen Bodø und Russland über Archangelsk war also möglich. Bodø erhielt Getreide und Russland im Gegenzug Fisch. Diese Handelsbeziehung hielt bis 1812 an.

Die Festung bei Skandsen bestand aus zwei Teilen. Der Hauptteil war ein schiefes Viereck mit einer schmalen Öffnung. Die Mauern waren 1-2 m dick. Daneben gab es einen Pulverturm, ein Wachthaus, ein Materiallager und zwei kleine Batterien, jede mit einer Kanone. Westlich der Festung stand eine etwas größere Frontbatterie. Die Festung hatte vier 12-Pfund Kanonen und mindestens acht 8-Pfünder, dazu ein kleines Kanonenboot mit Platz für eine Kanone. Zu Anfang arbeiteten 150 Mann auf der Festung, einige von ihnen waren freigelassene Gefangene. 1815 wurden die Waffen entfernt und 1835 die Schanze still gelegt.

Nyholmen Skandse wurde nie in Kampfhandlungen verwickelt, erfüllte aber ihren Zweck, indem sie die britischen Kriegsschiffe fernhielt. Im zweiten Weltkrieg stellten die Deutschen hier Artillerie und Bunker auf und schliffen die Schanze.

Aus Anlass des 180jährigen Jubiläums von Bodø im Jahre 1996 wurden Teile von Nyholmen Skandse restauriert und dies wurde später etappenweise fortgesetzt, und zwar nach den Plänen des Ingenieur-Kapitäns Friis von 1810. Heute wird die Anlage für Salut, Freiluftkonzerte und zum Exerzieren und Drillen der historischen Kompanie Nyholmen Skandse benutzt.

Am äußersten Zipfel der Halbinsel steht das Nyholmen-Feuer.

Nachdem wir Nyholmen umrundet haben, setzen wir einen Kurs nach Norden und fahren zwischen der Halbinsel und der Insel Lille Hjartøya an BB hindurch. An SB sieht man das Sicherheitszentrum von Bodins weiterführender Schule, wo Kurse für Sicherheit und Bereitschaft der Marine durchgeführt werden.

67°18'N   14°22'40"E   + 0 Std 10 Min   ①

Das Schiff fährt durch den **Landegodefjord**. Vor uns an BB liegt die Insel **Landegode**, an SB in einer langen

Reihe entlang **Nordstranda** die Vororte von Bodø, unter dem Höhenzug, der mit dem **Keiservarden** (366 m ü M) in der Nähe des Zentrums von Bodø beginnt und mit dem **Mjeldefjellet** (780 m ü M) südlich Mistfjorden endet.

Der Berg **Keiservarden** (366 m ü M) hieß ursprünglich Veten, ein Name, der oft gebraucht wurde für Berggipfel, auf denen man Warden anzündete, wenn man die Menschen vor Gefahr und Angriffen warnen wollte (S 82). Am 16. Juli 1889 führte man den deutschen Kaiser Wilhelm II auf diesen Berg, anlässlich einer seiner vielen Sommerausflüge nach Norwegen. Damit erhielt der Veten, genau wie viele andere Berge und Anhöhen, die der kaiserliche Bergbewunderer an der norwegischen Küste besuchte, beim Volk den Namen Keiservarden.

Im August 2006 veranstaltete der international anerkannte norwegische Pianist Leif Ove Andsnes zusammen mit „Det Norske Kammerorkester" bei strahlendem Wetter ein Mozart-Konzert auf dem Keiservarden. Ein Flügel und weitere Instrumente wurden per Hubschrauber auf die Bergspitze geflogen. 3 100 Zuhörer erlebten eine unvergessliche Aufführung.

© UNN BERG MEHUS

67°20'N 14°24'E   + 0 Std 16 Min

An BB nähern wir uns der Insel **Landegode**. An SB sehen wir die „Nordseite" von Bodø, dort expandiert die Stadt mit Wohnbauten und Freizeithäusern. Von hier aus sieht man bei klarem Wetter die wunderschöne Lofotwand.

An SB passieren wir **Løp**, einen Vorort Bodøs. In Løp befindet sich Løp Gamle Gård (Løp Alter Hof), eine Unterabteilung des Salten Museums. Løp Gamle Gård war 1651-1837 der Hof eines Vogtes, ist aber noch beträchtlich älter. 1762 wohnte dort ein Steuereintreiber und Polizeibeamter mit seiner Familie samt Hauslehrer, Schreiber, Hausdame, sechs Knechten und sieben Mägden. 1984 wurde der Hof von der Gemeinde Bodø übernommen, Gebäude und Möbel wurden total restauriert. Heute dient der Hof als Sommercafé und für Kunstausstellungen.

In Løp befindet sich ein Mittelwellensender von 1931. Er sendete das Radioprogramm für die Fischereiflotte im Norden, heute hat diese Aufgabe ein neuer Mittelwellensender auf Røst übernommen. Der Sender von Løp gehört zu den schützenswerten Objekten des norwegischen Telemuseums und Reichsantiquariats. Weitere Mittelwellensender befinden sich in Vigra bei Ålesund und auf Kvitsøy. Diese sorgen für die Radiodeckung der Fischereiflotte.

67°21'30"N 14°25'47"E   + 0 Std 29 Min

An SB passieren wir **Vågøya**, eine Gruppe von Holmen und Schären, danach die Dörfer **Skau** und **Valvika** auf dem Festland, vor dem Berg **Mjeldefjellet** (780 m ü M), südlich der Mündung des **Mistfjords**. Mjelde ist eines der Ausflugsgebiete Bodøs, eine Halbinsel mit schönen Stränden.

Vor uns an SB die Berge **Breidfjellet** (737 m ü M) und **Fjærkjerringa**. Die Halbinsel, auf der sie liegen, wurde 1964 in die Gemeinde Bodø eingemeindet. Die Halbinsel trägt den Namen **Kjerringøy** nach der kleinen Insel **Kjerringøy** im Karlsøyfjord nahe dem Festland. Der Ort **Kjerringøy** liegt auf einer kleinen Halbinsel auf der Insel **Store Kjerringøy**.

Kjerringøy, 40 km nördlich von Bodø, ist nicht nur der bekannteste Handelsplatz in Nordland, sondern auch einer der bekanntesten in ganz Norwegen. Die meisten Handelsplätze in Nordnorwegen wurden Ende des 18. Jh.s von Fischern, Händlern u. ä. gegründet. Es begann oft mit einer Verkaufsbude, die sich dann nach und nach entwickelte. Einige der Handelsleute, sogn „Nessekonger" (Dorfkönige) konnten sich ziemlich viel Macht aneignen. Zwischen Brønnøy und Varanger in Finnmark gab es rund 2-300 Handelsplätze, die meisten am Schifffahrtsweg gelegen, wo die Seefahrer oft hinkamen.

Schon im 17. Jh. war der Sund zwischen Kjerringøy und dem Festland als Skipperroute bekannt. Die erste Handelsgenehmigung wurde Ende des 18. Jh.s erteilt. An- und Verkauf von Fisch und Fischprodukten bildeten die Grundlage für das Wachstum des Handels auf Kjerringøy. Die Kaufleute kauften Fisch von den Lofoten und anderen Orten in Nordland, trockneten oder salzten ihn und verkauften ihn weiter, u.a. nach Bergen. Auf der Rückfahrt brachten sie Waren und Ausrüstung mit, die in den Läden auf Kjerringøy oder den Lofoten verkauft wurden. Um 1820 hob diese Handelstätigkeit geradezu ab. Es herrschte Hochkonjunktur, der Verdienst im Fischhandel stieg. Der Kaufmann von Kjerringøy hatte ein Schiff, das zwischen den Lofoten und Bergen verkehrte, er betrieb eine Grube, hatte eine Dampfschiffreederei und einen Geldverleih. In der streng geteilten

Klassengesellschaft der damaligen Zeit stand er ganz klar an der Spitze. Die große Zeit des Handelsplatzes auf Kjerringøy blühte am Ende des 19. Jh. s, da war dies der reichste Handelsplatz in ganz Nordnorwegen.

Der Handelsplatz von Kjerringøy war mit wechselndem Erfolg bis 1937 in Betrieb. Das Anwesen war in gutem Zustand und wurde vom Nordland Bezirksmuseum 1959 übernommen, restauriert und unter Schutz gestellt. Insgesamt handelt es sich um ein typisches Hauptgebäude im Empirestil, eine Bäckerei, einen Laden mit der alten Einrichtung, einen großen Bootsschuppen mit Nordlandsbooten drin und einer Gartenanlage, zusammen 15 antiquarische Gebäude und eine Menge Inventar. Kjerringøy erhielt im Jahre 2000 Europas Dorfentwicklungspreis.

Kjerringøy ist auch im Zusammenhang mit dem Schriftsteller Knut Hamsun bekannt, der als junger Mann ab 1879 einige Jahre dort lebte und manche Inspiration für sein Werk dort bekommen haben soll. Mehrere seiner Romane wurden auf Kjerringøy verfilmt. Auf Grund seiner Bücher und Filme kann man sich ein Bild vom Leben und Treiben in einem reichen Fischerdorf und Handelsplatz machen. Als 20jähriger erhielt Hamsun finanzielle Unterstützung von dem damaligen Kaufmann auf Kjerringøy. Man vermutet, dass dieser Mann später als Modell für eine zentrale Figur in Hamsuns Büchern und darauf basierenden Filmen diente.

Kjerringøy hatte schon ab dem 16. Jh. eine Kirche, 1589 wurde die „Kjerringøens Kirke" schriftlich erwähnt. Eine neue baute man 1763, die aber auch schon bald zu klein war. Sie wurde abgerissen und mit finanzieller Unterstützung des Kaufmannes von Kjerringøy wiederum eine neue erbaut. Der Pfarrhof war 1889 fertig gestellt. Einzelne Gegenstände blieben seit der ersten Kirche in jeder neuen weiter in Gebrauch. Das kostbarste Kleinod ist eine schwarze Buchstabentafel an der Kanzel mit der Jahreszahl 1601. Der Pfarrhof wird heute u.a. als Töpferschule benutzt.

Die Sage vom Riesen im Strandåtinden:
In dem mächtigen Berg Strandåtinden, nördlich des Handelsplatzes Kjerringøy, wohnte einst ein gewaltiger Riese, der sich auf seine alten Tage einsam fühlte. Deshalb richtete er seine Augen auf den Berg nördlich der Mündung des Mistfjords, Fjærkjerringa (die Federfrau) (737 m ü M), die so stolz im Süden von Kjerringøy aufragt. Aber sie kehrte ihm den Rücken zu und blickte statt dessen fasziniert auf zur Spitze des Landegos. Da wurde der Riese im Strandåtinden rasend vor Eifersucht, griff sich seinen Bogen und benutzte einen enorm großen Stein als Pfeil. Wenn er Fjærkjerringa nicht haben konnte, sollte auch niemand anderes sie haben! Aber der Pfeil war zu schwer und erreichte sein Ziel nicht ganz. Er landete in Alsos (nördlich vom Handelsplatz auf Kjerringøy), genannt Respila (Riesenpfeil). Und da liegt er noch heute.

Als der Riese sah, dass der Pfeil nicht getroffen hatte, schnallte er sich seine Skier unter und machte sich auf den Weg. Blind vor Wut, wie er war, fuhr er zu schnell den steilen Berghang hinab. Um die rasende Fahrt abzubremsen, setzte er sich auf seinen Skistock. Aber er hatte einfach zu viel Fahrt drauf. Stück für Stück taumelte der Riese den Berghang hinunter, bis er schließlich am Fuß des Berges leblos liegen blieb. Die Spur dieser wilden Fahrt kann man noch heute am Hang sehen. Das Grab des Riesen findest du am Fuße des Strandåtinden in einer enormen Geröllhalde, genannt Resgrava (Riesengrab).

Das Schiff fährt an BB an der Insel **Landegode** entlang (30,3 km²). Die Insel ist eine bekannte und vertraute Landmarke außerhalb Bodøs, mit ihren schönen, steilen Bergen, von Süden aus gesehen: **Gjura** (705 m ü M), **Rypdalstinden** (802 m ü M), **Kvigtinden** (788 m ü M) und **Navaren** (632 m ü M). Im Jahre 2001 hatte die Insel 62 Einwohner. Die größte Siedlung befindet sich im Osten, in **Fenes**.

Landegode hieß in alter Zeit **Gygerøy** (trollkjerringsøy = Insel der Trollfrau/Zauberin), der Name Landegode stammt wahrscheinlich aus der Wikingerzeit. Der Name steht in starkem Kontrast zu dem wetterumtosten Meer rund um die Insel. Der Aberglaube damaliger Zeit empfahl, auf keinen Fall seine Furcht vorm Meer zu zeigen. Deshalb sollte man keine Namen benutzen, die Angst vor einem Ort oder dem Meer hervor riefen. Da ging sonst ein Zauber von dem Wort aus, so dass das Schlimmste geschehen konnte. Die Seeleute bedienten sich eines Tricks und gaben dem Ort einen freundlichen, sicheren Namen, um ihre bangen Ahnungen zu überdecken. Daher also der Name Landegode (das gute Land), wo nichts Böses geschehen kann, im Gegensatz zu dem ursprünglichen Namen Gygerøy (Insel der Trollfrau).

Von Landegode aus werden heutzutage Rotbarsche zu den Fischmärkten Europas exportiert. Hier gibt es den dichtesten Bestand an Seeadlern in der Welt (S 161).

Im Nordosten und Norden von Landegode stehen Leuchtfeuer.

67°25'25"N   14°26'25"E   + 0 Std 48 Min

Das **Bjørnøy-Feuer** liegt auf der kleinen Insel Bjørnøy an BB, nordöstlich von Landegode. Das Feuer wurde 1890 errichtet, 1972 durch ein automatisches ersetzt. Im Jahre 2005 wurde es verkauft und wird nun für Freizeitaktivitäten genutzt. Die Gemeinde Bodø verwaltet die Anlage.

67°27'N   14°25'E   + 0 Std 51 Min   ②

Das Landegode-Feuer auf dem Holm **Store Eggeløysa** passieren wir an BB an der Nordspitze von Landegode. Es wurde 1902 errichtet, als die Etablierung der Hurtigrute es erforderlich machte, auf der Ostseite des Vestfjords, vor der Einfahrt nach Bodø, einen Leuchtturm aufzustellen. Der Turm aus Gusseisen ist 29 m hoch, die Reichweite des Lichtes beträgt 17,8 n. M., 1934-1987 wurde das Leuchtfeuer mit Nebelsignal und Diaphon ausgerüstet, 1939-1992 mit einem Radiofeuer. Die übrigen Gebäude liegen dicht um den Leuchtturm herum, als da sind Maschinenhaus, Wohnungen, Schuppen und die ehemalige Schmiede, dazu Bootsschuppen, zwei Landeanlagen und ein Garten. Das Feuer wurde 1988 automatisiert, ist seit 1993 unbemannt und steht seit 1999 unter Denkmalschutz. Seither ist es sehr beliebt als Seminar- und Kursuslokal.

> Am 17. Juli 1924 kollidierte das alte Hurtigrutenschiff DS „Haakon Jarl" auf seiner Fahrt nach Norden von Bodø kommend mit dem nach Süden fahrenden Hurtigrutenschiff DS „Kong Harald". Die Kollision ereignete sich in dichtem Nebel knapp nördlich von Landegode. DS „Haakon Jarl" sank in nur acht Minuten, 17 Menschen kamen dabei um.

> Am 23. Oktober 1940 riss südöstlich von Landegode eine kräftige Explosion den Boden des Hurtigrutenschiffes DS „Prinsesse Ragnhild" auf. Das Schiff war auf dem Weg gen Norden von Bodø nach Svolvær. Es sank in wenigen Minuten mit ca. 300 Menschen an Bord. Ein anderes Schiff, das sich in der Nähe befand, rettete 142 Menschen. Die Ursache für die Explosion wurde nie aufgeklärt, man vermutet aber, dass DS „Prinsesse Ragnhild" auf eine Unterwasser-Mine gelaufen war.

Wenn wir zurück blicken beim Passieren der Nordwestspitze von Landegode, können wir an BB **Landegodekjerringa** sehen – eine Steinfigur, in der die Phantasie des Volkes immer eine Frau gesehen hat, die an der Nordspitze der Insel zum 803 m hohen Gipfel hinauf klettert.

Nachdem wir die Nordspitze von Landegode umrundet haben, setzen wir Kurs auf die Lofoten.

67°40'N   14°50'E

An SB haben wir beim Umrunden von Landegode den **Karlsøyfjord** zwischen dem Festland und **Kjerringøy** und **Karlsøyvær**.

Karlsøyvær (8 km²) ist eine Gruppe kleiner Inseln und Holme westlich von Kjerringøy, die 1977 wegen ihres reichen Vogellebens zum Naturschutzgebiet erklärt wurde.

Wir setzen Kurs auf NNW über den **Vestfjord** nach **Stamsund** auf den Lofoten. An SB ragen die mächtigen Berge im nördlichen Teil der Gemeinde Bodø auf. Danach folgen die Gemeinden **Steigen** und **Hamarøy**.

Der Vestfjord an SB setzt sich als **Ofotfjord** fort.

67°44'40''N   14°10'40''E

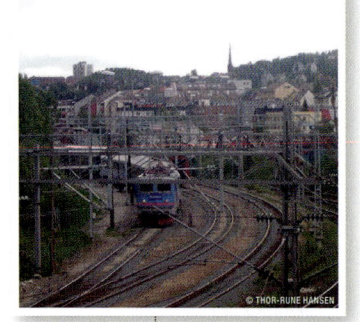

Die Stadt **Narvik** (13.950 Einw.) liegt am inneren Ende des Ofotfjords. Narvik ist mit seinem eisfreien Hafen ein wichtiger Lagerungsplatz und Ausschiffungshafen für das Eisenerz der schwedischen Erzgrube LKAB in Kiruna, Nordschweden. Mehrere Tausend Arbeiter bauten zwischen 1898 und 1902 die Eisenbahnlinie durch die Berge zwischen Narvik und Kiruna. Vor dem Bau der Eisenbahn bestand Narvik nur aus einigen Bauerhöfen, doch danach wuchs die Stadt rasch. Die Eisenbahnlinie nach Narvik ist an das schwedische Eisenbahnnetz angeschlossen, was nicht nur für den Erztransport wichtig ist, sondern auch für alle anderen Handelswaren. Gerade wegen seiner Bedeutung als Ausschiffungshafen für Eisenerz war Narvik im 2. Weltkrieg ein bevorzugtes strategisches Ziel, denn die Deutschen brauchten Eisenerz für ihre Rüstungsindustrie.

„Die Schlacht um Narvik" vom 9. April bis 9. Juli 1940 war eine der größten auf norwegischem Territorium. Narvik war während des Kampfzeitraums Hauptthema in den Weltnachrichten. Aus diesem Grund war Narvik in den Jahrzehnten nach dem Krieg die bekannteste norwegische Stadt im Ausland.

Am 9. April 1940 fuhren zehn deutsche Zerstörer mit 2.000 österreichischen Alpenjägern an Bord in den Hafen von Narvik ein. Die norwegischen Panzerschiffe KNM „Norge" und KNM „Eidsvoll", die im Hafen lagen, wurden torpediert und versenkt. Am nächsten Tag kamen fünf englische Zerstörer dazu, und eine Reihe deutscher und englischer Schiffe wurde versenkt. Im Laufe der beiden nachfolgenden Seeschlachten wurde der Rest der deutschen Flotte versenkt, der Fjord vor Narvik wurde damit zum größten Schiffsfriedhof des Landes. Die Schlacht wurde an Land fortgesetzt, und es gelang den norwegischen Soldaten mit Unterstützung englischer und polnischer Soldaten und französischer Fremdenlegionäre, die Deutschen zurück zu treiben. Die deutschen Soldaten standen nur wenige Tage vor der Kapitulation bei Narvik, als die deutsche Armee die Front in Frankreich durchbrach. Als Folge davon zogen sich die alliierten Soldaten zurück, die norwegischen Truppen legten die Waffen nieder, und Narvik wurde von den Deutschen erobert.

Nach dem Krieg wurde Narvik wieder aufgebaut. Als Transithafen für Eisenerz aus Kiruna konnte es die internationale Hochkonjunktur gut nutzen. In den 1970er und 80er Jahren ging die Zahl der Arbeitsplätze stark zurück. Neue, wichtige Aufgabengebiete öffneten sich in den Bereichen Werkstatt-, Grafik- und Nahrungsmittelindustrie. Narvik ist die nördlichste Station des westeuropäischen Eisenbahnnetzes mit Verbindung zu Schweden, Finnland und Russland.

Lofoten ist der gemeinsame Namen für die Inselkette, der wir uns jetzt nähern. (Lo = Luchs, fot = Fuß, en = der, also „der Luchsfuß", weil die Kette der Lofotinseln insgesamt aussieht, wie die Vorderpfote eines Luchses). Von Süden her gesehen sind dies die wichtigsten Inseln: Røstøya (4 km²), Værøya (15,7 km²), Moskenesøya (185,9 km²), Flakstadøya (198,8 km²), Vestvågøya (411,1 km²), Gimsøya (46,4 km²) und Austvågøya (526,7 km²).

Die Berge der Lofoten bestehen vorwiegend aus uralten Gneisen. Spaltenbildung und Verwerfungen haben viele Schwachzonen geschaffen, wo die Frostsprengung fächerförmige Steinschüttungen erzeugt hat. Gletscher haben sich tief ins Gestein gegraben und während der letzten Eiszeit, die vor 10 000 Jahren zu Ende ging, U-Täler gebildet. Die Täler sind von scharfen Graten und spitzen Gipfeln umgeben. Anscheinend reichte das Eis nicht weiter als bis nach Værøy. Es sieht aus, als wenn Røst eisfrei gewesen ist. Während der letzten Eiszeit konnte das Meer Schwachzonen im Gestein angreifen, denn die Brandung schuf viele unterschiedlich tiefe Grotten. Auch auf den Lofoten gibt es etliche davon.

Als die ersten Menschen vor ca. 6000 Jahren auf die Lofoten kamen, waren die Inseln mit dichten Kiefern- und Birkenwäldern bedeckt. Die Menschen der Steinzeit fanden dort gute Lebensbedingungen vor, sie betrieben Jagd und Fischfang. Es gab Hirsche, Bären, Rentiere, Luchse und Bieber, und im Meer wimmelte es von Fischen, Robben und Walen. Schon vor 4000 Jahren wurde auf den Lofoten Getreide angebaut.

Heute ist der Wald verschwunden, nur kleine Reste sind geblieben, der Kiefernwald ist angepflanzt worden. Abgesehen von Elchen besteht die Tierwelt hauptsächlich aus Kleinnagern, Hermelin, Nerz und Otter. Das Vogelleben ist vielfältig, besonders auf den äußersten Inseln. Man schätzt die Anzahl der verschiedenen Vogelarten auf 252. In Anbetracht der Lage der Lofoten ist auch das Pflanzenleben reichhaltig.

Am Meeresgrund findet man im Vestfjord ca. 200 unterschiedliche Tang- und Algenarten, ansonsten eine Vielzahl an Fischen, Robben und Schwertwalen. Der arktische Dorsch kommt aus der Barentssee hierher zum Laichen, der Golfstrom bringt Fische von Süden mit sich. Vor Røst hat man große Ölvorkommen entdeckt, die aber aus ökologischen Gründen vorläufig nicht ausgebeutet werden sollen. Der Reichtum im Gebiet der Lofoten ist groß und besteht nicht nur aus Fischfängen.

Die einzigartige Umgebung zieht Touristen in ständig wachsender Zahl an. Sie wollen die Natur genießen, bestimmte Fischerdörfer besuchen, Rorbuferien machen, fischen, an Floßfahrten teilnehmen, auf Seeadler- und Walsafari gehen, den Moskenesstraumen und die Höhlen auf Moskenes sehen, die Berge im Westen der Lofotwand erklettern, einen Ausflug zum Trollfjord machen, das Wikingermuseum besuchen, Golf spielen oder mit den Schwertwalen schwimmen, die sich im Winter zu ca. 500 im Tysfjord aufhalten. Die Auswahl an Aktivitäten auf den Lofoten ist heutzutage reichhaltig.

Geht man von archäologischen Funden aus, ist die Lofotfischerei ca. 6.000 Jahre alt. Alte Schriftquellen berichten, dass der Handel mit Fisch zwischen Nordnorwegen und Schweden schon um ca. 600 n. Chr. vor sich ging, und man weiß mit Sicherheit, dass die Wikinger die ersten waren, die Fische zum Trocknen auf Hjeller gehängt haben, bevor sie dann den getrockneten Fisch mit auf ihre Fahrten in ferne Länder nahmen, das begann um 900 n. Chr. (S 123). Trockenfisch war ein wichtiges, proteinreiches Nahrungsmittel, das sich gut aufbewahren und leicht transportieren ließ. Die Lofotfischerei gewann zunehmend an Bedeutung vom Anfang des 12. Jh.s an, als König Øystein 1 Magnusson (1088-1123) von jedem Fischer fünf Fische als Steuern verlangte. Er ließ 1103 die erste Kirche in Vågan (nahe dem heutigen Kabelvåg) bauen und um 1120 sogn. „Rorbuer" (Holzhäuser auf Pfählen an der Wasserkante, unter die man die Ruderboote ziehen konnte) für die Fischer, wo diese in der Fangsaison schlafen konnten. Im 14. Jh. machten Trockenfisch und Tran ca. 80-90 % des norwegischen Exports aus.

Unter Lofotfischerei versteht man den Fang vom Skrei, dem geschlechtsreifen Dorsch des norwegisch/arktischen Stammes, der von der nahrungsreichen Barentssee in die wärmeren Gewässer der Lofoten, besonders des Vestfjords zieht, um zu laichen. Mit etwa fünf Jahren ist der Dorsch geschlechtsreif und kräftig genug für die lange Reise, ca. 1000 km.

Die Laichperiode des Skrei reicht von Januar bis April. Tausende von Fischern versammelten sich jedes Jahr bei den Lofoten, um sich am Skreifang zu beteiligen. Die offenen Boote wurden mit Rudern und Segeln vorangetrieben. Das Leben der Fischer war hart und gefährlich. Sie konnten im Sturm kentern. In den offenen Booten waren sie nass und ungeschützt und konnten erfrieren. An Land mussten sie manchmal unter ihren umgekippten Booten schlafen, wenn in den Rorbuer kein Platz mehr war. In einer schlechten Fangsaison waren sie ökonomisch ruiniert. Die Besitzer der Fischerdörfer vermieteten die Rorbuer an die Fischer, wiesen ihnen die Fanggebiete zu und kauften ihnen den Fisch zu einem Preis ab, den sie selbst bestimmten, salzten oder trockneten den Fisch und verfrachteten ihn nach Bergen. Hier wurde der Fisch verkauft und nach Europa exportiert. Viele Fischer wurden auf diese Weise ökonomisch abhängig von den Fischerdorfbesitzern. 1816 wurden die ersten gesetzlichen Regulierungen eingeführt und 1857 das „Lofotgesetz", das den Fischern größere Freiheiten und Rechte einräumte. Später wurde per Gesetz festgelegt, dass jeder den Handel selbst durchführen konnte. Das brach die Macht der Fischerdorfbesitzer gegenüber den Fischern.

Die höchsten Beschäftigungszahlen erreichte man ab Mitte des 19. Jh.s. Da sollen 30.000 Mann im Zusammenhang mit der Lofotfischerei beschäftigt gewesen sein. Die Fischer von Nord und Süd versammelten sich auf den Lofoten und Umgebung in der Hoffnung auf guten Fang und möglichst guten Verdienst im Laufe der Saison. Vom Ende des 19. Jh.s bis Anfang des 20. Jh.s wurde das Nordlandsboot durch motorbetriebene, größere Fischerboote ersetzt, ein Übergang, der nicht problemlos ablief. Die Geschichte von der Schlacht im

Trollfjord berichtet über diesen Konflikt (S 295). Bis 1940 war die Lofotfischerei die Haupteinnahmequelle für die meisten Fischer in Nordnorwegen, oft kombiniert mit Handwerk, Landwirtschaft oder anderer Arbeit. 1933 waren es noch 32.000 Mann, 1958 nur noch 12.000 Mann, 1990 lag die Zahl nur mehr bei 2.000 Mann. Das war ein schlechtes Jahr für die Fischer. Im Jahre 2006 nahmen 1.424 Fahrzeuge mit 3.082 Mann an der Lofotfischerei teil.

Neue Boote und Fanggeräte kamen in Gebrauch. Die Lofotfischerei gilt als am besten organisiert und am strengsten reguliert in der Welt. Eine eigene Fischereiaufsicht führt die Kontrollen durch und passt jeden Morgen auf, dass niemand vor dem vereinbarten Zeitpunkt zu fischen beginnt. Die Fanggebiete sind aufgeteilt nach verschiedenen Fangmethoden, und es wird streng darüber gewacht, dass die jeweiligen Grenzen eingehalten werden.

Wir nähern uns den **Lofoten** und können bald die **Lofotwand** erkennen. Sie ist 110 km lang und erstreckt sich von Moskenes im Süden bis zum Raftsund im Norden. Die Lofotwand ist Norwegens kompakteste Gebirgskette.

Südlich der Lofotwand liegt das sagenumwobene Inselreich **Røst** (11,2 km²), bestehend aus 365 Inseln und Holmen. Die Entfernung von Bodø beträgt 100 km, von Lofotodden 60 km.

Ca. 67°31'N   12°06'E

Die Gemeinde Røst

Bedeutung des Gemeindewappens: Illustriert die alte Sage um die Kormorane von Utrøst.
Bedeutung des Namens: Wahrscheinlich von rost, Mahlstrom.
Gemeindezentrum: Røstlandet (353 Einw.).
Position: 67°31N 12°06'E. **Areal:** 11 km².
Einw.: 598. **Bevölkerungsdichte:** 54,36 Einw./km².
Arealverteilung: Landw.12 %, Forstw. 0 %, Süßwasser 3 %, verbleibendes Areal 85 %.
Wirtschaft: Das Wirtschaftsleben ist an die Lofotfischerei von Januar bis April geknüpft, im Rest des Jahres an lokale Fischerei auf unterschiedliche Fischarten. Trockenfischproduktion, vieles geht nach Italien. Lachszucht. Landwirtschaft in Kombination mit Fischerei. Bootsslip und mechanische Werkstatt. Stromversorgung via Stromkabel von Moskenes über Værøy.
Sehenswertes: Das Inselreich Røst. Das Skomvær-Feuer.
Website der Gemeinde Røst: www.rost.kommune.no

67°64'N   11°52'E

Das Skomvær-Feuer ist eines von Norwegens legendarischen Feuern. Es liegt weit draußen im norwegischen Meer auf Skomvær, der südlichsten der Røstinseln. Das Küstenfeuer wurde 1887 gebaut mit Rücksicht auf die Holztransporte von Archangelsk. Der Eisenturm ist 31,7 m hoch. 1979 erfolgte die Automatisierung, 1988 die Stilllegung. 1999 wurde es zum Kulturdenkmal erklärt. In den hellen Jahreszeiten gibt es täglich Touren von Røst nach Skomvær.

Auf Skomvær herrschte einst reges Leben. Hehrere Familien wohnten dort, und die Kinder hatte eine eigene Gouvernante. Der bekannte Maler Theodor Kittelsen wohnte fast zwei Jahre lang auf dem Leuchtturm am Ende der 1880er Jahre und hat seine Eindrücke in Form von Zeichnungen und Texten hinterlassen.

Zwischen Skomvær und Røst liegen einige kleine, aber steile, bergige Inseln, sie ragen 200 bis 260 m hoch aus dem Meer. Sie gehören zu den berühmtesten Vogelfelsen Norwegens mit Millionen von Seevögeln in der Brutsaison, vorwiegend Papageitauchern (S 217). Der Bestand an Seevögeln ging Ende der 1970er Jahre stark zurück wegen Mangel an Nahrung, vor allem an Jungfischen (der Grund war Überfischung).

Røstlandet ist die nördlichste der Røstinseln mit dem Verwaltungszentrum. Diese Insel ragt nur 12 m ü M, ist also ziemlich flach.

In Richtung WSW von Røst wurde 2002 das weltweit größte Tiefsee- Korallenriff entdeckt, 35 km lang und bis zu 3 km breit, insgesamt eine Fläche von 100 km². Das Korallenriff vom Typ Lophelia befindet sich in 300 bis

400 m Tiefe. Man hat bisher nicht das Alter bestimmt, aber bei ähnlichen, kleineren Riffen weiter südlich hat man ein Alter von 8500 Jahren nachweisen können. Moderne Fischereimethoden wie z. B. Grundschleppnetze haben anderenorts solche schützenswerten Riffe beschädigt und stark reduziert.

Auf Røst hat man mehrere Wohnplätze aus der jüngeren Steinzeit gefunden (S 83), und Grabhügel von 850 v. Chr., ebenso den Grundriss eines Häuptlingssitzes aus der Wikingerzeit (frühes Mittelalter) (S 82, S 123), Reste der ältesten Kirche der Insel von ca. 1400 und Reste des Turmes der Kirche, die 1835 vom Sturm erfasst wurde. Eine neue Steinkirche wurde 1839 errichtet, doch 1900 wieder abgerissen, da sie zu klein gebaut worden war. Irrtümlicherweise hatte der Bauherr sich nach den Innenmaßen statt nach den Außenmaßen gerichtet. Die heutige Kirche von 1900 besitzt einen Altarschrank aus dem Mittelalter. 1520 gelangte der Schrank nach Røst. Bis heute hat er in fünf verschiedenen Kirchen auf der Insel gestanden. Er ist einer der fünf Schränke, die Prinzessin Elisabeth der Niederlande den Kirchen an der wetterharten norwegischen Küste geschenkt hat, als Dank an die höheren Mächte, die sie vor dem Sturm während ihrer Seereise nach Kopenhagen bewahrt haben, als sie König Christan II. (1489-1551) Gemahlin werden sollte. Die Prinzessin soll seekrank gewesen sein!

Eines der meist erwähnten Schiffsunglücke in der Geschichte Norwegens ist mit der Insel Sandøy bei Røst verbunden. Im Frühsommer 1431 setzten der italienische Kaufmann und Kapitän Pietro Querini die Segel, um von Kreta nach Flandern zu segeln. Er gehörte zu einer Gruppe von drei Handelsschiffen, beladen mit Gewürzen für den westeuropäischen Markt. Die Schiffe gerieten in einen kräftigen Sturm vor der Westküste Frankreichs und wurden getrennt. Vermutlich wurden sie nach Irland oder Schottland getrieben. Die 68 Seeleute mussten in die Rettungsboote steigen, wochenlang gegen Sturm und Kälte kämpfen, einige ertranken oder starben an Hunger und Erschöpfung. Die Rettungsboote trieben mit dem Golfstrom (S 85), Gleich nach Neujahr 1432 strandeten die Überlebenden von Querinis Schiff auf der Insel Sandøy nahe Røst. Etwa einen Monat später wurden sie von einheimischen Fischern gefunden und verbrachten daraufhin ca. drei Monate bei den Bewohnern von Røst. Mitte des Jahres 1432 machten sie sich auf den Rückweg nach Italien.

Die stürmische Reise, der Schiffsverlust, der Aufenthalt auf Røst und die Heimreise wurden von Querini und zwei seiner Gefährten beschrieben. Das bemerkenswerte Zusammentreffen zweier Kulturen und die Beschreibung der Italiener des täglichen Lebens norwegischer Küstenbewohner stellt einen der wenigen Augenzeugenberichte aus dem Mittelalter dar, die es über die Küstenkultur in Norwegen gibt. Die Italiener beschrieben die Menschen als primitiv, aber zufrieden mit einem Leben in Würde, Harmonie und Unschuld.

„Die Menschen auf diesen Inseln sind so fehlerlos wie sich nur denken lässt. Sie haben ein angenehmes Äußeres, auch die Frauen sind schön. Sehr höflich, sie kommen nicht auf die Idee, etwas abzuschließen. Selbst ihre Frauen überwachen sie nicht. Das war leicht zu merken, da wir in jedem Haus den Raum mit dem Ehemann, seiner Frau und den Kindern teilten, und ohne Scheu entkleideten sie sich, bevor sie nackt zu Bett gingen," schrieb Querini über die Bewohner der kleinen Insel nahe „Culo Mundi"- dem Rande der Welt. Weiter bemerkt er, dass diese Menschen fromme Christen sind, und im Detail beschreibt er die Fischerei und Trockenfischproduktion.

Am 10. Juni 1932 wurde auf Sandøy ein Gedenkstein für Kapitän Querini und seine Leute eingeweiht.

Viele Sagen umkränzen das Inselreich, am bekanntesten ist „Die Kormorane von Utrøst".

> Die Sage von den Kormoranen von Utrøst:
>
> Wenn die Fischer in Nordland vom Fischfang nach Hause zurück kehren, finden sie oft Strohhalme am Steuer oder Gerstenkörner in den Fischmägen. Dann sind sie über Utrøst oder andere verwunschene Gebiete gefahren, von denen in den Sagen Nordlands die Rede ist. Sie offenbaren sich nur frommen Menschen oder solchen mit dem zweiten Gesicht, die sich in Lebensgefahr befinden, Da taucht dann plötzlich Land auf, wo sonst keines war. Die Unterirdischen, die hier wohnen, treiben hier Ackerbau und Viehzucht, Fischerei und Bootsverkehr wie andere Leute auch; doch hier scheint die Sonne auf grünere Weiden und fruchtbarere Äcker als irgendwo sonst in Nordland, und glücklich ist der, der dort hinkommt und diese Sonneninseln sehen darf: „Er ist gerettet", sagen die Nordländer. Eine alte Weise von Petter Dass beschreibt eingehend eine Insel draußen vor Træna in Helgeland, Sandflesa genannt, mit fischreichen Küsten und Überfluss an Wild. Auf diese Weise

soll sich auch mitten im Vestfjord von Zeit zu Zeit ein großes, flaches Stück Ackerland zeigen. Es taucht gerade soweit auf, dass es trocken bleibt, und draußen vor Røst, an Lofotens Südspitze, erzählt man von einem sagenhaften Land mit grünen Wiesen und gelben Getreideäckern; das ist Utrøst. Der Bauer von Utrøst hat genau wie andere Nordlandbauern ein Segelboot. Mitunter kommt er mit vollen Segeln auf ein anderes Boot zu, doch in dem Moment, wo die Leute den Zusammenstoss erwarten, ist sein Boot plötzlich verschwunden.

Auf Værøy, nahe Røst, lebte einst ein armer Fischer mit Namen Isak. Er besaß nichts weiter als ein Boot und ein paar Ziegen, die seine Frau mit Fischabfällen am Leben hielt und mit den wenigen Grashalmen, die sie in den Bergen ringsum sammeln konnte; und sein Haus war voll von hungrigen Kindern. Dennoch war er alle Zeit zufrieden mit dem, was der Herr ihm zugedacht hatte. Das einzige, was ihn wirklich plagte, war, dass er niemals von seinem Nachbarn in Frieden gelassen wurde. Das war ein reicher Mann, der meinte, bei ihm müsse alles besser sein als bei einem Simpel wie Isak, den er vertreiben wollte, so dass er in Besitz des Hafens käme, den Isak vor seiner Hütte hatte.

Eines Tages, als Isak zum Fischen hinaus gefahren war, kamen plötzlich dunkle Wolken auf und gleich darauf brach ein so gewaltiger Sturm los, dass er alle Fische über Bord werfen musste, um das Boot zu erleichtern und sein Leben zu retten. Dennoch war es schwierig, das Boot in Fahrt zu halten, aber er steuerte wacker zwischen den Sturzseen hindurch, die ihn jeden Augenblick in die Tiefe reißen wollten. Als er so fünf bis sechs Stunden gefahren war, erwartete er, bald irgendwo auf Land zu stoßen. Doch das Unwetter wurde nur immer schlimmer. Da begann er zu ahnen, dass er aufs Meer hinaus getrieben wurde, denn der Wind hatte sich gedreht, und er fuhr immer weiter und weiter, ohne Land in Sicht. Auf einmal hörte er einen hässlichen Schrei vorm Bug, er dachte nicht anders, als dass ein Drachen sein Sterbelied sang. Er betete zum Herrn wegen seiner Frau und Kinder, denn nun meinte er, sein letztes Stündlein sei gekommen. Als er so saß und betete, bemerkte er ein schwarzes Fell, doch als er näher kam, waren es nur drei Kormorane, die auf einem Stück Treibholz saßen, und wipps! war er an ihnen vorbei. So ging es immer weiter, er wurde durstig und hungrig und müde und wusste schließlich nicht mehr ein noch aus und schlief fast ein – mit dem Ruder in der Hand. Doch plötzlich scharrte das Boot auf einen Strand und blieb liegen. Da riss Isak die Augen auf. Die Sonne brach durch die Wolken und schien auf ein herrliches Land. Täler und Berge waren grün, ganz bis zu den Gipfeln hinauf, Äcker und Wiesen zogen sich dahin und er meinte, einen Duft von Blumen und Gras wahr zu nehmen, so süß wie nie zuvor.

„Gott sei Dank, nun bin ich gerettet; dies hier ist Utrøst," sagte Isak zu sich selbst. Direkt vor ihm lag ein Kornacker mit Ähren so schwer, wie er sie noch nie gesehen hatte, und durch den Acker führte ein schmaler Weg zu einer begrünten Erdhütte oberhalb des Ackers. Auf dem Dach der Hütte weidete eine weiße Ziege mit goldenen Hörnern. Vor der Hütte saß ein kleiner, blau gekleideter Mann und schmauchte eine Pfeife; sein üppiger, langer Bart reichte ihm bis auf die Brust.

„Willkommen auf Utrøst, Isak," sagte der Mann.
„Gesegnetes Zusammentreffen, Vater," antwortet Isak. „Kennst du mich?"
„Das mag wohl sein," sagte der Mann; „Du willst wohl hier übernachten heute?"
„Wenn es denn sein kann, nehme ich das gerne an, Vater," sagte Isak.
„Das Schlimme ist, dass meine Söhne den Geruch eines Christen nicht ertragen können," sagte der Mann. „Hast du sie nicht getroffen?"
„Nein, ich habe nur drei Kormorane auf einem Stück Treibholz sitzen sehen," antwortete Isak.
„Ja, das waren meine Söhne," sagte der Mann und klopfte seine Pfeife aus. Dann sagte er zu Isak: „Du kannst schon mal rein gehen. Du musst ja hungrig und durstig sein, kann ich mir denken."
„Danke für die Einladung, Vater," sagte Isak.
Als nun der Mann die Tür öffnete, war alles so prächtig darinnen, dass Isak ganz überrascht war. So etwas hatte er noch nicht gesehen. Der Tisch war mit den köstlichsten Speisen gedeckt, dicker Sauerrahm und Rotbarsch und Hirschbraten und gekochte Dorschleber mit Sirup und Käse drauf, ganze Berge von Gebäck, Branntwein, Bier und Met und alles, was sonst noch gut war. Isak aß und trank, soviel er konnte, und dennoch wurde sein Teller niemals leer, und soviel er auch trank, war doch sein Glas immer gleich voll. Der Mann aß nur wenig und sagte auch nicht viel, doch als draußen Geschrei und Gepolter zu hören war, ging er hinaus. Nach einer Weile kam er wieder herein, zusammen mit seinen drei Söhnen. Sie krächzten Isak an, sobald sie herein kamen, aber der Mann hatte sie zurecht gewiesen, daher führten sie sich einigermaßen anständig auf und zeigten sich gut gelaunt. Sie sagten, er solle ruhig sitzen bleiben

und mit ihnen trinken, als Isak sich erhob, und den Tisch verlassen wollte. Er war nämlich satt. Doch er fügte sich, und so tranken sie einen Schnaps nach dem andern und zwischendurch einen Schluck Bier oder Met. Sie wurden Freunde und kamen gut miteinander aus. Dann sagten sie, er solle mit ihnen ein paar Fischzüge machen, damit er was mit nach Hause zu nehmen hätte, wenn er abreiste.

Bei ihrer ersten Ausfahrt überraschte sie ein gewaltiger Sturm. Einer der Söhne saß am Steuer, der zweite am Bug und der dritte in der Mitte des Bootes, und Isak musste mit einer großen Kelle Wasser schöpfen, dass ihm der Schweiß nur so herunter rann. Sie segelten wie wahnsinnig; niemals strichen sie die Segel, und als das Boot voll Wasser lief, schnitten sie ein Loch hinten in die Bordwand und fuhren so schnell, dass es sich wieder leerte, indem es wie ein Wasserfall aus der Backschot heraus floss. Nach einer Weile legte das Wetter sich, und sie fuhren fort, zu fischen. Die Fische standen so dicht, dass sie die Steine am Grund der Fischbank nicht sehen konnten. Die Söhne von Utrøst zogen in einem fort Fische ins Boot. Bei Isak bissen sie auch gut an, aber er benutzte seine eigene Angelausrüstung, und jedes Mal, wenn er einen Fisch an der Angel hatte, entglitt er ihm wieder, und er kriegte ihn nicht zu fassen. Als das Boot voll war, fuhren sie zurück nach Utrøst. Die Söhne nahmen die Fische aus und hängten sie zum Trocknen auf, während Isak dem Alten sein Leid klagte, wie schlecht es mit seiner Angelei gegangen war. Der Alte versprach ihm, dass es nächstes Mal besser gehen würde, und er gab ihm ein paar Angeln. Beim nächsten Fischzug fing Isak genau soviel wie die anderen, und als sie nach Hause kamen, konnte er drei ganze Heller (Trockengestelle) mit seinen eigenen Fischen füllen.

Mit der Zeit bekam er Heimweh. Und als er abreiste, verehrte ihm der alte Mann ein großes Boot voller Mehl, Segeltuch und anderer nützlicher Dinge. Isak bedankte sich artig, und dann sagte der Mann, Isak solle wieder kommen, um ihm bei einer Schiffsreise zu helfen, er wolle nämlich zu einer Verabredung nach Bergen, und da könne Isak mitkommen und seinen eigenen Fisch dort verkaufen. Ja, das wollte Isak gern tun, daher fragte er, welchen Kurs er halten sollte, wenn er nach Utrøst zurück kommen wollte. „Folge den Kormoranen, wenn sie aufs Meer hinaus fliegen, dann bist du auf dem richtigen Kurs," sagte der Mann. „Viel Glück auf der Reise."

Doch als Isak ein Stück gefahren war und sich umsah, war Utrøst verschwunden. Da war nur noch Wasser, so weit das Auge reichte.

Es kam die Zeit, da Isak aufbrechen musste, um an der Schiffsreise teilzunehmen. Ein solches Schiff hatte er noch nicht gesehen. Es war so lang, dass der Steuermann, wenn er vorn im Steuerhaus Ausschau hielt und dem Rudergänger etwas zurufen wollte, hinten im Boot nicht gehört werden konnte. Daher saß mitten im Schiff am Mast noch ein Mann, der die Worte des Steuermanns an den Mann am Ruder weiter rufen musste und umgekehrt ebenso. Und selbst der musste so laut schreien, wie er nur konnte. Isaks Anteil an Fisch lag im Vorschiff. Er hatte die Fische selbst von den Hellern abgenommen, verstand aber nicht, was da vor sich ging. Denn immer, wenn er welche abgenommen hatte, waren sogleich neue auf den Hellern. Und als sie abfuhren, hingen da genauso viele Fische wie zu der Zeit, als er angekommen war.

Als sie nach Bergen kamen, verkaufte er seine Fische. Er bekam soviel Geld dafür, dass er sich ein neues Boot vom besten Standard mit Ladung und allem, was dazu gehörte, kaufte, denn dazu riet ihm der Alte. Spät am Abend vor der Heimreise kam der Mann zu ihm an Bord und bat ihn, die Hinterblie-

> benen seines Nachbarn nicht zu vergessen, denn der war auf See geblieben. Und dann wünschte er Isak alles Gute und Glück mit dem Schiff. „Alles ist gut, und alles geschieht, wie es geschehen soll," sagte er, und damit meinte er, dass da einer an Bord wäre, den man nicht sehen könnte, der aber mit dem Rücken am Mast stünde, wenn Gefahr drohte.
>
> Seitdem hatte Isak immer das Glück auf seiner Seite. Er wusste wohl, wem er das zu verdanken hatte, und er vergaß nie, wenn er im Herbst das Boot an Land gesetzt wurde, diejenigen gut zu versorgen, die im Winter die Bootswache hielten. Und an jedem Weihnachtsabend leuchtete und schimmerte es aus dem Boot, und man hörte Fiedeln, Gesang und Gelächter, und es wurde getanzt an Bord.
>
> P. Chr. Asbjørnsen und Jørgen Moe, Gesammelte Märchen, Band 1 Gyldendal Norwegischer Verlag, Oslo 1953.

In **Nordland** in Norden von Værøy befindet sich die alte Kirche, eine Holzkirche, ursprünglich 1714 in Kabelvåg erbaut (S 156), 1799 demontiert und nach Værøy versetzt, später umgebaut und restauriert. Die Kirche mit ihrer charakteristischen Zwiebelkuppel ist die älteste existierende Kirche auf den Lofoten. Die Værøy-Kirche im Südosten der Insel wurde 1939 gebaut.

Die Gemeinde Værøy

Bedeutung des Gemeindewappens: Papageitaucher sind typisch für die Inselgemeinde.
Bedeutung des Namens: Erster Teil von vedr, „vær" (Wetter), was darauf hindeuten soll, dass es hier „wetterhart" zugeht.
Gemeindezentrum: Sørland (552 Einw.).
Position: 67°39'N 12°41'E.
Areal: 18 km². **Einw.:** 748.
Bevölkerungsdichte: 41,6 Einw./km².
Arealverteilung: Landw. 5 %, Forstw. - %, Süßwasser - %, verbleibendes Areal 95 %.
Wirtschaft: Fischerei, hauptsächlich Trockenfisch das ganze Jahr über im nahen Umkreis. Gefrieranlagen. Fischfiletfabriken. Bootsslip und mechanische Werkstatt. Tourismus. Schafhaltung. Stromversorgung mit Seekabel von Moskenesøy.
Sehenswertes: Der Vogelfeelsen Mostadfjellet. Die alte Kirche in Nordland. Der Mahlstrom Moskenesstraumen.
Website der Gemeinde Værøy: www.varoy.kommune.no

Die Gemeinde Moskenes

Bedeutung des Gemeindewappens: Stellt den Moskenesstraumen dar.
Bedeutung des Namens: Ursprünglich der Name eines Hofes, Muskenes oder Musnes, erster Wortteil unklar, enthält vielleicht einen älteren Namen von der Moskenesinsel, nes bedeutet Nase. Der Name „Moskenes" ist vielleicht für Lofotodden benutzt worden.
Gemeindezentrum: Reine (342 Einw.).
Position: 67°56'N 13°05'E. **Areal:** 119 km².
Einw.: 1 201. **Bevölkerungsdichte:** 10,1 Einw./km².
Arealverteilung: Landw. 1 %, Forstw. - %, Süßwasser 7 %, verbleibendes Areal 92 %.
Wirtschaft: Fischerei. Lofotfischerei. Frühjahrsdorsch-Fischerei vor Finnmark. Fischverarbeitung. Stromerzeugung.
Sehenswertes: Der Mahlstrom Moskenesstraumen. Das Fischendorf Å. Die Refsvikshöhle. Das Telemuseum in Sørvågen.
Website der Gemeinde Moskenes: www.moskenes.kommune.no

Das Værøy-Feuer wurde 1880 gebaut und liegt auf der südöstlichen Spitze der Insel. Es hat eine Reichweite von 12,5 n. M., wurde 1984 automatisiert.

Im Süden der Insel Værøy liegt der Ort **Mostad**, ein verlassenes Fischerdorf mit ganz besonderer Bebauung. Vor einigen Jahren lebten da noch 150 Menschen z. T. vom Fang von Seevögeln, speziell Papageitauchern im lokalen Vogelfelsen **Mostadfjellet**, und z. T. von Fischerei. In einer tiefen Höhle im Südosten von Værøy hat man Höhlenmalereien gefunden, die 3500 Jahre alt sein können.

Moskenesstraumen, auch „der große Mahlstrom" genannt, zieht sich zwischen der Südspitze der Lofotwand, **Lofotodden**, und den nördlichen Inseln der Gemeinde Værøy hindurch. Er ist als der stärkste Mahlstrom der Welt bekannt.

Moskenesstraumen wurde zum ersten Mal vor 2000 Jahren von dem griechischen Geschichtsschreiber Pytheas beschrieben. In unzähligen Seekarten ist er mit erschreckenden Illustrationen und Warnungen vermerkt, sogar in arabischen.

In dem Roman 20 000 Meilen unter dem Meer des französischen Schriftstellers Jules Verne (1828-1905) wird in der Geschichte über Kapitän Nemo der Moskesstrom als „ein 15 km breiter Gürtel, geschaffen von Strömungen, die hier zusammen laufen und Schiffe, Wale und Eisbären in den sicheren Tod hinab reißen," beschrieben. Das Unterseeboot „Nautilus" soll im Moskenesstraumen sein Schicksal ereilt haben.

Der amerikanische Schriftsteller Edgar Allan Poe (1804-49) beschreibt 1841 den Moskenesstraumen in seiner Erzählung über die Fahrt von Jonas Rasmus durch den Meereswirbel als „Donnern einer Büffelherde über die Prärie," und weiter „teils wie Geschrei, teils wie Gebrüll, so gewaltig, dass selbst die Niagarafälle ihre Stimme nicht so laut zum Himmel erheben können."

Italienische Forscher sind der Ansicht, dass es der Moskenesstraumen war, in den der griechische Sagenkönig Odysseus auf seiner Irrfahrt geraten ist.

Im Jahre 1539 wurde die „Carta Marina" des schwedischen Geistlichen Olaus Magnus (1490-1557) herausgegeben – auch sie enthielt eine Zeichnung des Furcht einflößenden Mahlstromes. 1555 kam in Rom seine Arbeit über die Geschichte des nordischen Volkes heraus. Darin beschreibt er den Mahlstrom als „einen Meereswirbel, der sich jeden Tag im Wasser auf und nieder bewegt, große Schiffe verschlingt und wieder ausspuckt."

1591 schrieb der Vogt dieser Gegend „....wenn der Mahlstrom am höchsten gestiegen ist, kann man den Himmel und die Sonne durch die Wellen und Bögen sehen, denn sie steigen so hoch auf wie die Berge."

Der Mahlstrom im Moskenesstraumen hat seine natürliche Ursache. Er ist 4-5 km breit und ca. 60 m tief. Auf beiden Seiten, also im norwegischen Meer auf der einen und im Vestfjord auf der anderen, ist das Wasser erheblich tiefer. Der Gezeitenstrom, der den Vestfjord zweimal am Tag auffüllt, bewirkt, dass die Wasseroberfläche über dem Strom bis zu 4 m angehoben wird, und wenn der Gezeitenstrom umkippt, können sich Wirbel bilden, in denen die Geschwindigkeit 6 Knoten erreichen kann. Mitten im Strom ist eine bogenförmige Partie ständig am Kochen, selbst bei ganz ruhigen Verhältnissen.

Dieses fischreiche Meeresgebiet war schon seit Tausenden von Jahren die Grundlage für die Besiedlung der südlichen Lofoten und Værøy.

An Lofotodden, der Spitze von Moskenesøya, finden wir die **Refsvikshula**, eine gigantische Küstenhöhle, 115 m lang, 12 m breit und 50 m hoch. Hier hat man rätselhafte Menschenbilder entdeckt, von den Bewohnern der Steinzeit vor 3000 Jahren auf die Wände gemalt.

Moskenesøya (186 km²) ist die südlichste der Lofotinseln, sehr gebirgig mit vielen spitzen Gipfeln. Der höchste ist der **Hermannsdalstinden** (1 029 m ü M) im Westen der Insel. Die Westküste ist steil, gut geeignet für Bergsteiger. Auf der Nord- und Ostseite gibt es viele tiefe Fjorde mit Fischerdörfern. Moskenesøya ist mit einer Brücke mit Flakstadøya verbunden.

Ca. 67°52'N   12°58'E

Das Fischerdorf **Å** auf Moskenesøya liegt am Endpunkt des Lofotweges. Früher war Å, genau wie andere Fischerdörfer auf den Lofoten, voller Leben, besonders in der Saison der Lofotfischerei. Viele der Gebäude aus dem 19. Jh. sind gut erhalten und stehen unter Schutz, darunter auch Norwegens älteste Trankocherei von 1850. Die Hauptgebäude stammen von 1840-60, auch eine alte Fischverarbeitungsbrücke für Trocken- und Salzfisch (Stock- und Klippfisch). Der Tourismus steigt überall auf den Lofoten, so auch in Å.

Ca. 67°53'N 13°02'E

Das Fischerdorf **Sørvågen** (465 Einw.) liegt auf Moskenesøya. Schon 1861 hatten die Behörden in eine Telegrafenlinie auf den Lofoten investiert. Die Lofotlinie hatte 170 km Land- und Seekabel. Neun Fischerdörfer hatten Verbindung miteinander, die aber nur während der Lofotfischerei von Januar bis April geöffnet war. 1868 wurde die Lofotlinie an das Telegrafen-Hauptnetz Norwegens angeschlossen und war ab 1873 das ganze Jahr offen.

Am 1. Mai 1906 wurde die zweite drahtlose Verbindung in der Welt zwischen Sørvågen und der Insel Røst hergestellt. Der Italiener G. Marconi war der erste, der sich drahtloser Telegrafie bediente. Er hatte den Bedarf für die Kommunikation zwischen Schiffen und dem Land im internationalen Handel erkannt. Während die Wissenschaftler seiner Zeit in Großbritannien es nur auf 150 m brachten bei der drahtlosen Übermittlung, schaffte er eine Distanz von 2,4 km. Marconi war einer der wenigen, die es für möglich hielten, Signale drahtlos über noch weitaus größere Abstände zu senden. Nach 1900 kam die drahtlose Telegrafie so richtig in Schwung, erreichte ihren Höhepunkt, als es Marconi gelang, ein Signal über den Atlantik zu schicken, ein **S** (...). 1899 war die drahtlose Telegrafie etabliert worden. Kurz nachdem Marconi seine eigene Firma gegründet hatte, baute er in England eine Telegrafenstation. Norweger reisten dorthin und studierten das neue Kommunikationsmittel. 1902 brachten sie diese Kenntnisse mit nach Norwegen - und auch auf die Lofoten.

Die Lofotfischerei, die größte Saisonfischerei der Welt, war der Grund für das Aufblühen von Sørvågen. Die Fischerei brachte Norwegen viel Geld ein, und eine gute Telegrafenverbindung war wichtig zum Auslegen von Ködern, für den Verkauf der Fische und nicht zuletzt, um sich zu informieren, wo der Fisch gerade ankam oder stand. Man hatte lange überlegt, wie man eine Linie zwischen Sørvågen und Røst legen könnte, weil ja der Moskenesstraumen sich dazwischen bewegte. Es wäre sehr teuer geworden, dort eine Telegrafenlinie hindurch zu legen. Die drahtlose Telegrafie löste dieses Problem.

Für die drahtlose Telegrafie brauchte man lange Antennen. Die Antennenleitungen mit Hilfe von Drachen hoch zu heben, gelang nicht besonders gut. Deshalb versuchte man, die Antennen zwischen 50 m langen Fichtenstämmen mit Leinen zu befestigen. Das gelang. 1906 war der Telegraf in Sørvågen fertig. Ebensolche Antennenmasten wurden auf Værøy und Røst aufgestellt, damit war die drahtlose Verbindung auf den Lofoten hergestellt, als zweite weltweit.

Die Sammlung des norwegischen Telemuseums befindet sich in Sørvågen.

Bei Sørvågen steht die **Moskenes-Kirche**, eine Kreuzkirche aus Holz, gebaut 1819, mit einem Inventar von 1564.

Ca. 67°56'N 13°05'E

Das Fischerdorf **Reine** (342 Einw.) liegt angenehm geschützt auf einer Halbinsel unterhalb des steilen Berges **Munkan** (775 m ü M).

Ca. 67°57'N 13°11'E

An dieser Position zieht sich die Grenze zwischen den Gemeinden Moskenes und Flakstad hin. Die Gemeinde Flakstad deckt jeweils den nördlichen Teil der Inseln Moskenesøya und Flakstadøya ab.

Die Gemeinde Flakstad

Bedeutung des Gemeindewappens: Symbolisiert die Anwesenheit und Sicherheit des Küstenvolkes.
Bedeutung des Namens: Abgeleitet von flag, Bergwand.
Gemeindezentrum: Ramberg (-).
Position: 68°05'N 13°14'E.
Areal: 180 km². **Einw.:** 1 470.
Bevölkerungsdichte: 8,17 Einw./km².
Arealverteilung: Landw. 3 %, Forstw. - %, Süßwasser 5 %, verbleibendes Areal 92 %.
Wirtschaft: Fischerei, hauptsächlich Lofotfischerei mit kleineren Booten. Fischzucht. Landwirtschaft mit Schaf- und Rinderhaltung.
Sehenswertes: Das Fischedorf Nusfjord.
Website der Gemeinde Flakstad: www.flakstad.kommune.no

Die Insel **Flakstadøya** (110 km²) ist sehr gebirgig mit glatt geschliffenen Bergwänden und tiefen Fjorden. Der **Stjerntinden** im Osten der Insel ist der höchste Berg (934 m ü M).

Das Fischerdorf **Nusfjord**, eines der ältesten Fischerdörfer der Lofoten, war einst auch das lebhafteste. In der Fischereisaison konnte es gut und gerne 1 500 „Einwohner" haben, ansonsten nur 75 Dauereinwohner. Die Bebauung wurde restauriert und bewahrt. Die meisten der 28 Rorbuer („Ruderhäuser", d.h. auf Stelzen stehende Holzhäuser an der Wasserlinie, unter die man die Ruderboote an Land ziehen konnte), Fischhallen, Trankochereien, Bootsschuppen und der Laden stammen aus dem 19. Jh.; das Fischerdorf ist auch heute noch als solches in Betrieb. Nusfjord war eines von Norwegens Pilotprojekten im europäischen Jahr für Architekturschutz 1975.

Wir fahren in die Gemeinde **Vestvågøy** hinein. Der Sund **Nappstraumen** ist ein weiterer starker Mahlstrom im Gebiet der Lofoten. Er trennt die Inseln Moskenesøya von Vestvågøya voneinander. Die beiden Inseln sind durch den 1 776 m langen Tunnel unter dem Nappstraumen (68 m u M) hindurch verbunden.

Die Gemeinde Vestvågøy

Bedeutung des Gemeindewappens: Symbolisiert die Fischerei.
Bedeutung des Namens: - .
Gemeindezentrum: Leknes (2 647 Einw.).
Position: 68°08'N 13°33'E.
Areal: 422 km². **Einw.:** 10 764.
Bevölkerungsdichte: 25,5 Einw./km².
Arealverteilung: Landw. 8 %, Forstw. 5 %, Süßwasser 4 %, verbleibendes Areal 83 %.
Wirtschaft: Größte Fischereigemeinde im Bezirk Nordland mit moderner Küstenflotte und der größten Trawler-Reederei des Landes. Lofotfischerei im Winter. Konventionelle Verarbeitung mit Lufttrocknung auf Hellern und Salzen des Fisches. Filetfabriken. Gefrieranlagen. Trankochereien. Fischzucht. Bootsslip und mechanische Werkstatt. Landwirtschaft mit Haustierhaltung, Milchproduktion. Viele Schafe und Ziegen. Hühnerhaltung.
Sehenswertes: Das Wikingermuseum in Borg.
Website der Gemeinde Vestvågøy: www.vestvagoy.kommune.no

Die Insel **Vestvågøya** (411 km²) ist sehr gebirgig mit spitzen Berggipfeln; der höchste ist der **Himmeltindan** (964 m ü M) direkt am norwegischen Meer. Um die ganze Insel herum gibt es Fjorde und Buchten. Ein Landwirtschaftsgürtel zieht sich in nordöstlicher Richtung mitten über die Insel.

Ca. 68°04'N   13°31'E   ④

Das Fischerdorf **Ballstad** (758 Einw.) an SB ist das größte Fischerdorf der Lofoten. Es liegt an der Mündung des Buknesfjords unterhalb des Berges Ballstadfjellet (466 m ü M). Ballstad hat einen gut ausgebauten Hafen mit Trankocherei und Fischannahmestelle. Am Hafen liegt auch Ballstad Slipp, eine Schiffswerkstatt, an deren Außenwänden die größte Wandmalerei der Welt zu sehen ist. **Kræmmervikan**, die umfangreichste Rorbu-Anlage der Lofoten, befindet sich ebenfalls hier.

Der Ort **Gravdal** (1 624 Einw.) liegt mitten im Buksnesfjord. In Gravdal gibt es ein Krankenhaus, Nordlands Fischereifachschule und die Buksnes Kirche, 1905 gebaut im Drachenstil.

Das Gemeindezentrum **Leknes** (2 647 Einw.), im Innern des Buksnesfjords, ist ein wichtiges Handels- und Dienstleistungszentrum mit Kurzbahnflugplatz und einem guten Hafen. In der Völkerwanderungszeit gab es hier einen Häuptlingssitz (S 83).

67°57'N   13°59'E   + 3 Std 00 Min

Das Schiff nähert sich Stamsund. An BB, an der Außenseite einer Bucht, liegt das Fischerdorf **Steine**. Es wurde durch die Medien bekannt, als Paul Watson, der Chef von Sea Shepherd, der internationalen Organisation zum Schutz der Wale, am 1. Weihnachtstag 1992 versuchte, das norwegische Fisch- und Walfangboot „Nybrenna" mit seinem Schiff „Whales Forever" zu versenken, und auch das Küstenfahrzeug „KNM Andenes" rammte.

Das Schiff legt am Kai in Stamsund an

Wir erreichen den Fischerort **Stamsund** (998 Einw.), hinter einem Schutzwall aus kleinen Inseln und Geröll gelegen. Von Stamsund am Fuße des gezackten **Steintinden** (509 m ü M) erzählt man sich, dass man es aus Trotz fast in die Felswand hinein gebaut hat.

Der Hurtigrutenkai befindet sich auf der Landnase Stamneset. Das auffallende Wandgemälde an einem Lagerschuppen am Kai wurde von dem amerikanischen Künstler Scott Thoe 2003 gemalt. Stamsunds Bebauung konzentriert sich auf den schmalen Küstenstreifen zwischen Bergen und Meer nördlich des Kais.

Stamsund ist einer der größten Fischereihäfen der Lofoten, um 1900 herum erbaut. Norwegens größter Trockenfischproduzent gründete hier 1876 seinen Betrieb und behielt bis in die 1980er Jahre seinen Status als Eckpfeiler dieses Wirtschaftszweiges. Heute hat Stamsund eine der größten Fischfiletanlagen des Landes und auch alle übrige Fischveredelungsindustrie. Außerdem ist Stamsund der Heimathafen einer der umfangreichsten Fischereiflotten der Lofoten.

Auf Hellskjæret, nicht weit vom Hurtigrutenkai, liegt Skjærbrygga, das Zentrum von Stamsund. 1845 begann man dort zu bauen, später gab es mehrere Erweiterungen. Das Gebäude hat unterschiedliche Funktionen wie Schiffsexpedition, Annahme und Weiterverarbeitung von Salz- und Trockenfisch. Früher war die Schäre voll von Fischtrocknungsgestellen. 2000/2001 hat man Skjærbrygga restauriert, und seitdem gibt es dort Restaurants, Bars und Konferenzräume. Man hatte die Absicht, die neue Bebauung dem alten Rorbustil anzupassen, das ließ sich aber nicht verwirklichen.

Stamsund hat ein reiches Kulturleben mit mehreren Theatern, einer Puppentheater-Werkstatt, Gallerien und der Lofoten-Kunstschule. Jedes Jahr wird ein Theaterfestival veranstaltet.

Der ehemalige Häuptlingssitz **Borg** liegt in einer Bucht an der Nordwestseite von Vestvågøya. Vor einigen Jahren fand man Gegenstände und Holzkonstruktionen auf einer Anhöhe in Borg. Daraufhin begann man 1983 mit den archäologischen Untersuchungen. Man deckte die Grundrisse des größten Gebäudes der Wikingerzeit in ganz Europa auf. Die Gesamtheit der Funde wies auf rege Aktivität und eine reiche, mächtige Familie hin, die damals auf Borg gelebt und Verbindung zu weit entfernten Ländern gehabt haben muss. In der Umgebung fand man auch Reste aus der Zeit vor und nach der Benutzungsperiode des Wikingerhauses, u. a. die einer ringförmigen Hofanlage, Grabhügeln und Langhäusern.

Das Wikingermuseum in Borg ist eines der größten Attraktionen auf den Lofoten. Das Museum besteht aus der Rekonstruktion des Wikingerhauses, gleich neben der Ausgrabungsstelle, mit Wohnbereich und Gildehalle, wie die Archäologen den Befund interpretiert haben. Das ursprüngliche Wikingerhaus wurde um 500 n. Chr. erbaut, da war es 67 m lang. Nach mehreren Um- und Anbauten wuchs es bis auf 83 m Länge, die Höhe wird auf 9 m geschätzt. Es wurde bis ca. 950 bewohnt.

Im Stall befindet sich eine umfangreiche Ausstellung der Wikingerfunde von Borg und dem übrigen Vestvågøy. In dem damaligen Stall von 32 m Länge konnten bis zu 50 Kühe untergebracht werden, ein Teil des Stalles war für Pferde reserviert. Wahrscheinlich wohnten auch die Sklaven des Hofes in diesem Gebäude.

Die rekonstruierte Schmiede ist die Saison über in Betrieb und führt das Schmiedehandwerk vor. Mit Hilfe der experimentellen Archäologie zeigt man die Herstellung von Holzkohle und Eisen.

In der Bucht unterhalb des Häuptlingssitzes stehen drei Bootsschuppen aus der Wikingerzeit, der größte 26 m lang. Das Wikingerschiff Lofotr ist eine Kopie des 23 m langen Gokstadschiffes aus dem 9. Jh., das man im Oslofjord gefunden hat. Die Reste der Bootsschuppen sind bisher nicht gründlich untersucht, aber man hat einen von 30 m Länge aufgestellt nach dem Modell eines in Südnorwegen ausgegraben Bootsschuppens derselben Periode.

Im Sommer 2006 fand man bei der Erweiterung des Wikingermuseums am Hang unterhalb des Häuptlingssitzes 2000 Jahre alte Kochgruben und Pfostenlöcher. Es zeigte sich, dass Borg schon in grauer Vorzeit bewohnt, vielleicht sogar ein heiliger Ort, war. Der Bau eines großen Freilichttheaters, das 2008 fertig sein sollte, muss nun so lange warten, bis das Tromsø Museum mit seinen Ausgrabungen fertig ist, die 2007 beginnen sollen.

STAMSUND - SVOLVÆR | **TAG 4** | 155

Das Schiff fährt weiter nach Svolvær   + 0 Std 00 Min

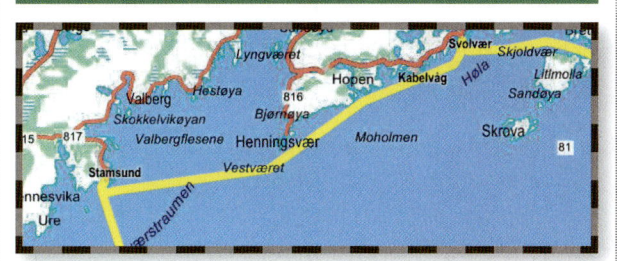

Wir fahren nach Nordosten, kreuzen den **Henningværstraumen** an BB, der sich in zwei reißenden Gezeitenströmen zwischen dem Vestfjord, in dem wir uns befinden, und der norwegischen See im Westen der Lofotwand fortsetzt. Der eine Strom ist der **Sundklakkstraumen** zwischen Gimsøya und Vestvågøy (411 km²), der an seiner schmalsten Stelle 150 m breit ist, der andere der 18 km lange und 1-5 km breite **Gimsøystraumen** zwischen Gimsøy und Austvågøy (527 km²).

Die sumpfige Insel **Gimsøya** (46,4 km²) zwischen Vestvågøy und Austvågøy ist einer der ältesten Wohnplätze der Lofoten, reich an Hinterlassenschaften aus der Stein- bis Wikingerzeit (S 83). Über den Sundklakkstraumen führt eine 276 m lange Brücke mit einer Segelhöhe von 12 m. Über den Gimsøystraumen führt die **Gimsøystraumenbrücke**, 840 m lang mit neun Spannelementen und 30 m Segelhöhe.

Ca. 68°58'N   14°02'E

Mitten im Henningsværstraumen passieren wir die Grenze zur Gemeinde Vågan.

Die Gemeinde Vågan

Bedeutung des Gemeindewappens: Symbolisiert Fisch.
Bedeutung des Namens: Ein Hofname, abgeleitet von vágar, Plural von vágr, „våg, bukt, vik", Bucht.
Gemeindezentrum: Svolvær (4 201 Einw.).
Position: 68°13'N 14°34'E. **Areal:** 477 km².
Einw.: 9 021. **Bevölkerungsdichte:** 18,9 Einw./km².
Arealverteilung: Landw. 2 %, Forstw. 4 %, Süßwasser 4 %, verbleibendes Areal 90 %.
Wirtschaft: Fischerei mit verschieden großen Booten in nahen und fernen Gewässern zu fast allen Jahreszeiten. Fang von Hering, Sprotte, Köhler (Seelachs), Kleinwalen. Aufzucht von Lachs und Muscheln. Fischverarbeitung. Nahrungsmittelindustrie. Konventionelle Fischverarbeitung mit Trocknen und Salzen. Filetfabriken. Gefrieranlagen. Konservenfabriken. Trankochereien. Heringsölfabriken. Bootsslip mit mechanischen Werkstätten. Etwas Landwirtschaft mit Milchproduktion, Schaf- und Hühnerhaltung. Stromproduktion.
Sehenswertes: Das Fischerdorf Henningsvær. Das Lofotmuseum. Der Lofotaquarium. Der Ort Kabelvåg. Die Felsformation Svolværgeita. Die Insel Skrova. Die Stadt Vågan.
Website der Gemeinde Vågan: www.vagan.kommune.no

Die Insel **Austvågøy** (527 km²) an BB ist die größte Lofotinsel und teilt sich in die Gemeinden Vågan im Südwesten und Hadsel (S 289) im Nordosten. In die Küste schneiden sich enge Buchten und Fjorde mit engen Schluchten und kleinen Tälern. Die Trollberge rund um den berühmten Trollfjord ragen im Nordosten der Insel auf. Die Besiedlung befindet sich hauptsächlich entlang des Strandes und um die Buchten herum.

An der östlichen Mündung des Henningsværstraumen erhebt sich der **Vågakallen** (942 m ü M), der bekannteste Sagenberg der Lofoten (S 315).

68°07'N   14°11'E   + 0 Std 40 Min   ①

Wir passieren die Insel **Rødholmen**, vor dem Fischerdorf Henningsvær, mit Kurs auf Svolvær.

Das Fischerdorf **Henningvær** (420 Einw.) an BB liegt auf zwei kleinen Inseln vor der Südspitze Austvågøys, der Sund dazwischen bildet einen guten, geschützten Hafen. Dieses Fischerdorf, vom Schiff aus kaum zu sehen, wird „das Venedig des Nordens" genannt. Am Ende des 19. Jh.s wuchs Henningsvær zu einem der größten Fischerorte der Lofoten heran, ein aufblühendes Handels- und Industriezentrum. Noch heute können sich mehrere Tausend Fischer, Fischverarbeiter und Fischhändler während der Lofotfischerei hier aufhalten. Henningsvær hat eine bedeutende Fischverarbeitungsindustrie, und der Tourismus wächst.

Henningsvær hat eine Brückenverbindung mit Austvågøya.

Der Berg **Vågakallen** (942 m ü M) erhebt sich mit seinen steilen Felswänden hinter und nordöstlich von Henningsvær. Er wurde 1885 zum ersten Mal bestiegen. Er ist eine bekannte Landmarke. Wenn ein junger Fischer früher zum ersten Mal zum Lofotfischfang hinaus fuhr, musste er beim Vorbeifahren an Vågakallen die Mütze abnehmen und dem Berg Respekt erweisen. Vågakallen spielt eine zentrale Rolle in vielen Sagen und Märchen in Nordnorwegen, darunter auch in der Sage von „De syv søstre" (den sieben Schwestern)(S 315). In der Sage wird behauptet, dass Vågakallen einst der König der Lofoten war, bis ein Sonnenstrahl ihn in Stein verwandelte.

68°11'N   14°19'48"E   + 1 Std 05 Min

Das Schiff fährt zwischen den **Bindingsøyane**, einer Gruppe kleiner Inseln an SB, und **Austvågøya** an BB hindurch. Wir passieren zunächst die schmale, flache Bucht Hopen, danach die Landzunge **Ørsnes** und die Bucht **Ørsvågen** mit dem Berg **Breitinden** (731 m ü M) dahinter.

Das Moholmen-Feuer an SB, auf dem kleinen Holm Moholmen, draußen vor den Bindingsøyane, wurde 1914 errichtet mit einer Reichweite von 14,5 n. M., 1974 automatisiert und ist heute ein Touristenziel.

Vor uns an SB die Inseln **Skrova, Litlmolla** und **Stormolla**, alle vor den Bergen von Hinnøya zu sehen.

68°11'N   14°24'41"E   + 1 Std 08 Min   ②

An BB fahren wir an dem Ort **Kabelvåg** (1 638 Einw.) vorbei, dem ältesten, früher größten, heute zweitgrößten Ort in der Gemeinde Vågan, nach Svolvær. Kabelvåg weist eine reiche Kurturgeschichte auf, dazu eine archäologisch interessante Holzbebauung, die aber mehrmals abbrannte, zuletzt 1991 und 1992. Heute ist Kabelvåg ein Schul- und Kulturzentrum mit Kunst- und Filmschule, dem Regionalmuseum Lofotmuseum, das die Lofotfischerei unter einer historischen Perspektive zeigt, und dem Lofotaquarium. Die Lebensgrundlage ist an Fischerei und Fischverarbeitung geknüpft, „Kystverket" (eine Küstenbehörde) hat hier ihre Verwaltungszentrale, außerdem gibt es hier mechanische Industrie und Tourismus.

Die Reste des alten Zentrums von Vågan liegen beim Lofotmuseum, ca. 1 km westlich von Kabelvåg. Von 1985 bis 2001 haben umfassende archäologische Ausgrabungen nachweisen können, welch große Bedeutung der Handel mit Südnorwegen und dem Ausland einst gehabt hat. Eine Bestätigung liefern schriftliche Quellen aus dem Mittelalter.

In der Umgebung von Kabelvåg/Vågan hat man 8-9000 Jahre alte Felszeichnungen gefunden, dazu viele Siedlungsreste aus der Steinzeit, als die Menschen hier wie in anderen Teilen der Lofoten von Fischfang und Jagd gelebt haben. Aus der Eisenzeit, als sie das umherstreifende Leben aufgaben, sesshaft wurden und begannen, zusätzlich Landwirtschaft zu betreiben, gibt es nur wenige verstreute Wohnplätze hier – im Gegensatz zu anderen Gebieten der Lofoten, die günstiger waren für die Landwirtschaft. Die Ursache für Vågans starke Entwicklung, trotz der schlechten landwirtschaftlichen Bedingungen und der damit verbundenen dünnen Besiedlung, ist die Nähe zu dem Fischgrund **Høla** zwischen Vågan, Svolvær und den Inseln Skrova und Litlmolla vor Vågan. Die ergiebige Lofotfischerei in Høla und im Vestfjord beruht auf dem jährlichen Einzug des Skrei, wie man den geschlechtsreifen Dorsch nennt. Er kommt aus der Barentssee, um hier zu laichen. Die Fischer mussten in offenen Booten zu den Fischgründen rudern oder segeln. Es war daher geboten, möglichst nahebei zu wohnen.

Die Stadt **Vågan** (die Bucht) – gemeint sind die Buchten rund um Kabelvåg - war im Mittelalter die einzige Stadt in Nordnorwegen und das ökonomische, kulturelle und religiöse Zentrum dieses Landesteils in der Zeit 1100-1400. Die Händler aus Bergen und Nordnorwegen trafen sich hier in Vågan, um ihren Handel abzuschließen. Was nach Bergen verhandelt wurde, war in der Hauptsache Trockenfisch, im Gegenzug kamen ausländische Importwaren über Bergen hier her.

Vågan wurde schwer heimgesucht von "Svatedauen" (dem schwarzen Tod), der Pest, die 1349 mit einem Handelsschiff aus England nach Bergen kam und sich schnell im ganzen Land ausbreitete. Auf Vestvågøya sollen 80% der Bevölkerung der Pest zum Opfer gefallen sein. Der Vogt der Lofoten und Vesterålen besuchte Vågan im Jahre 1591. Er beschrieb Vågan als ein armes Fischerdorf, „wo nur 10-12 arme Kerle wohnen". Andere Quellen berichten, das Vågan weiterhin ein bedeutender Fischereiort gewesen ist, ganz bis zum Ende des 19. Jh.s.

Vom 17. Jh. an wuchs nach und nach in Kabelvåg, ca. 1 km östlich von Vågan, ein neues Zentrum heran. Gegen Ende des 19. Jh.s erhielt Kabelvåg den Namen „Hauptstadt der Lofoten". Da war es ein aktives Handelszentrum mit Stadtbebauung, 1895 wurden sogar drei Zeitungen gleichzeitig heraus gegeben. Dennoch blieb Vågan ein wichtiger Treffpunkt, wenn auch nicht mehr so viel mit Trockenfisch gehandelt wurde, sondern Unterhaltung und Vergnügen den Ort prägten. Von 1882 bis 1939 gab es einen Markt in Kabelvåg.

Als die Küstenflotte motorisiert wurde, waren die Hafenanlagen von Kabelvåg nicht mehr zureichend. So übernahm Svolvær mit seinem ausgezeichneten Hafen allmählich den Schiffsverkehr und damit auch die Weiterentwicklung des Gebietes. Als 1893 die Hurtigrute ihren Betrieb aufnahm, wurde Svolvær einer der Anlaufhäfen.

Die erste Kirche von Vågan soll König Øystein (1) Magnusson (1088-1123) hat bauen lassen. Ihm wird auch die Ehre zugesprochen, Vågan gegründet zu haben.

> Die Sage „von dem ersten Kirchenbau in Vaagan":
> „Als König Øystein Magnusson bestimmte, dass in Vaagan eine Kirche gebaut werden sollte, schickte er im Sommer, in dem sein Bruder Sigurd Jorsalfarer zu seiner ersten Pilgerfahrt aufbrach, Priester und Bauleute in den Norden. Sie sollten den am besten geeigneten Platz für eine Kirche ausfindig machen, der sollte aber dem Gerichtsstand **Kjefsøya** so nahe wie möglich sein. Nachdem die Leute den Platz begutachtet hatten, kamen sie überein, dass Brettesnesnakken (S 297) am besten für einen Kirchenbau geeignet wäre. Hier errichteten sie die Grundmauern, und die Zimmerleute fingen an, die unterste Balkenlage daran zu befestigen. Am nächsten Morgen waren die Balken weg und die Grundmauern zerstört. Niemand ahnte, wer das getan haben könnte. Sie fuhren mit einem Boot umher und suchten. Als sie zu der Stelle kamen, wo heute Kabelvåg liegt, fanden sie dort in einer Bucht die Balken, befestigt an soeben errichteten Grundmauern. Der Priester, der bei der Suchaktion dabei war, sah, dass dieser Platz genau so gut war wie Brettesnesnakken. Die Bauleute begannen dort mit ihrer Arbeit. Sie hatten das Gefühl, unsichtbare Helfer zu haben, denn der Bau der Kirche ging rasch voran. So kam es, das König Øysteins Kirche dort gebaut wurde und nicht in Brettesnesnakken."

Die heutige Vågan-Kirche oder Lofotkathedrale, wie sie auch genannt wird, wurde 1898 erbaut. Sie hat 1200 Sitzplätze und ist eine der größten Holzkirchen nördlich von Trondheim. Diese ockergelbe Kirche ersetzte die alte Balkenkirche von 1798, die zu klein geworden war.

Kabelvåg ist seit ungefähr 900 Jahren Kirchenort, fünf oder sechs Kirchen haben in der Umgebung der heutigen Kirche existiert. Die Balken für die Kirche wurden aus Trondheim geliefert, die Teile wurden in Trøndelag vorfabriziert und dann in Kabelvåg zusammen gesetzt. Die Lofotkathedrale ist eine Kreuzkirche mit langem Hauptschiff und breiten, kurzen Kreuzarmen nahe beim Chor. Im Westen steht der Turm mit der Spitze drauf, der Eingang am Fuße des Turmes ist architektonisch besonders reich ausgeschmückt. Die Kirche hat neugotische Stilelemente und liegt auf einer Anhöhe am Meer.

Eine nicht bestätigte Geschichte beschäftigt sich mit der Größe der Vågan-Kirche. Es heißt, die Kirche sei das Geschenk eines Einwohners von Vågan gewesen, der nach Amerika ausgewandert war und dort sein Glück gemacht hatte. Er wollte seinem Heimatort ein großzügiges Geschenk machen, eine neue Kirche, und schickte Geld und Bauzeichnungen nach Norwegen. Die Maße in der Zeichnung waren in Fuß angegeben, die Kirche aber wurde in Metern gebaut.

> Südlich der Kirche liegt ein großer Stein, der Trollstein, an den sich viele Sagen knüpfen. Eine davon handelt von einem Troll, der auf einem Berg bei Vågan lebte. Er war so böse auf die Kirche und die Menschen, die sie erbaut hatten, dass er einen großen Stein nahm und damit auf die Kirche zielte. Aber er verfehlte sie, und der Stein landete auf der anderen Seite der Bucht. Noch heute können wir die Abdrücke drei seiner Finger auf dem Stein erkennen.
>
> Eine andere Sage erzählt, dass ein Kirchendiener „das schwarze Buch" fand und den Teufel anrief. Der Kirchendiener bat ihn, eine Grube zu graben, wo er ein Tau hinein legen könnte. Der Teufel grub genau neben der Kirche und kam ihr immer näher. Da holte der Kirchendiener den Pfarrer, damit der den Teufel dahin schicken sollte, wo er her gekommen war. Damit war der Teufel aber nicht einverstanden und griff sich deshalb den Trollstein, ließ ihn aber fallen und verschwand dahin, wo er her gekommen war. Doch er ließ ein Andenken zurück – einige deutliche Abdrücke im Stein.

In diesen Stein ist auch eine Art Kreuz eingekerbt worden, was ebenfalls ein Mysterium ist. Da gibt es die Auffassung, dass der Stein als Altar beim ersten Gottesdienst verwendet wurde, als man im 12. Jh. die Kirche gegründet hatte.

68°12'N   14°32'E   + 1 Std 18 Min   ③

Die Insel **Skrova** (2,5 km², 281 m ü M) an SB mit dem Ort **Skrova** (237 Einw.). Die Insel wird als eine der letzten echten Fischersiedlungen der Lofoten angesehen. Zusätzlich zur Hauptinsel gibt es noch eine Reihe kleinerer Inseln und Holme, die meisten mit Molen oder Brücken miteinander verbunden. Viele Jahre hindurch war Skrova ein Zentrum für Lofotfischerei und Walfang, mit **Høla**, dem Laichgebiet für Skrei, zwischen der Insel und Kabelvåg/Svolvær. Früher konnten sich zur

Fischsaison mehrere Tausend Menschen auf Skrova aufhalten, heute besteht die Produktion hauptsächlich aus Zuchtslachs und Forellen. Die meisten Wale, die gefangen werden, meist im Juni und Juli, werden hier angelandet.

∽

Das Skrova-Feuer steht auf **Saltværholmen** an der Südspitze der Insel. Früher stand dort ein kleineres Fischerei-Feuer. Das Skrova-Feuer besteht aus einem 24,5 m hohen ein Turm aus Gusseisen, 1922 als Leitfeuer installiert. Mit seinem 41 m hohen Licht reicht es 18 n. M. weit. Ein Nebelsignal bekam es 1922, ein Typhon 1959. 1999 wurde es unter Schutz gestellt und 2005 automatisiert. Die Anlage besteht aus Maschinenhaus, Wohngebäuden, mehreren Schuppen und einem Ölhaus. In der Umgebung gibt es noch Reste deutscher Befestigungen. Skrova-Feuer war auch als Wetterstation bekannt wegen seiner zentralen Lage in Bezug auf die Fischgründe im Inneren Teil des Vestfjords und auch für den Schiffsverkehr im Ofotenfjord und die vielen Häfen rundum.

∽

Die Insel **Litlmolla** (9,7 km², 543 m ü M) nördlich von Skrova war einst bewohnt, ist aber nun schon lange verlassen.

∽

Nördlich von Litlmolla liegt die Insel **Store Molla,** die wir nach Abgang von Svolvær passieren, dann wird sie auch beschrieben.

∽

Das Shciff legt am Kai in Svolvær an

Das Verwaltungszentrum **Svolvær** (4 201 Einw.) nennt man auch „die Hauptstadt der Lofoten". Es ist heute die größte Fischersiedlung der Lofoten und das wichtigste Handelszentrum. Seit 1996 hat Svolvær Stadtstatus. In der Zeit von 1918-64 war der Ort Verladestelle. Die erste Bebauung lag auf einer flachen Landzunge, hat sich dann über Austvågøya und auf einzelne Inseln und Holme ausgebreitet, die alle Brückenverbindung zum Zentrum haben.

Eine 4,5 m hohe Bronzeskulptur stellt eine Fischersfrau dar, die über den Vestfjord späht und nach ihrem Mann Ausschau hält, der vom Fischfang nach Hause kommen soll. Der norwegische Künstler Per Ung hat die Skulptur 1999 geschaffen.

Bei der Einfahrt sehen wir an BB auf einem Felsen ein großes, dreieckiges, orangefarbenes Stativ. In der Felswand hinter Svolvær sehen wir abermals eine große, orangene, dreieckige Markierung. Das sind Marken für die Einteilung der Meeresgebiete, auch Mé genannt, und gelten der Fischerei. Wenn man von See aus gesehen die beiden Marken zur Deckung bringt, ist man genau auf der Grenzlinie für Fischerboote mit unterschiedlichen Fangausrüstungen. Auf der einen Seite dieser Linie fängt man die Fische z. B. mit Netzen, auf der anderen mit Leinen. Solche Markierungen findet man an vielen Stellen entlang der Lofotwand.

Die vielen Holzgestelle am Ufer (Heller) dienen zum Trocknen von Fisch.

Die Kirche von Svolvær liegt mitten in der Stadt. Die kleine Langkirche aus weiß geputztem Beton wurde 1934 eingeweiht. Sie hat einen Turm und einen Chor und 400 Sitzplätze.

Svolvær gilt als die Kunst- und Kulturstadt der Lofoten mit pulsierendem Leben sowohl tagsüber als auch abends. Außerdem kennt man sie als Fischerei- und Handelszentrum, als Nordnorwegens größtes Zentrum für Werkstattindustrie und Dienstleistungen für die Fischereiflotte.

Svolvær liegt am Fuße des Berges **Fløyfjelle**t an SB. In der Bergwand in 569 m ü M sehen wir die bekannte Felsformation **Svolværgeita** (Svolværziege). Die „Ziege" selbst ist 40 m hoch, der Abstand zwischen den „Hörnern" beträgt etwa 1,6 m. Wir sehen die Silhouette vor uns an SB gegen den Himmel. Im Sommer klettern viele da hinauf, um von einem „Ziegenhorn" zum anderen zu springen.

Svolværgeita wird auch Svolværguri, Svolværgygra genannt, Jotunkvinnen, Kallen und Kjerringa.

Mehrere Sagen knüpfen sich an Svolværgeita (die Svolværziege), die bekannteste von ihnen schließt auch den Trollfjord mit ein (S 295).

Eine andere Sage erzählt, dass „Svolværjura, die im Svolværfjellet wohnte, sich aufgeputzt hatte mit Kleid und Hut mit Schleife, als sie hörte, dass Hamarøykallen sich auf Freiersfüßen befand. Doch als er dann kam, spielte sie die Unnahbare und gab ihm keine günstige Antwort. Da wurde Hamarøygubben böse. Er nahm einen großen Stein und warf nach ihr, verfehlte sie aber, und der Stein brach beim Fallen in zwei Teile. Der eine ist der Tortelstein, der andere fiel in die Svolværbucht und heißt seitdem Gullet. Da ging die Sonne auf, und Hamarøykallen (der Hamarøykerl) versteinerte zu Hamarøystauren (-pfahl) und Svolværjura wurde zu Svolværgeita. Und die Schleife an ihrem Hut sieht aus wie die zwei Hörner der Ziege."

Im Industriehafen von Svolvær, ca. 100 m vom Land entfernt, liegt das Wrack des deutschen D/S „Hamburg" (5470 BRT), zu seiner Zeit das modernste Fabrikschiff der Welt. Das Schiff sank während des Angriffs der Alliierten bei den Lofoten im März 1941. Es lag im Hafen von Svolvær vor Anker, als eine Gruppe alliierter Soldaten das Schiff mit schwerer Munition angriff. Die deutschen Soldaten verließen das angeschlagene Schiff, bis auf zwei, die Bodenventile öffneten. Kurz danach verschwand D/S „Hamburg" in der Tiefe. Das Wrack liegt 6-25 m tief.

Der Flugplatz von Svolvær, Helle, ist ein ziviler Kurzbahnflugplatz, eröffnet 1972.

Svolværangriff, Lofotangriff oder **Operation Claymore** sind verschiedene Namen für die britische Aktion gegen Teile der Lofoten Anfang März 1941, deren Ziel es war, die Produktionsanlagen und Fisch- und Heringsöllager auf den Lofoten zu zerstören. Heringsöl ließ sich u. a. verwenden, um Glycerin für Sprengstoff herzustellen.

Früh am Morgen des 4. März 1941 fuhren fünf britische Zerstörer und zwei Transportschiffe mit ca. 550 britischen und 52 norwegischen Soldaten in den Vestfjord. Die Truppen gingen in Henningsvær, Brettesnes, Stamsund und Svolvær an Land. Sie zündeten die Öltanks an, und somit verbrannten 4,5 Mill. Liter Fischöl, auch Fischölfabriken wurden zerstört, dazu ein Kraftwerk und 18 Fischereibetriebe. Ca. sechs Schiffe wurden versenkt (u. a. in Svolvær). Auf einem bewaffneten Trawler, der im Vestfjord versenkt worden war, fand ein britischer Offizier Papiere, Code-Systeme und die Schlüsselmaschine Enigma. Diese trugen dazu bei, dass die Briten später die meisten deutschen Marinetelegramme decodieren und lesen konnten.

Bei diesem Angriff wurden 213 deutsche Soldaten gefangen genommen. Zusätzlich folgten 314 Lofoteinwohner den Briten freiwillig nach England. Zwei Tage später kam die deutsche Kriegsführung in Norwegen auf die Lofoten. Starke Repressalien sollten gegen die Lokalbevölkerung in Gang gesetzt werden, Svolvær sollte ausradiert werden. Doch dann wurde der Befehl geändert. Nur sieben Häuser wurden zerstört, aber 64 Personen aus der Lokalbevölkerung wurden in Gefangenschaft geführt. Das Hauptquartier der Gestapo für die Lofoten und Vesterålen wurde nach diesen Ereignissen nach Svolvær verlegt, und viele deutsche Soldaten wurden in der Umgebung stationiert.

Die Deutschen glaubten, eine Invasion stünde unmittelbar bevor. Daher bauten sie eine Anzahl Bunker, Festungen und Maschinengewehrstellungen. Diese Tätigkeit setzten sie bis zur Kapitulation 1945 fort. In Svolvær gab es auf 2 km² Fläche die meisten Bunker, Stellungen und Tunnel in ganz Norwegen. Am 1. Dezember 1941 begannen britische und norwegische Streitkräfte einen neuen Angriff, die Operation „Anklet", gegen Reine und Moskenes. 266 Norwegen gingen mit nach England.

Das Schiff fährt weiter nach Stokmarknes

Nach Abgang von Svolvær setzt das Schiff seinen Weg fort in Richtung des schmalen Raftsundes. Dies wird unter Tag 9 beschrieben (S 293).

Nordland fylke (die Provinz Nordland)

Fylkeswappen: Zeigt das Nordlandsboot
Ursprung des Namens: Im 14. Jh. nannte man die Gebiete, die heute Nordland und Troms Fylker ausmachen, Nordlandene und de nordlanske len.
Areal: 38.463 km². **Einwohnerzahl:** 236.257
Verwaltungszentrum: Bodø
Gemeinden, die auf der Fahrt nach Norden der Reihe nach passiert werden: Bindal, Sømna, Brønnøy, Vega, Vevelstad, Alstahaug, Herøy, Dønna, Leirfjord, Nesna, Lurøy, Rødøy, Meløy, Gildeskål, Bodø, Vestvågøy, Vågan, Hadsel, Sortland, Andøy.
Landschaftsformen in Nordland: Der größte Teil des Landes besteht aus Gebirge, das sich direkt an der Küste steil empor reckt. Dieses zieht sich wie ein Saum an der Küste entlang vor dem dahinter liegenden Flachland. Die Inselgruppen Lofoten und Vesterålen sind berühmt für ihre Felsformationen, der höchste Berg (ca. 1.900 m ü M) liegt auf dem Festland nahe der schwedischen Grenze im Osten. Das Festland ist tief eingeschnitten von Fjorden, teils in der Hauptrichtung der Küste, teils senkrecht dazu.

Nordland ist die zweitgrößte Provinz in Norwegen. 13,6 % des Areals liegen 0-300 m ü M, 7,4 % über 900 m ü M. Die Provinz hat das zweitgrößte Gletscherareal. Nordlands 18.400 Inseln machen 28,4 % des Inselareals des ganzen Landes aus. Vor dem Festland ist die Küste 5.087 km lang, vor den Inseln 17.934 km.
Das Klima in Nordland: Tiefdruck kommt meistens von Westen und zieht nach Osten, die Hauptwindrichtung ist Südwesten. Kalte Ausfallswinde von Südwesten und Süden blasen im Winter hauptsächlich an den Fjordmündungen. Im Sommer weht es meist von Norden oder Nordwesten her. Der kälteste Wintermonat ist der Februar mit Mitteltemperaturen um 0°C an der Küste und –5° bis –10°C im Landesinnern. Im Juli variieren die Mitteltemperaturen von 11°C an der Küste bis zu 14°-15°C im Binnenland. Die Jahresniederschlagsmenge variiert zwischen ca. 600-700 mm auf den äußersten Inseln und 2.000 mm in den küstennahen Gebirgen. An der Küste fällt im Herbst am meisten Niederschlag.
Besiedlung: Entlang der Küste und auf den Inseln ist sie meist an Landwirtschaft und Fischerei geknüpft, im Binnenland sind vereinzelte Täler bewohnt. Wegen der Verschlechterung der Primärwirtschaft ist ein jährlicher Rückgang der Bevölkerungszahl von 0,2 % zu verzeichnen, aber auch eine Besiedlungsverschiebung innerhalb der Provinz von den Inseln in die Zentren des Landes.

WIRTSCHAFT:
Land- und Forstwirtschaft: Die Kombination Landwirtschaft/Fischerei hat eine lange Tradition und große Bedeutung in vielen Gemeinden, auch wenn beides stark zurück gegangen ist. Viele kleine, abgelegene und schwer zu bewirtschaftende Höfe sind aufgegeben worden, die Durchschnittsgröße der verbleibenden Höfe hat zugenommen, liegt sogar über dem Landesdurchschnitt. Einige der besten Landwirtschaftsgebiete liegen im Süden der Provinz, doch die niedrigen Sommertemperaturen begrenzen die Produktion hauptsächlich auf Grasgewinnung und Weidewirtschaft, dazu kommt etwas Kartoffelanbau und Haustierhaltung von Rindern, Schafen und Ziegen.

49 % des produktiven Forstes bestehen aus Nadelwald, 51 % aus Laubwald, hauptsächlich Birken. Die Forstwirtschaft ist auf die Walddörfer im Innern des Landes konzentriert. Nordland hat keine Holzveredelungsindustrie, aber Sägewerke und Holwarenindustrie.
Fischerei: Die Anzahl der Fischer ist stark zurück gegangen, für viele der verbleibenden ist die Fischerei heute der einzige Erwerbszweig. Nordland Fylke hat die meisten Fischer im Lande, hauptsächlich an die Fischerei bei den Lofoten und Vesterålen geknüpft. Die Fischereiflotte besteht meist aus kleinen Booten. Am wichtigsten ist der Fang des norwegisch-arktischen Dorsches im Februar-März, doch die Küstenfischerei auf Hering und Köhler hat auch große Bedeutung. Die Ringwardenflotte und die Frischfischtrawler fischen vor Finnmark und in der Barentssee. Es wird Trockenfisch, Gefrierfisch, Heringsöl und Heringsmehl produziert. In Bezug auf die Menge des geschlachteten Fisches und Fischaufzuchtsanlagen steht Nordland an zweiter Stelle im Lande.
Industrie und Bergwerk: Nahrungs- und Genussmittelindustrie, besonders die von der Fischveredelungsindustrie abhängigen Produkte sind großen saisonalen Schwankungen unterworfen. Die Metallindustrie basiert auf der Erzeugung von elektrischem Strom. Chemische Industrie in Glomfjord. Kleinere Schiffswerften und mechanische Werkstätten. Unterschiedliche Bergwerke im kleinen Maßstab. Narvik ist ein bedeutender Lagerungs- und Ausschiffungshafen für das schwedische Eisenerz. Kleine Betriebe in vielen Branchen. Einrichtung neuer staatlicher Arbeitsplätze. Stromproduktion.
Tourismus: Hat in manchen Teilen der Provinz große Bedeutung. Die Touristen werden von der wilden Gebirgslandschaft, den schönen Schärengärten und Fjorden angezogen. Auf den Lofoten und Vesterålen werden Rorbuer (Fischerhütten) vermietet, und es gibt dort viele Vogelfelsen. Der Saltstraumen bei Bodø, die Mitternachtssonne, der Svartisen-Gletscher, vier Nationalparks und der Polarkreis sind attraktive Reiseziele.
Verkehrsverbindungen: Die schwierigen topographischen Verhältnisse und die weit verstreute Besiedlung machen Probleme bei der Kommunikation. Die Hurtigrute ist das wichtigste Transportmittel. Schnellboote und Autofähren sorgen für den weiteren Transport an der Küste. Die E6 verläuft in Nord-Süd-Richtung durch den inneren Teil der Provinz, im südlichen Teil die Küstenstraße Rv.17 bis nach Bodø. Lofast, eine Straße ohne Fähren, die zu den Lofoten führt, wurde 2007 frei gegeben. Die Nordlandsbahn hat ihre Endstation in Bodø. Die von Narvik ausgehende Ofotbahn ist mit dem schwedischen Eisenbahnnetz verbunden. Stammflugplätze gibt es in Bodø und Evenes, dazu viele Kurzbahnflugplätze.

Quelle: Store norske Leksikon.

Polarkreis – Mitternachtssonne – Dunkelzeit

Die Polarkreise sind zwei Breitenkreise, die sich im Abstand von 23°27'38" um die Erde ziehen. Der nördliche Polarkreis liegt auf 66°33'38"N und geht durch Norwegen, Schweden, Finnland, Russland, Alaska, Canada und Grönland. Der südliche Polarkreis liegt auf 66°33'38"S, er schneidet an mehreren Stellen den äußeren Rand des antarktischen Kontinents. Die Polarkreise sind Grenzlinien zwischen den gemäßigten und kalten Breiten, d.h. auf der nördlichen Halbkugel zur Arktis, auf der südlichen zur Antarktis hin.

Die Polarkreise sind auch die Grenzen für Mitternachtssonne und Dunkelzeit, die jeweils nördlich des nördlichen Polarkreises und südlich des südlichen Polarkreises auftreten.

Mitternachtssonne heißt, dass die Sonne rund um die Uhr – auch um Mitternacht – über dem Horizont steht. Die Anzahl der Tage mit Mitternachtssonne steigt mit dem Abstand vom Polarkreis in Richtung auf die Pole. Direkt am Polarkreis gibt es nur einen Tag mit Mitternachtssonne. Am Nordpol scheint die Mitternachtssonne ein halbes Jahr lang, von der Frühjahrs-Tag- und Nachtgleiche bis zur Herbst-Tag- und Nachtgleiche. Das andere Halbjahr scheint sie am Südpol.

Dunkelzeit bedeutet, dass die Sonne rund um die Uhr unter dem Horizont bleibt. Die Anzahl der Tage mit Dunkelzeit steigt mit dem Abstand vom Polarkreis in Richtung auf die Pole. Direkt am Polarkreis gibt es nur einen Tag mit Dunkelzeit, von der Herbst-Tag- und Nachtgleiche bis zur Frühjahrs- Tag- und Nachtgleiche. Das andere Halbjahr haben wir am Südpol Dunkelzeit.

Seeadler

Seeadler (Haliaeetus albicilla) gehören zur Familie der Greifvögel und sind Nordeuropas größte Raubvögel. Der weibliche Seeadler ist größer als der männliche, die Flügelspannweite reicht bis zu 2,65 m, die Körperlänge liegt bei 0,8-1,0 m und das höchste bekannte Gewicht bei 6,85 kg. Der Jungvogel ist teilweise weiß gesprenkelt in ansonsten dunkelbraunem Federkleid, hat einen dunkelbraunen Schwanz und schwarzen Schnabel. Nach 4-5 Jahren, wenn der Vogel ausgewachsen ist, ist sein Gefieder einfarbig dunkelbraun mit weißem Schwanz und gelbem Schnabel. Ein Seeadler kann in seltenen Fällen bis zu 50 Jahre alt werden.

Seeadler sind weit verbreitet, von Grönland und Island im Norden bis in den Irak im Süden, vom Atlantik im Westen ganz über Zentral- und Nordasien hinweg bis an den Pazifik im Osten. Der Bestand ist nach dem 2. Weltkrieg zurück gegangen. In Norwegen steht der Seeadler seit 1968 unter Naturschutz, seitdem hat sich der Bestand erholt. Ca. 40% der norwegischen Seeadler (1900-2200 Paare im Jahre 2000) brüten in Nordland (Bodø ist die „Seeadlerstadt").

Seeadler bauen ihren Horst auf Bäumen oder Felsvorsprüngen, seltener auf Hügeln, sie benutzen denselben Horst mehrere Jahre hintereinander. Er ist aus Reisig gebaut und mit Gras, Tang und anderem Pflanzenmaterial ausgestopft. Die Eier, 1-3 Stück, werden in der Zeit von Ende März bis in den Mai hinein gelegt und hauptsächlich von der Mutter ca.38 Tage lang ausgebrütet. Die Jungen verlassen den Horst nach 10-11 Wochen. Die Nahrung besteht zum größten Teil aus Fisch und Seevögeln, aber ab und zu auch aus toten Säugetieren (Aas).

Es wird gesagt, dass ein Seeadler keine Beute tragen kann, die schwerer ist als er selbst. Die bekannte Geschichte vom Adlerraub auf der Insel Leka 1932 (S 328, S 329) erzählt etwas anderes.

Mahlstrom

Ein Mahlstrom ist per Definition ein Wasserwirbel, in dem der Gezeitenstrom das Meerwasser rotieren lässt. Der bekannteste Mahlstrom ist der Moskenesstraumen zwischen Moskenesøy und Høgholmene auf den Lofoten. Der Begriff wird auch benutzt für Gezeitenströme, die in den engen Fjord- und Flussmündungen verstärkt werden, wie z. B. im Saltstraumen.

Im Laufe der Geschichte sind die Mahlströme mystifiziert worden.

Das Nordlicht (Aurora borealis)

Nordlicht ist der Name für ein Lichtphänomen, das man oft im Norden sehen kann. Viele Mythen ranken sich um das Nordlicht. Man nannte es z. B. „die himmlischen Tänzerinnen" oder sah darin „die Seelen toter Jungfrauen", „die blitzenden Schwerter von kämpfenden Kriegern", „den Widerschein von Heringsschwärmen im Meer" oder einen „feuerspeienden Berg in Grönland". Das Nordlicht gibt es so lange wie die Erde eine Atmosphäre hat. Auf der Südhalbkugel gibt es das Gegenstück zum Nordlicht, das Südlicht oder Aurora australis.

Der österreichische Polarforscher Carl Weyprecht (1815-1881) beschrieb das Nordlicht folgendermaßen: „Das Nordlicht ist ein festliches Feuerwerk – mit der kühnsten Phantasie nicht zu fassen. Es lässt sich nicht mit Pinsel und Farben malen, und Worte sind zu schwach, um es zu beschreiben."

Der Physiker und Weltraumforscher Prof. Asgeir Brekke, Universität Tromsø, erklärt das Nordlicht wie folgt: „Das Nordlicht entsteht durch elektrisch geladene Partikel, die von der Sonne kommen und in unsere Atmosphäre geraten. Die Partikel werden durch das Magnetfeld der Erde gezwungen, sich entlang der Magnetfeldlinien zu den magnetischen Polen zu bewegen, wo der Magnetismus am stärksten ist. Wenn die Partikel aus dem Weltraum in ca. 1000 km Höhe über der Erdoberfläche angekommen sind, kollidieren sie mit Atomen und Molekülen der Erdatmospäre (hauptsächlich von Sauerstoff und Stickstoff). Je tiefer die Sonnenpartikel in die Erdatmophäre eindringen, desto häufiger werden diese Kollisionen. In ca. 100 km Höhe werden sie dann vom Erdmagnetfeld gestoppt. Die Kollisionen zwischen dem Partikelstrom von der Sonne (Sonnenwind) und der Erdatmosphäre verursachen eine Instabilität in den Atomen und Molekülen. Sie schlagen Elektronen aus ihrer Bahn um den Atomkern, die aber bestrebt sind, in ihre Bahn zurück zu gelangen. Beim Zurückspringen an ihre ursprüngliche Position geben sie ein Phot (Lichtblitz) ab. Myriaden solcher Lichtblitze zusammen sehen wir als Nordlicht (oder Südlicht, gemeinsamer Name: Polarlicht).

Das Polarlicht kann viele verschiedene Farben haben. Grüne Farbvarianten kommen am häufigsten vor, aber auch rote und violette. Es kommt darauf an, welche Elemente an den Kollisionen beteiligt sind. Sauerstoff ist für die grünen Farben verantwortlich, Stickstoff für die violetten. Aus der Farbe des Nordlichts kann man also auf die momentane, örtliche Zusammensetzung der Atmosphäre schließen. Die Bewegungen in den Lichtphänomenen sind auf das elektrische Feld rund um die Erde zurück zu führen, das sehr unruhig und schwankend ist und dem das Nordlicht in seiner Position folgen muß.

Nordische Götter

Norwegen wurde offiziell von König Olav Haraldsson im Jahre 1030 christianisiert. Vor dieser Zeit regierten die nordischen Götter. Der isländische Historiker Snorre Sturlason hat sie in seiner Edda im 13. Jh. beschrieben.

Odin, auch Allvater genannt, war der höchste und älteste aller Götter. Er schuf Himmel und Erde, Luft und alles, was dazu gehörte. Er schuf die Menschen und gab ihnen eine Seele, „die leben und niemals vergehen sollte". Alle Menschen, die dem rechten Glauben angehörten, sollten nach dem Tode in sein Reich kommen, die Bösen aber sollten zur **Hel** (Hölle) fahren. Odin war der Vater aller anderen Götter. Man nannte ihn auch **Walvater**, denn alle, die im Kampf fielen, waren seine liebsten Söhne und durften nach **Walhall** kommen. Odin hatte einen Speer, **Gunge**, der immer sein Ziel traf.

Frigg war Odins Frau. Beide zusammen waren die Stammeltern des Göttergeschlechtes der **Asen**, die alle in **Asgard** zu Hause waren.

Der Kriegsgott **Thor**, Sohn von Odin und Frigg, war mit **Sif** verheiratet, die außergewöhnlich schön war. Thor war der stärkste aller Götter. Sein Reich hieß **Trudvang**, seine Halle **Bilskirnir**. Zwei Ziegenböcke zogen seinen Wagen. Thors Hammer **Mjölnir** war gefürchtet, denn er traf alles und versagte nie, wenn er geworfen wurde; und so weit er auch flog, er kam danach immer in Thors Hand zurück. Außerdem besaß Thor einen Kraftgürtel. Der hatte die Eigenschaft, dass er Thor die doppelte Götterstärke verlieh, wenn er ihn umschnallte.

Der Gott **Balder**, auch ein Sohn von Odin und Frigg, war mit **Nanna** verheiratet. Balder war so schön und hell, dass ein Schein von ihm aus ging. Er war der Klügste der Asen und der Eloquenteste, und er tat nur Gutes. Er wohnte in **Breidablikk**, einer Himmelsgegend, wo nichts Unreines geduldet wurde.

Njord war der Gott des Wetters und Windes, des Meeres und Feuers. Ihn sollte man um Beistand anrufen, wenn es um Seefahrt und Fischfang ging. Seine Frau **Skadi** (oder Ran) kam aus Fjellheim und wollte ihr Zuhause nicht aufgeben, Njord aber wollte am Meer wohnen. Schließlich trennten sie sich, weil keiner sich dem anderen anpassen konnte.

Der Gott **Frey** war Njords Sohn. Er regierte über Regen und Sonnenschein, und damit über die Fruchtbarkeit der Erde. Man konnte ihn anrufen um Erntesegen und Frieden. Er wachte auch über den Wohlstand der Menschen. Sein Schiff **Skipladnir** hatte er von den Zwergen geschenkt bekommen. Es war so groß, dass alle Asen hineinpassten, mitsamt ihren Waffen und Rüstungen. Sobald das Segel gehisst war, bekam es den richtigen Fahrtwind, wohin es auch wollte. Wenn man aber nicht mit ihm aufs Meer fahren wollte, konnte Frey es wie ein Tuch zusammenfalten und in die Tasche stecken.

Die Liebesgöttin **Freya** war Freys Schwester. Nach Frigg, der Gattin Odins, war sie die vornehmste aller Asinnen. Wenn sie zum Kampf ausritt, bekam sie die Hälfte aller Gefallenen, die andere Hälfte gehörte Odin. Sie war den Menschen wohl gesonnen, man bat sie besonders in Liebesdingen um Beistand.

Odins Sohn **Brage** war bekannt für seine Klugheit, Beredsamkeit und Dichtkunst. Seine Frau **Idun** verwahrte einige Äpfel in ihrer Tasche. In die mussten die Asen beißen, wenn sie alterten, dann wurden sie wieder jung.

Auch **Loki** war ein Ase, hübsch anzusehen, aber böse, schlau und unberechenbar. In allen Situationen gebrauchte er List. Er brachte die Götter oft in große Schwierigkeiten, aber ab und zu half er ihnen auch mit verschlagenen Kniffen wieder heraus.

Mit einem Trollweib hatte Loki drei Kinder. Das eine war der **Fenriswolf**, der in Asgard aufgezogen wurde, das zweite die **Midgardschlange**, die von Odin ins tiefe Meer geschleudert wurde, sich rund um die Erde legte und in den Schwanz biss. Das dritte war **Hel**, die Herrscherin von **Niflheim**, der Unterwelt im Norden der Erde, wo stets Frost und Nebel herrschte.

Quelle: Von Snorres Edda.

TAG 5

Stokmarknes, Sortland, Risøyhamn, Harstad, Finnsnes, Tromsø und Skjervøy

HARSTAD - FINNSNES | TAG 5   165

Im Laufe der Nacht haben wir die Gemeinde Hadsel passiert mit dem Hafen **Stokmarknes** (68°34'16"N 14°54'44"E, 00.45-01.00 Uhr), die Gemeinde Sortland mit dem Hafen **Sortland** (68°42'N 15°25'E, 02.15-03.00 Uhr), die Gemeinde Andøya mit dem Hafen **Risøyhamn** (68°58'N 15°38'38"E, 04.15-04.30 Uhr) und ebenfalls die Grenze zwischen den Provinzen Nordland und Troms. Wir erreichen den Hafen **Harstad**, Gemeinde Harstad in der Provinz Troms, um 06.00 Uhr.

Die Gemeinde Harstad

Bedeutung des Gemeindewappens: Die Verbindung mit dem Meer bildet den Hintergrund des Motives.
Bedeutung des Namens: Vielleicht von nordischen Hardastadir vom Männernamen Hordr oder Hardar.
Gemeindezentrum: Harstad (19 528 Einw.).
Position: 68°47'50"N 16°33'E.
Areal: 364 km². **Einw.:** 23 108.
Bevölkerungsdichte: 63,48 Einw./km².
Arealverteilung: Landw. 6 %, Forstw. 21 %, Süßwasser 4 %, verbleibendes Areal 69 %.
Wirtschaft: Vielseitig mit Schwerpunkt Dienstleistungen. Bedeutender Anteil Landwirtschaft mit Meiereien und Fleischerzeugung. Fischveredelung. Werkstattindustrie mit mehreren mechanischen Werkstätten, Schiffbau, eines der größten Trockendocks im Lande. Wichtige Base für Ölgewinnung in Nordnorwegen, Ölgesellschaften und Öldirektion. Dies ist einer der größeren Stützpunkte für Hafen- und Industriebetriebe, die an die Ölgewinnung geknüpft sind.
Sehenswertes: S 273.
Website der Gemeinde Harstad:
www.harstad.kommune.no

Das Schiff fährt weiter nach Finnsnes + 0 Std 00 Min

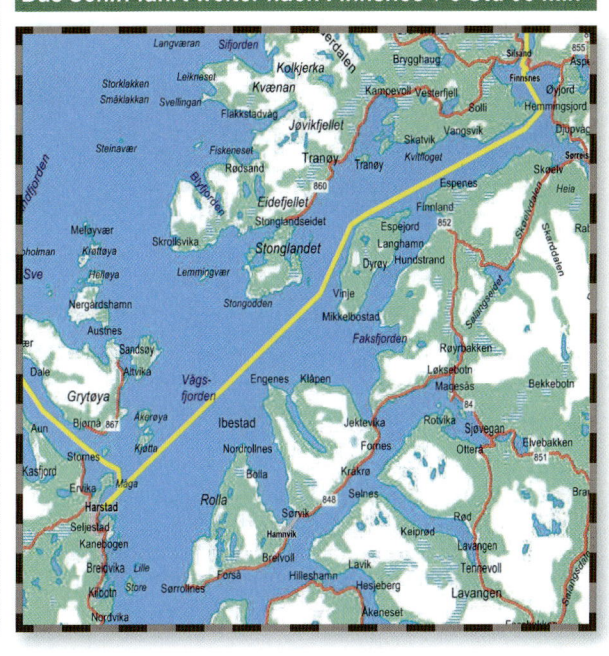

Wir erwachen in der Stadt Harstad (19 528 Einw.) nordöstlich von Hinnøya, Norwegens größter und bevölkerungsreichster Insel (2 198 km²)(S 271).

Nach dem Aufenthalt in Harstad setzen wir den Kurs nach Nordosten, hinaus aus dem **Vågsfjord.**

68°49'23"N   16°37'35"E   + 0 Std 11 Min

Die kleine Insel **Måga** mit ihrem Leuchtfeuer liegt an BB vor der Halbinsel **Trondenes** (S 273).

An BB vor uns die Insel **Grytøya** (108 km²)

An BB passieren wir den 3 km breiten Toppsund zwischen den Inseln Hinnøya (mit Harstad) und Grytøya.

An BB die Insel **Grytøya** (108 km²) mit ihren steilen Felswänden im Nordosten. Sie ist zwischen den Gemeinden Harstad und Bjarkøy aufgeteilt. Der höchste Gipfel auf der gebirgigen Insel ist **Nona** (1 012 m ü M) mitten auf der Insel. Südöstlich von Nona liegen zwei weitere Berge: **Storfjellet** (809 m ü M) und **Litlgalten** (782 m ü M), nördlich davon **Storgalten** (987 m ü M, Gemeinde Bjarkøy). Landwirtschaft wird im Osten und Süden der Insel betrieben, dort gibt es auch Birkenwald. Die Dörfer **For, Lundenes** und **Bessebostad** liegen auf der Südseite von Grytøya.

Die kleinen Inseln **Kjøtta** (3 km²) und **Åkerøya** vor uns an BB, östlich von Grytøya. Kjøtta ist nur 10 Minuten mit dem Hurtigboot von Harstad entfernt. Die Insel liegt mitten im Schifffahrtsweg und den früheren Heringsfanggründen. Daher hatte sie schon seit 1877 eine wichtige Position im Heringshandel. 1929 baute man auf Kjøtta eine Heringsölfabrik. Die Insel ist sehr beliebt als Bauplatz für Sommerhäuser

Hinter Kjøtta liegt Åkerøya.

Die Bergkette vor uns liegt auf der Insel Senja.

Ca. 68°53'N   16°52'E ①
Wir passieren die Grenze zwischen den Gemeinden Harstad und Bjarkøy an BB.

Die Gemeinde Bjarkøy

Bedeutung des Gemeindewappens: Das Wappen des Bjarkøy-Geschlechtes.
Bedeutung des Namens: Wahrscheinlich benannt nach der schwedischen Handelsstadt Birka auf Björkö im Mälarsee, ein Name, der mit der Zeit die Bedeutung „Handels- oder Marktplatz" annahm. Bjarkøy war das Zentrum für den Handel mit Finnland.
Gemeindezentrum: Nergård (-).
Position: 69°00'N 16°32'E.
Areal: 75 km². **Einw.:** 535.
Bevölkerungsdichte: 7,13 Einw./km².
Arealverteilung: Landw. 7 %, Forstw. 70 %, Süßwasser 7 %, verbleibendes Areal 21 %.
Wirtschaft: Landwirtschaft und Fischerei, relativ große Betriebe, einige in Kombination. Rinder- und Schafhaltung. Fischzucht.
Website der Gemeinde Bjarkøy:
www.bjarkoy.kommune.no

Die Gemeinde **Bjarkøy** hat Fährverbindung mit Grytøya. Im September 2002 sprachen sich 90 % der Einwohner für einen Zusammenschluss mit der Nachbargemeinde Harstad aus, sobald die Festlandsverbindung mit Bjarkøy fertig sein würde.

Die vier bewohnten Inseln in der Gemeinde Bjarkøy sind der östliche Teil von Grytøya, dann Sandsøya, Bjarkøya und Krøttøya/Meløyvær. Zwischen Grytøya und Bjarkøy erstreckt sich der 7 km lange Kvernsund. Autofähre.

Sandsøya (10,8 km²) an BB ist ein alter Kirchen-, Gerichts- und Handelsplatz. 1886 beschlossen die Behörden, die Kirche von Sandsøya (erbaut 1756 auf der Westseite der Insel) abzureißen und nach Bjarkøya zu versetzen, weil man dort eine Baptistengemeinde gegründet hatte. 1888 baute man eine neue Kirche auf Sandsøya, genau an dem Platz, an dem die alte gestanden hatte. Die Einwohner beschafften sich die Mittel für das Baumaterial, indem die Fischer einen Teil ihres Fangs und die Ackerbauern einen Teil der Ernte für die neue Kirche stifteten.

Einige Gräber aus der Steinzeit wurden auf der Insel gefunden.

Als Beitrag für die Erneuerung der norwegischen Küstenartillerie wurde 1964 auf der Insel ein Fort gebaut mit vier Kanonen. Die Kanonen kamen aus Dänemark, das zu der Zeit die meisten seiner Küstenbatterien aufgab.

Bjarkøya (14,6 km²), hinter Sandsøya, hat eine bedeutende Geschichte. Die Insel ist seit der Wikingerzeit als einer der wichtigsten Häuptlingssitze im Norden bekannt. Tore Hund war dort Häuptling um das Jahr 1000. Er schaffte die Grundlage für das erhebliche Vermögen des Bjarkøy-Geschlechtes, eines der mächtigsten Geschlechter des Nordens. In der Saga von Olav dem Heiligen (995-1030) (S 88) ist ausführlich von Tore Hund auf Bjarkøy die Rede. Er war ein Lehnsmann des Königs (ein hoch geachteter Mann mit Machtbefugnis über einen Distrikt), doch das Verhältnis zwischen den beiden entwickelte sich zur Feindschaft, als der König einen nahen Verwandten Tores töten ließ. In der Schlacht bei Stiklestad im Jahre 1030 war Tore Hund einer der Anführer des Bauernheeres, das gegen den König kämpfte, und Tore tötete den König. Als der König später heilig gesprochen wurde, soll Tore Hund eine Pilgerfahrt unternommen haben, von der er angeblich nie zurückgekehrt ist. Ein Erinnerungsstein ist auf Bjarkøy für den Häuptling Tore Hund aufgestellt worden.

Auf Bjarkøya hat man reiche Funde aus der Eisenzeit und der Wikingerzeit gemacht. Vieles deutet darauf hin, dass Bjarkøys Bedeutung als Handelsplatz bis in die Völkerwanderungszeit zurück geht (S 83). In einem Moor hat man einen großen Bronzekessel gefunden, der auf ca. 400 Jahre n. Chr. datiert wird (der Bjarkøykessel). Andere archäologische Funde stammen von 600-700 n. Chr.

Die Kirche auf Bjarkøya, eine Kreuzkirche aus Holzbalken, wurde ursprünglich 1765 auf Sandsøya gebaut, 1886 aber nach **Nergårdshamn** auf Bjarkøya versetzt. Ein Teil des Inventars befindet sich immer noch hier, u.a. das Taufbecken und die Kanzel aus dem 17. Jh. Sandsøya bekam ein paar Jahre später, genauer 1888, eine neue Kirche an derselben Stelle, wo die alte gestanden hatte, und einiges von dem alten Inventar wurde zurück gegeben (S 166).

Bjarkøy war der zentrale Markt für Pelz- und Lederhandel mit den Samen, die ihre Steuern mit diesen Produkten bezahlten. Die nordnorwegischen Häuptlinge machten sich diesen Handel zu nutze, sie handelten auch mit Nordfinnland und Nordwestrussland. Die Pelze waren sehr wertvoll, und in Europa war die Nachfrage groß (S 123).

Von 1902 bis 1910 gab es ein Bergwerk für den Abbau von Eisenerz auf der Insel. 1941 legten die Deutschen eine Küstenbatterie an. Einige Bunker und Kanonen stehen dort immer noch.

In **Sundsvollen**, auf Bjarkøys Nordseite, gibt es einen Vogelfelsen mit einer Kolonie Dreizehenmöwen, die über 10 000 Exemplare zählt. Sie kommen jedes Jahr Mitte Februar und ziehen Mitte August wieder ab (S 217).

Krøttøya und Meløyvær sind die nördlichsten der bewohnten Inseln der Gemeinde Bjarkøy. Das Militär unterhielt hier einmal eine Radaranlage, hat sich nun aber zurück gezogen. Auf der Insel Meløyvær, am weitesten draußen im Meer gelegen, baute man ab 1904 unter Tage Eisenerz ab. Die Erzgrube wurde bis 1930 betrieben. Im Jahre 2005 gab es noch 14 Daueeinwohner auf der Insel.

In der 1980er Jahren wurde das erste der neuen, großen Küstenforts auf **Meløyvær** errichtet und viele unmodern gewordene rund um den **Vågsfjord** aufgegeben. Das moderne Fort in Meløyvær war 1989 fertig. Der kalte Krieg machten die präzisionsgesteuerten Waffen die stationären Küstenforts leichter angreifbar, daher gab man im Jahre 2002 das Meløyvær-Fort auf.

Vor uns haben wir den Berg **Stangnesfjellet** (301 m ü M) auf der sonst flachen Halbinsel **Stonglandet** in der Gemeinde Tranøy. Dahinter erhebt sich der Berg **Eidefjellet** (883 m ü M). Weiter im Westen der Berg **Senjehesten** (764 m ü M).

Ca. 68°54'N 16°53'E
An SB passieren wir die Grenze zwischen den Gemeinden Harstad und Ibestad.

Die Gemeinde Ibestad

Bedeutung des Gemeindewappens: Spiegelt Kirchentradition und Mittelalterfunde wieder.
Bedeutung des Namens: Ursprünglich der Name eines Hofes, nordisch Ivarstadir.
Gemeindezentrum: Hamnvik (486 Einw.).
Position: 68°47'N 17°10'E.
Areal: 242 km². **Einw.:** 1 649.
Bevölkerungsdichte: 6,8 Einw./km².
Arealverteilung: Landw. 5 %, Forstw. 22 %, Süßwasser 2 %, verbleibendes Areal 71 %.
Wirtschaft: Fischerei mit mehreren großen, hochseetüchtigen Schiffen in nahen und fernen Gewässern. Landwirtschaft oft als Nebenerwerb mit Schaf- und Rinderhaltung. Öffentliche Verwaltung. Dienstleistungen. Krabbenfabrik. Fischzuchtanlagen. Bootsslip, mechanische Werkstatt. Stromerzeugung.
Sehenswertes: Der Handelsplatz Hamnvik. Der Pfarrhof und die Kirche in Ibestad.
Website der Gemeinde Ibestad: www.ibestad.kommune.no

An SB die Insel **Rolla** (106,4 km²) in der Gemeinde **Ibestad**. Die Insel ist fruchtbar und hat eine vielseitige Flora. Hier wachsen Pflanzen, die normalerweise nicht in so hohen Breiten vorkommen, und einen der beiden größten Kalkbirkenwälder des Nordens. Zu den botanischen Besonderheiten gehören auch 17 verschiedene Orchideenarten.

Im Süden die Berggipfel **Lasselitind** (896 m ü M) und **Rolla** (926 m ü M). Mitten auf der Insel ragt der spitze **Stortind/Drangen** auf (1 022 m ü M). Die vielen Süßwasserseen, ca. 70 größere und kleinere, machen Rolla zu einer von Norwegens wasserreichsten Inseln im Vergleich zu seiner Flächenausdehnung.

Das Dorf **Nordrollnes** an der Nordspitze von Rolla. Die Bebauung liegt hauptsächlich auf der Ostseite der Insel am Fjord Bygda (14 km lang), der die beiden Nachbarinseln Rolla und Andørja trennt. Die Einwohnerzahl ist in den letzten 60 Jahren zurück gegangen. Ein großer Teil der Bewohner ist nach Hamnvik auf Rollas Ostseite gezogen. Der Handelsplatz Hamnvik wurde 1794 gegründet. Er hat seinen eigenständigen Charakter am besten in ganz Norwegen bewahrt. Unter den 14 Gebäuden befinden sich Haupthaus, Telegrafenstation, Speicher, Bäckerei, Feuerwehrhaus und vieles mehr. Der Handelsplatz war früher der Sitz des Lehnsmanns, Amtsrichters und Kirchspielpfarrers.

Nördlich von Hamnik liegt die Ibestad-Kirche, eine neugotische Steinkirche von 1881, sie steht auf demselben Platz, wo die alte Kirche um 1100 gestanden hat. Der Priesterhof von Ibestad von 1758 wurde vom Reichsantiquaren unter Denkmalschutz gestellt.

Das Schiff fährt durch den **Vågsfjord**.

68°55'N   16°58'E   + 0 Std 51 Min   ②

Zwischen den Inseln Rolla, die wir schon hinter uns haben, und Andørja, beide in der Gemeinde Ibestad an SB, verläuft der 14 km lange Sund mit dem speziellen Namen **Bygda** (das Dorf).

Die Insel **Andørja** (135 km²) an SB ist Nordeuropas bergreichste Insel im Verhältnis zu ihrer Größe. Die Insel hat 14 Berggipfel, die höher als 1000 m ü M sind. Der **Langlitind** (1 276 m ü M) ist Skandinaviens höchster auf einer Insel gelegener Berg, auf Andørjas Ostseite. Vom Schiff aus kann man im Nordwesten den **Kråktind** sehen, den **Åtind** (1 108 m ü M), **Snetind** (1 215 m ü M), den hutförmigen **Klåptind** (1 179 m ü M), **Vasskardtind** (1 140m ü M), **Langlitind** (1 215m å M).

Das Dorf **Engenes** auf der flachen Landzunge an der Nordspitze des Berges **Andørjaråktindan** (829 m ü M). Die Kirche von Andørja ist aus Holz und wurde 1914 erbaut.

Von Norden her schneidet sich der 8 km lange **Straumbotnfjord** tief in Andørja hinein. In der schmalen Fjordmündung befindet sich ein Mahlstrom (S 162). Zwischen den Orten **Åndervåg** und **Straumen** führt eine Brücke über den Fjord.

Das Wegesystem auf Rolla und Andørja ist gut ausgebaut. Der Ibestadtunnel (3 400 m lang, 112 m u M) verbindet die Inseln unter dem Meer miteinander. Die Mjøsundbrücke bildet eine Verbindung zum Festland von der Ostspitze Andørjas aus. Von dem Ort **Sørrollnes** an Rollas Südwestspitze aus fährt eine Fähre nach Harstad.

An SB nordöstlich von Andørja der **Mjøsund** zwischen Andørja und dem Festland. Der **Astafjord**, der sich hinter Andørja und Rolla hinzieht, trennt die Inseln vom Festland. Der Fjord ist 30 km lang und hat 6 Arme, die größten sind **Gratangen, Lavangen** und **Salangen.**

An BB sehen wir in den **Andfjord** hinein, der zwischen den Inseln Senja (1 586 km²) in Front und Andøya (489 km²) fern an BB. Senja und Andøya sind Norwegens zweitgrößte bzw. zehntgrößte Insel.

Auf Andørja an SB sehen wir die beiden spitzen Berggipfel Klåptind und Vasskardtind.

Ca. 68°58'N   17°08'E

An SB passieren wir die Grenze zur Gemeinde Dyrøy.

Die Gemeinde Dyrøy

Bedeutung des Gemeindewappens: Zeigt den ersten Platinfuchs, der 1933 in der Gemeinde geboren wurde.
Bedeutung des Namens: Wahrscheinlich nach dem Wort dyr in der Bedeutung „reinsdyr", Rentier.
Gemeindezentrum: Brøstadbotn (-).
Position: 69°05'N 17°41'E. **Areal:** 290 km².
Einw.: 1 288. **Bevölkerungsdichte:** 4,44 Einw./km².
Arealverteilung: Landw. 3 %, Forstw. 32 %, Süßwasser 4 %, verbleibendes Areal 61 %.
Wirtschaft: Früher viel Landwirtschaft und Fischerei, besonders Fischerei ist jetzt zurück gegangen. Landwirtschaft mit Rinder-, Schaf- und Ziegenhaltung. Milchproduktion. Nur noch kleinere Fischerboote. Elektrotechnische Industrie.
Sehenswertes: Bauernhausmuseum und Kirche in Dyrøy.
Website der Gemeinde Dyrøy:
www.dyroy.kommune.no

Hinter dem Gemeindewappen von Dyrøy verbirgt sich folgende Geschichte, wie man sie sich in der Gemeinde erzählt:

„Dyrøy hat eine lange Tradition in Bezug auf Fuchsfarmen. Der erste Platinfuchs, mit Namen Mons, wurde 1933 in Store Vinje auf Dyrøya geboren. Mons war eine Mutation in einem Wurf Silberfuchswelpen. Auf der ersten Ausstellung in Harstad wurde er nicht als besonders wertvoll angesehen, daher wurde er für 700 Kronen an einen anderen Züchter weiter verkauft. Erst als die berühmte Schlittschuhläuferin und Schauspielerin Sonja Henie, die argentinische Präsidentengattin Eva Peron und die norwegische Kronprizessin Märtha Platinfuchspelze trugen, sorgte Mons für ein aufblühendes Geschäft. Die Preise für Platinfuchspelze stiegen – an damaligem Gerdwert gemessen – ins Abenteuerliche. Kronprinz Olav von Norwegen eröffnete die erste Pelzausstellung für Platinfüchse 1939 in Oslo. Heute hat Dyrøy einen Platinfuchs im Gemeindewappen zur Erinnerung an den Wechselbalg Mons, der in Vinje geboren und weltberühmt wurde."

Das Schiff fährt in den **Tranøyfjord** hinein. An BB die Halbinsel **Stonglandet** in der Gemeinde **Tranøy** auf Senja, an SB **Dyrøya** in der Gemeinde Dyrøy.

Der Berg **Løksetinden** (1 240 m ü M) an SB ist der höchste Berg in der Gemeinde Dyrøy. Er ist eine gute Landmarke für die Schifffahrt.

An BB kreuzen wir die Grenze zwischen den Gemeinden Ibestad und Tranøy.

Die Gemeinde Tranøy

Bedeutung des Gemeindewappens: Symbolisiert Fisch als Ernährungs- und Wirtschaftsgrundlage.
Bedeutung des Namens: Kommt vom Vogelnamen trane, Kranich.
Gemeindezentrum: Vangsvik (-).
Position: 69°10'N 17°44'E. **Areal:** 523 km².
Einw.: 1 598. **Bevölkerungsdichte:** 3,06 Einw./km².
Arealverteilung: Landw. 1 %, Forstw. 13 %, Süßwasser 5 %, verbleibendes Areal 81 %.
Wirtschaft: Landwirtschaft und Fischerei, oft in Kombination.
Sehenswertes: Das Museum Senjehesten Küstenverteidigungsmuseum mit dem Skrolsvik Fort. Ändesdalen Nationalpark. Die insel Tranøy.
Website der Gemeinde Tranøy: www.tranoy.kommune.no

Tranøy liegt an der Südspitze von Norwegens zweit größter Insel Senja.

Die Insel **Dyrøya** (53 km²) an SB liegt zwischen dem Festland und dem Tranøyfjord, im Süden der Insel der Berg **Dyrøygommen** (491 m ü M), der **Bergsheia** (563 m ü M) mitten auf der Insel ist die höchste Erhebung, der **Holmheia** (450 m ü M) liegt nordöstlich davon. Der größte Teil der Bebauung liegt auf der Ostseite der Insel, wo stellenweise üppiger Birkenwald wächst. Die Westseite ist steiler und unzugänglicher, aber auch da viel Birkenwald.

Auf Dyrøya lässt sich die Anwesenheit des Menschen bis in die Steinzeit zurück verfolgen. Der Ort **Holm** hat seit 1770 eine Kirche, die heutige stammt von 1880. Es gibt Reste eines Grabfeldes aus der Eisenzeit. Südlich von Holm liegt Dyrøyhamn, das früher nur Hamn hieß. Der Hof hier wird 1370 zum ersten Mal in schriftlichen Quellen genannt, die Kirche 1589, sie wurde wahrscheinlich im Mittelalter gebaut. Die Kirche hatte einen Chor, eine Sakristei, eine Vorhalle und einen Turm. 1770 war sie in so schlechtem Zustand, dass man sie abriß. In **Mikkelbostad** im Südosten weisen Funde aus der jüngeren Steinzeit und aus der Eisenzeit auf menschliche Aktivitäten hin (S 83). Der Hof Mikkelbostad wird zum ersten Mal in schriftlichen Quellen von 1567 erwähnt.

An der äußersten Südspitze Dyrøyas, beim Ort **Hagenes**, hat man Siedlungsreste aus der jüngeren Steinzeit um 3000-2500 gefunden. Ein Grabfeld mit sieben Grabhügeln aus der Eisenzeit liegt an einem Abhang zum Meer hin.

Bei Hagenes bauten die Deutschen ein Küstenfort während des Krieges, bestehend aus vier Kanonenstellungen, Bunkern und unterirdischen Gängen.

69°01'N   17°17'E   + 1 Std 27 Min   ③

Das Dorf **Vinje** an SB, nördlich vom Berg Dyrøygommen. Der Hof Lille Vinje wird in einer Schrift von 1430 erwähnt. Er besteht heute aus fünf Landstellen und liefert ein Beispiel für die Dorfanlage und Bauweise von der Mitte des 19. Jh.s bis in die 1930er Jahre dar. **Store Vinje** und **Lille Vinje** waren einmal ein einziger Hof, wie man im Grundbuch von 1530 nachlesen kann. Man hat dort Spuren aus der Eisenzeit und dem Mittelalter (1030-1536) gefunden. Auf dem Geröllstrand unterhalb Lille Vinje fand man 27 Gruben, von denen man nicht weiß, wozu sie gebraucht wurden. Es kann sich um Siedlungsreste, Grabstellen oder Aufbewahrungsgruben für Nahrungsmittel handeln.

Die Insel **Senja** (1 586 km²) an BB, Norwegens zweitgrößte Insel. Der Norden und Nordwesten sind dem offenen Meer zugewandt. Im Südwesten zieht sich der **Andfjord** zwischen Senja und Andøya hin. Senjas gebirgiger Westen hat spitze Gipfel und tiefe Fjorde, die sich in enge, kurze Täler einschneiden. Die Menschen wohnen meist in Fischerdörfern wie **Gryllefjord** (414 Einw.), **Torsken**, **Senjahopen**, **Skaland**, **Fjordgard**, **Medfjorvær**. Auf Senjas Ostseite sind die Täler offener, es gibt viele Moore und Seen. Senjas Brückenverbindung zum Festland geht von Silsand nach Finnsnes.

Die Landzunge **Stongodden** bildet die Südwestspitze der Halbinsel Stonglandet an BB. 1881 km² davon wurden 1983 unter Naturschutz gestellt wegen der einzigartigen Moorlandschaft und des speziellen Küstenkiefernwaldes.

Auf Stonglandet hat man Steinkisten und Grabhügel von der ersten Besiedlung um 500 n. Chr. gefunden. Auch die Landwirtschaft soll soweit zurück reichen.

Auf der Südostseite liegen die Dörfer **Nylandet** und **Lekangen.**

Die Samen siedeln hier schon seit vielen hundert Jahren. Die meisten kamen als Nomaden, die im Sommer aus Schweden mit ihren Rentierherden hier an die Küste zogen. Man nimmt an, dass die schwedischen Samen sich schon im 17. Jh. fest auf Senja nieder ließen. Da die weidenden Rentiere auf dem bestellten Land viel Schaden anrichteten, wurde Stonglandet 1910 als Schutzgebiet vor Rentieren erklärt. In den letzten Jahren ist der Konflikt zwischen Schutzmaßnahmen und Weideansprüchen wieder aufgeflammt. Eine mittelfristige Lösung ist zwischen den beiden Interessengruppen ausgehandelt worden.

An der südwestlichen Spitze von Senja befindet sich das Museum Senjehesten kystforsvarsmuseum (Küstenverteidigungsmuseum) mit dem Skrolsvik Fort. Das Fort wurde von den Deutschen 1941 gebaut, die Zwangsarbeiter waren russische Kriegsgefangene. Später benutzte die norwegische Verteidigung das Fort, bis es 1989 still gelegt wurde. Es hatte eine Batterie von vier 15 cm Kanonen, die immer noch existieren.

Das Gebiet des Fischerdorfes **Skrolsvik** (200 Einw.), ebenfalls an der Südwestspitze Senjas gelegen, war schon in der Steinzeit und Eisenzeit bewohnt, was man an den zahlreichen Grabhügeln erkennt, die mit guter Aussicht auf kleinen Bergkuppen liegen, gut sichtbar vom Meer aus. Das heutige Dorf wurde 1870 angelegt, es hatte eine Fischannahmestelle und einen Laden. Bis in die 1990er Jahre war es in Betrieb, dann wurde es vom Süd-Senja Museum übernommen. Ein ganzes Museum ist allein dem Heilbutt gewidmet, auch „Gudefisken" (Gottesfisch) genannt, und dem Glauben, der Mystik und Phantasterei, die sich um diesen Fisch ranken.

69°03'N   17°20'E   + 1 Std 35 Min

Den Berg **Bergheia** (563 m ü M) haben wir an SB passiert, danach die Dörfer **Sandnes** und **Skogshamn**.

Wir fahren an dem Ort **Stonglandseidet** an BB vorbei, der auf einer flachen Stelle zwischen der Halbinsel Stonglandet und Senja liegt. Hier befindet sich die Stonglandet Kirche, eine Langkirche aus Holz, erbaut 1896, mit 240 Sitzplätzen. Gleich dahinter erhebt sich die Bergkette **Eidefjellet** (883 m ü M).

An BB passieren wir die kleinen Orte **Vassvika** und **Jøvik** am Fusse des **Jøvikfjellet** (596 m ü M).

Das Schiff fährt weiter hinein in den **Solbergfjord**. Es wurde geplant, diesen Fjord zusammen mit dem Gisund als nationalen Lachsfjord zu regulieren, um den Wildlachs zu retten. Es existieren bereits im Lande verteilt mehrere nationale Lachsfjorde. Eine solche Regulierung würde ein Verbot zur Nutzung von neuen Lachsaufzuchtanlagen, Lachsschlächtereien und -verarbeitungsbetrieben nach sich ziehen. Schon etablierte Betriebe dürften ihre Arbeit fortsetzen.

69°06'N   17°29'E   + 1 Std 54 Min   ④

Die kleine Insel **Tranøy** an BB an der Mündung des kurzen, breiten **Tranøybotn**, eines Armes des **Tranøyfjords**, hat der Gemeinde ihren Namen gegeben. Die Insel ist seit mindestens 2000 Jahren bewohnt. Reste von Gebäuden aus der Eisenzeit, Gräber und andere vorzeitliche Hinterlassenschaften zeugen davon. Seit dem 14. Jh. hat Tranøy eine Kirche, die heutige ist eine Kreuzkirche aus Holz, gebaut 1775, mit 210 Sitzplätzen und einem 300-400 Jahre alten Inventar. 1881 wurde die Kirche restauriert. Dazu gehört auch ein alter Pfarrhof aus dem 18. Jh., der heute unter Schutz steht und als Museum genutzt wird.

Das Tromsø Museum hat eine Sammlung alter nordnorwegischer Kirchenkunstschätze. Einige dieser Gegenstände stammen aus der Tranøy Kirche, u.a. eine Holzskulptur von St. Sunniva aus dem Jahre 1490. Die Skulptur hat ein schönes Gesicht, vermutlich nach einem lebenden Modell in Lübeck in Deutschland angefertigt. Auch das Stundenglas soll in dieser Kirche an der Wand gehangen haben. Die Priester neigten dazu, sehr lange Predigten zu halten, so dass die Zuhörer im Gottesdienst einschliefen. Das Stundenglas sollte den Priester daran erinnern, seine Predigt abzuschließen, wenn der Sand hindurch gelaufen war.

Nach der kleinen Insel Tranøy passieren wir an BB die Halbinsel **Revnes**, weiter im Osten dann die Orte Vangsvik und Rubbestad.

Der nördliche Teil von Dyrøya liegt jetzt an SB mit den Dörfern **Sandnes, Skogshamn** und **Klauvhamn.** Im Hintergrund am Festland sehen wir die Berge **Børingen** (1 073 m ü M) und **Børingsfjellet** (1 045 m ü M).

Die Dyrøybrücke über den **Dyrøysund** wurde 1994 eröffnet. Sie verbindet Dyrøya mit dem Festland an der Finnlandneset. In der Bucht die Orte Finnland und Brøstadbotn**.**

> Unter der Dyrøybrücke liegt das Wrack des deutschen D/S „Elise Schulte" (4 626 BRT) aus Emden. Das Schiff war auf dem Weg von Rotterdam nach Kirkenes mit einer Ladung Kohlen, als es am 11. Januar 1942 auf Grund lief. Einige Stunden später sank das Schiff. Menschen kamen nicht zu Schaden. Das Wrack liegt in 5-32 m Tiefe und ist in verhältnismäßig gutem Zustand.

> Vor Finnlandneset liegt das Wrack von D/S „Sirius" (877 BRT) aus Bergen. Das Schiff wurde 1885 gebaut und hatte Kojen für 70 Passagiere an Bord. Es wurde von der Hurtigrute in den Jahren 1884/85 gechartert. Danach fuhr es bis 1927 verschiedene Routen an der norwegischen Küste entlang, bis es zwischen Oslo und Finnmark als Frachter benutzt wurde. Am 18. Mai 1940 war es auf dem Weg nach Süden zwischen Risøyhamn und Vesterålen mit einer Mannschaft von 18 Leuten, als es von einem deutschen Flugzeug entdeckt und mit Kanonen und Bomben angegriffen wurde. D/S „Sirius" brach entzwei und sank in wenigen Minuten. 11 Besatzungsmitglieder überlebten. Das Wrack liegt in 45-70 m Tiefe in verhältnismäßig guten Zustand.

Nach Finnlandsneset und der Dyrøybrücke fahren wir an der an der Besiedlung an der Strandlinie entlang und sehen die Orte **Bettholmen, Espenes** und **Forstrand**. Dahinter erhebt sich der **Børingen** (1 073 m ü M).

69°07'N 17°35'E + 2 Std 04 Min ⑤

An BB das Dorf **Skatvik**, südöstlich vom **Skatvikfjellet** (466 m ü M), etwas weiter das Gemeindezentrum **Vangsvik** und das Dorf **Rubbestad** am Fuße des **Rubbestadfjellet** (436 m ü M). In Rubbestad befindet sich das Holtermanngården Museum. Das ist ein Fischer-Bauern-Hof mit Gebäuden aus den 1880er Jahren: Wohnhaus, Schmiede, Schuppen, Stall und vielen Gerätschaften. Der Hof war noch bis vor kurzem bewohnt.

Bei Rubbestad liegt die größte marine Aufzuchtsanlage dieses Landesteils mit Zulauf von Tiefenwasser aus 95 m Tiefe. Die Anlage besteht aus 14 Behältern im Freien und 9 in einer Plastikhalle. Im Herbst 2004 wurde der Betrieb eingestellt und war im September 2006 noch nicht wieder aufgenommen worden.

Ca. 69°09'N 17°50'E

An BB passieren wir die Grenze zwischen den Gemeinden Tranøy und Lenvik.

Die Gemeinde Lenvik

Bedeutung des Gemeindewappens: Symbolisiert Fisch und Fischindustrie.
Bedeutung des Namens: Abgeleitet von Lengjuvik, nach dem Familiennamen Lengja, der Lange.
Gemeindezentrum: Finnsnes (4 035 Einw.).
Position: 69°13' 17°58'E.
Areal: 895 km². **Einw.:** 11 035.
Bevölkerungsdichte: 12,3 Einw./km².
Arealverteilung: Landw. 4 %, Forstw. 26 %, Süßwasser 4 %, verbleibendes Areal 66 %.
Wirtschaft: Dienstleistungsbetriebe. Landwirtschaft mit Futterproduktion, Haustierhaltung mit Milch- und Fleischproduktion. Fischerei in der Nähe mit kleinen, weiter entfernt mit großen Fahrzeugen und Trawlern. Fischzucht. Fischindustrie. Nahrungsmittelindustrie. Metallindustrie. Mechanische Werkstätten.
Sehenswertes: Die Orten Gibostad und Bjorelvnes.
Website der Gemeinde Lenvik:
www.lenvik.kommune.no

Ca. 69°10'N 17°53'E

An SB passieren wir die Grenze zwischen den Gemeinden Dyrøy und Sørreisa.

Die Gemeinde Sørreisa

Bedeutung des Gemeindewappens: Bezieht sich auf Sørreisas ältestes Segel.
Bedeutung des Namens: Der Flussname Reisa, vermutlich von risa, Steige, also ein Fluss, der rasch steigt.
Gemeindezentrum: Sørreisa (1 427 Einw.).
Position: 69°09'N 18°09'E.
Areal: 361 km². **Einw.:** 3 322.
Bevölkerungsdichte: 9,22 Einw./km².
Arealverteilung: Landw. 1 %, Forstw. 28 %, Süßwaser 4 %, verbleibendes Areal 64 %.
Wirtschaft: Landwirtschaft mit Grasproduktion und Haustierhaltung (Rinder und Schafe). Fällen von Laubbäumen. Spanplattenfabrik. Wenig Fischerei. Das Militär ist ein bedeutender Arbeitgeber.
Website der Gemeinde Sørreisa:
www.sorreisa.kommune.no

An BB das Dorf **Solberg**, danach die Bucht **Russevåg** vor der Landzunge Vågan. An SB die Dörfer **Bjørga**, **Sildvika** und **Smørsgård**.

Die Berge vor uns in der Ferne sind **Fagerfjellet** (884 m ü M), **Elveskardtinden** (872 m ü M) und **Sultind** (1 026 m ü M).

69°10'N   17°56'29''E   + 2 Std 36 Min   ⑥

Der kurze, breite **Reisfjord** an SB. In seinem südöstlichen Teil liegt der Ort **Skøelv** am Ausgang des **Skøelvtales,** im Innern des Fjords das Gemeindezentrum **Sørreisa/Straumen**. Hier gibt es eine Spanplattenfabrik, das Laubbäume aus ganz Troms verarbeitet. Zusätzlich gibt es weitere Holz- und Werkstattindustrie. In Sørreisa befindet sich eine zentrale Wäscherei für das Heer.

Die Sørreisa Kirche liegt in der Bucht vor der Halbinsel **Forøya** mitten im nördlichen Teil des Reisfjords. Die Kirche wurde 1992 aus Stahl und Holz gebaut mit 300 Sitzplätzen. Die achteckige Vorgängerkirche von 1844 brannte 1987 ab.

Eine der wichtigsten NATO-Radarstation liegt auf dem Berg Høggumpen bei Sørreisa. Tief im Berg unter der Radarkuppel ist das Control and Reporting Center Sørreisa untergebracht. Die Anlage wurde ab 1955 eingerichtet und arbeitet seit 1962. 1999 wurde eine neue operative Kampfanlage in Betrieb genommen.

Wir haben die Gemeinde Sørreisa an BB hinter uns gelassen und haben nun die Gemeinde Lenvik zu beiden Seiten.

Zwischen dem Dorf **Grunnreisa** an SB und der Landzunge **Vågan** an BB dreht sich das Schiff nach Norden in den Finnfjord hinein mit Kurs auf den nächsten Hafen Finnsnes. Am Festland an SB fahren wir vorbei an den Orten **Hemmingsjord**, **Øyjord**, **Finnfjorden** mit der Insel **Finnfjordøya**, einem Vogelschutzgebiet, dann **Skogen** und **Sandvika**. Der Berg im Hintergrund ist der **Kvittinden** (933 m ü M).

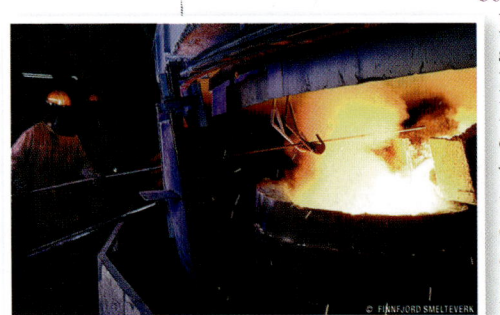

In **Finnfjorden**, teils versteckt hinter der kleinen Insel **Finnfjordøya**, liegt Finnfjord Smelteverk A/S, das nördlichste Schmelzwerk, wo Ferrosilizium und Silica hergestellt werden, in der Hauptsache für die Stahlindustrie in Europa und USA. Der Betrieb hat ca. 100 Angestellte.

Auf Senja an BB sehen wir die Orte **Vågan, Laksneset, Laksfjorden** und **Laukhella.**

Das Schiff legt am Kai in Finnsnes an

Der Ursprung des Namens **Finnsnes** ist ungewiss. Vielleicht hat ein Mann namens Finn oder ein Same (früher synonym mit „Finne") auf dieser Landzunge gewohnt. Schon vor 1400 kannte man diesen Namen, 1567 wird ein Hof mit Namen Fennesetter erwähnt. In einer Liste vom Ende des 14. Jh.s über das Eigentum der Trondarnes Kirche ist ein Hof namens *Finznes* aufgeführt, der zur Hälfte der Kirche gehörte, als Geschenk einer dort ansässigen Frau mit der Auflage, „dass der Priester jedes Jahr eine Seelenmesse für ihren Sohn abhalten sollte".

In der Aufstellung der „Mannzahl" von 1666 stehen für Findznæss 2 Männer und 4 Söhne aufgeführt, Frauen zählten nicht mit. Die Mannzahl blieb fast unverändert in den folgenden 100 Jahren, 1875 wohnten 75 Personen auf der Halbinsel, 1950 war die Bevölkerung auf 1182 angestiegen.

Ab Mitte des 19. Jh.s begannen die Bewohner, vom äußeren Teil Senjas in die Gegend von Gisund umzuziehen. Das erste Handelshaus wurde 1846 in Finnsnes etabliert. Der Kontakt mit der Umgebung nahm zu. Der Bootsverkehr im Sund wurde nach und nach von Dampfschiffen abgelöst, auch wenn Finnsnes erst ab 1883 regelmäßig dreimal die Woche von Dampfern angelaufen wurde. Ab 1893 legte die Hurtigrute regelmäßig an. 1909 baute man einen Kai, der aber gleich nach Fertigstellung wieder in sich zusammen fiel. Bis 1921 ein neuer gebaut wurde, mussten die Passagiere von der Hurtigrute ausgebootet werden. Eine Strasse von Finnsnes nach dem 17,6 km entfernten Nachbarort Målselv wurde 1896 fertig gestellt, eine Posthalterei 1900 eingerichtet, ein Busunternehmen 1916. Von 1900 bis 1930 stieg die Bevölkerungszahl um mehr als 150 %, und diese Entwicklung hat sich fortgesetzt. Dennoch blieb Finnsnes in den 1950er und -60er Jahren eine kleine ländliche Gemeinde mit Landwirtschaft; dort, wo heute das Zentrum liegt, gab es noch ausgedehnte Äcker.

Im Jahre 1969 zog die Gemeindeverwaltung vom Handelsplatz Gibostad nach Finnsnes, was die Entwicklung hier stark voran trieb. Die mechanische Industrie und andere Betriebe wuchsen. Heute ist Finnsnes ein wichtiges Industrie-, Handels- und Verwaltungszentrum. Größter Arbeitgeber ist eine Fabrik für Fischereiausrüstung mit 150 Angestellten, außerdem gibt es verschiedene Werkstattbetriebe. Jetzt hat man mit einem ehrgeizigen Projekt begonnen; dem Ausbau des Stadtzentrums. **Finnsnes** ist das Zentrum für die Region des äußeren Teils von Mittel-Troms. Im Jahre 2000 wurde dem Ort der Stadtstatus verliehen.

Die Kirche von Finnsnes wurde 1979 gebaut, eine typische Arbeitskirche aus Holz, Beton und Ziegeln, mit 750 Sitzplätzen.

Das Schiff Fährt weiter nach Tromsø   0 Std 00 Min

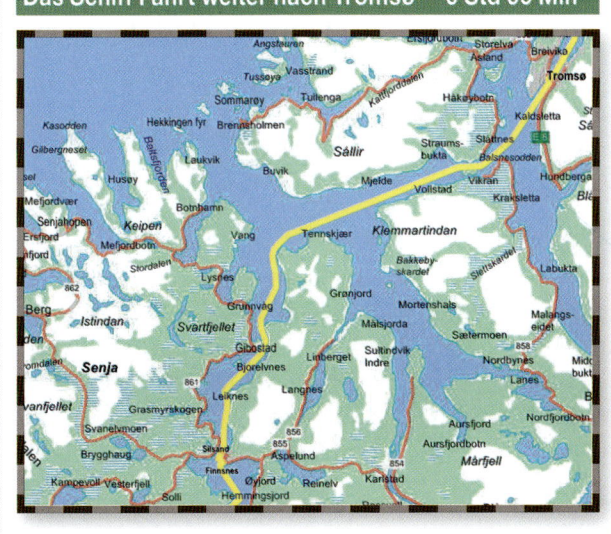

Nach Abgang von Finnsnes sehen wir an BB die Dörfer **Laksfjorden, Laukhella** und **Silsand** (1 283 Einw.) am Ende der Gisundbrücke. Silsand wird als Vorort von Finnsnes gerechnet. Von 1936 bis 1972, bevor die Gisundbrücke fertig war, verkehrte eine Fähre zwischen Silsand und Finnsnes.

Wir fahren durch den **Gisund** und unter der 1 147 m langen Gisundbrücke hindurch, die 1972 fertig wurde. Es handelt sich um eine freitragende Brücke aus Beton mit 25 Spannelementen, das längste davon 142,5 m, die Segelhöhe beträgt 41 m. Der Sund ist hier 0,5 km breit. Die Brücke verbindet Senja mit dem Festland.

69°17'24"N   17°58'E   + 0 Std 20 Min

An SB die drei Berge **Kvittinden** (933 m ü M), **Kistefjellet** (1 003 m ü M) und **Nordheia** (655 m ü M). Am Fuß der Berge liegen die Orte **Trollvika, Leiknes** und **Bondjorda** vis a vis der kleinen Insel **Eggøya** an BB, und weiter vorn der Ort **Bjorelvnes** mit der Lenvik Kirche.

An BB die durchgehende Bebauung entlang der Strandlinie. Auf der Landzunge **Brenneset** bei Silsand, ca. 1 km nördlich der Brücke, soll ein „Dorschdorf" angelegt werden für den Fischerei-Tourismus. Man rechnet mit 150 Arbeitsplätzen.

Danach die Orte **Finnjorda, Grasmyr, Neset, Kvannåsen, Skognes** und die kleine **Eggøya** vor dem Handelsplatz **Gibostad**, der auf einer Landzunge im Gisund liegt.

69°20'24"N   18°05'20"E   + 0 Std 36 Min ①

An SB passieren wir die Orte **Bjorelvnes** mit der Lenvik Kirche und dem Lenvik Bauernmuseum. Die Kirche wurde 1879 gebaut, eine Kreuzkirche aus Holz. Ihre Vorgängerin wurde nach Roksfjord hinter dem Berg Bukkskinnfjellet (507 m ü M) versetzt. Nach 1850 begannen die Einwohner, von der Küste weg zu ziehen in die Gegend von Gisund. Die alte Kirche lag nun abseits der neuen Siedlung, deshalb baute man die Lenvik Kirche. In Bjorelvnes befindet sich heute eine moderne alpine Skianlage.

Auf der anderen Seite des Gisundes an BB liegt **Gibostad** (366 Einw.) mit seiner alten Handelstradition. Gibostad liegt an der schmalsten Stelle des Sundes zwischen Senja und dem Festland, ca. 500 m breit. Bis Mitte der 1980er Jahre verkehrte eine Fähre zwischen Gibostad und Bjorelvnes.

Gibostad wurde mal als „Die Stadt" in Nordnorwegen lanciert, aber 1794 fiel dann die Wahl auf Tromsø. Schon 1838 wurde Gibostad regelmäßig vom Vorläufer der Hurtigrute angelaufen, dem Postschiff „Prinds Gustav", und zwar auf den Sommertouren nach Tromsø. Diese Rute war von großer Bedeutung für die Entwicklung Gibostads als Kommunikations- und Postzentrum;

dieselbe Bedeutung bekam später der lokale Bootsverkehr. Die Post begann hier 1818 die erste Telegrafenstation in Troms einzurichten, 1876 wurde sie in Betrieb genommen. Genau wie in Finnsnes begann in Gibostad 1893 die Hurtigrute mit ihrem Linienverkehr.

Gibostad wuchs sich zu einem Handels- und Dienstleistungsort aus, mit einem Handelslager im Sommer. Hier gab es Hurtigrutenanlauf, Kohlelager, Bootsslipanlagen, Werkstätten, Fischannahme, Brausefabrik, Bäckerei, Handwerker, Spezialgeschäfte und ein Hotel. Bis 1969 war Gibostad auch das Verwaltungszentrum der Gemeinde Lenvik, danach übernahm Finnsnes diese Funktion.

An der Küste sieht man noch einige der alten Gebäude von Gibostad von Anfang des 19. Jh.s, die stehen heute unter Denkmalschutz. Aber viele prächtige Häuser aus derselben Epoche sind leider nicht erhalten. Um etwas von dem Flair des alten Gibostad wieder erstehen zu lassen, arrangiert man seit 1991 jährlich einen Gibostadmarkt. 3-4000 Menschen kommen dann zusammen, und 60-70 Aussteller bieten ihre Waren an. Dieses Angebot wird gut angenommen.

In Gibostad liegt Senjas weiterführende Schule (entspricht einem Gymnasium), früher die Landwirtschaftsschule. Die Schule besitzt große Ställe mit Rindern, Ziegen, Schweinen und Pferden, dazu eine mechanische Werkstatt, Schießübungsplatz und ein Fischerboot.

An BB am Fusse des **Bukkskinnfjellet** (507 m ü M) liegt der Ort **Bukkskinnet**, danach die Orte **Slettnes** und **Hansvoll**.

Weit voraus sieht man **Kvaløya** in der Gemeinde Tromsø mit folgenden Bergen von links gesehen: **Kvitfjell** (566 m ü M), **Raudfjell** (542 m ü M) und **Varden** (345 m ü M). Die Orte **Sandvik** und **Greipstad** unterhalb dieser Berge.

69°23'40"N   18°06'E   + 0 Std 52 Min   ②

Die Bucht **Kårvika** mit dem Ort **Kårvikhamn** passieren wir an SB. In Kårvikhamn befindet sich der Fischereibetrieb Stella Polaris mit ca. 50 Angestellten. Wegen der Nähe zu den Fanggebieten hat sich der Betrieb auf die Verarbeitung von Kaltwasserkrabben spezialisiert. Der Export geht hauptsächlich nach England und Skandinavien.

An BB vor Kårvikhamn haben wir das Dorf **Grunnvåg** und den Berg **Vakkerbakkhøgda** (199 m ü M) passiert. Ein 5 km langer Seitenarm des Gisundes, der **Lysebotn**, erstreckt sich hinter der Halbinsel. Das Dorf **Indre Årnes** im Innern des Lysebotn.

69°26'33"N   18°07'21"E

Wir fahren weiter durch den Gisund in Richtung auf den Fjord Malangen. An BB die Ortschaften **Skardvåg** und **Vang,** dahinten das **Skårlifjell** (323 m ü M), an SB das **Nakkefjell** (438 m ü M), **Kårvikkjølen** (577 m ü M) und **Vardan** (397 m ü M) vor dem Ort **Rødberghamn.**

Im zweiten Weltkrieg hatte Rødberghamn ein deutsches Küstenfort, das mit vier Kanonen den Eingang zum Fjord Malangen abdeckte. 1953 und 1967 wurde das Fort verstärkt und bekam als zusätzliche Aufgabe, neue Mannschaften für die ehemaligen deutschen Forts auszubilden. Als diese nach und nach aufgegeben wurden, brauchte man auch kein Trainingszentrum mehr. Die Gebäude wurden in den 1990er Jahren erneuert, aber kurz danach wurde auch dieses Fort aufgegeben.

Das Schiff dreht nach Nordosten und fährt aus dem **Malangenfjord** hinaus.

Der 60 km lange **Malangen** erstreckt sich nordöstlich zwischen den Inseln **Senja** (1 586 km², zweitgrößte Insel Norwegens) an BB und **Kvaløya** (737 km², fünftgrößte Insel Norwegens).

Das Hekkingen Feuer (knapp zu sehen) liegt auf der kleinen Insel **Hekkingen** vor Senjas Nordspitze an der Mündung des Malangen. Es ist ein wichtiges Einfahrtsfeuer für Tromsø, 1859 errichtet mit einer Reichweite von 14,6 n. M. Im Jahre 2000 wurde es unter Denkmalschutz gestellt, eines der ältesten Leuchtfeuer in Nordnorwegen. Hekkingen ist Landschaftsschutzgebiet.

Hekkingen ist seit dem Mittelalter bewohnt. Seine große Zeit begann um 1780 und dauerte bis weit ins 19. Jh. hinein, als reiche Vorkommen an Köhler (Handelsname „Seelachs" in Deutschland) die Fischer in die Umgebung der Insel zum Fischfang zogen.

Ca. 69°30'N   18°16'E

Wir passieren die Grenze zwischen den Gemeinden Lenvik und Tromsø.

Die Gemeinde Tromsø

Bedeutung des Gemeindewappens: Zeigt das Rentier als typisches Tier des Nordens.
Bedeutung des Namens: Das nordisch Wort troms hat eine etwas unsichere Bedeutung, hat aber wohl mit strøm oder strømmende zu tun (Strom oder strömend), (ø = Insel), insgesamt: „Die Insel im Strom".
Gemeindezentrum: Tromsø (64.492 Einw.).
Position: 69°38'N 18°57'E. **Areal:** 2 566 km².
Einw.: Über 64 492. **Bevölkerungsdichte:** 39,8 Einw./km².
Arealverteilung: Landw. 1 %, Forstw. 11 %, Süßwasser 1 %, verbleibendes Areal 87 %.
Wirtschaft: Dienstleistungen. Universität. Universitätskrankenhaus. Hochschulen. Sitz der Bezirksverwaltung und der Landesregierung von Troms. Geschäfte. Landwirtschaft. Fischerei. Jagd. Fischzucht. Fischveredelung. Bierbrauerei. Werkstattindustrie. Graphische Industrie. Schiffsreederei.
Sehenswertes: S 182. Die Insel Sommarøy.
Hinweis auf Aktivitäten: Fischereifestival auf Sommerøy. Div. Festivalen.
Website der Gemeinde Tromsø: www.tromso.kommune.no

Die Insel **Kvaløya** (737 km²) liegt vor uns an BB. Wie die anderen größeren Inseln in der Gemeinde Tromsø ist sie ziemlich gebirgig. Die Insel hat eine wilde, unberührte Natur mit tiefen Fjorden auf der Nord- und Ostseite. Die tiefen Fjorde **Ersfjord** in südwestlicher Richtung und **Kaldfjord** in nordöstlicher Richtung zerschneiden die Insel fast in drei Teile. Der höchste Gipfel ist der **Store Blåmann** (1 044 m ü M) im nordwestlichen Teil der Insel. Auf Kvaløya hat man 2500 bis 4000 Jahre alte Felszeichnungen gefunden.

Die kleine Insel **Hillesøy** (1,8 km²) liegt ganz außen im Malangenfjord, kaum zu sehen vom Schiff aus. Die Insel war früher mal ein bedeutender Fischerort mit eigener Kirche. Die Kirche hat man nun nach **Brennsholmen** versetzt im Nordwesten von Kvaløya. Es gibt keine Landwirtschaft auf Hillesøy und die ehemaligen Wohnhäuser sind zu Freizeitunterkünften geworden. Auf der höchsten Stelle (211 m ü M) der Insel hat das Militär eine Küstenradarstation.

Hillesøya hat Brückenverbindung zum Festland über die schöne Insel **Sommerøya** (0,9 km², 250 Einw.). Spuren menschlicher Aktivität gehen 10 000 Jahre zurück. Das Fischerdorf **Sommerøy** auf der Insel gilt als eines der schönsten im Lande. Hier hat eine Fischereiflotte ihre Basis und es gibt einen Fischveredelungsbetrieb. Wegen ihrer schönen Strände ist die Insel ein beliebtes Ausflugsziel für die Einwohner von Tromsö und Touristen. Jedes Jahr wird Ende Juli ein Fischerfestival veranstaltet.

Die kleine Insel **Brennsholmen** liegt nordwestlich unterhalb des Berges **Kvitfjell** ((566 m ü M). Hierher wurde die Hillesøya Kirche versetzt, eine Langkirche aus Holz, 1889 erbaut mit 450 Sitzplätzen. Die Kirche hat zwei Altarbilder, beides deutsche Arbeiten von ca. 1500. Auf Brennsholmen wird Landwirtschaft, speziell mit Schafhaltung, betrieben.

Der Berg **Tornesaksla** (249 m ü M) erhebt sich aus dem Malangen. Hier gibt es weder Wege noch Häuser, aber dennoch viele schützenswerte Kulturschätze.

Wenn wir aus dem Gisund kommen, wenden wir uns nach Ostnordost in den Malangen. Die Dörfer **Buvik** (mit eisenzeitlichen Hinterlassenschaften), **Sandvik** und **Greipstad** liegen am Fuß des **Sandviksfjellet** (361 m ü M) an BB. Hier gibt es verhältnismäßig kleine Bauernhöfe mit Schaf- und Ziegenhaltung. In dieser schönen Kulturlandschaft findet man viele Kulturschätze.

69°28'N   18°09'E   + 1 Std 13 Min   ③

Das Dorf **Aglapsvik** an SB, nachdem wir die Landzunge **Rødberget** (147 m ü M) umrundet haben. Danach die Landzungen **Aglapen** (218 m ü M) und **Tennskjær** und der Ort **Tennskær.**

Der **Malangen** setzt sich an SB in südöstlicher Richtung fort zwischen der Gemeinde **Lenvik** und der Halbinsel Balsfjordhalvøya. Dieser Teil des Fjords ist 35 km lang, weiter im Innern verzweigt er sich in vier Arme, den **Rossfjord, Målselvfjord, Aursfjord** (mit dem Ort **Aursfjordbotn**) und den **Nordfjord** (mit dem Ort **Nordfjordbotn**). Die Strandzonen entlang der Fjorde sind gleichmäßig besiedelt.

Wir fahren weiter in den **Straumsfjord** entlang der Ostküste Kvaløyas an BB. Unterhalb der Berge **Varden** (345 m ü M), **Rismålheia** (646 m ü M), **Stortuva, Gråtinden** (871 m ü M) und **Mjeldskardtinden** (952 m ü M) liegen die Dörfer **Bakkejord, Mjelde** und **Skognes.**

An SB passieren wir die Gemeinde Balsfjord.

Die Gemeinde Balsfjord

Bedeutung des Gemeindewappens: Symbolisiert die Landwirtschaft in der Gemeinde.
Bedeutung des Namens: Unsicher, vielleicht vom Götternamen Balder oder Zusammenhang mit bals, Klumpen.
Gemeindezentrum: Storsteinnes (911 Einw.).
Position: 89°15'N 19°15'E.
Areal: 1494 km². **Einw.:** 5 560.
Bevölkerungsdichte: 3,7 Einw:/km².
Arealverteilung: Landw. 4 %, Forstw. 26 %, Süßwasser 3 %, verbleibendes Areal 67 %.
Wirtschaft: Gute Bedingungen für Landwirtschaft, Milch- und Fleischproduktion, Rinder-, Schaf- und Ziegenhaltung. Gemeinde mit den meisten Ziegen im ganzen Land. Produktion von Ziegenkäse. Etwas Fischerei mit mittelgroßen Schiffen. Nahrungsmittelindustrie. Holzwarenfabrik. Mechanische Werkstatt. Kornsilo. Kraft- und Fischfutterfabrik. Asphalt- und Schotterwerk.
Website der Gemeinde Balsfjord: www.balsfjord.kommune.no

Die Gemeinde **Balsfjord** an SB hat die umfangreichste Landwirtschaft in Nordnorwegen. Im Malangen ist besonders die Köhler- („Seelachs") und Heringsfischerei von Bedeutung.

Mehrere Gesteinsflächen mit Felszeichnungen sind in der Gemeinde Balsfjord gefunden worden, bei **Tennes** in der Nähe der Balsfjord Kirche drei solcher Felder aus der Zeit zwischen 4600 und 2600 v. Chr., das größte zeigt 40 Figuren, datiert auf 2700 v. Chr., von Land- und Meeressäugern, was als ungewöhnlich eingestuft wird. Das älteste und kleinste Feld, auf 4600 v. Chr. datiert, beinhaltet nur Abbildungen von Landtieren. Das dritte Feld wird auf 2600 v. Chr. datiert und beinhaltet hauptsächlich Tierfiguren, aber auch einige Menschendarstellungen.

69°30'33"N 18°22'41"E + 1 Std 34 Min ④

An SB haben wir die linke Spitze der **Balsfjordhalbinsel** mit dem Ort **Ansnes,** den Bergen **Klemmartindan** (1 047 m ü M), **Blåruttinden** (806 und 961 m ü M), dem Dorf **Brokskard,** dem Berg **Bentsjordtinden** (1 169 m ü M), der Landzunge **Vollstad,** dem Dorf **Bentsjord,** den Bergen **Middagstinden** (1 106 m ü M) und **Kvitfjellet** (914 m ü M), danach das Dorf **Vikran.**

An BB die Dörfer **Lauksletta** und **Mjelde,** mit der Mjelde Kapelle und dem Kirchhof.

Hinter dem Dorf Mjelde an BB, am Fuße des **Gråtinden** (871 m ü M), die kleinen Ortschaften **Neset** und **Skognes** vor **Straumsbukta** im Innern der Bucht **Vollbukta**.

In der Ferne sehen wir die Bergkette südlich des nächsten Hafens, Tromsø. Die Berge haben folgende Namen, von Süden aus gesehen: **Itnavarri** (766 m ü M), **Bønntuva** (766 m ü M) und **Fløya** (671 m ü M).

69°32'33"N   18°37'E   + 1 Std 55 Min   ⑤

In der Bucht **Straumsbukta** an BB, kurz vor der Insel **Ryøya** an SB, erstreckt sich das größte zusammenhängende Ackerland in der Gemeinde Tromsø. In dieser schönen Kulturlandschaft bewirtschaftet der Forstbetrieb auch das größte Nutzholzareal der Gemeinde. Hier gibt es einen Winterbestand an Elchen und gute Rentierweiden. Wegen der Nähe zur Stadt Tromsø ist dies ein interessantes Wohngebiet.

Der Hof Straumen Gård liegt in der Straumsbukta. Er gehört zum Perspektivemuseum in Tromsø. Straumen Gård ist mit seinen 11 Gebäuden einer der vollständigsten Hofanlagen aus dem 19. Jh. in Nordnorwegen. Nahe am Strand liegen in einer Reihe die Wohnhäuser und Wirtschaftsgebäude, während Ställe und Schuppen etwas weiter entfernt am Rande des Hofes platziert sind. Die Gebäude sind mit Mobiliar, Gebrauchsgegenständen und Werkzeugen ausgerüstet, die man damals auf dem Hof benutzt hat.

An SB passieren wir die Insel **Ryøya**. Die Forscher der Universität Tromsø, Abteilung für arktische Biologie, haben auf Ryøya 17 Moschusochsen ausgesetzt. Dies ist Teil eines Forschungsprojektes, um das arktische Ökosystem zu untersuchen. In früheren Zeiten wurde Ryøya als Richtstätte benutzt.

Rystraumen, eine Meerenge mit starker Gezeitenströmung, zwischen Kvaløya an BB und Ryøya ab SB ist ca. 500 m lang und an der schmalsten Stelle 400 m breit. Die Tiefe variiert zwischen 40 und 80 m. Ca. 90 Kreuzfahrtschiffe fahren pro Jahr durch den Rystraumen, dazu regelmäßig 10 Tanker und die Hurtigrute.

D/S „Flint" (6 800 BRT) ging am 1. September 1928 im Rystraumen unter. Das nach damaligem Standard ziemlich große Schiff war mit Eisenerz auf dem Weg von Kirkenes nach Rotterdam, als der starke Gezeitenstrom im Rystraumen es quer legte. Trotz aller Versuche der Mannschaft, das Schiff wieder auf Kurs zu bringen, lief D/S „Flint" auf Grund und blieb mehrere Stunden stecken. D/S „Frøy" wollte ein paar Stunden später den Rystraumen in derselben Richtung passieren, wurde ebenfalls von der Strömung erfasst und direkt auf die fest sitzende „Flint" getrieben. „Frøy" ging unbeschadet aus dem Zusammenstoss hervor, aber „Flint" kippte um und blieb im Wasser liegen, bis sie sank. Offiziere und Mannschaft wurden gerettet. Als der Dampfkessel explodierte, brach das Schiff entzwei und verschwand in der Tiefe. Das Wrack der „Flint" liegt nahe der Insel Ryøya im Rystraumen in 15-40 m Tiefe.

Das Dorf **Hella** an BB vor Ryøya ist ein beliebtes Ausflugsziel. Der Gezeitenstrom im Rystraumen kann bis zu 5-6 Knoten schnell werden. Er bringt große Mengen an kleinen Köhlern (Seelachsen) mit sich, das macht diesen Angelplatz zu dem besten der Umgebung von Land aus. Eine Anzahl Häuser aus dem „alten Tromsø" sind hierher versetzt worden und geben einen Eindruck vergangener Zeiten.

4500 Jahre alte Felszeichnungen sind bei **Hella** gefunden worden. Sie erzählen vom Leben vorzeitlicher Menschen.

Der Ort **Vikran** liegt an SB gleich hinter Ryøya. Heute verkehrt noch eine Fähre zwischen Vikran und **Larseng** auf Kvaløya an BB. Der Bau eines Tunnels (Ryaprojekt), der die Fähre ersetzen soll, ist schon genehmigt. Mit dem Bau soll wahrscheinlich 2007 begonnen werden, man rechnet mit zwei Jahren Bauzeit.

Die Landspitze **Balsnesodden** an SB ist der nordöstlichste Punkt der Balsfjordhalbinsel. Auf Balsnes hat man ein Grab mit dem Skelett eines Mannes aus der Zeit um 800 n. Chr. ausgegraben. Es enthielt eine Anzahl Gebrauchsgegenstände des täglichen Lebens aus der damaligen Zeit.

Wir setzen Kurs auf dem **Tromsøsund** zur Stadt Tromsø. An BB die Fährstation Larseng.

Hinter uns schneidet sich der **Balsfjord** ins Festland hinein. Er ist 57 km lang, 2-7 km breit, umgeben von hohen Bergen, auf der Westseite bis zu 1 200 m ü M, auf der Ostseite bis 1 500 m ü M. Am Ende des Fjords, in der Gemeinde Balsfjord, liegen die Orte **Nordkjosbotn** und **Storsteinnes**. Die Käserei in Storsteinnes ist der größte Produzent des geitost (des karamellisierten Ziegenkäses).

Der **Ramfjord** ist der einzige Nebenarm des Balsfjords. Er beginnt südlich vom Berg **Itnavárri** (788 m ü M), dem südlichsten der charakteristischen Bergkette an SB vor Tromsø. Im Innersten des Fjords, bei **Ramfjordmoen** an der Südostseite des Tromsdalstinden (1 238 m ü M), liegt das technische Zentrum EISCAT (European Incoherent Scatter), eine internationale wissenschaftliche Einrichtung, 1975 gegründet vom Forschungsrat in Finnland, Frankreich, Norwegen, Großbritannien, Schweden, Deutschland und später auch Japan. Das Verwaltungszentrum liegt in Kiruna in Schweden.

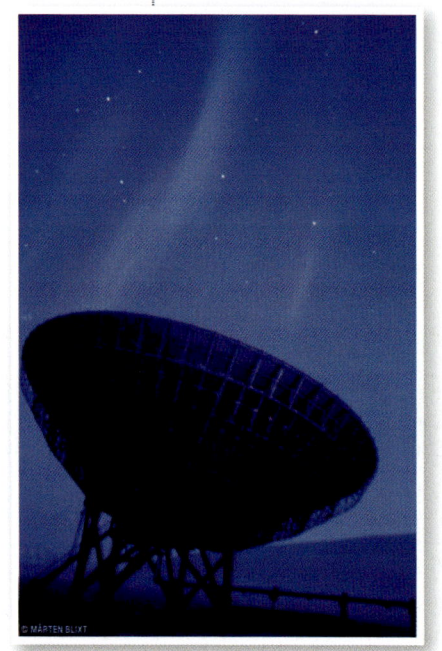

EISCAT hat sich zur Aufgabe gesetzt, mit Hilfe von Radartechnik die obere Atmosphäre in den Polargebieten zu erforschen. Moderne technische Instrumente messen Dichte und Temperatur, elektrische Felder und Ströme, Winde und Partikeltransport in der Atmosphäre. Die Resultate dienen der Nordlichtforschung, sowie Forschungsprojekten über Wechselwirkung zwischen Sonnenwind und Erdatmosphäre und dem Energieausgleich in der oberen Atmosphäre.

Technisch gesehen bedient sich das Radar zweier Systeme; erstens das UHF (Ultra High Frequency) mit einer Frequenz von 933,5 MHz mit dem Sender in Ramfjordmoen und Empfängern in Kiruna in Schweden, Sodankylä in Finnland und Ramfjordmoen. Die Parabolantennen haben einen Durchmesser von 32 m mit einem Abstrahleffekt von 2 MW. Das andere System, VHF (Very High Frequency), arbeitet mit einer Frequenz von 224 MHz mit einem Abstrahleffekt von 6 MW. Die parabolische Zylinderantenne hat die Abmessungen 120 x 40 m. Sowohl Sender als auch Empfänger befinden sich in Ramfjordmoen. Die Anlage ist seit 1983 in Betrieb.

EISCAT hat auch eine Anlage für die Erwärmung der Ionossphäre mit Hilfe von HF (High Frequency) Radiowellen. Diese benutzt man für die Untersuchung von Prozessen im Ionosshärenplasma. Das Erwärmungssystem arbeitet mit Frequenzen von 4 bis 8 MHz mit einem Abstrahleffekt von 1 200 MW.

An SB fahren wir am Berg Itnavárri entlang mit dem Dorf **Indre Berg** am Fjordufer, **Bønntuva** (776 m ü M) und **Fløya** (671 m ü M), im Hintergrund erhebt sich der **Tromsdalstinden** (1238 m ü M).

69°34'N   8°46'E   + 2 Std 09 Min

Die Fährstation **Larseng** passieren wir an BB. Dort gibt es den größten steinzeitlichen Siedlungsplatz auf Kvaløya, er wurde von 4000 bis ca. 500 v. Chr. bewohnt, also 3500 Jahre lang. Von den 663 archäologischen Funden waren 173 Waffen und Werkzeuge.

Zwischen Larseng und der Bucht **Håkøybotn,** auf der Nordseite des Berges **Grønnlibruna** (401 m ü M), den wir an BB passieren, gibt es die besten Ackerböden in der Gemeinde Tromsø. Der erfolgreiche Ackerbau ist kombiniert mit Milchproduktion, der Haltung von Schweinen und Schafen und dem Anbau von Kartoffeln. Außerdem erzeugt die Forstwirtschaft hier Weihnachtsbäume. Als Kulturlandschaft bietet die Gegend samische Kulturdenkmäler und als Naturbesonderheit Feuchtgebiete mit reichem Vogel- und anderem Tierleben.

Auf der kleinen Landzunge **Tisnes** an BB befindet sich Norwegens wohl ältestes Seekabelhaus, aufgestellt 1869. Es ist immer noch funktionsfähig.

Im Hintergrund sehen wir die Berge auf der Nordseite von **Kvaløya** und auf der Insel **Ringvassøy.**

Vor uns die relativ flache Insel **Tromsøya** (21 km²). Der **Sandnessund** auf der Westseite der Insel mit der 1 200 m langen Sandnessundbrücke (eröffnet 1974) verbindet die Inseln Tromsøya und Kvaløya. Der **Tromsøsund** auf der Ostseite der Insel mit der 1 016 m langen Tromsøsundbrücke (eröffnet 1960) verbindet die Insel mit den Stadtteilen Tromsdalen, Tomasjord und Kroken am Festland. Das Zentrum der Stadt Tromsø liegt auf der Südostseite der Insel Tromsø.

In der Nähe der Insel **Håkøya** am südlichen Ende des Sandnessundes, zwischen dem Südende der Insel Tromsøy und Kvaløy, liegen die Reste des deutschen Schlachtschiffes Tirpitz, das 1944 von den Briten versenkt wurde (S 268).

Das Schiff legt am Kai in Tromsø an

Die Stadt **Tromsø** (64.492 Einw., 2566 km²) ist Norwegens größte Stadtgemeinde, ungefähr so groß wie das Fürstentum Luxemburg. Die Stadt trägt die Beinamen „das Tor zum Eismeer" und „das Paris des Nordens".

Archäologische Ausgrabungen haben gezeigt, dass das Gebiet vom heutigen Tromsø schon seit 9-10 000 Jahren besiedelt wird. Die Funde samischer Kultur gehen mindestens 2000 Jahre zurück, die Spur skandinavischer Kultur und Sprache bis ins 4. Jh. n. Chr.

Die erste Kirche soll der Sage nach von König Håkon Håkonsson Mitte des 13. Jh.s auf Tromsøya gebaut worden sein. Die Kirche „Sankta Maria im Land der Heiden" war also der Schutzheiligen Maria gewidmet. Von dieser Kirche ist nichts übrig geblieben, aber sie war wahrscheinlich eine einfache Holzkirche. Eine Vermutung, warum die Kirche hier im äußersten Norden von Norwegen gebaut wurde, besagt, dass der König im Jahre 1250/51 mit dem russischen Großfürsten in Novgorod (im nordwestlichen Russland) eine Übereinkunft über die Grenzziehung getroffen hatte, wo jeder von ihnen berechtigt sein sollte, Steuern zu erheben, und zwar von dem Teil der Bevölkerung, der nicht samisch war. Die Grenze soll von Lyngenstuva über die Nordspitze des Lyngengebirges nördlich Tromsø verlaufen sein.

Ein bekanntes Kulturdenkmal von 1250 ist auch der Festungswall **Skansen** (die Schanze), ebenfalls von Håkon Håkonsson errichtet. Aus Torf und Stein aufgeschichtet sollte die Burganlage ein Schutz gegen die Angriffe der Karelier (das Gebiet zwischen dem Weißen Meer und dem Finnischen Meerbusen) und Russen sein. Skansen ist ein annähernd kreisförmiger Wall von ca. 50 m Durchmesser. Die Anlage ist zum Teil erhalten.

Die Kirche und die Schanze wurden ungefähr 1 km von einander entfernt gebaut, die Kirche auf Prostneset, wo sich heute der Hurtigrutenkai befindet. Zwischen diesen beiden Eckpunkten wuchs ab dem 13. Jh. eine Siedlung heran, die 500 Jahre später die Stadt Tromsø wurde.

Die Handelsprivilegien der Hansestadt Bergen für alle Handelsaktivitäten nördlich von Bergen (S 10) und die Rolle Vågans auf den Lofoten im Handel zwischen den westlichen und nördlichen Landesteilen (S 156) begrenzten Tromsøs Möglichkeiten, sich zu einer dominierenden Handelsstadt zu entwickeln. Die Priester allerdings fuhren mit Booten voller Fisch und anderer Handelswaren der Umgebung nach Bergen. Der erste Kaufmann von Tromsø ist aus dem Jahre 1536 belegt.

Im 18. und 19. Jh. bis 1917 blühte der sogn. Pomorenhandel zwischen Troms und Finnmark auf der einen Seite und Nordwestrussland auf der anderen (S 241). Das erste russische Handelsschiff kam 1725 nach Tromsø. So entwickelte sich die Stadt zum Ausgangspunkt für den Handel mit dem Osten, zum nordnorwegischen Zentrum des Pomorenhandels. Erst als 1790 Bergens und Trondheims dominierende Handelsprivilegien aufgehoben wurden, konnte der Freihandel im „Amt Finnmark", heute Troms und Finn-

mark, eingeführt werden. Tromsø wurde Zollstation. Im Jahre 1794 bekam Tromsø, zusammen mit Hammerfest und Vardø, Stadtstatus und Privilegien als Handelsstadt, wenn auch damals nur eine Handvoll Einwohner vorhanden waren. Im Laufe des 19. Jh.s nahm der Handel sowohl nach Süden, also nach Europa, als auch nach Osten, d.h. Russland, zu. Getreide, Hanf und Nahrungsmittel wurden nach Tromsø geliefert. Stockfisch, Tran, Ziegen-, Rentier- und Fuchsfelle und Eiderdaunen nahmen den entgegengesetzten Weg.

Die Stadt entwickelte sich zum Verwaltungs- und Handelszentrum für den Bezirk Troms. Die neue Elverhøy Kirche, die einiges von dem Inventar der ersten Kirche Tromsøs von 1252 bewahrte, wurde 1803 erbaut. 1814 wurde die Stadt Sitz des Amtmannes von Troms und 1834 auch des Bischofs des Stiftes Tromsø. Die Einwohnerzahl blieb allerdings lange Zeit niedrig, 1807 lag sie immer noch unter 100, 1830 war sie auf 1 200 gestiegen.

Die zunehmenden Handelskontakte mit dem Ausland, eingewanderte Ausländer und Sommertouristen machten die Tromsøer mit europäischen Möbeln, Kleidern und Umgangsformen bekannt und gaben Impulse für den Ausbau der Stadt. In Tromsø entstand ein vielfältiges Kulturleben mit Gesellschaften für Literatur, Musik und Theater. Es bildeten sich französische, deutsche und russische Sprachzirkel. Gaukler, Akrobaten, Musikanten kamen auf Tournee, reisende Tanz- und Musiklehrer besuchten die Stadt. Besonders in den kurzen, hektischen Sommermonaten vibrierte die Stadt vor Aktivität.

> In einer Reisebeschreibung von 1827 ist folgendes über Tromsø zu lesen:
> „Wenn man zwischen den schmucken Häusern einher geht, sieht die großen, gut gepflegten Speichergbäude, den Hafen voller Schiffe, von deren Masten die Flaggen vieler Nationen wehen, hört die charakteristischen Lieder der Russen auf den hin und her fahrenden Booten, betrachtet das pulsierende Leben auf den Strassen, hört die fleißigen Hammerschläge der Böttcher und Schmiede, sieht die geschmackvoll gekleideten Damen und Herren spazieren gehen, da kann man es kaum für möglich halten, dass man sich am 70. Breitengrad befindet und dazu noch an einem Ort, der erst 1794 als Kaufmannstadt begonnen hat."

> Eine andere Reisebeschreibung von 1841 liest sich wie folgt:
> „Keine Stadt im hohen Norden hat so viel Aufmerksamkeit erregt wie Tromsø. Der Grund dafür ist nicht in der großen Einwohnerzahl zu finden, sondern in der lebhaften Handelstätigkeit, im munteren Gesellschaftsleben, im raschen Aufschwung, mit einem Wort, in dem frischen, jungen Leben in dieser aufblühenden Stadt."

> Ein deutscher Tourist, der die Stadt gleich nach der Jahrhundertwende besuchte, drückte sich folgendermaßen aus: „Stockholm nennt sich das Paris des Nordens. Sollte der hohe Norden ebenfalls eines haben, kann das nur Tromsø sein". Seitdem trägt Tromsø den Kosenamen „das Paris des Nordens".

Sowohl die Handelsaktivitäten als auch die kulturelle Entwicklung in Tromsø setzten sich fort. Das Postschiff „Prinds Gustav" war das erste Dampfschiff, das auf seinen Sommertouren von Trondheim aus Tromsø regelmäßig anlief. Die erste Zeitung wurde 1838 gegründet und die Schiffswerft in Tromsø 1848. Im Jahre 1867 begann man, zwischen Tromsø und den Ortschaften der Umgebung einen Bootsverkehr einzurichten. Die Domkirche wurde 1861 eingeweiht (S 182), das Tromsø Museum 1872 eröffnet. Auch das erste Eisenbahnkomitee trat 1872 zum ersten Mal zusammen, aber die Stadt wartet heute noch auf ihre Eisenbahn!

1890 war die Einwohnerzahl auf 6000 gestiegen. 1893 lief das erste Hurtigrutenschiff Tromsø an. Im 20 Jh. entwickelte sich die Stadt immer weiter. Kaianlagen und Molen wurden für den Schiffsverkehr angelegt, um Fischerbooten und Dampfschiffen sichere Bedingungen zu bieten.

Viele bedeutende in- und ausländische Expeditionen nahmen ihren Ausgang von Tromsø, "dem Tor zum Eismeer". Von hier aus begann man mit der Erforschung der nördlichen Gebiete bis zum Nordpol. In den 1880er Jahren übernahm Tromsø die Rolle von Hammerfest als Zentrum für die Fischerei in der Arktis.

Tromsø ist die einzige Stadt in Nordnorwegen, die im zweiten Weltkrieg nicht zerstört worden ist. Daher blieben viele der alten Holzhäuser erhalten. Doch nach einem Großbrand 1969, dem größten in ganz Skandinavien nach dem zweiten Weltkrieg, lagen 24 Gebäude im Stadtzentrum in Schutt und Asche.

Schon zu Beginn des 20. Jh.s war alles verfügbare Areal auf der Tromsøya (Tromsinsel) bebaut. Mehrere Eingemeindungen, die letzte 1964, haben Tromsø flächenmäßig zu Norwegens größter Gemeinde gemacht. Die Brückenverbindung mit dem Stadtteil Tromsdalen auf dem Festland kam 1960 mittels der 1 016 m langen Tromsøbrücke zu Stande. 1961 baute man die Seilbahn auf den Storstein (Großer Stein) in Tromsdalen (421 m ü M), 1963 wurde der Flugplatz eröffnet und 1965 die Tromsdalen Kirche oder, wie Touristen sagen, Ishavskatedrale (Eismeerkathedrale) eingeweiht. 1994 wurde die Tromsøbrücke verkehrsmäßig durch einen 3 500 m langen Doppelröhren-Tunnel unter dem Tromsøsund hindurch entlastet (102 m u M).

Die Universität in Tromsø, die nördlichste der Welt, ist die drittgrößte in Norwegen. 1969 wurde sie eröffnet, 1999 hatte sie ca. 6300 Studenten und 600 wissenschaftliche Angestellte. Es gibt fünf Fakultäten: Medizin, Jura, Humanistik, „Samfunnsvitenskap" (etwa „Gemeinschaftwissenschaft", dazu gehören Archäologie, Psychologie, Soziologie) und Mathematik/Naturwissenschaft. Die Fischereihochschule hat eine Sonderstellung. Zur Universität gehören auch das Tromsø Museum (gegründet 1872) und das Nordlichtobservatorium (seit 1928 in Tromsø). Dazu kommen Forschungsinstitute wie das Roald Amundsen Zentrum für arktische Forschung und das samische Kulturzentrum.

Das Universitätskrankenhaus in Nordnorwegen (UNN) ist der größte Arbeitgeber der Stadt mit heute ca. 4500 Angestellten. Da Krankenhaus wurde 1991 bezogen. UNN ist das Regionskrankenhaus für Nordland, Troms und Finnmark und obendrein für Svalbard. Im Jahre 2003 hatte es 3500 Angestellte und 625 Betten.

1988 eröffnete man ein Nordlichtplanetarium, das aber seit 2003 wieder geschlossen ist. 1998 verlegte man das Norwegische Polarinstitut von Oslo nach Tromsø, und 2005 bekam die Stadt ein neues Rathaus.

Ein Spaziergang in Tromsø

Der Hurtigrutenkai liegt im Zentrum der Stadt. In den vier Stunden Aufenthalt auf der Fahrt gen Norden hat man Gelegenheit, einige der Sehenswürdigkeiten der Stadt zu besuchen.

Die „Eismeerkathedrale" oder genauer Tromsdalen Kirche liegt majestätisch und dominierend an der Einfahrt nach Tromsø auf der Festlandsseite und stellt eine Landmarke für die Umgebung dar. Es war die Absicht des Architekten Jan Inge Hovig, eine Assoziation mit einem Eisberg zu vermitteln und darüber hinaus mit dem Nordlicht. 1965 wurde die Kirche eingeweiht. Die Westfassade ist 36 m hoch. Die beiden Seiten bestehen aus je 11 Betonelementen, die Dach und Wände in einem bilden. Sie sind gegeneinander versetzt und mit perlgrauem Aluminium bedeckt. Die Grundfläche im Kirchenraum beträgt 900 m². Die Kirche hat 720 Sitzplätze.

Die „Eismeerkathedrale" hat Europas größtes Glasmosaik, angefertigt von dem bekannten Künstler Victor Sparre. Als Motiv hat er die glorreiche Rückkunft Jesu Christi am jüngsten Tag gewählt. 1972 wurde das dreieckige, 23 m hohe Mosaik fertig gestellt. Es füllt die ganze Ostfassade aus. 11 Tonnen Glas in 2 cm dicken, einfarbigen Glasstücken wurden verbaut, verteilt auf 85 einzelne Felder, die zusammen ein glanzvolles, farbiges Bild ergeben.

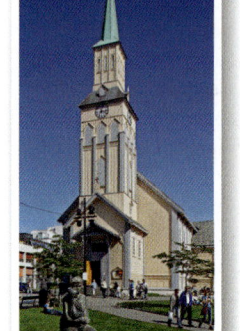

Die Hauptkirche Tromsøs, die Domkirche, liegt im Zentrum der Stadt. Sie ist die nördlichste protestantische Domkirche der Welt und eine von Norwegens größten Holzkirchen mit 750 Sitzplätzen. 1861 wurde sie aus Holzbohlen im neogotischen Stil erbaut. Sie steht im Kirchenpark, wo im Mittelalter mal ein Friedhof lag, möglicherweise an derselben Stelle, wo 1252 die erste Kirche errichtet wurde. Tromsøs Domkirche weist viele schöne Details aus ihrer Entstehungszeit auf, sowohl außen als auch im Innern. Der hohe Turm ist mehrfach abgestuft, von der Kirchenvorhalle bis hin zum Jahreszahlenfeld an der Spitze.

Die Elverøy Kirche ist die älteste Kirche in Tromsø. 1803 wurde sie auf dem Platz gebaut, wo heute die Domkirche steht, wurde aber 1863 an ihren heutigen Standort versetzt. Es handelt sich hier um eine Kreuzkirche. Die Madonnenfigur stammt von 1252 aus der allerersten Kirche, die König Håkon Håkonsson in Tromsø bauen ließ. Der Altar ist aus dem 18. Jh.

Die katholische Kirche „Unserer lieben Frau" wurde 1861 gebaut. Sie ist die nördlichste katholische Kirche der Welt und hat den nördlichsten katholischen Bischof. Im Juni 1989 besuchte Papst Johannes Paul II Tromsø und wohnte im hiesigen Bischofssitz. Die Langkirche hat zwei Türme, einen über dem Eingang, den anderen, höheren, über dem Chor. Kirche und Bischofssitz liegen im Zentrum der Stadt.

Das Polarmuseum hat man in einem unter Denkmalschutz stehenden Zollgebäude von 1830 direkt im Hafenmilieu an einem alten Anleger untergebracht, umgeben von Vorratsschuppen und alten Holzhäusern aus den 1790er Jahren. Das Museum zeigt verschiedene Aspekte der Polargeschichte wie den Eismeerfang und Polarexpeditionen.

Die Seilbahn Fjellheisen („Gebirgsaufzug") benötigt nur sieben Minuten, um auf den 421 m hohen **Storstein** (Großer Stein) hinauf zu fahren. Von dort oben hat man einen phantastischen Blick über Tromsø und seine Umgebung. Auf dem Gipfel gibt es ein Restaurant. Der Fjellheis wurde 1960 gebaut und 1961 eröffnet.

Tromsø ist heute ein Zentrum für Forschung, Kultur und Ausbildung und hat obendrein ein lebhaftes Freizeitleben. Jedes Jahr wird das immer beliebtere Filmfestival mit Filmen aus aller Welt veranstaltet. Das Nordlichtfestival repräsentiert die Kunst der Musik, und überhaupt trifft man hier das ganze Jahr über auf ein üppiges Kulturleben.

| Das Schiff fährt weiter nach Skjervøy + 0 Std 00 Min |

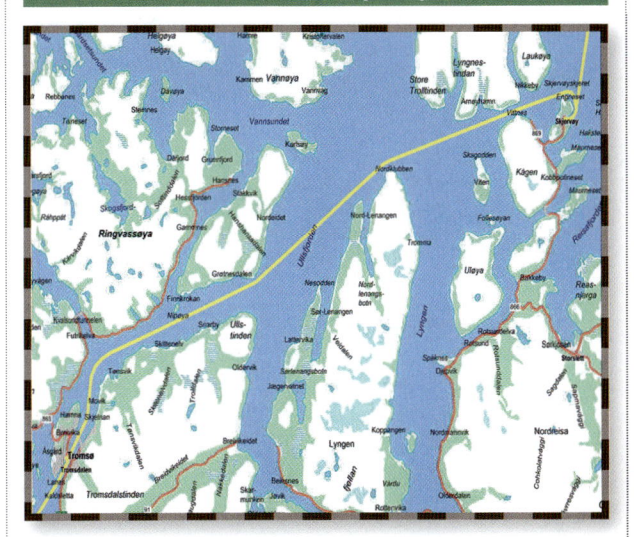

Nach der Abfahrt aus der „Eismeerstadt" geht die Reise weiter gen Nordosten.

Wir fahren unter der 1960 eröffneten Tromsøbrücke hindurch, einer freitragenden Brücke mit dem längsten Spannelement von 80 m, die totale Länge beträgt 1 016 m, die Segelhöhe 38 m.

An BB passieren wir einen großen Baukomplex aus rotem Backstein. Das sind die Universitätsgebäude und das Universitätskrankenhaus von Nordnorwegen (UNN), an SB die Tankanlage im Stadtteil Kroken.

| 69°44'20"N 19°03'40"E + 0 Std 17 Min |

Bei Kraknes an BB sehen wir das lange, flache, weiße Gebäude der „Nasjonal avlstasjon for torsk" (Nationalen Erbstation für Dorsch), einer der modernsten Forschungsanlagen für Fischzucht, 2005 eingeweiht. Mit fortschrittlicher Technologie kartiert man die Gene des Dorsches, ohne sie zu verändern. Das Ziel ist, durch natürliche Auswahl an Fischeiern einen geeigneten Stamm für Dorsche zu züchten. Der „Superdorsch" soll kein genmanipuliertes Monster werden, sondern ein Stammfisch für viele Generationen lebenstüchtiger Aufzuchtsdorsche.

| 69°45'N 19°04'28"E + 0 Std 21 Min ① |

Vor Tønsvik, auf der Landzunge **Skarpeneset**, liegt an BB das ehemalige Fort Grøtsund. Das Fort sicherte einst die nördliche Einfahrt nach Tromsø ab und war bestückt mit drei 9,4 cm Kanonen, von den Engländer hinterlassen, als sie sich aus Nordnorwegen zurückzogen. In den 1990er Jahren wurde das Fort aufgegeben.

Das kleine Dorf **Tønsvik** an SB ist wegen seiner Nähe zu Tromsø mehr und mehr zum Wohngebiet geworden und hat die Landwirtschaft aufgegeben.

> Das norwegische Dampfschiff „Kong Ring" (1 994 BRT) lief in der Nacht zum 26. Dezember 1941 vor Grøtsund auf eine Miene. Das Schiff war mit 300 deutschen Soldaten an Bord unterwegs von Kvænangen nach Narvik. Gleich nach Auflaufen auf die Miene, die ein russisches U-Boot zehn Tage vorher ausgelegt hatte, explodierte der Dampfkessel. Es gelang nicht, die Rettungsboote zu Wasser zu lassen oder ein Notsignal abzugeben. Sechs Minuten nach der Explosion sank das Schiff. In dieser Nacht ertranken 286 Menschen.

An BB haben wir die Höhenzüge **Finnlandsfjellet** (659 m ü M) und **Kjølen** (790 m ü M) passiert mit den Dörfern **Nord-Finnes**, **Krabbenes** und **Kraknes** unterhalb der Berge **Kraknesaksla** und **Austeråsfjellet** (467 m ü M).

Der schmale **Kvalsund** (20 km lang, 1-3 km breit) liegt an BB. Er trennt die Inseln **Kvaløya** und **Ringvassøya** voneinander. Die beiden Inseln sind unter dem Meer durch den 1 630 m langen Kvalsundtunnel (56 m u M) verbunden, der 1988 von dem damaligen Kronprinzen Harald eröffnet wurde.

Die Insel **Ringvassøy** (656 km², 1 060 m ü M, Norwegens 6. größte Insel) passieren wir an BB. Die gebirgige Insel gehört teils zur Gemeinde Tromsø (223 km² im südlichen Teil der Insel), teils zur Gemeinde Karlsøy. Der See **Skogfjordvatne** (13,6 km², 20 m ü M) mitten auf der Insel ist Norwegens größter Binnensee, der auf einer Insel gelegen ist.

In **Indre-Kårvika**, auf der Südostseite der Insel am Kvalsund, liegt Norwegens Fischereihochschule (NFH). Sie wurde 1972 gegründet und hat Abteilungen in Tromsø, Bergen und Trondheim, sie ist ein Teil der Universität Tromsø. Die Hochschule bietet ein internationales Studium an, verknüpft mit einem Programm an Doktorarbeiten in den verschiedenen Fachgebieten. Die Ausstattung mit Forschungsmitteln ist gut. Zusammen mit dem Institut für Fischerei- und Meeresforschung verfügt man über ein Forschungsschiff und eine Forschungsstation für Aquakultur.

Ringvassøy hat ein interessantes Mineralspektrum. Hier gibt es Schwefelkies, Kupfer, Gold, Blei, Magnetkies und Hämatit. Im Nordwesten der Insel hat man nach Gold geschürft. Zwei Gruppen machten sich 1980 auf die Suche, brachen diese aber 1985 wieder ab, weil sie keine nennenswerten Goldvorkommen gefunden hatten. Internationale Gesellschaften sind aber dennoch weiterhin an einer Prospektion interessiert.

Es gibt wenig Landwirtschaft auf der Insel. In einigen Gebieten hat man begonnen, Freizeithütten zu bauen.

Vor uns ragen die majestätischen **Lyngsalpen** empor.

An SB sind wir den 4-5 km breiten **Grøtsund** entlang gefahren, vorbei an den Bergen **Skillsmissen** (340 m ü M) und **Johanfjellet** (483 m ü M) und den Dörfern **Åsneset**, **Vågnes** und **Skittenelv** am Südwestfuß des Berges **Svarvarfjellet** (540 m ü M).

69°47'22"N   19°18'17"E   + 0 Std 43 Min ②

An BB passieren wir den ca. 23 km langen und an der schmalsten Stelle 1,5 km breiten **Langsund.** Er trennt die Insel Ringvassøy von der kleineren **Reinøy**. Am nördlichen Teil des Sundes liegt auf Ringvassøy der Ort **Hansnes** (306 Einw.), das Gemeindezentrum der Gemeinde Karlsøy. Von hier aus gibt es eine Fährverbindung zu den Nachbarinseln Vannøya, Karlsøya und Reinøya. Die Ringvassøy-Kirche in Hansnes wurde 1977 erbaut.

An BB die kleine, flache Insel **Nipøya** an der Mündung des Langsundes.

> Der deutsche Schlepper „Südamerika VIII" (199 BRT) geriet im Krieg in ein Mienenfeld und sank im Langsund auf dem Weg von der Nordwestseite Reinøyas nach Tromsø. Das Wrack brach entzwei und sank in 10-15 m Tiefe. Die Brücke und der Schornstein sind immer noch zu sehen.

Hinter dem Langsund haben wir die Insel **Reinøya** (147 km²) an BB. 41,8 km² des Inselareals liegen innerhalb der Gemeindegrenzen von Tromsø, der Rest gehört zur Gemeinde Karlsøy.

Im südlichen Teil der Insel wird intensive Pflanzenproduktion betrieben und Ziegen und Schafen gehalten. Die Insel bietet auch gute Weideflächen für Schafe und Rentiere, doch die steilen Hänge sind schwierig zu bewirtschaften. Es gibt produktiven Wald und gute Jagdmöglichkeiten. Wie die übrigen Inseln in Nord-Troms ist auch Reinøya gebirgig. Die Bebauung befindet sich in der Strandzone.

Der alte Handelsplatz **Finnkrokan** liegt an Reinøyas Südspitze. Die Kapelle von Finnkrokan wurde 1907 erbaut, eine Langkirche aus Holz mit 140 Sitzplätzen. 1918 und 1937 wurde sie restauriert.

Wir fahren an den Bergen **Gunnarfjellet** (752 m ü M) und **Oddekollen** (653 m ü M) vorbei.

Die Landzunge **Grøtneset** bildet die südlichste Spitze von Reinøya. Schiffe, die von Norden in den Grøtsund einfahren, können hier nach Absprache einen Lotsen an Bord nehmen. Der Fjord setzt sich nach Nordosten als **Ullsfjord** fort.

Die mächtigen Lyngsalpen haben wir jetzt an SB neben und vor uns.

Hinter dem Ort **Skittenelv** an SB, gegenüber Nipøya, setzt sich die Bebauung bis nach **Snarby** am Strand entlang fort. Wir passieren den Berg **Ullstinden** (1 094 m ü M) und die Landzunge **Blåmannsneset,** bevor wir unsere Fahrt durch den Ullsfjord fortsetzen.

Der **Ullsfjord** zieht zwischen der **Troms-Halbinsel** und dem Lyngengebirge hindurch. Er ist 82 km lang und an der Mündung zwischen Karlsøy und **Nordklubben**, dem nördlichsten Punkt des Lyngengebirges, 11 km breit. Der 30 km lange innerste Teil des Fjordes trägt den Namen **Sørfjord**.

Ca. 69°52'N   19°50'E

Wir passieren die Grenze zwischen den Gemeinden Tromsø, Lyngen und Karlsøy.

Die Gemeinde Lyngen

Bedeutung des Gemeindewappens: Das Motiv zeigt das Nordlandspferd.
Bedeutung des Namens: Der nordische Fjordname Lygnir, von logn, der Windstille.
Gemeindezentrum: Lyngseidet (854 Einw.).
Position: 69°34'N 20°14'E.
Areal: 810 km². **Einw.:** 3 158.
Bevölkerungsdichte: 3,9 Einw./km².
Arealverteilung: Landw. 2 %, Forstw. 7 %, Süßwasser 2 %, verbleibendes Areal 89 %.
Wirtschaft: Landwirtschaft, oft als Nebenerwerb. Schaf- und Ziegenhaltung. Fischerei in der näheren Umgebung, besonders Krabbenfischerei mit kleinen und mittelgroßen Booten. Krabbenfabrik. Fischveredelung. Werkstatt- und Plastikindustrie. Stromerzeugung.
Sehenswertes: Die Lyngsalpen.
Hinweis auf Aktivitäten: Bergsteigen. Skisport. Extremskisport.
Website der Gemeinde Lyngen:
www.lyngen.kommune.no

Die Gemeinde Karlsøy

Bedeutung des Gemeindewappens: Zeigt die Seeadlerkolonie in der Gemeinde.
Bedeutung des Namens: Erster Teil der Männername „Karl".
Gemeindezentrum: Hansnes (306 Einw.).
Position: 69°58'N 19°37'E.
Areal: 1040 km². **Einw.:** 2 372.
Bevölkerungsdichte: 2,28 Einw./km².
Arealverteilung: Landw. 1 %, Forstw. 8 %, Süßwasser 3 %, verbleibendes Areal 88 %.
Wirtschaft: Fischerei, Nähe zu Fanggebieten, kleine Boote für die Fischerei in der Nähe, größere für weiter entfernte Fischgründe. Fischverarbeitungsindustrie. Die Gemeinde Karlsøy gehört zu den größten Exporteuren von gesalzenem Dorsch (Klippfisch) in der Welt. Hauptabnehmer sind Portugal, Spanien und Brasilien. Etwas Landwirtschaft mit Haustierhaltung, hauptsächlich Schafe und Ziegen.
Website der Gemeinde Karlsøy:
www.karlsøy.kommune.no

Der äußere Teil der mächtigen Lyngsalpen erhebt sich imponierend an SB.

Die Lyngenhalbinsel (ca. 1 500 km²) erstreckt sich über 80-90 km vom Balsfjord im Süden bis zum Meer im Norden, zwischen dem Ullsfjord im Westen und dem Lyngenfjord im Osten. Die Halbinsel ist nur 15-20 km breit und wird ungefähr in der Mitte des Lyngenfjords von dem Fjordarm Kjosen, einem Seitenarm des Ullsfjords, fast in zwei Teile geteilt. Über die Halbinsel zieht sich die Bergkette der Lyngsalpen, die für ihre Schönheit berühmt ist.

Der Berg Jiehkkvarri (1 833 m ü M) in den Lyngsalpen ist der höchste Berg in Troms, aber vom Schiff aus nicht zu sehen. Vom Gipfel des Berges hat man einen Ausblick über mehrere Gemeinden und drei Länder: Norwegen, Schweden und Finnland.

Vor zwei Millionen Jahren gab es mehrere Eiszeiten, unterbrochen von Warmzeiten. Der Wechsel von Vereisung und Abschmelzung modellierte die Landschaft. Gletscher schürften tiefe Täler aus und ließen die verwitterten Bergspitzen stehen. Im Innern der Lyngsalpen haben viele Berge Plateaus auf ihren Gipfeln, was sie für Bergsteiger und Gletscherwanderer attraktiv macht.

Auf der Lyngenhalbinsel gibt es zur Zeit ca. 140 Gletscher mit einer Gesamtoberfläche von ca. 100 km². **Gammvikblåisen** und **Strupbreen** bilden die größten Gletschersysteme in den Lyngsalpen.

Als 1897 ein Engländer und drei oder vier Norweger die Lyngsalpen bestiegen, waren sie wahrscheinlich die ersten. 1898 machte sich erneut eine Gruppe auf, die Berge zu erobern, diesmal eine Engländerin und zwei Schweizer Bergführer.

Das Gebirge ist sehr zerklüftet, wird aber dennoch von Bergsteigern und Skiläufern der ganzen Welt besucht. Die Bergsteiger und -wanderer bevorzugen den Sommer, während Skisportler lieber im Spätwinter oder Frühjahr kommen, wenn viel Schnee liegt. Ein berühmter Extremskisportler hat folgende Meinung geäußert: „Wenn Alaska das Mekka des Skisports ist, dann sind die Lyngen der Himmel!"

Die Lyngsalpen wurden im Jahre 2004 zum Landschaftsschutzgebiet erklärt. Es umfasst 961 km² und ist von großem Wert in quartärgeologischer und glaziologischer Hinsicht. Es hat ein reiches und variiertes Vogelleben und weist sowohl samische als auch kvænische und norwegische Kulturdenkmäler auf.

In der Gemeinde Lyngen befindet sich die Bebauung hauptsächlich auf der Westseite am Lyngenfjord und auf der Nordseite am Seitenarm Kjosen. Der größte Ort ist Lyngseidet. Skibotn (Gemeinde Storfjord) liegt weiter im Innern des Fjords. Die Bevölkerung ist meist norwegischer, samischer und finnischer Herkunft.

☙

Die ersten Menschen kamen vor ca. 10 000 Jahren in das Gebiet von Troms und Lyngen. Die samische Kultur reicht mindestens 2 000 Jahre zurück. Vom 4.-5. Jh. an lässt sich die skandinavische Kultur und Sprache nachweisen. Im 18. Jh. erlebte Lyngen eine Einwanderungswelle aus Finnland. Ab 1900 fand eine starke Vernorwegisierung unter der samischen und finnischen Bevölkerung in Troms und Lyngen statt, ab 1960 begleitet von verstärkter Abwanderung aus den Bezirken.

☙

Ab Ende des 19. Jh.s drängten sich jahrzehntelang die Kreuzfahrtschiffe in großer Zahl vor Lyngseidet im Lyngenfjord auf ihrem Weg zum Nordkap. Die Touristen erlebten nicht nur die imposanten Berge, die steil in den Fjord hinab fielen, sondern wurden auch mit Pferd und Wagen zu den samischen Sommerlagern gefahren, um die Samen, ihre Rentiere und Behausungen zu besuchen. Es handelte sich um Rentiersamen aus dem nördlichen

Schweden, die seit Jahrhunderten die Sommerweide für ihre Tiere hier auf der Lyngenhalbinsel hatten.

Der Sommeraufenthalt der schwedischen Samen dauerte bis 1965. Danach durften sie nicht mehr die Reichsgrenze zwischen Schweden und Norwegen mit ihren Rentierherden passieren. Heute findet man nur noch ein paar Reste ihrer Gammen (Hütten aus Torfsoden) aus dieser Epoche.

69°52'N 19°50'E + 1 Std 33 Min ③

Die Landzunge **Nesodden** am äußersten Ende der flachen Halbinsel **Lenangen** passieren wir an SB. Dahinter erheben sich die nördlichen Lyngsalpen, einige mit großen Gletschern bedeckt. Bei 69°48'N 20°12'E haben wir den Berg **Kvasstinden** (1 015 m ü M) mit dem Gletscher **Vákkásjiehkki**, bei 69°54'N 20°16'E den **Storgalten** (1 219 m ü M) nördlich des Gletschers **Gammvikblåisen**, des größten im äußeren Teil der Lyngenhalbinsel. Zum Lyngenfjord hin fallen folgende Berge steil ab: **Vákkáscohkat** (1 398 m ü M), **Stortinden** (1 240 m ü M), **Rappgamtinden** (1 063 m ü M), **Tverrbakktinden** (1 390 m ü M), **Peppartinden** (1 252 m ü M) östlich vom Gammvikblåisen, **Ruossavárri** (816 m ü M) und an der äußersten Spitze der Halbinsel die kegelförmige **Lyngstuva** (391 m ü M).

An der Westseite der Lyngsalpen zieht sich die lange, schmale, verhältnismäßig flache Halbinsel **Lenangen** hin, von der Lyngenhalbinsel durch den schmalen Fjord **Sørlenangen** getrennt. Der Ort **Lattervika** liegt nördlich des Berges **Nordheim** (355 m ü M).

69°56'50"N 20°08'E + 1 Std 34 Min ④

Die flache, schmale Landzunge **Nordlenangsneset** an SB wird durch den Fjord Nordlenangen von der Lyngenhalbinsel getrennt, die an der Westseite mehrere Siedlungen hat, u.a. die Dörfer **Nygårdstranda** und **Straumen.**

Die beiden Landzungen **Sørklubben** und **Nordklubben** bilden die äußersten Vorsprünge der Lyngenhalbinsel.

Als König Håkon Håkonsson im Jahre 1252 die Kirche und den Festungswall in Tromsø bauen ließ, tat er das in der Absicht, die Nordgrenze des Gebietes zu markieren, bis wohin er von den Bürgern Steuern erheben konnte, sofern sie keine Samen waren (S 243). Diese Nordgrenze führte an Nordklubben vorbei.

69°59'35"N 19°34'50"E

An BB auf Reinøya sehen wir die Berge **Rundfjellet** (713 m ü M) und **Nordfjellet** (655 m ü M) zusammen mit den Dörfern **Søreidet** und **Nordeidet**.

Hinter den Lyngsalpen schneidet sich der Lyngenfjord von Nord nach Süd ins Land.

Wir fahren an den Bergen Rundfjell (713 m ü M) und Nordfjell (655 m ü M) vorbei, bevor wir die Insel Reinøy hinter uns lassen.

Nachdem wir hinter Reinøya den **Karlsøysund** passiert haben, sehen wir an BB die kleine Insel **Karlsøya** (8 km²). Hier lag das alte Gemeindezentrum mit dem alten Pfarrhof, wo die Tromsøer Tageszeitung „Nordlys" im Jahre 1902 ihren Anfang nahm, und zwar durch den Pfarrer. Die Kirche wurde 1734 gebaut, 1740 versetzt. Hier waren der Arzt und der Polizist ansässig. Auf dem hiesigen Kirchhof stand die Leichenhalle, wo die Leichen aufbewahrt wurden, bis der Frost aus dem Boden heraus war und man sie bestatten konnte. Das Haus steht jetzt unter Denkmalschutz. Manches deutet darauf hin, dass auf Karlsøy schon im 14. Jh. eine Kirche gestanden hat, als Anhängsel zu Tromsø. Der Anleger in Karlsøy wurde 1930 gebaut. Hier trieb der Nessekonge (eine Art Dorfhäuptling) seinen Handel und Fischaufkauf. Heute befindet sich hier der Kaufmannsladen, eine Kneipe und ein Restaurant. Die Insel hat eine interessante Flora. Hier wachsen mehr Orchideenarten als sonst in Troms, und viele Pflanzenarten erreichen hier ihre Nordgrenze. Karlsøya ist durch Fähren mit Vannøya und Ringvassøya verbunden.

Der **Vannsund** trennt Karlsøya und Vannøya.

Die Insel **Vannøya** (Vanna) (232 km²) hat eine in Nord-Süd-Richtung lang gestreckte Form. Die Insel ist gebirgig, der höchste Berg ist der **Vanntinden** (1 033 m ü M). Man nimmt an, dass der Name von Vorn oder Varna kommt, was soviel bedeutet wie „der Schutz gibt", im Hinblick auf das Meer. Die Insel hatte früher große Fischerdörfer, die meisten sind jetzt aufgegeben. Aber es gibt noch mehrere Fischereibetriebe, auch etwas Schaf-, Schwein- und Rentierhaltung. Die Wohngebiete liegen verstreut an der West-, Süd- und Südostseite. Fährverbindung nach Karlsøy und Ringvassøy.

Viele große Inseln in der Gemeinde Karlsøy liegen weit westlich im Meer. Die westlichste ist **Rebbenesøya** (80,6 km², Autofähre nach Ringvassøya), nordöstlich davon **Grøtøya** (18 km², unbewohnt), östlich davon **Nordkvaløya** (85 km²) und **Helgøya** (43 km²).

Die Fischbank **Fugløybanken** (die Vogelinselbank), benannt nach der kleinen Insel **Sørfugløya** (70°06'N 18°30'E), liegt westlich von Rebbenesøya. Die Fischbank ist weniger als 200 m tief. Hier gibt es reichlich Dorsch, Schellfisch und Heilbutt. Fugløybanken gehört zu den ersten Gebieten, in denen man nach Öl gesucht hat.

> *Die Sage geht, dass nördlich von Fugløy*
> *ein böser, unheimlicher Mann*
> *einst vor der Klippe landete*
> *und setzte das Strandgras in Brand.*
> *Er ließ die Flammen hinauf*
> *entlang an engen Spalten*
> *hoch auf die Erker der Felswand lecken,*
> *dorthin, wo Tausende Nester sich drängten.*
>
> *Die Vögel erstarrten vor Schreck.*
> *Die ganze Vogelklippe brannte.*
> *Mit einem flaumigen Jungen im Schnabel,*
> *voller Angst durch Feuer und Rauch,*
> *hoben die Mütter ab und flogen sie*
> *weit aufs Meer hinaus in Sicherheit,*
> *setzten die Jungen sorgsam ab*
> *auf einer Woge, dunkel und einsam.*
>
> *Sie eilten voll Klagen zurück,*
> *zu dem gepeinigten Leben,*
> *das bei lebendigem Leibe verbrannte.*
> *Weitere Vögel kamen heim vom Meer,*
> *gerieten in die Flammen wie die andern,*
> *und als lebende Fackeln*
> *stürzten sie alle in die Tiefe.*
>
> **Nordahl Grieg**

Das Schiff fährt weiter nach Nordosten, heraus aus dem **Fugløysund.** An BB passieren wir die Insel Arnøya in der Gemeinde Skjervøy (S 261).

Die Insel **Nord-Fugløya** (21,3 km², 0 Einw., ca. 100 000 Vögel). Die beiden höchsten Erhebungen sind im Süden **Fugløykalven** (750 m ü M) und dahinter **Rundkallen** (740 m ü M). Diese Insel ist die nördlichste in Troms fylke (der Provinz Troms) und liegt isoliert draußen in der norwegischen See, im Westen davon **Fugløyfjord** und **Vannøya,** im Südosten **Arnøya.** Diese Insel und die Holme innerhalb 2 km Abstand vom Land sind 1975 als Naturreservat erklärt worden.

Auf Nord-Fugløya befindet sich Norwegens größter und wichtigster Vogelfelsen mit reichem Vorkommen an Alken, Trottellummen und Papageitauchern. Krähenscharben, Eiderenten, Austernfischer, Schmarotzerraubmöwen, Heringsmöwen, Silbermöwen, Mantelmöwen, Sturmmöwen und Gryllteiste brüten hier, ebenso Europas größter Bestand an Seeadlern (S 217, S 161). Dazu kommt ein sehr interessantes Pflanzenleben.

In den 1660er Jahren ging Nord-Fugløya in Privateigentum über, als der Dänenkönig das Kronerbe verkaufte. Wegen der Nähe zu den Fischgründen war die Insel bis in die 1950er Jahre bewohnt. Gleich nach der Jahrhundertwende bekam sie eine Schule und einen Anleger für Dampfschiffe, 1911 ein Postamt. Mitte der 1930er Jahre folgte eine Telefonverbindung via Radiotelefon. Höchstens 100 Menschen wohnten fest hier, aber in der Sommersaison kamen noch mal so viele Fischer dazu. In Unwetterzeiten dauerte es manchmal mehrere Wochen, bevor man zu oder von der Insel per Boot gelangen konnte, die Selbstversorgung musste also für eine gewisse Zeit ausreichen. Einige Gebäude mussten gegen Wind und Wetter mit Ketten und Stahlseilen fest gebunden werden. Soweit möglich betrieb man Landwirtschaft, auch das Pflücken von Multebeeren und das Einsammeln von Vogeleiern war wichtig. Das Eiersammeln war gefährlich, so mancher verlor das Leben, indem er von den steilen Felsen abstürzte.

Nach dem Krieg ging die Entwicklung von Fugløya zurück. Die Verhältnisse für die Fischereiflotte verschlechterten sich. 1951 wurde das Postamt geschlossen, bald danach zogen die letzten Bewohner fort.

Das **Fugløykalven-Feuer** liegt direkt nördlich von Stor-Fugløya, 1920 erbaut, 1956 verändert und verstärkt. Das Licht steht 41 m ü M, die Reichweite beträgt 16 n. M., 2003 wurde es automatisiert.

Um 22 Uhr fährt das Schiff weiter in nordöstlicher Richtung nach Skervøy. Weitere Beschreibung unter Tag 8 auf der Fahrt nach Süden.

Troms fylke (die Provinz Troms)

Fylkeswappen: Entspricht dem Wappen des Bjarkøy-Geschlechtes.
Ursprung des Namens: Seit der Teilung des ursprünglichen Amtes Finnmark in die Ämter Troms und Finnmark im Jahre 1919.
Areal: 25.877 km². **Einwohnerzahl:** 153.585.
Verwaltungszentrum: Tromsø.
Gemeinden, die auf dem Wege nach Norden der Reihe nach passiert werden: Ibestad, Bjarkøy, Tranøy, Dyrøy, Sørreisa, Lenvik, Balsfjord, Tromsø, Lyngen, Karlsøy, Skjervøy.
Landschaftsformen: Im äußeren Teil ist die Landschaft oft zerklüftet, auch z. T. in Fjordgebieten. Im Innern gibt es viele lange Täler mit wenig Höhenunterschied. Die Gebirge sind oft in einzelne isolierte hohe Bergmassive unterteilt. Zwischen dem Inneren zweier Fjorde gibt es sehr häufig flache Landschwellen. Das ozeanische Klima begrenzt das Wachstum der Vegetation an der Küste. Die Baumgrenze liegt verhältnismäßig niedrig wegen der nördlichen Breite, doch manche Täler liegen so tief, dass sie von produktivem Nadelwald bedeckt werden. Darüber befinden sich große Areale mit zum Teil produktivem Laubwald.
Das Klima: Große Unterschiede im Klima zwischen Küste und Binnenland entstehen durch die komplizierte Topographie. Im Sommer bläst der Wind oft aus Nord/Nordost an der Küste, in Fjorden und Tälern weht er ins wärmere Innere des Landes. Im Winter gibt es oft kalte Ausfallswinde, an der Küste meist aus Richtung Südost/Südwest, aber Stürme sind hier nicht so häufig wie in Nordland und Finnmark.

Der kälteste Monat ist der Februar mit einer mittleren Temperatur von −2°C an der Küste, zwischen −6 und −9°C in den Tälern. Die tiefsten an der Küste gemessenen Temperaturen liegen zwischen −10 und −15°C und in den Tälern −30 und −40°C. Im Sommer kann es an der Küste bis zu 28°C warm werden und in den Tälern bis zu 30°C.

Die Niederschläge variieren stark innerhalb von Troms. Den meisten Niederschlag bekommen die Küstengebirge. In küstennahen Gebieten kann es in manchen Jahren große Schneemengen geben, im Sommer auch öfter mal Nebel.
Besiedlung: Ungefähr 56 % der Bevölkerung wohnt auf Inseln (die Städte Harstad und Tromsø liegen auf Inseln). Die Bevölkerung nimmt ab in den dünn besiedelten Landgemeinden und nimmt zu in den dicht besiedelten Städten, besonders in Tromsø. Bezogen auf die gesamte Provinz wächst die Bevölkerung langsamer als im Lande insgesamt.

WIRTSCHAFT:
Fischerei ist wichtig als Lieferant von Rohware für die Fischindustrie und als Empfänger von Waren und Dienstleistungen der Industrie und Zulieferer. Fischerei wird oft in Kombination mit Landwirtschaft betrieben. Die Fischer nehmen an der Fischerei bei den Lofoten und Vesterålen teil und auf den Fischbänken vor den Küsten von Troms und Finnmark. Sie bringen alle möglichen Fischarten an Land. Troms liegt an 5. Stelle unter den Provinzen des Landes in Bezug auf die angelandete Fischmenge. Außerdem gibt es viele Fischzuchtanlagen.
Land- und Forstwirtschaft: Die Landwirtschaft ist nach dem 2. Weltkrieg stark zurück gegangen, die Größe der Bauernhöfe liegt etwas unter dem Landesdurchschnitt. Viele Bauern betreiben neben Landwirtschaft andere Erwerbszweige wie Fischerei und Baugewerbe. Grasproduktion und Haustierhaltung für Milch- oder Fleischproduktion stehen an erster Stelle. Rinder- und Schafhaltung - und die größte Anzahl an Ziegen im Lande. Kartoffelanbau, etwas Gemüse- und Beerenproduktion.
Industrie: Schwach entwickelt im Vergleich mit dem Rest des Landes. Die wichtigste Branche ist die Nahrungsmittelindustrie, die auf der Verarbeitung von Fisch beruht. Etwas Graphit-Bergbau (Skaland Graphit).

Werkstattindustrie, die sich auf die Herstellung und Instandhaltung von Schiffen richtet. Transportmittel- und Maschinenindustrie. Metallproduktion und Schmelzwerk. Holzwarenindustrie. Harstad ist die Hauptbasis für die Ölindustrie in Troms fylke.
Dienstleistungen: Starkes Wachstum nach dem 2. Weltkrieg, konzentriert auf die größten Städte. Tromsø ist das Zentrum für Verwaltung, Ausbildung, Kommunikation, Gesundheitseinrichtungen, öffentliche und private Dienstleistungen, und das nicht nur für Troms, sondern auch für ganz Nordnorwegen. Mehrere Militäranlagen.
Tourismus: Die größten Sehenswürdigkeiten sind Fjorde, Berge, Mitternachtssonne und Nordlicht. Viel Durchgangsverkehr an Autotouristen zum Nordkap und von der Hurtigrute.
Verkehr: Gute Verbindungen, die E6 führt nach Süden. Brücken, Tunnel oder Autofähren zwischen den Inseln und dem Festland. Hurtigrute. Hauptflugplatz in Tromsø, Evenes Flugplatz bei Harstad. Zivil/Militärflugplatz in Bardu, viele kleine Flugplätze.
Sprache: Troms fylke hat eine samische und eine kvænisch sprechende Minorität. Seit 1989 sind alle öffentlichen Einrichtungen zweisprachig beschriftet, und zwar norwegisch und samisch.

Quelle: Store norske Leksikon

TAG 6

Øksfjord, Hammerfest, Havøysund, Honningsvåg, Kjøllefjord, Mehamn und Berlevåg

Im Laufe der Nacht und der frühen Morgenstunden hat das Schiff die Gemeinde Skjervøy mit dem Hafen **Skjervøy** (72°02'N 21°00'E, 22.15-22.45 Uhr) und die Gemeinde Kvænangen in der Provinz Troms passiert, danach in der Provinz Finnmark die Gemeinde Loppa und den Hafen **Øksfjord** (70°14'25''N 22°21'E, 02.00-02.30 Uhr) und die Gemeinde Hammerfest mit dem Hafen **Hammerfest** (70°40'N 23°41'E, 05.15-06.45 Uhr). Wir befinden und in der Gemeinde Måsøy auf dem Weg zu unserem nächsten Hafen Havøysund.

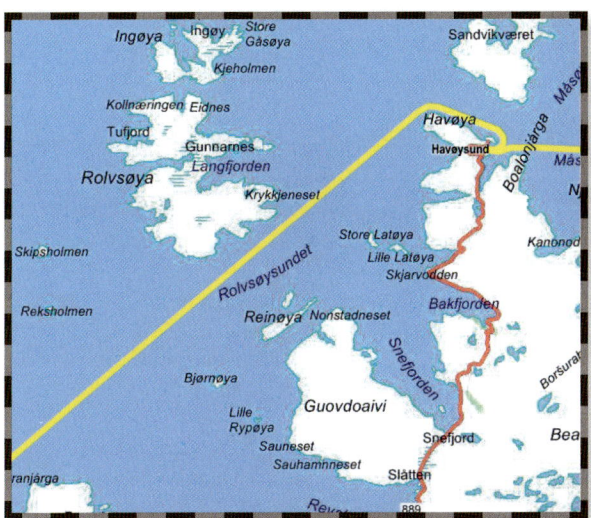

Ca. 70°50'N 23°54'E

Wir passieren die Grenze zwischen den Gemeinden Hammerfest und Måsøy.

Die Gemeinde Måsøy

Bedeutung des Gemeindewappens: Darstellung von Fischen.
Bedeutung des Namens: Erste Silbe der Vogel måse (Möwe), øy = Insel.
Gemeindezentrum: Havøysund (1.129 Einw.). **Position:** 70°59'N 24°41'E
Areal: 1.134 km². **Einw.:** 1.391.
Bevölkerungsdichte: 1,22 Einw./km².
Arealverteilung: Landw. 0 %, Forstw. 0 %, Süßwasser 6 %, verbleibendes Areal 94 %.
Wirtschaft: Direkt oder indirekt an die Fischerei gebunden. In Havøysund gibt es Bootsslip, Trockendock, mechan. Werkstatt, Filetfabrik, Gefrierhallen. Fischereiflotte mit verschiedenen Fahrzeugen, auch hochseetüchtigen, Kombinationsschiffe für unterschiedliche Fangmethoden mit Schleppnetzen, normalen Netzen und Leinen. Fischzuchtanlagen. Windkraftanlagen. Landwirtschaft mit Schweinezucht.
Sehenswertes: Die Strasse nach Havøysund. Das Museum in Havøysund.
Website der Gemeinde Måsøy: www.masoy.kommune.no

Nach einer Fahrtstrecke über offenes Meer fährt das Schiff jetzt in den **Rolvsøysund**.

70°50'N 23°56'E

Die kleine Insel **Bjørnøya** (129 m ü M) an SB.

Die beiden Holme **Skipsholm** (175 m ü M) und **Reksholm** an BB, beide sind Brutgebiete für Seevögel, besonders für Gryllteiste, Möwen und Eiderenten. Reksholm weist eine große Vielfalt an Seevögeln auf.

Das Schiff fährt in den Rolvsøysund ein.

70°53'N 24°04'E

Rolvsøya (89,4 km²) an SB ist mit 60 Einwohnern die größte Insel in der Gemeinde Måsøy. Vor dem 2. Weltkrieg wohnten in der Hochsaison etwa 1.000 Menschen auf der Insel, 1960 war die Einwohnerzahl halbiert. Man arbeitet an einem Projekt, um mehr junge Leute auf Rolvsøya zu halten. Neu etablierte Fischindustrie kann hoffentlich nicht nur die Abwanderung verhindern, sondern sogar einen Zuzug bewirken.

Rolvsøya wird fast in Ost-West-Richtung durch die beiden Fjorde **Valfjord** und **Langfjord** mitten durch geteilt. Im Westen der Insel erhebt sich der Berg **Valfjordnæringen** (372 m ü M). Im nördlichen Teil liegt das Fischerdorf Tufjord auf der Westseite, Gunnarnes am Strande der Ostseite. Die beiden Orte sind mit einer Straße verbunden. Die Insel hat Schiffsverbindung nach Havøysund (1 Std. Fahrtdauer) und Hammerfest (1½ Std. Fahrtdauer). In Gunnarnes befindet sich eine Schule, ein Lebensmittelladen und eine kleine, 1986 aus Holz gebaute, Kapelle mit 77 Sitzplätzen. Die Mole schafft einen guten, geschützten Hafen.

Schon seit ungefähr 1000 Jahren wird von **Tufjord** aus Fischfang betrieben, ein Großteil der Fische wurde nach Südeuropa exportiert. Tufjord ist Teil der Küstenbesiedlung Finnmarks im 13.-14. Jh. 1520 wohnten 75 Personen in dem Dorf. Während der Krise in der Fischwirtschaft ab 1620 war Tufjord besonders stark betroffen, so dass es 1640 total danieder lag. Zwischen 1701 und 1734 wohnten wieder zwei Familien dort, bis der Ort von 1735 bis 1787 wiederum verlassen da lag. Doch seit dem 19. Jh. gibt es wieder Bewohner. In Tufjord findet man Reste einer mittelalterlichen Kirche, es wird erzählt, dass sie von russischen Piraten im frühen 16. Jh. geplündert und niedergebrannt worden ist. Gleich nach dem 2. Weltkrieg wurde Tufjord von der Stadt Tønsberg adoptiert als ein Beitrag zum Wiederaufbau von Finnmark, d. h. Baracken, Öfen, Lampen, Tische und Stühle, alles wurde per Schiff von Tønsberg nach Tufjord verfrachtet.

> Auf der Insel Ingøy gibt es am **Trollsund**, der sich zwischen Rolvsøya und Ingøy hinzieht, einen Ort mit Namen **Djævelleiken**. Hier folgt die gekürzte Version der Geschichte, die hinter dem Namen steckt und sich auf die mittelalterliche Kirche der Insel bezieht:
>
> „Norwegen war von 1152 bis zur Reformation 1536 katholisch. Die katholischen Kirchen enthielten oft größere Reichtümer als die heutigen evangelischen und waren daher häufig das Ziel von russischen Plünderern in Finnmark.
>
> In Tufjord auf der Insel Rolvsøy stand bis ins 16. Jh. eine Kirche voll mit vielen kostbaren Gegenständen, von denen die Russen gehört hatten. Eines Tages segelten sie nach Tufjord und ankerten direkt an der Landnase Kikeneset, wo sich die Kirche befand. Die wenigen Einwohner, die Tufjord zu der Zeit hatte, waren total überrascht von dem Überfall. Sie flohen in die Berge, um ihr Leben zu retten. Die Kirche wurde ausgeplündert und die Beute an Bord der russischen Schiffe gebracht. Doch zwei Männern aus Tufjord gelang es, nach Ingøy zu kommen, von den Geschehnissen zu berichten und die Menschen dort zu warnen.
>
> Auf Ingøy bewaffnete sich ein „Heer" mit Äxten, Messern und Knüppeln, und es wurden Wachtposten aufgestellt, von wo aus man sehen konnte, wenn die Russen an Land gingen. Die Russen stahlen Boote, fuhren über den Trollsund und machten sich auf nach Inga, wo die Kirche stand. Unterwegs stießen sie auf die bewaffneten Ingøyer, die im Hinterhalt auf sie warteten. Die Russen gewahrten schnell, dass sie in der Minderzahl waren, und versuchten zu fliehen und sich zu verstecken. Doch die Ingøyer blieben ihnen auf den Fersen und erschlugen jeden einzelnen Russen. Deshalb wurde dieser Platz Djævelleiken (Teufelsspiel) genannt. Die russischen Wachtposten, die in Tufjord zurück geblieben waren, um die Schiffe zu bewachen, machten sich auf und davon. Die Ingøyer retteten ihre Kirche, und es kam nie wieder ein russisches Piratenschiff nach Ingøy."

In **Tufjord** gibt es heute einen Fischereibetrieb. Wegen der Industrialisierung und Zentralisierung der Fischerei und der Motorisierung der Fischereiflotte müssen die Fischer heute nicht mehr zum nächst gelegenen Hafen segeln oder rudern, um ihren Fang abzuliefern. Einige der Fischerboote sind auf Rolvsøya beheimatet, aber auch Boote aus anderen Gegenden liefern hier in Tufjord im Laufe der Winter- und Frühjahrssaison ihre Fische ab.

Die Bebauung im Innern des **Trollfjords**, also im Norden der Insel, wurde um 1650 errichtet. 1893 verlegte man eine Walfangstation hierher, ein Jahr später wurde die Anlage vom Sturm ins Meer geblasen, aber wieder aufgebaut. Im **Mafjord** auf der nördlich gelegenen Insel Ingøy, gab es zwei Walfangstationen, die mindestens bis 1904 in Betrieb waren, manche Leute meinen sich zu erinnern, dass sie sogar bis in die 1920er Jahre in Betrieb gewesen sind.

Der Ort **Valfjord** entstand 1724, und der Kirchenort **Gunnarnes** wurde in der zweiten Hälfte des 18. Jh.s besiedelt.

Auf Rolvsøya gibt es viele Moore mit reichem Vogelleben in der Sommersaison und überhaupt eine interessante Flora und Fauna. Hier findet man u.a. das nördlichste Vorkommen der Orchidee „rødflange" und hier brütet die nördlichste Uferschnepfe. 1992 entdeckte die Wissenschaft eine neue Insektenart, eine Parasitwespe (synara ocularis). Außerdem bietet die Insel gute Möglichkeiten für die Jagd, Süß- und Meerwasserfischerei und fürs Beerensammeln. Viele Häuser stehen leer mit verrammelten Fenstern, doch im Sommer steigt die Bewohnerzahl beträchtlich. Die Insel ist ein beliebtes Urlaubsziel, viele Gebäude dienen als Freizeithäuser.

Die Insel **Ingøy** (18,7 km²) liegt draußen in der norwegischen See, nördlich von Rolvsøy. Auch diese Insel wird in Ost-West-Richtung fast entzwei geteilt durch Fjorde. Sie besteht aus Mooren, hohen Bergen mit vielen Holmen und Schären drum herum und hat eine spezielle Fauna und Flora. Die Insel hat ein reges Vogelleben, inklusive eines großen Adlerbestandes.

Auf Ingøy hat man Besiedlungsspuren aus der Jungsteinzeit gefunden (S 83). Die Hinterlassenschaften bestehen aus Pfeilspitzen und Messern aus Schiefer, Schabern und anderen Geräten aus Feuerstein. Aus der Eisenzeit stammen mehrere –zig mit Steinen bedeckte Gräber.

Vor 500 Jahren war Ingøy eines der größten Fischereizentren in Finnmark, wurde in Geschichtsbüchern sogar als Stadt bezeichnet, als West-Finnmarks Hauptstadt. Das größte Fischerdorf war Inga mit Wurzeln, die mindestens bis ins 14. Jh. zurück reichen. Um 1520 lebten dort ca. 300 Menschen, Bootseigner, Steuerleute und Bedienstete des Erzbischofsitzes. Letztere trieben kommerziellen Handel für den Erzbischof in den Orten Finnmarks und kassierten die Kirchensteuern ein. Inga war das Zentrum der Umgebung, weil die meisten Fischerboote dort ihre Fische ablieferten.

Die Kirche von Ingøy wird in Dokumenten zum ersten Mal im Jahre 1589 erwähnt. Die Kirchengrundrisse, die größten in Finnmark, zeugen von Ingøys großer Zeit, auch Rathaus und Tinghaus (Gerichtsgebäude) hatten in Finnmark nicht ihresgleichen.

Im 16. Jh. waren der Markt und seine Preise für die Inselbewohner von größter Bedeutung. Um das Jahr 1600 wurde die Selbstversorgung mit Hilfe von Haustieren und Fischfang zum eigenen Gebrauch wichtiger, weil in den schlechten Fangjahren der Markt für Fisch schwächer geworden war. Um 1690 war Ingøy total entvölkert. Im 18. Jh. schwankte die Zahl der ansässigen Familien auf der Insel zwischen fünf und zwölf. Die Kirche wurde 1747 nach Måsøy verlegt, und bis 1866 eine neue gebaut wurde, war Ingøy ohne Kirche. Die neue Kirche wurde in den 1880er Jahren von einem Orkan zerstört, dann wieder repariert und stand bis zum 2. Weltkrieg, da brannten deutsche Soldaten sie nieder. 1957 wurde die heutige Kirche eingeweiht.

2006 lebten ca. 35 Menschen auf Ingøy. Die Insel hat, noch aus seiner großen Zeit, ein gut ausgebautes Straßennetz, eine Kirche, einen Laden und ein Restaurant. Neuetablierungen innerhalb der Fischindustrie geben der Insel Hoffnung auf weitere Aktivitäten und Bevölkerungswachstum.

An der Nordküste von Ingøy liegt das Fischerdorf **Finnes**. Man vermutet, dass von hier aus Seesamen im Sommerhalbjahr ihre Saisonfischerei betrieben haben. Sie verkauften ihre Produkte nach Südnorwegen und Europa, wo sie seht begehrt waren. Ingøy war ein Handelszentrum zwischen Finnmark und Bergen in der Hansezeit. In der Niedergangszeit um 1600 verließen die Seesamen Finnes.

Ab 1850 ließen sich viele neue Zuwanderer an der Finnmarksküste nieder und das Fischerdorf wurde größer. 1895 bekam Finnes einen Dampfschiffskai und 1897 eine Posthalterei. Um 1900 lebten 104 Einwohner ständig im Dorf, dazu kamen 440 Fischer und Arbeiter aus der Umgebung. Bis in die 1930er Jahre konnte der Betrieb gehalten werden, dann kam eine neue Niedergangszeit und der Betrieb ging Konkurs. Man findet hier Ruinen der alten Küstenradiostation Ingøy Radio, die 1911 in Betrieb genommen und im 2. Weltkrieg von Bomben zerstört wurde. Ingøy Radio hatte die Aufgabe, die Kommunikation zwischen den Fischerbooten im Gebiet nördlich von Finnmark zu gewährleisten. Die Station wurde nach dem Krieg nicht wieder aufgebaut.

Der Ingøy Rundfunk auf der Insel Ingøya nahm im Jahre 2000 seine Sendungen auf und deckt die ganze Barentssee ab. Der Radiomast ist 362 m hoch und damit Europas höchstes Bauwerk. Er wiegt ca. 300 t inklusive Abspannungskabel. Insgesamt sind 44 km Kupferkabel im Umkreis ausgelegt worden, um eine ausreichende Erdungsfläche zu schaffen.

Der Leuchtturm auf **Fruholmen** ist der nördlichste der Welt, er liegt auf einem Holm nördlich von Ingøya. 1866 wurde hier zum ersten Mal ein Feuer entzündet, das man 1949 verstärkte. Die Anlage besteht aus einem 18 m hohen Betonturm, die Höhe des Lichtes beträgt 48 m ü M mit einer Reichweite von 19 n.M. 1931 richtete man dort ein Warnsystem ein, um die Fischereiflotte vor Sturm warnen zu können. Während des Krieges brannten alle Gebäude nieder. Ein Ersatzfeuer wurde 1948 errichtet und 1964 ein Radiofeuer.

Im Måsøy Museum in Havøysund wird beschrieben, wie man sich das Leben auf dem Leuchtturm von Fruholmen, und sicherlich auch auf anderen Wind und Wetter ausgesetzten Leuchttürmen an der norwegischen Küste vorzustellen hat:

> Ingøy und Fruholmen sind extrem harten Wetterbedingungen ausgesetzt, wo die Menschen zu allen Zeiten mit den Elementen kämpfen mussten. Auf Grund des Golfstromes (S 85), der ein milderes Klima gewährleistet als man auf diesem Breitengrad erwarten könnte, gibt es hier eine Übergangszone zwischen dem nordatlantischen Westwindgürtel und den Polargebieten. Besonders Fruholmen wird von der ganzen Wucht des Meeres getroffen. Hier gibt es die meisten Stürme im Jahr: 44 Tage mit Sturm, 330 mit starkem Wind oder schlimmer.
>
> Zusätzlich verursacht der große Tidenhub einen gewaltigen Gezeitenstrom mit erheblichem Wellengang. In Zeiten der Ruder- und Segelschiffe führte dies zu so manchem Untergang. Nicht nur im Winter schaffen Sturm und Unwetter Probleme, auch in der hellen Jahreszeit kann ganz plötzlich heftiges Unwetter entstehen und große Schäden nach sich ziehen. Am 15. Januar 1882 hat man wohl das bisher schlimmste erleben müssen. Der Orkan peitschte die Brandung über den ganzen Holm, die Fenster im Leuchtturm zersprangen und der ganze Turm erzitterte. Bootsschuppen, Schmiede, Rorbuer und Fischstative verschwanden im Meer. Denselben Weg nahmen Boote, Feuerholzvorräte, Trockenfisch und Fischereiausrüstung. Ein Stein von 6 t Gewicht wurde von seinem Platz gehoben, man gab ihm den Namen „Negerstein". Die Flutwelle dieses Orkans spülte auch auf Ingøy Boote und Schuppen ins Meer, dazu mehrere Fischhallen und Trockengestelle. Das Wohnhaus des Posthalters flog mitsamt dem Stall davon, alle Tiere fanden den Tod. Selbst die Kirche wurde von ihren Grundmauern geschoben, so das man sie wieder auf den richtigen Platz stellen musste. Die Leute auf Fruholmen hissten die Notflagge, als der Orkan ihren Brunnen zerstörte, damit Hilfe von Ingøy käme, aber es dauerte sechs Tage, bevor das Wetter sich soweit beruhigt hatte, dass Hilfe von außen kommen konnte. Für die Familien auf dem Leuchtturm war das Schlimmste, dass sie kein Trinkwasser hatten. Es gab zu der Zeit keine Versicherung, die den entstandenen Schaden abdeckte, aber es wurde gesammelt, so dass der Leuchtturmwärter ein neues Boot und eine Jacke bekam. Einige Tage später folgte der nächste Orkan, der den gesamten Sockel der Insel Ingøy erschütterte. Die Not der Bewohner wurde noch größer. Nur vier Jahre später versanken zehn Fischerboote und

zwei Handelsschiffe bei einem erneuten Orkan im Meer bei Ingøy.

Im Frühjahr 1932 herrschte wieder Notstand auf Ingøy. Unwetter und Sturm hatten den ganzen Frühling über geherrscht, niemand konnte zum Fischfang hinausfahren, und damit gab es keinen Verdienst. Im vorigen Jahrhundert ereignete sich das schlimmste Unwetter am 28. Dezember 1936, als das Meer sich die Warden und Leuchtfeuer an der Hafeneinfahrt holte. Zwei Kaianlagen, eine Trankocherei samt Bootsschuppen spülte die Flutwelle davon. Damit verloren die Bewohner alle Boote und Ausrüstungen. Auf Fruholmen lag das Wohnhaus des Assistenten total unter Wasser, die ganze Hofanlagen war ½ m mit Wasser bedeckt. Ein 500 kg schwerer Stein wurde hoch geschleudert (man hat ihn später mit dem entsprechenden Datum versehen). Der Keller mit den Essensvorräten wurde zerstört und der Brunnen lief voll mit Seewasser. Der Leuchtturm wurde derart erschüttert, dass die Fenster barsten und die Scheiben nach innen flogen. Im Februar desselben Winters gab es allein 26 Tage mit Windstärke 8 und mehr (davon 19 Tage mit Sturm oder Orkan), der März brachte dann „nur" 16 Sturmtage!

An den Orkan vom 6. 1. 1959 erinnern sich die Betroffenen immer noch sehr lebhaft, sie mussten nämlich auf allen Vieren zwischen den Häusern umher kriechen. Hielt man das Gesicht in den Wind, wurde soviel Luft in die Lungen gepresst, dass man das Gefühl hatte, sie würden platzen. Er herrschte Frost und Schneetreiben, Tangbüschel flogen gegen die Hauswände und blieben dort kleben. Das Gebrüll des Orkans war ohrenbetäubend, die verankerten Häuser erbebten wie im Krampf. Die Windstärke sprengte alle Messinstrumente. Der Orkan tobte die ganze Nacht. Die Schiffe hielten sich nur mit Mühe über Wasser, bis sie den Hafen erreicht hatten.

1975 gab es wieder einen Orkan mit Sturmflut. Der nahm sich auf Fruholmen zwei Bootsschuppen und richtete an den Kais und im Fischereibetrieb große Schäden an. Im Jahre 2003 holte sich ein Orkan den gesamten Dampfschiffskai auf einen Schlag, einschließlich der Eisenbahnschienen, schlug alles kurz und klein und verteilte die Trümmer auf der ganzen Insel.

Nordöstlich von Ingøy liegt die kleine Insel **Store Gåsøya** (die große Gänseinsel) mit dem Fischerdorf **Gåsnes** (Gänsenase). Hier wohnten schon im 15./16. Jh. Menschen. Genau wie das Fischerdorf Inga gehört auch Gåsnes zu dem Teil des Küstenstreifens, den die norwegische Bevölkerung zwischen 1250 und 1300 besiedelte. In den Jahren 1701 bis 1753 lebten vier bis elf Familien in Gåsnes, doch von 1757 bis ca. 1790 war der Ort verlassen. Um 1970 gab es einen Fischereibetrieb.

Der nördlichste Bericht über die Begegnung mit einem Seeungeheuer auf 71°5'N stammt aus Ingøy. R. Eliassen war im Sommer 1910 mit seinem Vater auf Ingøy. Eines Tages, als sie zum Fischen hinausgefahren waren, entdeckten sie etwas, das sich fünf, vielleicht sechs Fuß über die Wasseroberfläche erhob, ein langer Hals mit einem schmalen Kopf. Hinter dem Hals kam ein kleiner Buckel zum Vorschein und noch weiter hinten ein großer Buckel. Bei diesem Anblick holten sie ihre Angelleinen ein und ruderten an Land. Die Seeschlange verschwand, tauchte aber bald danach wieder auf. Sie schwamm davon, wobei der Kopf wie bei einer Ente an der Wasseroberfläche hin und her ruckte. Nach einer Weile tauchte sie unter und blieb verschwunden.

70°53'30"N   24°05'24"E　　　②

An SB passieren wir den Berg **Skoltefjellet** (314 m ü M), südwestlich von Rolvsøya, danach die Bucht **Sørhamn** und den verlassenen Handelsplatz Rolvsøyhamn.

Um 1880 gab es in **Rolvsøyhamn** ein großes Handelshaus, der Fischereibetrieb arbeitete bis 1944. Die Annahme und Veredelung von Köhler (Seelachs) machten die Hauptarbeit in dem Unternehmen aus. Reiche Vorkommen von Köhlern nahe dem Rolvsøysund gaben guten Fang, und die Boote lieferten den Fisch nach Rolvsøyhamn. Die 70 Einwohner waren voll beschäftigt, in der Hochsaison mussten weitere Arbeitskräfte heran geholt werden. Schiffe der damaligen Hamburger Route (S 263) liefen Rolvsøyhamn an, um den Trockenfisch zum

Kontinent zu verfrachten. Der Ort war attraktiv bis zum letzten Weltkrieg, wurde aber nach dem Krieg nicht wieder aufgebaut.

Nach Rolvsøyhamn folgt der **Dypfjord** mit dem Berg **Vagnafjellet** (225 m ü M) und ganz im Südosten **Krykkjeneset**. Hier versank der englische Trawler „Cardinal" kurz vor Weihnachten 1925. Die gesamte Besatzung wurde gerettet, und die Retter erhielten später Medaillen für ihren Einsatz.

Die schmale, lang gestreckte Insel **Reinøya** (142 m ü M) haben wir soeben an BB hinter uns gelassen vor uns der Holm **Reinøykalven** (94 m ü M), ein Naturreservat mit bedeutendem Vogelleben, daher eben die eingeschränkte Jagdzulassung.

Der **Reinøysund** trennt die Inseln von der Porsangerhalbinsel, einem für Finnmark typischen Hochplateau.

Den breiten Fjord **Revsbotn** haben wir an SB schon hinter uns gelassen. Das Seesamendorf **Kokelv** (230 Einw.) liegt am Ende des Fjords. Die meisten Einwohner sind Samen. Die Dorfkapelle wurde von deutschen Friedensfreunden 1960 erbaut als ein Versöhnungsangebot vom deutschen Staat wegen des Abbrennens von Finnmark im zweiten Weltkrieg.

Die **Strasse nach Havøysund** ist dabei, ein Begriff zu werden, denn Rv 889 (Riksvei, Reichsweg) von Kokelv nach Havøysund führt die pittoreske Küstenlinie entlang. Diese Strasse, von der aus man schöne Gebirgszüge, Strände, Wälder, Buschzonen mit reichem Tierleben sehen kann, hat den Status einer „Nationalen Touristenroute" erhalten.

Am äußersten Rande der Halbinsel **Kvalnesklubben** nahe Reinøya erheben sich die Berge **Vestre Burstadfjellet** (471 m ü M) und **Nordfjellet** (314 m ü M). **Nonstadneset** wird passiert.

Im Innern des breiten **Snefjords** liegt der Ort gleichen Namens **Snefjorden**. Im Sommer lassen die Samen in diesem Gebiet ihre Rentiere weiden.

Hinter dem Berg **Finnkonetoppen** (367 m ü M) und der Landzunge **Avløysinga** an SB folgt als nächstes die Bucht **Bakfjorden**. Dieser schöne, aber wetterharte Ort ist verlassen. Dort stehen heute nur noch einige Hütten und ein Kai. Bakfjorden war bekannt für seine Unterstützung russischer Partisanen im 2. Weltkrieg. Es wurde von den Deutschen 1944 abgebrannt. Die Bewohner versteckten sich im Gebirge bis zur Befreiung.

Rv 889 führt hier vorbei und passiert die gewaltige Steinformation **Håkonstabben**. Als die Strasse gebaut wurde, ließ sich dieser Stein nicht wegsprengen, auch nicht mit der größten Sprengladung.

Auf der Strecke Bakfjorden – Havøysund gibt es viele Siedlungsspuren, die mehr als 6000 Jahre alt sind.

Nachdem wir den Berg **Skarvefjellet** (360 m ü M) og **Skarvodden** passiert haben, kommen wir zur nächsten Bucht **Selvika,** einem beliebten Badeplatz. Während des Krieges versteckten sich hier einige Russen vor den Deutschen in einer Höhle, die heute „Russenhöhle" genannt wird und von der Strasse aus leicht zugänglich ist. Im Norden von Selvika liegen die Inseln Lilla Latøya und Store Latøya.

Eine der vielen Geschichten, die sich um die Beobachtung von Seeungeheuern an der norwegischen Küste drehen, ist mit Store Latøya verknüpft: „Einige Einwohner von Kvænangen waren nach Havøysund zum Fischen gefahren. Unterhalb der Felswand Knipen trafen sie auf eine Seeschlange. Sie ruderten schleunigst ans Ufer und zogen die Boote an Land. Da saßen sie einen Tag lang und warteten, dass das Ungeheuer verschwinden sollte. Erst bei starkem Nordostwind verschwand die Seeschlange, und die Leute beschlossen, trotz des starken Windes ihren Fischfang fort zu setzen, doch diesmal setzten sie die Segel. Bald darauf erschien die Seeschlange erneut. Die Boote segelten Seite an Seite und mussten feststellen, dass die Seeschlange sie einholte. Da kreuzten sie nach Store Latøya und fuhren direkt auf den Strand der Insel, um sich vor der Seeschlange zu retten."

Weiter geht es am Berg **Hestefjellet** (384 m ü M), an der Landzunge **Nebben**, dem **Myrfjord**, der Landspitze **Nipa** (294 m ü M) und dem Berg **Nipfjellet** (388 m ü M) vorbei in den **Havøysund** zum Hurtigrutenanlauf gleichen Namens.

Vor uns sehen wir die Insel **Havøya** mit den Windrädern auf der Höhe.

70°58'N   24°20'E   ③

Die Landspitze **Kalvodden** im Osten von Rolvsøya an BB

An BB die Insel **Ingøya** (18,7 km²), nordöstlich von **Rolvsøya**. In der Ferne voraus die unbewohnte Insel **Helmsøya** (39 km²), an SB in Front **Havøya** (7,2 km²) mit Windrädern auf der nördlichen Spitze.

71°00'N   24°27'E   ④

Wir passieren den **Havøysund** an SB zwischen der Insel **Havøy** und dem Festland, die Brücke dazwischen wurde 1988 gebaut.

Wir fahren an der Nordostseite von Havøya entlang.

Die Geschichten über Schiffsuntergänge in diesem Gebiet sind zahlreich. Im Rolvsøysund, gleich südlich des Windparks, geschah 1941 folgendes Unglück:

Das Dampfschiff „Richard With", benannt nach dem Gründer der Hurtigrute und gebaut 1909 in Trondheim, war zugelassen für 300 Passagiere. Am Sonnabend, dem 13. September 1941 war die „Richard With" auf dem Weg nach Süden mit 135 Menschen an Bord, als sie von einem Torpedo getroffen wurde und in weniger als einer Minute sank. Von den an Bord Befindlichen kamen der Kapitän und weitere 102 Personen um. In der Nähe des Havaristen lag das kleine norwegische Schiff „Skolpen" vor Anker. Wie durch ein Wunder gelang es der Besatzung, die Überlebenden der „Richard With" aus dem kalten Wasser zu bergen. „Richard With" war nahe Rolvsøya, zwischen Hammerfest und Honningsvåg, von dem britischen U-Boot HMS "Tigris" torpediert worden, das weder der Mannschaft noch den Passagieren an Bord die Möglichkeit gegeben hatte, vor der Torpedierung das Schiff zu verlassen. Der kommandierende Kapitän der HMS „Tigris" versuchte sich später damit heraus zu reden, das Schiff sei im Konvoi gefahren. Aber das wurde rasch als Lüge entlarvt, und er bekam eine mündliche Verwarnung. Die Kriegsgeschichte hat später versucht, den Deutschen oder den Russen die Schuld daran zu geben, aber man kann auf keinen Fall die schriftliche Dokumentation von 1941 leugnen. Das Wrack der „Richard With" liegt in 55 m Tiefe.

Auf der Nordostseite der Halbinsel Havøygavlen ereignete sich ebenfalls ein Schiffsunglück: „Das Dampfschiff „Hera" ging in einem starken Sturm bei Havøygavlen nordwestlich von Havøysund am 18. März 1931 unter. Das Schiff befand sich auf seiner üblichen Route von Honningsvåg nach Hammerfest mit 67 Passagieren an Bord, als das Unglück geschah. Als einzige Hilfsmittel zum Navigieren hatte man Kompass und Uhr, und diesmal ging alles schief. „Hera" lief auf Havøygavlen auf, das Wasser strömte ein, das Schiff legte sich auf die Seite, und der Schornstein brach ab. Die Rettungsboote waren beim Zusammenstoss zerstört worden, und das Schiff begann, vor dem Steuerhaus abzubrechen. Kapitän Loose leitete die Rettungsaktion vorbildlich. Der 2. Steuermann Ramm meldete sich freiwillig, eine Leine an Land zu befestigen. Daraufhin konnte die Evakuierung beginnen. Sechs Menschen kamen in dieser Märznacht in dem kalten Wasser ums Leben. Das Wrack ist nun total auseinander gefallen, der Motor und Propeller der „Hera" liegen in 5 m Tiefe, andere Teile in 10 m Tiefe. Am tiefsten, nämlich 30 m, sind zwei gigantische Dampfkessel gesunken. Am Hurtigrutenkai in Havøysund steht ein Gedenkstein für die Opfer des Unglücks."

Direkt vor Havøygavlen, in der Nähe des Windmühlenparks, geschah das dritte Unglück:

> „Der englische Trawler „Ian Fleming" lief bei Gavelen am 1.Weihnachtstag 1973 um 20.00 Uhr auf Grund. Das Wetter war gar nicht so schlecht gewesen. Viele Schiffe aus Havøysund beteiligten sich an der Suche und Bergung. Bei der Rettungsaktion wurden 15 Menschen von einem Floss geborgen, vier trieben mit Rettungswesten im Wasser. Ein Mannschaftsmitglied stand immer noch an Bord und wurde von dort gerettet. Von den 20 Menschen an Bord kamen drei ums Leben. Die Besatzung wurde nach Havøysund gebracht. Spätere Untersuchungen zeigten, dass das Schiff nur zwei Minuten länger auf dem Kurs hätte bleiben müssen, bevor es ihn nach Osten hin geändert hatte, dann wäre es heil um Havøygavlen herum gekommen."

Die Insel **Hjelmsøya** mit dem Höhenzug **Knarrviktindane** (297 und 274 m ü M), der steil zum Fjord hinabfällt, liegt vor uns. **Hjelmsøystaven** sehen wir als Silhouette gegen den Himmel auf der Westseite von Hjelmsøya. Danach folgt der **Måsøyfjord** zwischen den Inseln Hjelmsøy und Måsøy.

An der Nordspitze der Insel Havøya liegt die Landzunge **Havøygavlen** (285 m ü M). Im August 2002 wurde der Havøygavlen Windpark in Betrieb genommen, die offizielle Eröffnung dieses ersten Windparks in Finnmark fand am 1. Juni 2003 statt. Der Park hat 16 dreiflügelige Windräder, jedes 80 m hoch mit 38,8 m langen Rotorblättern. Sie sollen zusammen jährlich eine Stromproduktion von ca. 120 GWh liefern, genug, um den Stromverbrauch von 6.000 Wohnhäusern zu decken. Der Windpark gehört Norsk Hydro und der niederländischen Energiegesellschaft Nuon. Mehrere solcher Anlagen sind an der Finnmarksküste geplant. Das größte Problem für so weit im Norden liegende Anlagen ist der lange Transport des Stroms zu den Verbrauchern weiter im Süden des Landes.

Das Schiff umrundet Havøya und fährt in den Breisund ein, um in Havøysund am Kai anzulegen.

Die **Russenhöhle** liegt nahe der Landspitze, die wir gerade umrundet haben. Der Name stammt aus der Zeit des Pomorenhandels (S 241). Ein russischer Pomorenskipper war in Finnmark auf Handelsreise gewesen. Er hatte seine Waren nicht alle absetzten können und hatte noch ein großes Warenlager an Bord. Dieses wollte er nicht wieder mit nach Russland nehmen und bewahrte es daher in der Höhle auf, die dann später den Namen Russenhöhle bekam. Es wird auch erzählt, dass sich im 2. Weltkrieg Russen in der Höhle versteckt haben sollen. Heutzutage ist die Höhle ein beliebtes Ausflugsziel für Schulklassen.

Während des Krieges lagen sowohl sowjetische Agenten als auch norwegische Partisanen an vielen Stellen an der Finnmarksküste in Deckung und berichteten über den Schiffsverkehr und andere militärische Aktivitäten nach Murmansk. Auf Grund dieser Informationen konnten dann Flugzeugangriffe oder U-booteinsätze beordert werden.

Das Schiff legt am Kai in Havøysund an

Das Verwaltungszentrum und Fischerdorf **Havøysund** liegt auf der fünftgrößten Insel der Gemeinde Måsøy, Havøya (7,2 km²), vom Festland durch den Havøysund getrennt. Die Brücke über den Sund wurde 1988 eröffnet.

Havøysund wurde zum ersten Mal 1666 in schriftlichen Quellen genannt, da aus einer Steuerliste hervorging, dass es zwei Steuerzahler gab. Im 18. Jh. lebten hier drei bis sieben Familien. Die erste Handelsbewilligung wurde 1811 ausgestellt. Um 1900 wurde ein Bootsslip eingerichtet, der bis 1926 in Gebrauch war. 1928 nahm auf der Festlandsseite eine Fischannahmestelle ihren Betrieb auf, und neue Bootsslips wurden gebaut. Fast gleichzeitig begann noch eine Firma mit Schwerpunkt für den Export von Frischfisch.1940 gab es drei solcher Fischereibetriebe in Havøysund. Der Fisch wurde hauptsächlich gesalzen oder getrocknet. Hier in Havøysund wurde die erste Gefrierhalle für Fisch in ganz Norwegen gebaut.

Seit dem 2. Weltkrieg ist Havøysund erheblich gewachsen. 1940 wohnten hier nur 300 Menschen. 1944 wurde der Ort von den deutschen Truppen beim Rückzug durch Finnmark rasiert, bald danach in dem „typischen Aufbaustil", der ganz Finnmark prägt, wieder aufgebaut.

Erst in den 1950er Jahren gewann Havøysund als Fischersiedlung an Bedeutung, als die Fischfangflotte an kleinen und größeren Booten allmählich zunahm. Heute gibt es hier mehrere Fischereibetriebe, Gefrierhäuser, Filetfabriken, Salzereien, Tranproduktion und einen Bootsslip mit überdachtem Dock. Je nachdem, wie der Fisch wandert, kann der Hafen von Havøysund voller Fischerboote und Leben sein oder es sind nur einige wenige Boote, die ihren Fang abliefern.

Die Kirche von Havøysund wurde 1960 als Langkirche in Beton und Holz gebaut und hat 300 Sitzplätze. Das Gemeindezentrum hat ein reges Vereins- und Musikleben.

In Havøysund stand viele Jahre lang, von 1838 bis 1944, eine Bronzebüste des französischen „Bürgerkönigs" Louis Philippe, der 1795 Norwegen besuchte und auch nach Finnmark kam. Er war nach der Julirevolution in Frankreich zum König ausgerufen worden, musste aber aus politischen Gründen viele Jahre, von 1793 bis 1817, teils in Amerika, teils in Europa im Exil zubringen. 1795 unternahm Louis Philippe als 22jähriger eine Reise nach Skandinavien und kam ganz bis zum Nordkap. Von Trondheim reiste er im offenen Boot nach Alta, dann über Land nach Hammerfest, von dort wieder im offenen Boot zum Nordkap und auf demselben Wege zurück nach Alta. Weiter ging die Reise nach Kautokeino und nach Schweden. Er und seine Begleiter reisten inkognito, er unter dem Namen Müller. In Norwegen, und besonders in Finnmark, genoss Louis Philippe die größte Gastfreundschaft der Lokalbevölkerung, „wo eine solche Gastfreundschaft und Hilfe um so mehr willkommen war, da das Land selbst ohne jede Bequemlichkeit ist."

Als späterer König von Frankreich vergaß er nicht seine Freunde in Finnmark, er sandte Geschenke und Briefe als Zeichen seiner Dankbarkeit. Außerdem rüstete er drei wissenschaftliche Expeditionen aus, die in den Jahren 1838, 1839 und 1840 an der Westküste von Spitzbergen (Svalbard) und im Meeresgebiet zwischen Norwegen und Spitzbergen Untersuchungen anstellten. Das Schiff mit einem großen Stab an Wissenschaftlern an Bord war die „La Recherche". 1838 schickte er die Büste seiner eigenen Person und andere Geschenke als Erinnerung an seinen Besuch in der Jugend. Man weiß nicht genau, warum die Büste in Havøysund landete, wo doch seine gastfreien Wirte auf Måsøya vermutet wurden. Man nimmt an, dass diese 1838, also 43 Jahre später, nicht mehr am Leben waren und die Nachkommen die Büste nach Havøysund brachten. Die Büste ist also beim richtigen Empfänger angekommen, aber auf der falschen Insel aufgestellt worden.

Heute steht die Bronzebüste im Måsøy-Museum in Havøysund und trägt deutliche Spuren der Verbrennungsaktion von Finnmark durch die deutschen Soldaten im Jahre 1944.

Das Schiff fährt weiter nach Honningsvåg   + 0 Std 00 Min

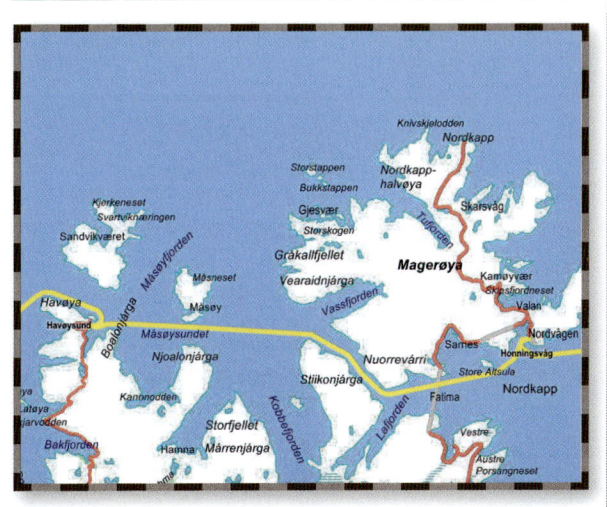

Nach Abgang von Havøysund fährt das Schiff in den **Breidsund**.

Mit östlichem Kurs durch den **Breidsund** passieren wir die Insel **Hjelmsøya** an BB, die Insel **Måsøya** liegt vor uns an BB, der **Måsøysund** führt zwischen beiden Inseln hindurch.

Hjemsøya (39 km²) an BB ist die zweitgrößte und nördlichste Insel der Gemeinde Måsøy. Heute wohnt niemand mehr auf der Insel, es gibt daher auch keine öffentlichen Einrichtungen.

Die Besiedlungsgeschichte von Hjelmsøya geht weit zurück in die Wikingerzeit (S 85, S 123), wie an vielen anderen Orten in der Gemeinde Måsøy. Die Fischerdörfer **Keila,** am äußeren Rand der Insel zur norwegischen See hin, und **Knarvik** am Breisund waren seit dem Spätmittelalter besiedelt. Die ersten Siedler und Saisonfischer kamen vermutlich im 14. Jh. Im Jahre 1522 hatte Keila 85 Einwohner und Knarvik 10.

Das Fischerdorf **Svartvik** auf der Nordseite von Hjelmsøya wurde 1735 gegründet und war bis zum 2. Weltkrieg bewohnt. Das Fischerdorf **Sandvikvær** am **Akkarfjord** an der Westseite der Insel war das letzte größere Dorf auf Helmsøya. Nach einem Konkurs um 1970 wurde dieses Fischerdorf verlassen, und damit war Hjelmsøya ohne jegliche Bewohner.

Den nordwestlichsten Punkt von Hjelmsøya bildet die Klippe **Hjelmsøystauren** (219 m ü M), einer von Europas nördlichsten Vogelfelsen (S 217). Fast senkrecht fallen die Felswände 200 m tief zum Meer hinab. Am Fuß der Klippe erhebt sich wie ein Finger ein senkrecht stehender Felsen, auf dem u.a. Trottellummen, Krähenscharben, Papageitaucher, Dreizehenmöwe und Alke brüten. Hier finden wir auch Finnmarks größte Seeadlerkolonie (S 161). Der Vogelfelsen hat immer große Bedeutung für die Lokalbevölkerung gehabt. Grundsätzlich haben alle dieselben Anrechte auf die Ressourcen, doch gab es oft Streitigkeiten, besonders zwischen der Lokalbevölkerung und den Saisonfischern, die von Süden kamen.

Hier eine Sage von Hjelmsøy:

Auf der Nordseite von Hjelmsøy liegt eine kleine Bucht mit Namen **Keila**. Auf alten Seekarten wird sie **Fuglevik** (Vogelbucht) genannt, sicherlich deshalb, weil die Bucht in der Nähe des berühmten Vogelfelsens Stauren liegt. Gleich neben der Einfahrt nach Keila befindet sich eine Höhle im Fels, die vom Strand aus zugänglich ist. Diese Höhle heißt **Daumannsrevna** und birgt eine Geschichte aus alten Zeiten, als die Russen plündernd durch Finnmark zogen.

Zu der damaligen Zeit stand in Keila eine Kirche. Wie andere Kirchen in Finnmark war auch diese voller Kostbarkeiten aus Gold und Silber. Die Priesterfamilie wohnte in Keila. Eines Tages entdeckte man vier Russenboote, die an der Svartviksnæringa vorbei Kurs auf Keila genommen hatten. Aber wie das Schicksal es wollte, kam dieses Mal ein Unwetter auf, und die Russen mussten umdrehen. Der Pastor erhielt Bescheid vom Nahen der Russen. Deshalb trug er alle Wertsachen aus der Kirche und versteckte sie in der bewussten Höhle außerhalb Keilas.

Alle ahnten, dass die Russen zurück kommen würden, und bald kamen sie auch. Diesmal ankerten sie an der Ostseite von Hjelmsøya, weil sie dort weniger leicht entdeckt werden konnten. Die Plünderer überqueren das Gebirge nach Keila. Der Pastor war rechtzeitig über die Ankunft der Russen informiert worden. Er ging daher mit der ganzen Familie, Frau und vier Kindern, zu der Höhle, um sich dort zu verstecken. Andere Einwohner flüchteten in die Berge, denn sie waren nur wenige und dazu unbewaffnet, konnten sich also nicht verteidigen.

Der Pastor hatte eine großen, prächtigen Hund, den er sehr liebte. Seine Frau aber bat ihn, den Hund zu töten. Es könnte ja sein, er würde anfangen zu knurren beim Anblick fremder Leute und sie dadurch verraten. Doch der Pfarrer wollte seinen Hund nicht töten und nahm ihn mit in die Höhle. Als die Russen in die Kirche kamen, fanden sie keine Wertgegenstände vor. Da wussten sie, dass sie entdeckt worden waren und dass die Kostbarkeiten wahrscheinlich irgendwo in den Bergen versteckt waren. Sie begannen, in Keila und den umgebenden Bergen zu suchen. Zeit genug hatten sie ja. Mit der Zeit gelangten sie in die Nähe der Höhle, wo sich die Pfarrersfamilie aufhielt. Der Eingang lag so nahe am Meer, dass er schwierig zu entdecken war, vor allem für Leute, denen die Gegend unbekannt war. Doch als der Hund die Leute außerhalb der Höhle

> hörte, begann er zu jaulen, und damit war die Familie entdeckt. Die Russen wussten sofort, dass der Pfarrer die Schätze der Kirche bei sich in der Höhle hatte. Aber dorthin einzudringen, wagten sie nicht, weil der Eingang so eng war, dass immer nur einer nach dem anderen hineingehen konnte. Da kamen die Plünderer auf die Idee, im Eingangsbereich ein Feuer anzuzünden. Der Rauch drang in die Höhle und erstickte die Priesterfamilie und den Hund. Die Räuber fanden die Wertsachen und nahmen sie mit sich.
>
> Die Leichen der ermordeten Priesterfamilie blieben in der Höhle liegen. Um 1900 fand man die Gebeine in der Höhle, zudem Knöpfe und andere Kleinigkeiten, die der Familie gehört hatten, und die Höhle wird seitdem Daudmannsrevna (Totmannsspalt) genannt."

Der **Kulfjord** an SB hat an seinem Ende zwei kleine Buchten, nämlich **Vesterbotnen** und **Austerbotnen**. Diese beiden sind als Nothäfen ausgewählt worden für den Fall, dass ein Öltanker vor der Finnmarksküste havarieren sollte. Man hat noch eine ganze Reihe anderer Nothäfen ausgesucht in Erwartung eines zunehmenden Schiffsverkehrs von und nach **Westsibirien** und dem gigantischen russischen Erdgasfeld **Stockmannfeld**.

70°59'40"N   24°52'E   + 0 Std 16 Min   ①

Die Insel **Måsøya** hat der Gemeinde Måsøy den Namen gegeben. Im Jahre 2006 wohnten auf der Insel ca. 60 Menschen. In dem aktiven Fischerdorf mit seinem guten Hafen gibt es einen Fischverarbeitungsbetrieb, eine Kirche, eine Schule und einen Laden. Außerdem hat die Insel eine Herde wilder Rentiere, die 40 Tiere umfasst.

Nahe am Måsøysund hat man auf Måsøya Siedlungsreste aus der Steinzeit gefunden (S 83). In den 1660-70er Jahren ließen sich die ersten Bewohner dauerhaft auf der Insel nieder, 1668 bekamen sie eine Kirche. Im 18. Jh. lebten 3 bis 15 Familien dort, 10 bis 12 Haushaltungen waren der Durchschnitt. Bis 1750 war dies die größte Besiedlungsdichte im ganzen Måsøydistrikt. 1746 wurde Måsøy Kirchenzentrum. Die Kirche von Ingøya wurde 1747 hierher versetzt. Kurz danach wurde sie weiter versetzt nach Havøysund, weil die Lebensbedingungen schlechter wurden. Als es wieder bergauf ging in den 1850er Jahren, bekam Måsøy 1865 die Kirche zurück. Sie steht heute in **Vestervågen** und ist vom Schiff aus sichtbar.

Der bekannte norwegische Psalmendichter und Volkskundler Magnus Brostrup Landstad wurde 1802 auf Måsøya geboren, sein Vater war von 1797 bis 1804 Kirchspielpriester.

Einer der bekanntesten Kaufleute um das Jahr 1780 war Cort Peter Buck. Er beherbergte 1795 für einige Monate den französischen Prinzen Louis Philippe, ohne dessen wahre Identität zu kennen. Als Louis Philippe später König von Frankreich wurde, sandte er 1838 seine Büste an Buck, der aber inzwischen verstorben war. Die Büste wurde dann dem Bürgermeister der Gemeinde Måsøy überreicht und in Havøysund aufgestellt (S 199).

> Viele Geschichten über das frühere Leben in Finnmark sind überliefert worden. Hier ein Beispiel:
>
> In der „Würmerzeit", Juli und August, pflegten die Russen an die Küste von Finnmark zu kommen, um Fisch zu kaufen, meistens Heilbutt, Steinbeißer und Köhler. In diesen Monaten empfahl es sich für die Fischaufkäufer nicht, den Fisch zu verarbeiten, weil dann Würmer hinein kamen. Der Handel mit den Russen, von dem hier die Rede ist, lief unter dem Namen Pomorenhandel (S 241), er hielt an bis zur russischen Revolution 1917.
>
> Während der Frühjahrsfischerei kauften die Leute im Lande Steinbeißer und Heilbutt bei den Fischern, manche verkauften sie dann weiter an die Russen. Dabei bekamen die Fischer keinen besonders guten Preis, 10 Øre für ein kg Heilbutt und 50 Øre für Steinbeißer. Die Größe des Fisches spielte keine Rolle. Sie verkauften deshalb lieber direkt an die Russen, weil sie da im Tausch gegen Mehl und Grütze einen besseren Preis erzielten. Die Russen hatten auf ihren Schiffen auch noch andere Waren dabei, etwa Feuerholz oder Balken, manchmal auch Stoffe wie Filz oder Loden, den sie „Klavertuch" nannten, ein dicker Stoff, der sehr begehrt war. Diese Waren wurden meistens vom Landhandel aufgekauft.
>
> „Ein Russenschoner kam einmal in ein Fischerdorf in der Gemeinde Måsøy. Der Skipper war ein junger, ansehnlicher Kerl. Während seines Aufenthalts im Hafen ging er auch an Land, wie das so üblich war. Auf diese Weise wurden gern Bekanntschaften gemacht. Die Bevölkerung hatte nichts dagegen, dass einer, der Nahrungsmittel brachte, zu ihnen an Land kam.

Ein Mädchen, die Pflegetochter einer Witwe im Fischerdorf, ruderte zusammen mit anderen Mädchen zum Russenschoner, um Nüsse und Bonbons zu kaufen, so was hatten die Russen immer dabei. Das Mädchen war besonders hübsch, und der Skipper verliebte sich unsterblich in sie. Er kam daher öfter bei dem Mädchen zu Hause zu Besuch. Sie dagegen hatte nicht viel für ihn übrig, sie war nämlich mit einem Burschen im Fischerdorf verlobt. Doch die Pflegemutter hätte es gern gesehen, wenn der Skipper das Mädchen bekommen würde. Sie versuchte, das Mädchen zu überreden, aber ohne Erfolg. Das Mädchen wollte nichts mit dem Skipper zu tun haben.

Es war allgemein üblich, dass vor Ablegen eines Schoners ein Teil der Lokalbevölkerung an Bord zu einem Umtrunk eingeladen wurde. Also bat der Skipper die Witwe und das schöne Mädchen zusammen mit vielen anderen am Tag seiner Abreise zu sich an Bord. Der Skipper hatte mit der Witwe heimlich vereinbart, sie sollte eine Rolle „Klavertuch" bekommen, wenn es ihr gelänge, das Mädchen mit an Bord zu bringen. Das Mädchen folgte ihrer Pflegemutter auf das Schiff. Als sie wieder an Land rudern wollten, bestieg die Pflegemutter zuerst das Ruderboot, danach wollte das Mädchen folgen. Der Skipper aber schlang seine Arme um sie und verhinderte, dass sie das Ruderboot besteigen konnte. Das Mädchen rief und schrie, aber es half nichts, der Skipper trug sie hinunter in seine Kabine. Gleich danach füllte der Wind die Segel, und der Schoner verließ den Hafen. Im Dorf erzählte die Pflegemutter, die Tochter sei mit dem Skipper verlobt, sie wollten in Russland heiraten." Das ist das Ende der traurigen Geschichte!

Die **Porsangerhalbinsel** an SB hat nur wenige Bewohner. Die Landschaft besteht aus flacher Heide und nackten Felsen mit sparsamer Vegetation. Es gibt eine Reihe Seen, manche mit Fischen darin. Im Sommer weiden Rentiere auf der Halbinsel. Früher gehörte die Gegend dem Staat, heute ist das Eigentumsrecht an das „Finnmarkseigentum" übertragen worden, wobei die Provinz Finnmark und das Sameting (Samenparlament) die Verwaltung übernommen haben.

Wir fahren weiter durch den Breisund und kommen in den **Måsøysund** zwischen Måsøya an BB und der Halbinsel **Njoalonjárga** (336 m ü M) an SB.

An BB sehen wir die Insel **Magerøy**, auf der das Nordkap liegt. Der breite **Vassfjord** schneidet sich in die Südwestseite der Insel ein, nördlich der Fjordmündung erhebt sich der Berg **Vassfjordnæringen** (257 m ü M), östlich davon der **Straumsnæringen**.

An SB, hinter der Halbinsel **Njoalonjárga**, sehen wir zu beiden Seiten der Landnase **Marreneset** mit dem Berg **Storfjellet** (376 m ü M) den **Ryggefjord** und den **Kobbefjord**. Mitten im Kobbefjord liegt die Insel **Store Kobbøya**, dann folgt die Halbinsel **Stikoneset** (322 m ü M). An beiden Fjorden gibt es keine Bewohner mehr.

70°59'15''N   25°19'47''E   + 0 Std 52 Min ②

Am Fuße der äußersten Spitze des Berges **Stikkelvågnæringen** an BB kann man einen kurzen Moment lang beim Vorbeifahren eine kleine Klippe wahrnehmen, die man für eine Frauengestalt halten kann, die nach Westen übers Meer blickt.

Das Schiff fährt weiter in den schmalen **Magerøysund**, der die Insel Magerøy vom nördlichen Teil der Porsangerhalbinsel trennt.

Nachdem wir am Stikkelvågnæringen vorbei sind, sehen wir an SB den verlassenen Ort **Stikkelvåg** mit ein paar verstreuten Häusern. Bei einer Volkszählung 1865 wurden noch sechs Personen dort gezählt, ein Fischer und Handelsmann mit Frau und vier Kindern.

In Stikkelvåg hat man eines der vielen „Labyrinthe" in Finnmark gefunden, vermutlich aus der Zeit zwischen 1000 und 1600 n. Chr. „Labyrinthe" bestehen aus Steinen, die in einem bestimmten Muster am Boden ausgelegt wurden. Es soll sich um rituelle samische Friedhöfe handeln, wo man sich durch das „Labyrinth" von Steinen zum Zentrum hin bewegt. Solche Plätze liegen oft am Meer in der Nähe guter Fischgründe.

An BB passieren wir den verlassenen Ort **Finnvika**.

Hinter Finnvika fahren wir an der Bucht **Gaissevagge** vorbei, einer eigenartigen kahlen Bucht, u-förmig von Bergen eingerahmt.

Ca. 70°58'N   25°25'E
Wir passieren die Grenze zwischen den Gemeinden Måsøy und Nordkapp.

Die Gemeinde Nordkapp

Bedeutung des Gemeindewappens: Gibt das stilisierte Nordkapprofil wieder.
Bedeutung des Namens: Kapp von lateinisch caput, Kopf, hier gebraucht im Sinne von Nase, Vorsprung.
Gemeindezentrum: Honningsvåg (2.465 Einw.).
Position: 70°59'N 25°57'E.
Areal: 925 km². **Einw:** 3.410.
Bevölkerungsdichte: 3,69 Einw./km².
Arealverteilung: Landw. 4 %, Forstw. 0 %, Süßwasser 4 %, verbleibendes Areal 92 %.
Wirtschaft: Fischerei und Fischveredelung. Nahrungsmittelindustrie. Dienstleistungen gegenüber der Fischereiflotte. Mechanische Werkstatt. Tourismus.
Sehenswertes: Nordkap, Nordkapmuseum. Gjesværstappan.
Hinweis auf Aktivitäten: Deep Sea Rafting. Angeltouren. Tauchen. Vogelbeobachtung. Diverse Winteraktivitäten.
Website der Gemeinde Nordkapp: www.nordkapp.kommune.no / www.nordkapp.no

Die Insel **Magerøy** (436,6 km², höchster Berg Gråkallfjellet, 417 m ü M) dominiert auf der Backbordseite. Die Insel hat an der Küste steile Klippen, oben ein relativ flaches Plateau. Wie die anderen großen Inseln in Troms und Finnmark ist sie von tiefen Fjorden eingeschnitten, in diesem Fall zur Norwegen- und Barentssee hin. Auf Magerøy befindet sich das Nordkap.

Die Reise geht weiter durch den verhältnismäßig schmalen Magerøysund mit seinen charakteristischen Felsformationen zu beiden Seiten. An der schmalsten Stelle ist der Sund nur 1,8 km breit. Jedes Frühjahr schwammen früher Tausende abgemagerter Rentiere von der kargen Porsangerhalbinsel an SB hinüber zur Sommerweide auf Magerøy. Später waren die Landungsfahrzeuge des Militärs deshalb eine große Hilfe, denn manche Tiere waren so entkräftet, dass sie die Schwimmstrecke nicht meisternten. Im Herbst schwammen die Tiere gut genährt zurück über den Sund zu ihren Winterweiden auf der Finnmarksvidda. Die Landungsfahrzeuge, die 1972 in Bergen gebaut worden waren, wurden 2002 an Privatpersonen verkauft unter der Bedingung, dass der neue Eigentümer sich verpflichtete, sie der Rentierwirtschaft für den Transport der Rentiere gegen Bezahlung zur Verfügung zu stellen.

Nachdem 1999 der Nordkaptunnel eröffnet wurde, werden die meisten Rentiere auf Lastwagen zu ihrer Sommerweide nach Magerøy verfrachtete.

Die Strömung im Magerøysund gehört zu den 10 stärksten in Norwegen (S 162).

70°55'35"N   25°33'31"E   + 1 Std 18 Min ③

An SB passieren wir den **Lafjord** zwischen den Bergen **Stiikogáisa** (400 m ü M) und **Slimmenjárga** (394 m ü M). Wir umrunden den **Skatternjárga** (347 m ü M) an BB und setzen Kurs auf Honningsvåg.

Voraus an BB sehen wir auf dem **Honningsvågfjellet** (389 m ü M) eine runde Radarkuppel. Das ist eine von der NATO finanzierte Radarstation, SINDRE II. Diese Warnstation wurde Ende 2003 in Betrieb genommen. Die dort gewonnenen Daten werden auch von Avinor für die zivile Luftfahrt in Finnmark und im Seegebiet vor der Küste benutzt. Die Radarstation kann versenkt und abgedeckt werden im Falle eines Angriffs.

70°56'15"N   25°43'E   + 1 Std 32 Min ④

An BB die Landzunge **Veidnes**, an SB die Bucht **Vesterpollen/Guvllanjárga**.

Auf den Landzungen an beiden Seiten des Schiffes sieht man zwei gelbweiße, viereckige Gebäude. Das sind Transformatorstationen für das untermeerische Stromkabel zwischen dem Festland und Magerøya. Zwischen diesen beiden Landzungen führt der **Nordkaptunnel** unterm Meeresboden hindurch.

Entlang der Ostseite der **Porsangerhalbinsel** verläuft die E69, die später in die E6 übergeht. Die E6 führt in südlicher Richtung durch ganz Norwegen bis zur Svinesundbrücke an der schwedischen Grenze und dann weiter durch Europa. In nördlicher Richtung führt sie durch den Nordkaptunnel über Magerøy bis zum Nordkap.

Die Tunneleinfahrten liegen auf beiden Seiten des Sundes hinter den Landzungen. Im Sommer 1999 war der Tunnel nach vier Jahren Bauzeit fertig. Mit seinen 6.875 m war er zu der Zeit Europas längster und der Welt zweitlängster untermeerischer Strassentunnel. Der tiefste Punkt liegt 212 m u M, er ist 8 m breit, die maximale Steigung beträgt 9 %.

70°56'32"N   25°47'E   + 1 Std 39 Min

Im Innern des **Sarnesfjords** an BB liegt der kleine verlassene Ort **Sarnes**, wo es früher einmal einen Handelsplatz und eine Internatsschule gegeben hat. Hier hat man Siedlungsreste gefunden, die wohl die ältesten in Finnmark sind, vielleicht sogar in ganz Norwegen. Die Spuren deuten auf zeltähnliche Behausungen hin. Es wird angenommen, dass kleine Gruppen von Menschen ein ziemlich großes Gebiet durchstreiften und von Jagd und Fischfang lebten. Die Datierung geht auf 10.300 Jahre zurück. Wahrscheinlich sind die ersten Bewohner von Osten in diese ungastliche Gegend gekommen zu einer Zeit, als das Festland noch mit Eis bedeckt war.

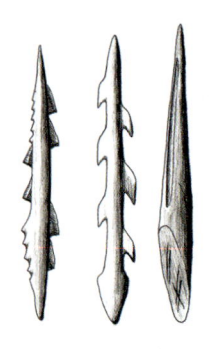

Der Sarnesfjord soll zeitweise als Umschlagshafen für Öl aus Russland dienen, wo das Öl auf größere Tanker umgefüllt werden soll, bevor es seine Reise auf den Weltmarkt antritt. Man hatte eigentlich den Bøkfjord vor Kirkenes als Umschlagshafen vorgesehen, aber der hat den Status als nationaler Lachsfjord. Da gab es natürlich einen großen Interessenkonflikt zwischen Naturschutz und Ölindustrie.

An SB liegen der 5 km lange **Kåfjord,** der Berg **Slimmenjárga** (394 m ü M) und die Landzunge **Porsangerneset** (57 und 46 m ü M). Danach folgt der **Porsangerfjord**, der viert längste Fjord des Landes, mit seinen 123 km. Im Innern des Fjords liegt der Ort **Lakselv** (2.169 Einw.).

Die Insel **Store Altsula** (175 m ü M) an BB liegt vor der Landzunge mit dem Honningsvågfjellet. Das Dorf, das hier einmal existierte, ist inzwischen entvölkert. Auf Altsula gibt es einen Vogelfelsen für Brutvögel und einen Platz, wo man Daunen sammeln kann (S 333).

Der Berg **Honningsvågfjellet** (389 m ü M) wird an BB umrundet und der Kurs auf den nächsten Hafen, **Honningsvåg**, gesetzt. Östlich davon liegt der kleinere Ort **Nordvågen**, im Innern der Bucht das frühere Fischerdorf Storbukta, das heute ein Teil Honningsvågs geworden ist.

Das Schiff legt am Kai in Honningsvåg/Nordkapp an

Honningsvåg wurde 1895 Gemeindezentrum, zu einer Zeit, da größere und motorisierte Fischerboote bessere Hafenbedingungen verlangten als es die alten Nordlandsboote getan hatten, die mit Rudern und Segeln betrieben wurden, und die Nähe zu den Fischgründen war nicht länger das Kriterium für die Platzierung der Fischereibetriebe und die Gemeindeverwaltung. Honningsvåg bot einen besseren Hafen als das verlassene Fischerdorf Kjelsvik (S 208), das vorher das Verwaltungszentrum gewesen war. Die Bevölkerung war im 20. Jh. gewachsen, im Großen und Ganzen im Takt mit den Schwingungen in der Fischerei. 1996 erhielt Honningsvåg Stadtstattus.

Wie alle anderen Orte in Finnmark wurde auch Honningsvåg 1944 beim Rückzug der deutschen Besatzungsmacht niedergebrannt. Nur die Kirche blieb stehen, eine Langkirche aus Holz von 1885. Nach dem 2. Weltkrieg beherbergte die Kirche die Bevölkerung, während die übrigen Gebäude wieder aufgebaut wurden. Honningsvåg gilt heute als Beispiel für eine gute Stadtplanung und Architektur beim Wiederaufbau, der von 1945-60 in Anspruch nahm. In der Stadt verteilt findet man viele Informationstafeln mit Vorschlägen für eine individuelle Stadtwanderung.

Honningsvåg ist einer der größten Fischerorte in Nordnorwegen, inzwischen zusammen gewachsen mit Storbukta, das im Innern derselben Bucht liegt. In Storbukta sieht man mehrere große Tanker liegen, einige davon gehören dem Spezialbetrieb Hordafor Barents, der Abfallprodukte von den Fischschlachtungen der Aufzucht- und Fischereibetriebe aufbereitet. Honningsvåg ist auch die letzte Lotsenstation in Norwegen vor der Barentssee für den Schiffsverkehr nach Norden.

Honningsvåg ist außerdem das Ausbildungszentrum für die Berufe in der Fischwirtschaft, das große, graue Schulgebäude steht nahe beim Hurtigrutenkai.

Mit 110 Kreuzfahrtschiffen im Jahr und 63.000 Passagieren ist Honningsvåg unter den fünf meist angelaufenen Kreuzfahrtschiffhäfen in Norwegen. Die Länge der Kais ist allerdings ein begrenzender Faktor. Die ständig länger werdenden Kreuzfah-

rtschiffe sind zu groß für die Kais und müssen daher oft draußen im Fjord ankern und die Passagiere mit kleinen Booten an Land bringen. Die meisten Kreuzfahrer kommen im Sommer, wenn in diesem Teil des Landes die Mitternachtssonne scheint. Außerdem ist Honningsvåg zweimal am Tag ein fester Anlaufhafen für die Hurtigrute, und viele Küstenfrachtschiffe nehmen ihren Weg hierher. Die Fischerei spielt eine besonders große Rolle. Dies ist einer der größten Fischereihäfen des Landes mit Veredelungs- und anderer Fischindustrie. Hier befindet sich auch die Fischerei-Fachhochschule Finnmarks.

Nur 40 % der Besucher kommen mit Schiffen, die meisten auf dem Landwege mit dem eigenen Auto oder per Flugzeug. Honningsvåg hat einen Kurzbahnflugplatz, der für seine schwierigen Wetter- und Landeverhältnisse bekannt ist. Im Oktober 1990 havarierte hier ein Twin Otter Flugzeug beim Anflug in starken Turbulenzen. Der nächste größere Flughafen ist Banak bei Lakselv im Innern des Porsangerfjords.

Wie auch in vielen anderen Häfen entlang der Reiseroute kann man auch in Honningsvåg Zäune an steilen Hängen oder Bergflanken hinter der Bebauung sehen. Das sind Schneezäune oder Lawinenhindernisse, die im Winter die Häuser vor Schneelawinen schützen sollen.

In der Nähe des Hurtigrutenkais in Honningsvåg befindet sich das Nordkapmuseum, das die Küstenkultur und Fischerei in Finnmark präsentiert und das Lokalmuseum für die Gemeinde Nordkap darstellt.

Das deutsche Schlachtschiff „Tirpitz" wurde stark beschädigt, als es in Alta vor Anker lag (S 268), und wurde später bei Tromsø versenkt (S 179). Die „Tirpitz" hatte 12 Hilfsmaschinen (Dieselmotor/Turbinen und Generator) an Bord. Eine davon steht heute in Honningsvåg, eine andere in Havøysund. Die Hilfsmaschine in Honningsvåg sollte nach dem Krieg Zusatzstrom für die Fischindustrie liefern.

In Honningsvåg besteht die Möglichkeit, sich einer geführten Bustour zum **Nordkap** (71°10'21"N) anzuschließen, der 307 m hohen Felsklippe, die als nördlichster Punkt Europas bekannt ist. In Wirklichkeit ist aber die spitze Landzunge **Knivskjellodden** (71°11'08"N), 4,5 km westlich vom Nordkap, der korrekte nördlichste Punkt. Ein markierter Fußweg von 1,8 km hin und zurück führt zu diesem Punkt.

Es gibt keine Landwirtschaft auf Magerøy, aber jedes Jahr treiben sechs Familien aus Karasjok ihre Rentierherden von zusammen ca. 6.000 Tieren auf das Hochplateau der Insel zum Weiden. Das Plateau wirkt zwar öde und steril, dennoch wurden hier 200 verschiedene Pflanzenarten registriert, darunter manch seltene. In den Felsnischen brüten Millionen von Vögeln, und im Meeresgebiet davor wimmelt es von Leben, da gibt es Schwertwale, Zwergwale, Schweinswale und Robben (S 217). Das Pflanzen- und Tierleben auf dem Nordkapplateau ist sehr empfindlich und steht daher unter Naturschutz.

Auf dem Weg zum Nordkap passiert das Schiff an SB den **Skipsfjord** und die Landzunge **Skipsfjordneset** mit dem Fischerdorf **Kamøyvær** auf der Ostseite, danach die Halbinsel **Fuglenæringen** (381m ü M) mit dem nördlichsten Fischerdorf der Welt, **Skarsvåg** (140 Einw.), darauf folgt der **Vestfjord**, bevor wir zum Nordkap kommen. Auf dem Weg dorthin haben die Reisenden wahrscheinlich die Gelegenheit, ein samisches Lager zu besuchen.

Das Fischerdorf **Kamøyvær** (130 Einw.) wurde erst um 1900 bevölkert, die Menschen zogen von besonders wetterharten Küstenstrichen Finnmarks hierher, auch Samen und Kvæner (Finnen aus Waldgebieten Finnlands) ließen sich hier nieder. Drei Kulturen mit drei Sprachen schmolzen nach und nach zusammen, doch heute dominiert die norwegische Sprache und Kultur, die ethnischen Grenzen sind nahezu verschwunden.

Das Fischerdorf **Gjesvær** (190 Einw.) im Nordwesten von Magerøy bekam 1976 eine Straßenverbindung nach Honningsvåg, außerdem Gefrierhallen, Kühlräume und einen Fischverarbeitungsbetrieb. Schon seit der Wikingerzeit war dieser Ort als Handelsplatz und Fischersiedlung bekannt, vermutlich ist dies der älteste Ort auf Magerøy mit ortsfesten Einwohnern. Vom Mittelalter bis ins 20. Jh. war Gjesvær eines der größten und reichsten Fischereiorte in Finnmark. Hier gedeiht übrigens einer der nördlichsten Zwergbirkenwälder.

Das Vogelparadies **Gjesværstappan** besteht aus fast hundert größeren und kleineren Inseln, darunter die schroffen, einstmals bewohnten, Inseln **Bukkstappan** (92 m ü M), **Kjerkestappan** (166 m ü M) und **Storstappan** (283 m ü M), alle drei gute Landmarken und bekannte Vogelinseln. Hier begegnet man Papageitauchern, Seeadlern, Basstölpeln, Alken, Eiderenten, Kormoranen, Eissturmvögeln und Schmarotzerraubmöwen. Die Gesamtzahl der Brutvögel wird auf ca. drei Millionen geschätzt (S 217).

Die **Nordkaphalle** am äußersten Rande des **Nordkapplateaus** wurde 1990 offiziell eröffnet. Sie ist 6.000 m² groß, enthält Museen mit historischen Ausstellungen,

Restaurants, einen Vorführraum für Panoramafilme und einen großen, stilisierten Metallglobus mit der Markierung von 71°N, dazu einen Thai-Pavillon und Souvenirladen, eine Post und Kapelle. Im Jahre 2005 hatte das Nordkapplateau ca. 207.000 registrierte Besucher. Die geführten Bustouren zum Plateau werden vom Schiff aus organisiert.

Das **Nordkap** wurde 1553 zum ersten Mal mit Namen in einer Karte eingetragen. Auf der Suche nach der Nordostpassage, dem nördlichen Seeweg zwischen Europa und China, kam der englische Entdeckungsreisende Richard Chancellor am Nordkap vorbei. Er war Kapitän und Navigator der „Edward Bonaventure", eines von drei Schiffen, die an der Expedition teilnahmen. Er fand die Nordostpassage nicht, aber sein Schiff war das einzige, das im Jahre darauf nach England zurückkehrte, die beiden anderen Schiffe kamen vom Wege ab. Chancellor hatte im Weißen Meer südlich der Kolahalbinsel in Russland vorübergehend sein Schiff verlassen, hatte eine abenteuerliche Schlittenfahrt nach Moskau unternommen, dort mit Zar Ivan dem Schrecklichen ein Handelsabkommen getroffen und war im folgenden Frühjahr auf sein Schiff zurück gekehrt und damit nach England. Als Ergebnis dieser Expedition wurde „The Muscovy Company" (die Moskau Kompanie, die erste größere britisch-russische Handelskompanie) gegründet. Bei einer ähnlichen Expedition 1555 ging Chancellor auf der Heimreise bei einem im Sturm vor der Küste Schottlands mit seinem Schiff unter.

Der italienische Priester und Wissenschaftler Francesco Negri besuchte das Nordkap 1664. Er schrieb ein ausführliches Tagebuch über seine Erlebnisse und Eindrücke von „diesem äußersten Norden", dem spektakulärsten Ort auf der ganzen Welt. Er reiste teils auf dem Pferderücken, teils auf Skiern, teils in offenen Fischerbooten, dafür war aber das Ziel, das Nordkap, wirklich „phantastisch".

1836 nahm der Raddampfer „Prinds Gustav" (124 Fuß, 215 BRT, angetrieben von zwei Dampfmaschinen von je 40 PS) seinen Linienbetrieb zwischen Trondheim und Hammerfest auf. Von Hammerfest aus konnte man verhältnismäßig leicht zum Nordkap gelangen. Der Raddampfer fuhr zu Anfang nur im Sommer und kam jede dritte Woche nach Hammerfest. 1851 wurde der Raddampfer „Prinds Carl" auf dieselbe Route gesetzt, die dann die verlängerte Strecke Bergen – Hammerfest bediente. Im Laufe der 1850er Jahre begannen die Raddampfer, auch im Winter zu fahren, aber nur tagsüber wegen der damaligen unzureichenden Navigationsmittel. Später beteiligten sich mehrere Unternehmen an den Dampfschiffstouren nach Finnmark.

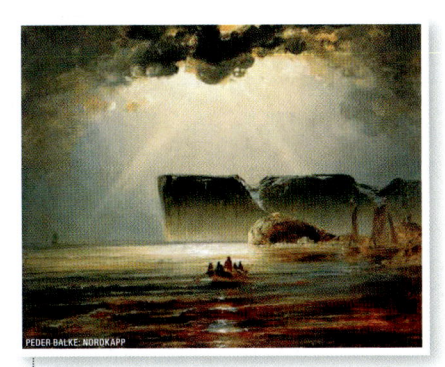

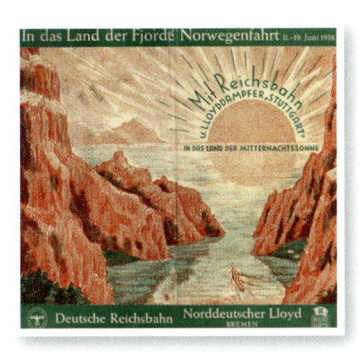

Die Hurtigrute wurde 1893 gegründet mit wöchentlichen Fahrten zwischen Trondheim und Hammerfest. In den beiden darauf folgenden Jahren kam jeweils ein Schiff dazu, das zweite begann dann seine Reise in Bergen. Wenn auch keines von diesen Schiffen bis zum Nordkap fuhr, so brachten sie die Touristen doch dem bekannten Plateau näher. Erst 1956 konnte man von Honningsvåg zum Nordkapplateau auf der Nordkapstraße fahren. Von 1882, als die ersten Touristen mit dem britischen Kreuzfahrtschiff „Ceylon" kamen, bis zur Eröffnung der Nordkapstraße musste man den steilen Weg vom Ankerplatz Hornvika im Südosten des Plateaus erklimmen. In den ersten Jahren waren es nur norwegische und britische Schiffe, doch im Laufe der 1890er Jahre kamen auch mehrere deutsche Kreuzfahrtschiffe, darunter der Atlantikdampfer „Kaiser Wilhelm II" vom Norddeutschen Lloyd und „Augusta Victoria" von der Hamburg-Amerika-Linie. Der Krieg 1914-18 unterbrach den Touristenverkehr, erst mehrere Jahre nach Ende des Krieges kam 1921 der Verkehr wieder in Gang mit dem Kreuzfahrtschiff „Emperor of India", das amerikanische Touristen direkt aus New York brachte. Gekrönte Häupter waren unter den Besuchern, z. B. Prinz Louis Philippe von Orleans, König Oscar II von Schweden/Norwegen, Kaiser Wilhelm II von Deutschland und König Chulalonkorn von Thailand.

Die Norwegische Amerikalinie begann ihre Kreuzfahrten mit norwegischen und amerikanischen Touristen nach Bergen und zum Nordkap 1925, zuerst mit der „Stavangerfjord", später auch mit der „Bergensfjord". Im Jahre 1926 waren es 32 Kreuzfahrtschiffe, die ihren Weg nach Hornvika am Nordkap fanden. Es gab zwei Gründe für das wachsende Interesse der Reichen an diesen Kreuzfahrten, einmal die zunehmende Überkapazität auf den amerikanischen Passagierschiffen, weil die Einwanderungsbestimmungen in den USA verschärft worden waren, und zum andern ein gewisser Konjunkturrückgang, bei dem die Mittelschicht weniger Geld zur Verfügung hatte. Sowohl die deutsche Hamburg-Amerika-Linie als auch die britische Cunard-Linie boten jedes Jahr teure, exklusive Reisen von New York zum Nordkap an. Zusätzlich setzten die Deutsche und später auch die Norweger auf „Billigtouren" zum Nordkap.

Der 2. Weltkrieg brachte wiederum den Kreuzfahrtverkehr zum Nordkap zum Erliegen. Erst 1948 kam das norwegische Passagierschiff „Stella Polaris" zurück, das erste ausländische Schiff erst 1951. Die MS „Oslofjord", die der norwegischen Amerikalinie gehörte, nahm 1955 die Nordkapfahrten auf. Nach Eröffnung der Nordkapstraße reiste ein Teil der Passagiere per Bus zum Plateau. Ab 1972 gab es keine Kreuzfahreranläufe mehr in Hornvika.

Das Schiff fährt weiter nach Kjøllefjord   + 0 Std 00 Min

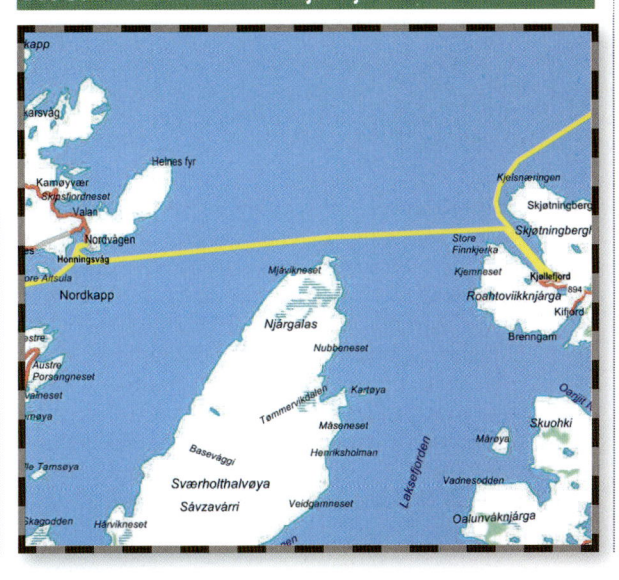

Das Schiff verlässt Honningsvåg mit Kurs auf den nächsten Hafen, das Fischerdorf **Kjøllefjord**. Nach Abgang sehen wir vor uns das fast senkrechte Kliff auf der Halbinsel **Sværholthalvøya**, an SB den Porsangerfjord.

70°58'   26°00'E   + 0 Std 10 Min

Den Ort **Nordvågen** (439 Einw.) passieren wir an BB, nachdem wir hinter Honningsvåg die erste Landzunge umrundet haben. Nordvågen ist der größte Fischereihafen in der Gemeinde Nordkap, wo Fischerei und Fischindustrie die Haupternährungsgrundlage bilden, es gibt aber auch mechanische Werkstätten und Slipanlagen. Der Ort wurde nach dem 2. Weltkrieg aufgebaut.

Die Porsangerhalbinsel und der Porsangerfjord ziehen sich an SB hin, die Sværholthalbinsel liegt in Front des Schiffes.

70°58'N   26°09'50"E   + 0 Std 12 Min ①

Der Ort **Kjelvik** an BB ist heute unbewohnt, war aber jahrhundertelang der größte und wichtigste Fischereihafen in Finnmark. Kjelvik war bis Anfang der 1890er Jahre Gemeindezentrum, bis die neuen, größeren, motorisierten Fischerboote bessere Häfen benötigten. Das Gemeindezentrum wurde deshalb nach Honningsvåg verlegt, wo es gute Hafenbedingungen gab. Kjelvik wurde nach dem Krieg zum Teil wieder aufgebaut. Heute dienen die Häuser als Ferienwohnungen.

Der Ort **Helnes** mit seinem Leuchtturm an BB bezeichnet den östlichsten Punkt der Insel Magerøy. Der Leuchtturm wurde 1908 gebaut, um den Schiffsverkehr von Archangelsk in den Magerøysund zu leiten und um dem zunehmenden Linienverkehr an der Finnmarksküste zu helfen. Bis 1966 wohnten Familien mit Kindern in dem Leuchtturm, heute ist er unbemannt, aber die Gebäude werden oft für Reiseveranstaltungen genutzt.

Im Mittelalter war Helnes ein lebhafter Fischereihafen, während des Frühjahrsfanges konnten viele zugereiste Fischer von hier ihren Fisch mitnehmen. Bei der Volkszählung 1865 hat man festgestellt, dass hier viele Sprachen und Dialekte zusammen kamen: finnisch, russisch, samisch, trøndersch, romsdalisch und nordlandisch. Die Hafenverhältnisse waren allerdings weniger gut, oft musste man die Nordlandsboote, mit denen man die Fische gefangen hatte, nach Gebrauch an Land ziehen. Um die Wende zum 20. Jh. verlangten die Fischer eine Verbesserung dieser Verhältnisse. 1905 bekam Helnes ein „Briefhaus" (eine Art Vorstation für das nächste Postamt), 1911 eine eigene Posthalterei. Dampfschiffe legten hier an und man trieb Handel.

In Helnes wurde eine der ersten Kirchen in Finnmark gebaut, das Baujahr ist unbekannt, doch 1694 wurde die Kirche abgerissen und versetzt. Auf dem ehemaligen Kirchplatz wurde ein Leuchtturm errichtet, und als dieser nach dem 2. Weltkrieg wieder aufgebaut wurde, fand man Skelette aus der Zeit, da hier ein Kirchhof gewesen war.

Das Helnes Feuer ist ein Küstenfeuer, 1908 errichtet, mit einer Reichweite des Lichtes von 17,2 n. M., ein Nebelsignal (Nautophon) wurde 1949 installiert, das Helnes Radiofeuer 1955. 1996 fand eine Modernisierung statt, die auch die Aussendung von Korrektursignalen zum satellitenbasierten Navigationssystem Navstar GPS umfasste. Die Automatisierung erfolgte 2004. Heute werden Übernachtungen in den Gebäuden angeboten.

Im Herbst 1944 brannten die Deutschen das Fischerdorf Helnes einschließlich Leuchtturm zusammen mit dem Rest von Finnmark ab. Im Gegensatz zum Leuchtturm, der 1946 wieder errichtet wurde, baute man das Fischerdorf nach dem Krieg nicht wieder auf.

Das Nordkap hat im 2. Weltkrieg Geschichte gemacht. Folgendes stammt aus einem Artikel unter dem Titel „Die Schlacht ums Nordkap", einer Seeschlacht, die am 26. Dezember 1943 vor dem Nordkap zwischen der deutschen und britischen Kriegsmarine ausgefochten wurde:

Am 25. Dezember 1943 verließen das deutsche Schlachtschiff „Scharnhorst" und die Zerstörer „Z-29", „Z-33", „Z-34" und „Z-38" den Altafjord bei Hammerfest (S 268), alle unter dem Oberkommando von Konteradmiral E. Bey. Unter dem Codenamen „Ostfront" sollten sie den Konvoi „JW 55B" auf seinem Weg nach Russland abschneiden. Der Konvoi, der drei Tage zuvor von einem deutschen Aufklärungsflugzeug entdeckt worden war, bestand aus 19 Frachtern und 10 Zerstörern. Den Deutschen war nicht bekannt, dass eine Flottille der britischen Marine mit den Kreuzern „Norfolk", „Belfast" und „Sheffield" unter dem Kommando von Konteradmiral R. Burnett, dazu das Schlachtschiff „Duke of York", der Kreuzer „Jamaica" und vier Zerstörer unter der Leitung von Admiral Sir B. Fraser dem Konvoi in einigem Abstand folgten.

Schlechtes Wetter und hoher Seegang sorgten dafür, dass der Konvoi nicht zu lokalisieren war. Konteradmiral Bey glaubte, er hätte ihn passiert, und sandte die Zerstörer gen Süden, um das Suchgebiet auszuweiten. Da man einen deutschen Angriff auf den alliierten Konvoi erwartete, wurden die Schiffe nördlich von der ursprünglich geplanten Route dirigiert.

Die „Scharnhorst" war allein und ungeschützt, als sie um 9 Uhr morgens auf Admiral Burnetts Kreuzer traf. Aus einem Abstand von 12 km (6,5 n. M.) eröffnete der britische Kreuzer das Feuer, und die „Scharnhorst" erwiderte es. Der Kreuzer wurde nicht getroffen, das deutsche Schlachtschiff dagegen zweimal. Der Treffer auf die Radarkontrolle machte das Schlachtschiff nahezu blind in dem zunehmenden Schneesturm. Die Schützen konnten nur auf Stichflammen zielen. Konteradmiral Bey meinte, auf ein Schlachtschiff getroffen zu sein, und versuchte, sich dem Verfolger zu entziehen, indem er sein Schiff wendete und nach Süden fuhr.

Im weiteren Verlauf der Schlacht wurden beide Schiffe getroffen. Die „Scharnhorst" wurde bei ihrem Versuch, nach Süden zu fliehen, einige Stunden später von dem britischen Schlachtschiff „Duke of York" abgeschnitten, kam erneut unter Feuer aus einem Abstand von etwa sechs n. M. und wurde mehrmals getroffen. Kurz danach eröffneten auch die Kreuzer „Norfolk" und „Belfast" das Feuer. Wenn Admiral Bey auch den Abstand zwischen seinem Schiff und den englischen Kriegsschiffen vergrößern konnte, so wurde doch seine Situation dadurch verschlimmert, dass eine Granate den Maschinenraum zum Teil zerstörte. Obendrein wurde die „Scharnhorst" nun auch noch von den kleineren britischen Zerstörern angegriffen. Kurz darauf sendete Bey seinen letzten Funkspruch an das deutsche Marinekommando: „An den Führer! Wir werden kämpfen, bis die letzte Granate abgefeuert ist." Die „Scharnhorst" konnte auch unter schwerem Beschuss eine gewisse Fahrt beibehalten. Doch als die Zerstörer weitere 19 Torpedos auf sie abschossen, kenterte sie zum Schluss und sank um 19.45 Uhr. Mehr als 2000 deutsche Soldaten kamen ums Leben, nur 36 wurden aus dem eiskalten Wasser geborgen.

Der **Porsangerfjord** wird an BB passiert, der viert längste Fjord Norwegens (123 km von Sværholtklubben bis Lakselv). Wie die meisten Fjorde in Finnmark unterscheidet auch dieser sich von den Westlandsfjorden, weil er mehr wie eine breite Meeresbucht aussieht. An der Mündung ist er 17 km breit und wird im Innern noch breiter, nämlich 20 km. Im innersten Teil hat er eine Anzahl kleiner Inseln und Holme, ganz am Ende liegen das Kommunikationszentrum **Lakselv** (2.169 Einw.), der Stammflugplatz **Banak** und die Festung Banak Fort. Der Flugplatz wurde 1941-42 von den Deutschen in Verbindung mit dem Angriff auf den alliierten Konvoi nach Murmansk gebaut, nach dem Krieg erweitert und wird heute sowohl für militärischen als auch zivilen Luftverkehr benutzt.

Im Porsangerfjord gibt es heute nicht mehr viel Fisch, aber viele Robben. Es wurde ein Projekt für die kommerzielle Seeigelproduktion in Gang gesetzt. Im flachen inneren Teil des Fjords gibt es Feuchtgebiete, die als wichtige Rastplätze für große Watvogelschwärme bei ihrem Zug im Frühjahr und Herbst dienen. Das ganze innere Fjordsystem ist schützenswert als eines der wichtigsten Feuchtgebiete im Norden.

Die Insel **Store Tamsøy** liegt im äußeren Teil des Porsangerfjords.

Die **Sværholthalbinsel** an SB liegt zwischen dem Porsangerfjord und dem **Laksefjord**. Die steilen Felswände zum Fjord hin sind sehr charakteristisch, das Bergplateau oben drauf ist ziemlich flach. Der Berg **Saufjell** (577 m ü M) ist der höchste Punkt. Der äußere Teil der Halbinsel ist unbewohnt.

70°58'50"N 26°41'20"E + 1 Std 03 Min ②

Auf der Spitze der Sværholtshalbinsel liegt ganz separat der **Sværtholtklubben** (166 m ü M) wie ein dicker Klumpen. Er hat den Status eines Naturreservats als Norwegens dritt größtes Vogelparadies und ist eine bekannte Landmarke. Eine der größten Vogelkolonien hält sich hier auf, in der Brutsaison ca. 55.000 Paare Dreizehenmöwen (S 217)

Der Ort **Sværholt** liegt auf der Nordostseite der flachen Landschwelle zwischen Sværholtsklubben und dem Festland. Er hat eine bewegte Geschichte als altes Fischerdorf und als Landesverteidigungsstation während der englischen Blockade der norwegischen Küste von 1807 bis 1814 (S 85). Im 2. Weltkrieg richteten die Deutschen ein Küstenartilleriefort auf der Klippe ein, um die Einfahrt zum Porsangerfjord und Laksefjord kontrollieren zu können. Das deutsche Oberkommando sah die Gefahr einer Invasion Nordnorwegens als sehr bedrohlich an, der Eindruck wurde noch verstärkt durch mehrere alliierte Angriffe auf Orte der Lofoten. Tunnel im Berg verbanden die Teile der Anlage miteinander. Russische Kriegsgefangene mussten das Fort bauen, Reste davon sind noch heute zu sehen. Sværholt wurde dem Boden gleich gemacht, aber nach dem Krieg kamen die Menschen zurück. Heute ist der Ort menschenleer.

Ca. 70°59'N 26°41'E

Wir passieren Die Grenze zwischen den Gemeinden Nordkapp und Lebesby.

Wir passieren Die Grenze zwischen West- und Ostfinnmark.

Die Gemeinde Lebesby

Bedeutung des Gemeindewappens: Zeigt die Felsformation „Finnkirka" ganz im Westen der Nordkinnhalbinsel.
Bedeutung des Namens: Vom nordischen Lidvardsbyr, der Hof bei Lidvard, oder vom samischen læibes, Erle.
Gemeindezentrum: Kjøllefjord (947 Einw.).
Position: 70°57'N 27°21'E. **Areal:** 3.459 km².
Einw.: 1.430. **Bevölkerungsdichte:** 2,42 Einw./km².
Arealverteilung: Landw. 0 %, Forstw. 0 %, Süßwasser 6 %, verbleibendes Areal 94 %.
Wirtschaft: Fischerei und Fischveredelung. Die Fischereiflotte besteht aus kleineren Küstenfahrzeugen. Fischaufzuchtsanlagen. Etwas Landwirtschaft in den Dörfern am Laksefjord. Weideland und Kalbungsgebiet für Rentiere.
Sehenswertes: Die Klippeformationen Store Finnkjerka und Lille Finnkjerka. Das Foldalsbruket.
Hinweis auf Aktivitäten: Wanderung nach Kinnarodden.
Website der Gemeinde Lebesby: www.lebesby.kommune.no

Der **Laksefjord** (75 km lang) ist ein typischer finnmarkischer Meeresbucht-Fjord, der 13. der Länge nach in Norwegen, breit und offen mit vielen kleinen Fjordarmen. Einer von denen ist der **Adamsfjord** mit dem malerischen 37 m hohen **Adamsfossen** (Adamswasserfall). Das Dorf **Kunes** liegt ganz im Fjordinnern. Am Ende des Fjords und auf den Halbinseln zu beiden Seiten führen wichtige Wanderwege der Rentierherden entlang zu traditionellen Weide- und Kalbungsplätzen.

Vor uns sehen wir die goldene **Nordkinnhalbinsel** mit ihren steilen Küsten. Bei **Hopseidet** ist sie mit dem Festland verbunden, an einer schmalen Schwelle zwischen dem von Westen kommenden **Eidsfjord** und dem von Osten kommenden **Hopsfjord**. Bei Niedrigwasser ist die Schwelle 2 km breit, bei Hochwasser nur 500 m, und der höchste Punkt liegt 2,5 m ü M. Im 17. Jh. gab es einige Häuser und eine Kirche in Hopseidet, heute ist die Besiedlung spärlich. Man hat wiederholt überlegt, ob man einen Kanal durch die schmale Stelle führen sollte, damit die Fischerboote nicht außen um die wetterumtoste Nordkinnhalbinsel fahren müssten. Aber es blieb bei einer Straße über Hopseidet, Rv 888, dem **Nordkynnweg**, der von Mehamn im Norden der Nordkinnhalbinsel über Hopseidet nach Bekkarfjord am Laksefjord führt. Rv 888 wird als Norwegens schwierigste Straße betrachtet, über die man im Winter am meisten spricht. Wenn der Weg gesperrt ist, muss man von Kjøllefjord nach Bekkarfjord die Fähre nehmen.

Auf dem **Gartefjellet** (303 m ü M) sehen wir vor uns 17 Windräder, die man 2006 aufgestellt hat. Die jährliche Stromproduktion beläuft sich auf ca. 150 GWh, was einem Stromverbrauch von 7 500 norwegischen Haushaltungen entspricht.

Wir sind bald im Gemeindezentrum und Fischereihafen **Kjøllefjord** am Ende des Fjordes gleichen Namens (10 km lang). Die **Dyrfjordhalbinsel** im Süden und die **Skjøtningberghalbinsel** im Norden fassen den **Kjøllefjord** ein.

70°59'N 27°08'E   + 1 Std 42 Min   ③

Am Strand unterhalb des **Vindhamran** (313 m ü M) am steilen Halbinselkopf, an der südlichen Mündung des Kjøllefjords, liegt die schöne, geologisch bemerkenswerte, Klippenformation **Store Finnkjerka** und die noch bekanntere **Lille Finnkjerka** (große und kleine Finnkirche). Das Meer hat hier Klippen geschaffen, die wie Kathedralen mit Türmen und Spitzen aussehen, „die eigentümlichen Küstenklippen" genannt. 1955 wurden sie zum ersten Mal erklettert. Man sagt, Finnkjerka sei einst eine samische Kultstätte gewesen.

Das Schiff legt am Kai in Kjøllefjord an

Das Verwaltungszentrum **Kjøllefjord** gehört zu den größten Fischereihäfen in Finnmark. Schon vor dem 16. Jh. wurde hier Handel getrieben. 1690 wurde Finnmark in sieben Handelsdistrikte eingeteilt. Der Distrikt **Omgang** (der nordöstliche Teil der Nordkinnhalbinsel) und der Distrikt **Kjøllefjord** (südlicher Teil der Halbinsel, Laksefjord und Tana) sollten mit den Samen Handel treiben. Der norwegische Schriftsteller Jonas Lie (1833-

1908) beschreibt in einem seiner Romane, wie das Leben um 1750 in Kjøllefjord gewesen ist. Der Ort diente damals „als Lagerplatz für Finnmarks Erzeugnisse, die Bergenser und später Dänen abholten, als Hafen für russische Boote, die an der Küste Tauschhandel betrieben, und als Nothafen für fremde Schiffe auf dem Weg nach Archangelsk am Weißen Meer, hier herrschte immer reges Leben." Zu der Zeit soll Kjøllefjord ein größerer Handelsplatz gewesen sein als Vardø und Vadsø weiter im Westen.

Als 1944 die deutsche Besatzungsmacht sich aus Finnmark zurück zog, brannte sie den Ort fast total ab, nur vier Häuser blieben stehen. Alle 700 Einwohner wurden evakuiert, die meisten kehrten nach dem Krieg zurück. Es wurde ein neuer Regulierungsplan ausgearbeitet, und der Wiederaufbau begann. Neun verhältnismäßig moderne Fischereibetriebe wurden etabliert, das Wirtschaftsleben kam wieder in Gang, und die Fischereiflotte wuchs rasch. 1954 bestand sie aus 155 Booten, davon 10 über 50 Fuß lang, 27 zwischen 30 und 50 Fuß lang, der Rest unter 30 Fuß lang.

Die Kirche in Kjøllefjord wurde 1951 eingeweiht. Die schöne Steinkirche mit 300 Sitzplätzen war eine der ersten, die nach dem Krieg wieder aufgebaut wurde. Die Kirche war ein Geschenk dänischer Gemeinden „aus Dankbarkeit dafür, dass Dänemark vor den Schrecken des Krieges bewahrt geblieben war, und aus Mitgefühl mit den schwer heimgesuchten Brüdern im Norden". Die Kirche ist eine etwas größere Ausgabe der 1944 nieder gebrannten. Hier gab es schon seit 1670 eine Kirche. In der neuen Kirche wird die Bibel König Fredrik II`s von 1589 aufbewahrt, die vor dem Brand 1944 gerettet wurde.

1974 eröffnete man eine Landebahn für Ambulanzflugzeuge auf der Hochebene bei Kjøllefjord.

Heutzutage ist das Leben in Kjøllefjord nicht mehr so rege. Die Fischereiflotte ist reduziert, aber gut aufgeteilt in unterschiedliche Bootsgrößen. Die beiden Fischverarbeitungsbetriebe sind abhängig von der Zulieferung von Rohstoff, und die kann stark schwanken. Die Gemeinde ist der größte Arbeitgeber. Der Fischereiort hat alle Einrichtungen, die eine moderne Gesellschaft heute braucht, Schulen, Schwimmhalle, große Sporthalle, Bibliothek, Kino, Hotel.

Das Schiff fährt weiter nach Mehamn + 0 Std 00 Min

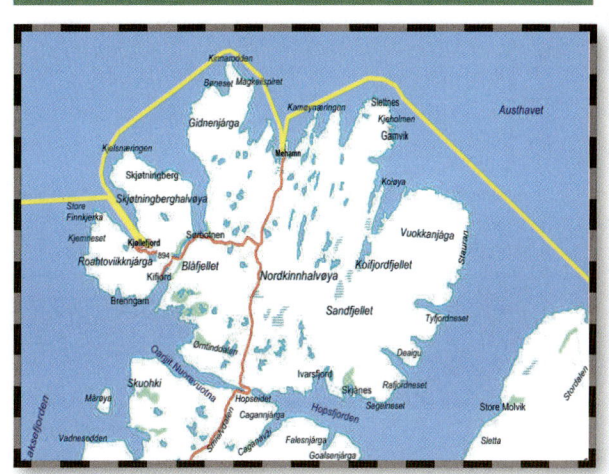

Gleich nach Abgang passieren wir das restaurierte **Foldalsbruket**, wahrscheinlich das größte Holzgebäude der ganzen Gegend, 1917 gebaut als konventionelle Fischannahmestelle mit Trankocherei. Der angelieferte Dorsch wurde auf Hjeller (Trockengestelle) gehängt und getrocknet, die Leber zu Tran verarbeitet. Die fertigen Produkte wurden dann nach Südnorwegen transportiert. Foldalsbruket hatte einen eigenen Kai, der von 1927 bis 1959 in Gebrauch war. 1987 ging der Betrieb Konkurs und verfiel, bis er zusammen mit dem Kai restauriert wurde und seitdem als Zentrum der Küstenkultur dient.

In Foldalsbruket wird gezeigt, wie die Fischindustrie funktionierte. Hier sieht man die Anlegebrücke mit dem Lagerhaus, die Halle, wo die Fische geschlachtet wurden, Wohnhäuser und Rorbuer, Trankocherei und Kontore. Vor den Gebäuden liegt der lange Holzkai und ab Abhang dahinter stehen die Fischhjeller.

Das Hauptgebäude hat 5 Stockwerke. Im Erdgeschoß war die Salzerei, einen Stock höher die Produktion von Fischkästen, noch einen Stock höher die Produktion von Trockenfisch und der Platz für die Ausrüstung wie Eiszerkleinerungsmaschine, Trockenfischpresse, Maschinen zur Herstellung der Fischkästen, Säge und Eiszange. Alles zusammen verdeutlicht die Produktionsprozesse von der Rohware bis zum fertigen Produkt.

An BB sieht man an der Spitze des Berges **Vindhamran** die Silhouette von Store - und Lille Finnkjerka.

An BB haben wir die **Dyfjordhalbinsel**, an SB die **Skjøtningsberghalbinsel.**

71°00'N 27°12'E   + 0 Std 22 Min ①

Wir passieren **Svartnakken** und **Kvitnakken**, zwei kegelförmige, breite, wie Gedenktafeln geformte Klippen aus besonders hartem Gestein, eine schwarz, die andere weiß, zu beiden Seiten einer schmalen Klamm. Gleich danach folgt der vorspringende **Altar**.

Bøneset, Sandfjorden und Kinnarodden.

Das Schiff umrundet die steile Landspitze **Kjøllefjordneset** (324 m ü M), bevor es Kurs nach Nordost setzt.

71°08'40''N 27°39'26''E   + 0 Std 38 Min ②

Der Gebirgszug **Kjelsnæringen** (298 m ü M) mit seinem charakteristischen, nach außen abstehenden „Horn" wird an der Mündung des **Oksefjords** umrundet. Das Wort *Næring* bedeutet soviel wie "hohe, steile Bergwand an einer Landspitze am Meer".

Am **Kjelnæringsfjellet** liegt der Ort **Skjøtningsberg,** ein heute verlassenes Dorf aus dem 15. Jh., damals ein großes Fischerdorf mit 200-250 Menschen. Auf jeden Fall stand hier 1589 die Hauptkirche der Nordkinnhalbinsel. 1903 beteiligten sich 703 Mann am Fischfang. So lange die Fischerboote gerudert wurden, war Skjøtningsberg ein zentraler Ort. Bei schlechtem Wetter wurden sie Ruderboote an Land gezogen, das ließ sich mit größeren, motorisierten Fischerbooten nicht mehr machen. Die schlechten Hafenverhältnisse bewirkten, dass der Ort verlassen wurde.

Vom **Oksefjord** aus wurde 1898-1903 Walfang betrieben, und zwar von festen Landstationen aus. Im November 1944 wurde alles abgebrannt. Reste von einer der Fangstationen, ein 3 m langer Dampfkessel, ist noch zu sehen. In der Nähe der **Oksvågen** Landstation im Innern des Fjords wächst einer der beiden nördlichsten Birkenwälder, der andere nahe des Nordkaps.

71°06'N 27°26'50''E   + 0 Std 55 Min

Am Nordufer des Oksefjords erhebt sich die charakteristische Klippe **Engelsnæringen**.

71°07'31''N 27°33'38''E   + 1 Std 05 Min ③

Wir passieren die Landzunge **Bøneset** (310 m ü M), dahinter öffnet sich der **Sandfjord**. Vor uns sehen wir die Klippen **Kinnarodden.**

Im Innern des Sandfjords haben sich am Ende der letzten Eiszeit große Mengen an Löß angesammelt, die die Wellen eingeebnet haben. Diese Lößfläche wurde später angehoben, und es hat sich eine Terrasse gebildet. Am Sandfjord haben einmal Menschen gewohnt und mit Fisch gehandelt. Heute ist dies ein Naturschutzgebiet mit vielen Vögeln und Robben.

71°08'39''N 27°39'52''E   + 1 Std 13 Min ④

Wir umrunden die **Kinnarodden** Klippen (234 m ü M). Bei 71°08'1''N befindet sich der nördlichste Punkt des europäischen Festlandes.

Die Umgebung von Kinnarodden ist ziemlich öde und nur zu Fuß oder mit dem Boot zu erreichen. Da der Ort aber immer öfter besucht wird, hat man 2004 einen mit Steinwarden markierten Wanderweg angelegt. Der Weg beginnt am Flughafen von Mehamn und ist 23 km lang.

Bei Kinnarodden lagen die Reste von zwei deutschen Junkerflugzeugen, JU-88, die im 2. Weltkrieg hier abstürzten. 1999 hat man sie in das Flugzeugmuseum nach Bodø geschafft, um sie wieder herzustellen und zu konservieren. Von den ca. 1 500 Flugzeugen dieses Typs sind nur fünf erhalten.

Bei Kinnarodden passieren wir die Grenze zwischen den Gemeinden Lebesby und Gamvik.

Die Gemeinde Gamvik

Bedeutung des Gemeindewappens: Bildet Fische ab.
Bedeutung des Namens: Wahrscheinlich abgeleitet vom nordischen gangr, „gressgang for husdyr", Grasgang für Haustiere (Weideplatz). vik, Bucht.
Gemeindzentrum: Mehamn (700 Einw.).
Position: 71°02'N 27°50'E.
Areal: 1.414 km². **Einw.:** 1.114.
Bevölkerungsdichte: 1,27 Einw./km².
Arealverteilung: Landw. 0 %, Forstw. 0 %, Süßwasser 3 %, verbleibendes Areal 97 %.
Wirtschaft: Fischannahme und Fischverarbeitung. Meist kleine, offene Küstenboote, einige größere, die weiter entfernt fischen. Weideland für Rentiere aus Karasjok. Tourismus.
Sehenswertes: Brodtkorbbruket. Gamvik Museum. Kinnarodden. Slettnes Feuer. Natur- und Kultursehenswürdigkeiten bei Slettnes.
Hinweis auf Aktivitäten: Wanderung nach Kinnarodden. Vogelbeobachtung.
Website der Gemeinde Gamvik: www.gamvik.kommune.no

71°08'N 27°37'E + 1 Std 15 Min ⑤

Wir fahren in Richtung Südosten mit Kurs auf den Fischereihafen Mehamn. In der Ferne sehen wir voraus die Landzunge **Kamøynæringen** und die Landspitze **Vadnesodden**.

71°07'36"N 27°45'E + 1 Std 22 Min

An SB passieren wir die charakteristische Landzunge **Magkeilspiret** (300 m ü M) im **Magkeilfjord**. Der Küstenschutz hat entschieden, dass dieser Fjord einer von 15 Nothäfen in Finnmark sein soll, der zum Umladen und Anlandziehen eventueller Havaristen dienen soll. Diese Maßnahme war notwendig wegen der ständig wachsenden Gefahr für die Umwelt beim Transport von Ölprodukten aus Westsibirien entlang der Finnmarksküste nach Europa und USA.

71°06'41"N 27°47'E + 1 Std 29 Min

Vor uns haben wir die Bergnase des **Smørbringen** (179 m ü M) und noch weiter vorn auf der Ostseite des Mehamnfjordes Kamøynæringen.

Wir umrunden **Smørbringen** und fahren in den **Mehamnfjord** hinein.

Das Schiff legt am Kai in Mehamn an

Das Verwaltungszentrum und Fischerdorf **Mehamn** ist einer der Orte in Finnmark, der total von der Rohstofflieferung aus dem Meer abhängig ist. Mehamn hat einen der besten Häfen in Finnmark. In den 1960er Jahren gab es ca. 10 Fischereibetriebe, heute ist davon nur noch einer übrig geblieben. Dennoch sind Fischerei, Fischannahme und Weiterverarbeitung immer noch die wichtigsten Einnahmequellen.

Heute setzt man u.a. auf die Königskrabben, die nach Spanien und Japan exportiert werden, auf Trockenfisch für Osteuropa und Afrika, frischen und gefrorenen Fisch für Skandinavien und Europa und Salzfisch für Spanien.

Die Abhängigkeit von den Ressourcen des Meeres war der Grund für den bekannten Mehamn-Aufruhr im Jahre 1903. Damals waren viele Wale in der Umgebung, und die Fischer sahen ihren eigenen Vorteil im Zusammenspiel zwischen Walen und Fischen. Sie meinten, dass die Fische auf ihrer Flucht vor den hungrigen, Fisch fressenden Walen in flachere Gewässer schwömmen, wo die Fischer sie dann in großen Menge fangen könnten. Als der Walfang in den 1870er Jahren sich entwickelte und kapitalkräftige Gruppen aus Südnorwegen spezielle Walfangstationen einrichteten, wie z. B. in Mehamn, blieben die Fischer von dieser Entwicklung ausgeschlossen. Sie mussten erleben, wie der Walbestand wegen Raub-

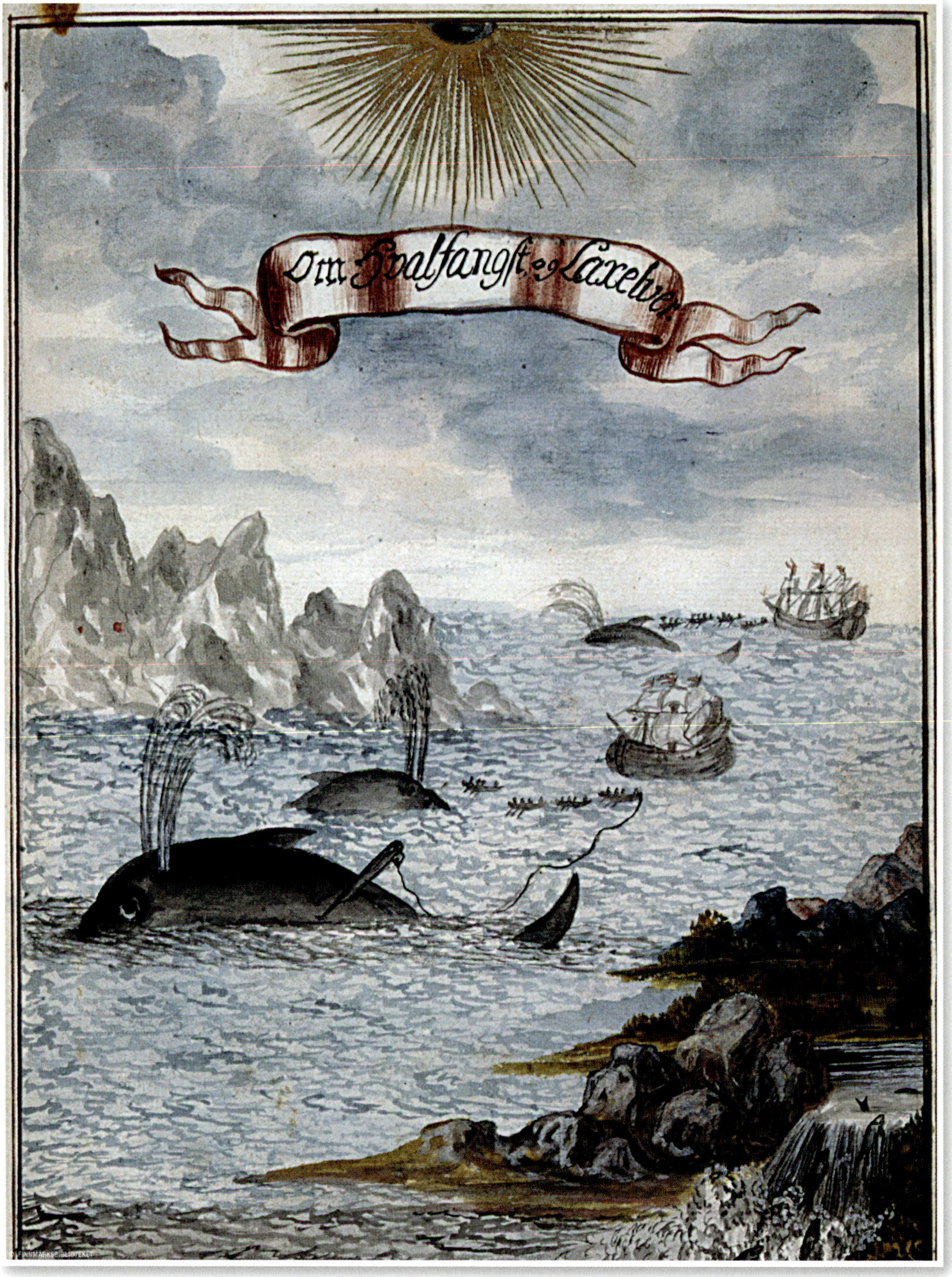
Om Hvalfangst og Laxelver.

baus zurück ging, und wie gleichzeitig der Fischfang weniger Ertrag brachte, und zogen daraus ihre Schlüsse. Eine Klage bei den Behörden, in den intensiven Walfang einzugreifen, führte zu keinem Ergebnis. Immer wieder vertagte das norwegische Storting (Parlament), sich mit der Angelegenheit zu beschäftigen. Als 1903 die Sache wiederum vertagt wurde, nahmen die Fischer sie selbst in die Hand. 1.200 Fischer stürmten die Walfangstation in Mehamn, Häuser wurden nieder gerissen, Maschinen zerstört und Tranfässer entleert; nur Ruinen blieben übrig. Die Fischer drohten damit, dasselbe mit der Walfangstation in Oksfjord zu machen (die wir gerade passiert haben). Das Militär wurde eingesetzt, um Ruhe und Ordnung wieder herzustellen. Mehrere Anführer des Aufruhrs wurden fest genommen. Im Jahre darauf wurden die Wale unter Schutz gestellt, aber da war der Bestand schon fast ausgerottet.

In neuerer Zeit wurde viel von Mehamn gesprochen wegen des „Mehamn-Unglücks". Im März 1982 stürzte ein Twin-Otter- Flugzeug mit 15 Personen an Bord in Omgang, südöstlich von Gamvik, ab. Alle Insassen kamen ums Leben. Der ursprüngliche Bericht der Flughavariekommission wurde von einigen Leuten nicht akzeptiert. Das Storting setzte eine neue, unabhängige Untersuchungskommission ein, und die kam 2005 zu dem Ergebnis, dass die Ursache für den Absturz höchst wahrscheinlich in einem Fehler im rechten Ruder, kombiniert mit starken Turbulenzen zu suchen sei.

Der Flughafen in Mehamn wurde 1974 eröffnet, ein Kurzbahnflugplatz mit einer 800 m langen Rollbahn.

Das Schiff fährt weiter nach Berlevåg   + 0 Std 00 Min

Mehamn liegt hinter uns und wir fahren hinaus aus dem Mehamnfjord, passieren die steile Felswand **Kamøynæringen** (137 m ü M), danach den Berg **Bispen** (230 m ü M), den **Sandfjord** und **Vadnesodden** mit dem Slettnes Feuer.

In **Sandvågen** vor Vadnesodden, unterhalb des Berges **Steinvågaksla** (220 m ü M) liegt der verlassene Handelsplatz **Steinvåg**. Die kleine Bucht ist schon seit dem 17. Jh. bewohnt, und samische Grabstätten erzählen von einer samischen Vorzeit. Hier befindet sich auch eines der am besten bewahrten Steinlabyrinthe (S 202). Die meisten Labyrinthe liegen in der Nähe samischer Friedhöfe aus vorchristlicher Zeit. Steinvåg gehörte zu den sechs Orten in Finnmark, von denen aus der Pomorenhandel betrieben wurde. Dieser Handel begann um 1720 und dauerte bis 1917.

Eine von den zwei kleinen Buchten vor Vadnesodden trägt den treffenden Namen **Hollendervika** (Holländer-bucht). Der Name entstand entweder, weil ein holländisches Schiff mit einer Ladung Baumstämme von Archangelsk hier um 1860 unterging, oder er stammt aus der Zeit, als holländische Walfänger den Ort besuchten. Die andere Bucht heißt **Daumannsvika** (Totmannsbucht), wahrscheinlich weil unzählige Seeleute nach Schiffsuntergängen hier an Land getrieben wurden.

Das Naturreservat Slettnes, ca.12 km² groß, zwischen Vadnesodden und Slettnes Feuer liegt an der Küste. Die flache Küstenebene unterscheidet sich sehr von der übrigen Gebirgslandschaft auf der Nordkinnhalbinsel. 95 Vogelarten sind regelmäßig im Reservat beobachtet worden, 53 davon brüten hier. Das Gebiet ist eines der wichtigsten in Skandinavien, sowohl als Rastplatz für Zugvögel als auch als Brutgebiet für Watvögel, Möwen und Enten. Norwegische und ausländische Forscher sind jedes Jahr zur Stelle, um die Vögel zu registrieren. Die Ergebnisse von hier gehen in internationale Überwachungsstudien für Watvögel ein. Das Naturreservat Slettnes steht unter Naturschutz.

Slettnes Feuer nahm 1905 seine Arbeit auf. Es ist das nördlichste Festlandsfeuer der Welt und hat einen 39 m hohen gusseisernen Turm, den einzigen seiner Art in Finnmark und einer der höchsten in Norwegen. 130 Stufen führen im seinem Innern hinauf auf den Turm. Die Lichthöhe beträgt 44 m ü M, die Reichweite 17,6 n. M., 1922 wurde ein Nebelsignal in Betrieb genommen, es arbeitete bis 1944. Wie alle anderen Leuchttürme in Finnmark, wurde auch das Slettnes Feuer von den Deutschen auf ihrem Rückzug zerstört, es wurde im November 1944 zerbombt. Abgesehen vom untersten Teil des Sockels wurde alles zerstört, auch die dazu gehörenden Nebengebäude. Vier Jahre später wurde das Feuer wieder neu errichtet, sogar etwas höher als vorher. Nach dem Krieg wurde ein Zweiton-Nebelsignal installiert, das man von 50-60 km Abstand hören konnte. 1955 kam ein Radiofeuer dazu. Das Kennungssignal war **SN** (... -.) auf der Frequenz 295,0 KHz mit einer Reichweite von 50 n. M.

Das Slettnes Feuer wird oft von Touristen besucht. Man kann dort auch übernachten.

Das Gebiet um den Leuchtturm von Slettnes weist, genau wie die Sarnesbucht bei Honningsvåg, sowohl Spuren der ältesten Besiedlung Finnmarks auf als auch die eines früheren Fischerdorfes.

Zwischen Slettnes und Gamvik befindet sich eine einigermaßen intakte Festung aus dem 2. Weltkrieg mit Bunkern, Kanonenstellungen und Laufgräben, alles in gutem Zustand. Die Festung wurde 1942 errichtet und lag strategisch gut platziert mit Sicht nach Norden, Osten und Westen. Dort waren, wenn es hoch kam, 130 Mann dort stationiert. 1944 beim Rückzug wurden die Bunker gesprengt und das Material weg geschafft.

71°05'N   28°24'E   + 0 Std 58 Min   ⑥

Auf unserem Weg zum nächsten Hafen, Berlevåg, passieren wir den Fischereihafen **Gamvik.**

Die Kirche in Gamvik wurde 1958 erbaut, auf demselben Platz, wo die frühere Kirche von 1044 abgebrannt war. Die heutige ist eine Betonkirche und hat 224 Sitzplätze.

Die erste Kirche in Gamvik wurde „Lappenkirche" oder „Samenkapelle" genannt und 1858 als Missionskirche eingeweiht. Sie stand bis 1914, auch wenn 1894 eine neue und größere errichtet wurde. 1944 wurde sie abgebrannt.

Das Gemeindezentrum und Fischerdorf Gamvik trägt die Prägung der typischen Architektur des Wiederaufbaus nach dem 2. Weltkrieg. Die Bevölkerung wurde 1944 zwangsevakuiert und alle Häuser abgebrannt, Schiffe und Kais gesprengt oder verbrannt.

Mitten im Dorf liegt **Brodtkorbbruket**, ein Fischereibetrieb, der nach dem 2. Weltkrieg auf dem ursprünglichen Grundstück des Betriebes von 1840 wieder aufgebaut wurde. Besitzer war die Handelsdynastie Brodtkorb in Vardø. 1969 wurde der Betrieb aufgegeben als Folge des Zusammenbruches auf dem Trockenfischmarkt. Brodtkorbbruket wurde vom Reichsantiquaren mit in die Reihe der zu bewahrenden technischen und industriellen Kulturdenkmäler aufgenommen und ist heute das einzige seiner Art von nationalem Interesse. Es ist Teil des Gamvik Museums 71°N und vermittelt die Kenntnis über die Fischerei- und Küstenkultur der Gemeinde.

Gamviks Einwohnerzahl ist stark zurück gegangen durch Abwanderung, nachdem die Fischindustrie des Ortes Einbrüche erlitten hat.

Am Ende der 1980er Jahre behaupteten Repräsentanten einer norwegischen Organisation, dass das Militär Abhorchkabel gegen sowjetische U-Boote in der Umgebung von Gamvik installiert hätte, und veröffentlichten stark widersprüchliche Informationen in den Medien.

Die Fahrt geht weiter zum nächsten Hafen, Berlevåg. Wir passieren den **Koifjord,** danach die Halbinsel **Vuokkanjága** mit dem verlassenen Fischerdorf **Omgang** und der Bucht **Russevika.** Omgang war früher mal ein Verbannungsort für Gefangene und gehört zu den Orten an der Finnmarksküste, wo man Hexen verbrannt hat. Seit 1589 gibt es hier eine Kirche. Omgang hat einen großen Vogelfelsen.

Wir kreuzen den **Tanafjord,** 65 km lang und 8-12 km breit, mit vielen Seitenarmen, am weitesten draußen der **Hopsfjord,** hinter der Nordkinnhalbinsel, der **Langfjord** und der **Trollfjord.**

Finnmark fylke (die Provinz Finnmark)

Fylkeswappen: Zeigt die Festung Vardøhus und den Grenzschutz nach Osten.
Ursprung des Namens: Kommt von Finnmork, erster Teil von finner, „samer" (Samen), andrer Wortteil mark bedeutet „bewohntes Grenzgebiet".
Areal: 48.618 km². **Einwohnerzahl:** 73.210.
Verwaltungszentrum: Vadsø.
Gemeinden, die auf dem Weg nach Norden der Reihe nach passiert werden: Kvænangen, Loppa, Hasvik, Hammerfest, Måsøy, Nordkapp, Lebesby, Gamvik, Berlevåg, Båtsfjord, Vardø, Vadsø, Sør-Varanger.
Landschaftsformen: Ca. 95 % des Areals liegt niedriger als 600 m ü M, die Finnmarksvidda (Eigenname, vidda = Hochfläche) hat eine Höhe von 300-500 m ü M, ist sehr sumpfig, hat viele Seen, weite Täler, ruhig dahin fließende Flüsse, eine gleichmäßige Landschaft mit wenig Höhenunterschieden. Die Küste wird von langen, breiten und tiefen Fjorden eingeschnitten. Die meisten verlaufen in Nord-Süd-Richtung, haben die Form von weiten Meeresbuchten. Zwischen den Fjorden liegen große Halbinseln. Die Küste West-Finnmarks, also westlich des Nordkaps, liegt geschützt hinter Inseln, in Ost-Finnmark fehlt dieser Schutz.
Geologie: Die besonderen Landschaftsformen in großen Teilen Finnmarks beruhen auf dem unterschiedlichen Grundgestein im Vergleich zu etwas südlicher gelegenen Gebieten in Nordnorwegen. Südlich vom Varangerfjord und weiter nach Südwesten tritt das Grundgebirge aus bis zu 2.500 Millionen Jahre altem Gneis zu Tage in Form einer welligen Plateau-Landschaft. Nördlich vom Grundgebirge ist das Grundgebirge von einer dicken Lage Sandstein bedeckt, die sich ganz bis über die Varanger-Halbinsel hinzieht. Der Sandstein wurde vermutlich in großen Platten über den Gneis und die darauf liegende dünne Schieferlage geschoben. Die Sandstein- und Schieferlagen bilden ein nahezu horizontales Plateau über ganz Nord- und Ost-Finnmark. Schiefer und Sandstein bieten Meer und Wind und Wetter keinen großen Widerstand. Deshalb gibt es an der Küste bis zum Varangerfjord von Porsanger bis zum Varangerfjord im Osten weder Schärengärten noch Strandflächen, die Küste steigt wie eine Wand senkrecht aus dem Meer bis zu einer Höhe von 150-300 m ü M. Westlich davon sind die Fjorde kleiner und es gibt große Inseln; die Berge sind spitz und manche sind mit Gletschern bedeckt.
Klima: Es gibt große Klimaunterschiede zwischen den einzelnen Teilen dieser Provinz. Von Westen kommen milde Luftströmungen. Das temperierte Golfstromwasser (S 85) hält die Küste das ganze Jahr über eisfrei. Bei Tiefdruckwetterlage entstehen oft Stürme. An der Küste bläst der Wind im Januar zu 30-40 % der Zeit mit Windstärke 6 oder mehr. Der Februar ist der kälteste Monat mit Mitteltemperaturen an der Küste zwischen -2 und -7°C, im Inland 10 bis -15°C. Auf der Finnmarksvidda bewegen sich die mittleren Temperaturen vom November bis März zwischen -40 und -45°C.

Im Hochsommer weht oft auflandiger Wind von Norden und Osten an die Küste. Die mittleren Temperaturen im Juli betragen an der Küste 10-12°C und im Inland 14°C. Das wärmste Wetter kommt mit Luftströmungen aus Südost. Die Höchsttemperatur an der Küste kann 25-30°C erreichen und in den Tälern des Binnenlandes über 30°C.
Besiedlung: Die Bevölkerung wohnt hauptsächlich an der Küste, denn sie ist vom Fischfang abhängig. Die Fischersiedlungen konzentrieren sich um die guten Häfen herum. Nach dem 2. Weltkrieg baute man die zerstörten Fischerdörfer wieder auf, viele der kleineren Dörfer wurden verlegt. Im Binnenland sind nur die Orte Karasjok und Kautokeino von Bedeutung.

Die Einwohnerzahl hat in den letzten 60 Jahren sehr geschwankt. Zeitweise gab es einen Niedergang in der Fischerei und in Bergwerksbetrieben, das führte in vielen Küstenorten zu einer Abnahme der Bevölkerung. Von 1970-2004 ging die Einwohnerzahl um 25 % zurück, bezogen auf ganz Finnmark. Die Abwanderung vor allem junger Menschen während und nach der Ausbildung hat einen Mangel an Arbeitskräften in den Schlüsselpositionen geschaffen.

WIRTSCHAFT:
Land- und Forstwirtschaft: In Finnmark gibt es den geringsten Anteil anbaufähiger Flächen in ganz Norwegen, nur 0,2 %, und die werden zur Produktion für das Futter der Haustiere genutzt. Haustiere sind hauptsächlich Rinder für die Milch- und Fleischproduktion. Diese Provinz kann sich mit keinem landwirtschaftlichen Produkt selbst versorgen. Die Forstwirtschaft hat wenig Bedeutung.
Rentierwirtschaft: Im Hinblick auf die Beschäftigungszahl hat sie keine große wirtschaftliche Bedeutung. Im Jahre 2002 gab es ca. 2.000 Betriebe, für die Rentierhaltung der Haupterwerbszweig war, die Anzahl der gezählten Rentiere lag bei 126.000. Rentiere brauchen ein großes Gebiet für ihre saisonalen Wanderungen. Die meisten Rentierbesitzer haben einen festen Wohnsitz und ziehen nicht mit den Rentieren umher, das tun Rentierhirten. Rentiere weiden im Winter auf den Hochflächen (Vidda), im Sommer in den Küstengebieten, wo sie auch ihre Kälber zur Welt bringen. Die Rentierweiden sind immer wieder Streitobjekte zwischen der Rentierwirtschaft auf der einen Seite und der Landwirtschaft, Mineralausbeutung, neuen Kraftwerkanlagen und dem Militär auf der anderen. Die Anzahl der Rentiere ist zu groß für die Weideflächen, was ebenfalls ein Problem für die Rentierhalter darstellt.
Fischerei: Ist der Haupterwerbszweig von alters her, und zwar in den Fjorden, an der Küste und auf den Fischbänken bis hinaus auf 15-20 n. M. vom Land. Größere Fischereifahrzeuge fahren am weitesten raus. Die Frühjahrsdorschfischerei findet im Mai/Juni entlang der Küste statt. Der stationäre Küstendorsch wird das ganze Jahr über gefangen. Die meisten Dorsche werden filettiert und eingefroren, es gibt viele Filettierfabriken an der Küste. Ein Teil der Dorsche wird zum Trocknen aufgehängt oder gesalzen. Schellfisch und Köhler (Seelachs) sind auch von Bedeutung. In den letzten Jahren hat man beträchtliche Mengen an Garnelen gefangen und auch Königskrabben.
Bergbau: Die Firma Sydvaranger ASA in Bjørnevatn bei Kirkenes, Norwegens größtes Bergwerksbetrieb, stellte mal die meisten Arbeitsplätze zur Verfügung. Bis zur Niederlegung 1997 wurde dort Eisenerz abgebaut, woraus man Pellets hergestellte. In Alta befindet sich das größte Schiefervorkommen des Landes und entsprechend viele Schieferbrüche. Auf der Insel Stjernøya baut man Nephelinsyenit ab und exportiert es.
Industrie: Finnmark hat die wenigsten Industriearbeiter im Lande, und diese wenigen sind an die Fischerei gebunden. Die Fischindustrie dominiert, sie ist an der ganzen Küste verteilt. In Abhängigkeit von den Rohstofflieferungen schwanken die Beschäftigungszahlen je nach Saison und auch langfristigen Schwingungen.
Tourismus: Der Tourismus zur Mitternachtssonne und zum Nordkap begann im 19. Jh. Die Hurtigrute spielt eine wichtige Rolle im Tourismus in Finnmark, in den letzten Jahren haben Flug- und Autotourismus an Bedeutung gewonnen.
Verkehr: Die E6 verbindet Finnmark mit dem Rest des Landes, viele Strassen verbinden die Orte der Provinz miteinander. Die Hurtigrute ist sehr wichtig, aber auch Schnellboote und Lokalboote, die zwischen den Inseln und dem Festland verkehren. Der Flugverkehr innerhalb Finnmarks und als Verbindung mit dem Rest des Landes ist ebenfalls wichtig.
Sprache: Samisch und norwegisch werden gleichermaßen gesprochen. Alle öffentlichen Schilder sind zweisprachig.

Quelle: Store norske leksikon.

Vogelfelsen in Norwegen

In Norwegen liegen alle großen Vogelfelsen im Norden, ausgenommen der auf Runde (S 46).

Kennzeichnend für alle Vogelfelsen ist die Lage auf Klippen im offenen Meer oder an steilen, unzugänglichen Felswänden an der Küste. Die Unzugänglichkeit schützt vor Raubtieren, die Nähe zum Meer garantiert leichten Zugang zur Nahrung: Fisch. Seevögel sind an das Leben an ihre Nahrungsquelle, das Meer, angepasst. Sie kommen an Land, um in Kolonien zu brüten. In der Brutzeit, die sich von März/April bis August erstreckt, leben sie im Sozialverband. Die einzelnen Arten besetzen unterschiedliche Felspartien, die ihren Arteigenschaften und besonderen Bedingungen an dem Brutplatz entsprechen. Außerhalb der Brutzeit bleiben die Seevögel dem Vogelfelsen fern. Manche Arten jagen weit draußen auf dem Meer (Dreizehenmöwe, Eissturmvogel, Basstölpel), andere weiter an der Küste (Kormoran, Alke). Einige Vogelarten suchen schon im April einen Nistplatz, doch das Eierlegen geschieht meist nicht vor Mai. Die meisten Jungen schlüpfen spätestens im Juni und sind im Juli flugfähig. Manche Arten verlassen das Nest erst im August. In den Vogelfelsen im Süden beginnen die Vögel eher mit dem Brutgeschäft als im Norden.

Die verschiedenen Seevogelarten bevorzugen verschiedene Beute. Die Dreizehenmöwe fängt sich kleine Fische und anderes Kleingetier von der Wasseroberfläche, Während Alken nach ihrem Futter tauchen müssen, vorwiegend nach Hering und Lodde. Basstölpel stürzen sich tief ins Wasser, um an ihre bevorzugten Fischen heran zu kommen. Die verschiedenen Alkenarten vermeiden direkte Konkurrenz ums Futter, indem sie jeweils unterschiedliche Fischarten oder Fischgrößen bevorzugen.

Basstölpel sind große, weiße Seevögel (91 cm lang) mit einer Flügelspannweite von ca. 170 cm und einem Gewicht von 2 - 3 1/2 kg. Die Flügelspitzen sind schwarz, Hals und Kopf gelb, der Schnabel ca. 10 cm lang, spitz und blau-weiß. Sie brüten in Kolonien. Die Jungen sind braun-weiß gesprenkelt, bis sie im Alter von 5 Jahren geschlechtsreif werden. Basstölpel sind Stosstaucher. Sie brüten im nordwestlichen Europa und Neufundland, zwei Unterarten kommen in Südafrika, Australien und Neuseeland vor.

Kormorane sind ca. 90 cm lang, haben ein schwarzes Federkleid mit bläulich metallischem Glanz, weiße Wangen und Halsansatz und von Januar bis Juli einen großen, weißen Fleck an der Außenseite der Schenkel. Sie brüten in Kolonien, ihre Nester bauen sie aus Tang und Zweigen. 3-5 hellblaue Eier werden von beiden Eltern in 28-31 Tagen ausgebrütet. Die Jungen verlassen das Nest, wenn sie 7 Wochen alt sind. Kormorane brüten auf beiden Seiten des Atlantik und in vielen anderen Gegenden, in Norwegen ab Trøndelag nordwärts.

Krähenscharben sind ca. 75 cm lang, haben ein schwarzes Federkleid mit grünlichem Metallglanz und in der Paarungszeit eine gebogene Federhaube oben auf dem Kopf. Sie brüten in Kolonien, die Nester liegen im Geröll oder auf Steinvorsprüngen. 2-4 Eier werden 30 Tage lang von beiden Eltern ausgebrütet. Die Jungen verlassen das Nest nach etwa 30 Tagen. Krähenscharben brüten an fast allen europäischen Küsten.

Eissturmvögel brüten auf kleinsten Vorsprüngen und Vertiefungen an steilen Felswänden. Sie sehen aus wie große Sturmmöwen, nur ohne schwarz-weiße Flügelspitzen. Der Rücken ist blau-grau, Unterseite, Hals und Kopf weiß. Der Vogel wiegt 500-900 Gramm, wird mit 8 Jahren geschlechtsreif und brütet in großen Kolonien. Ein einziges weißes Ei wird 50-55 Tage abwechselnd von beiden Eltern, je 7-11 Tage am Stück, ausgebrütet. Eissturmvögel bewegen sich sehr unbeholfen an Land. Sie kommen in den meisten arktischen Ländern vor, in Europa bis an die Südküste Englands. Außerhalb der Brutzeit trifft man sie meistens weit draußen auf dem Meer an.

In den steilsten Felswänden brüten **Dreizehenmöwen, Trottellummen, Dickschnabellummen** und **Tordalke**.

Dreizehenmöwen sind Teilzieher, haben ungefähr die gleiche Größe wie Sturmmöwen, sind grau und weiß, nur die Beine und Flügelspitzen sing schwarz. Die nach hinten gerichtete Zehe ist verkümmert. Jungvögel und ausgewachsene Vögel im Winterkleid haben einen schwarzen Fleck hinterm Auge. Jungvögel haben außerdem einen schwarzen Ring um den Hals. Dreizehenmöwen brüten gern in großen Kolonien. Das schalenförmige Nest liegt oft auf kleinsten Felsvorsprüngen. 2-3 grau-braune Eier mit dunklen Flecken werden in 26-28 Tagen von beiden Eltern ausgebrütet. Die Jungen verlassen das Nest nach 40-45 Tagen.

Trottellummen sind schwarz und weiß, mit spitzem Schnabel. Sie wiegen 600-1000 Gramm, brüten in kleineren oder größeren Kolonien, dicht an dicht. Das einzige Ei wird auf den nackten Fels gelegt und ca. 32 Tage lang von beiden Eltern ausgebrütet. Im Alter von 3 Wochen verlassen die Jungen das Nest. Der Bestand an Trottellummen ist in den letzten Jahren stark zurück gegangen, wahrscheinlich aus Mangel an Nahrung (Reduktion des Fischbestandes) und wegen der Ölverschmutzung.

Gryllteiste gehören auch zur Alkenfamilie. Das Sommerkleid ist ganz schwarz, mit Ausnahme des auffallend weißen Flügelschilds, der Schnabel ist schwarz, die Beine tief rot. Die Wintertracht ist auf der Oberseite weiß mit dunklen Tupfen, die Unterseite weiß. Gryllteiste wiegt 400-500 Gramm und sind ca. 34 cm lang. Sie brüten einzeln oder in kleinen Kolonien. Die Eier, meistens sind es zwei, werden gut in engen Felsspalten versteckt.

Papageitaucher sind ebenfalls Vertreter der Alkenfamilie. Sie sind die auffälligsten und zahlreichsten im Vogelfelsen. Sie brüten in großen Kolonien. Die Oberseite ist schwarz, die Unterseite weiß, Wangen und Kehle weiß mit einem dunklen Streifen hinterm Auge und einem roten Ring ums Auge herum. Überm Auge befindet sich ein blaues verhorntes Dreieck und darunter ein schmales Rechteck. Der mehrfarbige dreieckige Schnabel ist seitlich zusammengedrückt, die Beine sind rot. Gewicht 400-500 Gramm. Jedes Jahr zur selben Zeit und Stunde kommen die Papageitaucher vom Meer, um zu brüten. Das einzige Ei wird in Steinhaufen gelegt oder in den Sand einer bis zu 2 m **langen Höhle, die sie mit** den Schnäbeln graben. Das Ei wird 40-45 Tage ausgebrütet, die Jungen verlassen nach 6-10 Wochen das Nest. Der Bestand an Papageitauchern ist wegen Nahrungsmangel und Ölverschmutzung stark zurück gegangen - und auch, weil sie sich in Fischfanggeräten verfangen. Ein beringter Papageitaucher war nachgewiesenermaßen 36 Jahre alt.

Die Barentssee

Vom Nordkap aus in Richtung Norden verläuft die Grenze zwischen der **Norwegischen See** im Westen und der **Barentssee** im Osten. Die Barentssee bedeckt eine Fläche von 1.300.000 km², sie erstreckt sich bis zu der zweigeteilten russischen Insel Nowaja Semlja. Die Teilungslinie zwischen Norwegen und Russland ist nicht abgeklärt, aber der norwegische Teil umfasst mindestens 650.000 km². Die Verhandlungen um die Teilungslinie laufen seit 1974. Die Frage der Teilung ist wichtig für die Fischereirechte zwischen Norwegen und Russland und für die Rechte an Gas- und Ölvorkommen in diesem Gebiet.

Die Barentssee ist nach dem niederländischen Entdeckungsreisenden **Willem Barents** (1549-97) benannt. Die Niederlande schickten ihn auf drei Expeditionen, um die Nordostpassage zwischen Europa und Asien zu finden. Schwierige Eisverhältnisse vereitelten die Durchführung der Expeditionen, aber es gelang die Kartierung großer Gebiete zwischen der norwegischen Nordküste und Russland, einschließlich der Bäreninsel und Spitzbergen. Bei der letzten Expedition fror das Schiff im Eis fest und die Teilnehmer mussten überwintern. Willem Barents und einige andere überlebten die Überwinterung nicht, er starb auf Nowaja Semlja. Die Überlebenden wurden von einem anderen niederländischen Schiff gerettet. Den Namen von Willem Barents finden wir auch im Namen der russischen Bergbausiedlung Barentsburg (950 Einwohner) in Svalbard (auf der Insel Spitzbergen) wieder, und eine Insel vom Svalbard-Archipel trägt den Namen Barentsøya (Barentsinsel), 1288 km² groß.

Konvoifahrten während des Krieges

Die „Tirpitz" im Ofotfjord.

Die deutschen Schlachtschiffe „Tirpitz" und „Scharnhorst" wurden nach Finnmark verlegt, um alliierte Konvois anzugreifen, die mit lebenswichtigem Kriegsmaterial für die Ostfront auf dem Weg nach Murmansk waren. Flugzeuge, Waffen und vieles mehr wurden von Murmansk aus per Eisenbahn weiter nach Süden in Russland transportiert. Der Konvoidienst war äußerst risikoreich, und viele Schiffe der Alliierten wurden versenkt, hauptsächlich von U-Booten oder durch Luftangriffe von den Luftwaffenstützpunkten in Lakselv und Bardufoss aus. Im Sommer konnten die Konvois weit nach Norden ausweichen, im Winter aber zwang die Eisgrenze sie, weiter südlich zu fahren, wo die deutsche Luftwaffe und Marine sie leichter finden konnten. Die deutsche Admiralität verspürte wenig Neigung, die Schlachtschiffe von Finnmark aus noch weiter nach Norden zu schicken, nachdem die meisten anderen deutschen Kriegsschiffe zu diesem Zeitpunkt entweder schon versenkt oder durch Bombenangriffe in europäischen Häfen zerstört worden waren. Ein Verlust hätte sich sehr schwerwiegend ausgewirkt, sowohl für die Marinestreitkräfte als auch für das Prestige der Deutschen. Nur 36 deutsche Marinesoldaten überlebten die Versenkung der „Scharnhorst", mehr als 2000 kamen ums Leben. Die „Tirpitz" wurde zuerst durch britische Mini-U-Boote stark beschädigt und später durch mehrere Langstreckenbomber, die sie zum Schluss ganz zerstörten (S 268).

Das Abbrennen Finnmarks 1944

Im Juni 1941 begann Deutschlands Angriff auf Russland, das sich daraufhin mit den Alliierten im Krieg gegen Deutschland verbündete. Hitler wollte Russland im Norden und im Süden gleichzeitig angreifen. Da die Deutschen in Kirkenes ihre nördlichste Festung hatten, fanden in Finnmark umfangreiche militärische Aufrüstungen statt, besonders im Gebiet von Kirkenes.

Der Krieg wurde an mehreren Fronten geführt, die nördlichste war die sogn. Litsa-Front zwischen Kirkenes und Murmansk, weiter im Süden und Osten verlief die Salla-Front.

An der Litsa-Front wurde hart gekämpft, nicht nur gegen einander, sondern auf beiden Seiten auch gegen den gemeinsamen Feind, den arktischen Winter. Der Spätwinter 1942 war außergewöhnlich hart, so dass viele Soldaten erfroren, ganz besonders auf deutscher Seite.

Es gelang den Deutschen nicht, die Front zu durchbrechen und nach Murmansk vorzudringen. Im Spätwinter 1944 durchbrachen dagegen die russischen Truppen die deutsche Verteidigung an der Litsa- und Salla-Front und rückten nach Süd-Varanger und Kirkenes vor. Es begann ein eiliger Rückzug der deutschen Truppen.

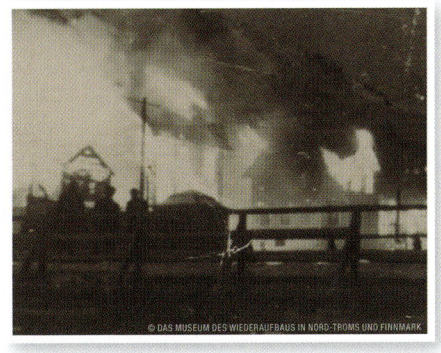

Die deutsche Armee hatte von Hitler Order bekommen, in Finnmark die Taktik „der verbrannten Erde" anzuwenden. Die Nachhut der deutschen Truppen bestand zum großen Teil aus Ingenieursoldaten. Die sollten alles dem Erdboden gleich machen und die Bevölkerung zwangsevakuieren. Dieser Order wurde – mit ganz wenigen Ausnahmen – Folge geleistet. Die Fischersiedlung Bugøynes (S 226) wurde verschont, weil der zuständige deutsche Offizier den Befehl verweigerte. Einige Jahre nach dem Krieg kam er als Tourist zurück und wurde mit Freuden empfangen.

Insgesamt wurden 10.563 Wohnhäuser vernichtet, 4.711 Stallungen, 27 Kirchen, 141 kirchliche Versammlungshäuser, 19 medizinische Anstalten, 417 Geschäftsgebäude, 61 öffentliche Verwaltungsbauten, 106 Schulen, 229 Industrie- und Handwerksbetriebe, 54 Banken. Alles wurde dem Erdboden gleich gemacht, und auf den Höfen wurden die Tiere geschlachtet.

Die Bevölkerung Finnmarks sollte sich in kürzester Zeit auf die Evakuierung einstellen, doch viele weigerten sich. 50.000 Menschen wurden zwangsevakuiert und in andere Teile Norwegens gebracht, u.a. auf die Lofoten und Vesterålen. 23.000 blieben, doch sie litten furchtbar unter den primitiven Lebensverhältnissen in Nässe und Kälte und mit wenig Nahrung. Viele flohen auf die Finnmarksvidda und in die Berge, versteckten sich in Höhlen, Hütten und Gammen. Ständig mussten sie auf der Hut vor deutschen Wachtbooten sein, die Jagd machten auf Leute, die sich der Evakuierung entzogen hatten.

Nach dem Krieg musste ganz Finnmark in kurzer Zeit wieder aufgebaut werden. Das sieht man an den Einheitshäusern aus dieser Zeit, die das ganze Land überziehen.

TAG 7

Båtsfjord, Vardø, Vadsø, Kirkenes, Vardø, Båtsfjord und Berlevåg

Staatskraftwerksanlage in Skallhalsen.

Im Laufe der Nacht haben wir folgende Häfen passiert: **Berlevåg** (70°51'26"N 29°06'45"E, 22.15-22.30 Uhr) in der Gemeinde Berlevåg, **Båtsfjord** (70°37'42"N 29°43'12"E, 00.30-01.00 Uhr) in der Gemeinde Båtsfjord und **Vardø** (70°22'33"N 31°06'19"E, 4.00-04.15 Uhr) in der Gemeinde Vardø. Alle diese Häfen liegen auf der Varangerhalbinsel und werden später am Tag 7 auf der Fahrt nach Süden erneut angelaufen.

Die **Varangerhalbinsel** liegt zwischen dem **Tanafjord**, der **Barentssee** und dem **Varangerfjord**. Das Gelände ist hügelig mit Höhen bis zu 633 m ü M, unfruchtbar und eintönig, im Sommer dient es als Rentierweide.

Die Gemeinde Vadsø

Bedeutung des Gemeindewappens: Repräsentiert den Bezirk.
Bedeutung des Namens: Von nordisch Vatsøy, Vassøy, wo es die älteste Siedlung gab. Den Namen Vassøy gibt es des Öfteren an der Küste, er verrät Seefahrern, dass sie dort Trinkwasser finden.
Gemeindezentrum: Vadsø (5.070 Einw.).
Position: 70°04'N 29°44'E.
Areal: 1.258 km². **Einw.:** 6.114.
Bevölkerungsdichte: 4,86 Einw./km².
Arealverteilung: Landw. 1 %, Forstw. 0 %, Süßwasser 2 %, verbleibendes Areal 97 %.
Wirtschaft: Dienstleistungen (Vadsø ist die Hauptstadt des Bezirkes Finnmark). Fischverarbeitung. Heringsölfabrik. Fischerei/Landwirtschaft in Kombination.
Sehenswertes: Vadsø Museum. Die Kvænerstadt. Der Tuomainehof.
Hinweis auf Aktivitäten: Krabbensafari.
Website der Gemeinde Vadsø: www.vadso.kommune.no

Wir haben schon viele interessante Orte in der Gemeinde Vadsø passiert.

70°11'N 30°22'E

Skallelv war ursprünglich eine der vielen finnischen Gemeinden in dieser Gegend. Der Zuzug begann Ende des 19. Jh.s, die Einwanderer wurden Kvæner genannt, das ist die nordnorwegische Bezeichnung für Einwohner mit norwegisch-finnischer Zugehörigkeit. Skallelv ist einer der ganz wenigen Orte, der noch Bausubstanz von vor dem 2. Weltkrieg aufweist.

Der Staat hat die Bewilligung für einen Windradpark mit 8-16 Windrädern am Skallhalsen bei Skallelv erteilt.

70°05'N 30°18'E ①

Krampenes ist einer der wenigen größeren Orte in der Gemeinde Vadsø. Die Insel **Lille Ekkerøy** liegt vor Krampenes. Sie ist voller Kulturhinterlassenschaften und hat einen kleinen Vogelfelsen. Lille Ekkerøy wurde wahrscheinlich eher besiedelt als die Nachbarinsel Store Ekkerøy weiter im Südwesten.

Bis 1750 war **Store Ekkerøy** eine Insel, dann wurde ein schmaler Weg als Verbindung mit dem Festland übers Meer gebaut. Das Fischerdorf auf der Insel entwickelte sich zwischen 1900 und 1960, hatte mehrere Fischannahmestellen, Läden, eine Schule, Krabbenfabrik, Trankocherei und Trockenfischlager. Die Einwohnerzahl belief sich damals auf 270, heute sind es weniger als 50.

Die erste sichere Spur menschlicher Kultur auf Store Ekkerøy stammt aus dem Mittelalter. 1922 fand man ein Grab aus dem 10. Jh. (Ekkerøyfund), der als einer der besten wikingerzeitlichen Funde in Nordnorwegen gilt. Das Grab gehörte entweder zu einem Handelsplatz, der weit nordöstlich der sonstigen norwegischen Besiedlung lag, oder Reisende haben dort einen ihrer Toten bestattet, ohne in der Nähe zu wohnen.

Store Ekkerøy wurde 1983 z. T. zum Naturreservat erklärt. Auf dem kleinen 40-50 m hohen Vogelfelsen gibt es viele seltene Vogelarten. In der Brutsaison von März bis August/September können dort u.a. 20.000 Paare von Dreizehenmöwen brüten. Die Bebauung von Store Ekkerøy wurde im 2. Weltkrieg nicht zerstört, daher stehen dort noch heute schöne, alte Häuser. Die Deutschen hatten an der Küste der Insel Bunker und Munitionslager errichtet.

70°04'N   29°51'E

Im Osten der Stadt Vadsø liegt der Ort **Kiby**, ein typisches Fischer-Bauern-Dorf mit Häusern von vor dem 2. Weltkrieg. Besonders schützenswert sind die Gebäude des Anwesens Elisseussgården aus der ersten Hälfte des 19. Jh.s, die man jetzt unter Denkmalschutz gestellt hat.

Das Schiff legt am Kai in Vadsø an

Das Schiff liegt am Kai an der dem Land zugewandten Seite der Insel **Vadsø**, die durch eine Brücke mit dem Festland verbunden ist.

Das Gemeindezentrum **Vadsø** ist die Hauptstadt von Finnmark fylke (Bezirk Finnmark), auch „Kvænerhauptstadt" genannt wegen der zahlreichen Einwanderer aus Finnland im 18. und 19. Jh., als die Finnen vor der Hungersnot im Heimatland flohen. Ausgrabungen haben ergeben, dass in dieser Gegend schon vor 9.000 Jahren gesiedelt wurde. Im 16. Jh. wohnten auf der Insel Vadsø viele Norweger. Hier befand sich ein großer Fischereihafen mit einer eigenen Kirche. Die Insel war durch einen 750 m breiten Sund vom Festland getrennt, den man damals wie heute bei Niedrigwasser zu Fuß überqueren konnte und kann. Im Laufe des 17. Jh.s zogen die Menschen aufs Festland, und 1717 wurde sogar die Kirche dorthin versetzt. Die heutige Kirche, die „Eismeerkirche", ist die vierte, die hier steht, sie wurde 1958 eingeweiht.

Vadsø bekam 1833 die Rechte einer Kaufmannsstadt und wurde ein wichtiges Handelszentrum, besonders in der Zeit des Pomorenhandels (S 241).

In der Nähe des Kais von Vadsø steht ein 60 m hoher Mast. Der wurde von dem italienischen Luftfahrtingenieur Umberto Nobile errichtet, um daran 1926 das Luftschiff „Norge" und 1928 das Luftschiff „Italia" festbinden zu können. Dieser Mast ist ein Stück norwegische und europäische Nordpolgeschichte. Die beiden Luftschiffe fuhren von Vadsø nach Ny Ålesund in Svalbard, von wo aus sie ihre berühmten Nordpolexpeditionen starteten.

Der bekannte norwegische Polarforscher Roald Amundsen (1872-1928) war damals schon weltberühmt wegen seiner Expeditionen in die Arktis und Antarktis. Er meinte, die unbekannten Gebiete der Arktis könnte man am besten per Luftschiff erforschen. Der erste Versuch mit zwei Luftschiffen von Tromsø aus im Jahre 1922 endete mit Havarien, doch die Mannschaften wurden gerettet. Der nächste Versuch mit zwei Luftschiffen, wiederum von Tromsø aus, im Jahre 1925 endet ebenfalls mit Havarien auf 85°N 10°37'W, diesmal aber erheblich dramatischer. Drei Wochen nach dem Absturz gelang es den Mitgliedern der Expedition, eines der Schiffe wieder in die Luft zu bringen und an einem sicheren Platz zu landen, nachdem vorher erst einmal in der Eisöde eine Startbahn geschaffen worden war.

Ein Jahr später, im Jahre 1926, machten sich Amundsen und der amerikanische Multimillionär Lincoln Ellsworth auf eine neue Expedition in die Arktis auf. Diesmal fuhren sie mit dem Luftschiff „Norge", gebaut in Italien von dem italienischen Ingenieur Umberto Nobile, der das Luftschiff auch führte. Die Fahrt ging von Rom über Oslo, Leningrad und Vadsø, über die Barentssee nach Ny Ålesund in Svalbard. Von dort aus erreichten sie nach 16 Stunden am 11. Mai 1926 den Nordpol und landeten am 14. Mai in Teller, Alaska. Damit war die Arktis erobert, die Besatzungsmitglieder kamen als Helden nach Norwegen zurück.

Amundsen und Nobile gingen im Streit auseinander. Doch als Nobile 1928 mit dem Luftschiff „Italia" nördlich von Svalbard abstürzte, machte sich auch **Amundsen auf die Suche nach ihm.** Die letzte Nachricht von Amundsens Flugzeug „Latham" kam am 18. Juni 1928, drei Stunden nach seinem Abflug von Tromsø. Das Flugzeug stürzte höchstwahrscheinlich nahe der Bäreninsel ins Meer, alle sechs an Bord kamen ums Leben. Ein Schwimmkörper trieb an der Küste von Troms an Land und kann im Seefahrtsmuseum in Oslo besichtigt werden. Nobile und seine Männer wurden schließlich nach der bis dahin umfassendsten Suchaktion, an der 1.500 Menschen aus sieben Nationen teilnahmen, auf dem Eis gefunden und gerettet.

Während des 2. Weltkriegs waren in Vadsø zeitweise 2.000 deutsche Soldaten stationiert. Das Zentrum der Stadt wurde beim Angriff alliierter Bomber 1944 stark zerstört. Dennoch blieb 1/3 der Bebauung stehen, daher gibt es in Vadsø mehr Vorkriegshäuser als in anderen Orten Finnmarks.

Auf dem 1,8 km langen Kulturwanderweg auf der Insel Vadsø kommt man an Siedlungsresten aus dem Mittelalter vorbei, am Kirchhof, Luftschiffsmast und etlichen Kriegerdenkmälern. Außerdem gibt es ein reiches Vogelleben.

Das Schiff fährt weiter nach til Kirkenes + 0 Std 00 Min

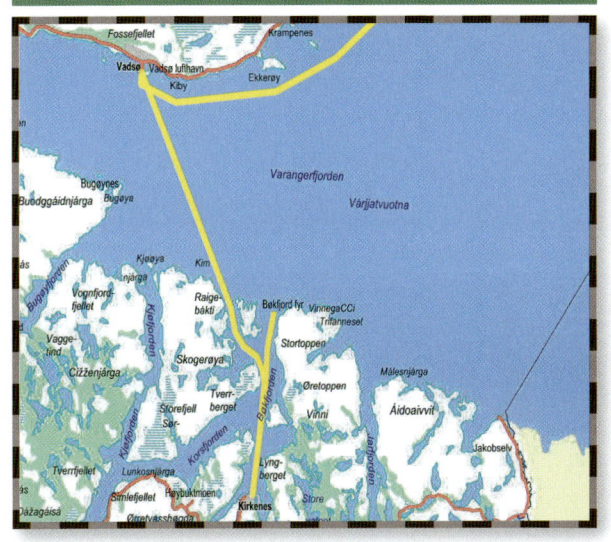

Der **Varangerfjord** an SB ist der östlichste Fjord Norwegens. Er ist ca. 90 km lang und an der Mündung ca. 55 km breit, wird aber im Innern immer schmaler, bis er nur noch 1 km misst. Vom Areal her ist er mit seinen 2.260 km² Norwegens größter Fjord. An seiner Südseite hat er viele flache Arme, darunter auch den, der nach Kirkenes führt. Ganz am Ende liegen die Orte **Varangerbotn** und **Karlebotn**. Hier hat man Reste von ca. 90 Häusern aus der Jungsteinzeit ausgegraben, ca. 10-20 davon waren jeweils gleichzeitig in Gebrauch. An diesem Ort wurde in der Steinzeit mehrere Jahrhunderte lang gesiedelt (S 83).

Die Königskrabbe – Kamtschatkakrabbe – Red King Crab – hat sich im Varangerfjord festgesetzt. Ihre natürliche Heimat ist die Ostküste Russlands, vor der Halbinsel Kamtschatka im nördlichen Pazifik. Russische Forscher haben die Krabbe im Laufe der 1960er Jahre an mehreren Stellen im Murmanskfjord ausgesetzt. Seitdem hat sie sich entlang der Kolahalbinsel nach Süden ausgebreitet und entlang der Finnmarksküste nach Nordwesten. Die Königskrabbe hat in diesem Gebiet keine natürlichen Feinde, und konnte sich daher ungehemmt verbreiten. Im Varangerfjord wurde sie im Winter 1992 derart zahlreich, dass sie der traditionellen Fischerei Probleme verursachte. Ab 1994 begann man mit dem Fang der Krabben für Forschungszwecke, seit 1997 wurde der Beifang an Königskrabben registriert. Dabei zeigte sich, dass sie der Dorschfischerei mit Netzen am meisten Probleme macht, weil die Krabben sich in den Netzen verfangen und sie zerreißen. Sie fressen die Köder von den ausgelegten Leinen ab, knabbern den Fang an und machen ihn dadurch unbrauchbar.

Die Königskrabbe hat normalerweise einen Beinabstand von ca. 1,5 m und kann 12-14 kg wiegen, und sie ist nicht ausschließlich ein Problem. Das Fleisch, das hauptsächlich in den Scheren und Beinen sitzt, ist eine Delikatesse. Es wird in reichlicher Menge nach Japan exportiert. Man fängt nur männliche Tiere oberhalb einer Mindestgröße. Der Fang und der Export der Krabben haben sich als akzeptabler Nebenerwerb für die Fischer erwiesen, die ansonsten die negative Auswirkung ihrer Anwesenheit an der Küste Finnmarks zu spüren bekommen haben.

Es besteht sowohl auf norwegischer als auch auf russischer Seite der dringende Wunsch, die Ausbreitung der Königskrabbe zu begrenzen. Westlich von 26°E (nahe dem Nordkap) ist bis jetzt noch keine Regulierung des Fanges von Königskrabben erfolgt, östlich von 26°E dagegen wohl, doch diese Regulierung ist nur mittelfristig, denn sie hängt davon ab, wie die Ausbreitung der Königskrabbe sich in Zukunft entwickelt. Touristen wird erlaubt, eine gewisse Anzahl der Krabben zu fangen.

Ca. 70°00'N   29°49'E
Wir passieren die Grenze zwischen den Gemeinden Vadsø und Sør-Varanger.

Die Gemeinde Sør-Varanger

Bedeutung des Gemeindewappens: Das Motiv bezieht sich auf die Symbolik der Zahl „3".
Bedeutung des Namens: Ursprünglich ein Fjordname, nordisch Ver(j)angr, von ver „fiskevær", Fischereisiedlung und angr „fjord", Fjord.
Gemeindezentrum: Kirkenes (3.236 Einw.).
Position: 69°44'N 30°04'E.
Areal: 3.967 km². **Einw.:** 9.464.
Bevölkerungsdichte: 2,39 Einw./km².
Arealverteilung: Landw. 0 %, Forstw. 12 %, Süßwasser 13 %, verbleibendes Areal 75 %.
Wirtschaft: Schiffswerkstatt. Handels- und Wirtschaftsentwicklung mit Nordwest-Russland. Umfassende Haustierhaltung (Rinder). Etwas Forstwirtschaft. Fischerei als Nebenerwerb, im Nordwesten als Haupterwerb.
Sehenswertes: Grenze Jacobselv. Süd-Varanger Museum. Das Grenzlandmuseum.
Hinweis auf Aktivitäten: Jagd. Krabbensafari.
Website der Gemeinde Sør-Varanger: www.sor-varanger.kommune.no

Die Gemeinde Sør-Varanger grenzt im Südosten an **Russland** (196 km) und im Südwesten an **Finnland** (140 km).

Vor uns an SB liegt die Insel **Skogerøya**, an BB **Kjelmsøya** und der Berg **Holmengråfjellet/Uhca Vindas**.

69°59'N   29°50'30"E   + 0 Std 34 Min   ②

Das Fischerdorf **Bugøynes** (295 Einw.) an SB ist das einzige Fischerdorf in der Gemeinde Sør-Varanger. Es wurde im 19. Jh. von finnischen Einwanderern gegründet, die vor politischen Unruhen und schlechten Lebensverhältnissen aus Finnland geflohen waren. Die finnischen Wurzeln prägen den Ort auch heute noch, die meisten Einwohner sind Kvæner, wie man die Norweger finnischer Abstammung nennt. Der Baustil ist ebenfalls finnisch beeinflusst, viele Leute haben finnische Namen und sprechen finnisch. Die Einwanderer brachten ihre landwirtschaftlichen Kenntnisse mit und eigneten sich schnell die Kenntnisse der lokalen Fischer an. Sie brachten auch ihren Glauben mit, den Læstadianismus, der auch heute noch in Bugøynes stark vertreten ist. Alles dies spiegelt sich in der Nüchternheit und Bescheidenheit des Fischerdorfes wider.

Bugøynes wurde 1944 verschont, als ganz Finnmark beim Rückzug der Deutschen abgebrannt wurde. Der ursprüngliche finnische Baustil blieb daher erhalten. Die Fischereikrise in den 1980er Jahren traf auch Bugøynes, aber der Ort überstand sie. Hier gab es die erste Lachszuchtanlage in Ost-Finnmark, und man verstand es, die Invasion der Königskrabben aus Russland kommerziell auszunutzen. Heutzutage befinden sich Fang, Verarbeitung und Export von Königskrabbenprodukten in Bugøynes in steigender Entwicklung. 2005 belief sich die Jahresproduktion auf ca. 120 Tonnen, die Anzahl der Angestellten auf 17. Ca. 60 % der Produktion gehen nach Japan, 20% in europäische Länder und 20% in die USA. Außerdem gibt es einen Lachszuchtbetrieb und einen für Lachsveredelung.

In **Ranvika** am Bugøynesfjord erhebt sich auf der Festlandsseite südöstlich von Bugøynes der größte Vogelfelsen Süd-Varangers (S 217).

| 69°55'N 29°57'E | + 0 Std 51 Min | ③ |

Die Reise geht in Richtung Kirkenes. An SB haben wir die sehr dünn besiedelte, zum Teil mit Wald bedeckte Insel **Skogerøya** mit dem **Skogerøytoppen** als höchstem Punkt (445 m ü M). Die Insel ist mit ihren 132 km² die einzige in Süd-Varanger von nennenswerter Größe, im Sommer und im Herbst dient sie Rentieren als Weideland.

Das Schiff fährt in den **Kjelmøysund** ein, mit der Insel **Kjelmøya** (5,6 km²) an BB und Skogerøya an SB. Auf Kjelmøya gibt es Siedlungsspuren aus der Steinzeit. Es wurden verzierte Pfeil- und Lanzenspitzen gefunden, die ca. 3000 Jahre alt sind, vermutlich von Samen hergestellt. Während des 2. Weltkriegs hatten die Deutschen große Kanonenstellungen auf Kjelmøya. Sie bauten sogar ein kleines Eisenbahnnetz, um Munition für die Kanonenbatterien heran zu schaffen. In Kjelmøya, Kiberg und Store Ekkerøy auf der Nordseite des Varangerfjordes befanden sich die Hauptstellungen der deutschen Verteidigungsanlagen an der Mündung des Fjords.

| 69°51'24"N 30°01'41"E | + 1 Std 07 Min | ④ |

Südlich von Kjelmøya an BB passieren wir die **Sølferbucht** an SB, vor uns Oksebåsneset.

| 69°50'25"N 30°05'E | + 1 Std 13 Min |

Während wir **Oksebåsneset** (196 m ü M) auf der Ostseite von Skogerøya an SB passieren, haben wir die Halbinsel **Holmengrålandet** und dem Berg **Stortoppen** (408 m ü M) an BB. Das Schiff erreicht den **Bøkfjord** mit seinem reichen Vogelleben und Brutplätzen für viele Vogelarten. Dieser Fjord ist einer der nationalen Lachsfjorde.

Hinter dem Stortoppen liegt der **Holmengråfjord** mit dem Sommer-Fischerdorf **Holmengrå**, von wo aus die Ostsamen ursprünglich auf Lachsfischerei gingen. Hier gibt es eine besondere Mischung verschiedener ethnischer Gruppen mit ihren Kulturen und Traditionen. Das Fischerdorf wurde 1998 unter Schutz gestellt. Es hat außerdem eines der am besten bewahrten Labyrinthe (S 202).

| 69°48'N 30°06'E | + 1 Std 22 Min | ⑤ |

Bei der Insel **Reinøya** teilt sich der Bøkfjord, an SB geht der **Korsfjor**d nach Südosten.

Zwischen der Südspitze von Reinøya und **Ropelv** am Festland hat man einen Ölumschlagshafen genehmigt, wo kleinere russische Öltanker ihr Öl aus dem Gebiet von Murmansk in Nordwest-Russland auf Supertanker für den weiteren Transport auf den Weltmarkt umladen können. Das Projekt ist umstritten, weil der Bøkfjord ein nationaler Lachsfjord ist und Umweltorganisationen den Umschlag für gefährlich halten. (Solange die norwegischen Behörden diesen Protest noch nicht beschieden haben, ist der Umschlagshafen mittelfristig in die Sarnesbucht im Westen von Honningsvåg verlegt worden, S 204).

Der Bøkfjord verschmälert sich zwischen **Tømmerneset** an SB und dem Berg **Lyngberget** (222 m ü M) an BB. An der Landspitze, an der Kirkenes liegt, teilt sich der Fjord in den nach Süden führenden **Langfjord** und den Bøkfjord, der sich nach Norden fortsetzt.

Das Schiff legt am Kai in Kirkenes an

Das erste, was uns auffällt, wenn wir in den Hafen von Kirkenes einlaufen, sind russische Schiffe. Sie sind der deutliche Hinweis auf die heutige Wirtschaftsgrundlage der Stadt, nämlich Schiffsreparaturen und andere auf Nordwest-Russland gerichtete Geschäftsbeziehungen.

An der Böschung hinter der Kimek-Schiffswerft an SB sieht man Lagerplätze und Transportbänder für das Erz aus den Bergwerken im Gebiet des Bjørnevatn (S 228). Das Erz wird mit der Eisenbahn vom ca. 10 km entfernten Tagebau zu den Lagerplätzen verfrachtet, von dort aus per Transportband auf die Schiffe, die es dann auf den Weltmarkt bringen.

Die Umgebung von Kirkenes und besonders das Hinterland dienten Jahrhunderte lang, vielleicht sogar Jahrtausende, den Samen aus dem Osten als Sommerlager, wo sie sich mit ihren Rentieren am Varangerfjord aufhielten, im Winter zogen die nach Nord-Finnland. In den 1830er Jahren, als der Frost in Nord-Finnland zu stark wurde, zogen viele Bauern und Waldbewohner nach Süd-Varanger. Lange Zeit waren Finnen die größte Volksgruppe hier.

Der Ort **Neiden**, 45 km westlich von Kirkenes, erinnert am stärksten an diese Zeit. Der Ort gilt als das Zentrum der ostsamischen Kultur in Norwegen und hat viele Einwohner mit finnischen Wurzeln. In Neiden befindet sich die russisch orthodoxe St. Georgs Kapelle von 1565. Die Neiden Kapelle wurde 1902 gebaut, weil man eine lokale norwegische Kapelle haben wollte, aber wohl auch, weil der norwegische Staat damit seine Souveränität in Ost-Finnmark deutlich machen wollte.

Kirkenes, das 1998 seinen Stadtstatus erhielt, wurde 1902 „entdeckt" in Verbindung mit großen Eisenerzvorkommen in den Gruben am **Bjørnevatn**, ca. 10 km südlich von Kirkenes. Bis dahin hatte der Ort nur aus ein paar kleinen Häusern und einer Kirche auf einer Landnase bestanden – Kirchennase (Kirkenes).

Das Bergwerk am Bjørnevatn wurde 1906 in Betrieb genommen. Kirkenes war Ausschiffungshafen und wuchs an Reichtum und Bedeutung. Es wurden mehrere Sprachen in der Gemeinde gesprochen, und die Geschäftsgebäude waren vom russischen Baustil inspiriert (Zwiebeltürme). Nach dem 1. Weltkrieg nahm die Nachfrage nach Eisenerz zu, vieles musste wieder aufgebaut werden.

Kirkenes wurde im 2. Weltkrieg hart geprüft. Die russische Stadt **Murmansk** lag gleich hinter der Grenze und hatte einen eisfreien Hafen, den einzigen im europäischen Teil Russlands, den die Deutschen nicht kontrollierten. Umfangreiche alliierte Schiffskonvois (S 220) mit Nahrungsmitteln und Kriegsmaterial wurden über Murmansk nach Moskau geschickt, um zu verhindern, dass die russische Hauptstadt den Nazis in die Hände fiel. Kirkenes war daher für die deutsche Kriegsmacht in Finnmark von enormer Bedeutung. Über 30.000 Soldaten waren hier stationiert und man richtete Versorgungslager für 100.000 Mann ein. Kirkenes wurde oft von russischen Bombenfliegern angriffen, insgesamt gab es 1.000 mal Bombenalarm bei 300 Bombenangriffen. Man sagt, dass Kirkenes zu den Städten in Europa gehört, die im 2. Weltkrieg die meisten Bombenangriffe aushalten mußten.

Der Kampf an der Front zwischen Kirkenes und Murmansk kostete Zehntausende von Soldaten auf beiden Seiten das Leben. Sie fielen entweder bei den Kampfhandlungen oder erfroren bei Temperaturen zwischen –30 und –40°C. In dem Terrain war es schwierig, Versorgungslinien aufrecht zu erhalten, daher konnte das geplante rasche Vorrücken der Deutschen zur Eisenbahnlinie zwischen Murmansk und Archangelsk von russischen Truppen gestoppt werden. Der Krieg ging in einen Stellungskrieg über. Nachdem im Oktober 1944 Finnland und die Sowjetunion eine Waffenruhe vereinbart hatten, bereiteten die Deutschen den Rückzug aus Finnmark vor. Die Russen konnten nur noch ein ausgebombtes Kirkenes befreien. Zur Erinnerung daran hat man den russischen Soldaten in Kirkenes ein Denkmal für ihren Einsatz in Finnmark gesetzt.

Während ihres Rückzugs wandten die Deutschen die Taktik „der verbrannten Erde" an, hier, wie überall in Finnmark. Außer einigen wenigen Häusern wurden alle Gebäude, die den Bomben entgangen waren, abgebrannt. Die Einwohner, die sich der Zwangsevakuierung entzogen, verkrochen sich in Höhlen, Bergwerksstollen und ähnlichem. 2.500 Menschen suchten Zuflucht in den Grubentunneln am Bjørnevatn, viele saßen dort bis zu zwei Monaten, zehn Kinder wurden dort geboren. Danach mussten die meisten dann in Ruinen und Kellern hausen, bevor der Wiederaufbau von Kirkenes beginnen konnte. Wegen des generellen Mangels an Holz in Finnmark musste das Baumaterial von weit hergeholt werden.

In Nord-Troms und Finnmark waren es insgesamt 25.000 Menschen, die vor der Zwangsevakuierung flohen und sich in Höhlen, Zelten und Gammen versteckten, 45.000 wurden zwangsevakuiert.

Kirkenes wurde nach dem Krieg wieder aufgebaut, die Gruben 1952 wieder in Betrieb genommen. Das Eisenerz von Bjørnevatn war in ganz Europa begehrt für den Wiederaufbau. Es brachte gute Einkünfte, die Infrastruktur der Gemeinde wurde verbessert, und die Stadt bekam einen eigenen Flugplatz, Kirkenes Lufthavn. Ursprünglich war der für die Versorgung der Kriegsfront und als Startbahn für deutsche Jagdbomber gebaut worden. Allmählich bekam die Stadt ein modernes Zentrum, es entstanden Museen, die von der Kulturgeschichte der näheren und ferneren Umgebung erzählen, darunter auch ein Kunstmuseum, das einem der hervorragendsten samischen Künstler gewidmet ist, der in seinem Werk die samische Rentierkultur und die Natur des Nordens zeigt.

Der Ort **Bjørnevatn** (2.413 Einw.), auch „Grubenstadt" genannt, hat große Bedeutung für die Entwicklung des Gebietes von Kirkenes. Er liegt 10 km südlich von Kirkenes. Bei der Grube handelt es sich um Nord-Europas größten Tagebau, 1906 eröffnet und 1996 geschlossen. Bergwerksarbeiter aus ganz Skandinavien fanden hier Arbeit. Doch die Erzausbeute wurde mit der Zeit geringer. In den 1980er Jahren begann man mit der Reduzierung des Betriebes, 1996 kam das Ende.

In Bjørnevatn steht ein Rallar-Monument, errichtet zum Gedenken an die ersten Arbeiter des Bergwerks. Ein ausgefallener Musikpavillon mit einer russischen Zwiebelkuppel wurde 1953 zur Erinnerung an die Befreiung Süd-Varangers und aus Anlass des 90jährigen Jubiläum des Grubenbetriebs aufgestellt.

Das kleine Dorf **Grense-Jakobselv**, 60 km östlich von Kirkenes, an der Barentssee ist von Russland nur durch den 55 km langen Jakobselv getrennt, der durch den Ort fließt und als Lachsfluss bekannt ist. Sowohl norwegische als auch russische Grenzwächter patrouillieren an der Grenze. Während des kalten Krieges tat man das, damit kein Agent sie überqueren und niemand aus der Sowjetunion fliehen konnte, heute tut man es wegen des unerlaubten Grenzverkehrs. Man darf immer noch nicht über die Grenze hinweg fotografieren, und man hat mit strengen Maßnahmen zu rechnen, wenn eine Privatperson illegal die Grenze überschreitet.

Die größten Sehenswürdigkeiten des Dorfes sind die Kapelle König Oscar II, eine Steinkirche von 1869, die als Trutz gegen Russland gebaut wurde, und der Pfarrhof von 1867. Diese beiden repräsentieren die Kolonisationsgeschichte des Grenzlandes und Süd-Varangers.

Das Pasviktal schiebt sich wie ein Keil zwischen Finnland und Russland ungefähr 100 km nach Osten. Der Pasvikfluss, der durch das Tal fließt, bildet den größten Teil der 196 km langen Grenze zu Russland. Das Pasviktal ist für seine außergewöhnliche Flora und Fauna bekannt, es bildet eine botanische Grenze zwischen Europa und Asien. Im oberen Pasviktal gibt es Kiefernurwald mit wenigen Tannen dazwischen. Ein 67 km² großes Gebiet ist als Nationalpark ausgewiesen. Im Pasviktal hält sich Norwegens größte Bärenpopulation auf.

Kirkenes eignet sich gut für einen Ausflug nach Russland, der Grenzübergang bei Storskog befindet sich nur 15 Minuten vom Zentrum der Stadt entfernt. Egal, welcher Nation man angehört, alle brauchen ein Visum für den Grenzübertritt. Das Visum kann man beim Reiseveranstalter in Kirkenes bestellen, man muss aber lange im voraus schon den Antrag stellen.

Wenn Kirkenes auch in der äußersten nordöstlichen Ecke von Norwegen liegt, so kann man sich dafür nur 40 km von der Stadt entfernt in einen Zug setzten, der an das russische Eisenbahnnetz angeschlossen ist, und, wenn man will, ganz bis Wladiwostok am Nordpazifik fahren.

Das Schiff fährt weiter nach Vardø + 0 Std 00 Min

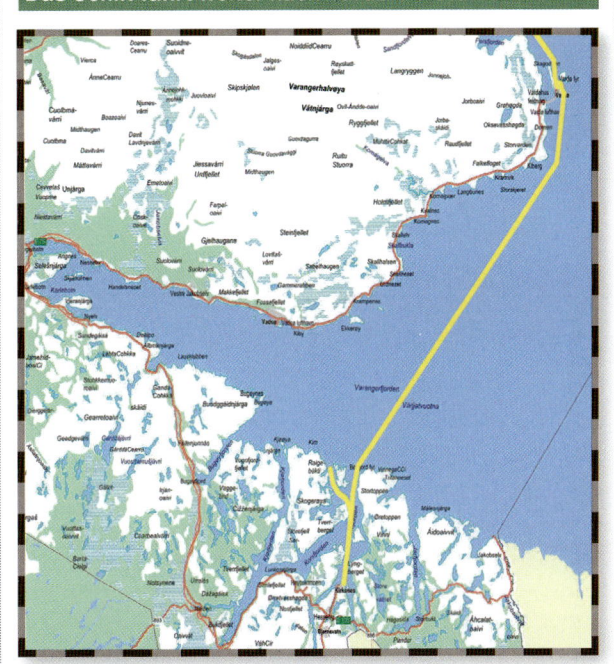

Das Schiff verlässt den Kai in Kirkenes und fährt aus dem Bøkfjord hinaus, mit Vardø als nächstem Ziel. Wir fahren ein Stück auf demselben Weg zurück, den wir nach Kirkenes hineingekommen sind.

69°44'34"N   30°04'35"E   + 0 Std 06 Min

An BB passieren wir die **Gamnesbucht** vor der Landzunge **Tømmerneset** (98 m ü M).

Hinter Tømmerneset erstreckt sich der **Korsfjord** in südöstlicher Richtung.

An SB **Lyngberget** (222 m ü M), in der Bucht Ropelv, dann die kleine Insel **Reinøya**.

Im äußeren Teil des Bøkfjords fahren wir an BB an der Südspitze von Kjelmøya vorbei und an SB an dem steilen Berg **Stortoppen** (408 m ü M).

Das Bøkfjord Feuer liegt an der Spitze der Halbinsel **Holmengrålandet** an SB, 1910 als Einfahrtsfeuer gebaut. Der ursprüngliche Leuchtturm war aus Holz mit einer Straßenlaterne als Lichtquelle. Das Feuer wurde

1944 total zerstört und 1947-48 wieder aufgebaut mit Leuchtturm, Maschinenhaus, Wohnhaus, Schuppen, Bootsschuppen und Landesteg. Das Feuer hat einen 10 m hohen Betonturm, die Höhe des Lichtes beträgt 33 m, die Reichweite 16 n. M., das Nebelhorn von 1910 wurde 1948 durch ein Nautophon ersetzt, das 1990 wieder entfernt wurde. Das Radiofeuer wurde 1955 installiert und im Jahre 2000 aufgegeben. 1992 war ein Radarfeuer zur Stelle. Das Bøkfjord Feuer ist von hohem architektonischen Wert und wurde 1998 unter Schutz gestellt. Reste des alten Feuers sind immer noch zu sehen.

Erst im Dezember 2006 verließ der letzte Leuchtturmwärter den Turm. Heute ist er automatisiert und wird fern gesteuert. Der Küstenschutz ist für die Instandhaltung zuständig.

Bøkfjord Feuer war im Krieg befestigt. Gleich neben der Feuerstation befinden sich Reste eines deutschen Küstenforts mit Kanonen, Kanonenstellungen, Bunkern, Laufgräben und Gewehrstellungen. Das Fort sollte wahrscheinlich das Feuer vor Angriff und Sabotage von See her schützen. In der Dunkelzeit war das Navigieren ohne Feuer sehr schwierig und gefährlich.

Wir befinden und im äußeren Teil des Varangerfjordes. Am Festland an BB sehen wir die Varangerhalbinsel mit den Orten Vadsø, Kiby, Store und Lille Ekkerøy, Krampenes und Komagnes in der Gemeinde Vadsø (S 223). Im Innern ist die Varangerhalbinsel hügelig, karg und fast unbewohnt, der höchste Punkt ist der **Skipskjølen** (633 m ü M) mitten auf der Halbinsel. Das Gebiet dient Rentieren als Sommerweide.

An SB dehnt sich die **Barentssee** aus (S 220).

Das Schiff fährt weiter zur Stadt Vardø und der aussersten Spitze der Varangerhalbinsel. An BB der Varangerfjord, ca. 90 km lang, 55 km breit an der Fjordmündung.

Ca. 70°10'N   30°48'E
Wir passieren die Grenze zwischen den Gemeinden Sør-Varanger und Vardø.

Die Gemeinde Vardø

Bedeutung des Gemeindewappens: In schwarzer Schrift steht dort geschrieben: VARDØENSIS INSIGNIA URBIS. CEDANT TENEBRAE SOLI (Das Siegel der Stadt Vardø. Die Dunkelheit muss der Sonne weichen) und die Jahreszahl 1787, als Vardø seine Stadtrechte bekam. Die Gestaltung erinnert an eine Fahne. Das Wappen nimmt eine Sonderstellung unter den norwegischen Gemeindewappen ein.
Bedeutung des Namens: Im 14. Jh. schrieb man Vargøy, von nordisch varg, Wolf, friedlose Person, später geändert in Vardøy, Wardeninsel.
Gemeindezentrum: Vardø (2.057 Einw.).
Position: 70°22'30''N 31°06'14''E.
Areal: 600 km². **Einw.:** 2.338.
Bevölkerungsdichte: 3.9 Einw./km²
Arealverteilung: Landw. 0 %, Forstw. 0 %, Süßwasser 3 %, verbleibendes Areal 97 %.
Wirtschaft: Fischerei mit relativ großen Fahrzeugen. Fischindustrie mit Filetierung und Einfrieren. Geräucherter und frischer Fisch für den Export. Krabbenfabrik.
Sehenswertes: Vardøhus Festung. Vardøhus Museum. Das Pomorenmuseum.
Hinweis auf Aktivitäten: Meeressafari. Krabbensafari. Die Pomorentage.
Website der Gemeinde Vardø: www.vardo.kommune.no

70°11'N   30°52'E   + 2 Std 17 Min   ①
Zwischen den Städten Vardø und Vadsø liegt der Ort Komagvær, der hauptsächlich ein Hüttendorf ist. Der 45 km lange Komagelva ist ein bekannter Lachsfluss. Die Gegend ist auch bei Ornithologen beliebt.

Kramvik weist ein reges und artenreiches Vogelleben auf. Dies ist einer der vielen beliebten Plätze auf der Varangerhalbinsel für Vogelbeobachtungen.

70°16'N   31°03'E   + 2 Std 41 Min   ②
Den Ort **Kiberg** (256 Einw.) passieren wir an BB südwestlich von Kibergneset. Im 16.-17. Jh. war Kiberg einer der größten Fischereihäfen der Gemeinde und spielte eine zentrale Rolle im Pomorenhandel mit Russland (S 241) und in der russischen Fischereiwirtschaft. Kiberg ist noch heute eine wichtige Fischannahmestelle. Da der Ort beim deutschen Rückzug 1944 nicht zerstört wurde, gibt es noch viele gut erhaltene alte Gebäude.

Wegen seiner strategischen Lage hatte Kiberg im 2. Weltkrieg eine zentrale Stellung. Die geographische Nähe zur Sowjetunion hatte viele Beziehungen zwischen den Menschen beiderseits der Grenze geschaffen. Da Kiberg für die deutsche Kriegsführung geographisch interessant war, wichen viele Kiberger über die Grenze in die Sowjetunion aus. Einige kamen zurück und arbeiteten für den sowjetischen Nachrichtendienst. Man schätzt, dass es ca. 45 Partisanen in der Umgebung von Kiberg gegeben hat. Eine ihrer Aufgaben war es, Radiomeldungen über deutsche Schiffsbewegungen zu übermitteln. Ungefähr die Hälfte der Partisanen wurde im Laufe des Krieges im Kampf getötet oder hingerichtet. Dank ihrer Tätigkeit konnten ca. 80 deutsche Frachtschiffe auf dem Weg nach Kirkenes versenkt werden. Nach dem Krieg kehrten die meisten der überlebenden Partisanen nach Kiberg zurück. „Der kalte Krieg" und die angespannte politische Lage in den 1950-60er Jahren machte die Sowjetunion zum neuen Feind und die ehemaligen Partisanen verdächtig. Man wusste nämlich, dass osteuropäische Nachrichtendienste in Norwegen agierten, weil Norwegen zur NATO gehörte und seine strategische Lage der Sowjetunion Zugang zum Atlantik verschaffte.

König Harald ehrte die Partisanen 1992 in einer Ansprache am Partisanen-Denkmal in Kiberg. Das bedeutete für viele die erste Anerkennung von offizieller norwegischer Seite für ihren Einsatz im Dienste des Landes im 2. Weltkrieg.

Kibergneset oder das Ostkapp an BB ist Norwegens östlichster Festlandspunkt. Während des 2. Weltkrieges befand sich auf Kibergneset eine der größten Kanonenstellungen Europas, ein gigantisches Festungswerk unter dem Namen „Fort Kiberg" wandte sich der Barentssee zu. Diese war eine von 11 Festungen auf der Varangerhalbinsel.

Nachdem wir die Kibergnase umrundet haben, sehen wir den Bussesund und die Insel Vardøya vor uns an SB. An BB passieren wir die Bucht **Melvika** vor dem Berg Domen (164 m ü M) mit seinem flachen Gipfel und seinen senkrecht zum Meer abfallenden Wänden. Am Fuße des Berges befindet sich eine tiefe Höhle, „der Abstieg zur Hölle", der heute zugänglich ist.

Der **Domen** hat seine eigene Geschichte, er wird als „Hexenberg" bezeichnet. Zwischen 1593 und 1669 gab es ca. 140 Hexenprozesse in Finnmark. Rund 100 dieser „Hexen" wurden auf dem Scheiterhaufen verbrannt. Damit war die Anzahl der brutalen Hexenprozesse im Gebiet von Vardø die höchste in ganz Europa. Allein im Laufe des Winters 1662/63 wurden über 30 Frauen beschuldigt, anderen mit Zauber und Hexerei Schaden zugefügt zu haben. In den Berichten kann man nachlesen, dass viele der Frauen gestanden hatten, mit dem Teufel auf dem Berg Domen, zwischen Kiberg und Vardø, gefeiert, getanzt und getrunken zu haben, auf dem Domen hätten sie ihren Hexensabbat abgehalten und ihre Zauberkraft erhalten, nachdem sie mit dem Teufel einen Pakt geschlossen hätten. Kleine Teufel wurden ihnen als Helfer zugeteilt, die aus einem Loch am Fuße des Berges hervorströmten, wenn sich die Dunkelheit herabsenkte. Die kleinen Teufel trieben Schabernack und Magie. Satan selbst wohnte in der Höhle. Der Kontakt mit ihm und seinen Dämonen galt als schweres Verbrechen. Die Geständnisse der Frauen wurden durch vielerlei Misshandlungen und Folter erzwungen, wie z. B. die sogn. „Wasserprobe", bei der die Frauen an Händen und Füssen gefesselt ins Wasser geworfen wurden. Waren sie schuldig, tauchten sie wieder auf, waren sie unschuldig, versanken und ertranken sie!

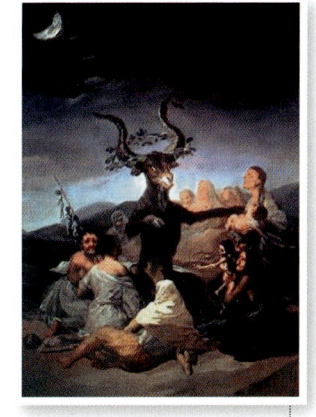

Das Schiff nähert sich der Stadt Vardø auf der Vardøinsel, dahinter liegt die kleine Insel Hornøya mit dem Vardø Feuer und Reinøya. Hornøya hat mit 31°10'14"E die östlichste Position in Norwegen.

Das Vardø Feuer auf **Hornøya** wurde 1896 gebaut und ist Norwegens östlichstes Feuer. Der viereckige Leuchtturm ist 20,5 m hoch, eine Winkeleisenkonstruktion mit Eternitplatten verkleidet. Die Höhe des Lichtes beträgt 77,2 m ü M, die Reichweite 23 n. M., seit 1910 gibt es dort ein Nebelhorn, seit 1937 ein Diaphon (ein Apparat für Nebelsignale, mit Pressluft betrieben, der einen lauten, durchdringenden, tiefen Ton erzeugt und zum Abschluss einen „Grynt", einen kurzen, tiefen Ton. Seit 1976 gibt es ein Nautophon (der Ton wird dadurch erzeugt, dass Wechselstrom durch eine Spule zu einem Elektromagneten gelenkt wird und eine Stahlplatte wie eine Membran in Schwingungen versetzt).

Die Gebäude der Feuerstation wurden nach dem 2. Weltkrieg zunächst repariert, 1959 aber abgerissen und neu gebaut. Die Anlage besteht heute aus Leuchtturm, Maschinenhaus, Wohnhaus, Nebengebäude, Maschinenhaus für eine Seilbahn und Bootsschuppen. Die ganze Gegend ist geprägt von den Resten der deutschen Befestigungsanlage. Die Feuerstation ist von architektonischem Wert, diese Art des Leuchtturms gibt es nur dreimal in Norwegen. 1991 wurde die Station automatisiert, 1998 unter Schutz gestellt. Hornøya steht wegen des reichen Vogellebens unter Naturschutz.

1953 richtete man das Vardø Radiofeuer ein mit der Kennung **VD(..._ _..)** auf der Frequenz 307 kHz. Die Reichweite beträgt 70 n. M. Seit 1994 sendet es Korrektursignale zu dem satellitenbasierten Navigationssystem Navstar GPS.

Das Schiff fährt an der Außenseite von Vardøya (3,7 km²) entlang, um von Westen am Kai anzulegen. An BB passieren wir die charakteristische runde Antenne, die zu dem Radarsystem Globus II des Militärs gehört. Die Radaranlage ist ein gemeinsames Projekt des norwegischen Nachrichtendienstes und US Air Force Space Command. Ursprünglich stand sie auf der Vandenberg Air Force Base in Kalifornien. Die Bauarbeiten in Vardø begannen 1998, der Betrieb wurde 2000 aufgenommen. Sie war zu der Zeit einzigartig in der Welt. Sie wird mechanisch gesteuert, hat eine Parabolantenne mit einem Durchmesser von 27 m und wird durch eine aufblasbare Kuppel von 35 m Durchmesser geschützt. Die Antenne ist auf einem rotierenden Sockel montiert, so dass sie Objekten im Raum bis zu 40.000 km folgen kann. Die Anlage kann Satelliten in geostationären Bahnen registrieren, es heißt, sie könne „einen Tennisball über Rom erkennen". Die Radaranlage auf Vardøya ist politisch sehr umstritten. Offiziell hat sie die Aufgabe, Satelliten und Gerümpel im Weltraum zu kontrollieren und norwegische Hoheitsgebiete überwachen. Da die USA aber mehr als eine Milliarde norwegische Kronen in das Radar investiert haben, behauptet Russland, dass es sich um einen verlängerten Arm der amerikanischen Raketenabwehr handelt und eine Bedrohung der nationalen Sicherheit Russlands darstellt (Vardø liegt nahe der russischen Grenze).

Vardøya besteht aus zwei Inseln, **Vestøya** und **Østøya**, die durch den **Valen**, eine flache Landbrücke, verbunden sind. Vom Festland sind die Inseln durch den 1,7 km breiten **Bussesund** getrennt. Ein untermeerischer Tunnel (2,89 km lang, 88 m u M), der erste seiner Art in Norwegen, führt seit 1982 unter dem Sund hindurch.

Nachdem wir die Außenseite von Vardøya umrundet haben, dreht das Schiff nach Süden und passiert die äußere Mole, um am Kai in der Bucht **Vestervågen** zwischen Vestøya und Østøya anzulegen.

Das Schiff legt am Kai in Vardø an

Vardø ist Norwegens östlichste Stadt, auch „Pforte zur Barentssee und Nordostpassage" genannt. Sie ist die einzige Stadt in Westeuropa, die in der arktischen Klimazone liegt, d.h. dass die Durchschnittstemperatur im Sommer nie 10°C übersteigt. Die Grenze dieser Zone geht durch den Bussesund. Im Winter ist das Klima hart, stürmisch und kalt. Man sagte früher, die Kinder hätten Steine in den Taschen, damit sie an stürmischen Tagen nicht davon geblasen wurden!

Ausgrabungen haben Siedlungsreste zu Tage gefördert, die an die 4.500 Jahre alt sind. Schon 1307 wurde Vardø in offiziellen Dokumenten als Fischerdorf erwähnt, im selben Jahr wurde die erste Kirche von Bischof Jørund von Nidaros (Trondheim) geweiht. Ungefähr zur selben Zeit, Anfang des 14. Jh.s, gründete König Håkon V Magnusson (1270-1319) die erste Vadøhus-Festung, unter dem Namen „Borgen". Zum Teil war sie eine Verteidigungsanlage, da Finnmark und Hålogaland arg von den Verwüstungen und Plünderungen durch Russen und Karelier heimgesucht wurden, zum anderen war sie Residenz des Lehnsherren. Die Festung wurde später versetzt, die neue trug den Namen „Vardøhus Slott" und war 1460 fertig.

Vardø gilt als die nördlichste Festung der Welt. So wie sie heute da steht, wurde sie im Zeitraum 1734-38 erbaut als die dritte Festung in Vardø. Es handelt sich um eine achteckige, sternförmige Schanze mit vier Bastionen und vier Tenalien (im Wechsel nach innen und außen versetzten Winkeln). Das Bauwerk ist aus grauem Gestein, die Brustwehr aus Erde und Torf, von einem trockenen Graben umgeben.

Der ungarische Astronom und Jesuit Miksa (Maximilian) Hell war der Direktor des Observatoriums in Wien. Er fuhr 1768 im Auftrag des Königs Christian VII von Dänemark/Norwegen (1749-1808) nach Vardø, um den Transit des Planeten Venus vor der Sonnenscheibe zu verfolgen, woraus man zum ersten Mal den genauen Abstand zwischen Erde und Sonne errechnen konnte. Er baute ein Observatorium in Vardø und bestimmte mit großer Genauigkeit die geographische Länge und Breite des Ortes mit den Methoden der damaligen Zeit.

Vardø ist eine der ältesten Städte in Norwegen, am 17. Juli 1789 unterzeichnete König Christian VII ein Dokument, das Vardø die Rechte einer Kaufmannsstadt verlieh. Die Stadt war das Zentrum des Pomorenhandels bis zum 1. Weltkrieg 1914 (S 241).

Fridtjof Nansen (1861-1930), der bekannte norwegische Polarforscher und Diplomat, verließ am 24. Juni 1893 mit dem speziell für ihn konstruierten Schiff „Fram" (Vorwärts) und einer Mannschaft von 12 Mann den Hafen von Vardø. Sein Ziel war, zu beweisen, dass eine Drift das Eis von Sibirien über das Eismeer bis nach Grönland treibt. Nansen wollte sich mit der „Fram" vom Eis möglichst über den Nordpol treiben lassen. Dieser Plan löste bei Polarforschern anderer Länder große Skepsis aus, doch die norwegischen Behörden gaben ihm ökonomische Unterstützung. Die „Fram" fuhr entlang der sibirischen Küste und geriet am 22. September 1893 auf 78°50'N 133°37'E ins Eis und fror ein. Das Treibeis trug ihn langsam nach Nordwesten, aber nicht zum Nordpol. Am 14. März 1895 verließ Nansen zusammen mit Hjalmar Johansen das Schiff, um zu versuchen, mit Skiern und Hundeschlitten den Nordpol zu erreichen. Mit großer Mühe kamen sie bis auf 86°14'N, nördlicher als je eine Expedition zuvor. Auf dem Rückweg gerieten sie viele Male in Lebensgefahr. Auf Franz Joseph Land bauten sie sich im August 1895 ein Überwinterungslager. Im Sommer darauf machten sie sich wieder auf den Weg und trafen durch Zufall auf Fredrik Jackson, der am Kap Flora eine Forschungsstation hatte. Er brachte die beiden zurück nach Vardø, wo sie am 13. August 1896 eintrafen, eine Woche, bevor auch die „Fram" in Skjervøy, nördlich von Tromsø, ankam (S 263).

Fridtjof Nansen wurde als Nationalheld gefeiert, er machte eine Vortragsreise durch Europa und Amerika und wurde mit Ehrenbezeugungen überschüttet. Auf dem Fridtjof Nansen Platz in Vardø steht eine Statue von ihm, enthüllt 1993 zum 100jährigen Jubiläum seiner Abreise mit der „Fram" von Vardø in Richtung Nordpol. Nansen leistete später entscheidende humanitäre Hilfe bei einer Hungerkatastrophe in der Sowjetunion und durch die Ausfertigung des sogn. „Nansenpasses" für Flüchtlinge ohne Papiere. Der „Nansenpass" wurde von mehr als 50 Ländern anerkannt und verschaffte den Flüchtlingen die Möglichkeit, sich in einem anderen Land nieder zu lassen.

Bis 1850 war Vardø nur ein kleines Fischerdorf, doch in den Jahren von 1850 bis 1910 vervielfachte sich die Bevölkerungszahl auf 3.023. Finnmark wurde Einwanderungsprovinz, für viele eine Alternative zur Auswanderung in die USA. Die erfolgreiche Fischerei und der Pomorenhandel schafften Optimismus und zogen die Menschen an.

Der Pomorenhandel (S 241), am Anfang meist Tauschhandel, entwickelte sich ab ca. 1850 zu einem Handel mit Geld als Zahlungsmittel, oft von professionellen Handelshäusern ausgeführt. Das größte Handelshaus in Vardø hieß Brodtkorb, hier arbeiteten allein 20-30 russische Gastarbeiter. In den 1890er Jahren kamen im Durchschnitt jährlich 384 russische Schiffe in die Stadt, während umgekehrt 361 Schiffe mit Handelswaren von Vardø nach Russland fuhren. Vardø war auch ein wichtiger Transithafen für Waren, die weiter verkauft werden sollten auf dem russischen Markt. Wohlhabende Pomoren kamen nach Vardø, um Geschäfte zu machen, wo hingegen ihre Schiffsbesatzungen mit ihrer farbenfrohen Kleidung, ihrem schönen, mehrstimmigen Chorgesang und ihren Tänzen am Kai der Stadt ein charmantes Gepräge gaben. Die russische Revolution 1917 machte allerdings dem Pomorenhandel ein Ende, der Rubel wurde wertlos, und in den folgenden Jahren des Niedergangs gingen viele Kaufleute in Vardø Konkurs. Nachdem der kalte Krieg zu Ende ging, entwickelte sich eine Beziehung zwischen Vardø und Archangelsk. Die beiden Orte wurden 1989 Freundschaftsstädte, und seit 1991 werden jeden Sommer in Vardø Pomorentage arrangiert.

Vardø war äußerst wichtig für die deutsche Besatzungsmacht im 2. Weltkrieg. Die Stadt lag strategisch günstig, um den alliierten Schiffsverkehr nach Russland zu kontrollieren. 2/3 der Stadt wurden im Laufe der Kriegsjahre zerstört. Vardø war vielen Luftangriffen der Sowjetunion ausgesetzt, die sowohl den deutschen Anlagen an Land galten, als auch den Versorgungsschiffen für die Kriegsfront in Kirkenes. Beim deutschen Rückzug 1944 wurde die Stadt total rasiert.

Die heutige Kirche in Vardø, die vierte in der Stadt, wurde 1958 eingeweiht. Die erste Kirche von 1307 stand einen km von der heutigen entfernt. Die zweite entstand 1714, die dritte 1869. Diese wurde 1944 abgebrannt und nicht vor 1958 ersetzt. Nahe der Vardøhus Festung gibt es noch eine Kapelle, 1907 erbaut.

Vardø hat sich um Fischerei und Fischverarbeitung herum entwickelt. Die Bevölkerungszahl ist zurück gegangen, seitdem die Ressourcen für die Fischerei knapper geworden sind. Die Stadt stellt sich um. Die Einrichtung einer Schiffsverkehrszentrale, die den wachsenden Verkehr vor der Finnmarksküste zwischen Russland und der westlichen Welt kontrollieren soll, schafft neue Arbeitsplätze. Diese Zentrale für Schiffsüberwachung baut man nahe der Festung Vardøhus zusammen mit der Küstenradiostation Vardø Radio. Vardø ist außerdem ein sehr attraktives Gebiet für Vogelbeobachter. Tourismus ist ein Wirtschaftszweig auf dem Vormarsch. Am Ende jeder Wintersaison wir u.a. das Schneescooter-Rennen „Arctic Giant" veranstaltet, bei dem es darauf ankommt, möglichst schnell eine schwierige Strecke von 100 km zu bewältigen.

Der Flugplatz von Vardø liegt auf der Landzunge **Svartnes** auf dem Festland und ist mit dem norwegischen Regionalliniennetz verbunden. Die Europastrasse E 75, die auf Kreta beginnt, endet in Vardø.

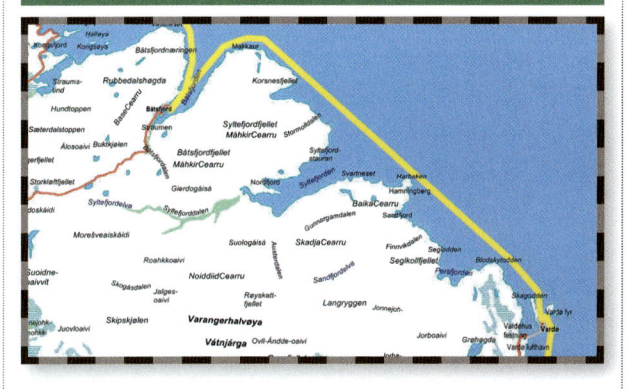

Das Schiff fährt and der Mole entlang, die den Hafen gegen die Barentssee schützt. An BB passieren wir den Ort **Laukvika** auf dem Festland und ebenfalls an BB Vardøyas nördlichsten Punkt, **Skagodden**.

Hinter uns an SB sehen wir **Reinøya** und **Hornøya** mit dem Vardø Feuer. Beide Inseln stehen unter Naturschutz wegen ihres reichen Vogellebens. 1970 wurde der Bestand an Mantelmöwen und Silbermöwen auf ca. 30.000 Paare berechnet. Reinøya ist eine der größten Eierinseln von Norwegen (S 217, S 333), das Eiersammeln wird seit den 1960er Jahren vom Kommandanten der Festung Vardøhus kontrolliert und organisiert und ist weiterhin aktuell. 1971 wurden 40.000 Eier eingesammelt. Frisch gelegte Eier werden aus dem Nest genommen, und die Möwen legen neue. Außerdem brüten hier Dreizehenmöwen, Papageitaucher, Alken, Trottellummen, Dickschnabellummen, Gryllteiste, Kormorane und Krähenscharben (S 217).

Vardø liegt auf demselben Längengrad wie die Cheopspyramide in Ägypten. Dies hat man markiert, indem man auf Reinøya, genau auf der geographischen Länge der großen Pyramide, eine kleine aufgestellt hat.

Hornøya ist Norwegens östlichster Punkt, 31°10'14''E, mit einem geschützten Vogelfelsen mit 88.000 Seevogelpaaren. Die Insel ist nur begrenzt zugänglich, Ausflüge mit einem Hafenboot werden von Vardø aus arrangiert.

Wir fahren weiter nach Nordwesten, vor uns an BB sehen wir Kavringen und Blodskytodden.

70°26'40''N   31°00'44''E   + 0 Std 20 Min ①

Am Fuße des Berges **Blodskythøgda** an BB liegt der verlassene Ort **Kavringen**, der noch bis Ende der 1960er Jahre bewohnt war. Blodskytodden ist die letzte Landzunge in der Gemeinde Vardø, ein Naturreservat und Brutplatz für eine große Anzahl verschiedener Vogelarten, besonders Watvögel.

An BB passieren wir die Bucht **Persfjorden**, der Ort **Prestnæringen** liegt an der Südseite der Bucht.

Ca. 70°29'N   30°52'E

Wir passieren die Grenze zwischen den Gemeinden Vardø und Båtsfjord.

Die Gemeinde Båtsfjord

Bedeutung des Gemeindewappens: Symbolisiert die Wichtigkeit der Fischwirtschaft für die Gemeinde.
Bedeutung des Namens: Wahrscheinlich von botn in der Bedeutung innerer Teil eines Fjords, also sein „Boden". Auch ein Hofname, samisch Báccavuodna oder Báccevuodna.
Gemeindezentrum: Båtsfjord (2.166 Einw.).
Position: 70°38'N   29°34'E. **Areal:** 1.434 km².
Einw.: 2.185. **Bevölkerungsdichte:** 1,52 Einw./km².
Arealverteilung: Landw. 0 %, Forstw. 0 %, Süßwasser 1 %, verbleibendes Areal 99 %.
Wirtschaft: Einer von Norwegens größten Fischereihäfen gemessen an der Menge des angelandeten Fisches. Fischverarbeitung. Filetfabrik mit Gefriereinrichtungen. Krabbenfabrik. Produktion von Loddekaviar. Kleinere Werkstätten für die Fischereiflotte. Sommerweide für Rentiere. Station für Rettungskreuzer.
Sehenswertes: Naturreservat Makkaurhalbinsel. Der Fischerdorf Hamningsberg.
Website der Gemeinde Båtsfjord: www.batsfjord.kommune.no

| 70°31'30"N   30°46'E   + 0 Std 50 Min |

An BB die Bucht **Sandfjord**, voraus das Fischerdorf Hamningberg, weit voraus die Berge Syltefjordklubben und Korsnesfjellet.

| 70°32'48"N   30°42'E   + 0 Std 58 Min   ② |

Hamningberg an BB in der kleinen Bucht vor der Landzunge **Harbaken** (81 m ü M). Die Europastrasse E 75, ganz von Kreta über Vardø kommend, endet hier. Die Gegend entlang der Strasse erinnert an eine Mondlandschaft und zeigt deutliche Spuren mehrerer Eiszeiten.

Hamningberg ist ein verlassenes Fischerdorf mit russisch inspirierter Bebauung und einer faszinierenden Umgebung. Es wurde einst als traditioneller Fischerhafen angelegt mit Kais am Strand und Fischannahmestelle, Lagerhalle und Schuppen. Die Wohnhäuser reihten sich an der Strasse bis in die Berge hinauf. Gestelle zum Fischtrocknen standen an allen verfügbaren Plätzen. Pomorenfischer kamen ab dem 18. Jh. hierher. Einstmals wurde viel Trockenfisch von Hamningberg nach Russland und Europa exportiert. Vor dem 2. Weltkrieg wohnten hier 700 Einwohner. Nach dem Krieg war Hamningberg eins der wenigen Fischerdörfer, die nicht total vernichtet wurden beim Rückzug der Deutschen im Oktober 1944 (S 221). Dennoch waren die Schäden groß, die Kapelle und die Kais waren fort, die Einwohnerzahl auf 200 zurück gegangen. Die Abwanderung ging etwas langsamer vor sich als in vielen anderen Orten an der Küste. Die drei letzten Dauereinwohner zogen 1978 weg. Im Sommer, wenn die Strasse offen ist, wird Hamningberg wieder bewohnt. Die Bebauung gilt als schützenswert und wurde restauriert.

Hinter Hamningberg öffnet sich der **Syltefjord** an BB.

Der Ort **Nordfjord**, einige km in den Fjord hinein an dessen Nordseite, wurde als letzter verlassen, erst 1989. Hier haben viele Einwohner von Båtsfjord ihre Sommerhäuser. Eine 25 km lange Strasse verbindet die beiden Orte.

In **Ytre Syltevika**, am äußeren Teil des Fjords, hat man Reste von zwei Kirchen und mehreren Häusern aus dem Mittelalter und neuerer Zeit gefunden, und auch Siedlungsreste aus der Steinzeit.

| 70°36'38"N   30°30'E   + 1 Std 20 Min   ③ |

Zwischen den Syltefjord und den Nachbarfjord Båtsfjord schiebt sich die **Makkaurhalbinsel**, ein **Naturreservat mit den Bergen Syltefjordfjellet** (403 m ü M) und **Makkaurfjella** (332 m ü M). Das Naturreservat wurde 1983 auf ca. 113 km² festgelegt, es soll die charakteristische Landschaft an Finnmarks arktischer Küste bewahren und einen der wichtigsten Vogelfelsen des Landes, den Syltefjordstauran, schützen.

In weiten Teilen des Naturreservats gibt es nur wenige Vögel. Auf dem Bergplateau sind es Hochgebirgsarten wie Schneeammer und Alpenschneehuhn, die aber nur weit verstreut brüten. Der Unterschied zwischen der monotonen Küsten- und Berglandschaft und dem lebhaften Vogelleben am Syltefjordstauran ist gewaltig.

Der **Syltefjordstauran** (220 m ü M) ist wohl Norwegens größtes Vogelkliff, ca. 4 km lang. Es liegt an der nordwestlichen Mündung des Syltefjords. An den senkrechten Felswänden brüten meist Dreizehenmöwen, aber auch Alken, Trottellummen, Dickschnabellummen und Basstölpel (S 217). man weiß nicht genau, wieviele Dreizehenmöwen hier brüten, nimmt aber an, dass dies die größte Kolonie des Landes ist mit schätzungsweise 1.500.000 Paaren.

Auf einer der unzähligen Felseninseln vor der Klippenwand, **Store Alkestauran**, finden wir Finnmarks einzige und der Welt nördlichste Basstölpel-Brutkolonie. Die Basstölpel ließen sich 1961 dort nieder. 1982 zählte die Kolonie 250 Paare und nimmt seitdem ständig zu. Basstölpel haben eine imponierende Größe, sie messen 2 m zwischen den Flügelspitzen und sind die größten Seevögel des Landes. Sie verlassen im Herbst als letzte Art das Vogelgebiet.

Auf Store Alkestauran und auch sonst in dem Vogelgebiet brüten auch Alken, Trottellummen und Dickschnabellummen. Die Trottellummen sind am zahlreichsten, der Bestand wird auf rund 10.000 Paare geschätzt. Die Dickschnabellummen kommen auf 100 bis 1000 Paare, brüten meist in arktischen Gebieten, in Norwegen (außer Svalbard) fast nur in Finnmark. Gryllteiste und Papageitaucher sieht man auch außerhalb des Syltefjordstauran (S 217).

Das reiche Vogelleben am Syltefjordstauran ist ein Eldorado für Raubvögel und Aasfresser. Raben und Krähen sind die Gewöhnlichsten unter ihnen, man sieht aber auch viele Seeadler. Mantelmöwen und Silbermöwen sind hinter den Eiern und unbewachten Jungvögeln her. Beide Möwenarten brüten ebenfalls am Syltefjordstauran.

Das zweitreichste Vogelgebiet finden wir im **Makkaursandfjord**, wo die Zwergsäger ihr Federkleid wechseln. Bis zu 1.000 Zwergsäger sammeln sich hier einige Wochen lang im Juli/August zur Zeit der Mauser.

70°39'40"N   30°20'22"E   + 1 Std 38 Min

Gleich hinter dem Syltefjordstauran zeigt sich das eigenartige **Stormolltal** wie ein tiefer Keil im Fels, ein senkrechtes Tal.

Auf der Fahrt entlang des Naturreservates **Makkaurhalvøya** passieren wir den **Makkaur-Sandfjord**, der in den 1950er Jahren verlassen wurde, im Hintergrund der Berg Korsnesfjellet.

70°42'32"N   30°08'E   + 1 Std 59 Min ④

Auf dem Gipfel des **Korsnesfjellet** (296 m ü M) sieht man als Silhouette gegen den Himmel ein Gebäude, das sind die Reste einer Relaisstation des Telewerks.

Das Makkaur Feuer sehen wir vor uns. Es wurde 1928 gebaut und ist wegen seiner Besonderheit von hohem architektonischen Wert. Seit 1998 steht es unter Denkmalschutz. Es besteht aus einem weißen Betongebäude mit gewölbtem Dach und einem Turm darauf. Die Höhe des Lichtes beträgt 39 m ü M, die Reichweite 17,6 n. M., ein Nebelsignal, Diaphon, wurde 1922 installiert und 1989 wieder entfernt. Die Maschinerie fürs Nebelsignal und das Stromaggregat sind immer noch intakt.

Das Maschinenhaus und das Wohnhaus des Leuchtturmwärters haben den Krieg überstanden. Der Leuchtturm selbst wurde im Krieg von den Deutschen benutzt und später gesprengt, später dann wieder aufgebaut. Die übrigen Gebäude, Wohnungen und Schuppen, wurden in den 1980er Jahren abgerissen. Ein Haus, das überhaupt nicht dahin passt und heute als Wohnung und Maschinenhaus benutzt wird, wurde außerhalb des Grundstückes aufgestellt. Ein gepflasterter Weg führt zum Bootsschuppen und Landeplatz.

Makkaur ist ein verlassener Handelsplatz nahe dem Makkaur Feuer. Der Ort war im Mittelalter schon bewohnt. Am Ende des 16. Jh.s und in den ersten Jahrzehnten des 17. Jh.s war er einer der größten Fischereihäfen in Finnmark mit ca. 100 Einwohnern. 1620 begann für Makkaur eine langfristige Krisenperiode mit Abwanderung wegen schlechter Fangergebnisse, Klimaverschlechterung und Niedergang der Fischpreise.

Makkaur wurde bis zum 2. Weltkrieg bewohnt, gehört aber zu den Fischerdörfern, die nach dem Krieg nicht wieder aufgebaut wurden. Die Gebäude wurden nach Båtsfjord und Syltefjord versetzt (u.a. die Kirche). In Makkaur befindet sich außer dem Makkaur Feuer nur noch eine Festungsanlage aus dem 2. Weltkrieg, ein Schiffswrack, Reste alter Häuser und zwei Kirchhöfe.

Makkaur ist der älteste Kirchenort in der Gemeinde, 1521 zum ersten Mal erwähnt. Die letzte Kapelle wurde 1934 eingeweiht, aber in den 1950er Jahren nach Syltefjord versetzt.

> Odd Solhaug schrieb folgende Geschichte über „Kirche und Volk in der Gemeinde Båtsfjord": „Makkaur wird in Verbindung mit der Kirche zum ersten mal 1521 im Archiv des Vatikans in Rom genannt, und zwar in einer Beschreibung des Bistums Nidaros mit besonderer Betonung auf Finnmark. Die Beschreibung wurde von Erik Walkendorf verfasst, der 1511-1521 das Amt des Erzbischofs ausübte. Er unternahm offensichtlich 1512 eine Reise nach Finnmark ganz bis Vardøhus und schrieb 1520 einen Bericht über diese Reise, den er an Papst Leo X nach Rom schickte. Er schreibt darin, dass „er einen Gottesdienst in einer kleinen Landgemeinde namens Mat-

kur abgehalten hätte". Damit meinte er ohne Zweifel Makkaur in der heutigen Gemeinde Båtsfjord. Es erscheint merkwürdig, dass der Erzbischof Makkaur in seinem Brief an den Papst erwähnt, denn der Ort war nicht von Bedeutung. Aber als er in Makkaur an Land ging, kam nach seiner Aussage ein schrecklicher Wal, der das Schiff umwerfen wollte, das vor dem Ort vor Anker lag, und die Menschen auf ihrem Weg zum Land bedrohte. Es war wohl dieser Wal, von dem er dem Papst erzählen wollte, und von dem Gottesdienst in Makkaur erfahren wir so nebenbei."

Der Geologe B. M. Keilhau, der 1827/28 nach Finnmark reiste, beschrieb die Wohnverhältnisse in den Fischerdörfern Finnmarks wie folgt: „Die Gammen, die die Nordländer hier haben, sind im Hinblick auf das Klima die am besten geeigneten Wohnungen. Es handelt sich um ganz kleine Holzhäuser, dicht eingefasst und bedeckt mit Steinen und Grassoden. Die Ställe für die Tiere sind so an das Hauptgebäude angeschlossen, dass man von dort durch einen geschlossenen Gang oder Vorraum zur Tür der inneren Kammer gelangt, durch den also die Luft von außen nicht unmittelbar eindringen kann. Die Stube ist so dicht und warm, wie man nur wünschen kann, und doch nicht feucht. Sie hat einen Schornstein, einen einmauerten Bilegger, der vom Vorraum aus befeuert wird, oder auch einen Eisenofen, der ein kleines Fenster hat und hinreichend Licht spendet. In der Gamme hat man im tiefsten Winter eine Stunde Tageslicht um die Mittagszeit, um seine Arbeit zu verrichten."

70°43'N 29°58'E + 2 Std 14 Min

Vor uns die Landspitze **Rossmålen** (242 m ü M). Bevor wir sie umrunden, sehen wir eine große Grotte im Berg.

Wir fahren in den **Båtsfjord** hinein (13 km lang) in Richtung auf das Gemeindezentrum Båtsfjord. An BB die steilen Wände der Gebirgszüge Makkaurfjella (383 m ü M) und **Båtsfjordfjellet** (445 und 214 m ü M).

Auf der Westseite des Båtsfjords sehen wir die Berge **Båtsfjordnæringen** (354 m ü M) und **Hamnefjell** (368 m ü M). Zwischen ihnen verläuft das **Austre Rubbedal**.

Auf dem Gipfel des Hamnefjells erhebt sich ein dominierender Sendemast, mit seinen 241,8 m der höchste in Norwegen.

70°41'28"N 29°53'E + 2 Std 24 Min

Die Einfahrt nach Båtsfjord ist farbenfroh. Die steilen Wände des Makkaurfjellets zeigen bei geeignetem Lichteinfall ein faszinierendes Farbenspiel in rot, grün, schwarz und weiß. Die Besonderheit der Landzunge Rødbergneset ist ihre rostrote Farbe und eine Höhle oberhalb der Wasserlinie.

Das Schiff legt am Kai in Båtsfjord an

Båtsfjord gilt als Norwegens größtes Fischerdorf und als Finnmarks größter Fischereihafen mit ca. 7.000 Schiffsanläufen jährlich. In den Fischfabriken treffen mehrere Nationen zusammen, Norweger und Gastarbeiter aus Russland, Finnland, Schweden, den Färöerinseln und früher auch aus Sri Lanka.

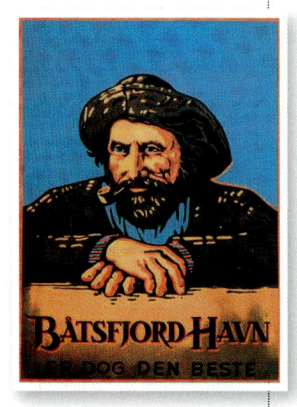

Das heutige Båtsfjord wurde vermutlich um die Wende zum 19. Jh. erbaut, 1852 wurden 26 Einwohner registriert. In den Jahren 1865-68 flohen viele Finnen nach Ost-Finnmark vor der Hungersnot und schlechten Lebensverhältnissen in Nord-Finnland. Um 1900 brachte es die Einwohnerzahl auf 54 Personen. Während in Hamningsberg (S 236) die Fischwirtschaft wegen der schlechten Hafenverhältnisse stagnierte, verlagerten sich die Aktivitäten nach Båtsfjord, das einen wesentlich besseren Hafen zu bieten hatte. In der Fischfangsaison wurde hier viel Fisch umgesetzt. 1909 legte man im Innern des Båtsfjords ein Kohlelager für die Fischereiflotte an und baute mehrere Kaianlagen. Für motor- und dampfbetriebene Schiffe war es nicht mehr notwendig, auf kürzestem Wege zu den Fischbänken zu gelangen. Es wird erzählt, dass im Frühjahr 1909 300-400 Boote mit 3.000-4.000 Mann in Båtsfjord im Hafen lagen.

Es gab drei Walfangstationen in Båtsfjord, die erste wurde 1884 gebaut. Viele von den verlassenen Fischerdörfern werden heute im Urlaub aufgesucht.

Veränderungen im Fischbestand und damit im Fischfang, Klimaschwankungen, ökonomischer Aufschwung und Niedergang und die zwei Weltkriege haben sich in Båtsfjord ausgewirkt wie überall an der Küste Finnmarks. Båtsfjord wurde 1944 nicht total zerstört, als die deutsche Okkupationsmacht sich schnell aus dem Gebiet zurückzog. Das kombinierte Schul- Kapellen-Gebäude, 1923 erbaut, blieb stehen, wenn es auch während des Krieges von den Deutschen besetzt war. Nach der Befreiung hat das Fischerdorf eine rasche Entwicklung durchgemacht, doch die Ernährungsgrundlage, der Fisch im Meer, hatte weiterhin sein Auf und Ab, und im Takt damit auch die Beschäftigung der Bevölkerung.

Im Jahre 2006 hatte Båtsfjord vier Fischereibetriebe, zwei mit voller Kapazität, einer mit reduzierter und einer nahm sich des Fischabfalls an und machte daraus Fischöl oder Fischmehl. Eine ganzjährig befahrbare Strasse führt über das Båtsfjordgebirge. Der Kurzbahnflugplatz hat vier Linienabgänge täglich.

Die Kirche von Båtsfjord wurde 1971 erbaut und ist eine Arbeitskirche aus Beton mit 300 Sitzplätzen. Die Kirche hat eins von Europas größten farbigen Glasfenstern (85 m²).

Das Schiff fährt weiter nach Berlevåg + 0 Std 00 Min

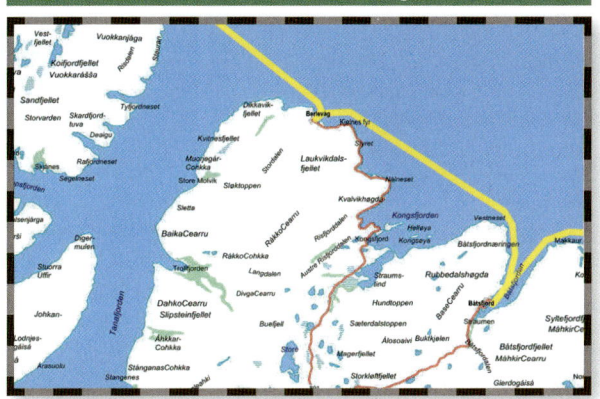

70°39'N 29°47'31"E + 0 Std 09 Min

Das Schiff verlässt Båtsfjord mit Kurs auf den nächsten Hafen, Berlevåg. An BB fahren wir am Berg **Hamnefjellet** (368 m ü M) vorbei mit Norwegens höchstem Telegrafenmast von 241,8 m weiter am **Rubbedalshøgda** (427 m ü M), dann an der Landzunge **Rubbedalsneset** und dem **Rubbetal**, befinden uns dann unterhalb des steilen Berges **Båtsfjordnæringen** (354 m ü M) und kommen zur Landnase Seibånest mit dem Leuchtturm.

Seibåneset wird umrundet, unser Kurs geht nach NW. Vor uns sehen wir das Kjølnes Feuer vor Berlevåg.

Ca. 70°44'N 29°46'E

Wir passieren die Grenze zwischen den Gemeinden Båtsfjord und Berlevåg.

Die Gemeinde Berlevåg

Bedeutung des Gemeindewappens: Soll die Abhängigkeit der Gemeinde vom Meer symbolisieren.
Bedeutung des Namens: Der erste Teil kann vom samischen perle stammen und auf Perlenfunde hinweisen. Auch ein Zusammenhang mit dem Verb berle, sich vorsichtig anschmiegen, ist denkbar. Våg bedeutet Bucht.
Gemeindezentrum: Berlevåg (1.133 Einw.).
Position: 70°51'N 29°07'E. **Areal:** 1.120 km².
Einw.: 1.058. **Bevölkerungsdichte:** 1,06 Einw./km².
Arealverteilung: Landw. 0 %, Forstw. 0 %, Süßwasser 3 %, verbleibendes Areal 97 %.
Wirtschaft: Wichtiger Fischereihafen mit Fischindustrie. Mechanische Werkstätten und Bootsslip. Stromproduktion.
Sehenswertes: Berlevåg Museum.
Hinweis auf Aktivitäten: Fischen. Tauchen.
Website der Gemeinde Berlevåg: www.berlevag.kommune.no

70°45'N 29°45'E + 0 Std 37 Min

An der Landspitze **Vestneset** öffnet sich die breite Fjordbucht Kongsfjord an BB.

Das Fischerdorf **Kongsfjord** an der Westseite des **Kongsfjords** ist mit seinen 60 Einwohnern der zweitgrößte Ort der Gemeinde Berlevåg. Die Halbinsel Veidnes innerhalb der Fjordbucht schützt das Dorf vor Stürmen von Norden. Eine Mole schützt den Bootshafen. Kongsfjord Bedehus (Gebetshaus) ist eine Langkirche aus Holz von 1927 mit 200 Sitzplätzen.

Im Westen der Halbinsel Veidnes stand im 2. Weltkrieg ein deutsches Kriegsfort. Im äußeren Teil des Fjords liegen drei Vogelinseln: **Kongsøya**, **Skarvholmen** und **Helløya**.

Im inneren Teil des Kongsfjords liegt Straumen, ein Taucherparadies mit mehreren Schiffswracks. Der Sund zwischen **Straumneset** und **Storneset** hat eine starke Strömung und führt zu den kleinen Holmen im Straumen. Hier leben ganzjährig mehrere Robbenarten.

Der Kongsfjord und der Kongsfjordfluss haben den Status eines nationalen Lachsflusses, d.h., dass dort keine Aufzuchtsanlage genehmigt wird. Das Strandgebiet im inneren Teil des Kongsfjords ist Landschaftsschutzgebiet.

70°49'N   29°28'E   + 1 Std 05 Min

Hinter dem Kongsfjord fahren wir an BB an der Landspitze **Nålneset** vorbei, an dem schönen **Sandfjord** mit seiner breiten Sandbucht, danach am **Sandfjordfjellet** (288 m ü M), hinter dem sich der Berg **Laukviksdalfjellet** (381 m ü M) erhebt. Der Sandfjord wurde 1983 zum Landschaftsschutzgebiet erklärt, mit 4,8 km² Landareal und 0,6 km² Seeareal, wegen seiner Quartärgeologie (die letzten 2 Millionen Jahre der Erdgeschichte), seiner Lawinenschuttkegel, Polygonböden (Frostmusterboden) und des Flugsandes.

Das Kjølnes Feuer steht auf einer flachen Landzunge, die sich in die Barentssee vorschiebt. 1900 wurde dort das erste primitive Feuer aufgestellt mit einer Reichweite des Lichtes von 7,2 n. M., bis 1957 mit Parafin gespeist. Alle Versorgungsgüter wurden bis 1959 per Schiff dorthin gebracht.

Der Bedarf für ein größeres und stärkeres Feuer war dringend, so errichtete man 1916 ein neues aus schwarzem Gusseisen, 20,8 m hoch mit einem zweistöckigen Nebenfeuer, mit Öl betrieben. Beim deutschen Rückzug aus Finnmark 1944 wurde das Kjølnes Feuer beschossen und zum Teil zerstört.

Die Bevölkerung in Berlevåg stellte ein provisorisches Feuer in Form einer starken Laterne auf. Die neue Anlage war 1949 fertig, hatte zwei Wohnhäusern, vier Plumpsklos, vier Schuppen und vier Bootsschuppen. Der 22 m hohe Betonturm sandte ein Licht mit einer Reichweite von 15 n. M. aus. Erst 1957 bekam Kjølnes elektrischen Strom und damit sein Nebelhorn. Zwei Jahre später konnte man mit dem Auto dorthin fahren. 1989 wurde das Feuer automatisiert und ist seit 1994 unbemannt, seit 1998 steht es unter Denkmalschutz. Heute ist es in privaten Händen und bietet Übernachtungen an.

Wir passieren den äußeren Teil der Mole, bevor wir nach Berlevåg hineinfahren.

Das Schiff legt am kai in Berlevåg an

Das Gemeindezentrum Berlevåg ist einer der größten Fischereihäfen in Finnmark mit Fischindustrie, Bootsslip und mechanischer Werkstatt. Der Ort liegt genau so weit östlich wie Istanbul und fast so weit nördlich wie das Nordkap und Point Barrow in Canada.

Beim deutschen Rückzug 1944 wurde Berlevåg total zerstört, die Häuser wurden abgebrannt, die Haustiere geschlachtet und die Bevölkerung deportiert oder evakuiert (S 221), nur die Bebauung in Kongsfjord wurde nicht zerstört. Im Laufe der 1950er Jahre wurde das Fischerdorf wieder aufgebaut im damals üblichen Stil, mit dem Hafen als natürlichem Mittelpunkt.

Der Meeresboden vor Berlevåg besteht aus flachen Fischbänken, daher hatten die Fischer früher einen kurzen Weg zu den Fanggründen. Die Lage des Fischerdorfes an der stürmischen Barentssee hat so manches Problem geschaffen. 1882 wurden z. B. große Teile der Fischereiflotte vom Sturm vernichtet. Im Laufe der Jahre hat man mehrere Molen zum Schutz des Hafens gebaut, von 1875 bis 1975 waren es vier Molen, die aber alle vom Sturm zerstört wurden. Die beiden äußeren Molen bestehen heute aus 10.000 Tetrapoden (vierarmige Betonkörper), je 15 Tonnen schwer und nach einem bestimmten System zusammengesetzt. Sie haben schon Wellen von 9,8 m stand gehalten. Der Hafen wird ständig ausgebaggert und Tiefwasserkais ermöglichen es, größere Schiffe aufzunehmen.

Die Kirche von Berlevåg steht wie ein Seezeichen etwas erhöht. Die Langkirche mit 300 Sitzplätzen wurde 1960 eingeweiht, hat einen schönen Altarschrein und neunstimmige Orgelpfeifen.

Berlevågs rühriges Kulturleben wurde in dem Film „Heftig og begeistret" (Heftig und begeistret) dokumentiert.

Das Schiff fährt weiter nach Mehamn

Wir passieren die Landspitze **Valen** und den Flugplatz von Berlevåg, einen Kurzbahnflugplatz mit einer 800 m langen, asphaltierten Rollbahn. Als letzten Punkt auf der Varangerhalbinsel, vor dem Tanafjord, haben wir an BB den Ort **Russehamn** unterhalb der Berge **Dikkavikfjellet** und **Tanahorn** (270 m ü M) an der Mündung des Tanafjords. Das steile Tanahorn ist als früherer Opferplatz der Samen bekannt.

Der **Tanafjord** an BB ist eine 65 km lange Fjordbucht, 8-12 km breit, mit vielen großen Fjordarmen. Die größten davon sind der **Hopsfjord**, der sich in die Nordkinnhalbinsel einschneidet bis nach Hopseidet, der **Langfjord**, der als Verlängerung des Tanafjords 24 km weiter nach Südwesten führt und der **Trollfjord**, der sich nach Nordosten in die Varangerhalbinsel einschneidet. Es stehen nur weniger Häuser an dem Fjord.

Ca. 70°58'N   28°51'E

Mitten im Tanafjord passieren wir die Grenze zwischen den Gemeinden Berlevåg und Gamvik.

Der Pomorenhandel

Das russische Wort pomor bedeutet „einer, der am Meere wohnt". Die Pomoren wohnten am Weißen Meer, ihre Hauptstadt war Archangelsk an der Mündung der Dwina. Archangelsk wurde 1584 als Zentrum für den Handel zwischen Nordwestrussland und Westeuropa gegründet. Diese Handelsbeziehungen kamen in Gang, als der englische Entdeckungsreisende Richard Chancellor bei seiner Suche nach der Nordwestpassage ins Weiße Meer gelangte (S 206).

Die Pomoren fingen Fische und andere Tiere und kamen dabei manchmal ganz bis nach Svalbard. Sie trieben auch Handel mit Hilfe ihrer Boote. Sie lebten in Großfamilien und waren in Dorfgemeinschaften und Arbeitskooperativen organisiert. Viele Pomoren waren sogn. „Altgläubige", d. h. sie hatten in der zweiten Hälfte des 17. Jh.s mit der offiziellen orthodoxen russischen Staatskirche gebrochen und hielten sich an die alten kirchlichen Traditionen. Sie verfügten in ihrem Gebiet über eigene Kirchen und Klöster und Mitte des 17. Jh.s über enorme Landeigentümer. Und sie betrieben mit Nordnorwegen den Pomorenhandel.

Wenn auch schon in der Wikingerzeit zwischen Nordnorwegen und Nordrussland Handel getrieben wurde, so bezeichnet man doch erst den Zeitraum von ca. 1740 bis zur russischen Revolution 1917 als die eigentliche Zeit des Pomorenhandels. Die Handelsbeziehungen zwischen der Küstenbevölkerung in Nordnorwegen und den Russen im Gebiet Weißes Meer/Archangelsk konzentrierten sich auf die Sommermonate. Einiges war Tauschhandel, anderes wurde mit Geld bezahlt. Was die Russen mitbrachten, war hauptsächlich Roggenmehl, aber auch Teer, Leinwand, Tauwerk, Rinde, Weizenmehl, Hafergrütze, Fleisch, Meiereiprodukte und Luxuswaren wie Süßigkeiten, Porzellan und schöne Holzschnitzereien. Im Gegenzug wollten die Russen alle Arten von rohen Fischen haben, besonders Heilbutt, Köhler, Schellfisch und Dorsch, die sie an Bord ihrer Schiffe einsalzten. Russland hatte einen bestimmten Grund für seinen Bedarf an norwegischem Fisch. Die russische Kirche hatte eine Reihe von Fastentagen, an denen man nur Fisch und Gemüse essen durfte. Norwegen sicherte sich dafür wichtige Versorgungsgüter unabhängig von den Lieferungen an Nahrungsmitteln aus Südnorwegen.

Eigentlich war der Pomorenhandel ungesetzlich. Die Handelshäuser in Bergen, Trondheim und später auch Kopenhagen hatten das Vorrecht für den Handel mit Nordnorwegen. Aber der Pomorenhandel war schwer zu kontrollieren, und so wurde er 1796 legalisiert.

Im 19. Jh., in der Blütezeit des Pomorenhandels, kamen jährlich 300-400 Schiffe von Russland nach Nordnorwegen mit insgesamt ca. 2.000 Mann Besatzung. Die Skipper hatten ihre festen Kontakte und Anlaufstellen, sie kamen also Jahr für Jahr in dieselben Fischerdörfer zurück. Die Russen waren im Großen und Ganzen populär und unterhielten sich gern mit den Norwegern in einer besonderen russisch-norwegischen Mischsprache. Durch den Pomorenhandel bekam die nordnorwegische Bevölkerung Einblick in die farbenfrohe, fremde Kultur mit vielstimmigem Gesang, bunten Kleidern und großer Gastfreundschaft.

Vardø, als die am nächsten gelegene Zollstation auf norwegischer Seite, galt als „Pomorenhauptstadt", Vadsø, Hammerfest und Tromsø waren ebenfalls große Pomorenhäfen. Hunderte von Schonern konnten gleichzeitig im Hafen von Vardø liegen.

Sowohl in Nordnorwegen als auch in Archangelsk hat man die Erinnerung an den Pomorenhandel in Museen bewahrt. Das bekannteste dieser Museen, genannt „die Brodtkorbspeicher" in Vardø, hat einige der ältesten Vorratshäuser am Meer bewahrt. Hier ist das Milieu der Pomoren gut dokumentiert. Die denkmalgeschützten Häuser sind in den Jahren 1840-1900 gebaut worden, jeweils drei Etagen hoch aus soliden russischen Baumstämmen mit breiten Tischen aus Lärchenholz. Hier war das Zentrum des Pomorenhandels, hier arbeiteten die Russen jeden Sommer bis 1917. In vielen Häfen, die von Pomoren aufgesucht wurden, gibt es Gebäude, die an diese Zeit erinnern, z. B. die „Russenhäuser" in Hamningberg (S 236) und Indre Kiberg (S 230).

Die Samen

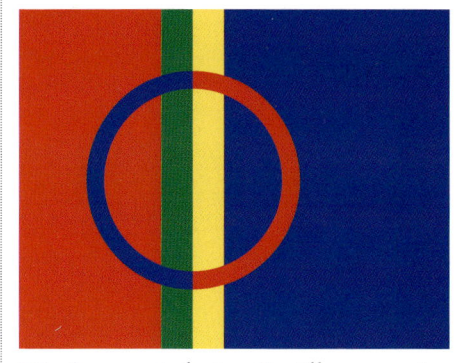

Die Samen sind eine Bevölkerungsminderheit in Norwegen und gleichzeitig ein Teil der norwegischen Bevölkerung. Die Mehrheit der Samen lebte ursprünglich in den Provinzen Troms und Finnmark, doch wie man mittels historischer Quellen nachweisen kann, haben sie sich auch schon frühzeitig bis Südnorwegen ausgebreitet. Ein Same ist man laut folgender Definition: „wenn man sich selbst als Same fühlt oder wenn man selbst, ein Eltern- oder Großelternteil samisch als Muttersprache hat bzw. hatte."

Die Vorfahren der Samen waren halbnomadische Jäger und Fischer. Die Samen sind die Urbevölkerung der Nordkalotte. Ihr Lebensbereich liegt in den nördlichen Teilen von Norwegen, Schweden, Finnland und Russland. Ihre ersten archäologisch nachgewiesenen Siedlungsspuren hinterließen sie in Sarnes auf der Insel Magerøy, nicht weit vom Nordkap entfernt (S 203) und in Slettnes bei Gamvik auf der Halbinsel Nordkinn (S 215). Diese Spuren sind ca. 10.000 Jahre alt. Damals lebten sie von der Jagd und Fischerei und folgten den Rentierherden, die am Rande der Gletscher weideten, die das Land bedeckten. Man weiß nicht genau, woher die ersten Menschen in dieses Gebiet kamen, entweder von Süden an der norwegischen Küste entlang oder von Osten entlang der Nordküste Skandinaviens aus dem Land, das wir heute Russland nennen, oder aus dem Gebiet des Bottnischen Meerbusens zwischen dem heutigen Nord-Finnland und Nord-Schweden, denn nur die Küstenstreifen waren zu der Zeit eisfrei.

1925 fand man steinzeitliche Siedlungsspuren am Berg Komsa in der Gemeinde Alta. Nach den Funden an diesem Ort wurde der Begriff „Komsakultur" geprägt, die man auf 10.000 bis 4.000 v. Chr. datiert, und deren Ausbreitung sich von der Grenze zwischen Troms und Finnmark bis zur Fiskerhalbinsel in Russland erstreckt.

Die Komsakultur fällt in die Altsteinzeit und wird in drei Abschnitte geteilt. Der älteste von ca. 10.000 - 7.000 v. Chr. hat uns Werkzeuge hinterlassen, aus denen wir schließen können, dass Kleinwale und Robben vor der Küste und andere Tiere an Land gejagt wurden. Das Fehlen von Hausresten spricht dafür, dass die Menschen in Zelten gewohnt haben, mit denen sie leicht dem Wild folgen konnten.

Der mittlere Zeitabschnitt dauerte von 7.000 bis 5.500 v. Chr. und hinterließ uns Reste von Torfgammen (Konstruktionen aus Gras und Torf über einem Holzrahmen), die man nicht mit sich nehmen konnte. Die Menschen folgten weiterhin dem Wild, kamen aber Jahr für Jahr an ihre Wohnplätze zurück. Aus den Werkzeugen können wir ablesen, dass weniger Wale und Robben gefangen wurden.

Im dritten Abschnitt von 5.500 bis 4.200 hatte sich das Eis inzwischen soweit zurück gezogen, dass es möglich wurde, über die Finnmarksvidda (Finnmarkshochebene) zu wandern. Kiefernwald breitete sich aus, und mit ihm kamen Elche und kleinere Tiere wie Otter und Eichhörnchen.

In der Jungsteinzeit (4.200 – 1.800 v. Chr.) fertigte man die Werkzeuge vorwiegend aus Schiefer. Die Hauptwohnplätze lagen am Ende von Fjorden, dort lebte man im Winter. Im Frühjahr zog man an die Küste, um Robben und Kleinwale zu jagen. Im Sommer hielt man sich im Binnenland auf, fischte in den Flüssen und sammelte Beeren, im Herbst jagte man Rentiere auf der Vidda.

Nach 1.800 v. Chr. begann das Klima, wieder kälter zu werden. Der Kiefernwald und seine Tiere zogen sich zurück, die Rentiere blieben und passten sich mit Hilfe eines saisonalen Wanderungsmusters an, indem sie im Winter auf der Vidda nach Nahrung suchten und im Sommer zum Weiden an die Küste zogen. Die Menschen folgten den Rentieren und entwickelten als Fangmethoden Fallgruben oder bewegliche Zäune, mit denen sie die Tiere an einen Abgrund trieben.

Mit der Zeit ging der Bestand an wilden Rentieren zurück. Daher begannen die Menschen sie zu zähmen, und im Laufe der Jahrhunderte nahm die Anzahl der zahmen Rentiere immer mehr zu, doch das Wanderungsmuster zwischen Winter- und Sommerweide blieb bestehen. Im Winter wohnten die Samen auf der Vidda, wo die Rentiere sich von Flechten ernährten, die sie unter dem Schnee frei scharrten. Im Frühjahr folgten die Samen den Rentierherden an die Küste, wo es mehr Nahrung gab. Die Frühjahrswanderung erfolgte kurz vor der Kalbung, jede Rentierherde suchte Jahr für Jahr denselben Kalbungsplatz auf. Bevor die Kälber sich von der Mutter trennten, wurden sie mit Ohrkerben vom jeweiligen Besitzer markiert.

Diese Wanderungsgewohnheiten haben sich bis in die Neuzeit erhalten.

Die älteste schriftliche Quelle über die Samen stammt aus der Feder des römischen Geschichtsschreibers Tacitus. Er schrieb im Jahre 98 n. Chr. über ein Volk, das er „Fenni" nannte, das weit im Norden lebte, Kleider aus Fell trug und nicht sesshaft war.

Der griechische Historiker Procopius beschrieb 555 n. Chr. einen Krieg zwischen den Römern und den „Goten". Wobei er Skandinavien als „Thule" bezeichnete, in dem es u.a. ein Volk gab, das er die „Schrittfinnen" nannte.

Auch der Römer Paulus Diaconus schrieb 750 n. Chr. über die „Schrittfinnen". Er beschrieb sie als Jäger und Skiläufer, die sich damhirschähnliche Tiere (Rentiere) hielten. Isländische Sagen bestätigen diese Beobachtungen.

Snorres Königssagen, die hauptsächlich den Zeitraum vom 10. bis zum 13. Jh. n. Chr. schildern, erzählen von Händlern, die Geschäfte mit den Samen machten und von ihnen Steuern eintrieben. Zu der Zeit waren Tierhäute die beliebteste Handelsware. In der vorausgegangenen Wikingerzeit und im weiteren Verlauf des Mittelalters (S 83, S 123) waren Pelze äußerst begehrt. Der Wikinger Ottar (S 123) hat die Samen und ihre Lebensweise vermutlich am besten wiedergegeben, als er König Alfred, den Großen, von England Ende des 9. Jh.s an seinem Hof besuchte.

Die Seesamen wohnten entlang der Küste ganz bis runter nach Trøndelag und an den Fjorden. Sie gingen auf Fischfang und hielten Haustiere. Als rührige Händler bauten sie Segelschiffe und brachten damit ihre Waren nach Vågan auf den Lofoten und nach Bergen. Dort beteiligten sie sich an Geschäften mit den Hanseaten, indem sie z. B. Pelze, Walrosszähne und Wasser abstoßende Decken anboten, die nach alter samischer Tradition gewebt waren.

Schon in Snorres Königssagen ist von der Magie und Zauberkunst der Samen die Rede. Sie hatten eine Naturreligion, in der Sonne und Mond, Wind und Donner göttliche Macht hatten. Bestimmte Bäume, Steine oder Berge waren beseelt. Wenn man ihnen opferte, konnte man auf Erfüllung von Wünschen hoffen. Das Trommeln auf dem Runenbaum (Schamanentrommel) und der Joik (Gesangsform der Samen) hatten dabei große Bedeutung. Die Noaiden, wie die Samen ihre Schamanen nennen, waren ein wichtiges Element der samischen Kultur. Ihre Seele konnte den Körper verlassen, aus dem Totenreich verirrte Seelen zurück holen oder sich bei den höheren Mächten Rat holen, und sie konnten in die Zukunft sehen.

Die christliche Missionierung der Samen begann um 1550, doch erst im 18. Jh. konnte sie die Naturreligion der Samen schwächen. Kirchen und Missionsstationen wurden im Land der Samen gebaut, Missionare wurden ausgesandt, um die Samen zum Christentum zu bekehren. Die Missionstätigkeit wurde auch dazu benutzt, das Land als Eigentum der Norweger zu beanspruchen. Das Land im Norden und das Meeresgebiet davor bekamen immer größere Bedeutung, sowohl im Hinblick auf die Politik als auch auf die Handelsbeziehungen. Die Grenzen zwischen den nordischen Nationalstaaten wurden 1721 festgelegt. Im Lappenkodizill von 1751 wurde den Samen das Recht garantiert, weiterhin die Grenzen zu passieren und die alten Wanderwege der Rentiere zu benutzen, unabhängig von ihrer Staatsbürgerschaft. Steuern sollten sie nur noch in einem Land zahlen. Vorher waren sie nämlich stark ausgebeutet worden, mussten in Russland, Finnland, Schweden und Norwegen gleichzeitig Steuern entrichten.

Die Ausbeutung der Naturschätze im Norden beeinträchtigte das Leben der Samen erheblich. Die reichen Fischgründe vor der Küste von Troms und Finnmark zogen schon früh die Fischer aus dem Süden an. Neue Bergwerke verschiedener Art ließen immer mehr Menschen ins Innere von Finnmark ziehen, was zu Veränderungen im Leben der Samen führte. Die neuen Einwohner brachten ihre Art der Landwirtschaft aus dem Süden mit. Das alles machte es für die Samen schwierig, ihre gewohnte Lebensweise bei zu behalten.

Die Missionierung und das Schulsystem förderten die Assimilierung der Samen in die norwegische Bevölkerung. Die Schulen waren meistens Internate, der Unterricht wurde auf norwegisch gehalten, und auch sonst sprachen die Lehrer nur norwegisch mit den Schülern. Samische Kultur und Sprache waren kein Thema. Erst 1930 wurde samisch als Hilfssprache in einigen Schulen akzeptiert, im allgemeinen war samisch aber bis in die 1950er Jahre hinein verboten.

Das Samische gehört zur finnisch-ugrischen Sprachgruppe, u.a. zusammen mit ungarisch, finnisch und estnisch. Es gibt drei Dialekte, süd-, nord- und ostsamisch.

Die Politik der „Vernorwegischung" machte sich nach und nach auch in der Landwirtschaft, dem Militärwesen, dem Ausbildungssystem, der Kommunikation und in den Medien bemerkbar. Im norwegischen Grundgesetz von 1902 heißt es z. B. „Der Verkauf von Grundeigentum kann nur an norwegische Staatsbürger oder solche, die norwegisch sprechen, lesen und schreiben können, erfolgen." Wenn auch die Vernorwegischungspolitik mit der Zeit aufhörte, war doch der angerichtete Schaden erheblich. Vieles von dem Wissen der Samen, von ihrer Sprache, Geschichte und Kultur war verloren gegangen.

Die Rentierwirtschaft war schon lange eine wichtige Ernährungsgrundlage für die Samen, wurde aber immer mehr automatisiert, und heute sind nur noch 5 % der Samen daran beteiligt. Die Anzahl der Rentiere ist allerdings gestiegen, und daher sind die Weidegebiete auf der Finnmarksvidda arg strapaziert. Der frühere Tauschhandel, Rentierfleisch gegen Fisch, ist von der Bezahlung mit Geld abgelöst worden. Der Umsatz von Rentierfleisch ist heute reguliert, es gibt moderne Schlachtereien und Verkaufskanäle, stabile Preise und sichere Märkte.

Der Streit um den Ausbau des Alta-Kautokeino Wasserlaufes zu einem Stausee mit Wasserkraftwerk führte in den 1970-80er Jahren dazu, dass sowohl den Norwegern als auch den Samen die Besonderheit der samischen Kultur bewusster wurde. Der erste Plan für den Ausbau des Wasserlaufes war so umfassend, dass das ganze Samendorf Masi und große Teile der Weideflächen auf der Finnmarksvidda überflutet werden sollten. Der Plan wurde nach zahlreichen Protestaktionen schließlich soweit reduziert, dass Masi verschont blieb, das Wasserkraftwerk aber gebaut wurde. Doch der Konflikt hatte zur Folge, dass 1989 das Sameting (Samenparlament) gegründet wurde.

Das Sameting ist heute das wichtigste, vom Volk gewählte, samische Organ in Norwegen. Es hat viele Aufgaben von staatlichen Gremien übernommen, die sich auf die samische Sprache, Kultur und das Gemeinwesen beziehen. Das Sameting wird von den als Samen registrierten Personen gewählt, die sich 2006 auf ca. 10.000 beliefen. Das Storting (das norwegische Parlament in Oslo) bewilligt jetzt jedes Jahr eine gewisse Summe, die helfen soll, eine lebenstüchtige Kultur des Urvolkes zu entwickeln und zu stärken. Die drei Samenparlamente von Norwegen, Schweden und Finnland haben im Jahre 2000 einen gemeinsamen samischen parlamentarischen Rat gegründet, der die übergeordneten Interessen der Samen wahrnimmt.

Eine weitere Organisation, die sich für die Rechte der Samen einsetzt, ist Norske Samers Riksforbund (NSR) (der Reichsverband der norwegischen Samen), gegründet 1968. Hier bemüht man sich um die Sammlung aller Samen und um die Verbesserung der kulturellen, sozialen und ökonomischen Verhältnisse der samischen Bevölkerung.

Nach 25 Jahren Zusammenarbeit zwischen Storting, Sameting und Finnmarks fylketing (Provinzregierung Finnmarks) wurde 2005 das neue Finnmarksgesetz verabschiedet. Darin wird den Samen und anderen Bewohnern Finnmarks das Recht an Land und Wasser in Finnmark zugesprochen. Ein Gebiet größer als Dänemark ging aus Staatsbesitz in Lokaleigentum über. Bereits existierende erworbene Rechte sollen kartiert und anerkannt werden.

Ziel des Finnmarksgesetzes ist die Schaffung einer Grundlage für eine ökologisch ausgewogene, tragfähige Verwaltung des Landes und seiner Naturressourcen, zum Besten seiner Bewohner unter besonderer Berücksichtigung der samischen Kultur, Rentierwirtschaft, Nutzung der Natur, des Wirtschaftslebens und Gemeinwesens. (Justiz- und Polizeiministerium, Fakten zum Finnmarksgesetz, 24.06.2005).

Ca. 95 % der Samen leben heute im Gebiet von Oslo und des Ostlandes.

Quelle: http://tovesiv.stud.hive.no. SnL.

TAG 8

Mehamn, Kjøllefjord, Honningsvåg, Havøysund, Hammerfest, Øksfjord, Skjervøy und Tromsø

Wir befinden uns in der Gemeinde Nordkapp (S 203). Im Laufe der Nacht haben wir die Häfen **Mehamn** (71°02'N 27°50'E, 01.00-01.15 Uhr) in der Gemeinde Gamvik und **Kjøllefjord** (70°57'N 27°21'E, 03.15-03.30 Uhr) in der Gemeinde Lebesby (S 210) passiert.

Den Ort **Honningsvåg** haben wir hinter uns gelassen (S 204) und setzen Kurs auf den nächsten Hafen Havøysund (S 198).

70°58'N 24°21'E ①

Das Schiff fährt entlang der Ostküste von **Magerøy** durch der schmalen **Magerøysund** (S 202).

Am Fuße der äußersten Landspitze von **Stikkelvågnæringen/Stiikorássa** an BB kann man für einen Augenblick, wenn das Schiff nahe am Berg vorbeifährt, zwei kleine Felsformationen sehen, eine an der Wasserlinie, die andere etwas höher hinauf. Letztere kann man als Frauengestalt deuten, die nach Westen übers Meer schaut.

Nachdem wir Stikkelvågnæringen umrundet haben, fahren wir nach Westen in den Magerøysund. An BB die beiden Arme des **Kopperfjords** mit der Insel **Store Koppøya**, danach der **Ryggefjord**. Die Halbinsel **Marreneset** trennt die beiden Fjorde. Die Insel **Havøya**, die Landspitze **Havøygavlen** mit den charakteristischen Windrädern und das Gemeindezentrum **Havøysund** liegen vor uns. An SB passieren wir den Berg **Vassfjordnæringen** (267 m ü M).

Ca. 70°58'N 25°25'E

Wir passieren die Grenze zwischen den Gemeinden Måsøy (S 191) und Nordkapp (S 203).

70°59'N 25°00'E

An SB haben wir **Måsøya** (13.9 km²) (S 201), nordwestlich von Måsøya liegt die unbewohnte Insel **Helmsøya** (39 km²) (S 200).

Von Helmsøya erzählt man sich folgende Geschichte, deren Wahrheitsgehalt beschworen wird: „Auf Helmsøya gibt es einen Berg mit Namen **Spenselfjellet**. Vor langer Zeit stürzte ein Mann namens Spensel vom Berg herab in den Tod, daher der Name. Dann war da noch das Mädchen Barbro, das beim Priester von Måsøy in Diensten stand. Barbro war mit Spensel verlobt. Woher Spensel eigentlich kam, wusste niemand, es ging aber das Gerücht, dass er von vornehmer Herkunft wäre. Eines Tages kam dem Priester zu Ohren, dass Barbro schwanger war. Er bestellte sie zu sich und sie musste ihren Zustand erklären. Der Priester jagte sie aus dem Haus, und obendrein sollte sie auch noch Måsøy verlassen. Danach setzte sie nie mehr einen Fuß auf den Boden des heiligen Priesterhofes. Barbro wusste weder ein noch aus. Sie ging zu ihrem Liebsten und erzählte ihm, was geschehen war. Sie kamen überein, dass es keine andere Möglichkeit gäbe, als Måsøy zu verlassen. Aber wo sollten sie im Winter unterkommen? Keiner im Dorf wagte, ihnen Unterschlupf zu gewähren aus Angst vor dem Priester. Eines Abends war einigermaßen schönes Wetter. Da liehen Spensel und Barbro sich ein Boot, um den Fjord zu überqueren, solange das Wetter noch gut war. Aber kurz, nachdem sie Måsøy verlassen hatten, brach ein Unwetter los. Sturm aus Nordwest mit hohem Seegang und Schneegestöber sind keine Kleinigkeit.

Die Leute von Måsøy glaubten, Spensel und Barbro wären gekentert, sie konnten es unmöglich bei dem Wetter über den Fjord nach Helmsøya geschafft haben. Und da niemand etwas von ihnen im Laufe des Winters hörte, meinte man, sie wären umgekommen. Der Winter ging vorbei und es wurde Frühling. Der Schnee verschwand allmählich. Auf Helmsøya, am Übergang nach Svartvik, oder genauer gesagt Svartvikhalsen, fand man die Leiche eines Mannes. Niemand kannte ihn. In seinen Kleider standen die Initialen P.S. Die Leiche blieb liegen, weil niemand wagte, sie zu berühren oder zu entfernen. Vielleicht war das ein entsprungener Gefangener, der sich in der Gegend herum getrieben hatte. Als das Frühjahr in den Frühsommer überging, fand man unter einem Bergvorsprung bei Svartviknesset die Leichen einer Frau und eines neugeborenen Kindes. Keiner wusste, wer die tote Frau war. Als Leute von Helmsøy später nach Måsøy kamen, hörten sie die Geschichte von Peter Spensel und seiner Liebsten, die im Winter nach Helmsøya gerudert waren. Da wurde ihnen klar, dass es sich bei den Leichen um Spensel und Barbro und ihr Kind handeln musste. Die beiden Buchstaben in seinen Kleidern trugen auch dazu bei. Man versuchte, die Fahrt zu rekonstruieren, die so traurig geendet hatte. Das Paar hatte das erste Stück über den Fjord gut hinter sich gebracht. Als sie bis Svartviknesset gekommen waren, nahm der Wind zu. Spensel und Barbro hatten offensichtlich dort angelegt und Schutz unter dem Bergvorsprung gefunden. Dort hatten sie wahrscheinlich das Unwetter abgewartet, bevor sie über die Berge nach Keila gehen wollten. Aber dann wurde Barbro krank. Die Anstrengung der langen Ruderstrecke war wohl zu viel für sie gewesen, so musste Spensel allein übers Gebirge gehen. Doch der Sturm ließ nicht nach, er hatte sogar noch zugenommen und sich zu einem fürchterlichen Schneesturm entwickelt. Spensel hatte sich wohl in dem unbekannten Gebiet verlaufen. Statt nach Keila zu gehen, hatte er die Richtung auf den Akkarfjord eingeschlagen, wo er schließlich tot zusammenbrach. Da niemand Barbro zu Hilfe kam, starben sie und ihr Kind unter dem Bergvorsprung."

An BB **Njoalneset** (337 m ü M) zwischen dem **Ryggefjord** und dem **Kulfjord** (S 201), vor uns an BB **Trollfjordneset**.

Wir nähern uns dem nächsten Hafen, **Havøysund**. Vor uns haben wir die Brücke, die **Havøya** (7,2 km²) mit dem Festland verbindet, an BB den **Breisund** zwischen Havøya und **Rolvsøya** (89,4 km²).

Das Schiff legt am Kai in Havøysund an (S 198)

Viele Orte in Norwegen sind mit Sagen verknüpft. In der folgenden geht es um den Havøysund. Die früheren Hurtigrutenschiffe waren kleiner und konnten den Sund passieren. Da konnte man **Øraodden** (70°59'40"N 24°39'48"E) vom Schiff aus sehen, eine Stelle, die nur in wenigen Minuten Gangabstand vom heutigen Hurtigrutenkai entfernt ist. Um diesen Ort dreht sich folgende Sage:

„Vor langer, langer Zeit wohnte eine Samenfamilie in Havøysund. Die Familie war sowohl reich an Kindern als auch an materiellen Gütern. Das älteste der Kinder, ein Mädchen, wuchs zu einer Schönheit heran. Man hielt sie für das schönste Mädchen in ganz Finnmark. Eines Tages kam ein junger Same nach Havøysund. Er hatte eine prächtige blaue Kofte (samisches Gewand) an, war wohlhabend, aber nicht besonders ansehnlich. Er war sogleich bezaubert von dem schönen Samenmädchen und rechnete damit, sie zu bekommen, da er der einzige Freier im weiten Umkreis war. Die Zeit zog sich hin, aber das Mädchen sagte nicht „ja".

Da kam eines Tages ein Same in einer roten Kofte und ließ sich in Havøysund nieder. Er war ein hübscher Kerl, und wohlhabend war er auch. Es dauerte nicht lange und er und das schöne Mädchen waren unzertrennlich. Das gefiel dem Samen mit der blauen Kofte gar nicht. Er wurde schwarz vor Eifersucht, und eines Tages stieß er den Samen mit der roten Kofte von einer Felswand oberhalb des Sundes herab. Da wurde das Samenmädchen so zornig, dass sie den Blaugekleideten dieselbe Felswand hinunter stieß. Dieser Berg erhebt sich direkt bei Øraodden über dem Sund. Wenn der Berg nass ist und die Abendsonne oder die Mitternachtssonne schräg darauf scheint, kannst du die Umrisse der beiden Samen noch heute sehen; der mit der roten Kofte liegt etwas östlich von dem mit der blauen."

Das Schiff fährt weiter nach Hammerfest + 0 Std 00 Min

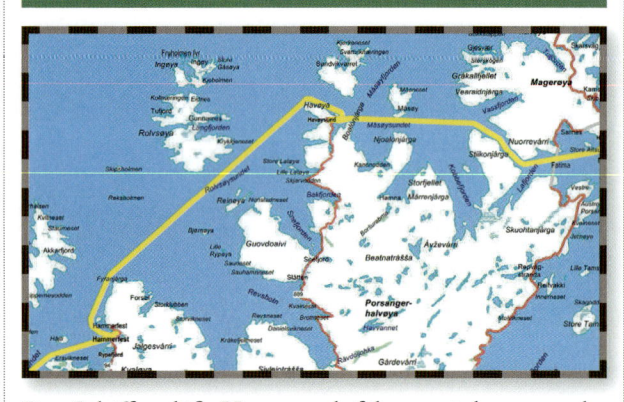

Das Schiff verläßt Havøysund, fährt zurück, umrundet **Garpeskjæret**, fährt in den Breisund und um Havøya herum. An SB Hjelmsøya. Weiter geht es am Windräderpark von **Havøygavlen** vorbei.

71°00'N   24°27'E

Havøygavlen mit dem Windräderpark liegt hinter uns (S 198). Vor uns an SB **Rolvsøya** mit dem Strandort **Gunnarsnes**, dem **Langfjord** und dem schmalen Übergang zwischen dem nördlichen und südlichen Teil **Rolvsøyas** (S 191), ganz außen **Ingøya** (S 192). Wir fahren in den **Rolvsøysund** hinein, in dieser Gegend sind viele Schiffe gesunken (S 197).

Hinter Rolvsøya haben wir an SB **Sørøya** vor uns, an BB **Kvaløya**, beide Inseln gehören zur Gemeinde Hammerfest.

| 70°58'N | 24°20'E | + 0 Std 46 Min | ③ |

An BB passieren wir die Inseln **Store** und **Lille Latøya** (S 196), dahinter den **Bakfjord** und **Snefjord**.

| 70°55'N | 24°11'E | + 1 Std 02 Min | ④ |

Die Bucht **Sørhamn** und der Berg **Skoltefjellet** (314 m ü M) ganz im Süden von **Rolvsøya** an SB. Bevor das Schiff in Lee der Insel Sørøya in der Gemeinde Hammerfest gelangt, fährt es über offenes Meer.

Die Berge **Vestre Burstadfjellet** (471 m ü M) und **Vestre Middagsfjellet** (445 m ü M) am äußersten Rand der Halbinsel **Kvalnesklubben** auf der **Porsangerhalbinsel** sehen wir an BB vor uns liegen. Vor dem Gebirge die beiden Inseln **Reinøykalven** (94 m ü M) und **Reinøya** (142 m ü M), beide sind Brutgebiete für Seevögel.

Die Vogelinsel **Bjørnøya** an BB voraus, danach die beiden kleinen Inseln **Lille** und **Store Rypøya** am Eingang zur Fjordbucht **Revsbotn**. Die Gemeinde Kvalsund liegt am Ende des Fjords, die Insel **Kvaløya** weiter in der Ferne.

„Die Strasse nach Havøysund" ist dabei, ein Begriff zu werden. Sie führt von Kokelv in Innern des Revsbotn nach Havøysund und ist besonders schön und pittoresk. Man hat ihr den Status einer „nationalen Touristenstrasse" verliehen (S 196).

Kokelv (ca. 230 Einw.) ist ein Dorf der Seesamen, der zweitgrößte Ort in der Gemeinde Kvalsund. Die Kapelle in Kokelv wurde 1960 im Zuge der „Aktion Sühnezeichen" von deutschen Friedensfreunden gegründet. Die Bevölkerung lebt von Fischerei in Verbindung mit anderen Berufen (S 196).

| Ca. 70°50'N | 23°54'E |

Wir passieren die Grenze zwischen den Gemeinden Måsøy und Hammerfest.

Die Gemeinde Hammerfest

Bedeutung des Gemeindewappens: Unterstreicht die Wichtigkeit der Eismeerfischerei.
Bedeutung des Namens: Vom nordischen hammar, steile Bergwand, und festr, Landeplatz zum Festbinden von Booten.
Gemeindezentrum: Hammerfest (6.852 Einw.).
Position: 70°40'N 23°40'40''E. **Areal:** 848 km².
Einw.: 9.261. **Bevölkerungsdichte:** 10,9 Einw./km².
Arealverteilung: Landw. 0 %, Forstw. 0 %, Süßwasser 3 %, verbleibendes Areal 97 %.
Wirtschaft: Fischverarbeitung. Arbeitsplätze in der Öl- und Gasgewinnung in Finnmark. Ölversorgungsbasis. Staatlicher Bereitschaftsdienst für Ölkatastrophen. Mechanische Werkstätten. Netzflickerei. Servicebasis für die Fischereiflotte in der Barentssee. Fischexport. Handels- und Servicezentrum für West-Finnmark. Regionale Kontore für viele staatliche Institutionen und Betriebe.
Sehenswertes: Das Museum des Wiederaufbaus. Der Eisbärenclub. Das Struve Meridianmonument. Die Kjøtvikvarden.
Website der Gemeinde Hammerfest: www.hammerfest.kommune.no

Die Gemeinde **Hammerfest** liegt verteilt auf den drei Inseln Kvaløya, Seiland und Sørøya. Vor allem Sørøya und Seiland haben steile, tief eingeschnittene Küsten.

Vor uns sehen wir die Insel Kvaløya mit **Hammerfest**, an SB Sørøya.

Zwischen den großen Inseln Sørøya an SB, Kvaløya und Seiland an BB erstreckt sich der 70 km lange und 4-17 km breite **Sørøysund.**

Sørøya (816 km², 659 m ü M) an SB ist Norwegens viertgrößte Insel und die größte in Finnmark. Die Küste ist steil und tief eingeschnitten, besonders auf der Nordseite. Der nördliche Teil der Insel gehört zur Gemeinde Hammerfest und ist sehr dünn besiedelt, der südliche Teil gehört zur Gemeinde Hasvik.

Kvaløya (336 km²) an BB ist baumlos, mit schroffer Küste und abgerundeten Bergen. Das **Svartfjell** (630 m ü M) mitten auf der Insel ist die höchste Erhebung. Die Stadt Hammerfest liegt im Nordwesten von Kvaløya, die Besiedlung befindet sich hauptsächlich an der Westküste. Im Osten der Insel verbindet die Kvalsundbrücke über den Kvalsund hinweg Kvaløya mit dem Festland. Dies ist die nördlichste Hängebrücke, sie hat ein Hauptspannelement von 525 m Länge, total misst die Brücke 741 m. 1977 wurde sie dem Verkehr übergeben. Zwischen den drei großen Inseln der Gemeinde gibt es Schiffsverbindungen.

70°49'24"N   23°52'E   + 1 Std 35 Min   ⑤

Sørøya an SB hat unzählige Buchten und Vorsprünge, an die sich Geschichten knüpfen, sowohl an der Nordwestseite, die vom Schiff aus nicht zu sehen ist, als auch an der Südostseite, die sich dem Sørøysund zuwendet. Der nördlichste Punkt auf der Insel ist die Landspitze **Tarhalsen** (129 m ü M), dahinter fällt der Gebirgszug **Kjøtvikfjellet** steil zum Meer ab.

Kjøtvikvarden ist ein 11 m hohes Seezeichen aus Stein auf dem Gipfel des Kjøtvikfjellet (319 m ü M). Diese Warde, 1854 erbaut, ist das einzige Seezeichen, das man so hoch oben platziert hat, alle anderen stehen auf Holmen oder Schären. Die Warde ist eines der wenigen Bauwerke, die der Vernichtung durch die Deutschen im 2. Weltkrieg entgangen ist. Sie ist außerdem das älteste Bauwerk aus Steinplatten in Finnmark.

Hinter der Landspitze **Bismavik** an SB kommt das Fischerdorf **Akkarfjord** (83 Einw. im Jahre 2001) zum Vorschein, dahinter der Berg **Borvikklubben** (271 m ü M) und der **Skippernesfjord.** Dann folgen der schöne **Hellfjord**, wo heute nur noch einige wenige ihren festen Wohnsitz haben, die Landspitze **Værfjellodden**, der Ort **Langstrand** und der **Langstrandfjord** hinter der Insel **Hjelmen**. Die verschiedenen Buchten und Einschnitte sind schwer voneinander zu unterscheiden.

70°47'N   23°44'E   + 1 Std 48 Min

Wir konnten noch lange an BB den nördlichen Teil der Insel **Kvaløya** sehen, auf dem sich der Berg **Miilet** (364 m ü M) erhebt. In der **Kirkegårdsbucht** bei dem Dorf **Forsøl** an der Nordseite des Berges befinden sich die am besten bekannten Kulturdenkmäler in Finnmark. Das Gebiet steht unter Denkmalschutz, es enthält Siedlungsspuren aus der Stein-, Eisen- und auch neueren Zeit. Die Reste des bekanntesten Hauses von 23 x 25 m Größe mit sechs Zimmern und drei Eingängen stammt aus dem frühen Mittelalter (S 83).

Vor uns an BB öffnet sich die Bucht **Myllingbukta** vor dem **Storfjellet** (384 m ü M), davor Melkøya.

Noch weiter vorn sehen wir die Insel Seiland mit dem Gletscher Seilandsjøkelen.

70°42'N   23°34'E   + 2 Std 12 Min   ⑥

Vor uns an SB sehen wir mitten im Sørøysund die beiden Inseln Håja und Hjelmen, zuerst Håja, dahinter die kleinere Hjelmen.

Die Insel **Melkøya** vor uns an BB hat den ungeheuren Gasfunden bei Hammerfest ihren Namen gegeben. Es begann 1980, als die Barentssee für die Ölförderung frei gegeben und Hammerfest als Basis für Versorgungsschiffe, Schutz bei Ölkatastrophen und für den Hubschrauberverkehr ausersehen wurde. Nach Entdeckung der Gasfelder „Snøvit" (Schneewittchen) „Askeladden" (Aschenputtel) und Albatross im Meeresgebiet vor Hammerfest entschloss man sich, eine LNG-Fabrik (Liquid Natural Gas) auf Melkøya zu bauen. Das Gas wurde auf Melkøya an Land geleitet zu einer Produktions- und Exportanlage, bevor es per Schiff nach Europa und USA auf den Weg gebracht wurde. Der Bau der Anlage begann 2002, die Produktion 2007 (S 266).

Das Schiff legt am Kai in Hammerfest an

Der Hafen von **Hammerfest** war schon lange als der beste Hafen in Nordnorwegen bekannt, bevor zwischen

1250 und 1350 die Besiedlung zunahm. Schon der Namen weist darauf hin: hamarr ist die nordische Bezeichnung für „steile Bergwand", festr heißt „Landeplatz zum Festmachen von Booten". Der eisfreie Hafen lag an der Schifffahrtslinie und war daher gut geeignet zum Handeln mit Fischen. Die Forschungsreisenden, die nach der Nordostpassage suchten, um den nördlichen Seeweg nach China und Indien zu finden, hielten gern hier an, um sich mit Trinkwasser zu versorgen.

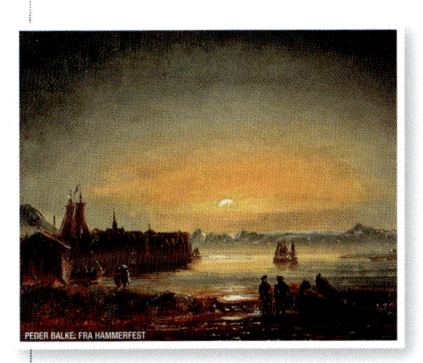

Hammerfest und Vardø erhielten beide ihren Stadtstatus 1789 als die ersten Städte nördlich von Trondheim, beide waren Zentren des Pomorenhandels mit Nordwestrussland (S 241). Im selben Jahr wurde das Handelsmonopol Bergens für den Handel mit Nordnorwegen aufgehoben. Die Lokalbevölkerung lernte von den Pomoren alles über den Eismeerfang. Die erste Eismeerexpedition startete von Hammerfest aus in der 1790er Jahren. In den folgenden Jahren entwickelte sich der Eismeerfang sehr schnell. Am Beginn des 19. Jh.s galt Hammerfest als die „Eismeerstadt" in Norwegen.

Mehrere Großmächte eröffneten Konsulate in Hammerfest, darunter Russland, England, Holland, Frankreich, die deutsche Stadt Hamburg und das Fürstentum Mecklenburg. Die Vereinigten Staaten kamen 1865 dazu. Der Grund war Hammerfests Zugang zu den reichen Fischvorkommen im Norden. Der Fischexport ging direkt von Hammerfest nach Deutschland und Italien, und es gab Verbindungen zu den spanischen Städten Malaga, Barcelona und Bilbao.

1809 wurde Hammerfest in die Napoleonkriege hineingezogen (S 85). Die Stadt spielte eine zentrale Rolle im Getreidehandel zwischen Archangelsk und Dänemark. Sie wurde von zwei britischen Kriegsschiffen angegriffen, belagert und mindestens eine Woche lang ausgeplündert. Die Verteidigung an Land bestand aus nur 28 Mann mit vier kleinen Kanonen!

1825 hatte die Stadt 341 Einwohner und der Hafen wurde von 150-200 Schiffen jährlich besucht. 1865 waren es 1.547, 2006 schon 6.852 Einwohner und der Hafen hatte ca. 4.000 Schiffsanläufe jährlich, die Fischereiflotte nicht mitgerechnet.

1856 verwüstete ein ungewöhnlich starker Orkan Hammerfest. In Stockholm und Kopenhagen sammelte man für den Wiederaufbau.

1890 wurden 2/3 der Stadt durch ein Feuer zerstört. Beim erneuten Aufbau erhielt Hammerfest als erste Stadt in Nordeuropa elektrische Straßenbeleuchtung. Der Strom dafür kam von einem eigenen Wasserkraftwerk.

Hammerfest 1890

Im Februar 1945 brannten die Deutschen auf ihrem Rückzug aus Finnmark Hammerfest nieder als Teil ihrer Aktion „verbrannte Erde". Nur ein einziges Gebäude blieb stehen.

Nach dem 2. Weltkrieg wurde Hammerfest Finnmarks wichtigstes Zentrum für Fischerei und Fischindustrie. Die Nähe zu den reichen Fischgründen in der norwegischen See und der Barentssee, dazu der gute Hafen, waren zu allen Zeiten die Grundlage für die Existenz der Stadt.

Als internationale Eismeerstadt, Fischereihafen und maritimes Zentrum hat die Stadt im Laufe der Jahre ihr Wirtschaftsleben, ihre Kompetenz und ihr Serviceangebot auf diesen Gebieten ausgebaut. Hammerfest ist ganz selbstverständlich das Dienstleistungszentrum für die Fischereiflotte in der Barentssee.

Zusätzlich zur Fischereiwirtschaft, die auch Fischaufzucht beinhaltet, gibt es in Hammerfest Betriebe innerhalb des Tourismus, Handel und Service, Schulwesen, der öffentliche Verwaltung und Kommunikation.

Der Hafen von Hammerfest ist als Regionshafen für den Bezirk Finnmark ausgewiesen worden, er ist der größte in diesem Bezirk. Von hier aus sind viele Häfen in Finnmark per Hurtigboot mit täglichen Abfahrten zu erreichen. In der Sommersaison wir der Hafen von vielen Touristenschiffen angelaufen.

Der Flughafen von Hammerfest ist einer der meist frequentierten Kurzbahnflughäfen Norwegens. Hier befindet sich die Basis der Fluggesellschaft Widerøe für Nord-Troms und Finnmark, hier ist der Knotenpunkt des Flugnetzes des Nordens.

1854 wurde in Hammerfest das Meridianmonument aufgestellt. Der russische Wissenschaftler Fredrik G.W. Struve begann 1816 mit einem Vermessungsprogramm, das sich bis 1855 hinzog. Er wollte feststellen, in welchem Maße die Erde an den Polen abgeflacht ist, um damit genauere Karten zeichnen und Ortseinmessungen vornehmen zu können. Die Messungen wurden an vielen Punkten entlang eines Meridians gemacht, der in der Stadt Ismail am Schwarzen Meer begann und in Fuglenes bei Hammerfest endete. Struves Meridian führt durch zehn Länder: Norwegen, Schweden, Finnland, Russland, Estland, Lettland. Litauen, Weißrussland, Moldawien und Ukraine. Diese Länder waren sich einig, die 34 Markierungen zu schützen, und sie sind bis heute intakt. Vier dieser Messpunkte liegen in Finnmark, einer davon in Hammerfest.

Im Jahre 2005 akzeptierte die UNESCO den Antrag, die Messpunkte ins Weltkulturerbe aufzunehmen. In der Begründung ist zu lesen, dass Struves Meridian „ein wissenschaftliches Werk darstellt, das in dieser Dimension nicht seines gleichen hat". Auf Grund der akribischen Sorgfalt seiner Messungen stand diese Arbeit einzigartig da, bis die Satellitentechnologie neue Fortschritte ermöglichte.

Die Hurtigrute hat in Hammerfest ca. 1 ½ Stunden Aufenthalt. Das reicht für eine kleine Sightseeingtour.

Der **Eisbärenclub** „The Royal and Ancient Polarbear Society" zeigt eine Ausstellung über die lange Geschichte der Stadt in Bezug auf die stolze Tradition auf dem Gebiet der Jagd und Fischerei in der Arktis. Es besteht die Möglichkeit, Mitglied in dem Club zu werden.

Das **Museum des Wiederaufbaus** in Nord-Troms und Finnmark zeigt in seiner Ausstellung die Zwangsevakuierung, das Abbrennen und den Wiederaufbau dieser Landesteile nach dem 2. Weltkrieg.

Die Statue des „**Eismeerportals**" steht vor dem Rathaus der Stadt und zeigt, wie die Meridiane nach Norden zusammenlaufen, gekrönt mit dem Wappen von Hammerfest. Die Darstellung der Eisschollen mit den Eisbären drauf symbolisiert die Geschichte der Stadt als Eismeerstadt.

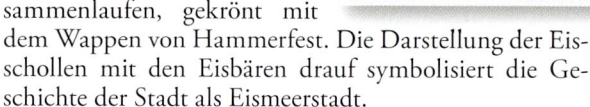

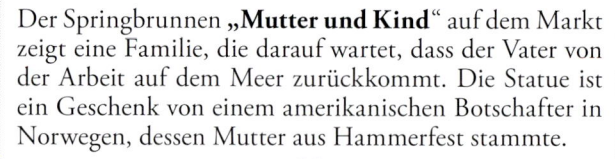

Der Springbrunnen „**Mutter und Kind**" auf dem Markt zeigt eine Familie, die darauf wartet, dass der Vater von der Arbeit auf dem Meer zurückkommt. Die Statue ist ein Geschenk von einem amerikanischen Botschafter in Norwegen, dessen Mutter aus Hammerfest stammte.

Die kleine Festung „**Skansen**", die während der Napoleonkriege zum Einsatz kam, liegt nahe der Meridianstatue. „Skansen" wurde 1989 restauriert.

Die Skulptur „**Eismeerschoner im Packeis**" auf dem Markt ist ein Symbol für das Fundament von Hammerfest, nämlich Jagd und Fischfang im Eismeer.

Der **blaue Musikpavillon** steht im Park oberhalb des Marktplatzes und zeigt die Schönheit der Baukunst des alten Hammerfests. Der Pavillon war ein Geschenk zum 200sten Stadtjubiläum 1989.

Die erste Kirche wurde in Hammerfest 1620 erbaut. Die Stadt hatte fünf Kirchen, die alle abgebrannt sind.

Die heutige Kirche wurde 1961 eingeweiht, die Vorgängerin wurde von den Deutschen beim Rückzug 1944 abgebrannt. Bei der heutigen Langkirche ist das Dach weit herunter gezogen worden, so dass sie eine dreieckige

HAMMERFEST - ØKSFJORD | TAG 8   253

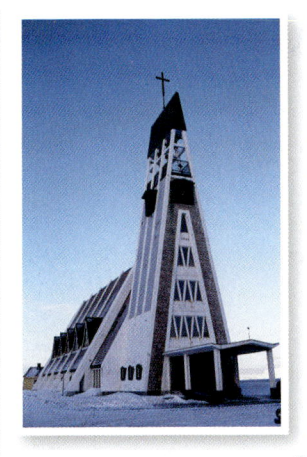

Form erhält. Das Motiv des Dreiecks wiederholt sich im Turm und in den Fenstern an der Langseite. Das Besondere an der Kirche ist, dass sie kein Altarbild hat, dafür aber ein großes Glasmosaik an der Front. Die Kirche hat 500 Sitzplätze.

Die katholische Kirche von Hammerfest, die St. Michaels Kirche, ist die nördlichste katholische Kirche der Welt, erbaut 1958.

Hinter Hammerfest erhebt sich der Stadtberg **Salen** mit dem Restaurant „Turistova". Auf dem Salen steht eine Kopie der Warde, die vor dem 2. Weltkrieg errichtet worden war.

An der Südseite von Kvaløya, nahe der Brücke zum Festland, steht der Stallo, ein alter samischer Opferplatz, der bis ins 19. Jh. benutzt wurde. Die Kultur der Seesamen hatte schon immer hier ihren Platz.

Das Schiff fährt weiter nach Øksfjord   + 0 Std 00 Min

70°39'N   23°31'E

Die hutförmige, schöne Insel Håja und die kleinere Hjelmen an SB liegen vor Hammerfest im Sørøysund. Die Inseln sind charakteristisch für die Natur rund um Hammerfest, geformt von Wind und Wetter, Gletschern und Brandung.

An SB sehen wir schon die Insel Sørøya und den Sørøysund, an BB den Sund **Straumen** zwischen Kvaløya und der Insel Seiland.

70°39'27''N   23°35'33''E   + 0 Std 14 Min ①

Der **Rypefjord** liegt an BB unterhalb des Berges **Tjuven**, (418 m ü M). Tjuven bedeutet „der Dieb", denn der Berg verdeckt die Sonne und „stiehlt" im Winter das Licht. Ein Fernsehmast (Tjuven Hauptsender) ragt auf dem Gipfel empor.

Der Ort **Rypefjord** (1.741 Einw.) liegt hinter der kleinen Halbinsel **Rypklubben** und ist ein Vorort von Hammerfest. Der Ort hat Werkstätten, Fischindustrie und eine Ölplattform-Versorgungsbasis.

Kirkegårdsøya ist eine der kleinen Inseln südlich von Rypefjord. Die Insel ist schon vor dem 17. Jh. als Friedhof benutzt worden, auch die Samen haben von 1650-1750 dort ihre Toten bestattet.

An SB passieren wir die Insel **Håja** (296 m ü M), danach **Hjelmen** (142 m ü M), an BB die Landspitze **Ersvikneset** (224 m ü M).

70°38'N   23°22'E   + 0 Std 27 Min ②

Der Berg **Grunnvågklubben** (216 m ü M), mit dem Leuchtfeuer in der Bergwand, wird umrundet und die Fahrt führt aus dem Sørøysund heraus.

An SB liegt in der Mitte von Sørøya das Dorf **Slettnes**, der steile Berg **Klubben** nördlich vom **Slettnesfjord,** danach der Berg **Sandvikfjellet** (608 m ü M).

In den 1960er Jahren hat man bei Slettnes ein Gebiet voller Kulturhinterlassenschaften entdeckt. Als man an dieser Stelle ein LNG-Terminal plante, um dort Gas vom Snøvitfeld hinzuleiten, hat man 1991-92 die Gegend erst einmal archäologisch untersucht und dabei mehr als 180 Kulturspuren registriert, die meisten von Behausungen. Die Datierung geht 11.000 Jahre zurück, deckt einen Zeitraum von ca. 10.000 Jahren ab, nämlich von ca. 9.000 v. Chr. bis ca. 1.000 n. Chr. Die Siedlungsreste stammen aus der Altsteinzeit, mehr noch aus der Jungsteinzeit bis in die frühe Metallzeit (S 83). Man fand außerdem fünf lose Steinblöcke mit Felszeichnungen, die nördlichsten Felszeichnungen der Welt. Diese sind mehr als 6.000 Jahre alt und wurden am Übergang von der Alt- zur Jungsteinzeit geschaffen. Die Funde beweisen, dass Nordnorwegen genauso frühzeitig besiedelt wurde wie Südnorwegen. Zusätzlich hat man Wohnreste und Kochgruben aus dem ersten Jahrtausend n. Chr. gefunden, die den Samen zugeordnet werden.

Der Nordteil von **Seiland** liegt vor uns an BB. Die Insel hat ihren Namen von den riesigen Mengen an Sei (Köhler, im Laden Seelachs), die jedes Jahr dort gefangen werden. Seiland ist Norwegens siebtgrößte Insel, fast ohne Bäume, aber mit viel grüner Vegetation. Die Insel ist aufgeteilt unter den Gemeinden Hammerfest, Kvalsund und Alta. Die Küste ist eingeschnitten von tiefen und weniger tiefen Fjorden. Die Felswände fallen meist senkrecht zum Meer ab. Das schroffste Terrain befindet sich im Westen der Insel. Da ragen die steilen Gipfel mehr als 800 m ü M. Norwegens nördlichster Gletscher, **Nordmannsjøkelen** (ca. 2 km², 1.079 m ü M) und **Seilandsjøkelen** (ca. 12 km², 950 m ü M) liegen mitten auf der Insel. Beide sind in den letzten 60-70 Jahren erheblich geschrumpft wegen der globalen Erwärmung. Die Bewohner leben verstreut in kleinen Dörfern, der Rückgang im Fischfang hat sie dezimiert, viele kleinere Fischerdörfer wurden aufgegeben. Seiland hat eine interessante Geologie mit Mineralvorkommen, deren Nutzung in Zukunft vielleicht lohnend ist. Archäologische Ausgrabungen haben gezeigt, dass schon seit 7.000 Jahren Menschen auf Seiland leben.

Der Transport geschieht meist mit Schiffen, denn es gibt nur wenige Strassen. Im Sommer dient Seiland als Weide für Rentiere, die im Frühjahr mit Schuten auf die Insel gebracht werden, im Herbst aber allein zurück schwimmen.

Man ist dabei, Seiland zum Nationalpark zu machen.

70°36'20"N   23°17'E   + 0 Std 39 Min

Die Inseln **Lille Vinna** (158 m ü M) und **Store Vinna** (390 m ü M) sehen wir an BB hinter dem Berg **Grunnvågklubben**, den wir hinter uns gelassen haben. Store Vinna wird im Sommer als Weideland für männliche Rentiere genutzt, die wie auf Seiland im Frühjahr mit Schuten gebracht werden und im Herbst zurückschwimmen.

An BB haben wir den Berg **Hønsebyfjellet** (556 m ü M) hinter Lille und Store Vinna, den **Hønsebyfjord** und das Dorf **Hønsebybotn** am Ende des Fjords. Der Berg **Veggen** (Wand) (589 m ü M) an BB am Hønsebyfjord trägt seinen Namen zu Recht. Wie eine Wand fällt er senkrecht in den Fjord.

70°33'30"N   23°06'45"E   + 0 Std 50 Min

Hinter Veggen schneidet sich der **Jøfjord** 11 km lang in die Insel Seiland ein.

Hinter der Landspitze **Kårhamnneset** auf der Westseite des Jøfjords liegt das kleine Fischerdorf **Kårhamn** (35 Einw.) am Fuße des Stortinden (627 m ü M). Die Bevölkerung in Kårhamn hat sich die letzten Jahre stabil gehalten auf Grund einer modernen Fischveredelungsanlage. Hier gibt es Spuren steinzeitlicher Besiedlung.

Wir fahren weiter durch den Sørøysund durch wilde, schöne Natur mit hohen Bergen und vielen Fjorden. Die Küste an SB ist im Einzelnen schwierig zu beschreiben, die Natureindrücke wechseln in schneller Folge. Berge und Fjorde folgen dicht aufeinander. Einer der Gipfel ist der höchste auf Sørøya, der **Komagaksla** (659 m ü M).

Den **Skreifjord** passieren wir hinter Kårhamn. 1997 hat sich eine Meereslederschildkröte, vom warmen Golfstrom verleitet, nach Norden in diesen Fjord verirrt. Hier kollidierte sie mit einem Boot der Rentierhirten. Die Hirten schossen mehrmals mit Gewehren auf sie und trafen sie am Kopf, konnten sie aber nicht töten. Sie wurde an Land geschleppt und starb später an ihren Verletzungen. Der Streit darum, wem die Schildkröte gehörte, artete derart aus, dass schließlich die Polizei eingreifen musste. Das Tromsø Museum erwarb die verirrte Lederschildkröte, und die Präparatoren versuchten, sie auszustopfen. Da sich dies als unmöglich erwies, machte man eine Kopie aus Kunststoff, die man dann im Museum ausstellte.

Der Gebirgszug **Lossefjellet** (845 m ü M) ragt an BB empor, dahinter der Gletscher **Nordmannsjøkelen** (ca. 2 km², 1.079 m ü M). Vieles von ihm ist in den letzten 100 Jahren abgeschmolzen, so dass er jetzt aus vielen kleinen Gletschern besteht.

Hinter dem Nordmannsjøkelen kommt der große Gletscher **Seilandjøkelen** (ca. 12 km², 950 m ü M) zum Vorschein.

70°30'N   22°54'E   + 1 Std 16 Min   ③

Auf der Weiterfahrt durch den **Sørøysund** haben wir an SB den Komagaksla (659 m ü M) passiert, danach sehen wir vor uns die Landspitze **Gåshopen** und die Südspitze von **Strandafjellet** (459 m ü M) mit der Halbinsel **Ramnes** dazwischen, sodann den **Kobbefjord**.

Weiterhin auf westlichem Kurs passieren wir den **Nordre Bumannsfjord** den Berg **Sjutalet** (737 m ü M) und den **Søre Bumannsfjord**. An BB nähern wir uns dem Berg **Ytre Bårdveggen** (881 m ü M), dem **Bårdfjord** und **Tåneset**, dem südwestlichen Punkt von Seiland.

70°28'N   22°45'E   + 1 Std 31 Min

Wir haben immer noch die Insel Sørøya an SB, entfernen uns aber langsam von ihr. Nun sehen wir schon einen Teil der Insel Stjernøya an SB in der Gemeinde Hasvik. Das Meeresgebiet **Lopphavet** öffnet sich im Westen der Insel. Die Berge vor uns gehören in die Gemeinde Loppa.

Ca. 70°27'N   22°39'E

Wir passieren die Grenze zwischen den Gemeinden Hammerfest und Hasvik.

Die Gemeinde Hasvik

Bedeutung des Gemeindewappens: Möwen sind weit verbreitet in der Gemeinde.
Bedeutung des Namens: Vom nordischen hár, evtl. Bootsbucht.
Gemeindezentrum: Breivikbotn auf Sørøya (306 Einw.).
Position: 70°35'44''N 22°18'20''E.
Areal: 559 km². **Einw.:** 1.049.
Bevölkerungsdichte: 1,88 Einw./ km²
Arealverteilung: Landw. 0 %, Forstw. 0 %, Süßwasser 4 %, verbleibendes Areal 96 %.
Wirtschaft: Fischerei und Fischveredelung von Flundern und Heilbutt aus den Fischgründen um die Insel, Annahme von Anlandungen aus anderen Gebieten. Lachs- und Dorschaufzucht. Rentierwirtschaft. Tourismus.
Sehenswertes: Die Hasvik Kirche. Die Dønnesfjord Kirche.
Website der Gemeinde Hasvik: www.hasvik.kommune.no

70°24'N   22°29'E   ④

Beim Ort **Hasvik** (371 Einw.) an SB im Südwesten von Sørøya hat man Siedlungsspuren gefunden, die sich 11.000 Jahre zurück datieren lassen. Das gilt auch für das Gebiet der Fjorde auf der Westseite der Insel. (Hasvik ist vom Schiff aus nicht zu sehen.)

Die beiden Hasviker Kirchen in Hasvåg und Sørvær wurden in einer historischen Aufstellung aller Kirchen in der Gemeinde Hasvik schon 1589 erwähnt. Die Kirche in Sørvær wurde nach der Verwüstung durch ein Unwetter 1697 abgerissen. Die Fundamente der Hasvik Kirche waren aus Walknochen gemacht. Die Holländer trieben im 16. Jh. intensiven Walfang von Sørøya aus, daher war Walbein leichter zugänglich als Baumstämme. Das Gitter um den alten Kirchhof herum war ebenfalls aus Walknochen. 1756 wurde eine neue Kirche in Hasvik erbaut, z. T. aus dem Material der alten Kirche. 1861 bekam Hasvik schon wieder eine neue Kirche, eine Langkirche aus Holz. Diese wurde 1944 abgebrannt, die heutige Kirche 1955 eingeweiht.

Die Dønnesfjord Kirche an der Nordwestküste von Sørøya ist ein besonderes Bauwerk von kulturhistorischem Wert. Die Kirche wurde 1888 im Fischerdorf **Dønnesfjord** erbaut, das damals von einiger Bedeutung war. Die einfache weiße Holzkirche mit 150 Sitzplätzen ist das einzige Gebäude, das den 2. Weltkrieg überstanden hat. Man hat die Kirche zwar angezündet, doch das Feuer erlosch von selbst. Im Treppenhaus sieht man noch heute die Spuren von der versuchten Brandstiftung. Da das Fischerdorf nach dem Krieg nicht wieder aufgebaut wurde, hat man die Kirche 1951 nach **Øya** am Dønnesfjord versetzt.

Im 19. Jh., in der großen Zeit der Fischerei auf den reichen Fischbänken vor der Westküste, waren Hasvik und Sørøya dichter bevölkert als heute, besonders zu Zeiten des lebhaftesten Fischereibetriebes. Da konnte es geschehen, dass von einem einzigen Dorf aus 100 Boote mit zusammen 500-600 zugereisten Fischern zum Fang hinausfuhren. Der bekannte Walfänger Sven Foyn hatte im Nordwesten von Sørøya eine Walfangstation.

Auf dem Berg **Håen** an der äußersten Südwestspitze von Sørøya bei dem Ort **Hasvik** bauten die Deutschen 1942 eine Festung, ein Netzwerk aus Bunkern, Kanonenstellungen und Schützengräben. Die Arbeit wurde ausgeführt von abkommandierten zivilen Norwegern und russischen Kriegsgefangenen. Das Festungswerk war strategisch platziert, denn die deutsche Kriegsmacht hatte im **Altafjord** eine große Kriegsflotte stationiert, hinter der Insel Stjernøya an BB, wo u.a. auch die Schlachtschiffe „Tirpitz" und „Scharnhorst" ihre Basis hatten (S 268). Von der Festung bei Håen konnte die Einfahrt in den Altafjord überwacht und kontrolliert werden. Um sich vor Sabotage zu schützen, hatten die Deutschen 700 Minen in der Umgebung ausgelegt. Beim Rückzug im Herbst 1944 wurde die Anlage gesprengt und die Batterien nach Andøya verlagert.

Wie der Rest von Finnmark, so wurden auch Sørøya und Hasvik Opfer der Zwangsevakuierung beim deutschen Rückzug im Herbst 1944. Außer der Dønnesfjord Kirche wurden alle Gebäude abgebrannt. Eine große Gruppe von Einwohnern widersetzte sich der Zwangsevakuierung und ging statt dessen in Deckung. Von 1.650 Einwohnern wurden 1.100 zwangsevakuiert, ca. 550 versteckten sich u.a. in abgelegenen Höhlen, von denen es mehrere auf Sørøya gibt. Sie taten es nach Aufforderung der norwegischen Exilregierung in London. Der Aufenthalt dort sollte nur ein paar Wochen dauern, zog sich dann aber sehr viel länger hin.

Die Höhle **Kvithellhula** liegt nördlich von **Hasvik**. Hier versteckten sich 35 Menschen 99 Tage lang im Winter 1944/45. Die Höhle ist flach und Wind und Wetter ausgesetzt. Die Kinder wurden im Hintergrund der Höhle untergebracht, die Erwachsenen schützten sie, wenn die See hoch ging. Aus Furcht vor Entdeckung gingen sie die ganze Zeit lang kaum einmal aus der Höhle hinaus.

Die Höhle **Nordsandfjordhulen** liegt im Nordwesten der Insel und ist schwer zu finden. Hier hausten 100 Personen im Kriegswinter 1944/45.

Im Februar 1945 wurden 502 Personen, die in Höhlen und anderen Verstecken auf der Insel Deckung gesucht hatten, von zwei englischen Zerstörern abgeholt und nach Murmansk gebracht, wo alliierte Handelsschiffe sie übernahmen. Sie landeten in Glasgow am 28. Februar 1945, zwei Wochen nach Abholung von Sørøya.

Auch in neuerer Zeit wurde Sørøya von einem Militärschiff heimgesucht. Als die Kirchenglocken 1994 das Weihnachtsfest einläuteten, bekam die Bevölkerung von

Sørvær (201 Einw.) an der Westseite der Insel ein besonderes Weihnachtsgeschenk überreicht. Der russische Kreuzer „Murmansk" trieb direkt auf das Dorf zu. Auf seiner Fahrt nach Indien, wo er verschrottet werden sollte, hatte er sich vor Senja aus dem Schlepp losgerissen und trieb ohne Führung und Mannschaft vier Tage lang vor dem Sturm dahin. Der Kreuzer wurde weder von der Küstenwache noch von der Marine aufgebracht und landete ironischerweise als Nachbar des NATO-Radars auf Sørvær. Nun liegt die „Murmansk" in 15 m Tiefe auf Grund unter einem steilen Berghang, nur einen Steinwurf entfernt vom schönen Sørvær. Die Rostlaube, die 211 m lang ist und 17.000 Tonnen wiegt, ist eine unerwünschte Landmarke für das kleine Küstendorf geworden. Sie liegt fest, denn der Bug hat sich tief in den Meeresboden gebohrt.

70°26'40"N   22°34'44"E   + 1 Std 43 Min

Den **Rognsund** zwischen den Inseln Seiland und Stjernøya haben wir an BB passiert.

Die Insel **Stjernøya** (248 km²) ist sternförmig und aufgeteilt unter den Gemeinden Hasvik, Loppa und Alta. Sie hat weder Strassen noch Einwohner, dafür ist sie sehr gebirgig, der höchste Berg ist **Kjerringfjordfjellet** (904 m ü M). Die Insel ist reich an dem begehrten Mineral Nephelinsyenit, das zur Glas-, Porzellan- und Kachelherstellung gebraucht wird. Jeden Tag pendeln ca. 100 Angestellte von **Alta** und **Øksfjord** in den kleinen Ort **Lillebukta** im Südwesten von Stjernøya, um in den Gruben zu arbeiten. Jährlich werden um die 330.000 Tonnen Nephelin gewonnen und exportiert (Zahl aus dem Jahre 2000).

70°21'N   22°18'E   + 2 Std 18 Min   ⑤

Vardnes an BB, der nordöstlichste Punkt von Stjernøy, liegt hinter uns. Zwischen den folgenden Vorsprüngen des Kjerringfjordfjells, die an die Arme von Seesternen oder Zehen am Fuß erinnern, liegen mehrere Fjorde. In Fahrtrichtung sind dies: **Store Kjerringfjord, Lille Kjerringfjord, Smalfjord, Nordfjord** und **Sørfjord**. Die Landzunge **Stjernfot** im Nordwesten der Insel.

Das Schiff nähert sich dem nächsten Hafen, Øksfjord. Wir nehmen Kurs auf den Stjernsund an BB an der Rückseite der Insel Stjernøya und fahren dann in den 25 km langen Øksfjord ein.

Die südlichen Teile von Seiland und Stjernøya, zusammen mit dem Stjernsund, liegen in der Gemeinde Alta. Diese Gemeinde wird nicht von der Hurtigrute angelaufen.

70°20'47"N   22°17'33"E

Wir passieren die Grenze zwischen den Gemeinden Hasvik und Loppa.

Die Gemeinde Loppa

Bedeutung des Gemeindewappens: Symbolisiert Fischerei.
Bedeutung des Namens: Unsicher (loppa zu deutsch der Floh).
Gemeindezentrum: Øksfjord (510 Einw.).
Position: 70°14'30"N   22°21'12"E.
Areal: 691 km². **Einw.:** 1.261.
Bevölkerungsdichte: 1,83 Einw./km².
Arealverteilung: Landw. 0 %, Forstw. 0 %, Süßwasser 3 %, verbleibendes Areal 97 %.
Wirtschaft: Bergwerk. Fischerei. Fischzuchtanlage. Filetfabrik mit Gefriereinrichtung. Heringsölfabrik. Schieferbruch. Landwirtschaft als Zubrot, meist in Form von Schafhaltung.
Sehenswertes: Der Gletscher Øksfjordjøkelen.
Website der Gemeinde Loppa: www.loppa.kommune.no

Auf den Weg nach Øksfjord haben wir an BB den steilen Gebirgszug **Eliassen** (939 m ü M) und den **Helletinden** (890 m ü M) mit der Landzunge **Helleneset**. An BB zwischen **Stjernøya** und dem Festland zieht sich der **Stjernsund** hin. Der Sund setzt sich hinter Stjernøya fort und mündet in den 38 km langen **Altafjord** mit der Stadt **Alta** an seinem Ende.

Nachdem wir an SB den **Klubbnestinden** (707 m ü M), die äußerste Landspitze dieses Festlandsteils in der Gemeinde Loppa, passiert haben und an BB die Bucht **Klubbnesvika** mit dem Ort **Ystnes**, gelangen wir nach Øksfjord. Von hier aus können wir zum Teil den Gletscher Øksfjordjøkelen im Tal auf der anderen Seite des Fjordes sehen.

Øksfjordjøkelen (41 km², 1.204 m ü M) ist der neuntgrößte Gletscher in Norwegen und der größte in Finnmark, ein Plateaugletscher mit mehreren Armen, die in sich in die umgebenden Täler vorschieben, u.a. in den

© ROLF LILAND

Nusvåg, den wir später passieren. Der Øksfjordjøkelen ist der einzige Gletscher, der direkt in einen Fjord kalbt, nämlich den **Jøkelfjord** auf der Südseite des Gletschers.

Skipet legger til kai i Øksfjord

Das Fischerdorf und Verwaltungszentrum Øksfjord liegt am Fuß des Berges **Grasdalsfjellet** (830 m ü M). Fast die Hälfte der Gemeindemitglieder wohnt in Øksfjord, das 1986 eine ganzjährig zu befahrende Strasse als Verbindung mit dem Rest der Gemeinde auf dem Festland mittels eines 4.252 m langen Tunnels bekam. Der Rest der Bevölkerung dieser Gemeinde wohnt in kleineren Orten am Lopphavet.

Der größte Teil der Industrie der Gemeinde Loppa befindet sich in Øksfjord, nämlich die Fischfiletfabrik mit den Gefriereinrichtungen. Da in weiten Teilen der Gemeinde das Wegenetz schlecht ist, verläuft der Verkehr meist übers Wasser. Øksfjord ist der Verkehrsknotenpunkt für die lokalen Schiffsrouten.

Die Kirche in Øksfjord ist eine gemauerte Langkirche von 1954.

Skipet fortsetter til Skjervøy   + 0 Std 00 Min

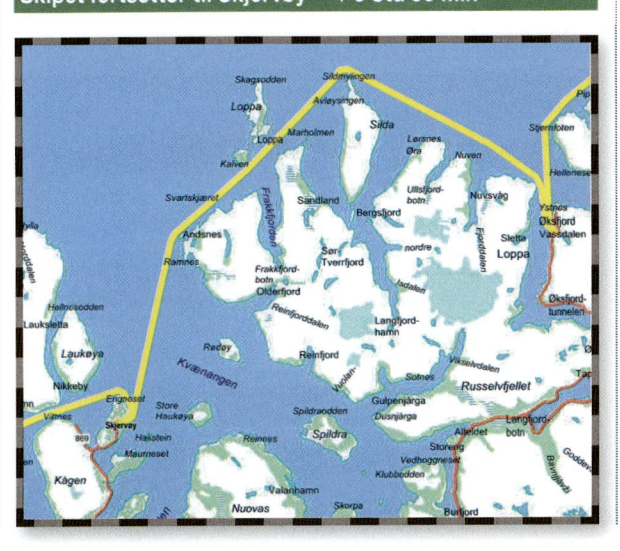

Wir setzen Kurs hinaus aus dem Fjord, unser nächster Hafen ist **Skjervøy**. Hinter uns an BB liegt die kleine Bucht **Tverrfjord** mit dem Ort **Bukta** unterhalb des Berges **Skatviktinden** (1.025 m ü M). Weit voraus sehen wir Hasvik auf Sørøya. An SB passieren wir den Stjernsund, dahinter Stjernøya.

Das Schiff umrundet die Landzunge am **Klubbnestinden** (707 m ü M) und fährt weiter nach Nordwesten in Richtung Lopphavet.

Lopphavet, das offene Meeresgebiet zwischen Sørøya in Finnmark und Nord-Fugløy in Troms (S 188), ist eines der sechs offenen Meeresstrecken auf der Hurtigrutenreise. Das wetterharte Meeresgebiet ist 70 km breit. „Dra på Lopphavet!" („Fahr zum Lopphavet!", was im Deutschen so viel bedeutet wie „Fahr zur Hölle!") ist ein verbreiteter norwegischer Kraftausdruck.

70°19'N   22°11'E   + 0 Std 30 Min   ①

Die Küste am Lopphavet ist geprägt von flachen Fjorden, die sich in die Nordseiten der Inseln und des Festlandes einschneiden. Wir passieren die Landspitze **Samuelsnes** und den Berg **Kollaren** (954 m ü M), danach den **Nusfjord** mit dem Ort **Nusvåg** im Innern des Fjordes. Nusvåg hat ca. 140 Einwohner, eine Kapelle und eine Schule. Im Nusfjord sind die Klima- und Umgebungsverhältnisse günstig für die Aufzucht von Steinbeißern.

Am Ende des Nusfjords können wir den Øksfjordjøkelen sehen und an BB die äußeren senkrechten Bergwände von Sørøya.

> Am 17. Oktober 1941 wurde das alte Hurtigrutenschiff D/S „Vesteraalen" vor dem Nusfjord von einem russischen U-Boot torpediert. Das Schiff war 1890 mit einer Kapazität für 40 Passagiere gebaut worden, wurde dann später für 200 Passagiere umgebaut und wurde als erstes Schiff im Dienst der Hurtigrute eingesetzt. 1913 sank es, wurde aber gehoben, repariert und 1914 wieder in Dienst gestellt. 1932 wurde es durch ein neues Modell ersetzt und lag bei Kriegsausbruch 1940 in Trondheim. Dort wurde es von der deutschen Besatzungsmacht konfisziert und wieder im Hurtigrutenbetrieb eingesetzt. Beim Angriff der Russen sind ca. 60 Menschen ums Leben gekommen.

An BB fahren wir an **Nuvsnes** unterhalb des Berges **Nuven** (688 m ü M) vorüber, dann am **Ullsfjord**. Am Ende dieses Fjords können wir nordwestlich vom Øksfjordjøkelen den Gletscher **Svartfjelljøkelen** (1.166 m ü M) sehen. Weiter passieren wir den Gebirgszug **Rokkenes** (806 m ü M) mit dem Ort **Gammelvær** und der Landnase **Lørnes.**

| 70°21'20''N   21°58'E   + 0 Std 52 Min   ② |

An BB haben wir den **Nordre Bergsfjord**, der den nördlichen Festlandsteil der Gemeinde Loppa von der Insel Silda an BB trennt.

Die Insel **Silda** (48 km²) vor uns an BB ist sehr gebirgig und heutzutage unbewohnt. Der Osten und Nordosten weisen viele tiefe und breite Täler auf. Der höchste Berg ist der **Sunnacohkka** (628 m ü M). Früher gab es kleinere Fischerdörfer an den Ausgängen dieser Täler. Eines davon war **Ivervær**, das Zentrum der Insel. 1926 wohnten ca. 60 Menschen auf der kargen Insel Silda, meist Seesamen.

Nachdem wir den Berg **Sildmylingen** (334 m ü M) an der Nordspitze von Silda umrundet haben, fahren wir mit Kurs Südwest nach **Leisund**. An BB ragen auf den ganzen Länge der Insel Sildas senkrechte Bergwände empor, nur im Nordwesten unterbrochen von der Landzunge **Avløysingen.**

Wir kreuzen Lopphavet in südwestlicher Richtung zwischen dem nordwestlichen Festlandsteil der Gemeinde Loppa und der Insel **Loppa** (12 km²), die der Gemeinde ihren Namen gegeben hat. Auf dieser Insel hat man Spuren aus der Wikingerzeit gefunden und in **Kraken** die Reste einer Mittelalterkirche. Auf Loppa gab es mal ein Handelszentrum, damals einer der wichtigsten Knotenpunkte für den Handel entlang der Küste. Der höchste Berg, der **Rektind** (289 m ü M) im Süden der Insel, ist ein geschützter Vogelfelsen mit sehr artenreichem Vogelleben. Früher gab es hier auch mal einen Schieferbruch. Loppas heute verlassene Fischerdörfer **Mevær** und **Mønes** an SB waren im Mittelalter von Bedeutung. Man hat in der Umgebung auch einige Spuren vorzeitlicher Besiedlung gefunden. Die Langkirche aus Holz stammt von 1953. Im Jahre 2006 wohnten nur noch sechs Menschen auf Loppa.

Der Südspitze von Loppa ist der kleine **Marholm** vorgelagert. Der **Søre Bergsfjord** zieht sich an der steilen Westwand von Silda entlang und läuft an der Südspitze mit dem **Nordre Bergsfjord** zusammen.

Bei Bedarf legt die Hurtigrute einen sogn. „Bootsstop" an der Mündung des Søre Bergsfjords ein. Das alte Fischerdorf **Bergsfjord** (142 Einw.) auf dem Festland hat eine aktive Fischereiflotte und eine Fischannahmestelle mit Produktion von Salzfisch und Verarbeitung von Rogen zu Kaviar. Das Dorf hat wie auch andere Orte in der Gemeinde keine Straßenanbindung. Passagiere, die hier die Hurtigrute verlassen wollen, können im Voraus einen Stopp vereinbaren, dann werden sie durch den Lotsenausgang zu einem kleinen Boot gebracht, das sie an Land bringt. Auf dem umgekehrten Weg funktioniert das entsprechend anders herum.

Südwestlich vom **Seavssnjárga/Isfjellet** (278 m ü M) an BB setzen wir unseren Kurs fort in den **Leisund.**

| 70°18'30''N   21°25'47''E   + 1 Std 43 Min   ③ |

An SB geht der **Kvalsund** zwischen den Inseln **Loppa** und der kleinen **Loppekalven** hindurch.

Den **Frakfjord** (11 km lang) passieren wir an BB vor **Kalven**, danach die Landzunge **Kjæresnes** und den Berg **Skavnakk** (893 m ü M).

| 70°16'N   21°17'33''E   + 2 Std 03 Min |

An BB die kleine Bucht **Trollvika**, an SB der Holm **Svartskjær.**

| ØKSFJORD - SKJERVØY | **TAG 8** | **261**

| **70°15'N   21°13'23"E   + 2 Std 10 Min**   ④

Das Dorf **Andsnes** an BB hat eine Fischannahmestelle und eine Schule. 2006 wohnten nur vier Menschen dort.

Die winzige Insel **Brynilden** an BB ist Finnmarks westlichster Punkt und liegt auf der Grenze zwischen den Provinzen Finnmark und Troms.

| **70°13'30"N   21°08'45"E**
| **Wir passieren die Grenze zwischen den Provinzen Finnmark und Troms (S 189).**

| **70°11'N   21°07'E   + 2 Std 30 Min**   ⑤

An BB haben wir das **Nakkefjellgebirge** (749 m ü M), südlich davon die Mündung des Fjordarmes **Olderfjord** mit dem Dorf **Olderfjord** an seinem Ende.

An BB sehen wir den Gletscher **Langfjordjøkelen** (1.062 m ü M, 8,4 km² im Jahre 1994), einen der nördlichsten Gletscher auf dem Festland. Es handelt sich um einen Plateaugletscher, dessen nach Osten verlaufenden Arm von 1.050 m ü M bis auf 300 m ü M fällt. Der Gletscher hat in den letzten Jahren erheblich an Fläche verloren.

Die Insel Arnøya in der Gemeinde Skjervøy an SB.

| **Ca. 70°10'N   21°06'E**

Die Gemeinde Skjervøy

Bedeutung des Gemeindewappens: Der Kormoran ist hier ein häufig vorkommender Vogel.
Bedeutung des Namens: Vom nordischen skerfr, nackter Felsgrund.
Gemeindezentrum: Skjervøy (2.345 Einw.).
Position: 70°02'N 20°59'E. **Areal:** 478 km².
Einw.: 2.971. **Bevölkerungsdichte:** 6,22 Einw./km².
Arealverteilung: Landw. 0 %, Forst 1 %, Süßwasser 2 %, verbleibendes Areal 97 %.
Wirtschaft: Fischerei und Fischveredelung, Krabbenfabrik, Filetfabrik. Fischfang-Ausrüstung. Werkstattindustrie. Eisen- und andere Metallwarenindustrie. Schiffswerft.
Sehenswertes: Der Maursund Hof.
Hinweis auf Aktivitäten: Schneehuhnjagd (2004 wurde Skjervøy zur besten Schneehuhninsel in Norwegen erkoren). Bergsteigen.
Website der Gemeinde Skjervøy: www.skjervoy.kommune.no

Die Gemeinde besteht ausschließlich aus bergigen Inseln mit hohen Gipfeln.

Wir fahren weiter nach Süden in den Fjord **Kvænangen** (ca. 72 km lang) hinein. An der Fjordmündung zwischen Brynilen und Arnøya ist der Fjord ca. 15 km breit.

Arnøya (247,8 km²) an SB ist die größte Insel in der Gemeinde Skjervøy, der höchste Gipfel ist **Arnøyhøgda** mit 1.168 m ü M auf der Ostseite der Insel. Die verstreute Bebauung befindet sich im Süden und Osten. 198 Anwesen wurden auf dem Rückzug aus Nordnorwegen von den Deutschen abgebrannt, nur zwei blieben stehen.

Das Fischerdorf **Årviksand** (446 Einw.) auf der Nordwestseite von Arnøya hat eine Fischannahmestelle und Fischveredelungsindustrie, mehr als die Hälfte der Einwohner sind dort beschäftigt. Es gibt außerdem eine Reparaturwerkstatt für Fischerboote.

Bei Årviksand steht ein Gedenkstein zur Erinnerung an die Arnøytragödie. Eine Geschichte aus den Kriegszeiten handelt von einigen Norwegern, die kurz nach der deutschen Invasion 1940 nach Russland fuhren, um angelernt zu werden für den Kampf gegen Deutschland in Nordnorwegen. Eine geheime Radiostation wurde in einer Höhle bei Årviksand installiert, die die Ankunft deutscher Schiffe melden sollte, so dass diese von russischen U-Booten torpediert werden konnten. Als die Radiostation entdeckt wurde, wurden acht Personen hingerichtet, und auch die drei, die sich in der Höhle bei der geheimen Radiostation befanden, wurden ermordet.

Die Landzunge **Klubben** passieren wir an SB, danach den steilen **Flutinden** (833 m ü M).

| **70°08'N   21°05'50"E   + 2 Std 42 Min**

Die Insel **Rødøya** (266 m ü M) an BB und weiterhin der Fjord Kvænangen mit dem Ort **Kvænangsbotn** an seinem Ende.

Die Insel **Laukøya** (36 km²) an SB wird vom schmalen **Lauksund** von der Insel Arnøya getrennt, die Bebauung verteilt sich an der Küste des Sundes. Der nördlichste Punkt ist die Landspitze **Hellnesodden,** danach folgt der Ort **Nikkeby** unterhalb der steilen Felswände des **Nikkebytinden** (770 m ü M) im Süden der Insel. Laukøya hat eine Fährverbindung mit Arnøya.

70°05'N 21°03'E

Die Insel **Store Haukøya** (506 m ü M) an BB ist heute unbewohnt.

Die Insel **Skjervøya** (12 km²), die sich an BB nähert, hat der Gemeinde ihren Namen gegeben. Hier liegt unser letzter Hafen für heute, **Skjervøy**, gut geschützt hinter hohen Gebirgen und großen Inseln.

Skipet legger til kai i Skjervøy

Die Skjervøy Kirche liegt zentral gleich am Hafen, eine Kreuzkirche mit einem langen Hauptschiff und kurzen Kreuzarmen. Die erste Kirche von Skjervøy wird schon 1589 in schriftlichen Quellen erwähnt, vermutlich ist sie 1539 erbaut worden. Als sie zu klein wurde, baute man 1728 die heutige Kirche. 1778 wurde sie erweitert, die Wände wurden aufgestockt, so dass man Platz für eine Galerie und damit mehr Sitzplätze schaffte, das Dach wurde neu gedeckt und die Außenwände neu verkleidet.

Einer Sage nach wurde der Standort der Kirche von Naturkräften bestimmt. Die Baumstämme für das Bauwerk wurden in einem nahe gelegenen waldreichen Tal geschlagen, dann warf man sie in den Fluss, der sie zum Fjord trug. Man überließ sie dem Wind und Wetter, wo diese sie an Land trieben, da sollte die Kirche gebaut werden. Die meisten Stämme trieben in Skjervøy an Land, und so baute man die Kirche hier.

Als die erste Kirche in Tromsø gebaut wurde, „Santa Maria bei den Heiden", in Auftrag gegeben von König Håkon Håkonsson Mitte des 13. Jh.s (S 179), tat man das, um die Grenze Norwegens zu markieren, die bei Lyngstuva an der nördlichste Spitze der Lyngsalpen verlief (S 184). Das Gebiet nordöstlich von Lyngstuva galt als das Land der Samen. Deshalb wurde die Kirche als eine Missionskirche bezeichnet, die das Volk in der Christenlehre unterrichten, Kinder taufen und Tote nach kirchlicher Sitte bestatten sollte. Am Eingang zu den großen Finnmarksfjorden, dem **Reisafjord**, **Kvænangen** und **Lyngenfjord**, lag Skjervøy strategisch günstig für diese Aufgabe. Bei der Berechnung der Einwohnerzahl kam man für das Jahr 1666 auf 14 samische Steuerzahler, d.h. 14 samische Familien, aber keine norwegische.

Die Kirche sollte außerdem den umherziehenden norwegischen Fischern zur Verfügung stehen. Später wurde sie die Gemeindekirche für die Norweger, die sich in diesem Gebiet ansiedelten.

Skjervøy war bekannt für seine reichen Fischgewässer, wo in der Fangsaison viele Menschen zusammen kamen. Die meisten von ihnen waren Fischer, aber es kamen auch Aufkäufer und Hilfsarbeiter. Man tauschte Fisch gegen andere Waren. Schweden, Finnen und Kvæner fanden sich ein, um mit Fischern und Schiffseignern Waren zu tauschen. Behörden, die für Recht und Ordnung sorgen sollten, ließen sich ebenfalls in Skjervøy nieder. Die Steuern wurden gern in Form von Fisch erhoben. Wer sich strafbar gemacht hatte, konnte hier aufgegriffen und zu Buße oder Gefängnis verurteilt werden. 1586 wurde Skjervøy nämlich Gerichtsstand. Ungefähr zur selben Zeit eröffnete man einen Markt, der viele Menschen anzog, auch aus dem schwedischen Grenzgebiet. Nach damaligem Maßstab hatte der Markt eine beträchtliche Größe und veranlasste die Kvæner, sich hier niederzulassen. Bis 1914 wurde in Skjervøy der Pomorenhandel (S 241) betrieben.

Skjervøy entwickelte sich von einem kleinen Strandort zu einer idyllischen kleinen Stadt mit Kirche, Gericht und

Handelsplatz. Die Einwohnerzahl stieg von 2.410 im Jahre 1895 auf 4.410 im Jahre 1946. Die sogn. „Hamburgerrute", ein großes Schiff, das regelmäßig zwischen Vadsø und Hamburg verkehrte, um Fisch nach Deutschland zu bringen, lief Skjervøy an, und ab 1896 kam auch die Hurtigrute. Die Haupttelegrafenleitung reichte von Süden kommend 1869 nur bis Tromsø, wurde aber 1890 bis nach Skjervøy weiter geführt. Eine Bank etablierte sich 1865.

Skjervøy ist bekannt als der erste Hafen, den die „Fram" nach Fridtjof Nansens dreijähriger Nordpolexpedition von 1893-1896 anlief. Diese Expedition wird die erste Framreise genannt, bei der das Eismeerschiff mit dem Packeis über das Polarmeer trieb. Nansen und sein engster Gefährte, Leutnant Hjalmar Johansen, verließen die „Fram" 1895 im Eis und gingen zu Fuß mit Kajak und Hundeschlitten weiter nach Norden. Der Kapitän der „Fram", Otto Sverdrup, führte das Schiff aus dem Eis heraus, fuhr gen Süden und lief am 20. März 1896 in Skjervøy ein, acht Tage, nachdem Nansen und Johansen mit einem anderen Schiff in Tromsø eintrafen.

Während des deutschen Rückzugs 1944 blieb es einem Teil von Skjervøy erspart, nieder gebrannt zu werden.

Der Regierungsbezirk Nord-Troms hat Skjervøy dazu ausersehen, das maritime Zentrum des Bezirks zu werden, was sich in erhöhtem Engagement in der Fischindustrie nieder geschlagen hat. Der Ort ist wichtig im Hinblick auf Krabben- und Fischfiletverarbeitung, Aquakultur und Werkstattindustrie im Bereich Neubau und Reparatur von Schiffen.

Skipet fortsetter til Tromsø

Wir setzen Kurs auf unseren nächsten Hafen, Tromsø, umrunden zuerst die Landnase **Ramnneset** am Ausgang des Hafens, danach **Engneset** mit dem Berg **Brusen** (289 m ü M), dem nördlichsten Punkt der Insel Skjervøya.

70°03'35''N   20°56'E   + 0 Std 21 Min

An BB der schmale, flache **Skattørsund** zwischen den Inseln **Skjervøya** und **Kågen**. Siedlungsreste, die man an diesem Sund gefunden hat, erstrecken sich über eine Zeitspanne von der Steinzeit bis zum Abbrennen nach dem 2. Weltkrieg. Sowohl Rentiersamen als auch Seesamen haben hier ihre Spuren hinterlassen.

Die 805 m lange Skattørsundbrücke verbindet die beiden Inseln. Sie ist einspurig mit einer Weiche in der Mitte. Das mittlere Spannelement ist 32 m lang, die übrigen 39 Elemente messen 20 m. 1971 wurde die Brücke für den Verkehr frei gegeben.

70°03'N   20°51'25''E   + 0 Std 26 Min

Mit Kurs nach Westen passieren wir an SB die Südspitze von **Laukøya**, den Ort **Nikkeby** mit dem **Nikkebytinden** (770 m ü M), danach die südliche Mündung des schmalen **Lauksundes** zwischen Laukøya und Arnøya. Auf beiden Seiten des Sundes stehen einige Häuser. Die Inseln haben eine Fährverbindung untereinander und zur Insel Kågen an BB.

Wir fahren in den **Kågsund** hinein zwischen den steilen Bergwänden des **Singeltinden** (742 m ü M) an SB auf der Südostseite von Arnøya und dem **Storstein** (683 m ü M) mit der Landspitze **Vittnes** und dem Berg **Kågtinden** (999 m ü M) an BB im Norden von **Kågen**.

Die Insel **Kågen** (85,7 km²) ist die zweitgrößte Insel der Gemeinde Skjervøy. Sie ist gebirgig, ihr höchster Gipfel ist der **Store Kågtindan** (1.163 m ü M), doch auch mehrere andere Berge sind über 1.000 m hoch. Einer von ihnen, der **Storsandnestinden** (1.091 m ü M) ist von dem kleinen Gletscher **Blåisen** bedeckt.

Kågen ist mittels eines Autotunnels mit dem Festland verbunden. Der Tunnel führt zunächst unter dem Kågtindan, danach unter dem Maursund hindurch. Der **Maursundtunnel** im Süden der Insel wurde 1991 eingeweiht, hat eine Länge von 2.122 m und geht 92,5 m tief unter dem Meer hindurch. Die stärkste Steigung beträgt 10%.

Der **Maursund Hof** auf der Ostseite der Insel am Maursund war viele Jahrhunderte hindurch ein reicher, bekannter Handelsplatz, in schriftlichen Quellen bereits am Anfang des 17. Jh.s erwähnt. Damals lag der Hof zentral zu den Handelswegen auf dem Meer. Der Hofbesitzer betrieb Fischerei und Küstenhandel per Schiff.

1776 erhielt Maursund die Bewilligung für eine Gastwirtschaft. Eine Aufstellung über den Hof zu seiner großen Zeit Mitte des 19. Jh.s zeigt, dass er aus 20 Gebäuden bestand, u.a. Bootsschuppen, zwei Ställen, einer Scheune, Anlegebrücke, Trankocherei und Mühle. Das Wohnhaus, das heute noch steht, hat einen breiten Mittelgang und eine Front im Stil Ludwig des XVI. Es wurde Ende des 18. Jh.s gebaut und 1942 unter Denkmalschutz gestellt. Es war das einzige Gebäude, das die Deutschen auf ihrem Rückzug 1944 verschont haben. Der Hof befindet sich heute im Besitz des Nord-Troms-Museums.

70°02'N   20°40'E   + 0 Std 41 Min

An BB haben wir den Sund **Kjølmangen** zwischen den Inseln **Kågen** und **Vorterøya.**

An SB liegt der **Grundfjord** mit dem Ort **Arnøyhamn** zwischen **Draugneset** und **Stakenes** schon hinter uns.

Vor uns taucht der nördliche Teil der schönen, wilden **Lyngsalpen** auf, die Gletscher **Gamvikblåisen** (1.252 m ü M) und **Vakkåsbreen** im Süden.

Auf der Insel **Vorterøya** an BB (12 km², 235 m ü M) haben nur ganz wenige Menschen ihren festen Wohnsitz, doch die verhältnismäßig flache und sumpfige Insel wird im Sommer gern aufgesucht, dann befinden sich dort bis zu 100 Leuten.

70°01'N   20°35'E   + 0 Std 49 Min

Die Landzunge **Haugnes** liegt an SB an der Mündung der beiden Fjorde **Akkarfjord** und **Langfjord** mit dem Ort **Akkarvik**, der Berg Store **Trolltinden** (850 m ü M) westlich von Akkarvik.

70°01'N   20°32'E   + 0 Std 53 Min   ⑥

Wir steuern die Landspitze **Nordklubben** an und den Berg **Lyngstuva** (391 m ü M) an der Nordspitze der mächtigen Lyngsalpen in der Gemeinde Lyngen (S 184). Danach geht die Fahrt in den **Ullsfjord** (S 184) zum nächsten Hafen, Tromsø (S 179).

Eine Französin besucht Finnmark im Jahre 1838.

Der französische König Louis Phillip verbrachte in seiner Jugend, als er aus politischen Gründen sein Land verlassen musste, einige Zeit auf der Insel Måsøya in der Gemeinde Måsøy (S 191). Sein Interesse an dieser Gegend, das sich in dieser Zeit entwickelte, führte später in den Jahren 1838-40 dazu, dass er drei wissenschaftliche Expeditionen ausrüstete (S 199). Die Französin Leonie d'Aunet folgte ihrem Ehemann, der an der Expedition von 1838 teilnahm. 1867 veröffentlichte sie einen Reisebericht, in dem sie ihre Erlebnisse und Eindrücke schilderte.

…Die Reise führte durch……., mit dem norwegischen Dampfschiff „Prinds Gustav" nach Hammerfest in Norwegen und von Hammerfest nach Spitzbergen mit dem französischen Expeditionsschiff „la Recherche", das eine wissenschaftliche Expedition nach Spitzbergen machte. Voller Staunen berichtete sie über die hellen Nächte in Hammerfest, wo sie Mitte Juni eintraf. „Es ist noch kein Jahr her", schrieb sie, „dass man einen Monat für die Reise von Trondheim nach Hammerfest benötigte, nun dauert sie nur noch acht Tage dank des Dampfers „Prinds Gustav", den die Regierung auf dieser Strecke eingesetzt hat."

Hammerfest hatte ca. 500 Einwohner und bestand aus ungefähr 60 Holzhäusern, angemalt mit Ockerfarbe, höchstens ein Dutzend davon bewohnbar. Der Rest bestand aus klapprigen Hütten der armen Norweger oder Höhlen, in denen die Küstenlappen wohnten. Vier der Holzhäuser waren zweistöckig, weiß gestrichen, mit grünen und blauen Linien geschmückt, wie die Teller in den kleinen Restaurants. Da wohnte die Kaufmannsaristokratie. Die kleinen Hütten waren aus Baumstämmen gemacht, die Zwischenräume mit Moos und altem, aufgelöstem Tauwerk abgedichtet. Jede Hütte war in zwei Räume geteilt. Der Eingangsraum diente als Küche, Salon und Esszimmer. Ein unglaublich großer Ofen aus grauen Steinplatten, primitiv geformt, ragte bis zur Decke auf, ohne schmaler zu werden. Der hintere Raum diente der ganzen Familie als Schlafzimmer und war außerdem der Aufbewahrungsort für Kleidung und Nahrungsmittel. Was man in Südnorwegen einen „gård" (Hof, Garten) nannte, war hier viel kleiner, ärmlicher und bescheidener wegen der unfruchtbaren Erde und des tödlichen Klimas. Die Dächer waren mit Gras gedeckt, die einzigen grünen Flecke in der Landschaft. Es war seltsam anzusehen, wenn die Frauen jeden Morgen mit Hilfe einer Leiter ihre Ziegen aufs Dach trugen, damit die armen Tiere grasen konnten. Unter den Vorratsschuppen lagen Fischernetze, Feuerholz, Wagen und alle möglichen Gebrauchsgegenstände, die man drinnen nicht haben wollte.

Die Einwohner von Finnmark vereinten die größte Ehrlichkeit mit großer Liebe zum Gewinn. Sie ließen sich ihre Waren dreifach bezahlen, doch man wohnte bei ihnen, ohne eine Tür abzuschließen, und man wurde nicht bestohlen. Hierher kamen viele fremde Schiffe im Sommer, die Russen brachten Mehl, Holzwaren und Butter, die Holländer Kartoffeln, Wein und Kolonialwaren, die Schiffe aus Hamburg hatten Kleidung, Seife und Möbel an Bord.

Die Körpergröße der Lappen wird von der Verfasserin mit 4 Fuß 4 Zoll bis 4 Fuß 10 Zoll angegeben. Es kam selten vor, dass ein Mann 5 Fuß hoch war. Die Kleidung der Lappen beschreibt sie wie folgt: Zuunterst trägt man ein Schaffell mit der Wolle nach innen. Dieses wird im Winter von einem Gewand (Kofte) aus Rentierfell bedeckt, im Sommer ist das Oberkleid aus Filz, grau oder dunkelblau, mit Bändern in verschiedenen Farben eingefasst. Die Kragen der Kofte stehen steif nach oben, verziert mit kleinen roten Stoffstücken und Zinnstickerei. Alle sind behängt mit Kupferplatten, Knöpfen aus Zinn oder ziselierten Silberplättchen. Die Männer tragen das Haar lang und gewellt bis auf die Schultern hängend. Der Kopf ist mit einer Mütze aus verschieden farbigem Stoff bedeckt. Die Beine sind mit Rentierleder geschützt und die Lederschuhe haben die gleiche Form wie unsere Holzpantinen.

Die Lappenfrauen tragen helmförmige Mützen, diese martialischen Kopfbedeckungen lassen die Lappenfrauen wie burleske Minervas aussehen. Alle erwachsenen Frauen rauchen Tabak. Im Winter trägt man ein weites Rentierfell mit den Haaren nach innen über der anderen Kleidung. Sowohl Männer als auch Frauen gleichen dann großen Bären, die auf ihren Hinterbeinen umher laufen. Die wichtigste Ausrüstung des Mannes ist ein Lederbeutel, der mit zwei Bändern um den Hals geknotet wird und auf der Brust zwischen der ersten und zweiten Kofte baumelt. Ein Lappe zeigte der Verfasserin den Inhalt des Beutels: 1 Messer, 1 große alte Pistole ohne Abzugshahn, worauf er großen Wert legte, 4 Münzen, Rauchtabak, ein Gefäß aus Birkenrinde mit Butter aus Rentiermilch gefüllt, ein Stück geräucherter Fisch und ein Vorrat aus feinem Heu, mit dem man die Schuhe füllt. Dieses Heu hatte er schon benutzt, daher roch es streng.

Eine kleine Gruppe von Lappen hatte sich kürzlich in Hammerfest nieder gelassen. Deren hässliche Hütten bildeten die unterste Kategorie der Behausungen in der Stadt. Die Hütten waren kegelförmig und der Boden ein Stück in die Erde eingegraben. Es sah aus, als hätten sie alte Bootsreste und Moos zum Bau verwendet und alles mit Erde abgedeckt. Das Ganze sah aus wie ein Zelt aus Erde. Im Innern gab es keine Aufteilung; in der Mitte befand sich das Feuer auf flachen Steinplatten, der Rauch zog durch ein Loch an der Spitze des Daches ab. Einige Kästen, gefüllt mit getrocknetem Tang, dienten als Betten, und einige Holzeimer machten den Hausrat aus. – Die Lappen aßen kein Brot und trugen keine Wäsche, hatten keine Ahnung von irgendwelcher Kunst oder Wissenschaft, sangen nicht und hatten keine Musik.....".

Quelle: Leonie d'Aunet – die erste Frau auf Spitzbergen und ihre Reiseschilderung von Finnmark, Hammerfest und Lappland. Von A.B. Wessel. („Tromsø" 8/12-30).

Melkøya und Snøhvitfeld

1980 wurde die norwegische See/Barentssee für die Ölgewinnung frei gegeben. Die Probebohrungen begannen am 1. Juni 1980, seitdem sind viele Suchbrunnen gebohrt und mehrere Fördergenehmigungen erteilt worden, die meisten im Hammerfest-Bassin nordwestlich von Hammerfest. Die Gasfelder **Askeladden** (Aschenputtel), **Albatross** und **Snøhvit** (Schneewittchen) wurden in den Jahren 1981-84 entdeckt. Diese drei Gasfelder zusammen machen das Snøhvitfeld aus. Die norwegischen Ölgesellschaften Hydro und Statoil waren die Betreiber dieser Prospektion.

Hammerfest wurde als Basis für die Versorgungsschiffe, die Ölschutzbereitschaft und den Hubschrauberverkehr ausgewählt, weil die Stadt eine lange internationale Tradition auf dem Gebiet der Fischerei und des Eismeerfangs hat und weil sie oft der historische Ausgangspunkt für Polarexpeditionen gewesen ist. Nach den Gasfunden wurde die Bewilligung erteilt, eine LNG-Fabrik (Natural Liquid Gas) auf Melkøya direkt vor dem Hammerfester Hafen zu bauen. Von hier aus soll das Gas mit Spezialschiffen nach Europa und USA gebracht werden. Der Bau der Anlage begann 2002, die Produktion 2007.

Bevor man mit dem Bau der Terminals für das Gas vom Snøhvitfeld auf Melkøya begann, kamen 50 Archäologen von der Universität Tromsø und nahmen in den Sommern 2001 und 2002 umfangreiche Ausgrabungen vor. Sie konnten dokumentieren, dass die Insel besiedelt war, seit das Eis sich von der Küste zurück gezogen hat bis in unsere Zeit. Die ältesten Spuren menschlicher Hinterlassenschaften sind rund 10.000 Jahre alt. Mehrere Siedlungsreste aus der Zeit vom Übergang der Altsteinzeit zur Jungsteinzeit (S 83) wurden entdeckt, dazu viele Werkzeuge aus späteren Perioden.

Das Snøhvitprojekt in der norwegischen See ist ein Meilenstein in der Ausbeutung von Gas und Öl vor der norwegischen Küste, es ist die erste Produktionsanlage für den Export von LNG und bis heute (2007) das größte Industrieprojekt, das man in Norwegen durchgezogen hat. Das Snøhvitfeld liegt ca. 140 km Westnordwest vor Hammerfest auf 71°30'N. Hier wird zum ersten Mal auf dem norwegischen Sockel ein Abbau ohne Installationen an der Wasseroberfläche durchgeführt.

Die Produktionsanlage befindet sich auf dem Meeresboden zwischen 250 bis 345 m unter der Wasseroberfläche. Keine Ölplattform markiert die Stelle der Gasgewinnung. Man hat 20 Produktionsbrunnen für die Gasgewinnung, genannt Rikgas (Reichgas), in den Meeresboden gebohrt. Das Gas wird von den untermerischen Produktionseinheiten durch Multifunktionsröhren (Länge 143 km, innerer Durchmesser 63,5 cm) nach Melkøya transportiert. Das ist Weltrekord für den Transport von Gas im unbehandelten Strom direkt aus dem Brunnen.

In der Produktionsanlage auf Melkøya wird das geförderte Gas behandelt und das abgetrennte Kohlendioxid CO^2 durch Extrarohre ins Snøhvitfeld zurück geleitet. Dort wird es unter dem Meeresboden gelagert, um den CO^2- Ausstoß in die Atmosphäre gering zu halten. Das Gas enthält außerdem ein Kondensat (Naturbenzin), das abgetrennt wird, und die Gase Butan und Propan, die gesondert verkauft werden.

Nach der Behandlung des Rohgases wird es unter normalem atmosphärischen Druck auf Melkøya in einem speziellen Prozess auf –163°C abgekühlt. Dabei geht das Gas in einen flüssigen Zustand über und verringert sein Volumen um den Faktor 600, was die Lagerung und den Transport sehr vereinfacht. Im Empfängerterminal wird das gekühlte Gas wieder erwärmt, bevor es zum Heizen, Kochen oder für die Produktion von elektrischem Strom verwendet wird.

Spezielle LNG-Schiffe verfrachten das Gas von Melkøya zu den Empfängerterminals in den Ländern der Käufer. Man rechnet mit 70 Ausschiffungen jährlich. Jede Schiffslast transportiert so viel Energie, wie 35.000 Einfamilienhäuser in einem Jahr verbrauchen. Die USA sind der größte Kunde. 2,3 Milliarden m³ gekühltes, flüssiges Gas sollen jährlich 20 Jahre lang zum Empfängerterminal in Cove Point an der Ostküste der USA verschifft werden. Spanien soll 1,6 und Frankreich 1,7 Milliarden m³ jährlich erhalten. Man erwartet eine Produktionsdauer von 25-30 Jahren.

Die Prozessanlage von Melkøya wurde auf der Dragados-Werft in Cádiz in Südspanien gebaut. Das Schiff „Blue Marlin"*, das größte Schwerlastschiff der Welt, brachte im Mai/Juni 2005 die 33.000 Tonnen schwere Fabrik als Deckslast über eine Distanz von 5.000 km (2.700 n. M.) in 11 Tagen von Cádiz nach Melkøya. In Spanien war die Fabrik auf einem Ponton von 160 m x 60 m x 9 m gebaut worden. Das Abladen des Pontons und der Fabrik geschah auf die Weise, dass der vordere und hintere Ballasttank des Schwerlasters mit Wasser gefüllt wurden, so dass das abgesenkte Lastdeck mittschiffs unter die Wasseroberfläche geriet und der Ponton schwimmend weggezogen werden konnte. Auf Melkøya waren schon ein Dock und ein Fundament für den Ponton vorbereitet worden. Er wurde zunächst vor dem Dock platziert, und bei Hochwasser (3-4 m über NN) hat man dann den Ponton mitsamt der Prozessfabrik mit Hilfe von soliden Winschen und sechs großen Schleppern ins Dock gezogen und auf die gegossenen Fundamente gesetzt.

Das Snøhvitfeld liegt in einem Gebiet, das für die Fischwirtschaft in Norwegen sehr wichtig ist. Es war daher unabdingbar, dass die Anlage im guten Einvernehmen mit den Fischereiinteressen und der einheimischen Bevölkerung gebaut wurde. Die Installationen auf dem Meeresgrund sind so konstruiert, dass sie die Fischerei nicht behindern. Schleppnetze, die über den Boden gezogen werden, verheddern sich nicht, und alle Rohrleitungen hat man außerhalb der wichtigsten Fischgründe verlegt. Die Umweltauflagen gewähren keine Toleranz für Ölverschmutzung, sauberes Wasser und Koexistenz mit andren Wirtschaftszweigen waren die Bedingungen für den Ausbau der Anlage. In den 25 Jahren, in denen man in der Barentssee Öl gesucht und gefördert hat, gab es kein Unglück, das die Gefahr der Verschmutzung für Fische und Umwelt bedeutet hätte.

*Unter den vielen großen Aufträgen, die die „Blue Marlin" ausgeführt hat, war im Oktober 2000 auch die Rückführung des amerikanischen Marinefahrzeuges „USS Cole" in die USA, nachdem das Kriegsschiff bei einem Selbstmordattentat in Aden, Yemen, zerstört worden war.

Felszeichnungen in Alta

In Alta befindet sich Nordeuropas größtes Vorkommen an Felszeichnungen mit Jagdmotiven. Die UNESCO hat es in ihre Liste des schützenswerten Natur- und Kulturerbes der Menschheit aufgenommen. Die ersten Felszeichnungen wurden 1972 entdeckt, inzwischen hat man an die 5.000 Figuren gefunden, verteilt auf vier Felder, die meisten von ihnen in der Ortschaft **Hjemmeluft**, ca. 1,5 km westlich von Alta. Hier müssen über einen Zeitraum von 4.000 Jahren wichtige rituelle Zusammenkünfte stattgefunden haben. Die Felszeichnungen zeigen viele der Tierarten, die in Finnmark vorkommen, sowohl Vögel als auch Land- und Meerestiere, dazu Boote und Menschen bei verschiedenen Ritualen, auf der Jagd und beim Fischen. Man kann die Datierung der Felszeichnungen in vier Perioden einteilen: 4.200 – 3.600, 3.600 – 2.700, 2.700 – 1.700 und 1.700 – 500 v. Chr.

Das Alta Museum liegt beim Hjemmeluftfeld und wurde 1991 eröffnet.

Tirpitz

Das deutsche Schlachtschiff Tirpitz (nach Admiral von Tirpitz), 42.900 BRT, lief 1939 vom Stapel und war ab 1941 im Einsatz. In voller Ausrüstung hatte das Schiff 56.000 Tonnen Verdrängung, die Mannschaft belief sich auf 2.340 Mann. Zusammen mit dem Schwesterschiff Bismarck und dem Schlachtschiff Scharnhorst sollte die Tirpitz Jagd auf alliierte Handelsschiffe im Nordatlantik machen und auf alliierte Konvois nach Murmansk, die mit Versorgungsgütern für die Rote Armee nach Russland unterwegs waren. Die bloße Anwesenheit des Schiffes band einen großen Teil der britischen Flotte an sich.

Die größte Flottenbasis der Deutschen lag im **Altafjord** und im benachbarten **Kåfjord**. Nach mehreren Verlegungen in verschiedene Fjorde in Trøndelag und Lofoten stationierte man die Tirpitz 1943 schließlich im Kåfjord. Die Deutschen hatten Angst, dieses Schiff zu verlieren, und installierten strenge Sicherheitsvorkehrungen. Das Schlachtschiff war nur zweimal in Kampfhandlungen verwickelt, das erste Mal wurde der Kriegszug abgebrochen, das zweite Mal nahm sie am Angriff auf Svalbard teil. Die Tirpitz war ständig unter Beobachtung alliierter Agenten, jede ihrer Bewegungen wurde sofort nach London gemeldet.

Wenn die Tirpitz auch nur an wenigen Kampfhandlungen beteiligt war, so war doch allein ihre Anwesenheit abschreckend. Vom Altafjord aus waren es nur 15 Stunden Seereise bis zu der „Konvoiroute" nach Murmansk (S 220), das Schiff stand also im Bedarfsfall für den Einsatz zur Verfügung. Neben der Tirpitz hatte noch eine Reihe anderer deutscher Kriegsschiffe ihre Basis im Altafjord, u.a. das Schlachtschiff

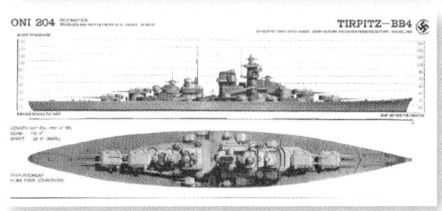

Scharnhorst (S 208), der Kreuzer Lützow und mehrere –zig Zerstörer. Im Kåfjord befand sich außerdem das Hauptquartier für die gesamte deutsche Kriegsführung gegen Nordwestrussland. Insgesamt waren 15.000-20.000 deutsche Soldaten auf Kriegsschiffen und Verteidigungsanlagen rund um den Altafjord stationiert. Die riesige deutsche Flottenbasis in diesen Fjorden erschreckte und bedrohte die wichtige alliierte Versorgungslinie durch die Barentssee nach Russland. Ohne diese Versorgungslinie hätte Deutschland leicht den Weltkrieg gewinnen können.

Der britische Staatsminister Winston Churchill schrieb 1942: „Die größte Einzeloperation für die Wiedererlangung der militärischen Machtposition zur See ist die Zerstörung der Tirpitz oder zumindest ihre Unschädlichmachung, so das sie operationsuntüchtig wird. Kein anderes Ziel ist mit diesem vergleichbar. Die gesamte militärische Situation der marinen Kriegsführung wäre damit verändert."

Weiterhin äußerte er: „Die gesamte Weltstrategie dreht sich zur Zeit um dieses Schiff, das vier britische Schlachtschiffe im Atlantik lahm legt, gar nicht zu reden von den neuen amerikanischen Schlachtschiffen, die jetzt im Atlantik gebunden sind. Ich messe dieser Angelegenheit die vorrangige Bedeutung zu."

Es waren mehrere Versuche gemacht worden, das Schlachtschiff zu versenken, aber es kam jedes mal davon. Auf Grund detaillierter Radiomeldungen von norwegischen Agenten griffen britische Kampfflieger im April 1943 überraschend das Schlachtschiff an und landeten 14 Treffer, was die Tirpitz außer Gefecht setzte. Die britische Admiralität beschloss, sechs spezielle Mini-U-Boote zu bauen, um das Problem „Tirpitz" zu lösen. Die Mini-U-Boote oder X, wie die Briten sie nannten, waren 15 m lange Stahlzylinder mit maximal 1,7 m Durchmesser, die zwei eigens konstruierte Minen, jede mit zwei Tonnen Amatex Sprengstoff ausgerüstet, an ihrem Rumpf befestigt transportieren konnten. Sobald die Mini-U-Boote unter Wasser in feindliches Gebiet eingedrungen waren, konnten die Minen am Meeresboden unterhalb des Kiels des Zielobjektes platziert werden.

Die sechs Mini-U-Boote wurden von gewöhnlichen U-Booten nach Sørøya geschleppt, zwei sanken unterwegs. Von den ursprünglich sechs Mini-U-Booten sollten drei die Tirpitz an ihrem Liegeplatz hinter dem schützenden Anti-U-Bootnetz in einem speziellen Torpedokäfig angreifen, zwei die Scharnhorst und eins das Minischlachtschiff Lützow. Den vier übrig gebliebenen Mini-U-Boote gelang es, die massiven Minenfelder zu überwinden. Die drei, die die Tirpitz angreifen sollten, erreichten das Schlachtschiff, und am 22. September wurden die Sprengladungen am Fjordboden unter der Tirpitz angebracht, so eingestellt, dass sie eine Stunde später detonieren sollten. Die U-Boote waren entdeckt worden, und nachdem die Mannschaft die geheimen Dokumente verbrannt hatte, tauchte sie auf und ließ sich gefangen nehmen. Ein Mini-U-Boot havarierte und die Mannschaft kam um. Das Mini-U-Boot, das die Scharnhorst torpedieren sollte, bekam Probleme und konnte den Auftrag nicht ausführen.

Die Tirpitz wurde durch die Explosion um sieben Fuß angehoben und bekam ein Loch in der Größe eines Scheunentors neben dem Kiel an BB, dazu mehrere andere ernsthafte Schäden. Das Wasser strömte hinein und füllte die unteren Decks. Die überlebenden Briten wurden in ein Gefangenenlager für marine Besatzungen nach Deutschland gebracht, nach dem Krieg konnten alle nach England zurückkehren. Dieser Angriff wurde von vielen als der dreisteste im ganzen 2. Weltkrieg betrachtet.

Die Tirpitz blieb fünf Monate zur Reparatur im Altafjord liegen. Ein Luftangriff im April 1944 fügte ihr noch einmal große Schäden zu, doch noch hielt sich das Schlachtschiff über Wasser. Nach weiteren Bombenangriffen im selben Herbst war die Tirpitz nicht länger seetüchtig. Sie wurde nach Tromsø geschleppt, um dort als schwimmende Festung zu dienen. Die Alliierten waren sich nicht sicher, ob die Tirpitz noch einsatzfähig war oder nicht. Deshalb erfolgte am 12. November 1944 ein Großangriff der Royal Air Force (RAF) auf die Tirpitz, die vor Tromsø bei der Insel Håkøya lag. Sie kenterte und lag kieloben im relativ flachen Wasser, so dass der Schiffsboden herausragte. Von den über 1000 deutschen Soldaten, die sich zu der Zeit an Bord befanden, kamen 971 um, 82 wurden gerettet, indem man Löcher in den Schiffsboden bohrte.

Nach dem Krieg wurde das Wrack von einer Schrottfirma für 100.000 Kronen aufgekauft und ausgeschlachtet. Als Kuriosität kann erwähnt werden, das die Gemeinde Oslo einige von den gepanzerten Stahlplatten der Tirpitz kaufte, um damit die Löcher in den Strassen der Hauptstadt bei Grabungsarbeiten abzudecken. Auch nach jahrelangem Gebrauch im Osloer Verkehr sind die Platten noch immer in sehr gutem Zustand.

TAG 9

Finnsnes, Harstad, Risøyhamn, Sortland, Stokmarknes, Svolvær und Stamsund

Im Laufe der Nacht haben wir die Häfen **Tromsø** (69°40'N 18°58'E, 23.45-01.30) (S 179) in der Gemeinde Tromsø und **Finnsnes** (69°13'47''N 17°58'19''E, 04.15-04.45 Uhr) (S 172) in der Gemeinde Lenvik passiert. Wir befinden uns in Troms fylke (Provinz Troms) (S 189).

Das Schiff liegt in Harstad am Kai

Die Gemeinde Harstad

Bedeutung des Gemeindewappens: Die Verbindung mit dem Meer bildet den Hintergrund des Motives.
Bedeutung des Namens: Vielleicht von nordischen Hardastadir vom Männernamen Hordr oder Hardar.
Gemeindezentrum: Harstad (19 528 Einw.).
Position: 68°47'50''N 16°33'E.
Areal: 364 km². **Einw.:** 23 108.
Bevölkerungsdichte: 63,48 Einw./km².
Arealverteilung: Landw. 6 %, Forstw. 21 %, Süßwasser 4 %, verbleibendes Areal 69 %
Wirtschaft: Vielseitig mit Schwerpunkt Dienstleistungen. Bedeutender Anteil Landwirtschaft mit Meiereien und Fleischerzeugung. Fischveredelung. Werkstattindustrie mit mehreren mechanischen Werkstätten, Schiffbau, eines der größten Trockendocks im Lande. Wichtige Base für Ölgewinnung in Nordnorwegen, Ölgesellschaften und Öldirektion. Dies ist einer der größeren Stützpunkte für Hafen- und Industriebetriebe, die an die Ölgewinnung geknüpft sind.
Sehenswertes: S 273.
Website der Gemeinde Harstad: www.harstad.kommune.no

Die **Gemeinde Harstad** liegt hauptsächlich auf der Insel **Hinnøya**, nur 69,3 km² liegen auf der Insel **Grytøya** (S 165).

Hinnøya (2.198 km²) ist die größte und bevölkerungsreichste Insel in Norwegen. Mehrere der Gemeinden, durch die wir heute fahren, liegen ganz oder teilweise auf dieser Insel. Die verschiedenartigsten Fjorde - breite, tiefe, schmale, flache – schneiden sich in diese gebirgige Insel ein. Der höchste Berg ist **Møysalen** (1.262 m ü M) ganz im Süden. Die Berge sind steil, aber besonders im Nordwesten gibt es auch flache, sumpfige Täler zwischen den Bergen. Hinnøyas Bevölkerung wohnt entlang der Strände, am dichtesten im Nordosten im Gebiet von Harstad. Im Süden hat die Insel eine Verbindung zum Festland.

Die Stadt Harstad liegt nahe der Grenze zwischen dem nördlichen Teil der Provinz Nordland und dem südlichen Teil der Provinz Troms. Sie ist das Handels- und Verwaltungszentrum dieses Gebietes. Die Verkehrsverhältnisse sind günstig, ob man nun per Flugzeug, Schiff oder Auto kommt. Harstad trägt den Titel „Kulturstadt des Nordens". Eine Woche lang im Juni finden hier die Festspiele von Nordnorwegen statt mit einem turbulenten Volksfest und Musikleben in Kirchen und Konzertsälen. Auch in der übrigen Zeit des Jahres gibt es viele kulturelle Aktivitäten. Das Stadtbild zeigt eine Mischung aus älteren restaurierten und modernen Gebäuden. Es gibt viele gepflegte Anwesen.

Das Gebiet rund um das heutige Harstad spielte eine zentrale Rolle in der Geschichte Norwegens, zum einen wegen des Häuptlingssitzes auf **Bjarkøya** (S 166), zum andern wegen des nahe gelegenen Kirchenzentrums und Häuptlingssitzes **Trondenes**. (S 273).

Wie bei so manchem anderen Gemeinwesen entlang unserer Fahrtrute gaben auch hier die guten Hafenverhältnisse und Fischereimöglichkeiten, besonders in der zweiten Hälfte des 19. Jh.s und zu Beginn des 20. Jh., den Ausschlag für die Stadtentwicklung. 1844 wurde der Anleger für die Dampfschiffe von Trondenes zunächst in den geschützten Hafen Harstadhamn verlegt, 1848 nochmals in den Harstadsjøen. Das war der erste Schritt für die Gründung der Stadt Harstad.

Die Einwohnerzahl begann zu Beginn der 1870er Jahre zu wachsen, als der Heringsfang im Vågsfjord nördlich von Harstad aufblühte. 1888 bekam Harstad einen Abfertigungskai für Dampfschiffe, ungefähr gleichzeitig begannen die jährlichen Handelstreffen, die viele Menschen aus der Umgebung anzogen. 1890 standen 88 Häuser in Harstad, die Einwohnerzahl belief sich auf 540, und es wurde die erste Zeitung herausgegeben. Neue Arbeitsplätze und steigender Zuzug führten dazu, dass der Küstenort 1893, von der Gemeinde Trondenes abgetrennt, eine eigene Gemeinde wurde. 1895 wurde eine Schiffswerft gegründet, die der Bevölkerung viele Industriearbeitsplätze verschaffte. Dass Harstad 1899 als Standquartier für das Distriktskommando und die Unteroffiziersschule des neuen Militärdistriktes Nordnorwegen ausersehen wurde, trug ebenfalls zur Weiterentwicklung bei. Zusätzlich lag Harstad zentral in einem bevölkerungsreichen Landwirtschaftsgebiet. 1904 wurde Harstad Stadtgemeinde. 1907 gab es 1.735 Einwohner und 156 Holzhäuser, hier gab der Sitz der Hålogaland Dampfschiffsgesellschaft, es gab außer der Werft Werkstätten, eine Tabaks-, Wollwaren- und Kraftfutterfabrik und zwei Mineralwasserfabriken.

Die ergiebige Heringsfischerei führte dazu, dass an vielen Stellen der Küste Heringsölfabriken gebaut wurden, die erste 1870 in Brettesnes auf den Lofoten (S 297), im Gebiet von Harstad wurde die erste 1919 in Betrieb genommen, die sich zur größten des Landes entwickelte und zu einer bekannten Landmarke wurde. Viele andere folgten im Harstaddistrikt. Das Einlegen von gesalzenen Heringen in Tonnen entwickelte sich ebenfalls zu einem Wirtschaftszweig.

Gleich nach der deutschen Invasion 1940 fuhr eine größere alliierte Flotteneinheit in Harstad ein, um einen erwarteten deutschen Angriff auf abzuwehren. Nach zwei Monaten zog sie sich zurück, woraufhin deutsche Truppen die Stadt besetzten. Harstad kam ohne größere Schäden durch die Kriegsjahre. Im Winter 1944/45 war Harstad ein zentrales Auffanglager für die zwangsevakuierten Norweger aus Finnmark und Nord-Troms und für russische Kriegsgefangene.

In den Nachkriegsjahren wuchs Harstad erneut. Seine heutigen Grenzen erhielt die Stadtgemeinde Harstad 1964. Das Areal umfasst jetzt 722 km², wovon das Landareal 364 km² ausmacht.

Harstad war früher einmal „Verteidigungsstadt". Die Kriegsführungsakademie für die Infanterie in Nordnorwegen lag im Lager Trondenes, bis sie 2003 aufgegeben wurde. Das Küstenjägerkommando benutzt noch heute das Lager in Trondenes, überlegt aber, nach Tromsø zu ziehen.

Im Jahre 1976 richtete die größte Ölgesellschaft in Norwegen, Statoil, ihr Verwaltungszentrum für Nordnorwegen in Harstad ein. Die Stadt ist heute das nordnorwegische Ölzentrum, mit einer fundierten Kompetenz für Ölprospektion und Weiterentwicklung.

Die größte Sehenswürdigkeit in Harstad ist die Trondenes Kirche (S 273).

Die Harstad Kirche wurde 1958 eingeweiht. Sie liegt auf einer Anhöhe im Westen vom Stadtzentrum. Der eigenartige, gut sichtbare Kirchturm ist eine wichtige Landmarke. Dies war eine der ersten Arbeitskirchen in Norwegen, d.h. sie hat auch noch andere Funktionen als nur die rein liturgischen. Für die Mauern hat man verschiedene Materialien verwendet wie Schiefer fürs Dach und verputzten Beton für einige Fassaden.

Das Harstad Kulturhaus liegt 800 m nördlich vom Hurtigrutenkai, es wurde 1992 eröffnet. Vom frühen 20. Jh. an war dies ein Industrie- und Hafengebiet, aber seit 1980 gab es einen Rückgang in dem Wirtschaftszweig, und die Anlage verfiel. Der Bau des Kulturhauses war der Wendepunkt, vier Jahre später wurde die neue Hochschule direkt daneben gebaut.

Das Kulturhaus hat den größten Konzertsaal in Nordnorwegen. Es hat insgesamt eine Fläche von 12.000 m², darin sind 8.000 m² der ehemaligen Industrielokale enthalten. Der größte Saal hat 1.000 Sitzplätze. Im übrigen beinhaltet das Gebäude eine Bibliothek und ein Hotel. Die Fassade des Kulturhauses zum Meer hin besteht hauptsächlich aus Glas. Eine schmaler, hoher Flügel, der an einen Turm erinnert, teilt die Fassade in zwei Teile.

Trondenes Distriktsmuseum (S 274).

Trondenes historisches Zentrum (S 274).

Adolfskanonen (S 275).

Altevågen (S 274).

Røkenes Hof und Gästehaus (S 276).

Skjærstad Heringsölfabrik (S 275).

Das Schiff fährt weiter nach Risøyhamn   + 0 Std 00 Min

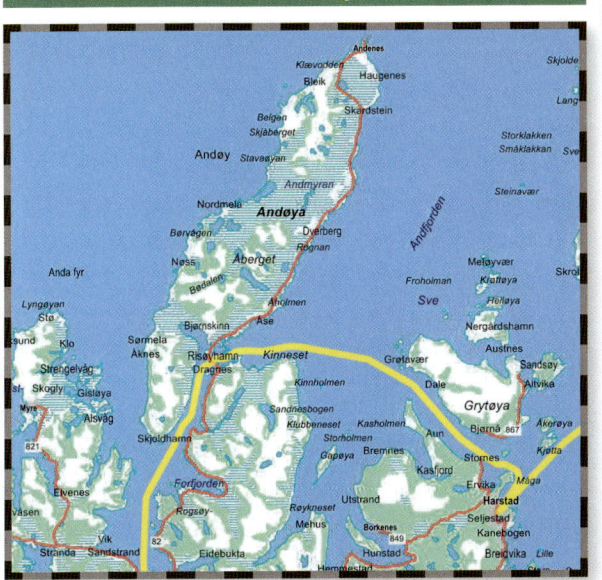

Bei der Ausfahrt aus dem Hafen von Harstad haben wir an SB den Stadtteil **Stangnes** auf der Halbinsel gleichen Namens. Harstad ist die Hauptbasis für die Ölsuche in diesem Landesteil. An der Ostseite von Stangnes baut man eine größere Hafenanlage für die Ölindustrie (von Schiff aus nicht sichtbar).

An SB die Inseln **Rolla** und **Andørja** (S 167), vor uns der flache Holm **Måga** hinter dem **Vågsfjord**.

An BB die Halbinsel **Trondenes** mit der Trondenes Kirche, einer deutlichen Landmarke am Eingang zum Hafen von Harstad. Trondenes hat eine lange und bewegte Geschichte, sowohl in Bezug auf die nordische als auch auf die Kirchengeschichte.

Trondenes ist ein alter Häuptlingssitz und eine Gerichtsstätte. Archäologische Ausgrabungen in den 1960er Jahren brachten Reste eines großen Anwesens, eventuell aus der Zeit 200 Jahre v. Chr., zum Vorschein. In der Wikingerzeit (S 83, S 123) entstand hier ein Häuptlingssitz.

In Snorre Sturlasons Saga über König Olav den Heiligen (995-1030) (S 89) hören wir zum ersten Mal von dem Häuptlingsgeschlecht, das am Anfang des 12. Jh.s in Trondenes und Bjarkøy regierte (S 166). Sigurd Hund war Häuptling in Trondenes und sein Bruder Tore Hund auf der Insel Bjarkøy nördlich von Trondenes. Sigurd Hund war verheiratet mit Sigrid Skjalgsdotter, der Schwester des bekannten Erling Skjalgsson auf Sola (975- 1028), eines der mächtigen Häuptlingsgeschlechter im Westland, das König Olav unterstützte. Sigurd Hund starb, als sein Sohn Asbjørn 18 Jahre alt war. Hier weiter im Text der Sage: „Dies ist die Geschichte des jungen Häuptlings Asbjørn von Trondenes (Asbjørn Selsbane), der dem Verbot des Königs trotzte und nach Süden segelte, um Getreide bei dem Bruder seiner

Mutter, dem mächtigen Erling Skjalgsson auf Sola, zu kaufen. Auf seiner Reise geriet Asbjørn in Streit mit einem Mann des Königs auf Karmøy, Tore Sel. In diesem Streit tötete Asbjørn schließlich den Tore. Auf Anraten seines Onkels Tore Hund auf Bjarkøy nahm Asbjørn die daraufhin auferlegte Strafe nicht an. Als Folge davon wurde er auf seiner Rückreise von Vågan (Lofoten) von Anhängern des Königs getötet. Seine Mutter Sigrid klagte Tore Hund an, Asbjørn einen schicksalsschweren Rat gegeben zu haben, der zu seinem Tod geführt hatte. Sie bat Tore Hund, den Mord zu rächen, indem er den König Olav Digre (Olav den Heiligen, S 88) tötete. Eine Zeitlang später scharte Tore Hund ein Bauernheer um sich und reiste nach Trøndelag, wo er in der Schlacht bei Stiklestad (im Innern des Trondheimfjords, S 98) auf den König traf. Der König fiel in dem Kampf, und es wird erzählt, wie Tore sich des Leichnams annahm. Hier endet der Bericht von Tore Hund und dem Häuptlingsgeschlecht von Trondenes."

In der Bucht **Altevågen** hinter der Trondeneshalbinsel haben Ausgrabungen 1952 und 1995 unter zwei großen Bootsschuppen Siedlungsrest aufgedeckt, die in ihrer Größe und Lage mit dem Bericht in Snorres Saga übereinstimmt. Die beiden Bootsschuppen werden mit Asbjørn Selsbane und seinem Schiff in Verbindung gebracht. Der größte Bootsschuppen ist 30 m lang, wohl eines Häuptlingssitzes würdig, und muss für ein großes Schiff gebaut worden sein. Hier befinden sich außerdem die Reste von fünf Grabhügeln, den einzigen vorchristlichen Gräber in Trondenes. Und dann fand man bei den Ausgrabungen auch noch einen Weinkeller aus dem 17. Jh., der zur Trondenes Kirche gehörte, und Reste einer Rorbu (Ruderhaus) aus dem 13. Jh.

Vor der gut erkennbaren Trondenes Kirche an BB sieht man den flachen Bau des mit Torfsoden gedeckten historischen Zentrums Trondenes und Distriktsmuseums Trondarnes.

Das historische Zentrum Trondenes von 1997 hat man der historischen Umgebung und geschützten Naturlandschaft anzupassen versucht. Es enthält eine permanente Ausstellung über die Geschichte von Trondenes und wechselnde Ausstellungen im Bereich Kunst und Kunstgeschichte.

Man nimmt an, dass die erste Kirche in Trondenes eine kleine Holzkirche gewesen ist, die im 11. Jh. am Rande des Häuptlingssitzes gebaut wurde. Vielleicht folgte an dieser Stelle noch eine weitere Holzkirche vor der heutigen. Die Sage erzählt, dass König Østein (1) Magnus (1088-1123) die Kirchen in Agdenes am Trondheimsfjord (S 338), in Vågan auf den Lofoten (S 156) und in Trondenes bei Harstad bauen ließ. Man streitet sich um das Entstehungsdatum der heutigen Kirche, einiges spricht für das 13. Jh., aber neuere Forschung deutet eher auf ein späteres Datum hin, um 1440.

Die Trondenes Kirche ist die nördlichste Steinkirche der Welt und eine von Norwegens wichtigsten Kirchen aus dem Mittelalter (S 83). Sie ist von einer dicken Kirchhofsmauer umgeben, drei bis fünf Meter hoch, mit zwei kleinen Türmen im Osten zum Meer hin. Es handelt sich um eine Kirche im gotischen Stil mit drei Altären und einem Altarschrein aus dem Spätmittelalter, wahrscheinlich eine deutsche Arbeit. Ursprünglich hatte sie sieben Altarschränke, was beweist, wie wichtig die Kirche in katholischer Zeit gewesen sein muss. Sie hat sechs fest eingebaute Steinaltäre, der Hauptaltar steht frei, ist aber mittels eines Bogens an der Wand befestigt. Dokumenten zu Folge wurde der Hauptaltar 1476 eingeweiht. Unter dem Kirchenfußboden hat man mehrere hundert Skelette gefunden.

Die Trondenes Kirche gilt als das wichtigste Kulturdenkmal im Lande und enthält große Kulturschätze. Im 2. Weltkrieg hat man die Kirche so restauriert, wie man meinte, dass sie im Mittelalter ausgesehen hat. Während der Restaurierungsarbeiten hat man im Dachstuhl ein Schiffsseil gefunden, sicherlich das älteste in Norwegen.

Während des 2. Weltkriegs spielte Trondenes eine wichtige Rolle. 1943 errichtete die deutsche Besatzungsmacht hier ein größeres Festungswerk, die Trondenes Festung, mit Baracken, Strassen und kleineren Gebäuden zwischen der Kirche und dem Altevågen auf der anderen Seite der Halbinsel und einem russischen Gefangenenlager. Die Festung verfügte über vier „Adolfkanonen", die größten Landkanonen, die es damals gab, mit einem Kaliber von 40,5 cm und einer Reichweite bis zu 56 km. Eine dieser Kanonen steht zur Erinnerung immer noch in Trondenes. Nach dem Krieg wurden die Soldatenbaracken für die Einquartierung der Flüchtlinge aus Finnmark und Nord-Troms verwendet. 930 Flüchtlinge wohnten in 100 Baracken. Das gut organisierte Lager war bis 1951 in Gebrauch.

An SB passieren wir den Holm **Måga** mit einem kleinen Leuchtturm an der Südspitze. Außerdem steht dort eine alte Steinwarde.

Vor uns an SB die Inseln Kjøtta, Kjøttkalven und Åkerøya.

Die kleine Insel **Kjøtta** (3 km²) liegt nur 10 Minuten mit dem Hurtigboot von Harstad entfernt. Die Insel liegt mitten in der Schiffroute, mitten im früheren Heringsfanggebiet und spielte schon 1877 eine wichtige Rolle im Heringshandel. 1929 baute man eine Heringsölfabrik. Die Insel ist ein beliebtes Ferienziel.

Die bergige Insel **Grytøya** (108 km²) liegt vor uns. Sie teilt sich unter den Gemeinden Harstad und Bjarkøy auf. Wir fahren am zu Harstad gehörenden Teil entlang. Das Dorf **Bessebostad** liegt im Südosten der Insel, **Åkerøya** zugewandt, das Nachbardorf **Lundenes** an der Südspitze von Grytøya.

Die Kirche in Lundenes ist eine Langkirche aus Holz von 1974 mit 200 Sitzplätzen.

Das Grytøya Bygdetun Museum in Lundenes ist eines der best ausgestatteten Bauerhausmuseen in Nordnorwegen. Es besteht aus einer Sammlung von sechs alten Gebäuden und mehr als 3000 Objekten, die die Tradition und Lebensweise an der Küste dokumentieren. Das Hauptgebäude wurde 1770 erbaut und 1824 ergänzt. Das denkmalgeschützte Haus steht heute so da, wie es ursprünglich ausgesehen hat.

Dazu gibt es noch einen Schuppen, einen Stall mit Inventar und eine Scheune mit alten landwirtschaftlichen Geräten. Das Museum besitzt eine schöne Sammlung alter Musikinstrumente, eine mit Schusswaffen, Säbeln und Bajonetten und eine reichhaltige an Handarbeiten. Am Strand stehen Bootsschuppen mit Nordlandsbooten und alten Bootsmotoren und eine Rorbu (Ruderhaus). Einige der vorzeitlichen Funde von Grytøya sind ebenfalls im Museum ausgestellt: Messer und Pfeilspitzen aus Schiefer und Bronzeschmuck aus der Wikingerzeit.

Nachdem wir die Nordspitze der Trondeneshalbinsel umrundet haben, fahren wir in den 3 km breiten **Toppsund** hinein.

68°50'51"N 16°33'23"E + 0 Std 22 Min ①

Die kleine Insel **Kjeøya**, südlich von Lundenes, passieren wir an SB. Die Insel ist bekannt wegen ihrer Felsmalerei der Weidekultur, gemalt auf eine steile Bergwand im Südwesten der Insel. Dargestellt sind 10 Menschenfiguren, ein geometrisches Muster und eine Tierfigur, wahrscheinlich ein Elch, in roter Farbe. Außerdem gibt es Gräber aus der Eisenzeit.

Die Bucht **Bergsvågen** und das fruchtbare Dorf **Ervika** im Innern der Bucht tauchen vor dem Schiff auf, das sich jetzt im **Toppsund** befindet.

Im Bergsvågen liegt auch die Skjærstad Heringsölfabrik. Wenn Harstad auch in einem reichen Heringsgebiet liegt, wurde doch die erste Heringsölfabrik erst 1919 dort gebaut, später kamen dann mehrere dazu. Die Heringsölfabrik in Skjærstad wurde 1922 erbaut, war aber nur sechs Jahre in Betrieb, bis 1928. Die Fabrik war nur klein, hatte aber gute technische Ausstattung, der ganze Produktionsablauf wurde mit Hilfe einer Dampfmaschine von 17 hk betrieben. Von 1928 bis 1990, als er zum Museum wurde, blieb der Betrieb unberührt. Daher haben wir hier eine komplette Heringsölfabrik aus dieser Zeit vor uns, die den Status eines nationalen technisch-industriellen Kulturdenkmals hat.

Auf der Westseite des Bergsvågen liegt der traditionsreiche, schöne Røkenes Gård, der in der Völkerwanderungszeit gerodet wurde (S 83). Der Hof wir in schriftlichen Quellen sowohl in der Wikingerzeit als auch im Mittelalter erwähnt, wurde schon im 14. Jh. ein Erbhof und erhielt 1777 vom König die Bewilligung als Gast- und Handelshaus. Das heutige denkmalgeschützte Haupthaus wird auf ca. 1750 datiert und soll von Kirchenbauern errichtet worden sein, die damals gerade die Trondenes Kirche reparierten. Die 20 m lange Fassade ist stilrein mit ihren vielen kleinen Rutenfenstern und dem Rokokoportal. Die heutigen Besitzer gehören zur zehnten Generation derselben Familie.

Røkenes Gård und Gästehaus ist seit Jahrhunderten für seine idyllische Lage bekannt, seine schönen Gebäude und kulturellen Aktivitäten. Das gute Renomé gilt auch für den heutigen Betrieb. Gäste vom In- und Ausland (wie Michail Gorbatschow, König Harald, bekannte politische, geistliche und kulturelle Persönlichkeiten) wissen die Möglichkeiten für Sport und Freizeitleben zu schätzen – dazu die liebevoll eingehaltenen Traditionen.

An BB passieren wir die Landspitze **Stornes** mit der Fähre zum Dorf **Bjørnå** an SB auf Grytøya, danach kommt das Dorf **Vaskinn** mit dem 4 km langen Autotunnel durch den Berg **Toppen** (759 m ü M).

Die Insel **Grytøya** an SB ist schroff und steil, der höchste Berg ist **Nona** (1.012 m ü M) mitten auf der Insel. Südöstlich von Nona liegen zwei weitere Gipfel von 809 und 782 m ü M. Die produktivste Landwirtschaft finden wir im Osten und Süden von Grytøya. Dort gedeiht auch Birkenwald.

68°53'N   16°30'18"E   + 0 Std 27 Min

Der steile, charakteristische Berg **Toppen** an SB soll ein Loch haben. In der Sage um „Tore Hunds Pfeil" soll dieses von dem Wikingerhäuptling Tore Hund von Bjarkøy verursacht worden sein (S 166). Im Ort Borkenes am Kvæfjord (einem der Fjorde südlich des Toppsundes) steht ein Gedenkstein auf dem Kirchhof bei der Kvæfjord Kirche. Er ist 1,50 m hoch und wendet sich nach Norden. Der Wikingerhäuptling Tore Hund soll sich in einen heidnischen Troll verwandelt haben, der seinen Pfeil abschoss, um die neu erbaute Kvæfjord Kirche zu zerstören. Der Pfeil traf aber den Toppen im Toppsund und schlug ein Loch in den Berg. Das bremste den Pfeil ab, so dass er 20 –30 m vor der Kirche zur Erde fiel. Der Gedenkstein soll die Pfeilspitze sein.

68°53'40"N   16°23'40"E   + 0 Std 40 Min ②

Das Schiff fährt am Höhenzug **Aunfjellet** (448 m ü M) mit seinen steilen Felswänden an BB entlang und am Dorf **Aun**. Der norwegischen Ortsnamenforschung nach wird die Bezeichnung *aun* für verödete Landstriche verwendet, wie es sie z. B. nach der Pest um 1350 gab (S 10). Diese Bedeutung wird auch in diesem Fall vermutet, denn nach der Pest lebte hier fast niemanden mehr. Aus demselben Grund wurde das Dorf auch Ødegård (Ödhof) genannt. Im 16. Jh. wurde es wieder bevölkert, und seitdem nimmt die Zahl der Bewohner zu.

Die Ernährungsgrundlage in Aun ist schon immer Fischerei und Landwirtschaft, gern in Kombination beider, gewesen. Zwischen 1946 und 1980 gab es eine Fischannahmestelle, in diesen reichen Fischjahren wurde viel Fisch gekauft. Pelztierzucht von Nerz und Fuchs wurde in den Jahren 1955 bis 1970 betrieben. Heute sind viele der Höfe verlassen. 1972 erhielt Aun eine Strassenanbindung übers Aunfjellet (198 m ü M) mit dem Rest der Gemeinde Harstad. Früher war die einzige Möglichkeit, dorthin zu kommen, der Weg übers Wasser.

Die Baptistengemeinde von Aun wurde 1887 gegründet, das Bethaus 1857 als das älteste freikirchliche Bethaus in Norwegen. Die Gemeinde hat ca. 20 Mitglieder.

Nordwestlich von Aun hat man Reste eines alten samischen Siedlungsplatzes mit 14 Hausgrundrissen gefunden.

68°54'20"N   16°21'30"E   + 0 Std 43 Min ③

Der Berg **Elgen** (534 m ü M) an BB

Die Landzunge **Ytre Elgsnes** an BB ist die nördliche Spitze des nordöstlichen Teils von Hinnøya. Bei umfangreichen archäologischen Ausgrabungen auf **Elgsnes** wurden eine Scheibenaxt aus feinkörnigem Quarzit und Feuersteinwerkzeuge aus der Steinzeit gefunden, ca. 10.000 Jahre alt. Elgsnes hat eine lange Geschichte.

Auf Elgsnes liegt die Elgsnes Kapelle, eine Langkirche von 1985 zum Gedenken an den Priester Hans Egede, der als Missionar nach Grönland zog, auch „der Apostel Grönlands" genannt. Hans Egede war 1707-1718 Kaplan in der Vågan Kirche auf den Lofoten (S 157).

Entlang der ganzen norwegischen Küste liegen Schiffswracks. Am 11. Juli 1941 lief das norwegische Dampfschiff „Landego" auf eine Mine und sank rasch im Kasfjord am Toppsund vor der Landzunge **Indre Elgsnes** auf der **Elgsneshalbinsel**. Das Schiff war von der deutschen Besatzungsmacht konfisziert worden, um ein Unterwasserkabel durch den Sund zu legen, hatte aber versäumt, sich vorher die Liste der Minenfelder in diesem Gebiet anzusehen. 7 der 14 Norweger und 2 der 4 Deutschen an Bord kamen ums Leben. Das Wrack soll in guten Zustand sein, es liegt in 50 m Tiefe.

Das Dorf **Dale** an SB gegenüber Ytre Elgsnes am Ausgang des **Daltales** zwischen den Berge Toppen und **Flyndretinden** (828 m ü M). Die Strasse zwischen Dale und Alvestad, weiter im Nordwesten, ist die am häufigsten gesperrte Strasse in Norwegen wegen der vielen Lawinen an der Strecke.

68°56'N   16°16'E   + 0 Std 52 Min ③

Das Dorf **Alvestad** an SB liegt am Südwestfuß des **Flyndretinden**. Auch in diesem Dorf gibt es mehrere 1000 Jahre alte Grabhügel und Siedlungsspuren, hauptsächlich auf der kurzen Landzunge **Veneset**, die in den Toppsund hinausragt. Am Strand von Alvestad stehen einige ältere Bootsschuppen, die eine wertvolles Bausubstanz darstellen.

Vor uns sehen wir die Insel Andøya in der Gemeinde Andøy.

An SB gegenüber von Elgnes liegt das Fischerdorf Grøtavær (ca. 170 Einw.) im Nordwesten von Grøtøya am Fuß des Berges **Hattfjellet** (856 m ü M). Dies ist das nördlichste Dorf in der Gemeinde Harstad. Vor Grøtavær gibtes einen Schärengarten von mehr als 100 Inseln, Holmen und Felsen, darunter **Skipperøya** und **Smaløya**. Im Grøtsund, zwischen Grøtøya und den kleinen Inseln befinden sich Heilbuttzuchtanlagen.

Grøtavær ist voller Funde aus der Eisenzeit (S 83). Es gehört zu den Fischerdörfern und Gemeinwesen, die im Mittelalter auf den Lofoten, Vesterålen und weiter entlang der Küste von Nord-Troms und Finnmark aufblühten, wo die Fischer in der hektischen Saison in kleinen Hütten (Rorbuer) wohnten. Die Männer fuhren in ferne Gebiete zum Fischen, während die Frauen den Hof versorgten und zu Hause fischten. Die Leute von Grøtavær haben sich zu allen Zeiten von Fischerei und etwas Landwirtschaft ernährt.

Das Militär war viele Jahre lang im Küstenfort Grøtavær stationiert, bis es Ende der 1990er Jahre aufgegeben wurde. Eine der Kanonen, eine riesige von dem deutschen Hangarschiff „Graf Zeppelin", hatte ein etwas unstetes Dasein. Zuerst stand sie in Store Korsnes bei Alta, danach wurde sie nach Karlsøy in Troms gebracht. Von 1962 bis 1998 war ihr Platz in Grøtavær Fort, bevor sie ins Ausland verkauft wurde.

Die Grøtavær Kapelle ist eine Langkirche von 1915 mit 200 Sitzplätzen, umgeben von einem Kirchhof.

Die Baptistengemeinde in Grøtavær wurde 1944 gegründet, war aber schon lange vorher aktiv. Sie verfügt über eine kleine Kirche auf Grøtavær.

68°57'36"N   16°09'E   + 1 Std 05 Min   ④

Wir fahren aus dem **Andfjord** hinaus in das offene Meeresgebiet zwischen den Inseln Andøya, Senja (S 169) im Norosten und Grøtavær. Der Andfjord ist ca. 30 km breit, die tiefste Stelle 517 m tief.

Ein kurzes Stück fahren wir auf unseren Weg zum nächsten Hafen, Risøyhamn, an der Gemeindegrenze von Kvæfjord entlang.

Die Gemeinde Kvæfjord

Bedeutung des Gemeindewappens: Symbolisiert u.a. Landwirtschaft.
Bedeutung des Namens: Erste Silbe nach dem Inselnamen Kvidja, vom Nordischen kvidr, „Bauch, Wanst", danach ist Kvæøya eine Insel im Fjord, die einem Bauch gleicht.
Gemeindezentrum: Borkenes (1,460 Einw.).
Position: 68°46'40"N   16°10'E.
Areal: 522 km². **Einw.:** 3.072.
Bevölkerungsdichte: 5,89 Einw./km².
Arealverteilung: Landw. 2 %, Forstw. 16%, Süßwasser 2 %, verbleibendes Areal 80 %.
Wirtschaft: Landwirtschaft, Rinderhaltung mit Milch- und Fleischproduktion. Schaf-, Schweine- und Hühnerhaltung. Gemüse-, Kartoffel- und Erdbeeranbau. Lachsaufzucht. Mechan. Werkstatt. Viele Pendler nach Harstad und Tromsø.
Sehenswertes: Der Handelsplatz Hemmestad brygge. Die Kvæfjord Kirche.
Website der Gemeinde Kvæfjord: www.kvafjord.kommune.no

Die breite Bucht an BB teilt sich im Innern in die Fjorde Kasfjord, Kvæfjord, Gullesfjord und Godfjord.

Die Kvæfjord Kirche in Borkenes (1.496 Einw.) am Kvæfjord wurde 1220 gebaut, 1867 als Kreuzkirche erneut aufgebaut. Viele Bautasteine in der Nähe der Kirche zeugen von der Besiedlung in der Eisenzeit. Einer der Steine ist an eine Sage um den Wikingerhäuptling Tore Hund auf Bjarkøy geknüpft (S 166). Weiter draußen am Fjord gibt es auch Grabhügel.

Der Handelsplatz Hemmestad brygge im äußeren Teil des Gullesfjords war als Handelszentrum für Trondheimfahrer schon im 16. Jh. bekannt. Die Handelsbewilligung wurde 1799 erteilt. Hemmestad brygge wurde das ökonomische Zentrum der Region mit Geschäftsbeziehungen zu Europa und Russland. In seiner Blütezeit am Ende des 19. Jh.s hatte der Ort eine Flotte an Booten und Segelschiffen, die auf Handelsfahrt gingen. Die Küstenschiffe fuhren zweimal im Jahr mit Klippfisch, Tran, Geflügel und Molteberen nach Bergen und kamen mit Kaffee, Gewürzen, Kandis, Textilien und Branntwein zurück. In Hemmestad konnten sich die Schiffe für die Lofotfischerei ausrüsten.

Heute ist Hemmestad brygge ein Museum, wo man versucht, etwas von dem alten Baumilieu um den Anleger herum wieder aufleben zu lassen.

68°58'30"N   16°00'E   + 1 Std 18 Min   ⑤

An BB haben wir die Landzunge **Kinneset** mit dem Berg **Nilsandersatinden** (831 m ü M) und den Ort **Sletten**. Kinneset ist der nordwestlichste Punkt von Hinnøya. Vor uns der Sund zwischen Hinnøya und dem südlichen Teil von Andøya.

An SB sehen wir vor uns den nächsten Hafen, Risøyhamn, direkt an SB den Ort Åsta.

Ca. 68°59'N   15°53'E

Wir passieren die Grenze zwischen Troms fylke (S 189) und Nordland fylke (S 160).

Wir passieren die Grenze zwischen den Gemeinden Kvæfjord und Andøy.

Die Gemeinde Andøy

Bedeutung des Gemeindewappens: Zeigt eine Welle, die die Nähe zum Meer symbolisieren soll.
Bedeutung des Namens: Kommt vom nordischen Ond, ursprünglich Omd, was ein alter Name von Andøya ist.
Gemeindezentrum: Andenes (2.702 Einw.).
Position: 69°19'36"N   16°07'36"E.
Areal: 695 km². **Einw.:** 5.341.
Bevölkerungsdichte: 8,1 Einw./km².
Arealverteilung: Landw. 2 %, Forstw. 5 %, Süßwasser 5 %, verbleibendes Areal 88 %.
Wirtschaft: Fischerei. Fischveredelungsindustrie. Graphische Industrie. Tourismus mit Walsafari. Landwirtschaft mit Milch- und Fleischproduktion. Schafhaltung. Rentierweide.
Sehenswertes: Andenes Museum. Das Polarmuseum. Bleik.
Hinweis auf Aktivitäten: Walsafari
Website der Gemeinde Andøy: www.andoy.net

Partie auf Andøya Richtung Nordmela im Nordwesten

Die Insel **Andøya** (489 km²) an BB ist Norwegens 10. größte Insel. Sie besteht aus großen sumpfigen Strandflächen (263 km²), die sich auch wie ein Gürtel mitten durch die Insel ziehen und die Landschaft im Norden prägen. An manchen Stellen liegt die Insel nur 10 m ü M, doch im Nordwesten und in der südlichen Hälfte hat Andøya steile Gebirgspartien, die bis 700 m ü M hinaufreichen. In den Moorgebieten produziert man Torf und erntet Moltebeeren. Das einzige Kohlevorkommen in Norwegen außerhalb Svalbards findet sich hier auf der Insel, der Abbau lohnt sich aber nicht. Die Insel ist reich an Fossilien, u.a. hat man einen 3 m langen fossilen Fischsaurier gefunden. Der Fund von 11.000 Jahre alter Holzkohle beweist, dass Andøya schon in der Steinzeit besiedelt war (S 83).

Das Verwaltungszentrum **Andenes** ist eines der größten Zentren auf den Vesterålen (S 284) und ist seit Jahrhunderten das größte Zentrum auf Andøya. Es liegt in der Nähe von sehr guten Fischbänken, daher hat man auch Spuren von Fischersiedlungen gefunden, die bis ins Jahr 500 n. Chr. zurückreichen. Die Fischerei wird das ganze Jahr hindurch betrieben. Lange Zeit galt Andenes als der größte Fischereihafen in Norwegen. Der Ort liegt vom Meer ungeschützt an der Nordspitze Andøyas, hat sich aber zum Schutz vor der schlimmsten Brandung mit Europas längster, 2,5 km langer, Mole ausgestattet. Der älteste Teil der Mole, 488 m, wurde schon 1895-1904 gebaut, aus 306.000 m³ Steinen.

Andøya spielt eine Rolle in Snorre Sturlasons Königssagen unter dem alten nordischen Namen **Omd**, und zwar in der Ynglingsaga und in der Saga von Olav Tryggvason (S 88). Omd soll der usprüngliche Sitz des Geschlechtes der Jarle von Hålogaland gewesen sein, eines selbständigen Kleinkönigtums vor 1030, das ungefähr das heutige Nordland und Troms umfasst hat. Einige der ersten Wikingerzüge von Norwegen aus sollen hier ihren Ausgang genommen haben.

Der reiche Fischereihafen Andenes ist im Mittelalter (S 83) von Deutschen und Holländern angelaufen worden, um Trockenfisch zu kaufen. So kamen die Fischer mit der mächtigen deutschen Hanse in Kontakt (S 10). Es wird behauptet, dass die Fischer sogar Haie fingen. Dafür sollen sie als Köder tote Kälber und Hunde verwendet haben, die vorher in Tonnen verrottet waren. Nach einigen Wochen sollen die Kadaver in Körbe aus Wacholderzweigen eingeflochten worden sein. Der Gestank soll die Haie angelockt haben, so dass man sie hat fangen können.

1520 wird eine Einwohnerzahl von ca. 590 Personen auf der Insel veranschlagt, 50 Jahre später war die Zahl auf 700-800 gestiegen. Andenes hatte seine Blütezeit um 1600, danach ging es bis ins 19. Jh. bergab. Als Andøya von dem Monopolhandel der Stadt Bergen in Nordnorwegen betroffen wurde, hörten die Reisen mit Fisch nach Bergen auf. Der reiche Fischereihafen wurde reduziert auf einige Fischerhütten. 1831 lebten 127 Personen im nördlichen Teil von Andøya. Zu der Zeit, bis 1917, war Andenes am Pomorenhandel beteiligt (S 241).

In der Nähe dieser Fischerhütten wurde 1921 ein Gedenkstein aufgestellt zur Erinnerung an ein trauriges Ereignis, das sich 100 Jahre zuvor dort abgespielt hatte. Am Sonntag, dem 6. Februar 1821, kamen 30 Fischer auf dem Meer ums Leben. Am Morgen dieses Tages war das Wetter gut gewesen, aber vorher hatte schlechtes Wetter längere Zeit den Fischfang verhindert. Die Fischer fuhren hinaus, doch plötzlich schlug das Wetter um. Einige Boote sanken sofort, andere später. In Hammerfest fand man einige Tage danach sechs tote Männer am Strand. Sie hatten sich zwar vor dem Unwetter bergen können, fielen dann aber der Kälte zum Opfer. Ein Boot konnte sich retten. Der Skipper an Bord berichtete, wie sie durch die Dunkelheit gefahren waren, und wie er am Klang des Wellenschlags und der Strömung die Untiefen erkannt hatte und somit Boot und Mannschaft hatte bergen können. Noch tagelang nach diesem traurigen Sonntag entfachten die Leute Feuer am Strand, damit Überlebende sich daran orientieren könnten. Man erzählt sich, dass der Besitzer der Fischannahmestelle des nachts von den toten Fischern heimgesucht wurde, die ihn mit sich ins Meer ziehen wollten. Der Mann zog schließlich weg von diesem Ort und soll später ertrunken sein!

Insgesamt haben fünf Kirchen in Andenes gestanden, die erste, im 15. Jh., war reich ausgeschmückt mit einem Altarschrein und Skulpturen, die in Lübeck angefertigt worden waren. Eine Kirche wurde 1600 abgerissen, eine andere 1607 erbaut, die nächste stand von 1734 bis 1830. Von dieser Kirche wird aus dem Jahre 1820 berichtet, dass es derartig in ihr zog, dass die Fischer ihre Netze in ihr getrocknet haben. Die heutige Kirche von Andenes wurde 1876 erbaut und 1966 restauriert. Es handelt sich um eine Langkirche aus Holz mit 400 Sitzplätzen.

Das Andenes Feuer steht seit 1859 am Hafen von Andenes und gehört zur dortigen Bebauung. Es besteht aus einem 40 m hohen roten Eisenturm, einem der höchsten des Landes, mit einer Wendeltreppe im Innern von 148 Stufen. Die Reichweite des Lichtes beträgt 18 n. M., 1978 wurde es automatisiert und 1999 unter Denkmalschutz gestellt. Es ist mit einem Radiofeuer ausgestattet, das sowohl von der Luft- als auch der Schifffahrt benutzt werden kann. In früherer Zeit war dort eine Lotsenstation mit acht Lotsen angeschlossen. Die Schiffe mussten nämlich außen um Andøya herum fahren, bevor die Risøyrenna (ein ausgebaggertes Stück des flachen Risøysundes) 1922 befahrbar wurde.

Von Andenes aus wird immer noch das ganze Jahr über gefischt, nun aber mit modernen Trawlern. Der Ort hat eine Filetierungs- und Gefrieranlagen. Fischerei ist immer noch die Haupternährungsgrundlage der Gemeinde, es wird viel exportiert.

Von Andenes aus kann man an einer Walsafari teilnehmen. Nirgendwo anders in Norwegen kommt der Schifffahrtsweg auf dem Atlantik dem Land so nahe wie hier, außerdem ist das Meer hier sehr nahrungsreich. Daher sammeln sich hier die großen Pottwale.

Das Militär mit seiner Fliegerstation auf Andøya, südöstlich von Andenes, ist der größte Arbeitgeber in der Gemeinde. Es handelt sich um die Hauptbasis der Luftabwehr mit Seeflugzeugen, die aber auch für den zivilen Luftverkehr benutzt werden. Der Flugplatz wurde 1952 mit NATO-Mittel erbaut.

Das nördlichste permanente Abschussfeld für Forschungsraketen, Andøya Rakettskytefelt (Oksebåsen), eine Abteilung des norwegischen Raumfahrtzentrums, liegt im Südwesten von Andenes. Außer der Funktion als Abschussbasis hat es auch noch geophysikalische Aufgaben zu erfüllen, da es an der südlichen Grenze der Zone mit maximaler Nordlichtaktivität liegt und besonders günstige Bedingungen für die Beobachtung von Nordlicht und der polaren Atmosphäre aufweist. Die Anlage hat acht Abschussrampen, von denen Raketen bis zu 20 Tonnen Gewicht abgeschossen werden können, auch Forschungsballons steigen dort auf, und man kann die Daten mehrerer Raketen und Ballons gleichzeitig empfangen und verarbeiten. Forscher von mehr als 80 Instituten aus Europa, USA, Canada und Japan waren schon an Raketenabschüssen auf Andøya beteiligt.

Seit die erste Rakete 1962 abgeschossen wurde, waren es bis zum 1.1. 2007 insgesamt 883 Raketen und 454 Ballons geworden, drei der Raketen mehr als fünf Tonnen schwer, eine erreichte die maximale Höhe von 1.430 km.

Im Osten der Insel, am Andfjord, liegt Europas erstes kommerzielles Abschussfeld für die Entwicklung militärischer Waffensysteme, das Testgebiet umfasst 1.850 km².

Der folgende Artikel stammt aus der Zeitschrift des norwegischen astronautischen Vereins, Nr.1, 1995.

> Ein Hauch von Apokalypse von Andøya, von Øyvind Guldbrandsen
> „Es erweckte weltweites Aufsehen, als das russische Nachrichtenbüro Interfax am 25. Januar 1995 meldete, dass eine Rakete von einem nordeuropäischen Land auf russisches Territorium abgeschossen worden war. In Wirklichkeit handelte es sich um eine zivile Forschungsrakete, abgeschossen von Andøya auf den Vesterålen, die, ohne in die Nähe von russischem Territorium zu kommen, nach einem geglückten Flug von 23 Minuten Dauer 300 km nördlich von Svalbard nieder gegangen war. Interfax meldete etwas später, dass die Meldung falsch gewesen war, dass die Rakete aber auf den russischen militärischen Radarstationen Alarm ausgelöst hatte, und das, obwohl Norwegen wie gewöhnlich den Abschuss vorher angekündigt hatte. Noch mehr Aufsehen erregte es, dass der russische Präsident Boris Jel-

zin am Tag nach der Episode nahezu abstritt, dass der Abschuss ihm zum ersten Mal die Veranlassung gegeben hatte, den sogn. schwarzen Koffer zu benutzen, der das Instrumentarium enthielt, den Befehl zum Abschuss des russischen Atomwaffenarsenals zu geben. In diesem Fall begnügte Jelzin sich glücklicherweise damit, mit seiner militärischen Führung zu kommunizieren, während man den Flug der Rakete verfolgte. Es gab sehr unterschiedliche Auffassungen darüber, wie nahe man von einem russischen Gegenschlag entfernt gewesen war. Die Andøya-Rakete, eine 18,45 m lange dreistufige Black Brant XII, war mit ihren sechs Tonnen doppelt so schwer wie die schwerste der übrigen 606 Raketen, die man vorher von dort abgeschossen hatte. Sie erreichte eine Höhe von 1.453 km, rund 500 km höher als der vorherige Rekord. Die 113 kg schwere Nutzlast führte Messungen von Feldern und Partikel in der sogn. polaren Kluft über Svalbard aus, wo die magnetischen Feldlinien der Erde senkrecht zur Erdoberfläche stehen."

Wer würde an so etwas denken, wenn er an der unscheinbaren Insel an SB vorüber fährt?!

Der Ort **Bleik** (456 Einw.) liegt an Andøyas Westküste, der Ort hat eine ganz besondere, denkmalgeschützte Bebauung, die seit dem Mittelalter unverändert ist. Der **Bleikstrand** ist der längste Sandstrand in Nordeuropa.

Bleiksøya (160 m ü M), dem Ort Bleik vorgelagert, ist die größte Vogelinsel in Norwegen.

68°58'40"N   15°48'E   + 1 Std 35 Min   ⑥

Die Siedlung **Åse** an SB liegt am Fuß des Berges **Åseåsen** (190 m ü M) mit dem Berg Steinheia (405 m ü M) im Hintergrund. Åse war in der Wikingerzeit ein zentraler Häuptlingssitz, der Seeweg zur Insel Bjarkøy und Tore Hund, dem dortigen Häuptling, war kurz (S 166).

Etwas südlich von Åse hat man im weichen Moorboden die Reste einer der wenigen bewahrten sternförmigen Häuptlingsburgen aus der Eisenzeit gefunden (S 83), gebaut vor ungefähr 1.800 Jahren, um das Volk von Andøya vor Feinden zu schützen. Heute finden wir nur noch die Grundmauern. Das Anwesen war bewusst außerhalb der Siedlung Åse platziert worden. Man hatte gute Sicht aufs Meer, doch gleichzeitig war es schwer zu entdecken von Leuten, die sich vom Meer aus Andøya näherten. Die Anlage in Åse bestand aus 14 Häusern, die im Kreis standen, mit einem Hof von 40-44 m im Durchmesser in der Mitte. Die Häuser standen Wand an Wand, sie variierten von 5 bis 10 m in der Länge und 2 bis 3,5 m in der Breite. Nur Erde und Torf waren zum Bau verwendet worden. Die Leute von Åse hatten ihre Boote sicherlich ein Stück weiter entfernt am Strand oder im Åsefluss weiter nach Norden verlegt. Man nimmt an, dass der letzte Andøy-Häuptling, der die Åseburg zur Verteidigung benutzt hat, am Ende des 9. Jh.s nach Island fliehen musste, als die Jarle des Königs mehr Macht anstrebten und die lokalen Häuptlinge vertrieben.

Das Dorf **Myrset** am **Bjørnskinnfjellet** (635 m ü M) und den Ort Risøyhamn sehen wir vor uns an SB. In **Bjørnskinn**, auf der Südseite des Berges, steht die Bjørnskinn Kirche, eingeweiht 1885. An derselben Stelle stand früher eine andere Kirche, die 1740 gebaut worden war. Die war zu klein geworden und wurde abgerissen, um der heutigen Platz zu machen. In der Kirche befindet sich ein sehr alter Altar aus einer der früheren Kirchen. In Bjørnskinn gab es mal eine Kirche, die sehr nahe am Berg stand, die wurde von einer Schneelawine im 18. Jh. weg gerissen.

Hinter **Kinneset** liegt an BB das Moor **Lovikmyra** und Halbinsel und Dorf namens Lovika unterhalb des Berges **Gardsheia** (465 m ü M).

68°58'40"N   15°47'40"E   + 1 Std 38 Min

Wir nähern uns dem **Risøysund**, dem flachen Sund zwischen Andøya und Hinnøya, und der **Risøyrenna** (Rinne). Risøyrenna ist ein Teil des Wasserweges für Schiffe, die auf ihrer Reise entlang der Küste den Weg an der Innenseite von Andøya nehmen oder einen Hafen auf den Vesterålen anlaufen wollen. Die Rinne ist heute 4.850 m lang, 6 m tief und hat eine Bodenbreite von 50 m. Sie ist schmal, und man muss auf dem Weg nach Risøyhamn zwei Kursänderungen vornehmen.

Die erste Ausbaggerung der Risøyrenna erfolgte in den Jahren 1876-81, als eine 1.800 m lange Rinne mit 31 m Bodenbreite und 3 m Tiefe ausgehoben wurde. Wenn der flache Sund auch für die Häuptlinge aus der Sagazeit tief genug war, was man aus den Ansiedlungen entlang des Wasserweges ablesen kann, und auch für die Schiffe, die nach Bergen fuhren, so wurde eine Ausbaggerung für die neueren Schiffe wegen des größeren Tiefgangs notwendig. Von 1911 bis 1922 wurde daran gearbeitet, damit die Risøyrenna eine Bodenbreite von 50 m und eine Tiefe von 5 m bekam. Erst da konnten die Hurtigrutenschiffe, die 1893 ihre Fahrt aufnahmen, und andere Schiffe gleicher Größe den Wasserweg benutzen, ohne vom Hochwasser abhängig zu sein.

Am 22. Juni 1922 vormittags um 11 Uhr konnte die Risøyrenna offiziell festlich eröffnet werden. Das Hurtigrutenschiff „Finnmarken" war zu diesem Anlass weiß gestrichen worden und hatte den norwegischen König Haakon VII (1872-1957) und andere vornehme Gäste an Bord. Das Schiff durchbrach zwei Bänder in den norwegischen Flaggenfarben, die quer über den südlichen und nördlichen Zugang gespannt waren. Hinter der „Finnmarken" folgte eine Parade von Schiffen aus nah und fern.

Vor einigen Jahren wurde die Risøyrenna wiederum erweitert, um sie den heutigen Schiffsgrößen und dem steigenden Verkehr anzupassen.

68°58'36"N   15°46'36"E   + 1 Std 38 Min

Das Schiff fährt in die Risøyrenna hinein zu unseren nächsten Hafen, Risøyhamn, vor der Andøyabrücke.

68°58'44"N   15°43'13"E   + 1 Std 44 Min ⑦

Vor Risøyhamn an SB mitten auf der Insel Andøya liegt Nordnorwegens am besten bewahrter Hof aus der Eisenzeit (S 83). Am Fuße des Berges **Bjørnskinnfjellet** (638 m ü M) fand man auf einem 300 m breiten und 500 m langen Streifen an einem Moor die Reste von zwei eisenzeitlichen und einem mittelalterlichen Hof mit insgesamt 16 Hausgrundrissen und 43 Gräbern, dazu mehrere hundert Meter Steineinfassung, alles in sehr gutem Zustand und fast unberührt. Die Leute haben hier von Landwirtschaft, Fisch und Fang gelebt. Die Pollenanalyse zeigt, dass hier schon vor ca. 3000 Jahren Getreide angebaut wurde. Die Spuren des Bauernhofes gehen bis 400 v. Chr. zurück.

Etwas nordwestlich von dieser Stelle liegt beim Ort **Slettan** ein Fundareal mit acht kleinen Hausresten aus dem Mittelalter und sechs Grabhügeln aus vorchristlicher Zeit, außerdem die Reste von drei großen Häusern, sechs Grabhügeln und Steineinmauern aus der Eisenzeit. Im Osten von Slettan hat man fünf Hausgrundrisse, 28 Gräber und eine große, rechteckige Pflasterung gefunden. Das größte Hausfundament ist 45 m lang, die Gräber variieren von kleinen Steinabdeckungen bis zu großen Rundhügeln.

Das Schiff legt am Kai in Risøyhamn an

Der Ort **Risøyhamn** (200 Einw.) am Risøysund war einst ein aktiver Handelsplatz. Viele der damals üblichen flachbodige Boote verkehrten auf dem Sund. Mit der Zeit setzte sich viel Sand und Schlick auf dem Boden ab, was dazu führte, dass der Risøysund auf einer Länge von 125 m schließlich weniger als einen Meter tief war und zu einem Flaschenhals für den modernen Schiffsverkehr innerhalb der Vesterålen (S 284) wurde. Der Verkehr kam fast zum Erliegen.

Trafostation

Kapitän Richard With, der Gründer der Hurtigrute, kaufte den Handelsplatz, zog 1875 nach Risøyhamn und brachte den Ort wieder in Schwung. Er war es auch, der die erste Ausbaggerung veranlasste. 1902 wurde der Handelsplatz wieder verkauft und Risøyhamn in den darauf folgenden Jahren ausgebaut. Eine Bootsbauerei wurde gegründet, und 1898 begann man, eine Strasse nach Andenes im Norden der Insel zu bauen, die 1910 fertig wurde.

Die Familie, die 1902 den Handelplatz gekauft hat, hat hier noch immer ein Geschäft und eine Expedition. Risøyhamn hatte seine Blütezeit in den 1950-1960er Jahren. Damals gab es dort eine Gastwirtschaft, Bäckerei, Mineralwasserfabrik, Holzwarenfabrik und Meierei, heutzutage ist obendrein die kommunale Verwaltung hier angesiedelt.

Das Andøymuseum hat eine Dependance in Risøyhamn.

Das Schiff fährt weiter nach Sortland   + 0 Std 00 Min

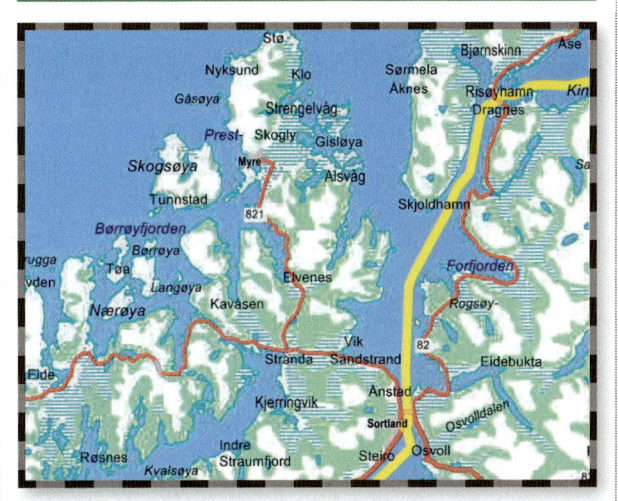

Das Schiff verlässt den Kai in Risøyhamn mit dem nächsten Ziel, Sortland. Wir fahren unter der Andøybrücke hindurch, die den Risøysund von Andøya nach Hinnøya überquert und 1974 dem Verkehr übergeben wurde. Die gesamte Länge der Brücke beträgt 750 m, das Hauptspannelement misst 110 m. Die Brücke ist nach dem freitragenden Prinzip gebaut.

68°57'40"N   15°37'32"E   + 0 Std 10 Min

Wir verlassen den Risøysund. An SB passieren wir den Fjord **Tranesvågen**, den einzigen Fjord Andøyas und den einzigen Zugang zu dem charakteristischen Berg **Bjørnskinnfjellet** und den Resten der eisenzeitlichen Hofanlage am seinem Ende (S 83). Der Ort an der südlichen Mündung des Fjords heißt ebenfalls Tranesvågen.

68°57'N   15°36'34"E   + 0 Std 12 Min

Den Ort **Tranes** haben wir an SB hinter uns gelassen, danach **Nygård** unterhalb des **Kvasstinden** (705 m ü M).

An BB sind wir an der flachen Landzunge **Dragnes** vor dem Gebirgszug **Reinhaugsheia** (485 und 561 m ü M) vorüber gefahren, danach an **Buksnes** am südlichen Fuß des Berges.

68°52'20"N   15°33'34"E   + 0 Std 33 Min ⑧

Das Dorf **Skjoldehamn** und die Landspitze **Gavlneset** an SB machen den südlichsten Punkt Andøyas aus. Das Dorf liegt unterhalb des Berges **Gavltinden** (662 m ü M).

Beim Torfstechen in einem Moor bei **Skjoldehamn** wurde 1936 eine gut erhaltene Leiche gefunden, eingewickelt in eine Wolldecke, gebettet auf Birkenreisig und mit Rinde zugedeckt. Sie wurde auf 1200 n. Chr. datiert.

Die Skjoldehamntracht, mit der die Leiche bekleidet war, wurde im Tromsø Museum präpariert. Sie bestand aus Hemd, Jacke und Hose, Strümpfen, Fußlappen und –bändern. Von den Schuhen waren nur noch die Sohlen vorhanden. Die Kleider waren alt und abgetragen, eindeutig nicht die Kleider eines reichen Mannes. Dies ist der einzige komplette Kleidungsfund aus dem Mittelalter und ein dementsprechend kostbarer Beitrag zum Verständnis der Kleidung eines Durchschnittsmenschen der damaligen Zeit.

Im Hintergrund an SB sehen wir die Berge der Insel **Langøya**.

An BB das Dorf **Fornes** und der Berg **Fornesfjellet** (589 m ü M) auf Hinnøya. Danach kommen wir am **Forfjord** vorbei, der gemeinsam mit den Tälern **Forfjorddal** und **Finnsæterdal** in der Bucht ein Naturreservat bildet. Die Gletscher der Eiszeiten haben U-Täler geformt und eine Reihe von Seitenmoränen hinterlassen, wie man sie so deutlich nirgendwo anders in Norwegen antrifft. Im Forfjorddal wächst ein Urwald aus Kiefern, manche der Bäume sind mehr als 700 Jahre alt.

Ca. 68°51'N   15°29'E
Wir passieren die Grenze zwischen den Gemeinden Andøy und Sortland.

Die Gemeinde Sortland

Bedeutung des Gemeindewappens: Weist auf Sortland als das Tor zu den Vesterålen hin, sowohl zu Wasser als auch zu Lande.
Bedeutung des Namens: Hofname vom nordischen S(v)ortuland, wahrscheinlich vom Flussnamen Svarta, die Schwarze.
Gemeindezentrum: Sortland (4.650 Einw.).
Position: 68°42'N 15°25'E.
Areal: 722 km². **Einw.:** 9.639.
Bevölkerungsdichte: 13,35 Einw./km².
Arealverteilung: Landw. 2 %, Forstw. 16 %, Süßwasser 3 % verbleibendes Areal 79 %
Wirtschaft: Dienstleistungen. Landwirtschaft mit Haustierhaltung (Langøya). Fischerei mit vorwiegend kleineren Booten. Nahrungsmittelindustrie. Konserven- und Heringsölfabrik. Mechan. Werkstätten. Betonwarenfabrik.
Sehenswertes: Der Handelsort Jennestad. Der Ort Sigerfjord.
Website der Gemeinde Sortland: www.sortland.kommune.no

Die Gemeinde **Sortland** liegt auf beiden Seiten des **Sortlandsundes**, mit 308 km² auf Hinnøya an BB und 269 km² auf Langøya an SB, dazu kommt das Meeresgebiet.

Wir befinden uns im Distrikt **Vesterålen**, der sich über ein Gebiet von ca. 68°25'N bis 69°20'N erstreckt. Die Inseln Langøya (860 km²) an BB, Andøya (490 km²) hinter uns an BB, Hadseløya (102 km²) vor uns an BB, der westliche Teil von Hinnøya (1.275 km²) an SB, der nördliche Teil von Austvågøya vor uns und noch einige kleinere Inseln gehören zu den Vesterålen.

Andere Gegenden auf demselben Breitengrad wie Alaska, Grönland und Sibirien haben arktisches Klima. Auf Grund des Golfstromes ist es hier bedeutend wärmer (S 85).

> Ein Dichter hat die Vesterålen folgendermaßen beschrieben: „Ein Abenteuerland fiel vom Himmel in das nordische Meer, als die Erde geschaffen wurde, eine Landschaft, gestaltet mit viel Phantasie, ein Meisterwerk des unbekannten Schöpfers. Die Vesterålen sind eine entlegene Welt für sich...."

68°51'30''N   15°30'E   + 0 Std 37 Min   ⑨

Der **Gavlefjord** (20 km lang) öffnet sich an SB zur norwegischen See nach Norden mit 11 km Breite, an der

Mündung zum Sortlandsund ist er 4 km breit. Er trennt die Inseln Andøya vor uns und Langøya hinter uns. Das Dorf Alsvåg liegt auf Langøya am Fjord.

Langøya (860 km²) an SB ist Norwegens dritt größte Insel und gehört zu den Vesterålen. Weiter in Norden liegt die Gemeinde Øksnes, im Süden Bø, genau wie die westlichen Teile der Gemeinden Sortland und Hadsel. Die Insel ist tief eingeschnitten von Fjorden, wobei der längste, der 25 km lange **Eidsfjord**, von Süden aus die Insel in ihrer Längsrichtung fast in zwei Teile teilt. Besonders im Westen ist die Insel sehr gebirgig, mit spitzen Gipfeln, aber auch mit breiten, flachen Stränden, wo sich die Bebauung befindet. Auf der Ostseite, am Weg der Hurtigrute, sind die Strandflächen breiter und dichter bebaut. Zwischen den Küstenstreifen ziehen sich Moorgebiete hin mit Flüssen und Seen. Archäologische Funde beweisen, dass Langøya schon seit der Steinzeit bewohnt ist (S 83).

68°50'40"N   15°29'E   + 0 Std 41 Min   ⑨

Die Landzunge **Bremnesodden** an SB mit dem Berg **Bremneskollen** (244 m ü M), dahinter die kleine Insel **Bremnesøy** mit dem Ort **Bremnes**.

68°50'N   15°28'E   + 0 Std 44 Min   ⑨

Nachdem wir den Forfjord an BB passiert haben, folgt die Insel Rogsøya, die dem Dorf Rogsøy vorgelagert ist, und dem flachen, moorigen Rogsøytal, danach die Landzunge Nordneset, der niedrige Berg Stamnes (217 m ü M) und der Berg Høgfjellet (711 m ü M).

An BB haben wir die Sortlandsbrücke vor uns.

Die flache Landnase mit dem Dorf Bogen, der Gåsfjord und die Landzunge Fagerneset an SB. Der Gåsfjord ist beliebt als Ausflugsziel und Badeplatz bei den Leuten aus Sortland. Hier findet man Reste aus der Steinzeit und von samischen Wohnstätten. Weiter vorn liegt der Ort Vik, die Bucht Vikbotn und die Insel Vikøya. Das Feuchtgebiet Vikbotn wird gern von Gänsen auf ihrem Flug nach Svalbard aufgesucht. Die gezackten Bergspitzen im Hintergrund an SB ragen im westlichen Teil von Langøya auf.

68°46'N   15°18'E   + 0 Std 54 Min   ⑩

Der alte Handelsort **Jennestad** liegt etwas östlich von **Vikbotn** an SB. Dieser Ort, der seine Blütezeit in den ersten Jahrzehnten des 20. Jh.s hatte, begann 1830 seine Handelsaktivität mit einem kleinen Laden, erfuhr aber einen Aufschwung, als 1863 Brygga (ein großes Gebäude mit Laden, Posthalterei, Lager, Fischannahme, Salzraum, Kontor und Arbeitsräumen) fertig wurde. 1870 erhielt Jennestad den Status als Handelsplatz. Es hieß, in Jennestad könnte man alles beschaffen und kaufen – und verkaufen. Insgesamt lagerten 14.000 verschiedene Waren in Schubfächern und Regalen, auf dem Dachboden oder in Vorratsschuppen. Allein in der 17 m langen Verkaufstheke gab es 153 Schubladen mit unverpackten Waren zum losen Verkauf, im ganzen Laden gab es 222 Schubfächer. Das Warenangebot erstreckte sich von Kautabak über Kaffee, lose Hemdbrüste und Kragen, Schießpulver, Angelhaken, Haarnadeln bis zu Eau de Cologne. Die Schiffe ankerten vor der Landzunge und von dort wurde ausgebootet, d. h. mit Ruderbooten brachte man die Leute nach Brygga, wo die Waren mit Seilwinden auf- und nieder gehievt wurden. 1911 baute man einen Dampfschiffskai mit Lagerhaus und Eisenbahnschienen, um das Be- und Entladen zu erleichtern.

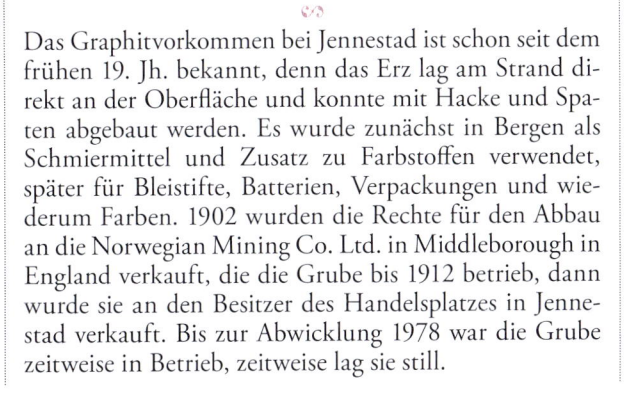

Das Graphitvorkommen bei Jennestad ist schon seit dem frühen 19. Jh. bekannt, denn das Erz lag am Strand direkt an der Oberfläche und konnte mit Hacke und Spaten abgebaut werden. Es wurde zunächst in Bergen als Schmiermittel und Zusatz zu Farbstoffen verwendet, später für Bleistifte, Batterien, Verpackungen und wiederum Farben. 1902 wurden die Rechte für den Abbau an die Norwegian Mining Co. Ltd. in Middleborough in England verkauft, die die Grube bis 1912 betrieb, dann wurde sie an den Besitzer des Handelsplatzes in Jennestad verkauft. Bis zur Abwicklung 1978 war die Grube zeitweise in Betrieb, zeitweise lag sie still.

Am Anfang war das Graphit leicht zugänglich, später war schwerer daran zu kommen, nämlich mittels langer Grubengänge, die von Hand, mit Dynamit, Bohrern, Hacken und Spaten gegraben wurden. Mit Handkarren brachte man das Erz zum Grubeneingang und hievte es in Kisten hinauf, indem man die Kraft von Pferden ausnutzte, die im Kreis gingen (Pferdering). Hier wurde das Erz auf einer langen Arbeitsbank von Hand sortiert, bevor das gereinigte Graphit ins Ausland verschifft wurde. Als der Betrieb 1914 vorübergehend ruhte, liefen die Gruben voll Wasser. Als man 1931 die Arbeit wieder aufnahm, war sie bedeutend besser mechanisiert. Wenn es hoch kam, arbeiteten 30 Mann in den Gruben, verteilt auf drei Schichten. Immer wieder ruhte der Betrieb längere Zeit, bis er 1978 ganz eingestellt wurde.

Der Jennestad Handelsplatz verlor seine zentrale Stellung, als die Risøyrenna (Risøyrinne) 1922 für größere Schiffe geöffnet wurde. Der Ort Sortland wurde der Anlaufhafen für die Hurtigrute und damit der neue Verkehrsknotenpunkt dieses Gebietes. Die größeren, motorgetriebenen Fischereifahrzeuge brauchten auch bessere Hafenanlagen als Jennestad sie zu bieten vermochte.

In Jennestad wurde bis Ende der 1970er Jahre effektive Landwirtschaft betrieben. Heute ist der Jennestad Handelsplatz ein lebendiges Handelsmuseum und Kulturzentrum.

68°47'35''N   15°26'E   + 0 Std 58 Min

An BB die Dörfer **Reinsnes** und **Maurnes** vor bzw. hinter dem Berg Svellingen (439 m ü M). Hinter dem Dorf **Liland** führt eine Brücke von **Finnset** aus über den schmalen **Hognfjord**, der sich im Südosten als **Sørfjord** fortsetzt.

Die flache Landzunge **Kringelneset** passieren wir an BB, mit dem Berg **Kvalsauktinden** (767 m ü M) im Hintergrund.

Die Sortlandbrücke ist schon lange weit voraus zu sehen, weiter vorn die schroffen Bergspitzen auf Hinnøya, darunter der hohe Møysalen (1.262 m ü M).

Den Ort **Ånstad** passieren wir vor der Brücke an BB.

68°42'28''N   15°25'40''E

Das Küstenwachtzentrum von Sortland haben wir an BB. Es wurde 1984 gegründet und ist die Basis für die Küstenwachtschwadron Nord, also für die nördlichen Meeresgebiete. Der Chef der Küstenwache ist Flaggenkommandant und gehört zum Seeverteidigungsstab in Oslo. Die Offiziere der Küstenwache haben Polizeibefugnisse und Inspektionsrecht im Hinblick auf die Fischereigesetze unter norwegischer Rechtsprechung.

Die Küstenwache wurde 1977 eingerichtet als Fortsetzung und Erweiterung von „Det Sjømilitære Fiskerioppsyn" (seemilitärische Fischereiaufsicht). Sie hat verschiedene Aufgaben zu erfüllen, z. B. die norwegische Souveränität und Rechte auf See zu vertreten und zu einer vertrauenswürdigen Kontrolle der Fischereiressourcen beizutragen. Sie soll Ungesetzmäßigkeiten auf See verhindern und aufdecken und zur Meeresforschung beitragen, Fahrzeugen und Personen in Not schnell zu Hilfe kommen, Schleppdienste und technischen Beistand anbieten und dabei helfen, Unfälle und Verunreinigungen zu verhindern. Außerdem soll sie anderen staatlichen Einrichtungen helfen, die Verantwortung für die Küstenregion zu wahr zu nehmen.

Um Ihre Aufgaben erfüllen zu können, die die Überwachung der norwegischen Hoheitsgewässer, einschließlich der Fischereizonen um Svalbard und Jan Mayen, beinhaltet, verfügt die Küstenwache über verschiedene Arten von Schiffen, Flugzeuge und Helikopter. Die Küstenwache arbeitet unter dem Motto „allzeit zur Stelle". Sie hat viel dazu beigetragen, internationale ökonomische Kriminalität aufzudecken, wenn Fischereifahrzeuge illegal in norwegischen Gewässern fischen.

Nachdem wir unter der Sortlandbrücke hindurch gefahren sind, legt das Schiff am Kai an. Die Brücke ist seit 1975 in Gebrauch, es handelt sich um eine Kastenbrücke aus Beton mit drei Hauptspannelementen und 18 Nebenelementen, die totale Länge beträgt 948 m, das längste Spannelement 150 m.

Das Schiff legt am Kai in Sortland an

Der Ort Sortland, Regionszentrum der Vesterålen, erhielt 1977 Stadtstatus und trägt den Beinamen „die blaue Stadt am Sund". Als auf eine ursprünglich privaten Initiative hin 1999 der Vorschlag gemacht wurde, alle

Gebäude in Nyancen von Blau anzumalen, ist die Gemeinde dieser Idee gefolgt. Zwar waren nicht alle Hausbesitzer darin einig, aber viele Gebäude im Zentrum sind heute blau angestrichen.

Archäologische Funde weisen darauf hin, dass in dieser Gegend schon vor 5000 Jahren gesiedelt wurde. Man meint, acht Wohnplätze unterscheiden zu können. Das Hirtenvolk zog von einem Wohnplatz zum andern (S 83). Um den Sortlandsund herum hat man 270 Gräber aus der Eisenzeit kartieren können und die Überbleibsel von rund 30 Hofplätzen. Schriftquellen von 1370 berichten von „Swartalandes" Kirche, und auf der Steuerliste von 1567 stehen die Namen mehrerer Höfe. Dennoch war die Einwohnerzahl nicht hoch, für viele Jahrhunderte hindurch wohl nicht höher als jeweils 200-300 Einwohner, 1769 war die Zahl auf ca. 600 gestiegen und 100 Jahre später sogar auf 1000. Man wohnte an beiden Ufern des Sundes und auch verstreut weiter entfernt. Ca. 10% der Bewohner sollen Samen gewesen sein, die sich am Ende des Fjords nieder gelassen hatten. Die breiten Strandflächen rings um den Sund lieferten gute Bedingungen für Landwirtschaft.

Viele Jahre lang, besonders am Ende des 19. Jh.s, hat man riesige Heringsmengen mit Schleppnetzen in den Gewässern um Sortland gefangen. Aber obwohl die Fischgründe so nah waren, haben die Einwohner von einer Kombination Fischerei/Landwirtschaft gelebt. Die erste Konservenfabrik wurde 1912 gegründet, hatte meist so um die 120 Angestellte und verarbeitete gleichermaßen Fisch und Fleisch. Basierend auf diesen beiden Produkten konnten sich noch andere Betriebe entwickeln. Netzhersteller lagen dicht an dicht am Sund, und mehrere Bootsbaubetriebe etablierten sich. Die Bebauung verdichtete sich um die Kirche in Sortland herum. Um 1900 war aus Sortland zu erfahren, das „der Kirchenort 33 bewohnte Häuser mit 254 Bewohnern" hatte.

Die Entwicklung Sortlands nahm einen Aufschwung, nachdem die Risøyrenna nach der Ausbaggerung 1922 für den Verkehr größerer Schiffe frei gegeben wurde und die Hurtigrute den Hafen anlief. Vorher musste ein großer Teil des Verkehrs außen um die Vesteråleninseln herum fahren, da war Stokmarknes das natürliche Zentrum. Allmählich übernahm Sortland diese Rolle und auch die Funktionen des Handelsplatzes Jennestad, der jetzt außen vor lag und auch keine guten Hafenbedingungen für größere Schiffe bot (S 281).

Sortland etablierte sich schon frühzeitig als das größte Geschäftszentrum der Vesterålen, als Schulstadt und Verkehrsknotenpunkt. Die Hurtigrute kam 1922, die Autofähre über den Sund 1948, die Brücke 1975, die Küstenwachstation 1984. Auch die Nähe zu mehreren großen und kleinen Flugplätzen trug zur Entwicklung bei. Handel und Dienstleistungen sind heute die wichtigsten Wirtschaftszweige, noch vor Landwirtschaft und Fischerei. Das Kulturleben blüht, ein Musikverein wurde z. B. schon 1893 gegründet.

Schon 1370 wird in offiziellen Dokumenten eine Kirche erwähnt. Die heutige Kirche von Sortland ist die 5. oder 6. an derselben Stelle, eine lange Kreuzkirche im neugotischen Stil, 1901 eingeweiht. Der Architekt der Kirche, der vor der Vollendung starb, hat auch die Lofotkathedrale (Vågan Kirche) in Kabelvåg entworfen. Die Kirche hat 840 Sitzplätze.

Die alte Kirche wurde abgerissen, als man die neue bauen wollte. Der Turm blieb aber erhalten und steht heute am Eingang zum Gedenkhain auf dem alten Kirchhof von Sortland, er ist einer der ältesten bewahrten Kirchtürme in Norwegen, seine Glocke trägt eine Inschrift von 1474.

Das Schiff fährt weiter nach Stokmarknes + 0 Std 00 Min

Der Ort **Strand** an BB (562 Einw.)

Vor uns die Bergspitzen auf dem nördlichen Teil von Austvågøy und dem südlichen von Hinnøya, darunter der **Møysalen** (1.262 m ü M), der höchste Berg der Vesterålen, ein bekanntes Seezeichen mit Gletschern um seinem Gipfel herum. Der Nationalpark **Møysalen** (51,2 km²) wurde 2003 eingerichtet.

68°39'28"N   15°24'28"E   + 0 Std 16 Min ①

An BB passieren wir **Kjerringnes** mit dem ersten Golfplatz auf den Vesterålen, er hat 9 Löcher und wurde im Jahre 2000 eröffnet. Danach folgen die beiden kleinen Inseln **Kjerringsøya** und **Åserøy** (111 m ü M), dem Ort Sigerfjord (755 Einw.) im Norden der Mündung des **Sigerfjords** (9 km lang) vorgelagert.

Sigerfjord war um 1920 der drittgrößte Ort der Vesterålen mit ca. 700 Einwohnern, er hatte gute Hafenverhältnisse und lag nahe an reichhaltigen Heringsgründen. Sigerfjord war der Heimathafen für eine der erfolgreichsten Reedereien der Umgebung, die 1899 gegründet wurde und 1920 300 Angestellte hatte. Die Reederei entwickelte neue Methoden für die Umstellung der alte Flotte und baute neue Schiffe nach Bedarf in Konkurrenz zu anderen, z. B. ein Frachtschiff für die besonderen Bedürfnisse in Nordnorwegen. Nach 1920 begannen schwierige Zeiten, und 1930 ging die Reederei Konkurs.

Nach einer schweren Nachkriegsperiode ist Sigerfjord heute wieder ein dynamisches, lebendiges Gemeinwesen.

In der Nacht vom 6. auf den 7. Mai 1956 ging eine gewaltige Schneelawine auf Sigerfjord nieder, die größte in der norwegischen Geschichte. Nach kräftigem Schneefall und darauf folgendem Tauwetter wurde eine 5 km breite Lawine ausgelöst. Vier Häuser wurden mitgerissen, 13 Menschen kamen um, darunter 9 Kinder. Das Pressevolk aus der ganzen Welt kam, um über die Katastrophe zu berichten.

Die Kirche in Sigerfjord ist eine Langkirche aus Holz mit 280 Sitzplätzen, 1933 eingeweiht. In der Kirche steht eine St. Olavsfigur aus dem 15. Jh., neben der Kirche ein 1947 aufgestelltes Denkmal für die Gefallenen des 2. Weltkriegs.

An BB vor Sigerfjord kommen wir an den Orten Steiro und Bø am Fuße des Berges Bøblåheia (810 m ü M) vorbei, danach an Holand und Rise.

68°38'38"N   15°22'50"E   + 0 Std 20 Min

Der Berg **Middagsbogtinden** (721 m ü M) an BB liegt zwischen dem Sigerfjord und dem Djupfjord. Danach folgt das Dorf Blokken vor den Bergen Rødsandheia und Blokktindan (866 m ü M).

Im Djupfjord steht ein Wasserkraftwerk, das sein Wasser durch Röhren und Tunnel geleitet oben aus den Bergen bekommt.

Ca. 68°36'N   15°14'E

Wir passieren die Grenze zwischen den Gemeinden Sortland und Hadsel.

Die Gemeinde Hadsel

Bedeutung des Gemeindewappens: Zeigt eine stilisierte Karte der Gemeinde.
Bedeutung des Namens: Kommt vom nordischen Hofdaseil, zusammengesetzt aus høy odde, Hügel, und seil, hier im Sinne einer hellen Gesteinsfläche, die wie ein Segel aussieht, insgesamt: heller Steinhügel.
Gemeindezentrum: Stokmarknes (3.127 Einw).
Position: 68°34'N 14°54'E.
Areal: 556 km². **Einw.:** 8.039.
Bevölkerungsdichte: 14,46 Einw./km².
Arealverteilung: Landw. 4 %, Forstw. 13 %, Süßwasser 2 %, verbleibendes Areal 81 %.
Wirtschaft: Dienstleistungen. Landwirtschaft mit Fleisch- und Milchproduktion. Federvieh- und Schweinezucht. Fischerei mit der größten Flotte der Vesterålen. Fischindustrie. Fischzucht. Fischverarbeitung. Servicekontor der Hurtigrute. Werkstattindustrie. Mechanische Werkstatt mit Bootsbau. Graphische Industrie. Holzwarenindustrie. Produktion von Öllinsen. Kraftwerk.
Sehenswertes: Der Trollfjord. Das Raftsundet. Die Hadsel Kirche. Der Hadsel Kulturpark. Das Hurtigrutenmuseum. Das Vesterålenmuseum in Melbu.
Hinweis auf Aktivitäten: Kulturfestival in Melbu. Jagd.
Website der Gemeinde Hadsel: www.hadsel.kommune.no

Die Gemeinde Hadsel verteilt sich auf vier Inseln: die gesamte Insel Hadseløya (102 km²), ein Teil von Langøya (98 km²) an SB, ein Teil von Austvågøy (203 km²) voraus und ein Teil von Hinnøya (150 km²) an BB.

68°37'N   15°17'30"E   + 0 Std 29 Min   ②

Der **Fiskefjord** und das Dorf **Kvitnes** unterhalb des Berges **Kvitnesheia** (384 m ü M) an BB. Im Tal am Fiskefjords steht ein Kraftwerk von 1937. Früher gab es hier auch einmal ein Erzbergwerk.

In Kvitnes befand sich einst einer der Großbauernhöfe der Vesterålen, da gab es hier ein Postamt, eine Dampfschiffspedition für lokale Schiffe und eine Schiffsreparaturwerkstatt. Der Hof existiert noch, alles andere ist aufgelöst worden.

An SB passieren wir die Dörfer **Gjerstad**, **Grytting** und **Hauknes** unterhalb des Berges **Ole Hansatinden** (748 m ü M). In Grytting hat man Hausreste vom Ende der Wikingerzeit gefunden, dazu mehrere Grabhügel (S 83). An dieser Strecke an der Ostseite von Langøya findet man die besten landwirtschaftlichen Bedingungen in Nordland.

68°34'20"N   15°03'E   + 0 Std 52 Min   ③

Das Schiff nähert sich dem nächsten Hafen, Stokmarknes auf der Insel Hadsel an BB, vor uns die Hadselbrücke, an SB der Ort Skagen mit seiner langen, flachen Landzunge an der Südspitze von Langøya.

Wir passieren den Kurzbahnflugplatz von Stokmarknes bei **Skagen**, der 1972 seinen Dienst aufnahm. Er hat eine 870 m lange asphaltierte Rollbahn. Im Jahre 2006 benutzten 93.000 Passagiere den Flugplatz.

68°34'20"N   14°59'48"E   + 1 Std 00 Min

Das Schiff fährt weiter durch dem **Langøysund**, der Langøya und Hadseløya voneinander trennt. An SB umrunden wir die Südostspitze von Langøya, an BB haben wir Hadseløya mit Stokmarknes. In der Ferne sehen wir die Berge von Bø in der Gemeinde Vesterålen.

Vor uns an SB schneidet sich der **Eidsfjord** parallel zum Sortlandsund, den wir gerade hinter uns haben, in die Insel Langøya hinein. Im Jahre 1890 ist hier der größte Heringsfang aller Zeiten angelandet worden. Die Heringe standen so dicht, dass der ganze Fjord abgesperrt wurde, um dann die Heringe heraus zu holen. 400.000 Tonen, nur von diesem Fang, wurden eingesalzen, und doch blieben noch viele Heringe liegen und verrotteten, weil man nicht genug Kapazität hatte, sie alle zu verarbeiten.

Die Sage von der Entstehung des Eidsfjords: „Eidsfjord ist der Name eines Fjords, der sich in einer Länge von ungefähr 20 km von Südwesten nach Nordosten in die Vesterålen-Insel Langøy einschneidet. Der Sage nach ist er auf die folgende Weise entstanden: Ein gutwilliger Riese, der auf Langøya lebte, meinte, dass auf dem Teil der Insel zwischen dem Sortlandsund und dem Ort Øksnes im Westen allzu viel Land lag, das ungeeignet zum Bauen und zum Leben war. Daher beschloss er, das Land zu entfernen und statt dessen einen Fjord zu schaffen, an dessen Ufern die Menschen bauen und leben konnten. An der Südküste der Insel, wo heute das Meer eindringt, begann er das Land abzugraben. Als Arbeitsgerät benutzte er eine ungeheuer große Schaufel, und mit der schaufelte er gewaltige Stücke an Landmasse weg. Aber als er bis dahin gekommen war, wo heute die Insel Kjerdraget liegt, bekam der Schaufelstiel einen Riss. Das behinderte ihn in seiner Arbeit, und deshalb wurden die kleinen Fjorde, die südöstlich und nordwestlich vom Eidsfjord abgehen, so eng und schmal. Er setzte seine Arbeit fort, doch der Riss im Stiel wurde größer und größer, und der Bjørndalsfjord, die Fortsetzung des Eidfjords nach Westen, ist deshalb so flach und schmal. Nur ein kleines Landstück war noch übrig, um die Verbindung zum Skjærfjord an Langøyas Nordwestseite herzustellen. Da brach der Stiel ganz entzwei, und in seinem Zorn nahm der Riese das Schaufelblatt und schleuderte es ins Gebirge, wo es heute noch in Form des mehrere hundert Fuß hohen Berges Ræka, zu sehen ist. Der ist nämlich geformt wie das längliche, viereckige Blatt einer Schaufel oder eines Spatens, dessen Schaft knapp vor dem Blatt abgebrochen ist. Den Schaft warf er in den Fjord, wo er heute die flache, lang gestreckte Insel Rækøya bildet. Das Landstück, das noch übrig war, als der Stiel brach, ist die flache Landbrücke namens Skjærfjordeidet. Der Riese klagte sehr über sein Pech und sagte, der Fjord sei so schmal geworden, dass eine Schneeammer hindurch schlüpfen könnte. Zum Spott über diese Aussage des Riesen hört man heute noch in dieser Gegend das Sprichwort, wenn man auf etwas Geräumiges und Ausgedehntes anspielt: Es ist, als ob eine Schneeammer durch den Eidsfjord schlüpft."

Aus dem Band „Sagn og eventyr fra Nordland" („Sagen und Märchen aus Nordland"), gesammelt von O. Nicolaissen, Kristiania 1879:

Hadseløya (102 km²) ist die größte Insel in der Gemeinde Hadsel. Sie ist gebirgig, die höchste Erhebung ist der **Lamlitind** (657 m ü M) im Westen. Wie auch auf den anderen Vesterålinseln gibt es ausgedehnte flache, moorige Areale zwischen den Bergen. Der Küstenstreifen im Südosten wird landwirtschaftlich genutzt.

Hadseløya war am Ende des 19. und Anfang des 20. Jh.s im In- und Ausland als **Rypeøya** (Schneehuhninsel) bekannt. Es gab gute Bedingungen zum Jagen und Angeln, was besonders die Engländer ausnutzten und sich reichlich Jagd- und Angelscheine kauften. Mehrere Bücher wurden über das Jagdparadies in Nordnorwegen geschrieben. Die erste Schneehuhnjagd mit Hunden fand auf Hadseløya statt. Die Engländer brachten ihre Hunde mit, die man dann zur Zucht von englischen Settern zu Jagdhunden verwendete. Im Laufe dieser Jahre hat man die Insel fast „leer geschossen". Viele vornehme Leute besuchten die Insel, sie kamen aus Frankreich, Deutschland, England und natürlich Norwegen. Unter ihnen waren auch Kaiser Wilhelm II von Deutschland und König Håkon VII von Norwegen. Mit Beginn des 1. Weltkriegs nahm diese Periode ein Ende.

Wir fahren unter der Hadselbrücke hindurch, die den **Langøysund** überspannt, eine freitragende Brücke mit den mittleren Spannelementen von 75 m + 150 m + 75 m, die übrigen 24 Elemente sind auf Pfeilern gelagert. Die Gesamtlänge beträgt 1.011 m, Baujahr 1978. Die Brücke führt zu der kleinen Insel Børøya, von dort aus hat man schon 1965 eine kleinere Brücke über den schmalen **Børøysund** nach Stokmarknes hinüber gebaut.

Die Hadselbrücke ist mit einer Hochfrequenz-Lautsperre ausgestattet, um Füchse an der Überquerung der Brücke von Langøya nach Hadseløya zu hindern.

Das Schiff fährt um die kleine Insel **Børøya** (52 m ü M) vor Stokmarknes herum. Außer einem größeren Wohngebiet gibt es auf der Insel eine Holzwaren- und Fischfutterfabrik, Lachszuchtanlage und Lachsschlachterei, eine Wiedergewinnungsstation und eine kleine Schiffswerft.

Der Walfänger M/K „Isqueen" hat man auf Børøya an Land gesetzt, es trägt auch die Bezeichnung N97VV, gebaut 1954. Zuerst war es nur 66,4 Fuß lang, dann hat man es auf 84 Fuß verlängert, die Breite beträgt 19,6 Fuß. „Isqueen" nahm in den Jahren 1955 – 85 am Walfang teil. Laut Fangbuch hat sie in diesen Jahren 1.475 Schweinswale, 10 Schwertwale und 2 Bottlenoses (eine Delphinart) gefangen. Ihr Fanggebiet lag vor den Küsten Nordlands, Troms` und Finnmarks, zwischen Norwegen und Svalbard und vor Svalbard. Eine Fangreise konnte mehrere Monate dauern. Die „Isqueen" wurde auch beim Dorsch- und Heringsfang eingesetzt.

Ende der 1980er Jahre brannte es im Maschinenraum. Danach hat man die „Isqueen" an Land gesetzt und sie zu dem außergewöhnlichsten Restaurant des Landes umgebaut. Es gibt ein Speisrestaurant mit 60 Plätzen und eine Bar.

Das Schiff legt am Kai in Stokmarknes an

Stokmarknes, dem Verwaltungszentrum der Gemeinde Hadsel, ist auch „Geburtsstadt der Hurtigrute" genannt. In der Umgebung von Stokmarknes hat man Spuren früherer Besiedlung gefunden, Reste von Häusern, sternförmigen Gräbern und Bootsschuppen aus der Eisenzeit. 1776 bekam der Ort den Status und die Privilegien eines Handelsplatzes. Stokmarknes lag strategisch günstig für den Schiffsverkehr, der außen um die Vesterålen herum führte, bevor die flache Risøyrenna ausgebaggert und 1922 dem Verkehr übergeben wurde. Zwischen 1851 und 1935 hielt man jährlich Markttage ab. Im Jahre 2000 erhielt Stokmarknes Stadtstatus.

Um 1900 herum gab es eine Welle von Neugründungen im Kommunikationssektor, im Handel und bei öffentlichen Einrichtungen. Kapitän Richard With aus Stokmarknes gründete Vesteraalens Dampskibsselskap AS im Jahre 1881 und sorgte für den allerersten Hurtigrutenabgang am 1. Juli 1893, als das Hurtigrutenschiff „Vesteraalen" von Trondheim nach Hammerfest fuhr. Stokmarknes war der Heimathafen. Richard With wurde als „der Vater der Hurtigrute" bekannt (S 299). Die Reederei blieb bis 1988 in Stokmarknes.

Das Haus der Hurtigrute liegt nahe am Kai. Es wurde 1999 eröffnet und enthält u.a. das Hurtigrutenmuseum. Die Ausstellung umfasst Panoramadarstellungen der Umgebung, Fotos, Gemälde, Schiffsmodelle, historische Filme und Videos über die Geschichte der Hurtigrute und ihre Bedeutung für die Küstenbevölkerung in mehr als 100 Jahren und die Entwicklung der Schiffe vom Beginn an bis heute.

Das an Land gesetzte Hurtigrutenschiff M/S „Finnmarken", das zwischen dem Kai und dem Museum seinen Platz gefunden hat, ist die größte Attraktion des Hurtigrutenmuseums. Das Schiff wurde 1956 gebaut und hat bis 1993 seinen Dienst verrichtet. 1999 nahm man es aus dem Wasser, es ist sicherlich Norwegens größtes und schwerstes Museumsstück. M/S „Finnmarken" ist für die Öffentlichkeit zugänglich. Man plant als weiteren Schritt, ein Gebäude um das Schiff herum zu bauen.

Das Haus der Hurtigrute verfügt obendrein über ein Hotel, Kongresszentrum, Kulturhaus und eine Galerie.

In Stokmarknes befindet sich das lokale Krankenhaus für die Vesterålen.

Das Schiff fährt weiter nach Svolvær   + 0 Std 00 Min

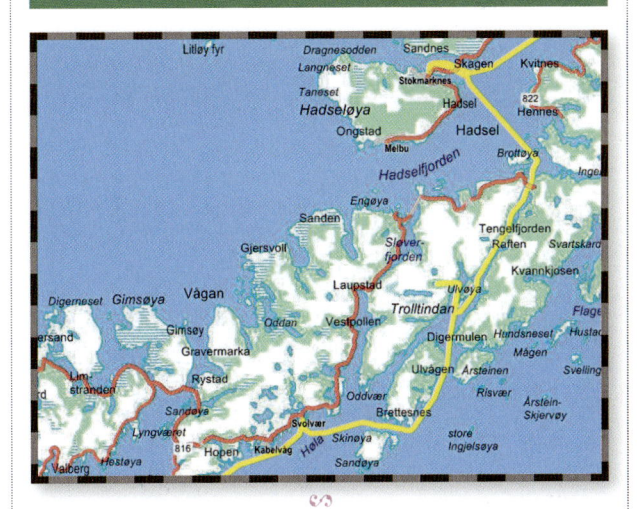

Vor uns das Dorf **Kvitnes** unterhalb des Berges Kvitnesheia (384 m ü M).

Wir setzen Kurs auf den Raftsund (26 km lang), vor uns an BB der südliche Teil von Hinnøya und die Berge Middagstinden (667 m ü M) und Hennesheia (405 m ü M) bei den Dörfern Hennes und Kaljord.

TAG 9 | STOKMARKNES - SVOLVÆR

68°33'N 15°04'E + 0 Std 22 Min ①

Die Hadsel Kirche liegt an SB auf einer Anhöhe hinter dem Ort **Hadsel**, eine rote Kirche aus an den Ecken verzapften Baumstämmen von 1824 mit einem Kanzelaltar. Die Kirche wurde 1935 restauriert. Sie besitzt einen Altarschrein und eine Olavsfigur vom Anfang des 16. Jh.s., der Altarschrein ist wahrscheinlich in Utrecht angefertigt worden, einer von fünfen die sich auf den Lofoten und Nor-Trøndelag befinden, d. h. auf Røst, in Grip, Leka, Ørsta und Hadsel. Eine Sage erzählt, dass eine spanisch/niederländische Prinzessin die Altarschreine gestiftet hat, um Gott zu danken für eine überstandene stürmische Seereise zwischen den Niederlanden und Dänemark (sie soll da seekrank gewesen sein).

Hadsel hat schon seit dem Mittelalter eine Kirche, mindestens drei Kirchen haben seit dem 14. Jh. an derselben Stelle gestanden. Eine davon soll dem Heiligen Stefan gewidmet gewesen sein, dem ersten christlichen Märtyrer. Es wird vermutet, dass die Altartafel für diese Kirche bestellt worden ist, da eine der darauf abgebildeten Personen Stefan ist.

Hadsel hat auch einen Kulturpark, der den Pfarrhof, drei Kirchhöfe und etwas Landwirtschaftsareal umfasst. Hier liegt der **Skipsnausthaug** (Bootsschuppenhügel), einer der größten eisenzeitlichen Hügel in Nordnorwegen.

Man nimmt an, dass Hadsel in der Eisenzeit (S 83) der Häuptlingssitz und das Machtzentrum der Umgebung gewesen ist und dass hier eine dauerhafte Siedlung existierte. Der Skipsnausthaug steht wahrscheinlich damit im Zusammenhang. Neun Kulturhinterlassenschaften sind hier gefunden worden, eine davon ist das größte sternförmige Opfermonument, das bisher in Norwegen registriert worden ist.

Der Ort **Melbu** (2.125 Einw.) liegt im Süden der Hadselinsel und kann vom Schiff aus gesehen werden. Dort befand sich zur Sagazeit ein großer Hof und ein alter Handelsplatz. Erst in den 1880er Jahren begann der Ort zu wachsen. Von da an bis 1930 wuchs die Bevölkerung auf über 1.000 Einwohner. Melbu entwickelte sich zu einem Industrieort mit Meierei, Spinnerei, Wollwaren-, Margarine- und Fischindustrie.

In Melbu befindet sich das Freilichtmuseum der Versterålen mit einer der schönsten Trachtensammlungen des Landes aus dem 18. Jh., im Kulturzentrum gibt es gut erhaltene Gebäude aus den 1830er Jahren und eine Gartenanlage im romantischen Stil. Hier finden wir auch das Fischindustriemuseum. Melbu hatte einst Vesterålens größte Trawlerflotte, die heute erheblich reduziert ist. Aber es gibt weiterhin Fischindustrie, Fischveredelung und mechanische Werkstätten.

Jedes Jahr in der ersten Julihälfte wird in Melbu ein inhaltsreiches Kulturfestival veranstaltet, „Sommer-Melbu", das eine Woche dauert und zu dem Teilnehmer und Gäste aus dem In- und Ausland kommen.

Von Melbu aus geht eine Autofähre über den Hadselfjord nach Fiskebøl auf Austvågøya.

Der **Hadselfjord** weitet sich zur norwegischen See hin aus. Er trennt Hadseløya von Austvågøya.

Das Schiff fährt weiter dem berühmten Raftsund entgegen. Vor uns an SB sehen wir die steilen Berge von **Austvågøya**, an BB ragen die Gipfel von **Hinnøya** auf.

68°29'40"N 15°11'37"E + 0 Std 38 Min ②

Die Insel **Brottøya** an SB ist eine hübsche, kleine Baueninsel mit Höfen, Feldern und Haustierweiden und schönen Sandbuchten, besonders auf der Südwestseite.

An BB passieren wir mehrere kleine Inseln.

Wir kreuzen den **Ingelsfjord** an BB mit dem steilen Berg Nipa (678 m ü M), der an der nördlichen Mündung senkrecht in den Fjord hinab fällt.

Das Straßenprojekt LOFAST (Lofotens Festlandsverbindung) soll das schon vorhandene Straßennetz der Lofoten mit dem Rest des Landes verbinden. In diesem Zusammenhang baut man an der Ostseite des Ingelsfjords eine Straße, die von Fiskebøl im Westen des Raftsundes über die Raftsundbrücke führt, mit einer Gesamtlänge von 53 km. Im Dezember 2007 soll sie fertig sein. Sie führt durch nahezu unberührte Landschaft, u.a. durch den Møysalen Nationalpark. Die Straße soll ein Teil der Europastraße 10 sein.

Sieben Tunnel, wobei die beiden längsten 6.370 m und 3.337 m lang sind, und drei Brücken, einschließlich der

711 m langen Raftsundbrücke, gehören zu dem LOFAST-Projekt.

Von **Fiskebøl** an BB fährt eine Fähre nach Melbu auf Hadseløya.

Die kleine Insel **Hanøya** an SB liegt unmittelbar vor dem Eingang zum Raftsund. Hinter der Nordostspitze von Austvågøya kommt die idyllische, abgelegene Bucht **Hanøyvika** zum Vorschein.

> Am 22. September 1954 ging das Hurtigrutenschiff MS „Nordstjernen" an der Mündung des Raftsundes unter. Das Schiff war mit 163 Passagieren und 46 Mannschaftsmitgliedern auf dem Weg nach Norden von Svolvær nach Stokmarknes. Es war nach Mitternacht, das Radar war abgestellt, man fuhr nach Kompass und Augensicht. Die dunklen Schatten, die vom Land aufs Wasser fielen, täuschten den Wachhabenden auf der Brücke, so dass er etwas vom Kurs abkam. Als die „Nordstjernen" an der Insel Hanøy vorüber fuhr, lief sie auf Grund und zog sich an der Steuerbordseite schwere Schäden zu. Das Wasser drang ein, die Alarmsirenen heulten, die Rettungsboote standen bereit. Zwei Rettungsboote wurden zu Wasser gelassen, doch einige Leute entschlossen sich, an Land zu schwimmen. Von denen ertranken vier Passagiere, und einer von der Mannschaft kam um. Alle übrigen wurden sicher nach Hanøy an Land gebracht und später von einem anderen Schiff der Reederei abgeholt.

Der Ort Hanøyvika war einst ein lebhafter Handelsplatz, wenn auch ohne Straßenanbindung, mit einer Schule, Kirche, Fischannahmestelle und einem Laden. Heute dienen die Häuser als Ferienwohnungen, die Dauereinwohner sind fast alle fort gezogen.

Die heutige Kirche von Hanøy wurde 1912 gebaut und hat 100 Sitzplätze.

An BB haben wir auf Hinøya am Eingang zum Raftsund den kleinen Ort **Hattvika**, danach die kleine Insel **Gunnar-skjåen.**

Das Schiff nähert sich der Raftsundbrücke, die Teil des LOFAST-Projektes ist und die Lofoten mit dem Festland verbindet, eine frei tragenden Brücke von 711 m Länge mit einem Hauptspannelement von 298 m. Als die Brücke 1998 dem Verkehr übergeben wurde, war sie die Brücke mit der zweitlängsten Spannweite ihres Typs. Die mit der längsten Spannweite befand sich ebenfalls in Norwegen.

Auf dem Weg durch den 26 km langen Raftsund passieren wir viele kleine verlassenen Siedlungen. Gleich hinter der Brücke haben wir an SB den Ort **Nordnes**, danach die Bucht **Stenbakken** an BB.

68°26'21"N   15°10'E   + 0 Std 56 Min

An BB der Ort **Kongselven**, dahinter die Landzunge **Åsnes**.

Der Ort **Nilsvik** auf der anderen Seite des Sundes.

Mitten im Raftsund fahren wir an dem kleinen **Nordholm** an SB vorbei.

68°25'32"N   15°08'25"E   + 0 Std 59 Min

An BB sehen wir einige Häuser an dem teilweise abgeschnürten **Tengelfjord**. Wir kommen jetzt in den engen Teil des Raftsundes, der den Namen **Trangstrømmen** (Engstrom) trägt. Dahinter liegt an BB der Ort **Raftstrand**.

68°24'N   15°06'24"E   + 1 Std 06 Min

An BB die Bucht **Raften** und der Ort **Langnesvik** hinter der Landzunge **Langneset**.

An SB der Ort **Faldet** und die Bucht **Faldviken**.

Vor uns sehen wir die Insel **Ulvøya** an der Mündung zu dem berühmten **Trollfjord**. Vor Ulvøya der kleine Holm **Rognholm**.

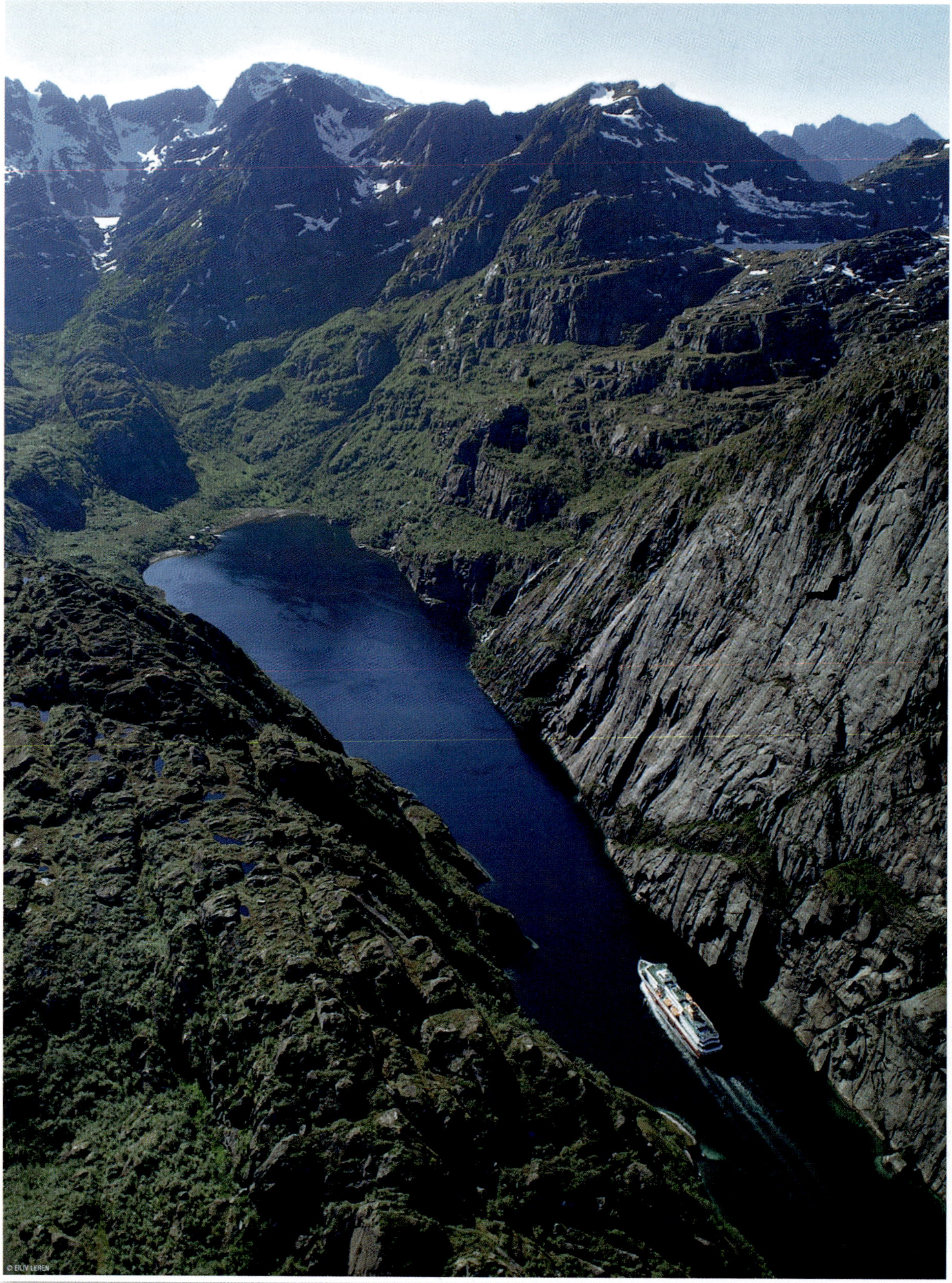

68°21'40"N   15°02'55"E   + 1 Std 51 Min ③

An BB vor **Ulvøya** die Orte **Tennstrand**, **Tennstrandnes** und **Langnes**.

Südlich von Ulvøya liegt die kleine Insel **Brakøya**, die beiden Inseln werden durch den kurzen **Lauksund** getrennt. Wir umrunden Brakøya, bevor wir in den berühmten Trollfjord hinein fahren. (Nur wenn im Frühjahr die Lawinengefahr vorüber ist und die Reederei ihre Zustimmung gibt, fährt das Schiff in den Trollfjord hinein.)

Der Handelsplatz **Lauksund** war früher eine Perle im Raftsund, ist heute aber verfallen. Im Krämerladen gab es alles, was ein Fischer brauchte, einschließlich Post-, Telegraphen- und Telephondienst.

Ab und zu fährt das Schiff durch den schmalen Sund zwischen dem nördlichen Teil von Ulvøya und dem Festland hindurch in den Trollfjord.

Wir befinden uns jetzt vor der Mündung des Trollfjords.

Der Abstecher in den **Trollfjord** gilt als Höhepunkt der Hurtigrutenreise. Der Fjord ist Norwegens beliebtestes Fotoobjekt. Er ist ein Seitenarm des Raftsundes, ca. 2,5 km lang, an der Mündung nur 100 m breit. Trolltindene (die Trollgipfel) ragen in den Himmel, einige fast 1000 m hoch. Am Ende des Fjords befindet sich ein kleines Wasserkraftwerk.

Der Trollfjord ist bekannt als Austragungsort der historischen „Schlacht im Trollfjord" im Jahre 1890. Diese Schlacht hat einen zentralen Platz in der Fischereigeschichte Norwegens. Johan Bojer hat sie in seinem Buch „Den siste viking" (Der letzte Wikinger) geschildert. Sie fand statt zwischen den traditionellen Fischern, die in offenen Booten, mit Rudern und Segeln betrieben, fischten und den Besitzern der neueren, größeren Boote mit Deck und Motor. Die Fischer mit der alten Ausrüstung empfanden es als ungerecht, dass einige weinige die Möglichkeit hatten, mit Dampfschiffen viel mehr Fische zu fangen als die vielen mit den kleinen Ruderbooten. Sie fürchteten auch, dass der Lärm der Motoren die Fische verscheuchen könnte, so dass sie ihre alten Laichplätze verlassen würden. Sie meinten, das hätte schwerwiegende Konsequenzen für die Zukunft der Fischerei.

Die Trollfjordschlacht wurde ausgelöst durch einen großen Heringsschwarm, der in den Trollfjord geschwommen war. Als die Fischer in ihren traditionellen Ruderboote den Fjord erreichten, fanden sie ihn abgesperrt von den motorbetriebenen Fischerbooten, die den anderen den Zugang zu den Heringen verweigerten. Die Fischer begannen zu kämpfen und zerstörten die Motorschiffe, weil sie meinten, die hätten da nichts zu suchen und vernichteten nur ihre Fanggründe. Schließlich gewannen die traditionellen Fischer.

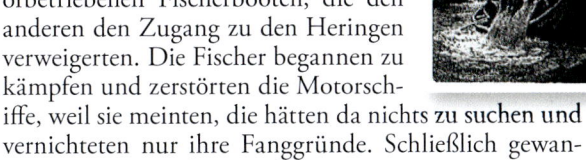

Am Ende des spektakulären Fjords wendet das Schiff „på en femøre" (auf einem Fünförestück), d.h. es muss - mit Hilfe seines Bugstrahls – auf engstem Raum sein Wendemanöver ausführen.

Überall im Lande gibt es Sagen, die sich an bestimmte geographische Orte knüpfen und die Entstehung der Landschaft erklären. Die folgende Sage erzählt, wie der **Trollfjord** und **die Svolværgeita** (Svolværziege) (S 159) bei Svolvær entstanden sind:

> „Vor vielen Tausend Jahren war der Trollfjord ein Binnensee mit dem Namen Trollsjøen (Trollsee). Eines Sommers, als es unverschämt viele Heringe bei den Vesterålen gab, machte sich auch Vågakallen in aller Eile mit seinem Boot auf, um an dem Fischreichtum Teil zu haben. Seine Kühe durften inzwischen laufen, wo sie wollten. So gelangten sie auf eine Weide am Trollsjøen, wo das Gras saftig und wohlschmeckend war. Aber diese Weide war den Kühen des einäugigen Hinnøyriesen vorbehalten. Eines Nachts, als die Tochter des Hinnøytrolls draußen war, um die Kühe zu melken, sah sie plötzlich zwei fremde Kühe. Sie sprang über den Raftsund, brüllte und fuchtelte mit den Armen und jagte die Kühe nach Westen. Dasselbe wiederholte sich die Nacht darauf, und als in der dritten Nacht nochmals dasselbe geschah, lief sie nach Hause und beklagte sich bei ihrem Vater.
>
> Der Hinnøytroll wurde böse, nahm in der Eile ein paar große Felsbrocken mit und machte sich auf den Weg, um dem Übel ein Ende zu bereiten. Er schlug die Steine aufeinander, so das die Funken sprühten und das Echo wie Donnergrollen zwischen den Bergen widerhallte. Die Kühe hörten den Lärm in der Ferne und rannten gen Westen. Der Hinnøykerl drohte mit der Faust hinter ihnen her und schwor, sollten sie noch einmal zurück kommen,

> würde er Hackfleisch aus ihnen machen. Es verging eine Woche, ohne dass die Kühe von Vågan sich am Trollsjøen sehen ließen.
>
> Doch plötzlich eine nachts kam das Mädchen in großen Sprüngen nach Hause gerannt und rief, dass die Kühe von Vågakallen wieder da wären. Da wurde der Troll derart wütend, dass er die größte Axt nahm, die er hatte, und zum Trollsjøen lief. Jetzt würde er diesem Schmarotzertum ein Ende machen. Doch als er sich dem Raftsund näherte, stolperte er über einen Bergrücken und schlug lang hin. Im Fallen traf er mit der Axt den Berg zwischen Raftsund und Trollsjøen mit solcher Wucht, dass die Schneide bis weit unter die Wasseroberfläche eindrang. Als er sich endlich aufrappelte, zog er die Axt heraus und das Wasser im Trollsjøen sank auf Meeresniveau. Damit war der Trollsjøen zu einem kleinen Fjordarm geworden, der später in Trollfjord umbenannt wurde.
>
> Vågakallens erschrockene Kühe waren längst verschwunden, als der Riese sich wieder gesammelt hatte. Das einzige, was er fand, war eine Ziege, die beim Axthieb durch einen Steinabschlag getötet worden war. In seiner Wut nahm er die tote Ziege und schleuderte sie ins Gebirge. Sie fiel in den Bergen von Svolvær nieder und ist längst zu Stein geworden. Heute trägt sie den Namen **Svolværgeita**."

Ca. 68°20'N 14°58'E
Wir passieren die Grenze zwischen den Gemeinden Hadsel und Vågan (S 155).

68°19'N 14°58'15"E + 2 Std 17 Min ④

Wir nehmen Kurs auf den nächsten Hafen, Svolvær. An SB der Ort Digermulen, an BB die Insel Stormolla.

Digermulen (330 Einw.), „Hauptstadt des Raftsundes" genannt, mit dem **Digermulkollen** (384 m ü M) im Hintergrund, ist das älteste Touristenziel der Lofoten. Am 1. Juli 1889 kam der deutsche Kaiser Wilhelm II zum ersten Mal nach Digermulen zu Besuch, was er später noch oft wiederholte. Er legte den Grundstein für den Lofoten-Tourismus. Andere gekrönte Häupter folgten. Im Jahre 1900 kam das erste Kreuzfahrtschiff, Digermulen wurde im Ausland bekannt. Nach dem 2. Weltkrieg ging der Tourismus nach Digermulen stark zurück.

Die Kirche von Digermulen hat man majestätisch auf einer Anhöhe mitten im Ort platziert. Schon 1900 wurde der Wunsch nach einer Kirche laut, doch erst 1951, nach der Bauzeit von einem Jahr, stand sie endlich da. Die achtseitige Kirche aus Beton hat 250 Sitzplätze.

Digermulens Besiedlung begann vor ca. 6000 Jahren, wie man archäologisch nachgewiesen hat. Auch die Wikinger hielten sich hier auf.

Vor uns und an BB sehen wir in der Ferne die Gebirgskette der Gemeinde Steigen auf der anderen Seite des Vestfjords. Am Ende des Vestfjords liegt die Stadt Narvik (S 144).

68°17'50"N 14°58'20"E + 2 Std 22 Min ⑤

Wir fahren in den Sund zwischen den großen Inseln Årsteinen an BB und Store Molla an SB.

Årsteinen (10,5 km², 530 m ü M) an SB ist nur durch einen schmalen Kanal von Hinnøya getrennt. Südlich der Insel gibt es eine Reihe Holme und Schären.

Store Molla oder **Stormolla** (34,4 km², 751 m ü M) an BB hat eine Fährstation in **Finnvik** an der Nordwestspitze, von wo aus eine Verbindung zu Digermulen auf Hinnøya, und damit zum Festland, besteht.

68°16'40"N 14°57'40"E + 2 Std 29 Min

Das idyllische Dorf **Ulvåg** an BB, südöstlich vom Höhenzug **Grønåsen** (629 m ü M) hat 20 Einwohner. Seit es 2002 auf einer Straße zu erreichen ist, hat das Dorf einen Aufschwung erlebt.

| 68°14'18"N   14°55'E   + 2 Std 38 Min |

Die Bucht **Gullvika** ist mit seinen geschützten Liegeplätzen ein beliebtes Ziel für Freizeitboote.

| 68°13'13"N   14°50'36"E   + 2 Std 44 Min ⑥ |

An der Südspitze der Insel, der Landzunge **Brettesnesnakken**, verändern wir unseren Kurs nach WNW und passieren den Ort **Brettesnes** an SB zwischen den Bergen **Løvnakken** und **Stor-Sveinen.**

Um die vorige Jahrhundertwende gab es eine ständige Schiffsroute Brettesnes-Bergen-Newcastle in England, die erste Schiffsverbindung zwischen Norwegen und England. Es wurden eine Schule und ein Kraftwerk in Brettesnes gebaut und in den 1870er Jahren die erste Heringsölfabrik Norwegens mit englischem Kapital gegründet. Die Fabrik arbeitete bis 1892, dann gab es eine Zeitlang kaum mehr Heringe. Später wurde die Fabrik von mehreren verschiedenen Besitzern mit wechselndem Erfolg betrieben. Am Ende des 20. Jh.s entstanden für die Fabrik ernsthafte Probleme, und im Jahre 1990 war endgültig Schluss. 100 Jahre lang war sie der Lebensnerv ihrer Umgebung gewesen, nun wurde sie aufgelöst, die Maschinen und alles Inventar verkauft und die Angestellten entlassen. Nur die Erinnerung an frühere Zeiten ist geblieben.

Im Jahre 2006 gab es nur noch 20 Leute, die ihren festen Wohnsitz in Brettesnes hatten. Dennoch ist der Ort bei weitem nicht tot. Die Häuser werden von den Besitzern oder ihren Nachkommen in stand gehalten. Im Sommer steigt die „Bevölkerungszahl" auf mehrere hundert. Die festen Einwohner halten das Dorf für den Rest des Jahres in gang, sorgen für den Laden, die Post, für Dorf, Straßen und Kais.

Im Dorf **Våtviken** hinter Brettesnes liegt eine Lachsfarm. Früher gab es hier eine Fährverbindung nach Svolvær. Die wurde 2001 durch eine Straße nach Finnvika und die Fähre von dort nach Digermulen auf Hinnøya ersetzt.

| 68°13'N   14°52'50"E   + 2 Std 48 Min |

Die kleine Insel **Lille Molla** oder **Litlmolla** (9,7 km²) an BB ist unbewohnt.

Wir setzen Kurs auf den nächsten Hafen, Svolvær auf den Lofoten. Vor uns die gezackten Gipfel von Austvågøya (S 155).

In Front der Flughafen von Svolvær, Helle, ein ziviler Kurzbahnflughafen, 1972 eröffnet, mit einer 800 m langen, asphaltierten Rollbahn.

Der Rest der Tagesetappe, einschließlich Svolvær, ist unter Tag 4 auf der Fahrt nach Norden beschrieben worden (S 154).

Das Hurtigrutenmuseum und MS „Finnmarken"

Der Verein des Hurtigrutenmuseums wurde 1989 gegründet mit der Absicht, in Stokmarknes ein Hurtigrutenmuseum einzurichten. 1993 wurde das Hurtigrutenmuseum eingeweiht, 100 Jahre, nachdem die Hurtigruten 1893 ihren Dienst aufgenommen hat. In den ersten Jahren war das Museum in der alten Direktionswohnung von „Vesteraalens Dampskibsselskab" in Stokmarknes untergebracht. 1994 übernahm das Museum das ehemalige Hurtigrutenschiff MS „Finnmarken" als Geschenk von „Ofotens og Vesteraalens Dampskibsselskab", einer der beiden Reedereien, die 2006 zur Hurtigruten Group ASA - 2007 in Hurtiruten ASA umgetauft - fusionierte. Das Schiff hatte von 1956 bis 1993 auf der Hurtigrutenstrecke seinen Dienst getan. Die Intension war, die „Finnmarken" an Land zu setzen und zu einem Teil des Museums zu machen. Ein Schutzgebäude sollte sie überdachen.

1999 zog das Hurtigrutenmuseum in das neu erbaute „Hurtigrutens Hus", das neben dem Museum auch noch das Kulturhaus, ein Hotel und ein Restaurant beherbergt. Das Museum beansprucht 600 m² in dem Gebäude. Die Sammlung besteht aus 3000 Objekten, 60% davon sind registriert. Das Museum enthält u.a. eine Ausstellung über die Umwelt, Fotografien, Schiffszeichnungen, Dokumente, Gemälde, Schiffsmodelle und historische Filme. Dazu kommt die an Land gesetzte MS „Finnmarken" und eine Kabinensektion des alten Hurtigrutenschiffes DS „Finnmarken", das 1912 gebaut wurde.

Die Stiftung „Hurtigruteskipet Gamle Finnmarken" wurde 1994 etabliert und hatte die Verantwortung für den Betrieb und die Instandhaltung des an Land gesetzten Hurtigrutenschiffes. Die Stiftung „Hurtigrutenmuseet" wurde 1999 gegründet und war für den Betrieb des Museums verantwortlich. Im Jahre 2005 fusionierten die beiden zu der Stiftung „Norsk Hurtigrutenmuseum BA", deren Ziele in acht Punkten festgehalten wurden, wobei das Hauptziel ist, Objekte zu sammeln und zu pflegen, die mit dem Betrieb der Hurtigruten an der norwegischen Küste in Verbindung stehen.

1999 wurde die MS „Finnmarken" an Land gesetzt. Zwei schräg gestellte Betonträger wurden vom Kai aus ins Meer gebaut, ca. 4 m tief bei Hochwasser. Die Betonträger waren so platziert, dass sie zu zwei „Schlitten" führten, die vorn und achtern am Rumpf der „Finnmarken" bei ihrem letzten Aufenthalt im Trockendock angeschweißt worden waren. Bei Hochwasser wurde das Schiff soweit angehoben, dass es die Träger erreichte. Als das Wasser wieder sank, blieb das Schiff auf den Trägern stehen. Mit Hilfe von Stahltrossen, die an den Schlitten befestigt waren, und mit hydraulischen Winschen wurde das Schiff an Land geholt, so dass es heute 1,5 m über normalem Hochwasser steht. Das Schiff ruht auf den Schlitten, die wiederum auf den Trägern lasten.

MS „Finnmarken" hat 2.189 BRT, ihr Rumpf ist 266 Fuß lang. Die Kabinenkapazität belief sich auf 205 Kojen, verteilt auf 63 in der ersten Klasse, 114 in der zweiten Klasse und 28 in variablen Kabinen. Das Zertifikat für kurze Strecken im Schutz der Schären erlaubte 585 Passagiere. Der Hauptmotor war ein 10 Zylinder MAN mit 2.960 PS, der bis zu 16,6 Knoten hergab.

Die Seefahrtsmuseen in Oslo und Bergen haben umfassende Ausstellungen über die Hurtigruten. Der Salon und eine Kabinensektion von DS „Finnmarken", gebaut 1912, befinden sich im Seefahrtsmuseum von Bergen.

Die Geschichte der Hurtigruten

Schon seit Jahrhunderten hatte es lebhaften Schiffsverkehr an der Küste zwischen Bergen und Nordnorwegen gegeben. Die „Reichsstraße Nr.1" führte damals übers Wasser (S 82). Vollbeladene Nordlandsboote brachten Fisch und andere Handelswaren in die Hansestadt Bergen und kamen mit Lebensmitteln und Luxuswaren zurück. 1838 setzte der Staat den ersten dampfgetriebenen Raddampfer „Prinds Gustav" in der Sommersaison zwischen Trondheim und Tromsø ein. Einige Jahre später folgte „Prinds Carl", ebenfalls ein Raddampfer. Beide verkehrten nur im Sommer. Bald darauf fuhren auch private Reedereien auf dieser Route.

Das Innenministerium sandte 1891 Angebotsgesuche aus, damit eine Expressroute auf dem Wasser für Passagier-, Fracht- und Posttransport zwischen Trondheim und Hammerfest eingerichtet würde. Keine Reederei lieferte ein Angebot ab. Ein Jahr später wiederholte das Innenministerium sein Angebotsgesuch mit genauer umrissenen Angaben. Die Route sollte einmal pro Woche in beiden Richtungen bedient werden und Post transportieren. Daraufhin entwarf Vesteraalens Dampskibsselskab ein Angebot und einen Vertrag mit dem Staat und bekam die Konzession für die Route. Der Eigentümer der Reederei, Kapitän Richard With, unterzeichnete einen Vierjahresvertrag mit dem Staat. Die Route sollte im Winter bis Tromsø und im Sommer bis Hammerfest fahren, mit neun Anläufen pro Saison. Zwei der großen Reedereien von damals, die Bergenske Dampskibsselskab in Bergen und die Nordenfjeldske Dampskibsselskab in Trondheim waren gefragt worden, ob sie diese Verkehrslinie bedienen wollten, schlugen das Ansinnen aber aus, weil sie die Fahrten in der Dunkelheit des Winters und bei Sturm für unmöglich hielten. Zu der Zeit gab es nur zwei unvollständige Seekarten für die Wasserstraße und nur 28 Leuchtfeuer nördlich von Trondheim.

Am 2. Juli 1893 legte DS „Vesteraalen" in Tronheim ab für ihre erste Tour, die den Namen „Hurtigruten" bekam, und erreichte nach 67 Stunden Hammerfest. Die Post, die vorher im Sommer einen Monat bis nach Tromsø gebraucht hatte und sogar fünf Monate im Winter, kam jetzt nach einer Woche an. Heute benötigen die Schiffe 41 Stunden und 15 Minuten für diese Strecke.

Dem Lotsen Anders Holte ist es zu verdanken, dass dies möglich war. Viele Jahre lang hatte er systematisch Aufzeichnungen über die Schiffsroute dieses Gebietes in sein privates Logbuch eingetragen. Mit Hilfe von Kompass und Uhr wusste er zu jeder Zeit, wo sich das Schiff befand, wo und wie Kursänderungen vorgenommen werden mussten. Er hatte das System Bei Tage entwickelt, es war aber auch bei Nacht und Nebel zu gebrauchen. 1888 waren der Schiffsreeder Richard With und der Lotse Anders Holte mit ihren Familien und mehreren Mannschaftsmitgliedern nach Bergen gezogen und hatten dort eine private Küstenschiffahrtslinie gegründet, hauptsächlich für Fracht, aber auch für einige Passagiere. Die Kenntnisse des Lotsen und seine Aufzeichnungen, in denen alle Kursangaben, Entfernungen und Fahrtzeiten lückenlos notiert waren, verschafften Richard With die Grundlage für die Fahrtroute zwischen Trondheim und Tromsø/Hammerfest. Es wurden Kurstabellen erarbeitet, die es ermöglichten, bei fast allen Wetterverhältnissen nach Kompass und Uhr zu navigieren. Nach dem ersten Winter zeigte es sich, dass die neu erworbene „Vesteraalen" (1891) im Winter annähernd dieselbe Pünktlichkeit einhielt wie im Sommer. Die Reederei hatte vor Etablierung der Route gründliche Arbeit geleistet. Zeitplan und Fahrtroute waren im Detail von Kapitän Richard With und Lotse Anders Holte ausgearbeitet worden.

Ein Jahr später erhielten die oben genannten Reedereien in Bergen und Trondheim gemeinsam die Konzession. Im Sommer 1894 nahm Schiff Nr.2 die Route auf und 1898 Nr.3, dieses war das erste, das von Bergen aus fuhr. Als 1898 der Vertrag erneuert werden sollte, reichten die drei Dampfschiffsgesellschaften gemeinsam ein Gesuch ein. Von 1898 bis 1907 bediente eine eigene Finnmarksroute die Strecke Tromsø – Hammerfest – Vadsø, und ab 1907 verkehrte eine zusammenhängende Route von Bergen nach Vadsø zweimal die Woche. Ab 1914 wurde die Strecke fünfmal pro Woche von Bergen nach Kirkenes bedient, ab 1929 sechsmal pro Woche und ab 1936 täglich in beiden Richtungen. Von diesen starteten fünf Reisen von Bergen aus, eine von Stavanger und eine von Trondheim. Erst ab 1953 begannen alle Touren in Bergen. Die Route bekam bald der Namen „Hurtigruten" und war ursprünglich als Postschiff mit einigen Passagieren gedacht, doch wegen des vielen Fisches, der entlang der Küste transportiert werden musste, bekam sie außerdem rasch den Status einer Frachtroute.

Die ersten Hurtigrutenschiffe hatten drei Passagierklassen. Sie waren dampfgetrieben und hatten eine offene Brücke. Der Komfort für die Passagiere und die Mannschaft wurde mit den Jahren verbessert, doch das erste Schiff mit Dieselmotor nahm erst nach dem 2. Weltkrieg seine Fahrt auf.

Als 1940 der 2. Weltkrieg in Norwegen ausbrach, stellte die Hurtigruten alle Fahrten ein. Einige Monate später nahm sie den Verkehr wieder auf. Im Laufe der Kriegsjahre gab es mehrere dramatische Schiffsuntergänge. Als erste lief DS „Prinsesse Ragnhild" im Oktober 1940 auf eine – vermutlich britische – Unterwassermine, 230-280 Menschen kamen dabei ums Leben, 150-200 davon deutsche Soldaten. Die nächsten großen Verluste betrafen die DS „Barøy" mit 107 Menschen an Bord, die im September 1941 von einem britischen Lufttorpedo im Vestfjord versenkt wurde, und die DS „Richard With", die von einem britischen U-Boot vor Havøysund, ebenfalls im September 1941 (S 197), torpediert wurde. Die Hurtigruten wurde zwar während der gesamten Dauer des Krieges aufrecht erhalten, doch nach diesem letzten schmerzlichen Verlust stellte sie den Verkehr nördlich von Tromsø ein. Es wurde eine Ersatzroute zwischen Tromsø und Hammerfest eingerichtet. Noch mehrere Schiffe wurden von den Alliierten versenkt, entweder auf Grund eines Missverständnisses oder wegen des Verdachts, das jeweilige Schiff könnte deutsche Truppen an Bord haben. Es war die Order ergangen, zivile norwegische Schiffe, die allein unterwegs waren, nicht anzugreifen, doch dieser Order wurde nicht immer entsprochen.

In den Nachkriegsjahren bekam die Hurtigruten immer mehr Konkurrenz durch ein ständig verbessertes Straßen- und Flugstreckennetz. Der Passagier- und Frachtverkehr entlang der Küste ging zurück. Die Schiffe waren inzwischen alt und unmodern. Die ersten neuen Schiffe wurden Ende der 1940er Jahre in Italien gebaut, finanziert durch den Klippfischexport, daher wurden sie oft „Italienschiffe" oder „Klippfischschiffe" genannt. Diese Runde der Erneuerung der Flotte war 1964 abgeschlossen.

Dann kam eine Zeit, in der man überlegte, ob die Hurtigruten sich auf Frachttransport oder Passagierverkehr konzentrieren sollte, oder ob man sie ganz einstellen sollte. Nach Genehmigung des Stortings (Parlaments) wurden 1982 drei neue Schiffe gebaut, die Hurtigruten sollte hauptsächlich auf den Frachttransport setzen. Die neuen Schiffe bekamen vorn ein großes offenes Deck und achtern einen starken Kran. Als man kapiert hatte, welches Potential die Hurtigruten als Passagierroute hatte, baute man diese Schiffe Ende der 1980ger Jahre um, die Kräne wurden entfernt und die Frachträume verkleidet. Am Heck wurde jeweils eine große Passagiersektion eingerichtet mit einem Aussichtssalon im obersten Stockwerk.

Ein neuer Schiffstyp, bei dem der Komfort für Passagiere Vorrang vor der Frachtkapazität erhielt, wurde in den Jahren 1994-2002 gebaut, berechnet für Passagiertransport und Tourismus. Eine in der Mitte platzierte Ladeöffnung auf einer Seite und eine angemessene Ladekapazität machten die Hurtigruten zu einer kombinierten Fracht- und Passagierroute. Ein Teil der Schiffe wurde 2005 so umgebaut, dass sie weniger, aber größere Kabinen bekamen.

Viele der größeren norwegischen Küstenreedereien waren mal an der Hurtigruten beteiligt, die meisten sind mit der Zeit eingegangen. Im Jahre 2006 taten sich die beiden Reedereien OVDS (Ofotens og Vesteraalens Dampskibsselskab) und TFDS (Troms Fylkes Dampskibsselskab) zusammen zur „Hurtigruten Group ASA" mit Hauptkontor in Narvik. Im Mai 2007 wurde der Name in „Hurtigruten ASA" umgewandelt.

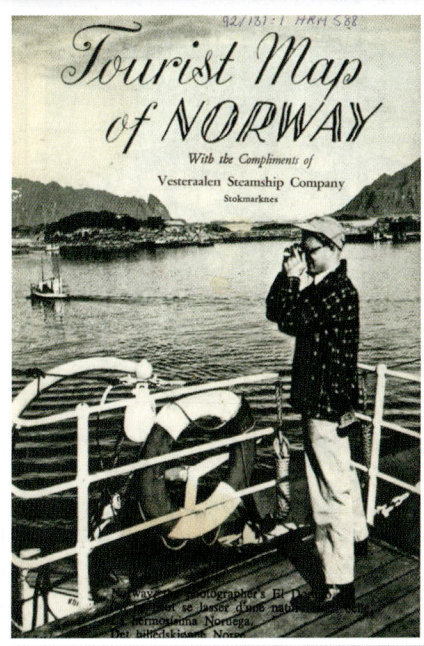

TAG 10

Bodø, Ørnes, Nesna, Sandnessjøen, Brønnøysund und Rørvik

Im Laufe der Nacht haben wir die Häfen **Bodø** in der Gemeinde Bodø (S 139, S 137), (67°17'N 14°21'30''E, 0130-0400 Uhr) und **Ørnes** in der Gemeinde Meløy (S 130, S 125), (66°52'06''N 13°42'E, 0650-0715 Uhr) passiert.

Wir befinden uns im **Nordland** fylke (Provinz Nordland) (S 160).

Das Schiff fährt weiter nach Nesna + 0 Std 00 Min

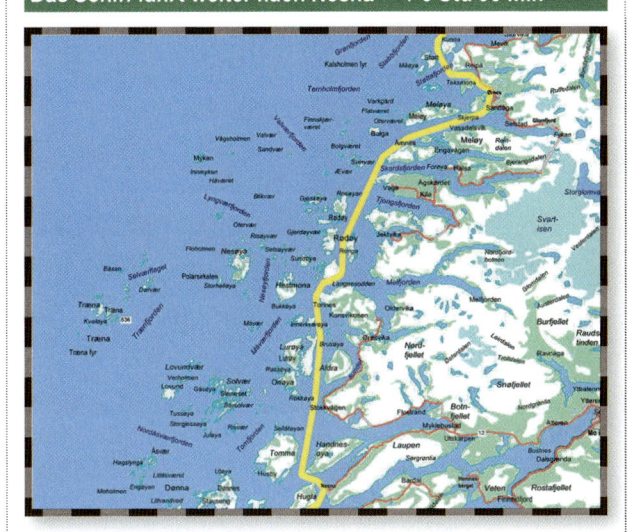

Das Schiff hat den alten Handelsplatz **Ørnes** hinter sich (S 139). An SB die Insel **Messøya** (S 129), an BB wird gleich nach Abgang der Gletscher **Glombreen** sichtbar. Wir verlassen den Sund **Eidet** und fahren in den **Meløyfjord**.

66°50'N 13°40'E + 0 Std 10 Min ①

Hinter der langen, schmalen Landzunge **Glomneset** an BB kreuzen wir die Mündung des **Glomfjords** mit der Industriestadt **Glomfjord** (S 129). An BB voraus das Dorf **Vassdalsvik** (S 129) mit Fährverbindung zur Insel **Bolga**, zur Fährstation **Meløysund** auf **Meløya**, nach **Ørnes** und zum Dorf **Valla**. Hinter **Messøya** an SB die kleine Insel **Skjerpa** (275 m ü M), danach **Meløya** (21,8 km², 582 m ü M) (S 126). In der Ferne die Insel **Bolga** mit ihrer charakteristischen Form.

66°48'30''N 13°27'E + 0 Std 29 Min

An BB vor uns das Dorf **Jetvika** auf der Insel **Grønnøya** mit ihrem Kiefernwald an der Küste (S 127). Im Sommer legt das Schiff vor Jetvika einen Stopp ein, um Passagiere auszubooten, die mit einem Lokalboot einen Ausflug zum Gletscher Svartisen machen möchten (S 127). An Jetvika knüpfen sich viele Sagen und Geschichten. Der Holandsfjord führt an den Svartisen heran (S 125).

An SB der Berg **Meløytinden** (582 m ü M), dann der Ort **Meløy** mit der Meløy Kirche (schwer zu erkennen hinter den Bäumen). Insel, Ort und Kirche haben eine interessante Geschichte (S 126).

Auf Grønnøya an BB folgt die größere Insel **Åmnøya** mit ihren Felszeichnungen (S 126).

Vor und an SB die Insel Bolga.

66°47'40''N 13°22'42''E + 0 Std 40 Min ②

An BB das Dorf **Åmnes** und die spitzen Berge **Skardstinden** (648 m ü M) und **Snødalstinden** (640 m ü M) (S 126).

Vor uns an SB die Insel **Bolga** (2,4 km²). Der Berg **Bolgtinden/Bolgbørra** (338 m ü M) hat, wie der berühmte **Torghatten** (S 325) weiter südlich an der Helgelandsküste, ein Loch, das ganz durch den Berg hindurch geht. Eine weiter Attraktion auf der Insel ist der Steinblock **Ruggestein**. Der bewegliche Koloss wiegt mehr als 60 t und ist so ausbalanciert, dass man ihn leicht mit einer Hand um 10 cm bewegen kann.

Das Fischerdorf **Bolga** (ca. 141 Einw.) liegt am Schiffahrtsweg auf der äußersten bewohnten Insel in der Gemeinde Meløy. Hier gibt es einen Bootsslip, eine mechanische Werkstatt und eine der größten Fischzuchtanlagen dieses Landesteils. Es finden Festivals statt und die lokalen Luftsportaktivitäten wie Hang- und Paragliding. Fährverbindung zum Festland.

Die Schären und kleinen Inseln südwestlich von Bolga gehören zu der Inselgruppe **Bolgværet**. Es heißt, es seien 365 Inseln, für jeden Tag des Jahres eine.

| 66°45'45"N | 13°13'32"E | + 0 Std 54 Min |

Wir fahren am Dorf **Åmnøyhamna** an BB vorbei, danach am **Skardsfjord**, von dort ist es möglich, den Svartisen zu sehen. Wir befinden uns im Rødøyfjord.

| Ca. 66°44'N | 13°12'E |

Wir passieren die Grenze zwischen den Gemeinden Meløy und Rødøy.

Die Gemeinde Rødøy

Bedeutung des Gemeindewappens: Bezieht sich auf den Berg Rødøyløva in Motiv und Farbgebung.
Bedeutung des Namens: Der erste Teil kommt von raud, rød, rot und weist auf rotes Gestein hin.
Gemeindezentrum: Gjerøy (-).
Position: 66°40'N 13°03'E. **Areal:** 712 km².
Einw.: 1.376. **Bevölkerungsdichte:** 1,93 Einw./km².
Arealverteilung: Landw. 1 %, Forstw. 11 %, Süßwasser 3 %, verbleibendes Areal 85 %.
Wirtschaft: Fischerei am wichtigsten. Fischereiflotte aus kleineren Booten. Kleine Fischersiedlungen. Moderne Gefrieranlagen. Krabbenbetrieb. Fischzucht. Lachsschlachterei. Landwirtschaft mit Haustierhaltung an Rindern, Schweinen und Hühnern. Bootsslip, mechanische Werkstatt. Nahrungsmittelindustrie.
Sehenswertes: Der Fischerort Myken. Die Inselgruppe Svinvær. Die Insel Selsøya.
Website der Gemeinde Rødøy: www.rodoy.kommune.no

Die Inselgruppe **Svinvær** an SB ist eine Gruppe kleiner Inseln und Holme, von denen **Svinvær** (73 m ü M) die größte und gleichzeitig einer der ältesten Handelsplätze an der Helgelandsküste ist. Archäologische Funde weisen darauf hin, dass hier schon seit der Steinzeit gesiedelt wird (S 83). Ab 1620 betrieb dieselbe Familie von Generation zu Generation den Krämerladen und Branntweinhandel, bevor 1850 der Handelsplatz auf einer Auktion verkauft wurde, weil er nicht mehr länger mit anderen Plätzen, die in günstigerer Lage sich entwickelt hatten, konkurrieren konnte. Der jetzige Besitzer und seine Familie wohnen hier seit 1879. Die alten Gebäude sind 1958 abgebrannt, aber wieder aufgebaut worden. Svinvær war auch eine Zeit lang der Gerichtsort der Umgebung.

Zu Svinvær gehören ca. 60 Inseln und Holme, viele von ihnen mit guter Ackererde, wo man früher Landwirtschaft betrieben hat. Die Seevögel gaben den Bewohnern zusätzliches Einkommen in Form von Eiern und Daunen.

M/S „Skramstadt" wurde 1925 in Hamburg gebaut und hatte 4.300 BRT. „Skramstad" war im Oktober 1943 unter deutschem Kommando mit 850 deutschen Soldaten auf dem Weg nach Narvik, als sie von alliierten Flugzeugen bei Rødøya angegriffen wurde. Das Schiff geriet in Brand, aber der Mannschaft gelang es, es bei Svinøya auf Grund zu setzen, wo es ausbrannte. Man weiß nicht, wie viele Soldaten umkamen, doch die meisten konnten sich retten.

Draußen im Meer, ca. 32 km vom Festland entfernt, liegt auf der äußersten von Hunderten kleiner Inseln in der Gemeinde Rødøy der Fischerort **Myken**. Im Jahre 2003 wohnten nur 20 Menschen auf der Insel, die immerhin die größte in einer Gruppe von 40 Inseln und Holmen ist. Fisch war früher die Hauptnährungsquelle, besonders Skrei (geschlechtsreifer Dorsch) und Hering. Im Herbst 1915 sollen bis zu 1.500 Fischer an der Heringsfischerei rund um Myken teilgenommen haben. Heute ist Myken die einzige Fischersiedlung, die in der Region übrig geblieben ist. Hier wird der Fisch angelandet, bevor er nach Jektvik am Festland weiter geschickt wird. Im Sommer werden in den gut erhaltenen, alten Gebäuden viele Kurse abgehalten. Es gibt eine Schnellbootverbindung zum Festland.

Das Myken Feuer liegt auf einer kleinen Insel vor Myken. Es ist ein Leitfeuer auf einem niedrigen Turm aus Holz, 1918 aufgestellt. Das Licht steht 40,3 m ü M, die Reichweite beträgt 16,8 n. M., seit 1975 ist es automatisiert und unbemannt. Seit dem Jahre 2000 wird es als Kulturdenkmal geschützt.

| 66°43'30"N | 13°11'24"E | + 1Std 04 Min ③ |

An BB passieren wir die Landspitze **Sleipnesodden**, den äußersten Punkt zwischen dem **Skardsfjord** an BB, der sich als Holandsfjord in den Svartisen hinein fortsetzt, und dem **Tjongsfjord** (17 km lang) in Front mit dem Ort **Vågaholmen**. Die höchsten Berge sind der **Rismålstinden** (699 m ü M) und der **Kjølen** (841 m ü M). In der Ferne sehen wir an BB den Gletscher Svartisen.

> Die 241 BRT große D/S „Narvik" wurde im März 1944 vor Sleipnesodden angegriffen und versenkt. Das Schiff war als Fischereifahrzeug in Aberdeen in Schottland gebaut, dann mehrmals umgebaut und verlängert worden und fuhr während des Krieges als kombiniertes Fracht- und Passagierschiff auf der Route Narvik – Trondheim. Es war das britische U-Boot „Syrtis", das die „Narvik" torpedierte, so dass sie schnell sank mit ihrer 16-köpfigen Mannschaft und 9 Passagieren. 16 Menschen kamen um, 9 wurden gerettet.

Die bekannte und sagenumwobene Insel **Rødøya** (die Rotinsel)(8,2 km²) mit dem Berg **Rødøyløva** (der Rotinsellöwe) vor uns an SB. Mit seinem Gipfel von 443 m ü M mitten auf der Insel ist Rødøyløva seit undenklichen Zeiten ein Erkennungszeichen auf dem Schifffahrtsweg. Von Süden aus gesehen sieht der Berg aus wie ein liegender Löwe oder wie eine ägyptische Sphinx. Ein Teil des Löwen besteht aus dem rötlichen Gestein Serpentin, das dem Rødøyløva seinen Namen gegeben hat. Der rote Löwe ist das Modell für das Gemeindewappen von Rødøy.

Es wird behauptet, wenn Tromsø das Paris des Nordens ist, dann ist Rødøya sein Hawaii! Die Insel spielt eine Rolle in der Sage um die „sieben Schwestern" (S 315).

66°40'N   13°07'32"E   + 1 Std 18 Min   ④

An BB passieren wir den Ort **Værnes** an der Spitze der Halbinsel zwischen dem **Tjongsfjord** und **Værangen** mit dem Ort **Jektvika** am äußeren Ende des **Værangerfjords**. Auf der Halbinsel erheben sich die Berge **Værnestinden** (688 m ü M) und **Værangtinden** (665 m ü M).

Die Hauptkirche von Rødøy mit dem Pfarrhof liegt auf der Südspitze von Rødøya an SB. Rødøy ist eine der ältesten Kirchenorte der Umgebung, deren Geschichte bis ins Mittelalter zurück reicht (S 83). Der heutige Kirchenbau stammt von 1885, eine Kombination aus Kreuzkirche und Oktogon.

Auf Rødøy folgt die kleine Insel **Flatøya**, dann **Gjerdøya** (9,3 km², 168 m ü M) an SB mit ca. 130 Einwohnern. Gjerdøya ist die größte Insel der Gemeinde.

In Front an BB gegenüber Gjerdøya liegt die Insel **Renga** (190 m ü M) mit ihrem charakteristischen Höhenzug diagonal über die Insel. Die Hurtigrute fährt normalerweise zwischen den Inseln hindurch.

66°35'28"N   13°04'E   + 1 Std 39 Min

An SB die Insel **Rangsundøya** mit dem Berg **Rangsundtuva** (267 m ü M).

Westlich von Rangsundøya liegt die kleine **Selsøya**, vom Schiff aus nicht zu sehen, mit dem Selsøyvik Handelsplatz aus dem 18. Jh., dem ältesten seiner Art in Norwegen und noch heute in Betrieb. Der Hauptwirtschaftszweig auf der Insel ist Lachszucht. Es besteht eine Brückenverbindung zur Insel Rangsundøya.

| 66°35'15"N 13°04'33"E + 1 Std 40 Min ⑤

An BB, hinter der Landnase **Telnes** und dem Berg **Telnestinden**, sieht man die Mündung des **Melfjords**. Der Melfjord teilt sich im Innern in den **Nordfjord,** der von sehr steilen Felswänden begrenzt wird, und den **Melfjordbotnen**. Den Mjelfjord und seine Fortsetzung als Nordfjord nennt man „die Antwort Nordnorwegens auf den Geirangerfjord". Der **Sørfjord** (30 km lang) geht in südöstlicher Richtung hinter der Landnase **Langnesodden** ins Land hinein.

| 66°33'N 13°02'37"E + 1 Std 49 Min ⑥

Das Schiff hat seinen Kurs geändert und fährt nun an BB am Fuß des **Tonnesfjells** (471 m ü M) entlang.

Die Insel **Hestmona** oder **Hestmannøya** liegt vor uns an SB. Im Norden und Osten ist die Insel flach und moorig. Der Polarkreis auf 66°33'N führt über den nördlichen Teil der Insel. Dasselbe tut die Grenze zwischen den Gemeinden Rødøy und Lurøy. Die Insel ist seit der Steinzeit besiedelt, Hauptnahrungsquelle ist Landwirtschaft. Es besteht Fährverbindung zu den Nachbarinseln und zum Festland.

Viele Sagen knüpfen sich an die Berge an der Helgelandsküste, Hestmona/Hestmannøya (die Pferdemanninsel) ist eine von ihnen. (Siehe Sage von den „sieben Schwestern", S 315). Auf der Insel gibt es einen Berg namens **Ambota,** benannt nach einem Trollweib (571 m ü M). Der Volksmund sagt: „Ambota wendet ihr Angesicht gen Norden, das lange Haar hängt nach Süden herab. **Hestmannen** (der Pferdemann) zieht Ambota an den Haaren und ist niemals richtig nett zu ihr gewesen."

| 66°32'N 12°58'42"E + 1 Std 57 Min

An SB passieren wir den Holm **Vikingen** (der Wikinger). Auf ihm steht ein stilisierter Globus aus Metall, der den Polarkreis markiert. Den vorigen Polarkreisglobus blies im Januar 2006 der Orkan Narve davon. Im Dezember desselben Jahres stand sein Nachfolger auf dem Holm. Er ist beleuchtet und von der Hurtigrute aus sichtbar, so dass man weiß, wann man den Polarkreis kreuzt.

Mit dem Polarkreis überqueren wir auch die Grenze zwischen den Gebieten mit und ohne Mitternachtssonne bzw. Dunkelzeit (S 161).

Hestmona passieren wir an SB und den Berg **Skagfjellet** (246 m ü M) an BB. Das Dorf **Tonnes** liegt südlich des Skagfjellet mit der Grotte **Tonneshulen**. Wir befinden uns im **Måsværfjord.**

Wir bewegen und nun durch ein Inselreich, in dem es schwer ist, sich zu orientieren wegen der unzähligen Inseln, Holme und Schären.

Draußen im Meer, westlich von Hestmona, liegt die Inselgemeinde **Træna**.

Die Gemeinde Træna

Bedeutung des Gemeindewappens: Symbolisiert Fisch.
Bedeutung des Namens: Vom nordischen thrion, vermutlich im Zusammengang mit der Zahl "tre", drei, vielleicht die drei Gipfel auf der größten der Inseln.
Gemeindezentrum: Træna (363 Einw.).
Position: 66°30'N 12°06'E.
Areal: 16 km². **Einw.:** 453.
Bevölkerungsdichte: 28,3 Einw./km².
Arealverteilung: Landw. 1 %, Forstw. 0 %, Süßwasser 0 %, verbleibendes Areal 99 %.
Wirtschaft: Fischerei mit kleinen Booten, die Inseln liegen in fischreichen Gewässern. Lokal- und Saisonfischerei. Fischindustrie mit großen Betrieben für Fischveredelung. Bootsslip und mechanische Werkstatt. Etwas Landwirtschaft mit Schafhaltung. Strom kommt durch ein Seekabel vom Festland. Schnellbootverbindung zwischen Træna, den anderen Inseln und dem Festland.
Sehenswertes: Die Insel Sanna und der Höhle Kirkhelleren.
Website der Gemeinde Træna: www.trana.no

Die Gemeinde **Træna** gilt als die wohl außergewöhnlichste aller Inselgemeinden an der norwegischen Küste. Der Polarkreis geht durch sie hindurch. Die größte Insel **Sanna** (3 km²) hat schroffe Berge, der höchste, der **Trænstaven** (336 m ü M) ist eine bekannte Landmarke für Seefahrer. Die archäologischen Trænafunde wie Häuser-, Gräber- und Höhlenfunde weisen eine Besiedlung von der Steinzeit bis ins Mittelalter nach (S 83). In der Höhle **Kirkhelleren** auf Sanna wurde eine 3,5 m dicke Kulturschicht gefunden, die bis in die Jungsteinzeit zurück geht. Die Höhle ist 45 m tief, 20 m breit und 30 m hoch und war die Wohnstätte für Jäger und Sammler in der Steinzeit. Die Siedlungsreste auf Sanna gehören zu den ältesten, die man jemals in Norwegen gefunden hat.

Das Træna Feuer steht auf einem Holm, 1877 errichtet, ein Haus aus grauem Gestein mit einem eisernen Turm. Das Licht hat eine Höhe von 36,7 m und eine Reichweite von 17,0 n. M., 1974 wurde es automatisiert.

Ca. 66°30'40''N   12°58'E
Wir passieren die Grenze zwischen den Gemeinden Rødøy und Lurøy.

Die Gemeinde Lurøy

Bedeutung des Gemeindewappens: Illustriert die Wichtigkeit der Küste und der Fischerei.
Bedeutung des Namens: Vom nordischen ludr, Stock, wegen des spitzen Lyrøyberges auf Lyrøya (spitz wie ein Stock).
Gemeindezentrum: Lurøy (336 Einw.).
Position: 66°25'N   12°51'E.
Areal: 262 km². **Einw.:** 2.028.
Bevölkerungsdichte: 7,74 Einw./km².
Arealverteilung: Landw. 3 %, Forstw. 9 %, Süßwasser 3 %, verbleibendes Areal 85 %.
Wirtschaft: Fischerei sehr wichtig, meist mit kleinen Booten. Lokal- und Lofotfischerei. Fischzucht. Wenig Weiterverarbeitung. Landwirtschaft auf großen Flächen im Innern der Gemeinde. Milch- und Fleischproduktion. Die Hälfte der Höfe liegt auf Inseln. Mechanische Industrie auf die Fischwirtschaft ausgerichtet. Etwas Holzwarenindustrie. Bootsverbindung zwischen den Inseln und zum Festland.
Sehenswertes: Das Heeresküstenfort von Grønsvik. Der Pfarrhof von Lurøy. Die Insel Lovund.
Website der Gemeinde Lurøy: www.luroy.kommune.no

In der Gemeinde Lurøy soll es 1.372 Inseln geben.

66°30'N   13°00'E   + 2 Std 05 Min

Wir befinden uns im **Kvarøyfjord**. Vor uns an SB die kleine, flache Insel **Innerkvarøya,** westlich davon die bergigere **Ytterkvarøya**. Hier hat man einen reichen Grabfund mit Waffen, Schmuck und Gebrauchsgegenständen aus der Zeit 600-800 n. Chr. gemacht.

An BB passieren wir viele kleine Holme vor dem Dorf **Konsvikosen**, danach die Bucht **Kvina** und die Landzunge **Valen** nordwestlich des Berges **Okstinden** (791 m ü M).

66°28'N   12°58'E   + 2 Std 14 Min   ⑦

Wir fahren in den **Stigfjord,** vorbei an der verhältnismäßig flachen Insel **Stigen** (13,5 km²) und dem Berg **Stigen** (380 m ü M) an SB.

Hinter Stigen liegt die Insel **Lurøya** mit dem Berg **Lurøyfjellet** (685 m ü M). Auf der Westseite der Insel steht die Lurøy Kirche, eine schöne Kreuzkirche von 1812, die 1997 als Kulturdenkmal der Gemeinde ausgewählt wurde. Hier hat es schon seit dem 14. Jh. eine Kirche gegeben. Auch der Pfarrhof von 1827 steht unter Denkmalschutz. Das Gut Lurøy liegt nahe der Kirche und hat den am besten bewahrten Renaissancegarten von Nordnorwegen aus dem 18. Jh. und einen Landschaftsgarten nach englischem Vorbild aus dem 19. Jh..

Die Insel **Aldra** (24 km²) sehen wir an BB mit den Bergen **Aldertinden** (737 m ü M) und **Hjarttinden** (967 m ü M). An der Nordspitze der Insel liegt das Dorf **Stuvland**, an der Südspitze **Hjart**.

Der **Aldersund** trennt Aldra vom Festland. Die Festlandsberge jenseits des Aldersundes sind von Norden aus folgende: **Okstinden** (791 m ü M), **Rundtinden** (947 m ü M), **Strandtindan** (1.173 m ü M).

An BB passieren wir die Südspitze von Aldra an der südlichen Mündung des Aldrafjords, danach die Höhenzüge **Nonstinden** (995 m ü M) und **Stordalstinden.**

Die Insel **Onøya** (7,7 km²) ab SB südlich von Stigen. Südlich von Onøya die beiden kleinen Holme **Sjonøya** und **Rokkøya**.

66°21'N   12°57'35''E   + 2 Std 42 Min   ⑧

Das **Grønsvik** Heeres-Küstenfort an BB auf dem Festland wurde von deutschen Truppen im Zeitraum 1942 bis 1945 als Teil des deutschen Atlantikwalls gebaut und war seit Herbst 1942 betriebsbereit. Es sollte den Verkehr auf dem Schifffahrtsweg kontrollieren, besonders den zur Industriestadt Mo i Rana. Es waren höchstens jeweils 200 deutsche Soldaten und 100 Kriegsgefangene auf der vorgeschobenen Anhöhe stationiert. Das Fort wurde nach dem Krieg zum großen Teil zerstört, die Kanonen eingeschmolzen und die Bunker abgerissen.

Heute ist das Heer-Küstenfort zum Teil wieder restauriert und zu einem Museum umfunktioniert worden mit Ausstellungen über den Krieg im allgemeinen und über das Küstenfort im besonderen. Außerdem gibt es eine Ausstellung über Omega, das weltweite Navigationssystem für amerikanische U-Boote, das von 1966 bis 1997 in Betrieb war. Die einzige norwegische Station für dieses Navigationssystem befand sich im Aldersund.

An BB am Fuße der Berge Nonstinden/Stordalstiden (955 m ü M) liegt das Dorf **Selnes**.

66°19'N   12°56'E   + 2 Std 51 Min   ⑨

Vor uns an SB die Insel **Tomma**, östlich davon die Insel **Dønna**.

Weiter draußen in der norwegischen See liegt die Inselgruppe Solvær und die Insel Lovund**.**

Die **Solværinseln** sind eine Gruppe kleiner, flacher Inseln, einige von Fischern bewohnt. Das Gestein, aus dem sie bestehen, ist zumeist Marmor.

Die Insel **Lovund** (4,9 km²) mit dem Berg **Lovundfjell** (623 m ü M) befindet sich westlich der Solværinseln. Die größte Attraktion der Insel ist der Vogelfelsen **Lundeura** südlich vom Lovundfjell, von dem erzählt wird, dass jedes Jahr, pünktlich am 14. April, 70.000 Papageitaucher gleichzeitig ankommen, um hier zu brüten. Im August verlassen die Vögel die Insel wieder (S 217). Auf Lovund wird Lachs gezüchtet. Etwas nördlich davon liegt die Inselgruppe **Lovundvær**.

Der Fjord **Sjona** (26 km lang) öffnet sich an BB, an seiner Nordseite erhebt sich der Berg **Pollatindan** (1.019 m ü M), an der Südseite der **Stokkatinden** (599 m ü M) auf der Insel **Handnesøya**, am Ende des Fjords der Berg **Botnfjel**l (737 m ü M).

Wir passieren die Grenze zwischen den Gemeinden Lurøy und Nesna.

Die Gemeinde Nesna

Bedeutung des Gemeindewappens: Gibt eine stilisierte Nase wieder.
Bedeutung des Namens: Vom nordischen Nesnar, abgeleitet von nes, Nase, im Sinne einer Landnase.
Gemeindezentrum: Nesna (1.194 Einw.).
Position: 66°12'N 13°00'E.
Areal: 183 km², **Einw.:** 1.801.
Bevölkerungsdichte: 9,8 Einw./km².
Arealverteilung: Landw. 8 %, Forstw. 23 %, Süßwasser 1 %, verbleibendes Areal 68 %.
Wirtschaft: Landwirtschaft mit Milchproduktion. Schafhaltung. Fischerei nicht mehr so wichtig, etwas lokaler Fischfang. Fischzucht. Bootsbauerei. Metallindustrie. Nahrungsmittelindustrie. Steigender Tourismus.
Website der Gemeinde Nesna:
www.nesna.kommune.no

66°18'N 12°55'43"E   + 2 Std 55 Min

Die Nordspitze von **Tomma** (47,3 km²) passieren wir an SB. Der Berg **Tomskjelven** (922 m ü M) ragt vor uns auf. Diese Insel ist die größte in der Gemeinde Nesna. Auf der Westseite gibt es mehrere Höhlen und Grabhügel. Die Mehrheit der Inselbewohner lebt im Dorf **Husby** an der Südwestspitze. Hier befindet sich auch der Husby Hof, ein großes, altes Gut.

An BB die Insel **Handnesøya** (34,4 km²), der Berg **Stokkatinden** (599 m ü M) erhebt sich mitten auf der Insel. Die Bebauung konzentriert sich auf die schmalen Strandflächen im Südosten und Westen.

Wir kreuzen den Sund zwischen den Inseln **Tomma** und **Handnesøya**. In der Mitte von Tomma an SB liegt das Dorf **Forsland,** im Nordwesten von Handsøya an BB das Dorf **Handstein.**

An der Südspitze von Handnesøya, beim Dorf **Handnes**, setzen wir Kurs auf unseren nächsten Hafen, **Nesna.** Der Hof **Handnesgården** hat Wurzeln, die bis in die Steinzeit zurück reichen, in der Eisenzeit und in der Wikingerzeit war er Häuptlingssitz (S 83, S 123), in neuerer Zeit Handelsplatz und Gerichtshof.

An SB passieren wir die bergige Insel **Hugla** (17,8 km²) mit dem Berg **Hugltinden** (624 m ü M) als höchste Erhebung. Die Bebauung befindet sich hauptsächlich im Südosten bei Nesna. Wir kommen an einem Industriegebiet mit großen Tanks vorbei, wo Lachsabfälle verarbeitet werden. Das Endprodukt, Öl und Fett aus dem Abfall, wird in große Tanks gepumpt.

Das Schiff legt am Kai in Nesna an

Das Schiff legt für einen kurzen Aufenthalt am Kai des Gemeindezentrums **Nesna** (1.194 Einw.) an. Nesna ist eine alte Schulstadt, schon seit 100 Jahren. Klokkargarden ist wohl Norwegens ältestes Schulhaus, und die Hochschule in Nesna ist Nordnorwegens älteste Institution für eine höhere Ausbildung, sie hat 1.200 Studenten und 130 Mitarbeiter. Von 1918 bis 1994 war sie als Nesnas Lehrerhochschule bekannt und hat den Ort in entscheidendem Maße geprägt.

Die Nesna Kirche ist eine Kreuzkirche aus Holz von 1879. Der Dichterpriester Petter Dass (S 318) war Kaplan in einer der früheren Kirchen von Nesna von 1672 bis 1689.

In Nesna gibt es heute eine moderne Marina und eine größere Schweißerwerkstatt, die nach Maß gearbeitete Produkte aus Stahl und Aluminium für Kunden im In- und Ausland herstellt.

Das Schiff fährt weiter nach Sandnessjøen + 0 Std 00 Min

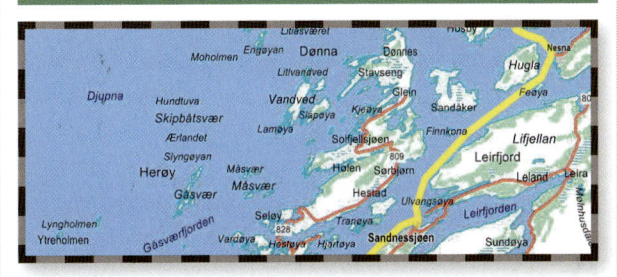

Beim Verlassen des Fjords haben wir die Insel **Hugla** an SB, wir fahren zwischen ihr und der kleine Insel **Feøya** hindurch. Voraus an BB sehen wir Leirfjord mit der lang gestreckten Bergkette Lifjellan.

An SB die Dörfer **Vik** und **Ytterhus** auf Hugla.

Ca. 66°08'N   12°51'E

Wir passieren die Grenze zwischen den Gemeinden Nesna und Leirfjord.

Die Gemeinde Leirfjord

Bedeutung des Gemeindewappens: Symbolisiert Land- und Forstwirtschaft.
Bedeutung des Namens: Nordischer Fjordname, Leiri, Lehm, vom Flußnamen Leira.
Gemeindezentrum: Leland (563 Einw.).
Position: 66°04'N 12°56'E.
Areal: 444 km². **Einw.:** 2.156.
Bevölkerungsdichte: 4,85 Einw./km².
Arealverteilung: Landw. 5 %, Forstw. 14 %, Süßwasser 2 %, verbleibendes Areal 79 %.
Wirtschaft: Landwirtschaftsgemeinde. Milchproduktion. Etwas Forstwirtschaft. Wenig Fischerei, nur in der Saison. Fischzucht. Fischveredelung. Industrie in Verbindung mit Fischverarbeitung. Mechanische Werkstatt. Fabrikation von Holzbooten.
Website der Gemeinde Leirfjord:
www.leirfjord.kommune.no

Die Gemeinde Leirfjord liegt im Gegensatz zu den vorherigen Inselgemeinden am Festland.

Wir fahren durch den äußeren Teil des **Ranafjords** (68 km lang), der sich in nordöstlicher Richtung ins Land hinein schneidet. Der äußere Teil ist von steilen Felswänden begrenzt, im Innern wird das Land etwas fruchtbarer. Der Ort **Hemnesberget** (1.247 Einw.) liegt ungefähr in der Mitte des Fjords, an seinem Ende die Industriestadt **Mo i Rana** (17.942 Einw.).

An BB sehen wir das charakteristische Lovundgebirge auf der Insel Lovund (S 308).

An BB passieren wir die Gemeinde Dønna.

Die Gemeinde Dønna

Bedeutung des Gemeindewappen: Die Brandung, die an den Strand rollt.
Bedeutung des Namens: Von nordischen dundre, donnern, gemeint ist das Donnern der Brandung.
Gemeindezentrum: Solfjellsjøn (-).
Position: 66°07'N 12°28'56''E.
Areal: 193 km². **Einw.:** 1.528.
Bevölkerungsdichte: 7,92 Einw./km².
Arealverteilung: Landw. 9 %, Forstw. 5 %, Süßwasser 3 %, verbleibendes Areal 83 %.
Wirtschaft: Wenig Industrie. Aufzucht von Lachs, Dorsch und Heilbutt. Lachsveredelung. Fabrikation von Frischfisch, gefrorenem Fisch, Lutefisk (gelaugter Dorsch). Holzwarenfabrik.
Sehenswertes: Das Gut Dønnes.
Die Kirche von Dønnes.
Hinweis auf Aktivitäten: Bjørnsmartnan.
Website der gemeinde Dønna:
www.donna.kommune.no

66°08'40''N 12°51'40''E + 0 Std 20 Min ①

Die Insel **Løkta** (17,4 km²) passieren wir an SB. Das **Sandåkerfjell** (238 m ü M) ist die höchste Erhebung auf der Insel.

Im Ort **Hov**, im Norden von Løkta, wurden 1981 Reste einer kreisförmigen Anlage von Hofgebäuden gefunden, datiert in die Merowinger-/Wikingerzeit (S 83). Die Analge ist strategisch günstig platziert in der Nähe der Mündung des Ranaflusses, mitten im Schiffahrtsweg, und außerdem nahe an den besten Ackerböden. Es wird vermutet, dass die Anlage Teil eines Machtzentrums gewesen ist, vielleicht eines Häuptlingssitzes. Verhältnismäßig reich ausgestattete Gräber aus der älteren Eisenzeit sind in der Umgebung gefunden worden, einige davon Bootsgräber, d.h. der Tote ist mit seinen Beigaben in ein Boot gelegt worden, das man dann mit Erde zugeschüttet hat. Drei größere runde Grabhügel von ca. 26-28 m Durchmesser und bis zu 3 m Höhe hat man ungeöffnet gelassen, obendrein gibt es Reste eines 40 m langen Grabes. 1963 fand man fünf 20-30 m lange Bootschuppen, die durchaus für Langboote gepasst hätten.

Der Name Hov steht für einen heidnischen Tempel. Es handelt sich wahrscheinlich um ein religiöses Zentrum aus vorchristlicher Zeit, und zwar aus der jüngeren Eisenzeit (S 83). Der Phallus von **Glein** auf der Insel **Dønna**, auf der anderen Seite des Sundes Skipsfjord, kann auch damit zusammen hängen, ebenfalls die Kirche von Dønnes nördlich von Glein.

Wir befinden uns im Fjord **Ulvangen**, an SB der Berg **Sandåker**. Im Dorf **Kopardal** an der Südwestspitze von Løkta gibt es Branntweinkeller von 1790, eine echte Rarität.

66°07'N 21°46'E + 0 Std 30 Min ②

Den Holm **Finkona** passieren wir an SB, die Dörfer **Fagervika** und **Naustholmen** unterhalb der Gebirgskette **Lifjellan** an BB.

Dønna (137 km²) ist die größte Insel der Gemeinde Dønna, sie ist meist verhältnismäßig flach und moorig, außer im Süden. Die Insel ist ein attraktives Jagdgebiet für Rotwild und Niederwild und ein ebensolches Angelgebiet. Die Insel blickt auf eine reiche und stolze Geschichte zurück. Von der Völkerwanderungszeit bis ins 20. Jh. war sie ein Macht- und Kulturzentrum, wovon viele Kulturdenkmäler zeugen.

Im Ort **Dønnes,** im Nordosten der Insel, liegt der Dønnes Hof oder das Dønnes Gut, zu seiner Zeit Nordnorwegens größter Landbesitz. Es erstreckte sich von Salten im Norden bis nach Namdalen im Süden, zusammen mehr als 500 Höfe, dazu noch große Gebiete an Wildmark. Alle Höfe wurden später verkauft.

Das Gut wurde im 11. Jh. zum ersten Mal erwähnt, als der königstreue Häuptling Grankjel hier mit seiner Familie wohnte. Um das Jahr 1024 wurde seinem Sohn die Hälfte von Helgeland von König Olav Haraldsson (dem Heiligen) zur Verwaltung überlassen. Grankjel und seine Familie lagen im Streit mit dem Häuptling Hårek auf Tjøtta, etwas weiter südlich an der Helgelandsküste (S 319). Der Streit endete damit, dass Grankjel und viele seiner Männer von Hårek vom Feuer eingeschossen und verbrannt wurden. Als Hårek viele Jahre später den regierenden König in Trondheim besuchte, war Grankjels Sohn auch gerade dort anwesend. Er rächte seinen Vater, indem er Hårek mit einer Axt den Schädel spaltete. Nach dieser Untat herrschte jahrelang ein erbitterter Kampf zwischen den beiden Häuptlingsgeschlechtern.

Um das Jahr 1200 wurde Dønnes erneut in Schriftquellen erwähnt, als der wohlhabende Pål Vågeskalm, Sysselmann (eine Art Regierungsbeamter) von Alstahaug, dort wohnte. Er hatte wahrscheinlich die Kirche von Dønnes als seine private Kapelle gleich neben seinem Hof erbauen lassen. Ursprünglich war sie einschiffig aus grauem Gestein erbaut worden, die Ecken aus zugehauenem Speckstein. Auch seine Nachkommen waren reich und mächtig und die Besitzer des Gutes Dønnes bis 1273. Da kam der damalige Besitzer auf einer Pilgerreise ins Heilige Land ums Leben. Der neue Besitzer gehörte dem Bjarkøy-Geschlecht an (nördlich von Harstad, S 166). Das Gut Bjarkøy kam später durch Vererbung an den Besitzer des Gutes Dønnes, genau wie das Gut Giske bei Ålesund (S 73). Damit waren die Ländereien der drei mächtigsten Geschlechter Norwegens im Gut Dønnes unter Erling Vidkunnson Dønnes vereinigt. 1323 wurde Erling zum Reichsverwalter Norwegens ernannt und regierte damit praktisch das ganze Land. Seine mächtigen und wohlhabenden Nachkommen waren die nächsten Eigentümer. 1490 übernahm eine Frau die Nachfolge des Gutes Dønnes, nach ihrem Tod geriet das Gut und auch ein Teil des Gutes Bjarkøy an ihren Verwandten Erik Ottesen Rosenkrantz, den Lehnsherren von Bergenhus und Erbauer des Rosenkrantzturmes. Die nachfolgenden Eigentümer gehörten der Familie des dänischen Adligen Frantz Rantzau an. Das Gut blieb bis 1651 in der Familie Rantzau, dann wurde es verkauft. 1679 kaufte P. C. Tønder das Gut und machte es zum Stammsitz seiner Familie. Im Laufe der 1720er Jahre brannte das Gut zweimal ab, wurde aber wieder aufgebaut. 1751 entstand durch Heirat eine Verbindung des Gutes zum Coldevin-Geschlecht. In der Zeit wurde das Hauptgebäude zu einem Viereck aus vier Häuser umgebaut. 1796 kaufte das Missionskollegiat die Privatkirche. 1892 brannte das Haupthaus ab, dabei ging viel wertvolles Inventar verloren.

Das Gut Dønnes blieb bis 1803 in derselben Familie, dann übernahmen tüchtige, vorausschauende Landwirte das Gut, mit neuen, wissenschaftlich fundierten Ideen über Ackerbau und Viehzucht, Getreideanbau und die Nutzung von Maschinen. Der neue Besitzer war der erste in Norwegen, der sich einen Traktor anschaffte, das war im Jahre 1908. Seine umfassenden Veränderungen in der Bewirtschaftung des Gutes brachten ihn schließlich in Schwierigkeiten, so dass er 1916 den Hof verkaufen musste. Die Familie des damaligen Käufers besitzt das Gut heute noch.

Die Dønnes Kirche hat ihren Platz im Nordosten der Insel, 2006 wurde sie zu Norwegens schönster Kirche erklärt. Im 12. Jh. als Privatkirche für das Gut Dønnes gebaut, ist sie eine von drei erhaltenen Mittelalterkirchen in Helgeland, die zwei anderen stehen in Nord-Herøya (S 317) und Alstahaug (S 319). Sie ist aus Stein und hat eine einzigartige Architektur. Am Ende des 17. Jh.s bekam sie einen Anbau, der als Grabkammer der Familie fungierte. Es handelt sich um das größte und am besten bewahrte Mausoleum in Norwegen mit 22 Särgen der Familie auf Dønnes. 1860 baute man die Kirche um, aber in den 1960er Jahren stellte man den ursprünglichen Zustand wieder her. In der Kirche befinden sich viele Kulturschätze.

In **Glein**, südlich der Dønnes Kirche, in der Nachbarschaft von **Hov** (wahrscheinlich ein alter Opferplatz), auf der Insel Løkta auf der anderen Seite des Sundes, liegt der wohl größte Grabhügel von Nordnorwegen mit einem Durchmesser von 35 m und einer Höhe von ca. 5 m. Man datiert ihn in die Römer- oder Völkerwanderungszeit (S 83) und hat ihn in mehreren Anläufen ausgegraben. Auf dem Grabhügel steht Nordeuropas größter Phallus aus Stein, und zwar aus weißem Marmor, 89 cm hoch und 50 cm im Durchmesser, wahrscheinlich in der Völkerwanderungszeit entstanden. In der nordischen Sagenliteratur kann man nachlesen, dass es in heidnischer Zeit üblich war, an Grabhügeln Opfer darzubringen. Der weiße Phallus ist ein Machtsymbol, das mit Fruchtbarkeit und Verehrung des nordischen Gottes Njord – dem Gott der Fruchtbarkeit, des Reichtums und der Schifffahrt – in Zusammenhang gebracht wird (S 163). Die Beobachtung, dass diese Art von Steinen auf Grabhügel gestellt wurde oder dass man später an diesen Orten Kirchen baute, wird dahin gehend gedeutet, dass solchen Steinen eine beschützende Kraft zugeordnet wurde.

Auf der Landzunge **Gleinsneset** bei Glein hat man ein Gräberfeld aus der Eisenzeit gefunden. Man hat die 21 Gräber nach Ausgrabung offen gelassen, damit man den Aufbau erkennen kann.

Der Berg **Dalvågsfjellet** (379 m ü M) bildet die südöstliche Ecke der Insel Dønna. Dahinter liegt das Dorf Bjørn mit Fischzuchtanlage und Fischveredelungsbetrieb. Fährstation.

66°04'32''N   12°40'E   + 0 Std 44 Min   ③

In **Bjørn** wurde früher der jährliche Markt Bjørnsmartnan, Norwegens größter Küstenmarkt, abgehalten. Auf dem Gelände des ehemaligen Marktes hat man Münzen gefunden, und zwar norwegische, schwedische und russische aus dem 16. Jh., Bjørnsmartnan wurde auf königlichen Beschluss 1754 eröffnet. Zur Mittsommerzeit gab es rühriges Leben mit Handel und Tausch und vielen kulturellen Veranstaltungen in Form von italienischer Musik, zur Schaustellung seltener Tiere, besonders großer und kleiner Menschen, Karussells und Zirkus. In seiner Glanzzeit um 1870 herum kamen bis zu 3.000 Zugereiste, auch Ausländer, besonders Schweden und Finnen, zu dem Markt. Ein Großbrand 1889 legte 160 Häuser in Schutt und Asche, das war die Hälfte aller Häuser in Bjørn. Der Markt wurde offiziell 1882 aufgehoben, setzte sich aber bis 1939 als Handelstreffen fort. 1981 nahm man die alte Tradition mit dem kulturellen Angebot wieder auf und legte das Hauptgewicht auf das Volksleben und die Küstenkultur. Das Arrangement findet jedes zweite Jahr Anfang Juli statt.

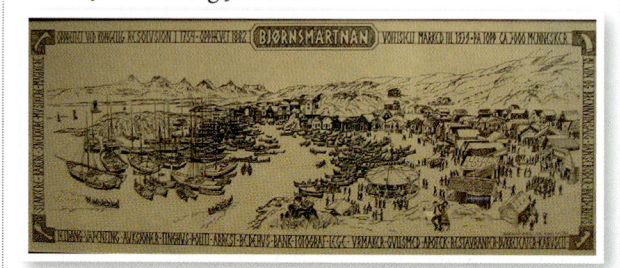

Man vermutet, dass die Vorläufer des Bjørnsmartnan die alten Thingversammlungen waren. Bjørn war die Gerichtsstätte, wo die Steuern beglichen, Bußgelder eingefordert und Streitigkeiten geschlichtet wurden. Die Insel war ein geeigneter Treffpunkt für die Küstenbewohner mit einem guten Hafen und strategisch günstig gelegen. Es gab nur wenige, die das ganze Jahr dort wohnten, was ein Vorteil war, wenn der Lärm dort am stärksten tobte.

Auch an der Westseite von Dønna, die man vom Schiff aus nicht sieht, gibt es Kulturhinterlassenschaften. Im Ort **Nordvik**, mitten auf der Insel, befindet sich der wohl älteste bewahrte Handelsplatz Nordnorwegens, dessen Geschichte bis ins 17. Jh. zurück reicht. Von diesem Handelplatz aus fuhren Schiffe mit Fisch nach Bergen und er hatte eine Gasthauslizenz. In seiner Blütezeit um 1880 herum standen 16 Häuser auf dem Platz. Die Nordvik Kirche, die man wegen des Handelsplatzes dort gebaut hatte, wurde 1871 vollendet.

Der Norden von **Dønna** besteht aus lang gestreckten Landzungen und Feuchtgebieten. Hier liegt das Naturreservat Altervatn, wo unzählige Vögel brüten.

Im Nordwesten der Insel liegt **Rølvåg**, der Geburtsort des Schriftstellers Ole E. Rølvaag (1876-1931). Der Sohn von Fischer-Bauern wanderte als 20jähriger nach Amerika aus und wurde einer der berühmtesten Einwandererschriftsteller der USA.

Westlich von Dønna finden wir die Insel **Vandved**, umgeben von vielen weiteren Inseln. Vandved hat ca. 60 Dauereinwohner. Die Insel ist verhältnismäßig flach, Hauptternährungsgrundlage ist Fischzucht.

Die kleine Inselgruppe mit dem verlassenen Dorf **Åsvær** liegt weit draußen in der norwegischen See, auf einer der Insel steht das Åsvær Feuer von 1876. Der eiserne Turm ist 18,5 m hoch, das Licht 24,5 m ü M, die Reichweite des Lichtes beträgt 15 n. M., seit 1980 ist es automatisiert und unbemannt. 2000 wurde es unter Schutz gestellt.

An BB haben wir die Dörfer **Naustholmen, Forneset** und **Løkvika** an der Spitze von **Angerneset** passiert. Die schmale, lange Halbinsel **Ulvangsøya** ragt in den Fjord hinein. Zwischen Ulvangsøya und der nächsten langen Landnase, **Leinesodden,** führt der schmale **Melsfjord** in nordöstlicher Richtung.

Wir nähern uns **Sandnessjøen**. Im Hintergrund ragt die berühmte Bergkette der „sieben Schwestern" auf.

An SB die Insel **Skorpa** vor Dønna.

Die Helgelandsbrücke an BB verbindet die Nordspitze der Insel **Alsta** mit **Sandnessjøen** auf dem Festland in der Gemeinde Leirfjord. Die Brücke ist eine der größten Schrägstrebenbrücken der Welt mit einem Hauptspannelement von 425 m und einer Gesamtlänge von 1.131 m. Die Turmhöhe beträgt 127 m. Die offizielle Eröffnung fand 1991 statt.

Ca. 66°02'N   12°38'E
Wir passieren die Grenze zwischen den Gemeinden Leirfjord und Alstahaug.

Die Gemeinde Alstahaug

Bedeutung des Gemeindewappens: Die Felsformation „Die sieben Schwestern" und ihr Spiegelbild im Meer.
Bedeutung des Namens: Vom nordischen Alastarhaugr, erster Teil der Inselname Alost (jetzt Alsten), Aalgrund, ein Tabuname für das Meer, zweiter Teil der Hofname Haug, Hügel.
Gemeindezentrum: Sandnessjøen (5.716 Einw.).
Position: 66°01'N 12°38'E.
Areal: 215 km². **Einw.:** 7.398.
Bevölkerungsdichte: 34,31 Einw./km².
Arealverteilung: Landw. 6 %, Forstw. 10 %, Süßwasser 1 %, verbleibendes Areal 83 %.
Wirtschaft: Landwirtschaft mit Milch- und Fleischproduktion. Wiesen und Weiden. Anbau von Kartoffeln, Getreide und Gemüse. Fischerei hat wenig Bedeutung.
Sehenswertes: Das Petter Dass-Museum. Die Kirche von Alstahaug. Kriegsgräberfelder. Tjøtta.
Website der Gemeinde Alstahaug: www.alstahaug.kommune.no

Dies ist eine Inselgemeinde mit 917 größeren und kleineren Inseln.

Das Schiff legt am Kai in Sandnessjøen an

Wir erreichen **Sandnessjøen** an der Nordwestspitze der Insel **Alsta** (153 km²). Alstens westlicher Teil hat flache, landwirtschaftlich bebaute Strandflächen. Im Osten ragen die Berge „der sieben Schwestern" empor. Im Südwesten liegt der bekannte Kirchenort Alstahaug. Sandnessjøen erlebte einen Aufschwung in den 1870er Jahren, als Telegraph, Bank und Dampfschiffsgesellschaft sich hier etablierten. Die Hurtigrute begann 1891, den Ort regelmäßig anzulaufen, und die Gemeindeverwaltung wurde 1899 von Søvik bei Alstahaug nach Sandnessjøen verlegt. 1999 bekam der Ort Stadtstatus. Er ist das Service- und Kommunikationszentrum des Distriktes. Hier befinden sich Fischindustriebetriebe, Meierei, die Versorgungsbasis für die Ölindustrie vor der Helgelandsküste und der Helgeland Industriepark, der Offshore-Konstruktionen, Stahlbrücken und vieles mehr produziert.

Wie wir aus der Egils-Saga wissen, war der Wikinger Torolv Kveldulvsson ein Gefolgsmann Harald Hårfargres (Harald Haarfarbe wird in Deutschland „Schönhaar" genannt) und Onkel des Skalden (Dichter/Sänger) Egil Skallagrimsson, der von Tjøtta stammte (S 319). Von einem Freund, der in der Schlacht von Hafrsfjord bei Stavanger fiel, ungefähr im Jahre 885, übernahm Torolv sowohl den Hof Torget bei Brønnøysund (S 324) als auch die Ehefrau des Freundes, Sigrid.

Torolv und Sigrid zogen später in Sigrids Heimat Sandnesgården, das heutige Sandnessjøen, und erlangten große Macht in dieser Gegend. Torolv wurde auch das Recht übertragen, die „Finnensteuer" für den König einzutreiben, also Steuern und Abgaben, die die Samen der Nordkalotte der Regierung zu entrichten hatten. Torolv war der erste Nordnorweger, von dem man weiß, dass er Trockenfisch exportiert hat. Um 875 schickte er seine Leute in den Handelsort Vågan auf den Lofoten (S 156) zum Skreifischen und fuhr dann mit dem Fisch nach England. Die Egilssage erzählt, dass er „Skrei und Häute und Hermelinfelle an Bord bringen ließ" und das Schiff gen Westen nach England fahren ließ, „um Kleider und andere Dinge, die er benötigte, kaufen zu können". Torolv und Sigrid besaßen ein Eiergebiet (S 333), das ihnen Eier und Daunen lieferte, wichtige Handelswaren mit langer Tradition. König Harald Hårfargre verlor mit der Zeit das Vertrauen in Torolv Kveldulvsson und ließ ihn um das Jahr 900 herum töten. Sigrid heiratete später den Häuptling von Tjøtta (S 319). Es wird berichtet, dass Torolvs Nachkommen zu den Wikingern gehörten, die sich später in Island niederließen.

Man findet heute keine Reste mehr von Sandnesgården. Eine Kirche soll hier gestanden haben, die 1768 nach Stamnes in den Süden auf der Insel verlegt wurde (S 316).

Erst 1899 wurde Sandnessjøen das Verwaltungszentrum der Gemeinde, als dieses von Søvika bei dem Kirchenort Alstahaug hierher verlegt wurde (S 316).

Das Schiff fährt weiter nach Brønnøysund + 0 Std 00 Min

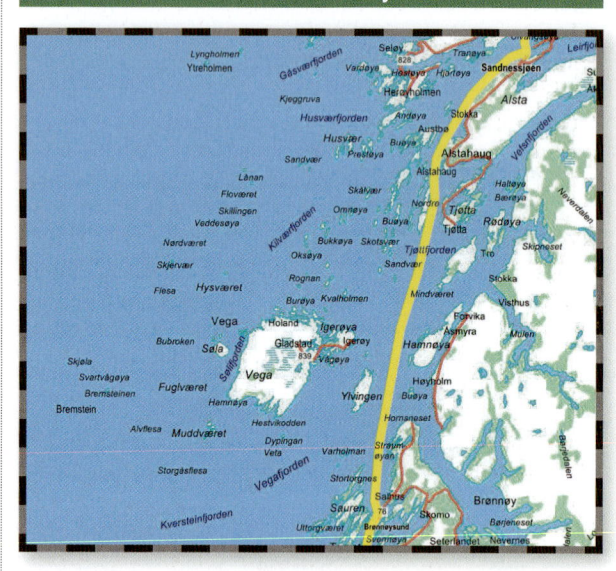

Von Sandnessjøen aus fahren wir wieder in den Fjord **Ulvangen** hinein. Vor uns, noch vor Dønna, liegt die Insel **Skorpa** (224 m ü M), dahinter das Dorf **Hestad**. Auf Dønna sehen wir an SB die Berge **Høgtuven** (736 m ü M) und weiter südlich **Dønnamannen** (858 m ü M), der seinen Namen daher erhalten hat, weil der Berg aus der Ferne aussieht wie ein liegender Mann, der seine Hände über dem Bauch gefaltet hat. Von Nordosten aus gesehen gleicht der Berg dem Profil eines Männergesichtes.

66°00'50"N   12°34'E   + 0 Std 12 Min

An SB passieren wir die kleinen Inseln **Lauvøya** und **Tranøya** vor dem **Dønnessund** zwischen **Dønna** und **Nord-Herøy**.

An BB die Bebauung von Sandnessjøen.

An BB werden uns für eine länger Strecke „die sieben Schwestern" begleiten. Zusammen mit andren bekannten Bergen an der Nordlandsküste erzählen sie eine dramatische Sage.

Die Sage von der Bergkette „Die sieben Schwestern" ist eine der bekanntesten, die sich an die norwegische Bergwelt und Natur knüpft. Sie geht folgendermaßen:

Weit im Norden in **Hålogaland** saßen zwei alte Kerle jeder auf seiner Seite des **Vestfjords** und starrten sich böse an. Sie waren nicht gerade Freunde, denn jeder wollte der größte sein. Und sie waren von unterschiedlicher Gemütsart, denn der eine war Bergbewohner, der andere Seemann. Im Westen saß **Vågakalle** auf seinem hohen Thron, eintausend Meter über dem Meer bei **Henningsvær**. Die ganzen **Lofoten** waren sein Reich und auch der **Vestfjord** mit seinen gewaltigen Schwärmen von Millionen und Abermillionen Dorschen. Um **Vågakalle** herum ragten wilde Gipfel auf, und hoch und mächtig blickte er über sein Bergreich und das Meer. Jahrtausende hindurch hat er Sturm und Brandung und Thors Hammer getrotzt, und er nahm sich immer, was ihm gefiel.

Quer über den **Vestfjord** auf **Landego** saß **Landegomøya** und starrte zu **Vågakalle** hinüber, der ihr heimlicher Geliebter war. Er hatte ein Kind mit ihr, obwohl sie eigentlich mit **Blåmann** verlobt war. Sie hatte sich total in **Vågakalle** verguckt und blickte ständig gen Norden, voller Sehnsucht nach ihm. In der Morgensonne sah sie seinen Purpurmantel, und in der Abendsonne schimmerte seine goldene Krone auf seinem Kopf. Vågakalles einziger Sohn hieß **Hestmann** (Pferdemann), weil er immer auf einem Pferd saß. Er war ein ungezogener, wilder Geselle, und nach einem Streit mit seinem Vater lief er von zu Hause fort und ließ sich zusammen mit **Svolværgeita** (Svolværziege) im **Svolværgebirge** nieder. Er wuchs seinem Vater über den Kopf. Es war nicht ratsam, dem wilden **Hestmann** zu nahe zu kommen.

Im Osten saß der alte **Sulitjelmakerl** an der Reichsgrenze und sah sich in seinem Königreich um. Er war König über riesige Hochflächen, Urlandschaften mit Wäldern und Seen. Manchmal schmunzelte er in seinen Bart, weil niemand außer ihm wusste, dass sich unter den Bergen zu seinen Füssen unglaubliche Werte an Kupfererz und anderen begehrten Metallen verbargen. Über eins waren sich die beiden Alten auf jeden Fall einig, dass nämlich die Jugend nicht mehr zu bändigen war. Der **Sulitjelmakerl** hatte sieben Töchter, die ihm jeden Tag das Leben sauer machten. Schließlich wusste er sich keinen anderen Rat mehr als sie nach **Landego** zu bringen, wo **Landegomøya** als Pflegemutter fungieren sollte, und dann engagierte er aus dem Süden noch eine gefällige Gouvernante oder Nenntante mit Namen **Lekamøy**, die auf die wilden Mädchen aufpassen sollte. Hier hatten die sieben Schwestern es angenehm und friedlich im Sonnenschein, und des nachts sah das Nordlicht auf die Idylle herab.

Aber eines nachts saß **Hestmann** auf seinem Berg bei **Svolvær**. Mit seinen scharfen Augen blickte er quer über den **Vestfjord** nach **Landego**. Er sah **Lekamøy** und die sieben Schwestern, die draußen im Meer badeten. Da stieg ein leidenschaftliches Gefühl im **Hestmann** auf, er war sofort Feuer und Flamme. Die 150 km über den **Vestfjord** waren eine Kleinigkeit für ihn. Er schwang sich in voller Rüstung aufs Pferd, warf den Umhang um die Schultern und gab dem Pferd die Sporen. Der Helmbusch flatterte im Wind, als er nach Süden jagte, und die Irrlichter im Moor knisterten wie die Funken von den Pferdehufen. Aber noch mehr funkelten **Hestmanns** Augen, und **Lekamøy** sah, welche Gefahr da heran stürmte. Sie erkannte, dass hier weder Gebete noch Widerstand helfen würden. Deshalb sammelte sie die sieben Schwestern um sich, und die ganze Schar floh in wilder Jagd gen Süden. **Rodøyløven** (der Rotinsellöwe) lag auf seinem Platz am Eingang zum **Saltenfjord**, er hob den Kopf und lauschte angestrengt und voller Verwunderung auf das merkwürdige Tosen und Brausen von Norden her. Aber die sieben Töchter von **Suitjelma** berieten sich untereinander und meinten, es wäre eigentlich dumm, vor so einem Kavalier zu fliehen. **Hestmann** war ja ein ansehnlicher Galan. Daher warfen die sieben Schwestern ihre Umhänge ab, und aus denen wurde die Insel **Dønna**. Dann stellten sich die sieben Schwestern in einer Reihe bei **Alsten** auf und machten sich so begehrenswert und einladend zurecht, wie es nur irgend ging. Zuerst kam **Botnkrona**, die jüngste und schlankste, dann **Grytfoten**, dann **Skjeringen**, dann die **Tvillingene** (die Zwillinge), dann **Kvasstinden** und am weitesten südlich **Breitinden** mit ihrem unehelichen Kind im Nacken.

Die Abenteuerlust leuchtete allen sieben aus den Augen, doch sie hätten sich gern ihre Anstrengungen sparen können, denn **Hestmann** hatte nicht das geringste Interesse an ihnen, er war hinter **Lekamøy** her. Die stürmte weiterhin gen Süden, und als sie

Tjøtta erreichte, warf sie die Backrolle, Rührlöffel und Teigwender von sich und jagte wie mit Siebenmeilenstiefeln schneller und schneller gen Süden. Als **Hestmann** erkannte, dass er sie nicht einholen würde, ging der Zorn mit ihm durch. Er spannte den Bogen und schoss einen Pfeil auf sie ab.

Doch in den Bergen unten bei **Brønnøy** saß noch ein weiterer Hüne und amüsierte sich königlich über die ganze Vorstellung. Als er den Pfeil kommen sah, warf er seinem Hut in dessen Flugbahn. Indem der Pfeil den Hut durchschlug, fiel der Hut herab und wurde zum **Torghatten** mit dem Loch drin. **Lekamøy** warf sich über die Grenze nach **Trøndelag** und war gerettet.

Aber genau in diesem Moment stieg die Sonne über der Landschaft auf, denn die Frühlingsnächte sind kurz in Nordland, und alle Trolle erstarrten und wurden zu Stein, wo sie gerade standen. Und so werden sie da stehen, bis die Erde untergeht: **Lekamøy** auf **Leka**, **Torghatten** bei **Brønnøysund**, die **sieben Schwestern** auf **Alsten**, der **Hestmann** in **Lurøy**, der **Rødøylöwe** bei **Rødøy**, **Landego** bei **Bodø**, der **Suitjelmagipfel** an der Reichsgrenze und **Vågakalle** auf seinem hohen Sitz überm **Vestfjord**. Die Backutensilien, Backrolle, Teigwender, Rührlöffel und eine Portion Teig, stehen als Bautasteine auf Tjøtta."

Die Berge an BB mit ihren Höhenangaben sind in der Reihenfolge von Norden aus: **Botnkrona** (1.072 m ü M), **Grytfoten** (1.019 m ü M), **Skjæringen** (1. 037 m ü M), **Tvillingene** (945 und 980 m ü M), **Kvasstinden** (1.010 m ü M) und **Stortinden** (910 m ü M). Das Gebirge besteht aus Granit und wurde von Gletschern geformt, die sich in den Eiszeiten zwischen den Berggipfeln hindurch geschoben haben. Die Bergkette ist seit undenklichen Zeiten eine Landmarke.

Die Orte an der Küste vor der Bergkette sind: **Stamnes** mit der Kirche, **Urda, Porsmoen, Sørnovika, Stokka** mit Flugplatz, **Lund** und **Søvika**.

Ca. 66°00'N 12°30'E

An BB passieren wir die Gemeinde Herøy.

Die Gemeinde Herøy

Bedeutung des Gemeindewappen: Symbol einer Bootsmannschaft.
Bedeutung des Namens: Erster Teil sicherlich herr, Herr, wohl Schiffsherr, „Versammlungsplatz für die Flotte".
Gemeindezentrum: Silvalen (671 Einw.).
Position: 65°58'24''N 12°17'43''E **Areal:** 62 km².
Einw.: 1.739.
Bevölkerungsdichte: 28,05 Einw./km².
Arealverteilung: Landw. 8 %, Forstw. 3 %, Süßwasser 2 %, verbleibendes Areal 87 %.
Wirtschaft: Fischerei in der näheren Umgebung, auf Fischbänken, bei den Lofoten und vor Finnmark, hauptsächlich mit kleineren Booten. Fischannahme. Fischveredelung. Mechanische Werkstatt und Bootsslip. Hafenbetriebe. Wenig Landwirtschaft.
Sehenswertes: Die Kirche von Herøy. Das Bauernmuseum von Herøy. Der Hof Nord-Herøy.
Website der Gemeinde Herøy:
www.heroy.kommune.no

66°00'N 12°31'E + 0 Std 16 Min ①

An SB sehen wir die kleine Insel **Hjartøya**, dahinter **Nord-Herøya** (8,9 km²), die größte Insel in der Gemeinde Herøy, südwestlich davon die Insel **Sør-Herøya**.

Der Hof Nord- Herøy gård war einst einer der Großhöfe der Gegend, ein Krongut, ab 1618 der Wohnsitz des

Vogtes. Jahrhunderte lang war der Hof im Besitz verschiedener bekannter und wohlhabender norwegischer Familien. Von den alten Gebäuden steht nur noch das Hauptgebäude von ca. 1900 und Teile des alten Gartens. Der Dichterpriester Petter Dass (S 318) wurde 1647 auf Nord-Herøy Gård geboren.

Der Ort **Silvalen** nahe der Herøy Kirche ist das Verwaltungszentrum der Gemeinde.

Auf **Sør-Herøy** befindet sich die Herøy Kirche oder Helgelandskathedrale. Sie ist eine von drei Schwesterkirchen in Helgeland, die beiden anderen auf Dønna und Alstahaug. Ursprünglich soll eine Holzkirche auf dem Platz gestanden haben, die nächste war dann eine Langkirche aus Speckstein im romanischen Stil im Jahre 1150, hatte 350 Sitzplätze und 1,5 m dicke Wände. Sie ist die einzige Kirche nördlich von Trondheim mit einer Apsis (halbkreisförmiger Anbau). Das Altarbild und die Kanzel stammen von 1760. Die Kirche wurde 1880 erweitert und später restauriert. Hier befindet sich auch Herøy Bygdesamling, eine Ansammlung alter Gebäude und Gegenstände. Es handelt sich um eine komplette Hofanlage mit sieben Häusern und über 800 Gegenständen, die u.a. die alte Fischerei- und Jagdkultur an der Küste demonstrieren.

Die Gemeinde Herøy ist bekannt für ihre traditionsreichen Fischereisiedlungen und ihr schönes Inselreich, das ca. 1.700 flache Inseln umfasst. Archäologische Funde weisen darauf hin, dass hier seit der Vorzeit gesiedelt wird. Heute konzentriert sich die Besiedlung hauptsächlich auf die größeren Inseln nahe dem Festland, von denen die meisten mit Brücken untereinander verbunden sind.

Die Insel **Sandsundvær** ist eine von den vielen Inseln weit draußen im Meer, ca. 11 n. M. vom Gemeindezentrum entfernt. Am 22. Januar 1901 kamen 34 der Einwohner ums Leben. Folgende Geschichte erzählt, wie hart das Leben im offenen Meer sein kann:

„Die Ursache für das Unglück war in erster Linie die Springflut in Kombination mit dem Sturm. Am Unglückstag waren 254 Menschen dort draußen. Nur eine Familie hatte ihren festen Wohnsitz dort, die übrigen waren zum Winterfischfang gekommen und wohnten in Hütten. Die Zerstörung begann schon zwei Stunden vor Hochwasser, das um 13 Uhr eintreten sollte. Zuerst wurde ein Feuerholzstapel davon geschwemmt. Nach und nach begann die See, die Hütten anzugreifen, die Boote rissen sich los und wurden am Ufer zerschlagen. Da Sandsundvær aus flachen Holmen besteht, gab es nur wenige Stellen, wohin die Leute sich flüchten konnten. Auf den umtosten Holmen banden die Menschen sich mit Tauen und Ketten fest, doch das eiskalte Meer füllte sich mit der Zeit immer mehr mit lebensgefährlichem Treibgut, so dass viele von Balken und Planken erschlagen wurden, denen sie nicht ausweichen konnten.

Das Unglück geschah vormittags bei Tageslicht. Die Hälfte der Hütten hatte das Unwetter weg gerissen. Die Toten wurden zusammen in eine der Hütten gelegt. Die Leute halfen einander, so gut sie konnten da draußen im offenen Meer. Sie fürchteten, dass bei der nächsten Flut im Dunkel der Nacht der Alptraum sich wiederholen könnte.

Man kann sich vielleicht denken, wie die Stimmung auf Sandsundvær gewesen sein muss bei dem drei Tagen währenden Unwetter, bevor die Außenwelt benachrichtigt werden konnte.

34 Menschen kamen bei dem Sandsundvær-Unglück zu Tode. 25 wurden gefunden, davon bekamen 21 ein Grab auf Herøys altem Kirchhof, 4 wurden in der Gemeinde Leirfjord begraben. 9 Personen wurden niemals gefunden."

65°58'N   12°26'E   + 0 Std 28 Min

An SB passieren wir die beiden kleinen Inseln **Svinøya** und **Valløya,** an BB den Ort **Stokka** mit dem Sandnessjøen lufthavn, einem zivilen Kurzbahnflugplatz mit 1.087 m langer, asphaltierter Rollbahn. Der Flugplatz ist seit 1968 in Betrieb.

Wir setzen unsere Fahrt im **Alstahaugfjord** fort.

Der Ort **Søvika** an BB zu Füssen einer „der sieben Schwestern", nämlich **Stortinden,** war bis 1899 das Zentrum der Gemeinde Alstahaug, bevor Sandnessjøen diese Rolle übernahm.

An SB die flache Insel **Altra** (0,24 km²) mit dem Dorf **Austbø** in Norden. Südlich von Altra die Inseln **Blomsøya** und **Hestøya**. Brücken und Strassen verbinden die Inseln miteinander.

Die **Husvær**-Inseln und **Brasøya** an SB westlich von Altra. Dieses Gebiet gilt als das beste für die Aufzucht von Dorsch, Lachs und anderen Fischarten.

Die Inselgruppen weiter westlich, **Husvær, Måsvær, Gåsvær** und **Skipbåtvær** liegen mit ihren unzähligen Holmen und Schären zwischen dem Festland, den größeren Inseln und dem offenen Meer.

65°53'44"N   12°22'E   + 0 Std 48 Min   ②

Den Ort **Alstahaug** am Fuße des niedrigen Berges **Vettfjell** (244 m ü M) passieren wir an BB. Der Name spricht dafür, dass man in alten Zeiten „Veter" (Warden aus Holz) auf dem Berg angezündet hat, um vor Feinden zu warnen (S 82).

Der Dichterpriester Petter Dass und Alstahaug sind in der norwegischen Geschichte eng miteinander verknüpft. Die letzten 18 Jahre seines Lebens (1689-1707) wirkte Petter Dass als Priester in Alstahaug.

Petter Dass wurde 1647 auf Nord-Herøya auf der anderen Seite des Alstenfjords als ältestes von fünf Kindern geboren. Sein Vater war Schotte, wohnte aber in Bergen, seine Mutter war die Tochter des Vogtes von Helgeland, der sich damals in Nord-Herøy aufhielt. Der Vater starb, als der Junge sechs Jahre alt war. Wie seine jüngeren Geschwister wurde auch Petter von Verwandten aufgezogen. Er wurde zu seinem Onkel, dem Kirchspielpriester von Nærøy südlich von Rørvik, geschickt (S 120). Um 1660 herum kam er dann zu der Schwester seines Vaters nach Bergen, um dort fünf Jahre lang die Lateinschule zu besuchen (S 17). 1666 begann er sein Theologiestudium in Kopenhagen, das drei Jahre dauerte.

Als examinierter Theologe arbeitete er zunächst einige Jahre als Hauslehrer in Vefsn, der Nachbargemeinde im Osten von Alstahaug, später dann als Hilfspriester für den Priester von Nesna, nördlich Sandnessjøen. Seine Verlobte Margrethe wurde schwanger, bevor sie verheiratet waren, doch 1673 wurde ihm „des Königs gnädige Vergebung" zuteil, so dass er als Priester zugelassen wurde, heiraten durfte und das Priesteramt auf Nesna übernehmen konnte, wo er insgesamt 17 Jahre lang blieb, zuerst als Hilfspriester, ab 1681 als residierender Kaplan. Auf Nesna begann er, sein literarisches Hauptwerk „Nordlands trompet" (die Nordlandstrompete) zu schreiben.

1689 wurde Petter Dass zum Kirchspielpriester in Alstahaug ernannt, Nordnorwegens reichstem Kirchspiel, wo die Hauptkirche für neun andere Kirchen stand. Hier blieb er, bis er 1707 im Alter von 60 Jahren starb. Er ist wahrscheinlich unter dem Fußboden des Chores in der Alstahaugkirche begraben.

Die wichtigste Phase seines dichterischen Schaffens waren die letzten 30 Jahre seines Lebens. Das einzige, was zu seinen Lebzeiten gedruckt wurde, war „Norske Dale-Viise". Sein Hauptwerk „Nordlands Trompet", das das Volksleben in Nordland, das Verhältnis zwischen Mensch und Natur, schildert, lag 32 Jahre lang nach seinem Tod unpubliziert herum, obwohl er mehrere Versuche unternommen hatte, das Werk heraus zu geben.

Petter Dass schrieb Gedichte über den Alltag und die besonderen Gelegenheiten im Leben: Geburt, Hochzeit, Beerdigung, ungewöhnlich traurige und glückliche Begebenheiten. Er schrieb evangelische Kirchenlieder über Themen aus den vier Evangelien des Neuen Testaments und ersann Texte für alle Sonntage des Kirchenjahres zu bekannten Melodien. Er schrieb aber auch Lieder zu Themen aus dem Alten Testament. Im Nachhinein war es das Lied „Herre Gud Dit Dyre Navn og Ære" (Herr Gott Dein Teurer Name und Ehre), das am bekanntesten wurde.

Petter Dass wurde 1999 von Nordnorwegens größter Zeitung zum Nordländer des Jahrtausends erkoren.

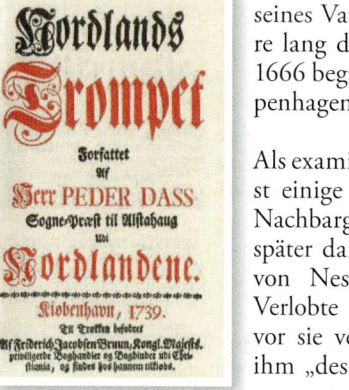

Der Hof Belsvåg Gård liegt in der Bucht bei der Alstahaug Kirche. Das älteste Gebäude stammt von 1650. Der Hof war der Bischofssitz für den ersten Bischof der „Nordlandene og Fiinmarken", Mattias Bonsach Broch, Bischof von 1804 bis 1812. Das Haupthaus wurde 1804

gebaut, 1864 an Privatleute verkauft, die einen Teil abreißen ließen. 1928 stellte man das Haupthaus und den Vorratsspeicher unter Denkmalschutz, 1984 wurde dieser Status auf die ganze Anlage ausgedehnt. Das Petter Dass Museum mit der Ausstellung und dem Interieur aus dem 17.-18. Jh. ist in dem alten Priesterhof und den umgebenden Gebäuden untergebracht. Ein neues Museumsgebäude ist 2007 fertig gestellt worden, gleich daneben steht ein Gedenkstein für den Dichterpriester.

Die Alstahaug Kirche ist eine der drei Mittelalterkirchen in Helgeland. Die beiden Schwesterkirchen stehen auf Sør-Herøya (S 317) und Dønna (S 311). Die Kirchen von Alstahaug und Dønna haben charakteristische Zwiebelkuppeln. Die erste Steinkirche wurde in Alstahaug Ende des 12. Jh.s im romanischen Stil gebaut, wahrscheinlich als Hofkapelle. Das rechteckige Schiff (12.2 m x 9,3 m) hatte einen schmaleren Chor (6,3 m x 6,2 m äußeres Maß) mit reicher Ausschmückung. Ohne großen Eingriff in den alten Bauteil wurde die Alstahaug Kirche 1863 erweitert und in den 1960er Jahren umfassend restauriert. Die Kirche hat ein prächtiges Altarbild von 1649 und mittelalterliche Kalkmalereien mit Motiven aus der Leidensgeschichte Christi. In Verbindung mit der Restaurierung wurden 1967 archäologische Ausgrabungen in der Kirche vorgenommen.

Auf dem Kirchhof von Alstahaug finden wir einen der größten Grabhügel in Nordnorwegen, der Wikingerhäuptling Ølve soll dort begraben liegen.

Auf der Landzunge **Haugneset**, ganz im Süden der Insel **Alsta** an BB, liegt der **Kronhaugen** Grabhügel, vermutlich der größte in Nordland, 30 m im Durchmesser und 8 m hoch. In einem der kleineren Grabhügel in der Nähe fand man 1963 eine Bestattung aus der älteren Bronzezeit (S 83).

Die beiden flachen landwirtschaftlich genutzten Inseln **Offersøya** (6,7 km²) und Tjøtta (11,3 km²) liegen südlich von Alsta. Sie sind mit einer Brücke verbunden.

Der Wikingerhäuptling Hårek von Tjøtta hatte seinen Häuptlingssitz auf dem Hof Tjøtta Gård. Er hatte den Hof von seinem Vater, dem Skalden Øyvind Finnson Skaldespiller, im 10. Jh. übernommen. Hårek wurde mit der Zeit der mächtigste Mann in Hålogaland, 999 trat er zum Christentum über.

Die Geschichte Håreks von Tjøtta ist die Geschichte der Streitigkeiten der Wikingerzeit, des Kampfes zwischen mächtigen Häuptlingen, Mordbrand und Blutrache. Eine Zeit lang war er Lehnsmann unter den Königen Olav Tryggvason (968-1000) und Olav Haraldsson (dem Heiligen) (995-1030), geriet aber in Streit mit ihnen. Ein weiterer Streit entstand mit Mitgliedern des Häuptlingsgeschlechtes Grankjellson auf Dønnesgodset um das Recht, Eier und Daunen auf den Inseln vor der Helgelandsküste zu sammeln (S 333). Nachdem er beim Raubfischen erwischt und im Streit um die oben erwähnten Rechte gedemütigt worden war, rächte sich Hårek 1028, indem er das Gut Dønnesgodset anzündete, wo Granskjellson und viele seiner Männer eingeschlossen waren und mit verbrannten.

In der Schlacht bei Stiklestad 1030 (S 88) war Hårek von Tjøtta einer der Anführer des Bauernheeres, das gegen König Olav Haraldsson (den Heiligen) und sein Heer antrat und den König tötete. Als Hårek sechs Jahre später den regierenden König in Trondheim besuchte, wurde ihm von Åsmund Grankjellson wegen des Mordbrandes auf Dønnesgodset mit einer Axt der Kopf abgeschlagen. Nach rechter Wikingerauffassung war damit der Gerechtigkeit Genüge getan.

Über **Tjøtta** weht der Atem der Geschichte, an keinem anderen Ort sind auf so engem Raum so viele Kulturspuren bewahrt worden: 16 sternförmigen Hofanlagen (S 83) von den Leuten der ersten Landnahme; einer der größten und ältesten eisenzeitlichen Höfe; eine große Anzahl Grabhügel; Bautasteine, von denen einige an die Sage von den „sieben Schwestern" geknüpft sind. Lekamøy soll auf ihrer Flucht vor Hestmann Backrolle, Rührlöffel, Teig und Teigwender von sich geworfen haben, die danach zu Bautasteinen auf Tjøtta geworden sein sollen.

Gullhaugen auf Tjøtta gilt als der größte Grabhügel in Nordnorwegen, 70-80 m im Durchmesser. Zwischen den Grabhügeln befinden sich Vertiefungen, die wie heutige Gräber aussehen, stammen aber aus der jüngeren Eisenzeit, datiert auf 600-100 n. Chr. (S 83).

Der Hof Tjøtta Gård gehörte dem Bjarkøy-Geschlecht (S 166), im 14. Jh. wurde er der Sitz des Erzbischofs, nach der Reformation 1536 Krongut und später Amtssitz des Vogtes. Ab 1666 ging er in Privatbesitz über. 1930 erwarb der Staat ihn und richtete eine Station für Schafzucht dort ein, zusätzlich dann noch eine für Saatgut und eine Versuchsstation für Pflanzen, um sie für das Wachstum unter den Bedingungen in Nordnorwegen zu züchten. Seit 1995 befindet sich hier das Zentrum des Nordischen Institutes für Pflanzenforschung.

Ab ca. 1800 war das Gut Tjøtta in 380 Pachthöfe aufgeteilt, diese wurden 1865 unter vier Brüdern verteilt. Der Haupthof Tjøtta hatte 20 Häuslerplätze. Das Hauptgebäude ist ein großes zweigeschossiges Haus von 1873, erbaut nach Abriss des älteren Gebäudes von 1756. Auch die Tjøtta Kirche von 1851 gehört zur Hofanlage.

Die Tjøtta Kirche ist die dritte auf diesem Grundstück. Wahrscheinlich gab es hier schon zu der Zeit des Wikingers Hårek eine Kirche. Er und seine Familie ließen sich 999 von Olav Tryggvason unter Zwang taufen, andernfalls sollten sie getötet werden. Man vermutet, das diese und die nachfolgende Kirche Bränden zum Opfer gefallen sind.

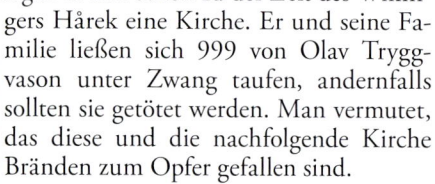

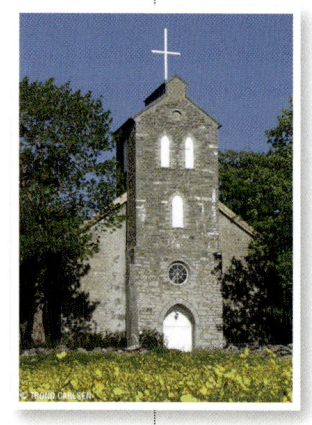

Auf dem Kriegsgräberfriedhof von Tjøtta im Nordosten der Insel haben 6.725 Männer in einem eingezäunten Massengrab ihre letzte Ruhe gefunden. Man nennt ihn auch den Russenfriedhof. Im 2. Weltkrieg wurden sowjetische Kriegsgefangene zunächst auf normalen Friedhöfen bestattet. Nach dem Krieg beschloss man, sie alle auf staatlichen Grund nach Tjøtta zu verlegen. Der Kriegsgräberfriedhof wurde 1953 eingeweiht.

Der internationale Kriegsgräberfriedhof von Tjøtta wurde 1970 eingeweiht. Ungefähr 2.457 Tote liegen hier in namenlosen Gräbern, alle vom deutschen Truppentransportschiff „Rigel", das im November 1944 westlich von Tjøtta versenkt wurde. Auf dem Schiff sollten 2.248 russische Kriegsgefangene im Zusammenhang mit dem Rückzug der Deutschen von Narvik und Bodø evakuiert werden, dazu 103 deutsche Gefangene, einige Serben, Tschechen und Norweger, dazu kam die deutsche Eskorte und die norwegische Mannschaft, insgesamt waren 2.838 Menschen an Bord. Alliierte Flugzeuge griffen das Schiff an und versenkten es, 2.457 kamen dabei um. Dies gilt weltweit als die größte Anzahl Toter bei einer Schiffsversenkung, das Ereignis wurde aber vertuscht, wahrscheinlich weil die Alliierten mit dieser Versenkung einen Irrtum begangen hatten.

Vor Tjøtta sind wir an SB an den Inseln **Nordre** und **Søndre Rosøya** vorbei gefahren.

65°48'N   12°20'E   + 1 Std 11 Min   ③

Der **Vefsnfjord** (51 km lang) schneidet sich an BB zuerst in nordöstlicher, später in südöstlicher Richtung zwischen den Inseln **Tjøtta** und **Rødøya** ins Land hinein. Auf der Ostseite des Fjords erhebt sich der Berg **Apsvikfjell** (521 m ü M). Am Ende des Fjords liegt die Industriestadt **Mosjøen.**

Die Insel **Rødøya** an BB (7,3 km²) mit dem Berg **Rødøyfjell** (307 m ü M) liegt an der südlichen Seite der Mündung des Vefsnfjords. Die rote Farbe rührt vom Chrom in dem Gestein Serpentin her.

Beim Hof **Tro** an der Südspitze von Rødøya wurde 1972 ein ca. 4.000 Jahre altes Feld mit in die Felswand eingeritzten Felszeichnungen gefunden. Eine der Figuren stellt einen Skiläufer dar, der internationale Berühmtheit erlangte. „Der Skiläufer von Rødøy" ist das Modell für das Pictogramm der Olympiade in Lillehammer 1994.

Die Insel **Mindlandet** (13,8 km²) ist eine Landwirtschaftsinsel, sie liegt südlich von Tjøtta und dem Vefsnfjord und südwestlich von Rødøya. Bei **Brakstad**, in der Mitte der Westküste der Insel, liegt einer von Helgelands ältesten Wohnplätzen. Der größte Teil des Fundes besteht aus zurecht gehauenen Steinwerkzeugen, die in die Altsteinzeit datiert werden (S 83), dazu einige kleinere Feuersteingeräte, die etwas jünger sind.

Wir befinden uns im **Mindværfjord** und haben die Insel Mindlandet hinter uns. An BB südlich von Mindlandet die Gruppe kleiner Holme und Schären namens **Mindværet**.

Ca. 65° 43'N   12°16'46''E
Wir passieren die Grenze zwischen den Gemeinden Alstahaug und Vevelstad.

Die Gemeinde Vevelstad

Bedeutung des Gemeindewappens: Symbolisierung des Gemeindenamens, V für Vevelstad.
Bedeutung des Namens: Vom nordischen Vifilstadir, zusammengesetzt aus dem nordischen Männernamen Vifill und der Silbe stad. **Gemeindezentrum:** Forvik (-).
Position: 63°43'N   12°28'E.
Areal: 530 km². **Einw.:** 524.
Bevölkerungsdichte: 1,09 Einw./km².
Arealverteilung: Landw. 1 %, Forstw. 7 %, Süßwasser 4 %, verbleibendes Areal 88 %.
Wirtschaft: Landwirtschaft. Rinderhaltung mit Milch- und Fleischproduktion, Schafhaltung. Etwas Forstwirtschaft. Einige Sägewerke. Etwas Fischerei, gern in Kombination mit Landwirtschaft. Fischannahme. Holzwarenfabrik.
Website der Gemeinde Vevelstad:
www.vevelstad.kommune.no

65°43'N   12°17'E   + 1 Std 32 Min   ④

Die Insel **Hamnøya** (16,4 km², 278 m ü M) haben wir an BB. In der Mitte der Westküste der Insel das Dorf **Hesstun**. Siedlungsreste zeigen, dass hier von der Steinzeit bis in die Eisenzeit Menschen gewohnt haben.

Der **Vevelstadsund** trennt Hamnøya vom Festland. Das Gemeindezentrum **Forvik** mit dem restaurierten Handelsplatz von 1792 liegt am Festland.

Die Vevelstad Kirche von 1796 hat ein Altarbild, das der italienische Maler Josephi Pisani gemalt hat. 1871 bekam die Kirche einen Anbau.

Das Vevelstad Bauernhausmuseum, nahe der Kirche, hat 10 Gebäude und eine umfassende Sammlung an Gebrauchsgegenständen aus der Gemeinde, eine gute Repräsentation der jüngsten Vergangenheit von Vevelstad.

In der Gemeinde befindet sich ein 3-4000 Jahre altes Areal mit Felszeichnungen.

Die Berge, die wir an BB passieren, sind von Norden her: **Forvikfjellet** (841, 849 und 840 m ü M), **Høyholmstindan** (1.015 und 996 m ü M) und **Hornstinden** (885 m ü M).

An BB passieren wir die Gemeinde Vega.

Die Gemeinde Vega

Bedeutung des Gemeindewappens: Gibt Boot und Meer wieder.
Bedeutung des Namens: Vom nordischen Veiga, von veig, starkes Getränk, aber ursprünglich allgemeine einfach: Flüssigkeit.
Gemeindezentrum: Gladstad (300 Einw.).
Position: 65°40'37''N   11°57'28''E **Areal:** 159 km².
Einw.: 1.308. **Bevölkerungsdichte:** 8,22 Einw./km².
Arealverteilung: Landw. 9 %, Forstw. 4 %, Süßwasser 2 %, verbleibendes Areal 85 %.
Wirtschaft: Landwirtschaft und Fischerei. Rinderhaltung mit Milch- und Fleischproduktion. Schafhaltung. Gemüseanbau. Fischfang in der Umgebung mit kleinen Booten, aber auch Teilnahme an der Lofotfischerei. Fischereibetrieb. Wenig Industrie. Mechanische Werkstatt. Strom kommt per Seekabel vom Festland. Schnellbootverbindung nach Brønnøysund.
Sehenswertes: Die Vega-Inseln. Der Handelsplatz Rørøy. Bremstein. Die Inselgruppe Bremstein.
Hinweis auf Aktivitäten: Eier- und Daunen-Inseln.
Website der Gemeinde Vega:
www.vega.kommune.no

Nur ungefähr 15 von den ca. 6. 500 Inseln sind bewohnt, nur drei davon das ganze Jahr über. Die Besiedlung ist verstreut ohne eigentliche Zentren.

65°40'N 12°15'E   + 1 Std 44 Min

Die kleine flache Insel **Igerøya** (6,6 km²) an SB ist durch eine Brücke mit Vega verbunden und mit einer Bootslinie mit dem Festland.

Die Insel **Vega** liegt hinter Igerøya. Sie ist ziemlich flach, außer im Südwesten, wo der **Trollvasstinden** (800 m ü M) die höchste Erhebung ist. Der Ort **Gladstad** (300 Einw.), mitten auf der Insel, ist das Verwaltungszentrum. Die Kirche von Gladstad stammt von 1863. In einem Flugsandgebiet in der Mitte der Insel hat man Kulturhinterlassenschaften aus der Steinzeit gefunden, ca. 9.000 Jahre alt, das könnte die älteste Spur von Menschen in Nordnorwegen sein. Auch an anderen Stellen auf der Insel gibt es Spuren aus der Steinzeit. Im Osten steht ein Bautastein. Die älteste Spur einer Dauersiedlung auf den vielen flachen Vega-Inseln ist rund 1.500 Jahre alt. Die Inseln werden in Schriftquellen aus dem Mittelalter erwähnt, besonders die äußeren Inseln waren einmal wichtig für das Sammeln von Eiern und Daunen (S 333). Die Fischerbauern, die hier lebten, waren Pächter oder Häusler unter dem großen, wohlhabenden Gut auf Tjøtta (S 319).

In der Nähe des Sundes zwischen Vega und Igerøya liegen die alten Handelsplätze **Rørøy** und **Veigstein**.

Der Handelsplatz **Rørøy** auf der Ostseite der Insel Vega war einmal ein großes Gut. Das zweigeschossige Haupthaus steht heute noch so wie es um 1800 gebaut worden ist. Handel wurde hier seit 1727 betrieben, damals hatte das Gut 118 Pachthöfe auf Vega, Brønnøy und in Velfjord am Festland. Das Gut wurde um 1800 verkauft und die Pachthöfe aufgeteilt. 1840 kaufte wieder ein neuer Besitzer das Gut und sammelte 60 Pachthöfe unter dem Gut Rørøy gård. 1924 konnten die jeweiligen Pächter ihre Höfe kaufen.

Vega kam im Jahre 2004 auf die begehrte Liste des Weltkulturerbes der UNESCO. In der Begründung schrieb das Komitee:
- eine einzigartige, länger als 1000 Jahre währende, Tradition im Sammeln von Eiern und Eiderdaunen (S 333),
- eine Kulturlandschaft, die davon zeugt, wie Menschen unter extremen Klimabedingungen direkt südlich des Polarkreises eine spezielle einfache Lebensweise entwickelt haben,
- das lang andauernde Zusammenspiel von Mensch und Natur, das eine bemerkenswerte Kontinuität der Kultur wieder spiegelt,
- die Schlüsselrolle der Frauen bei der Arbeit mit den Eiderenten und die nachfolgende Produktion wertvoller Nahrungsmittel, die in den hanseatischen Handel eingeflossen sind.

Weitere Aspekte wurden hervor gehoben:
- die geologischen und topographischen Gegebenheiten (der Schelfbereich mit Tausenden von Inseln, Holmen und Schären) sind einzigartig in ihrer Art und Ausbreitung,
- die quartärgeologische Geschichte des Gebietes gewährt eine einzigartige Möglichkeit, die Besiedlungsgeschichte und Kulturentwicklung zu studieren,
- die traditionelle Kombination von Fischfang und Landwirtschaft als Ernährungsgrundlage hat zu einer größeren biologischen Vielfalt geführt als eine entsprechende Landschaft im Naturzustand es tun könnte,
- die internationale Bedeutung auf ornithologischem und marinebiologischem Gebiet ist Grundlage für die Entwicklung der variierten Kulturlandschaft und besonderer Traditionen,
- das Gebiet ist ein anschauliches Beispiel für die Bedeutung des Golfstromes bei der Besiedlung der nördlichen Küsten in diesem Teil der Erde.

Die flache Insel **Ylvingen** (7,6 km²) passieren wir an BB. Ernährungsgrundlage sind Landwirtschaft und Fischerei, es gibt einen Fischereibetrieb auf der Insel. Im Süden befindet sich ein Festungswerk aus dem 2. Weltkrieg.

Die Inselgruppe **Bremstein** liegt draußen im Meer, ca. 20 km westlich von Vega in einem guten Fischereigebiet und auch günstig zum Eier- und Daunensammeln (S 333).

Auf der Insel **Geiterøy** in der Bremsteingruppe steht das Bremstein Feuer, 1925 als Küstenfeuer errichtet, 1961 verstärkt und elektrifiziert. Es hat einen 27 m hohen roten Eisenturm mit weißem Gürtel, das Licht steht 41,5 m hoch, die Reichweite beträgt 18 n. M., automatisiert und unbemannt ist es seit 1980, als Denkmal geschützt seit 1999. Das Nebenfeuer in derselben Anlage ist 28,5 m hoch.

65°39'N   12°15'E   + 1 Std 48 Min

An BB liegen die Dörfer **Høyholm** und **Lauknes** in der Gemeinde Vevelstad, bevor sich der **Velfjord** 31 km lang in südöstlicher Richtung ins Land schneidet. Der Fjord hat viele Arme. Nordwestlich vor der Fjordmündung liegt die Landzunge **Hornsneset**.

Ca. 65°36'N   12°14'E

Wir passieren die Grenze zwischen den Gemeinden Vevelstad und Brønnøy.

Die Gemeinde Brønnøy

Bedeutung des Gemeindewappens: Hat seinen Ursprung in Brønnøysunds altem Stadtwappen und weist auf die Verbindung zum Meer hin.
Bedeutung des Namens: Vom nordischen Brunnøy, zusammengesetzt aus Brønn und øy, Brunneninsel, weil die Seeleute wussten dass sie hier frisches Wasser bekommen würden.
Gemeindezentrum: Brønnøysund (4.468 Einw.).
Position: 65°28'32"N   12°12'39"E.
Areal: 1040 km².
Einw.: 7.585.
Bevölkerungsdichte: 4,3 Einw./km².
Arealverteilung: Landw. 3 %, Forstw. 18 %, Süßwasser 4 %, verbleibendes Areal 75 %.
Wirtschaft: Landwirtschaft mit Haustierhaltung. Milchproduktion. Forstwirtschaft als Nebenerwerb im inneren Teil der Insel. Fischerei, besonders auf den Inseln. Fischereibetrieb mit Schlachterei. Kalksteinindustrie.
Sehenswertes: Der Berg Torghatten. Die Insel Torget. Das Küstenfort von Skarsåsen.
Hinweis auf Aktivitäten: Meeresangeln.
Website der Gemeinde Brønnøy: www.bronnoy.kommune.no

65°35'36"N   12°13'38"E   + 2 Std 02 Min

Die Südspitze der Insel **Ylvingen** in der Gemeinde Vega passieren wir an SB, die Nordspitze der Gemeinde Brønnøy auf der Landzunge **Hornsneset** und den Ort **Horn** an BB.

Das Schiff fährt in den **Tilremsfjord** hinein, an BB haben wir die flachen Inseln mit Namen **Straumøyane** und das kleine Dorf **Mo**.

65°31'45"N   12°09'35"E   + 2 Std 18 Min ⑤

An SB die lange, schmale Landnase **Stortorgnes**, im Norden der Insel **Sauren** (7,4 km²), und viele kleine Inseln. An BB die Dörfer **Myra** und **Vikran**.

Wir nähern uns dem Kai in **Brønnøysund**. An SB der nördliche Teil der Insel **Torget,** vor uns die **Brønnøysundbrücke**.

Das Schiff legt am Kai in Brønnøysund an

Die Stadt **Brønnøysund** liegt heute auf einer Halbinsel, die mal eine Insel war, ein schmaler Sund trennte sie vom Festland. Nachdem das Eis sich zurück gezogen hatte und das Land sich hob, wurde der Sund immer flacher und konnte schließlich bei Niedrigwasser durchschritten werden. Eine Auffüllung mit Kies und Erde machte die Insel 1850 landfest.

Historisch gesehen war der Brønnøysund nur „ein enger Sund, durch den die Seeleute einen kurzen Weg zum Meer hatten". In Snorres Königssage wird erzählt, dass die Leute von Herzog Skule (Bårdsson, 1189-1240) "Schiffe raubten und die Einwohner von Brønnøy ermordeten". Der Ort hatte um 700-800 eine Kirche. 1321 wurde in einer Kirchenschrift registriert, dass „ein Priester von Brønnøy beim Kirchentreffen zugegen war". Die Zunahme der Bevölkerungszahl kann nicht gerade explosiv gewesen sein, denn 1701 wurde schriftlich festgehalten, dass „der Priester und seine Familie von 10 Personen die einzigen in Brønnøysund waren". Im Jahre 1801 sollen es 44 Einwohner gewesen sein, verteilt auf sechs Familien. In den folgenden Jahren kamen mehrere Zugezogene aus dem Østland, aus Trøndelag und dem Jämtland in Schweden. 1838 lief das Dampfschiff „Prinds Gustav" zum ersten mal Brønnøysund an. Der Priester war nebenbei Fracht- und Postspediteur.

Brønnøysunds erster „Regulierungsplan" teilte 1887 den Priesterhof in 38 Grundstücke. Erst nach dem 1. Weltkrieg wurde Brønnøysund Distriktszentrum, vorher lief der größte Teil des Handels über Kvaløya weiter südlich. Doch der Ort wurde ständig größer, 1890 baute man einen neuen Kai, und 1893 wurde Brønnøysund regelmäßige Anlaufstelle für die Hurtigrute. Das führte zu einem kräftigen Aufschwung in der Geschichte des Ortes. Ende des 19. Jh.s hatte sich die Bevölkerungszahl verdoppelt.

Um 1900 wurden mehrere Geschäfte in Brønnøysund eröffnet, eine Verkaufsstelle für Bier und Wein wurde eingerichtet, zwei Hotels wurden gebaut, Ärzte und Rechtsanwälte ließen sich nieder, das Baugewerbe blühte, 1915 bekam der Ort ein Postamt, eine Zollstation, ein Hafenkontor und einen Amtsrichter. Das Elektrizitätswerk nahm seinen Betrieb auf, ebenso eine Bank und ein Buchladen. Zwischen 1900 und 1930 vervierfachte sich die Einwohnerzahl von 305 auf 1.255. 1923 wurde Brønnøysund eine eigene Stadtgemeinde, diesen Status behielt sie bis 1964, dann wurde sie mit anderen Gemeinden zusammen zur Großgemeinde Brønnøy vereint.

In den letzten Jahrzehnten hat Brønnøysund an Bedeutung gewonnen. 1981 wurde beschlossen, dass eine Helikopter- und Versorgungsstation für die Ölindustrie vor der Küste Nordlands hier eingerichtet werden sollte, und 1988 wurde das Brønnøysundregister etabliert. Dieses besteht aus 15 verschiedenen elektronischen staatlichen Registern, u.a. das Register für bewegliche Habe, Unternehmensregister, Rechenschaftsregister und Konkursregister. Brønnøysund hat einen eigenen Flugplatz. Im Jahre 2001 bekam der Ort den Stadtstatus wieder zuerkannt.

Brønnøysund war um 700-800 schon Kirchenort, vermutlich haben mit der Zeit mehrere Kirchen auf demselben Platz gestanden. Die Grundmauern der St. Knutskirche, ursprünglich eine Specksteinkirche von ca. 1350, wurden 1934 ausgegraben. Die heutige Kirche aus Stein stammt von 1870, die Chorwand und Eingangspartie haben einen mittelalterlichen Kern. Diese Kirche wurde gebaut, als die vorige 1866 den Flammen zum Opfer fiel. Die davor brannte 1770 ab.

Das **Skarsåsen** Küstenfort ist eine Festungsanlage aus dem 2. Weltkrieg, bestückt mit vier 15,5 cm Kanonen, 4,96 m lang und mit einer Schussweite von 17.000 m. Brønnøysund wurde während des Krieges „Klein Berlin" genannt wegen der verhältnismäßig großen Anzahl deutscher Soldaten (400-600 Mann). Der aufwendige Bau des Küstenforts wurde von deutschen Soldaten, russischen Kriegsgefangenen und Zwangsarbeitern ausgeführt. Das Fort wurde von zahlreichen Antipersonen-Minen und mehreren Reihen Stacheldraht gesichert.

Ende der 1970er Jahre wurde das Fort z. T. mit Erde und Steinen aufgefüllt, in den 1990ern zum Teil wieder frei gelegt, und heute ist es ein attraktives Freizeitgelände mit Aussichtspunkt.

Das Schiff fährt weiter nach Rørvik   + 0 Std 00 Min

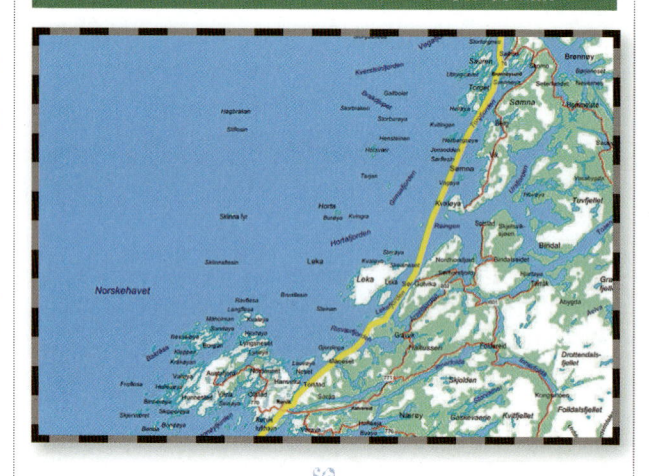

Vor uns haben wir die gebogene Brønnøysundbrücke, eine Spannbetonbrücke mit einem Hauptspannelement von 110 m und einer Gesamtlänge von 550 m. Ein Teil des Haupt- und eines Seitenspannelementes bilden eine horizontale Kurve von 100 m.

Wir fahren an einer Reihe kleinerer Inseln vorbei hinaus in den **Torgfjord**, an SB die lang gestreckte, flache Insel **Torget** (16,4 km²) und viele kleine Inseln.

Auch an BB haben wir kleine Inseln, die Ortschaften am Festland sind folgende: **Kråknes**, **Rodal**, **Trælnes** und **Strand**; die Berge im Hintergrund: **Sæterfjellet** (599 m ü M), **Ryptinden** (586 m ü M) und **Trælneshatten** (567 m ü M).

65°25'21"N   12°09'E   + 0 Std 19 Min   ①

Der Ort **Torget** am Berg Torghatten hat eine interessante Geschichte. In der Wikingerzeit lag hier ein damals sehr bekannter Häuptlingssitz, ein großes Gut und Handelszentrum, ein Machtzentrum, strategisch mitten im Schifffahrtsweg gelegen. Der Besitzer des Gutes hatte das Recht, die „Finnensteuer" einzukassieren, d. h. von den Samen im Namen des Königs - es war die Regierungszeit Harald Hårfargres – Abgaben einzusammeln. Die Geschichte dieses Häuptlingssitzes ist mit den Namen des Wikingerhäuptlings Torolv Kveldulvsson und seiner Frau, der Häuptlingstochter Sigrid verknüpft, der Witwe des früheren Besitzers von Torget Gård. Sie zog mit ihrem neuen Mann Torolv an ihren Geburtsort Sandnes Gård in Sandnessjøen (S 314). Als sie wiederum Witwe wurde, heiratete sie den Häuptling von Tjøtta Gård (S 319).

Danach war das Gut im Besitz mehrerer adliger Familien, wurde in der Reformationszeit Krongut und als Wohnsitz vieler bekannter Staatsbeamter benutzt, bevor es in drei Pachtgüter aufgeteilt und am Ende des 19. Jh.s verkauft wurde.

Im Südosten der Insel **Torget** befindet sich der berühmte „Berg mit dem Loch", **Torghatten** (258 m ü M). Der Torghatten mit seinem Loch ist eine der bekanntesten Attraktionen in Nordnorwegen. Das rechteckige Loch liegt 112 m ü M, ist 160 m lang, 25-35 m hoch und 12-15 m breit. Der Dichterpriester Petter Dass von Alstahaug (1647-1707) (S 318) beschrieb den Berg in seinem Hauptwerk „Nordlands Trompet" wie folgt: „ein niemals schlafendes Auge, das über das Volk und die Schätze Nordlands wacht".

Torghatten ist von groß und klein, von Künstlern und Königen besucht und weit über die Landesgrenzen hinaus beschrieben worden. 1838 nahm das Dampfschiff „Prinds Gustav" seine regelmäßigen Fahrten entlang der Nordlandsküste auf und passierte den Torghatten. Der schwedische König Oscar II besuchte die Insel 1873 und 1903, der deutsche Kaiser Wilhelm II war ab 1889 mehrmals hier, das norwegische Königspaar König Haakon VII und Königin Maud im Jahre 1907, begleitet von dem Polarforscher Frithjof Nansen, und König Chulalonkorn von Siam auch im Jahre 1907. 1930 ging ein Journalist auf Skiern durch das Loch, darüber wurde in der amerikanischen Presse berichtet. In den 1950er Jahren plante man, mit kleinen Flugzeugen durch das Loch zu fliegen, was aber glücklicherweise nicht statt fand. Nachdem die Insel 1979 durch eine Brücke mit dem Festland verbunden wurde, haben 20.000-40.000 Menschen pro Jahr den Torghatten besucht.

Torghatten gilt als einer der eigenartigsten und berühmtesten Berge der Welt. Geologisch gesehen handelt es sich um eine Schwächezone im Gestein mit vielen Klüften. Während der Eiszeiten wurde das Land Millionen von Jahren lang durch das Gewicht des Eisen herabgedrückt, in den Zwischeneiszeiten stieg jedes Mal der Wasserspiegel an. Torghatten wurde geformt, als das Land hier 140-160 m tiefer lag als heute. Brandung, Ebbe und Flut, Meeresströmungen, Eis und Frost zermürbten die zerklüftete Gesteinspartie. Sie verwitterte langsam, und so bildete sich ein Loch im Berg.

> Die Sagenversion über das Loch im Torghatten knüpft sich an die Sage von der Entstehung der Berge in Nordland und an der Helgelandsküste (S 315). Lekamøy flüchtete nach Süden, um dem liebeskranken Hestmann zu entkommen. Ein Troll warf seinen Hut in die Flugbahn des Pfeiles, mit dem Hestmann hinter Lekamøy her schoss. Der Hut wurde vom Pfeil durchbohrt und fiel auf der Insel Torget nieder. Daher der Name Torghatten (der Torghut).

Um den Torghatten herum sind mehrere gut sichtbare Wohnplätze aus der Steinzeit gefunden worden. Einige liegen in dem Geröll rund um den Berg.

> Im Mai 1988 geschah eines der schwersten Flugzeugunglücke in der Geschichte Norwegens am Torghatten. Eine viermotorige Dash-7-Maschine mit 36 Menschen an Bord kam beim Anflug auf Brønnøysund zu tief an und kollidierte mit dem Berg. Alle an Bord kamen um. Die Mindestflughöhe beim Anflug beträgt 400 m, das Flugzeug flog nur 170 m hoch. An der Unglücksstelle hat man eine Gedenktafel angebracht.

Das Schiff fährt weiterhin zwischen kleinen Inseln hindurch.

65°22'N   12°05'E

Wir passieren die Grenze zwischen den Gemeinden Brønnøy und Sømna.

Die Gemeinde Sømna

Bedeutung des Gemeindewappens: Symbolisiert Landwirtschaft.
Bedeutung des Namens: Vom nordischen Søfin, vielleicht abgeleitet von Sveifa „sveive, svinge", Kurve, wo man ein Fahrzeug wendet, oder abgeleitet von svefia, „stille, sovne inn", einschlafen, wo der Wind einschläft. **Gemeindezentrum:** Vik (368 Einw.). **Position:** 65°18'N 12°09'E. **Areal:** 193 km². **Einw.:** 2.048. **Bevölkerungsdichte:** 10,5 Einw./km². **Arealverteilung:** Landw. 15 %, Forstw. 28 %, Süßwasser 2 %, verbleibendes Areal 55 %. **Wirtschaft:** Landwirtschaft. Getreideanbau. Mühle und Kornsilo. Etwas Gemüseanbau. Milchproduktion. Meierei. Haltung von Rindern, Schweinen, wenigen Schafen. Pflanzenschule. Etwas Fischerei. Zementfabrik.
Sehenswertes: Der Grabhügel von Sundspollen. Der Hof Vik.
Website der Gemeinde Sømna: www.somna.kommune.no

Archäologische Funde berichten über die Geschichte der Gemeinde von der Eisenzeit bis in die neuere Zeit. Der älteste Fund ist ein Lederschuh von 300 v. Chr.

An SB haben wir viele kleine Inseln und am Festland viele Dörfer.

65°23'N   12°06'20''E   + 0 Std 28 Min

Zwischen der Landspitze **Trælnesodden** und der Insel **Sømnesøya** an BB liegt die Bucht **Sømnesvika**. Das Dorf **Berg** in der Bucht ist eine von den beiden größeren Siedlungen in der Gemeinde Sømna. Im Süden von Sømnesvika liegt der alte Hof **Sømnes**, der schon seit dem Mittelalter bekannt ist. Er war aufgeteilt in mehrere Pachthöfe und gehörte bis Anfang des 18. Jh.s zum Gut Torget in Brønnøy. Um 1330 wurde er dem Erzbischof zur Verfügung gestellt, und seit der Reformation im 16. Jh. wurde er Krongut. Ab 1741 bis in unsere Zeit gehörte er verschiedenen Familien. Eine Zeit lang gehörten 123 Pachthöfe zu dem Gut. Es gab ein Gasthaus, große Wälder und das Recht zum Lachsfischen. Von 1895 bis 1948 wurde in Sømnes eine Konservenfabrik betrieben.

65°19'N   12°00'E   + 0 Std 49 Min   ②

Im Innern der Bucht **Vikvågen** an BB liegt das Gemeindezentrum **Vik** (368 Einw.). Hier befindet sich das Bauernhausmuseum von Sømna, das aus 12 Gebäuden aus der Zeit zwischen 1800 und 1950 besteht und die lokale

Kulturgeschichte des Alltags der Bauern und Fischerbauern erzählt. Dazu gehört eine Sammlung von landwirtschaftlichen Geräten, Fischereiausrüstung, Kunstgewerbe, Hausrat und eine komplette Schuhmacherwerkstatt.

Die hölzerne Kirche von Vik stammt von 1876.

| 65°17'N 11°58'E | + 0 Std 58 Min | ③ |

An BB fahren wir an den kleinen Inseln **Lyngvær** und **Vågøya** vor dem **Lyngværfjord** vorbei, auf derselben Seite vor uns **Kvaløya**.

Der Ort **Vennesund** im Süden der Halbinsel **Sømnahalvøya** liegt nahe dem schmalen Sund bei Kvaløya. Hier befindet sich der bekannte **V**ennesund Handelsplatz. Die Olavsquelle bei Vennesund soll heilkräftige Wirkung haben, nachdem Olav Haraldsson, der „Heilige", die Quelle auf einem seiner vielen Raubzüge besucht hatte. Bei Vennestad hat man auch einen bronzezeitlichen Grabhügel gefunden.

| 65°15'N 11°55'E | + 1 Std 08 Min |

Kvaløya (9,6 km², 308 m ü M) haben wir an BB hinter dem **Lyngværfjord**. Die Insel ist über Vennestad durch eine Brücke mit dem Festland verbunden. Der Ort **Røsvika** an der Nordspitze.

An SB voraus die Insel Leka.

| 65°12'49''N 11°53'40''E |

Wir passieren die Grenze zwischen den Gemeinden Sømna und Bindal.

Die Gemeinde Bindal

Bedeutung des Gemeindewappens: Symbolisiert die Bootsbautradition. Die Zahl 6 steht für die Anzahl der Schulkreise.
Bedeutung des Namens: Vom Flussnamen Binna, ältere Form Birna, „binne", Bärin. Kann aber auch samischen Ursprung haben. **Gemeindezentrum:** Terråk (623 Einw.). **Position:** 65°05'12''N 12°22'45''E. **Areal:** 1.262 km². **Einw.:** 1.778. **Bevölkerungsdichte:** 1,41 Einw./km². **Arealverteilung:** Landw. 1 %, Forst 15 %, Süßwasser 4 %, verbleibendes Areal 80 %. **Wirtschaft:** Land- und Forstwirtschaft. Rinder und Schafe, einige Schweine. Bau von Holzbooten. Sägewerk. Holzwarenindustrie mit Produktion von Türen. Fischzucht. Rentierhaltung im Binnenland. **Sehenswertes:** Die Kirche von Solstad. Melsteinen. **Website der Gemeinde Bindal:** www.bindal.kommune.no

An BB öffnet sich der **Bindalsfjord** (60 km lang). Er hat mehrere tiefe Arme, nach Nordnordost, Nordost und Südwest. Der längste ist der Bindalsfjord/Tosen, der sich nach Nordost einschneidet. An der Mündung des Fjords liegt die Insel **Gimlinga**.

Die Solstad Kirche von 1888 liegt auf der **Holmhalbinsel** (mit dem Berg **Holmfjell** 620 m ü M), die in den **Bindalsfjord** hinaus ragt. Die erste Kirche, die an diesem Platz gestanden hat, wurde 1642/43 gebaut, 8,2 x 16,7 m, mit drei Fenstern, aber ohne Turm. 1715 beschloss man, eine neue Kirche zu bauen, denn die alte war in sehr schlechtem Zustand. Die neue Kirche war 1734 fertig, eine rot gemalte Langkirche mit Wandverkleidung, ohne Querschiff, aber mit einem überkuppelten viereckigen Turm. Diese Kirche wurde 1888 versetzt und die heutige auf dem Platz erbaut.

In derselben Umgebung befindet sich ein Gräberfeld aus der Eisenzeit, das aus 22 Grabhügeln und 2 Steinsetzungen besteht (S 83). Das Areal ist mehrere hundert Jahre lang in Gebrauch gewesen. Die Datierung ist schwierig, da man keine Ausgrabung vorgenommen hat. Auch eine Rüstung mit eingeritzten Runen hat man gefunden, ungefähr aus dem Jahr 600 n. Chr.

| 65°11'20''N 11°52'E | + 1 Std 25 Min | ④ |

An SB passieren wir die kleine Insel **Melsteinen**. Es soll ein Fluch über der Insel liegen, so meint der Aberglaube, weil hier so viele Leute ertrunken sind. Im Laufe des letzten Jahrhunderts sind 13 Menschen ertrunken, die alle von dieser Insel kamen. Eine Mordgeschichte, über die seinerzeit sehr viel in der Gegend geredet wurde, knüpft sich ebenfalls an Melsteinen. Der Mord fand am Ende des 17. Jh.s statt und soll verfilmt werden.

Im Februar 1692 fuhr ein Fembøring (Ruderboot für fünf Ruderer) mit vier zur See fahrenden Händlern nach Melsteinen. Sie waren fremd in diesen Gewässern und suchten ein Nachtquartier bei einer einheimischen Familie auf der Insel. Und dann hörte man nichts mehr von ihnen. - Lange danach kam das Gerücht über ein Bootsunglück bei der Insel dem Polizisten zu Ohren, aber der einheimische Sjur Paulsen hatte kein Unglück gemeldet. Gegenüber dem Polizisten räumte er allerdings ein, das er und zwei Bewohner einer Nachbarinsel den vermissten Fembøring gefunden hatten, einschließlich der Waren in dem Wrack. Letztere hatten sie unter sich verteilt und alles andere zerstört und verbrannt.

Bei der daraufhin anberaumten Gerichtsverhandlung erzählte die 13jährige Pflegetochter von Sjur und seiner Frau

Anne, was sie gesehen hatte, und dass sie in der Nacht von einem Schrei geweckt worden war. Die vier Seefahrer waren gekommen und hatten um Nachtquartier gebeten, sie waren in die Scheune verwiesen worden. Im Laufe der Nacht hatten Sjur und Anne sie mit Äxten erschlagen. Einer der Männer konnte noch schreien. Danach wurden die vier Leichen ins Moor geschleppt und versenkt. Eine große Summe Geldes war geraubt worden, zusätzlich zu den Waren. Später hatten Sjur und Anne das Boot los gemacht, damit es wie ein Unglück aussehen sollte. Sjur gestand die Morde, doch Anne leugnete lange. Zum Schluss gestand auch sie ihre Teilnahme. Auch die beiden anderen Einheimischen, die an der Plünderung, nicht aber an den Morden beteiligt gewesen waren, wurden verurteilt.

Sjur und Anne legten vorm Landgericht Berufung ein und wurden ins Gefängnis nach Trondheim überführt. Bei den Gefängniszellen handelte es sich oft um zugemauerte Erdlöcher oder dunkle, feuchte, zugige Keller. Die Gefangenen starben oft an Hunger und Kälte oder begingen Selbstmord. Bevor die Sache erneut verhandelt wurde, waren Sjur und Anne gestorben. Nach damaliger Rechtspraxis beinhaltete das Todesurteil, dass die Verurteilten nach ihrem Tod „lagt på steile", d. h. dass die Leichen im ganzen oder zerteilt auf ein horizontales Rad gelegt wurden, den Vögeln zum Fraß. Diese wurden oft öffentlich zur Schau gestellt, zur Abschreckung und Warnung für Leute mit verbrecherischen Absichten.

65°13'N   11°50'47"E

Wir passieren die Grenze zwischen den Gemeinden Bindal und Leka.

Wir passieren die Grenze zwischen den Provinzen Nordland (S 160) und Nord-Trøndelag.

Die Gemeinde Leka

Bedeutung des Gemeindewappens: Hat seinen Ursprung in dem Raub eines 3 1/2 Jahre alten Mädchens durch einen Adler im Jahre 1932.
Bedeutung des Namens: Vom nordischen Leka, evtl. Zusammenhang mit lekke, Leckage, kiesige Erde, aus der es „leckt".
Gemeindezentrum: Leknes/Leka (-).
Position: 65°05'18"N 11°42'55"E. **Areal:** 108 km².
Einw.: 609. **Bevölkerungsdichte:** 5,64 Einw./km².
Arealverteilung: Landw. 8 %, Forstw. 3 %, Süßwasser 1 %, verbleibendes Areal 88 %.
Wirtschaft: Landwirtschaft mit Haustierhaltung, Rinder und Hühner. Fischerei. Fischzucht. Lachsschlachterei. Bootsslip. **Sehenswertes**: Die Insel Leka. Der Herlaugshügel. Die Solsemhöhle. Reste von Dorfbefestigungen. Die Kirche von Leka.
Hinweis auf Aktivitäten: Vogelbeobachtung.
Website der Gemeinde Leka:
www.leka.kommune.no

65°10'30"N   11°51'E   + 1 Std 29 Min

Die Halbinsel **Austra** an BB (88 km²). An der Nordspitze der Halbinsel die Landnase **Oterneset** mit dem Berg **Vettafjellet** (448 m ü M). Der westliche Teil der Halbinsel gehört zur Gemeinde Leka und trägt den Namen Gutvik.

Wir befinden uns im **Lekafjord**. An SB die Insel **Leka**.

Die Insel **Leka** (57 km²) mit ihren roten Bergen aus Serpentingestein gilt als eine der schönsten und ungewöhnlichsten Inseln Norwegens, eine Sageninsel voller Geschichte. Die Siedlungsgeschichte geht 10.000 Jahre zurück, wahrscheinlich deshalb, weil das Inlandeis zuerst in dieser Gegend abschmolz. Die Westseite der Insel ist grundverschieden von der Ostseite, die wir vom Schiff aus sehen. Man sagt, sie sähe aus wie eine karge amerikanische Wüstenlandschaft mit unfruchtbaren, aber schönen Gebirgsformationen.

65°08'24"N   11°49'41"E   + 1 Std 38 Min

Skeineset ist die nördlichste Landnase auf Leka, mit den nordwestlich vorgelagerten flachen Inseln **Storøya, Leknesøyan** und vielen kleinen Holmen. Hier befinden sich die ausgedehntesten und artenreichsten Strandflächen Südnorwegens mit 90 Vogelarten und 300 Pflanzenarten. Außerdem gibt es hier Spuren von 5-6.000 Jahre alten Behausungen aus der Steinzeit, 40-50 Gräber aus der Bronze- und Eisenzeit und Hausreste aus dem Mittelalter. Skeineset gilt als eine der wichtigsten noch existierenden Heideflächen in Nord-Trøndelag.

65°05'30"N   11°47'16"E   + 1 Std 51 Min

Mit dem Hügelgrab **Herlaugshaugen** an BB vor der Insel **Madsøya** haben wir das größte Königsgrab der Wikingerzeit und gleichzeitig das größte Schiffsgrab des ganzen Landes vor uns. Es war ursprünglich 55 m im Durchmesser und 12 m hoch, angelegt um 870 n. Chr., in der Umgebung liegen noch 160 Grabhügel verstreut.

Der Sage nach zog der lokale König Herlaug eher den Tod vor, als sich Harald Hårfargre (865-933) zu unterwerfen, der das Land zu einem einzigen Reich vereinte. „Es ist besser, stehend zu sterben, als sein Leben lang auf Knien zu liegen," soll König Herlaug gesagt und sein Reich dem Bruder überlassen haben. Danach ließ er sich mit seinen Knechten freiwillig lebendig begraben, und zwar in einem großen Hügel, dessen Bau drei Jahre in Anspruch genommen hatte. Anhand der Schiffsnägel im Grabhügel kann man rekonstruieren, dass dieses Schiff, in dem der König sich bestatten ließ, erheblich größer war als das wohlbekannten Oseberg- und Gokstadschiff.

An BB folgen das Dorf **Skei** mit Bootshafen und Fährstation nach Gutvika und das Dorf **Leka**, wo sich die Kirche befindet. Vor Leka sehen wir den **Havneholm**.

65°04'50"N   11°47'56"E   + 1 Std 53 Min ⑥

Die Leka Kirche an SB stammt von 1867, eine Langkirche aus Baumstämmen. Das Dorf Leka hat schon seit 1634 eine Kirche. Der in Holland gefertigte Altarschrein von 1535 ist das wertvollste Kleinod neben fünf Temperamalereien (Wasserfarben gemischt mit Eigelb oder Leim als Bindemittel) aus dem 18. Jh. Es wird behauptet, dass der Altarschrein eine Votivgabe von Königin Elisabeth, der Frau König Christian II, gewesen ist. Der Altar wurde zur Weltausstellung in Amsterdam 1958 ausgeliehen. Die fünf Malereien konnten gerettet werden, als die alte Kirche 1864 abbrannte.

Die Bucht **Gutvika** passieren wir an BB. In diesem Gebiet sind viele Schiffe auf Grund gelaufen und untergegangen. Am bekanntesten wurde das Kaperschiff „L ènfant de la Patrie", das in der Nacht zum 17. Februar 1798 unterging. Die französische Korvette, ein großes Segelschiff mit 18 Kanonen und einer Mannschaft von 230 Mann, war am Neujahrstag 1798 von Dunkerque in Frankreich aus auf Kaperfahrt gegangen. Sie geriet in ein böses Unwetter, und nach einer strapaziösen Reise prallte sie zum Schluss gegen die Felswand bei Gutvika. Der Großteil der Mannschaft konnte sich an Land retten und marschierte dann 300 km bis nach Trondheim bei hartem Winterwetter. Es wurde ein Freilicht-Theaterstück geschrieben, das auf diesem Ereignis basiert. Der „Kapermarsch" ist eine Wanderung zum Gedenken an den Schiffsuntergang und wird seit 1988 jährlich arrangiert. Der markierte Wanderweg führt an der Stelle vorbei, wo das Schiff unterging – nämlich am Berg **Raudhammeren** (ca. 65°08'27"N 11°49'42"E), dort hat man auch eine Gedenktafel aufgestellt. Zwei Kanonen des Schiffes hat man geborgen und im Museum von Leka ausgestellt.

In der Ferne sehen wir die Inseln **Inner-Vikna**, **Mellom-Vikna** und **Ytter-Vikna** in der Gemeinde Vikna (S 118).

65°04'39"N   11°46'06"E   + 1 Std 54 Min

An BB fahren wir unterhalb des Berges **Rossvikfjellet** (538 m ü M) vorbei mit der Bucht **Rossvika**.

Vor uns an SB die Insel **Madsøya**, dahinter das Dorf **Haug**.

Noch weiter voraus an SB die Insel **Dolma.**

An SB passieren wir auf Leka den Berg **Lekamøya** (124 m ü M), eine bekannte Landmarke und einer der bekanntesten Sagenberge in Norwegen. Von Südosten aus gesehen gleicht der Berg einer Frauengestalt mit langer, flatternder, lockerer Kleidung auf der Flucht nach Süden. Sie floh vor Hestmann, der von ihr besessen war und sie jagte. Als die Sonne über den Horizont kam, wurden alle Trolle aus der Sage zu Stein: das sind die vertrauten Berge entlang der Nordlandsküste (S 315).

Auf der Insel Leka gibt es noch mehr Bemerkenswertes, das aber vom Schiff aus nicht zu sehen ist. Die Höhle **Solsemshulen** ist fast 40 m lang, 4-6 m breit und ca. 8 m hoch möglicherweise einst ein religiöser Opferplatz. Der Eingang liegt unzugänglich in 78 m ü M. Im Innern hat man Höhlenmalereien gefunden, die ca. 20 tanzende Männer und eine kreuzförmige Figur darstellen. Die Figuren sind 0,3-1 m hoch und in roter Farbe gemalt. Jugendliche aus der Gegend haben sie 1912 entdeckt. Es sind die ersten Höhlenmalereien, die man in Nordeuropa gefunden hat. Bei Ausgrabungen auf dem Höhlenboden hat man Fischgräten und Knochen von Seevögeln, Robben, Ziegen, Kühen, Pferden, erwachsenen Menschen und Kindern gefunden, dazu Werkzeuge und Waffen. Die Funde wurden in die Jungsteinzeit oder ältere Bronzezeit datiert (S 83).

Auf der Nordwestseite der Insel liegt **Kvaløy**, bekannt wegen des „Adlerraubes". 1932 wurde ein dreijähriges Mädchen, das im Garten vor seinem Haus spielte, von einem Adler gepackt und in den Adlerhorst auf einen nahe gelegenen Berg getragen, eine Strecke von mehreren hundert Metern. Eine zahlreiche Suchmannschaft fand die Kleine nach acht Stunden Suche, sie wurde gerettet.

Die Mutter des Wikingers Gange-Rolv (Rollo), der 911 das Herzogtum Normandie gegründet hat, soll von Leka stammen. Gange-Rolv ist der Urahn Wilhelm des Eroberers und damit des englischen Königshauses (S 74).

Auf zwei Berggipfeln im Westen der Insel gibt es Reste von Burgen aus der Völkerwanderungszeit (S 83), die sicher der Verteidigung dienten.

65°02'N   11°42'E   + 2 Std 07 Min

An SB sehen wir die Südspitze der Inseln **Leka** und **Madsøya**. Die Insel **Dolma** an SB in Front.

An BB, hinter der Südspitze von **Austra**, kommt die Mündung des Fjordes **Råsa** zum Vorschein, der sich hinter der Insel Austra, die wir gerade passiert haben, hinzieht.

65°01'40"N 11°41'16"E
Wir passieren die Grenze zwischen den Gemeinden Leka und Nærøy.

Die Gemeinde Nærøy

Bedeutung des Gemeindewappens: Das Motiv beruht auf einem mittelalterlichen Segel.
Bedeutung des Namens: Nordisch Njardøy, nach dem Götternamen Njord, øy, Insel.
Gemeindezentrum: Kolvereid (1 470 Einw.).
Areal: 1 066 km². **Einw.:** 5 232.
Bevölkerungsdichte: 4,9 Einw./km².
Arealverteilung: Landw. 4 %, Forstw. 21 %, Süßwasser 5%, verbleibendes Areal 70%.
Wirtschaft: Fischzucht, Nahrungsmittelproduktion mittels Fischveredelung, Meierei, Schiffbau, Forstwirtschaft im inneren Teil.
Website der Gemeinde Nærøy:
www.naroy.kommune.no

65°00'35"N 11°40'E   + 2 Std 36 Min

Wir fahren durch den schmalen **Dolmsund** zwischen der Insel **Dolma** an SB und dem Festland an dem Berg **Eiternestind** (239 m ü M) und der Landnase **Eiterneset** entlang, dahinter an BB die Mündung der **Eiterfjords**.

An SB vor uns die Inselgruppe **Risværøyane.**

Danach die Insel **Gjerdingen** mit dem Ort **Gjerdinga**, von hier aus gibt es eine Fährverbindung nach **Måneset** auf dem Festland.

Die Fahrt geht weiter durch das schmale Fahrwasser zum nächsten Hafen, Rørvik.

Das Schiff legt am Kai in Rørvik an.

Wie viele andere Ortschaften entlang der Hurtigrutenstrecke hat auch Rørvik einen Entwicklungsschub erfahren, als die Schiffsflotte motorisiert wurde und sich an der norwegischen Küste feste Schifffahrtsruten etablierten. Rørvik lag strategisch günstig am Schifffahrtsweg und hatte gute Hafenverhältnisse für den neuen Schiffstyp. Der Ort lag zentral im Verhältnis zu vielen Fischereihäfen auf den Inseln rundum, besonders zu denen auf Ytter-Vikna, Mellom-Vikna und Inner-Vikna (S 118).

Im Jahre 1862 wurde beschlossen, dass Rørvik als lokaler Anlaufhafen für den Schiffsverkehr entlang der Küsten ausgebaut werden sollte. Zu der Zeit gab es nur vier Hausbesitzer am Ort, doch das wurde als ausreichend betrachtet, um Schiffsreisenden Logis anbieten zu können. Ab 1863 wurde Rørvik von der Nordlandsrute angelaufen und ab 1893 von der Hurtigrute. Die Postschiffe lagen mitten im Sund und wurden von Ruderbooten aus expediert. Gleichzeitig etablierte der Kaufmann Johan Berg sein Geschäft, und sein Anwesen Bergsgården wurde das Zentrum, um das herum Rørvik sich entwickelte. Das Hauptgebäude war von der Schiffsroute aus sichtbar, prominente Besucher wohnten in Bergsgården, im Laden wurden Angelausrüstung und Verbrauchsmaterial verkauft, und am Strand entlang erstreckte sich ein schöner Park.

Man baute ein Postgebäude und ein Wohnhaus für den Postmeister, und schon 1876 bekam der Ort eine Telegrafenverbindung als Folge des relativ starken Schiffsverkehrs. Das Reichstelefon folgte 1896. Von 1860 an bis zur Jahrhundertwende erlebte Rørvik eine stürmische Entwicklung, so dass es zum wichtigsten Kommunikationszentrum an der Küste von Nord-Trøndelag wurde, ein Knotenpunkt zwischen dem Dampfschiffsverkehr an der Küste, den lokalen Bootsrouten, die innerhalb des Distriktes die Verbindungen schufen, und dem langsam wachsenden Wegenetz. Die Hurtigrute, die 1893 gegründet wurde, lief zunächst nur einmal die Woche den Hafen an, später täglich. Die Schiffe hatten reichlich Staukapazität und Kühlräume, was für die Entwicklung der Fischwirtschaft von großer Bedeutung war. Erst 1920 bekam Rørvik einen anständigen Kai, bis dahin musste alle Expedition von kleineren „Expeditionsbooten" abgewickelt werden.

Das Musiktreffen
in Berggården
1910

Das heutige Rørvik ist das Gemeindezentrum der Gemeinde Vikna und das größte Zentrum in Ytre Namdal. Fischveredelung, Hafenwirtschaft, Schiffbau und Telekommunikation sind die wichtigsten Wirtschaftszweige. Sowohl die nord- als auch die südgehende Hurtigrute läuft die Stadt an, und es gibt einen Flugplatz.

Norveg, das Küstenmuseum für Nord- Trøndelag, befindet sich in Rørvik, ein Zentrum für die Küstenkultur und die Bewahrung alter Schiffe, dazu gibt es ein Freilichtmuseum. Das Museumsgebäude ist eine spektakuläre Landmarke, es wurde 2005 sogar für einen begehrten europäischen Architekturpreis nominiert.

Zusätzlich zu den Sammlungen und den Ausstellungen in Rørvik hat das Museum auch noch die Verantwortung für das Anwesen Bergsgården, für die Fischerdörfer von Sør-Gjæslingane (S 118), den Hof Vågsengtunet, Woxengs Sammlungen, die der Lokalhistoriker Paul Woxeng (883-1967) zusammen getragen hat, das restaurierte Schiff „Søblomsten" von 1864, das einst Fisch und Holz an der norwegischen Küste transportiert hat, und die Museumsanlegebrücke in Rørvik.

Nord-Trøndelag fylke (die Provinz Nord-Trøndelag)

Fylkeswappen: Bezieht sich auf die Sage vom Schild Olav des Heiligen.
Ursprung des Namens: Abgeleitet vom nordischen thændal, zusammengesetzt aus dem Volksnamen thændr und log „lov", (Gesetz), das Gebiet, wo das Gesetz der Trønder, der Leute von Trøndelag, gilt.
Areal: 22.396 km². **Einwohnerzahl:** 128.694.
Verwaltungszentrum: Steinkjer.
Gemeinden, die wir auf der Fahrt nach Süden der Reihe nach passieren: Leka, Nærøy, Vikna, Fosnes, Namsos, Flatanger.
Landschaftsformen: Nord-Trøndelag wird von Fjorden und Tälern geprägt, die sich hauptsächlich von Südwesten nach Nordosten erstrecken, von Einschnitten quer dazu. Am Ende der letzten Eiszeit wurden große Mengen an Sand und Lehm am flachen Meeresboden abgelagert. Als das Eis sich zurückgezogen hatte, hob sich das Land an der Küste um ca. 100 m und im Binnenland um ca. 200 m. Es bildeten sich große, zusammenhängende Gebiete, die für die Landwirtschaft geeignet sind, vor allem rund um den Trondheimfjord. Hinter der Küstenlinie dehnen sich weite bewaldete Täler und flache Hügel aus. Nahe der schwedischen Grenze erreichen die Gipfel 1.200-1.500 m ü M. Der Küstenstreifen ist von Fjorden stark zerklüftet und weist viele Inseln auf. 38 % des Areals liegen unter 300 m ü M, 22 % über 600 m ü M, hiervon 2 % über 900 m ü M. Süßwasser macht 7 % des Areals aus.
Klima: Das Binnenland wird durch Gebirge abgeschirmt und hat typisches Inlandklima mit gemäßigten Niederschlägen und kalten Wintern. Der nördliche Teil der Küste dieser Provinz wird vom Meer beeinflusst und hat viel Wind, besonders im offenen Meeresgebiet Folda. Der Jahresdurchschnitt für die Häufigkeit von frischer Brise beträgt an der Küste 20 %, für stürmischen Wind 1 %. Das Flachland weiter südlich wird von der Fosenhalbinsel vor dem Meer geschützt. An der Küste ist der kälteste Monat der Februar mit einer Durchschnittstemperatur knapp über 0°C, die Mitteltemperatur im Sommer beträgt 13-15°C. Die meisten Niederschläge fallen an der Küste im Herbst und Frühwinter.
Besiedlung: Am dichtesten im Flachland rund um den Trondheimfjord und im unteren Teil des Namtales. Ca. 55 % der Bevölkerung wohnen in größeren Ortschaften, etwas weniger als im Landesdurchschnitt.

WIRTSCHAFT
Land- und Forstwirtschaft: Die Dörfer am Trondheimfjord haben mit die besten Landwirtschaftsbedingungen des Landes, dasselbe gilt für einige Gebiete im Norden der Provinz. Die meisten Höfe sind größer als im Landesdurchschnitt. Auf ca. 33 % der Landwirtschaftsflächen wird Getreide angebaut, meist Gerste, nur 8 % dienen anderem Anbau. Rinderhaltung mit Milchproduktion. Kartoffel- und Gemüseanbau.
Auf 2 % des Areals wächst produktiver Wald, hauptsächlich Fichten.
Fischerei: In den Küstengemeinden im Norden der Provinz wird Fischerei betrieben, ca. 1/3 der angelandeten Fische sind Dorsche. Fischaufzucht hat nur lokale Bedeutung.
Industrie: In früheren Zeiten gab es viele Bergwerke, die Eisenerz und Schwefelkies abbauten, sie wurden aber in den 1980-1990ger Jahren still gelegt. Die Industrie basiert auf den Landwirtschaftsprodukten und der Forstwirtschaft. In späterer Zeit hat sich eine bedeutende Werkstattindustrie entwickelt (z. B. Aker Verdal mit der Konstruktion von Bohrtürmen). Die meisten Industriebetriebe sind um den inneren Teil des Trondheimfjordes angesiedelt. Holzveredelung und Transportmittelindustrie. Maschinenindustrie. Gummi- und Plastikindustrie.
Energie: Es gibt 33 Wasserkraftwerke in Nord-Trøndelag.
Tourismus: Viel Durchgangsverkehr im Sommerhalbjahr. Gute, international bekannte Lachsflüsse wie der Namsen und Stordalselv. Historische Aufführung in Stiklestad über Olav den Heiligen und die Schlacht von 1030. Mehrere Mittelalterkirchen und Klosterruinen. Zwei Nationalparks.
Verkehr: Die E6 und die Nordlandsbahn verbinden die Provinz mit Nord- und Südnorwegen. Nebenstrecken der Eisenbahn verbinden viele Ortschaften mit dem Eisenbahnnetz. Die größten Inseln haben eine Festlandsverbindung. Stammflughafen in Trondheim (Værnes). Flughäfen für kleine Flugzeuge in Namsos und Rørvik.

Quelle: Store norske Leksikon

© ORCA LOFOTEN AS JOHNNY STORVIK

Eier- und Dauneninseln

Die älteste schriftliche Überlieferung in der norwegischen Geschichte finden wir in Snorres Königssagen. Hier wird von dem Wikinger Ottar berichtet, dass er Eier und Daunen von den Samen in Finnmark gekauft hat (S 123). Von dem Wikingerhäuptling Hårek auf Tjøtta (S 319) wird erzählt, dass seine Leute mit Vertretern des Häuptlingsgeschlechtes Grankjellson vom Gut Dønnes (S 310) in Streit gerieten. Zu dem Gut gehörten viele Inseln, Holme und Schären vor der Küste Helgelands. Håreks Männer fühlten sich derart gedemütigt, da man ihnen das Sammeln von Eiern und Daunen untersagte, als man sie bei einem Raubzug auf den Inseln ertappte, dass sie später das Gut Dønnes einschließlich des Häuptlings und einiger seiner Männer in Flammen aufgehen ließen. Aus Rache dafür wurde Hårek selbst von einem Mitglied der nächsten Generation der Grankjellsons mit einer Axt geköpft. Das Temperament der Wikinger geriet in Wallung, wenn es um Eier und Daunen ging!

Das Sammeln von Eiern und Daunen war ein wichtiges Element der Küstenkultur. Die Eier waren ein wertvolles Nahrungsmittel und die Daunen eine gefragte Handelsware. Spuren von Eiderenten oder Ea hat man in steinzeitlichen Siedlungen und in Felszeichnungen gefunden. Alte Grundbücher aus dem 15. bis 17. Jh. enthalten oft Hinweise auf Eier und Daunen als Kostbarkeit eines Hofes, die Sammelstellen hatten Einfluss auf die Besiedlung der Inseln. Am Ende des Mittelalters stieg die Nachfrage nach Daunen in Europa. Die zunehmende Wertschätzung der Daunen führte dazu, dass man Eier- und Dauneninseln im 17. und 18. Jh. unter Schutz stellte.

Die Eiderente oder Ea, wie das Weibchen genannt wird, stand im Zentrum dieses Geschäftes. Im Februar/März kamen die Vögel in großen Scharen und brüteten auf den äußersten Inseln. Die weibliche Ente ist ortstreu und kehrt daher oft zum selben Nistplatz zurück. Die Vögel nisten im Tang, am Strand oder unter Steinvorsprüngen. Wenn das Nest angelegt ist, polstert sie es mit Daunen aus, die sie von ihrer Brust rupft, damit es warm und weich wird. Im Mai/Juni legt sie meist 5-6 Eier, von denen 1-2 entnommen werden. Wenn einige Daunen aus dem Nest entfernt werden, rupft sie neue aus ihrem Gefieder und ergänzt die Polsterung. Das Zusammenspiel zwischen Vogel und Mensch funktionierte gut. Eiderenten wurden mit der Zeit fast zu Haustieren. Die Menschen bauten ihnen kleine Häuser aus Stein oder Holz und legten getrockneten Tang drum herum, um den Nestbau zu erleichtern, und sie fütterten und beschützten die Vögel. Im 20. Jh. hatten einige große Höfe jeweils 800 Eiderenten, kleinere Höfe 200-300.

Heutzutage ist diese Tätigkeit stark zurück gegangen. Die Menschen haben die äußersten Inseln verlassen, und es ist zu teuer geworden, für die Vögel zu sorgen und die Daunen zu reinigen. Mit den Menschen ist auch ein großer Teil der Vögel verschwunden, denn sie haben viele natürliche Feinde, z. B. Nerz und Otter.

Die Holländerzeit

Schon seit dem 12. Jh. ist Fisch Norwegens größter Exportartikel, und ab dem 15. Jh. nahm der Export von Holz beständig zu. Das Holz ging vorzugsweise nach Holland, später auch in zunehmendem Maße nach England. Holzlieferungen aus Norwegen waren auch weiter im Süden von Europa begehrt, einmal, weil die Ausschiffungshäfen nahe beim Verbrauchermarkt lagen und das ganze Jahr über eisfrei waren, zum andern wegen der guten Qualität. Die Stämme kamen aus den großen Wäldern im Binnenland, wurden über Flüsse geflößt oder auf anderen Wegen zu den Sägewerken transportiert. Die meisten Ausschiffungshäfen lagen in Südnorwegen, einige aber auch in Møre und Romsdal und in Sør-Trøndelag. Die Holländer verwendeten das Holz für den Schiffbau, für Hafenanlagen und den Ausbau ihrer Städte. Der Holzexport dauerte bis Ende des 19. Jh.s, danach wurde der Export von Zellulose und Holzmasse wichtiger.

TAG 11

Trondheim, Kristiansund, Molde und Ålesund

Im Laufe der Nacht haben wir die Gemeinden Fosnes, Namsos und Flatanger passiert. Danach die Provinzgrenze nach Sør-Trøndelag. Weiterhin die Gemeinden Osen, Roan, Åfjord, Bjugn, Ørland, Rissa und Agdenes. Ankunft in Trondheim 06.30 Uhr.

Die Gemeinde Trondheim (S 87).

Die Stadt Trondheim (S 91).

Stadtwanderung in Trondheim (S 91).

Die Strecke zwischen Trondheim und dem Agdenes Feuer wurde auf der Reise nach Norden unter Tag 3 beschrieben. In diesem Teil des Textes wird auf Positionen, Uhrzeiten, Ortsnamen und Seitenzahlen zur Ergänzung hingewiesen.

Das Schiff fährt weiter nach Kristiansund + 0 Std 00 Min

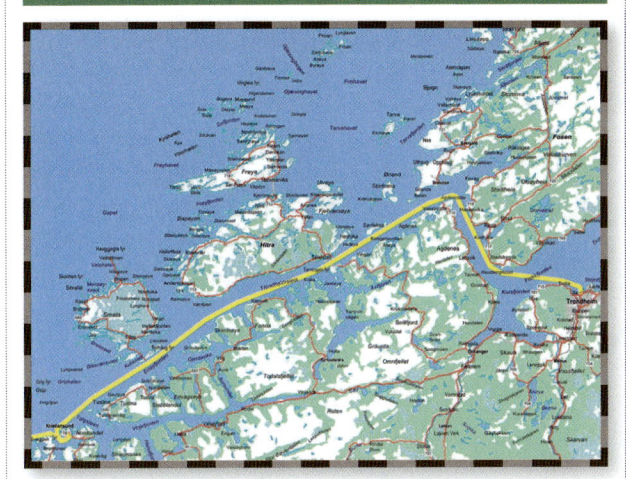

Die kleine Insel **Munkholm** (0,013 km²) passieren wir an SB gleich nach Abgang von **Trondheim...** (S 97.).

Wir haben Trondheim hinter uns und fahren durch den **Trondheimsfjord** (130 km lang und Norwegens 3. längster). Der Trondheimsfjord hat mehrere Arme (S 98).

63°27'22"N   10°19'34"E   + 0 Std 12 Min ①

An BB passieren wir **Trolla Brug** (S 99).

Vor uns liegt die **Gemeinde Leksvik**, auf der Nordseite des Trondheimsfjords.

Die Gemeinde Leksvik (S 100).

An SB der Ort **Vanvikan** (726 Einw.) auf der Nordseite des Trondheimsfjords (S 100).

Wir nähern uns der Gemeinde Rissa an SB.

Die Gemeinde Rissa (S 100).

Das Schiff fährt weiter durch den **Flakkfjord** (S 100).

63°28'N   10°03'E   + 0 Std 40 Min ②

An SB das Dorf **Rein,** direkt vor der Landnase **Raudbergneset**, Vor dem Schiff.... (S 100).

Bei **Raudbergneset** an SB in Front... (S 100).

Der Ort **Stadsbygda** liegt vor Raudbergneset... (S 100).

An BB vor uns die Gemeinde Agdenes.

Die Gemeinde Agdenes... (S 101).

63°29'39"N   9°56'E   + 0 Std 54 Min

Das Dorf Ingdalen, Gemeinde Agdenes, an BB vor uns auf der Westseite des Trondheimsfjords. Die Ingdalen Kapelle stammt von 1960, eine Langkirche aus Holz mit 140 Sitzplätzen.

Ingdalen ist ein alter Industrieort. Der Ingdalsfluss mündet bei Ingdalen. Er fließt durch große Waldgebiete und eignet sich deshalb gut zum Flößen. Oberhalb des Wasserfalls wurde ein Damm gebaut und eine Flößerbahn angelegt, so dass die Baumstämme unbeschadet passieren konnten. Eine mit Wasserkraft betriebene Säge wurde im 17. Jh. eingerichtet, über längere Zeit arbeitete die Ingdalssäge für den holländischen Markt (S 333).

Der Ingdalswasserfall lieferte Mitte des 17. Jh.s den Strom für eine Getreidemühle, Mitte des 19. Jh.s auch für eine „Filzstampferei", wo die strapazierfähigen Filzstoffe produziert wurden.

Danach das Dorf **Tennel.**

Das Dorf **Brøskift (Brødreskift)**... (S 101).

Das Gemeindezentrum **Selbekken** (376 Einw.) und das Dorf **Lensvik** in der Gemeinde Agdenes an BB (S 101).

An SB liegt das Dorf **Reinsgrenda** in der Gemeinde Rissa... (S 102).

Auf einer Anhöhe unten beim Binnensee **Botnen** (5,6 km², 2 m ü M), leider vom Schiff aus nicht sichtbar, liegt der historische Herrenhof **Reinskloster**... (S 102).

| 63°32'N 9°52'E | + 1 Std 06 Min | ③ |

Der Industrieort **Kvithylla** an SB, Reinskloster, danach **Sundsbukta**. Der Binnensee Botnen direkt bei Kvithylla.

Rissaraset (die Rissalawine).... (S 102).

Fosen Mekaniske Verksted (**FMK**) liegt auf Kvithylla vor Sundsbukta (S 102).

| 63°37'23"N 9°47'E | + 1 Std 28 Min | ④ |

Das **Fort Hambåra** an BB, direkt vor der Landzunge Selvnes (S 103).

Selvnes an BB mit dem Dorf **Selva** in der Bucht.

An SB das ehemalige Hysnes Fort auf **Hysnes** vor Hasselvika... (S 104).

Hasselvika, ein Dorf in der Gemeinde Rissa, liegt an SB, dahinter Hysneset.

Das ehemalige **Brettingen Fort** auf der Landnase **Brettingneset** nördlich von Hasselvika. Das Fort und seine Verteidigungsanlage von 1898 stehen als militärhistorische Anlage unter Denkmalschutz.

| 63°38'26"N 9°46'28"E | + 1 Std 32 Min |

Bei **Djupvika** in der Gemeinde Agdenes an BB (S 105).

| 63°39'16"N 9°43'E | + 1 Std 40 Min |

Unser Kurs ändert sich nach Südwest. An BB **Agdenes** und der Sund **Trondheimsleia**.

Das Agdenes Feuer an BB an der Mündung des Trondheimsfjords (S 105).

Historischen Berichten von 1540 zu Folge soll in der Tiefe des Meeres vor dem Agdenes Feuer ein wertvoller Schatz liegen, der sogn. „Olavsschatz" (S 105).

An SB vor uns die **Gemeinde Ørland**.... (S 106).

Vor uns sehen wir **Ørland** mit dem Gemeindezentrum **Brekstad**. An SB der **Stjørnfjord**. Im Innern des Stjørnfjords liegt der Ort **Råkvåg** (256 Einw.)... (S 106).

Am Stjørnfjord, im Osten von Brekstad, liegt das Gut **Austrått** und das Austrått Fort. Den Turm des Gutes Austrått kann man links von einer großen Scheune zwischen den Bäumen hindurch ahnen.... (S 106).

63°39'13"N   9°45'25"E   + 1 Std 40 Min ⑤

Das **Gut Austrått** an SB vor uns ist eines der ältesten und bekanntesten Herrenhöfe in Norwegen und ein wertvolles Kulturgut aus dem Mittelalter und der frühen Neuzeit... (S 106).

Die mächtige Verteidigungsanlage **Austrått Fort** an der Mündung des Trondheimfjords wurde im 2. Weltkrieg von den Deutschen angelegt... (S 107).

Wir umrunden **Agdeneståa**, die nördlichste Spitze der Gemeinde Agdenes.

Vor uns auf Ørland das Gemeindezentrum **Brekstad** (S 107). Die **Ørland Kirche** in Brekstad geht auf das Jahr 1342 zurück (S 107).

Der Ort **Hovde** liegt auf der Landnase südlich von Brekstad... (S 107).

Die Dörfer Grande und Beian passieren wir an SB.

| 63°38'15"N 9°37'E | + 1 Std 51 Min |

Beian (ca. 100 Einw.) hatte schon vor 1799 die Bewilligung für ein Gasthaus und eine Posthalterei.

„Kong Øysteins Hamn" (König Øysteins Hafen) liegt in der Bucht westlich von Agdenes, südwestlich des Agdenes Feuers (S 105).

| 63°39'N 9°42'E | + 1 Std 52 Min |

Vor uns liegen drei Inseln an SB: **Garten** (1,5 km²), dahinter **Storfosna** (11 km²), noch weiter hinten **Hitra** (571,5 km²) mit Windrädern.

| 63°39'N 9°41'31"E | + 1 Std 54 Min |

Von der Fährstation **Valset** aus geht eine Fähre nach Breistad auf Ørland.

Nachdem das Schiff in der Trondheimsleia nach Südwesten gedreht hat, passieren wir den Ort **Beian** an BB danach **Garten** (ca. 210 Einw.).

Südlich von **Garten** sehen wir die Insel **Storfosna**. Der Sund zwischen den Inseln Garten und Storfosna ist wegen des starken Gezeitenstroms fischreich.

Die Insel **Storfosna** (11 km², 158 m ü M) an SB (S 108).

Vor Storfosna sehen wir die Nordspitze der Insel Fjellværsøya in der Gemeinde Hitra (S 340).

| 63°38'N 9°35'39"E | + 1 Std 54 Min |

An BB sind wir an der Fährstation Valset vorbei gefahren, von wo aus eine Fähre nach **Breistad** auf Ørland abgeht, dann vorbei an dem Holm **Meholm** und dem Dorf **Vassbygda**.

An SB haben wir die große Insel **Hitra** vor uns und die kleineren **Fjellværsøya** und **Ulvøya** und weiter im Westen **Frøya**.

An SB nähern wir uns den beiden kleinen Inseln **Nordleksa** und **Sørleksa**.

| 63°36'N 9°28'46"E | + 2 Std 04 Min | ⑥ |

An BB fahren wir an dem Ort **Værnes** mit der **Agdenes Kirche** vorbei.

Die **Agdenes Kirche** wurde 1858 auf dem **Gut Værnes** eingeweiht, eine Langkirche aus Holz mit ursprünglich 329 Sitzplätzen. Das Altarbild stammt von 1918.

Bei **Vernestangen**, außerhalb der **Trondheimsleia**, hat man ein Gräberfeld mit 10 unterschiedlich großen Grabhügeln gefunden, der Durchmesser variiert von 2,5 bis 20 m.

Zwischen **Vernestangen** und **Seterneset** öffnet sich der **Verrafjord** mit dem steilen Berg **Terningsheia** (533 m ü M) im Hintergrund.

| Ca. 63°35'34"N 9°27'E |

Wie passieren die Grenze zwischen den Gemeinden Agdenes und Snillfjord an BB.

Die Gemeinde Snillfjord

Bedeutung des Gemeindewappens: Symbolisiert Landwirtschaft.
Bedeutung des Namens: Erster Teil wahrscheinlich von einem vergessenen Flussnamen vom nordischen snild, snjallr, schnell, also ein schneller Fluss.
Gemeindezentrum: Krokstadøra (-).
Position: 63°23'N 9°30'E.
Areal: 508 km². **Einw.:** 1.046.
Bevölkerungsdichte: 2,06 Einw./km².
Arealverteilung: Landw. 3 %, Forstw. 21%, Süßwasser 4 %, verbleibendes Areal 72 %.
Wirtschaft: Landwirtschaft mit Rinder- und Schafhaltung, teils kombiniert mit Forstwirtschaft oder Fischerei. Fischzucht. Holzwaren- und Möbelindustrie. Werkstattindustrie. Gummi- und Plastikindustrie.
Sehenswertes: Das Küstenfort und Museum von Hemnskjell.
Website der Gemeinde Snillfjord: www.snillfjord.kommune.no

63°34'50"N 9°24'37"E   + 2 Std 16 Min

An SB passieren wir die beiden Inseln **Nordleksa** und **Sørleksa** in der Gemeinde Agdenes. Die Fährstation **Gjerdet** liegt im Norden von Nord-Leksa und hat Verbindung nach Vernes, zu den Inseln Garten und Sør-Leksa und nach Kongensvollen.

Nördlich von **Nordleksa** zieht sich ein Unterwasserriff in 175 m Tiefe hin, 500 m lang, 35 m hoch und 200 m breit.

Die Leksa-Inseln werden in Snorres Königssagen, und zwar in der Saga von Olav Tryggvason erwähnt. Man wusste, dass sich auf Sørleksa ein großes Grabdenkmal aus vorgeschichtlicher Zeit befand, das von beiden Seiten der Insel zu sehen war. Auf den Leksa-Inseln gibt es viele vorgeschichtliche Kulturhinterlassenschaften, z. B. ein großer bronzezeitlicher Grabhügel und eine altsteinzeitliche Siedlung mit mindestens 10 kreisrunden Behausungsgrundrissen (S 83).

An BB die kleine, flache Insel **Moldtun** vor der Mündung des kurzen **Imsterfjords.** Die Insel **Åsøya** im äußeren Teil des Fjords. Der Ort **Kongensvollen** liegt auf der Südwestseite des Imsterfjords und hat Fährverbindung nach Leksa auf der Insel Sørleksa.

Ca. 63°33'N 9°17'29"E
Wir passieren die Grenze zwischen den Gemeinden Ørland und Hitra an SB.

Die Gemeinde Hitra

Bedeutung des Gemeindewappens: Illustriert den Rotwildbestand auf der Insel.
Bedeutung des Namens: Vom nordischen Hiltra, vermutlich: „die Gespaltene, Eingeschnittene".
Gemeindezentrum: Fillan (510 Einw.).
Position: 63°36'20"N 8°58'41"E.
Areal: 680 km². **Einw.:** 4.025.
Bevölkerungsdichte: 5,92 Einw./km².
Arealverteilung: Landw. 3 %, Forstw. 14 %, Süßwasser 5 %, verbleibendes Areal 78 %.
Wirtschaft: Landwirtschaft. Dorsch- und Krabbenfischerei. Aufzucht von Lachs und Regenbogenforelle. Fischindustrie. Tangmehlfabrik. Bootsslip. Werft. Meierei. Zementwerk. Windräderpark.
Sehenswertes: Die Miniatürstadt Dolmen by. Das Terningen Feuer.
Hinweis auf Aktivitäten: Hirschjagd.
Website der Gemeinde Hitra: www.hitra.kommune.no

Hitra ist zumeist flach und moorig. Die Moorflächen liegen oft 100 m hoch mit Hügeln, die aus ihnen heraus ragen, die höchsten im Südwesten und mitten auf der Insel. Die Gemeinde besteht aus 2.500 Inseln, Holmen und Schären, die sich besonders im Norden von Hitra komzentrieren. Im inneren Teil der Insel trifft man auf einen großen Rotwildbestand.

Westlich von Hitra, draußen im Meer, liegt die Gemeinde Frøya.

Die Gemeinde Frøya

Bedeutung des Gemeindewappens: Fisch war und ist die bedeutendste Ernährungsgrundlage der Gemeinde.
Bedeutung des Namens: Wie der Göttername Frøy, gotisch frauja, Herr, und zwar der vornehmste.
Gemeindezentrum: Sistranda (685 Einw.).
Position: 63°43'N 8°50'E
Areal: 231 km². **Einw.:** 4.114.
Bevölkerungsdichte: 17,81 Einw./km²
Arealverteilung: Landw. 4 %, Forstw. - %, Süßwasser 4 %, verbleibendes Areal 92 %.
Wirtschaft: Fischerei. Fischveredelung. Aufzucht von Lachs, Regenbogenforelle, Dorsch, Kammmuscheln und Miesmuscheln. Etwas Textil-, Plastik- und Werkstattindustrie. Landwirtschaft als Nebenerwerb. Schafhaltung. Windkraft.
Sehenswertes: Die Bauernmuseum von Frøya.
Website der Gemeinde Frøya: www.froya.kommune.no

Die Gemeinde **Frøya** besteht aus 5.400 Inseln, Holmen und Schären, von denen **Frøya** (151,9 km²) die größte ist. Der ausgedehnte Schärengarten schützt sie im Westen vor dem Meer. Die Landschaft ist hügelig und baumlos. Die Süßwasserflächen liefern den Vögeln gute Lebensbedingungen, daher ist die Insel Rast-, Brut- und Überwinterungsgebiet für eine Unzahl von Seevögeln. Schätzungsweise 20% aller norwegischen Kormorane brüten hier, 30.000 überwintern sogar.

Die Inselgruppe **Sula** besteht aus einer Gruppe nackter Holme 15 km nordwestlich von Frøya. Dort gibt es eine Fischannahmestelle, Fischverarbeitung und Fischzucht. Die Inselgruppe hat Schnellbootverbindung nach Frøya und Trondheim.

63°34'N 9°20'E + 2 Std 23 Min

Hinter Sør-Leksa liegt **Fjellværsøya** (26,7 km²), nordöstlich von Hitra, mit Brückenverbindung zu dieser Insel und der etwas nördlicher gelegenen, kleineren **Ulvøya** (6,4 km²). Haupterwerbszweige sind Landwirtschaft, Fischerei, Fischzucht und Fischveredelung.

Die Insel **Hitra** (571 km²) ist Norwegens siebtgrößte Insel, die größte südlich von Nordland. Verwaltungszentrum ist **Fillan** (510 Einw.) am **Fillfjord**, südwestlich von Fjellværsøya. Die Fillan Kirche ist eine Kreuzkirche von 1789.

Auf dem Höhenzug **Eidfjellet**, nordwestlich von Fillan, hat man im Jahre 2004 24 Windräder aufgestellt mit einer maximalen Gesamtstromerzeugung von 55 MW. Ein 10 km langes Stromkabel führt nach Fillan.

Auf Hitra lebt Nordeuropas größter Rotwildstamm, dort gibt es gute Jagdmöglichkeiten.

An SB der Ort **Hestvika** (241 Einw.) nordöstlich von Hitra. Die Inseln **Utsetøya, Børøyholmen, Stora** und **Vedøya** vor der Landnase. In Hestvika gibt es verschiedene Industriebetriebe, Fischzucht und einen Fischereihafen. Ein neues Industriegebiet ist geplant.

Das Børøyholmen Feuer bei Hestvika wurde 1874 errichtet und 1970 abmontiert und durch ein unbemanntes Leuchtfeuer ersetzt.

Die Insel **Dolmøya** (14,5 km², 63 m ü M) liegt zwischen Frøya und Hitra, über den engen Dolmsund führt eine Brücke. Auf Dolmøya findet man die Ruinen einer Kirche aus dem frühen Mittelalter. Man hat auf der Insel die Miniaturstadt „Dolmen by" mit ca. 1.000 Häusern, Booten und Hafenanlagen gebaut.

Der Frøyatunnel, 5,3 km lang, 164 m u M, führt unter dem Frøyfjord zwischen Dolmøya und Frøya hindurch. Der Tunnel wurde im Jahre 2000 eröffnet.

63°33'N 9°17'E + 2 Std 30 Min

In der Gemeinde Snillfjord an BB sehen wir das Dorf **Vingan** westlich des Berges **Blåfjellet** (526 m ü M). Die Geschichte berichtet, dass 1969 die englische Königin Elisabeth II mit ihren Kindern Anne, Andrew und Edward auf Storholm in der Bucht **Vingvågen** an Land gegangen ist, um Mittag zu essen. Sie waren mit der königlichen Yacht „Britannia" unterwegs, als sie den schönen Ort entdeckten. Storholmen (der Großholm) trägt seitdem den Namen Dronningholmen (der Königinnenholm).

In dem Ort Vingan in der Bucht Vingvågen befand sich von 1917 bis 1925 eine Walfangstation. 1905 war der Walfang von Landstationen aus verboten worden. Norwegen war zwar im 1. Weltkrieg 1914-18 neutral, seine Handelsflotte erlitt dennoch großen Schaden, die Versorgung versagte, und es herrschte Nahrungsmangel. Um dem entgegen zu treten, hob man das Walfangverbot wieder auf. Fünf Walfangstationen wurden an Land eingerichtet, eine davon in der Bucht Vingvågen. Die Station war die Basis für drei Walfangboote. Dort arbeiteten 50 Mann und auf jedem der drei Boote jeweils 10 Mann.

Die Wale lieferten sowohl Fleisch als auch Öl, beides war Mangelware. Das Fleisch wurde zum großen Teil nach Trondheim verkauft. Ein Motorschiff fuhr regelmäßig mit Fleisch nach Trondheim, solange die Station in Betrieb war.

Vingvågen lag ziemlich weit von den Walfanggebieten entfernt, und die Verunreinigung durch die Walfangstation war groß, deshalb wurde sie 1925 in den Außenbereich von Hitra verlegt. Im Laufe der acht Betriebsjahre wurden 2.249 Wale verschiedener Art erlegt und zur Station Vingvågen geschleppt.

Der Berg **Kamvikfjell** vor dem schmalen Eingang zum **Valslagvågen** mit dem Berg **Aunhesten** und der Landnase **Trollvikskjeret**. Vor dem Fjord liegt der kleine **Svansholm**.

63°32'12"N   9°13'51"E   + 2 Std 39 Min

An SB hinter den Inseln **Storøy** und **Vedøy** die Dörfer **Strand** und **Badstuvika** vor dem Ort **Sandstad** und der Insel **Jøsnøya**. Die Sandstad Kirche wurde 1888 gebaut und hat 350 Sitzplätze.

An SB vor uns die flache Insel **Hemnskjel**, dort befindet sich der östliche Eingang zum Hitratunnel.

Einer Sage nach soll es einmal Wald auf Hemnskel gegeben haben. Den hat man abgeholzt, um die Räuber zu finden, die sich darin versteckt hatten. Die großen alten Wurzeln, die man im Moor gefunden hat, beweisen, dass dort einmal Bäume gestanden haben.

Auf dieser Insel hat man auch Feuersteinbeile, Pfeilspitzen und Schmuck aus der Bronzezeit gefunden, datiert auf ca. 800 v. Chr., und einen Schmuckschatz von ca. 900 n. Chr.

Am 19. Juli 1929 verunglückte die Yacht „Naz-Perwer" (die schöne Frau) bei dem unbewohnten Ystholm, ca. 1 n. M. nordöstlich von Hemnskjel. Die Yacht war 235 ft lang, 29 ft breit und hatte einen Tiefgang von 17 ft, gebaut wurde sie 1924 in Leith in England. Eigner war der ägyptische Prinz H. H. Yousouf Kamal aus Kairo.

Ein Verwandter des Besitzers, der ägyptische Prinz Amr. Ibrahim, war mit seiner Frau, einigen Freunden und einer 30köpfigen Mannschaft mit der Yacht unterwegs auf Norwegentour. Insgesamt waren 39 Menschen an Bord, einschließlich zwei norwegischer Lotsen. Auf ihrem Weg zum Nordkap geriet die Yacht beim Terningen Feuer in dichten Nebel. Kurz nach 6 Uhr morgens lief die Yacht auf Grund. Außer einem Mannschaftsmitglied wurden alle gerettet. Mit einem Linienschiff wurden sie nach Trondheim gebracht, wo schon ein großes Presseaufgebot ihrer wartete. Der Prinz und sein Gefolge blieben 1 ½ Wochen in Trondheim, bevor sie nach Ägypten zurückkehrten.

Die Bergung von „Naz-Perwer" erwies sich als schwierig, sie dauerte zwei Monate, obwohl drei Bergungsschiffe und ein Dampfschiff sich daran beteiligten. Die Yacht wurde schwer beschädigt nach Trondheim geschleppt und später nach Schweden zum Abwracken verkauft.

Während des 2. Weltkriegs wurde Hemnskjel von den Deutschen stark befestigt, zeitweise waren 600 von ihnen auf der Insel anwesend. Es gibt immer noch Kanonenstellungen, Höhlen, Laufgräben und Reste von Mauern und Baracken. Ein Gemeinschaftsbunker mit vielen Räumen ist als kleines Museum in Stand gesetzt worden und zeigt Bilder, Gegenstände und Karten, auf denen die Minenfelder eingezeichnet sind.

63°30'32"N   9°07'27"E   ⑦

Der Hitratunnel (5.645 m lang) verbindet die Inseln **Hitra, Frøya** und **Fjellværsøya** mit dem Festland. Ein Unterwassertunnel geht unter der Trondheimsleia von **Sandstad** an SB nach **Hemnskjell** (4,4 km²) an BB hindurch, von dort gibt es eine Brücke zum Festland. Als er 1994 eingeweiht wurde, war dieser Tunnel mit seinen 264 m u M der am tiefsten gelegene Tunnel der Welt.

Das gut sichtbare Terningen Feuer passieren wir an SB. Der 12 m hohe Betonturm wurde 1833 gebaut, das Licht hat eine Höhe von 17,8 m und eine Reichweite von 13,4 n. M. Es hatte ab 1923 ein Nebelhorn, in den Jahren 1958-82 ein Typhon. 1991 wurde es automatisiert.

Wir fahren weiter durch den Sund Trondheimsleia.

Ca. 63°29'N   9°03'E

Wir passieren die Grenze zwischen den Gemeinden Snillfjord und Hemne an BB.

Die Gemeinde Hemne

Bedeutung des Gemeindewappens: Weist auf den Haselwald in der Gemeinde hin.
Bedeutung des Namens: Vom nordischen Hefni, wahrscheinlich ein Fjordname mit der Bedeutung „Hafen".
Gemeindezentrum: Kyrksæterøra (2.471 Einw.).
Position: 63°17'17"N 9°06'E. **Areal:** 659 km².
Einw.: 4.277. **Bevölkerungsdichte:** 6,49 Einw./km².
Arealverteilung: Landw. 3 %, Forstw. 21 %, Süßwasser 5 %, verbleibendes Areal 71 %.
Wirtschaft: Land- und Forstwirtschaft. Haustierhaltung. Schmelzwerk für Ferrosilizium, Siliziummetall und Silica. Nahrungsmittel- und Holzwarenbetriebe. Schuhfabrik. Transportbetriebe. Windräderpark.
Sehenswertes: Die Gastwirtschaft Magerøya.
Website der Gemeinde Hemne: www.hemne.kommune.no

Der **Hemnefjord** (25 km lang) schneidet sich an BB vor dem Terningen Feuer ins Land hinein. Die Grenze zwischen den Gemeinden Snillfjord und Hemne verläuft mitten im Fjord. Er hat drei Arme, der **Åstfjord** geht nach Nordosten, der **Snillfjord** parallel dazu, mit dem Ort Snillfjord im Innern, und der **Hemnfjord** mit der Industrieansiedlung **Kyrksæterøra** (2.482 Einw.) im Innern des Fjords geht nach Südwesten.

63°29'03"N 9°00'42"E   + 3 Std 04 Min

An BB passieren wir die Insel **Stamnesøya** und die Landnase **Kråka** in der Trondheimsleia.

63°28'22"N 8°57'34"E   + 3 Std 10 Min

Die kleine Insel **Magerøy** (6,7 km²) sehen wir an BB, nachdem wir die Festlandsnase passiert haben. Die Insel ist wahrscheinlich schon vor der Wikingerzeit bewohnt gewesen. Bis 1537 gehörte sie dem Erzbischof von Nidaros, 1684 erhielten die Einheimischen vom König die Bewilligung für ein Gasthaus mit „der Verpflichtung, ihren Gästen gutes Bier und guten Branntwein zu bieten, samt Licht und Wärme". Ihre Blütezeit als Handelsplatz hatte die Insel in der zweiten Hälfte des 19. Jh.s, 250 Jahre lang saß dieselbe Familie auf der Insel. 1929 wurde der Handelsplatz dann auf einer Zwangsauktion verkauft. 1965 zogen die letzten Einwohner fort. Heutzutage gibt es nur noch im Sommer eine Gastwirtschaft.

Wir fahren immer noch an Hitras spärlich besiedelter Küste entlang. **Ballnes** haben wir an SB und **Røstøya** an BB.

Die Insel **Røstøya**, hinter Magerøya, ist heute unbewohnt. Sie wurde vom Staat als Erholungsgebiet erworben und steht seit 1992 unter Naturschutz.

Zwischen Røstøya und dem Festland zieht sich der **Tannsund** hindurch.

Am Festland an BB hat man ein Wirtschaftsgebiet eingerichtet, das mit der Ölindustrie auf Tjeldbergodden in Verbindung steht.

Die Industrieanlage von Tjeldbergodden können wir an BB sehen.

Ca. 63°26'N 8°44'E

Wir passieren die Grenze zwischen den Gemeinden Hemne und Aure an BB.

Die Gemeinde Aure

Bedeutung des Gemeindewappens: Symbolisiert die Klippfischtradition.
Bedeutung des Namens: Vom nordischen Hofnamen Aurar, Mehrzahl von aurr, Grus. Weist auf die Grusmassen an der Flussmündung hin.
Gemeindezentrum: Aure (596 Einw.).
Position: 63°15'51"N 8°31'12"E. **Areal:** 503 km².
Einw.: 2.620. **Bevölkerungsdichte:** 5,21 Einw./km².
Arealverteilung: Landw. 3%, Forstw. 32%, Süßwasser 3%, verbleibendes Areal 62%.
Wirtschaft: Annahmestation von Gas durch Rohrleitungen vom Heidrunfeld. Produktionsanlage für Methanol und Luftgas. Landwirtschaft in Kombination mit anderen Erwerbszweigen. Rinderhaltung mit Milchproduktion. Schafhaltung. Fischerei. Zwei traditionelle Bootsbaubetriebe.
Sehenswertes: Das Festungswerk „Stützpunkt Melland". Tjeldbergodden.
Website der Gemeinde Aure: www.aure.kommune.no

Die Gemeinde liegt zum Teil auf dem Festland, zum Teil auf den größeren Inseln **Ertvågsøya, Skardsøya, Lesundøya, Grisvågøya, Stabblandet, Tustna** und vielen kleineren Inseln.

63°26'13"N 8°47'E   + 3 Std 33 Min

Vor uns an BB liegen die Bucht und das Dorf **Kjørsvik**, dahinter die Industrieansiedlung **Tjeldbergodden**, im Hintergrund der Berg **Fonna** (722 m ü M).

In **Kjørsvikbugen** befand sich einstmals **Kjørsviksaga**, eines der traditionsreichsten Sägewerke in Aure, dessen Geschichte bis ins 17. Jh. zurück reicht. In der Holländerzeit lagen hier die holländischen Segler vor Anker und warteten auf ihre Holzlast (S 333).

Eine Aquakulturanlage gibt es außerdem in Kjørsvikbugen. Das erwärmte Kühlwasser der Methanolfabrik in Tjeldbergodden wird durch Rohrleitungen ca.1 km weit hierher geleitet und für eine Hummer- und Lachszuchtanlage genutzt.

63°26'N   8°42'E   + 3 Std 38 Min   ⑧

Die Industrieanlage in **Tjeldbergodden** wurde Mitte der 1990er Jahre erbaut und war zu der Zeit das größte Industrieprojekt in Norwegen. Das große Baugelände hat man als Stufe auf Fjordniveau aus der flachen Landschaft heraus gesprengt. Die offizielle Eröffnung fand 1997 statt. Es handelt sich um vier Fabriken: Gasannahmestelle, Methanolfabrik, Luftgasfabrik und LNG-Fabrik. Die Anlage wird von der norwegischen Ölgesellschaft StatoilHydro betrieben.

Tjeldbergodden ist der Annahmehafen für das Gas vom **Heidrunfeld**, das auf der **Haltenbank** in der norwegischen See liegt, ca. 50 n. M. vor der Küste von **Flatanger** in Nord-Trøndelag (S 116). Das Ölfeld liegt in 350 m Tiefe und wurde 1985 entdeckt. Der Gewinnungsplan wurde 1991 genehmigt, die Produktion begann 1995. Das geförderte Öl wird mit Hilfe eines Bojenanschlusses auf Schiffe gepumpt und an Land gebracht, das Gas in speziellen Rohrleitungen, der **Haltenpipeline**, nach Tjeldbergodden geleitet.

Die Methanolfabrik ist eine der größten ihrer Art in der Welt mit äußerst effektiver Energieausbeute. In dieser Fabrik hat man zum ersten Mal in Norwegen Naturgas in großem Ausmaß für industrielle Produktion verwendet. Die Kapazität der Fabrik beläuft sich auf ca. 900.000 Tonnen Methanol im Jahr, was 25% der europäischen Gesamtproduktion und 13 % des Verbrauchs in Europa entspricht. Das Methanol, das in Tjeldbergodden aus Naturgas hergestellt wird, benutzt man für viele Zwecke in der chemischen Industrie, als Treibstoff, Lösungs- und Frostschutzmittel. Die Fabrik soll erweitert werden und dann 1.200.000 Tonnen Methanol jährlich produzieren. Der Zeitpunkt des Ausbaus steht noch nicht fest.

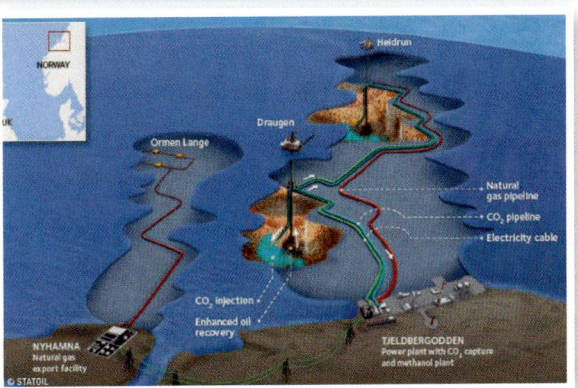

Die Luftgasfabrik in Tjeldbergodden ist die größte in Skandinavien. Luftgas ist eine übergeordnete Bezeichnung für Gase, die aus der Luft extrahiert werden, oft auch Industriegase genannt. In der Luftgasfabrik wird die Luft verflüssigt, so dass sie destilliert werden kann, dabei wird sie in Sauerstoff, Stickstoff und Argon aufgespalten. Sauerstoff und Stickstoff benötigt man in der Industrieanlage von Tjeldbergodden, aber alle drei Gase werden auch an Kunden in Norwegen und dem übrigen Skandinavien verkauft. Sauerstoff wird in der Industrie, zum Schweißen, in Aufzuchtsanlagen, im Krankenhaus usw. gebraucht, Stickstoff als Inertgas (das keine chemische Verbindung mit anderen Stoffen eingeht) in der Industrie und in Verpackungsmaterial, und

Argon als Inertgas beim Schweißen und in der metallurgischen Industrie.

LNG (Liquefied Natural Gas, verflüssigtes natürliches Gas) ist Naturgas, das bei niedrigen Temperaturen verflüssigt wird, bevor es an den Abnehmer im Gebiet von Trondheim verfrachtet wird.

StatoilHydro und Shell arbeiten zusammen am „Halten CO^2-Projekt", einem von 12 Kandidaten für die Auswahl eines Pilotprojektes, das eine Technologie entwickeln soll, den CO^2-Ausstoß in Europa zu reduzieren. 2007 ist das Projekt in der Konzeptphase, in der die Technologie und das kommerzielle Modell erarbeitet und beurteilt werden sollen.

An SB sieht man die Südspitze von Hitra, danach mehrere kleine Inseln, von denen **Værøyan** und **Ramsøya** noch die größten sind, vor uns an SB die flache Insel **Smøla**. Der **Ramsøyfjord** geht zwischen Hitra und Smøla hindurch und mündet ins offene Meer.

63°25'30"N   8°38'E   + 3 Std 45 Min

An BB passieren wir den **Dromnessund**, danach die Insel **Skardsøya** (52,3 km², 390 m ü M) mit dem Dorf **Skipnes** im Nordosten, **Finnse**t und **Livsneset** im Nordwesten. Auf der Landzunge **Dromnes** hinter Tjeldbergodden, vor dem Eingang zum Dromnessund, befinden sich viele Grabhügel aus der Bronzezeit. Der Hof Dromnes aus der Eisenzeit ist sicherlich der älteste Hof der Umgebung und wird in alten Erzählungen erwähnt.

63°23'N   8°34'41"E   + 4 Std 04 Min

Auf dem Hof **Finnset** an Skardøyas Nordwestseite liegt ein deutsches Festungswerk aus dem 2. Weltkrieg, der „Stützpunkt Melland". Die Anlage hatte acht Kanonenstellungen, Luftverteidigungsstellungen, Lazarett, Soldatenheim, Gefangenenlager, Bunker und Stromaggregate. Eine lokale Eisenbahnlinie führte bis zur Festung hin.

Auf dem Berg hinter Finnset, **Vettaheia** (390 m ü M) hat einmal eine Warde gestanden, die König Håkon der Gute (918-961) hatte aufstellen lassen, daher der Name des Berges „Wardenhöhe" (S 82).

Weiter im Innern des Fjords finden wir den **Mellandhof**, der schon vor dem 16. Jh. in schriftlichen Quellen erwähnt wird. Bis ins 18. Jh. war er ein Krongut.

Von Skardsøya führen zwei Brücken zum Festland, eine im Osten und eine im Süden.

Danach folgen an BB die kleineren Inseln **Lesundøya** und **Grisvågøya** (13.9 km²). Der Ort **Lesund** im Westen von Lesundøya hat eine der ältesten Hofanlagen der Gemeinde, sie geht nämlich bis in die Eisenzeit zurück. Der Hof breitete sich wahrscheinlich über beide Inseln aus.

Die Inseln haben Brückenverbindung miteinander und zum Festland. Hinter den beiden Inseln verlaufen die Fjorde **Gjerdavika** und **Torsetsund**. Die Torsetsundbrücke ist 355 m lang und wurde 1976 fertig.

Die gebirgige Insel **Ertsvågsøya** (140 km², 694 m ü M) liegt hinter Grisvågøya, dann folgen die Inseln **Stabblandet** und **Tustna.**

Hinter der Südspitze von Hitra an SB können wir die Westspitze von Frøya sehen (S 339). Das Slettringen Feuer auf der Insel **Slettringen** ist mit seinem 45 m hohen Eisenturm das höchste in Norwegen. Das Feuer wurde 1899 gebaut und hat eine Reichweite von 18,5 n. M., im selben Jahr wurde auch ein Nebenfeuer gebaut mit einem Nebelhorn, eine Sirene kam 1923 dazu, die 1968 durch ein Typhon ersetzt wurde. 1993 wurde das Feuer automatisiert und ist seitdem unbemannt, seit 2000 steht es unter Denkmalschutz.

63°22'N   8°23'E

Wir passieren die Grenze zwischen den Gemeinden Hitra und Smøla an BB.

Die Gemeinde Smøla

Bedeutung des Gemeindewappens: Weist auf Küste und Meer hin.
Bedeutung des Namens: Mittelalterschreibweise Smyl, im Zusammenhang mit smule, zerbröckelt, bezieht sich wahrscheinlich auf die vielen Schären und Inseln rund um Smøla, zerbröckeltes Land.
Gemeindezentrum: Hopen (-).
Position: 63°27'57"N 8°00'34"E.
Areal: 282 km². **Einw.:** 2.192.
Bevölkerungsdichte: 7,77 Einw./km².
Arealverteilung: Landw. 5 %, Forstw. 1 %, Süßwasser 4 %, verbleibendes Areal 90 %.
Wirtschaft: Landwirtschaft und Fischerei. Milchproduktion. Gemüseanbau. Möhrenproduktion. Fischzucht. Klippfischproduktion. Nahrungsmittelindustrie (Fischprodukte). Mechanische Industrie. Fensterfabrik.
Sehenswertes: Die Insel Veiholmen. Die Insel Edøya.
Website der Gemeinde Smøla: www.smola.kommune.no

Im Westen der Insel Smøla liegt der Smøla Windpark. Als er 2005 fertig wurde, war er mit seinen 68 Windrädern der größte in Europa. Die Windräder sind bis zu 70 m hoch und haben eine Flügelspanne von bis zu 80 m. Sie produzieren so viel Elektrizität wie 20.000 Haushalte im Durchschnitt verbrauchen.

Nördlich von Smøla liegt in der norwegischen See die idyllische Insel **Veiholmen** (0.6 km², ca. 250 Einw.), reich an Kultur und Tradition. Veiholmen und die Nachbarinsel **Innveien** bilden zusammen den größten aktiven Fischereihafen in Norwegen südlich der Lofoten mit einer imponierenden Fischereiflotte. Die Strasse von hier nach Smøla führt über Brücken, aufgefüllte Dämme, Holme und Schären.

Wahrscheinlich war Veiholmen schon um 1100 oder sogar noch früher besiedelt. In der zweiten Hälfte des 14. Jh.s wurde hier eine Kirche gebaut. Der Altarschrein aus dem 16. Jh. wird seit den 1870er Jahren in der Altertumssammlung der Universität Oslo aufbewahrt. Er stammt vermutlich aus der Hansestadt Lübeck in Deutschland. 1749 wurde die Kirche abgerissen, da sie verfallen war, eine neue wurde im selben Jahr in **Hopen** im Norden von Smøla errichtet.

Das älteste noch vorhandene Bauwerk auf Veiholmen ist eine Steinwarde bei dem Ort **Verket**. Die Warde wurde als Seezeichen vermutlich im 14. Jh. erbaut.

Das Haugjegla Feuer steht auf einer flachen Insel nördlich von Veiholmen. Es wurde 1905 als Leuchtfeuer eingerichtet und dient seit 1922 als Leitfeuer. Der 28 m hohe Leuchtturm aus Gusseisen steht auf einem 7 m hohen Betonsockel. Das Licht hat eine Reichweite von 15,3 n. M., seit1988 ist das Feuer automatisiert und unbemannt. Heute ist es ein Kulturdenkmal.

Das Skalmen Feuer, ein weißes Haus mit niedrigem Turm, liegt nordwestlich der Insel Smøla. Es ist ein Küstenfeuer, 24 m ü M, 1907 gebaut, mit einer Reichweite von 14,8 n. M. Der erste Leuchtturmwärter war der Steuermann von Roald Amundsens (S 224) Gjøa-Expedition. Er hatte einen Schlittenhund von der Expedition mit gebracht. Die Hundespuren im Zement beim Leuchtturm können von diesem Hund stammen.

63°20'N 8°18'41"E   + 4 Std 24 Min   ⑨

Bevor wir in den **Edøyfjord** einlaufen, haben wir an SB die beiden kleinen Inseln **Glassøya** und **Lauvøya** mit vielen Kulturhinterlassenschaften vor der flachen, moorigen **Edøya** (7,5 km²).

An SB passieren wir das Tyrhaug Feuer, das auf dem Ringholm steht, 1833 erbaut mit einer Reichweite von 13,4 n. M., seit 1967 ist es automatisiert.

Vor uns an BB sehen wir die Insel **Tustna** hinter **Stabblande**t (40 km²) mit den Bergen **Storøra** (905 m ü M) und **Stabben** (908 m ü M). Die flache Insel **Solsjeløya** liegt nördlich von Stabblandet. Eine Kabelfähre verbindet die beiden Inseln.

Nach Snorres Königssagen sollen auf Solskjeløya zwei Schlachten statt gefunden haben in Verbindung mit der Reichsammlung unter Harald Hårfargre (König von ca. 865 - ca. 933), und zwar 9 bzw. 8 Jahre vor der Schlacht von Hafrsfjord ungefähr im Jahre 885, nach der Norwegen dann in einem Reich geeint wurde. Im Jahre 1208 war auch Tustna ein Kampfplatz.

63°18'N 8°08'45"E   + 4 Std 37 Min

Die Insel **Edøya** (7,5 km², 41 m ü M) an SB ist flach und moorig, die ist die zweitgrößte Insel in der Gemeinde Smøla. Hier liegen die vorzeitlichen Kulturspuren so dicht beieinander wie sonst nirgendwo in Norwegen, sie stammen aus der Wikingerzeit und früheren Perioden. Das bekannteste Kulturdenkmal ist die alte Kirche von Edøya, eine Steinkirche aus den 1190er Jahren. Sie war viele hundert Jahre lang ein Versammlungsort sowohl für Seeleute als auch Einheimische. Das Meeresgebiet vor der Kirche galt als guter Ankerplatz.

Die alte Kirche von Edøya ist eine der beiden ältesten Steinkirchen in Nordmøre, wahrscheinlich als private Hauskapelle für den Ombudsmann auf Edøya gebaut, und zwar etwas kleiner, als sie heute ist. Der vordere Teil wurde vermutlich vor 1695 angebaut. 1887 brannte nach einem Blitzeinschlag alles ab, was aus Holz gewesen war, vom Inventar wurden nur das Altarbild, zwei Leuchter, ein Hocker und ein Tisch gerettet. Das Altarbild brachte man in ein Museum in Kristiansund, wo es beim Bombenangriff auf die Stadt 1940 zerstört wurde (S 349). Bis

1946 lag die Kirche in Ruinen, und diese benutzten die Deutschen als Waffenlager. Beim Bau der neuen Kirche verwendete man einen Bunker aus dem Krieg als Kirchenfußboden. Dieser ist heute einer der wenigen Bunker in Norwegen, der unter Denkmalschutz steht. 1950 wurde die heutige Kirche von Edøya restauriert und eingeweiht. Die Kirchenglocken sind auf die Töne E und G gestimmt, die Anfangsbuchstaben der Eltern des Geldgebers. Zum 800-jährigen Jubiläum 1990 wurde die Kirche renoviert und bekam eine neue Orgel.

Jeden Sommer findet während der Kulturwoche eine Freilichtaufführung mit dem Titel „Fru Guri av Edøy" (Frau Guri auf Edøy) statt, die das Leben auf Edøya vor 800 Jahren zum Thema hat.

Auf der Südseite von Edøya gibt es viele Bunker und Kanonenstellungen aus dem 2. Weltkrieg. Eine große Batterie war am Eingang zur **Trondheimsleia**, die wir gerade hinter uns haben, strategisch platziert. Hier wurden viele Schiffe versenkt.

Von Edøya führt eine Strasse nach Smøla.

Nahe bei Edøya liegt die Insel **Kuli** (70 m ü M), auf der es ebenfalls Siedlungsspuren aus der Stein- und Eisenzeit gibt (S 83). Auf Kuli befindet sich ein gut erhaltenes Gräberfeld aus der Eisenzeit und eine Kopie des Kulisteins, des berühmtesten Runensteins, der jemals in Norwegen gefunden wurde. Das Original, auf 1034 datiert, wurde 1913 in das Wissenschaftsmuseum in Trondheim gebracht. Die Runeninschrift wurde erst 1956 entdeckt. Sie war in senkrecht verlaufenden Linien in den Stein eingehauen worden, die Entdeckung war eine Sensation. Die Inschrift wurde wie folgt entziffert: „Tore og Halvard reiste denne steinen" und „tolv somre hadde kristendommen vært i Norge". („Tore und Halvard stellten diesen Stein auf" und „zwölf Sommer ist das Christentum schon in Norwegen"). Der Stein stellt die älteste Schriftquelle dar, in der das Christentum in Norwegen erwähnt wird. Die Art der Sprache weist darauf hin, dass die Inschrift von einem zweisprachigen Missionar angefertigt wurde, einem, der mit einem Bein in der nordischen, mit dem anderen in der angelsächsischen Sprache verankert war.

Die meisten kleinen Inseln in der Gemeinde Smøla sind seit den 1950-60er Jahren unbewohnt, einige werden heute als Ferieninseln benutzt.

An BB passieren wir die drei größeren Inseln **Ertvågsøya**, **Stabblandet** und **Tustna**. Der **Aursund** trennt sie vom Festland.

An der Ostseite des **Aursundes** steht die Aure Kirche. Die erste Kirche auf diesem Platz gilt als eine der ältesten Kirchen in Norwegen, in Snorres Königssagen erwähnt, weil sie um das Jahr 1000 von den Trøndern abgebrannt worden sein soll. Die spätere Mariakirche von Aure wird in den 1430er Jahren genannt. Eine nachfolgende Stabkirche wurde 1725 abgerissen und von einer Kreuzkirche mit 750 Sitzplätzen ersetzt, die dann nach einem Blitzeinschlag 1923 abbrannte. 1924 wurde Norwegens größte Holzkirche fertig gestellt, mit 800 Sitzplätzen. Der Altarschrein stammt aus dem Mittelalter.

Der Hof **Aure** hat der Gemeinde ihren Namen gegeben, sicherlich einer der ältesten in der Umgebung. Schon seit der Eisenzeit gab es hier eine Hofanlage.

Auf der kleinen Insel **Ruøya** im Aursund lag Hamna, ein zentraler Handelsplatz von ca. 1700 bis 1830. Das Wirtshaus und der Krämerladen existierten bis 1829, dann wurden die Häuser abgerissen und der Betrieb nach **Lurvika**, in den Südosten der Halbinsel **Rottøya**, verlegt. Im 17. Jh. war die Bucht bei Ruøya der Ankerplatz für holländische Segler, die Holz abholen wollten (S 333). Wahrscheinlich standen damals schon Gebäude für die Abfertigung der Schiffe am Ufer. Später gab es hier eine Posthalterei, Bäckerei, Gastwirtschaft und einen Landhandel. In den 1870er Jahren bestand Lurvika aus 23 Gebäuden, bald darauf ließ sich eine Dampfschiffspedition hier nieder.

Die gebirgige und dennoch fruchtbare Insel **Ertvågsøya** (140 km²) mit dem Berg **Korsbakkfjellet** (694 m ü M) sehen wir an BB vor uns. Mitten auf der Insel, hinter der kleinen **Jøssøya**, schneidet sich der 7 km lange, schmale **Foldfjord** in östlicher Richtung die Insel. Das auflaufende und ablaufende Meerwasser muss jeweils zwei Einschnürungen durchströmen, das macht den **Foldfjordstraumen** zu einer der stärkstem Salzwasserströmungen in Nordeuropa (S 162). Land- und Forstwirtschaft sind die Haupterwerbszweige. Drei Brücken verbinden die Insel mit dem Festland. An der früheren Fährstation auf der Westseite der Insel arbeitet seit 1614 ein Sägewerk. Viele neue Brücken zwischen den Inseln, neue Strassen und Fährverbindungen zum Festland bilden die Imarsundgemeinschaft, die die Inseln der Gemeinde Aure miteinander und mit dem Festland verbinden. Die Imarsundgemeinschaft wurde 2006 gegründet.

63°15'33"N 8°05'E + 4 Std 57 Min

Weiter südlich im Edøyfjord liegt an BB die bergige Insel **Tustna** (89 km²) mit den Bergen **Skarven** (896 m ü M) und **Jørenvågsalen** (857 m ü M). Neben Tustna liegt **Stabblandet,** zwischen den beiden Inseln geht der schmale **Soleimsund** hindurch. Die Bebauung erstreckt sich am Strand entlang. Landwirtschaft mit Haustierhaltung, dazu etwas Fischerei, sind die Ernährungsgrundlagen der Bewohner. Die Klippfischproduktion hat eine lange Tradition auf Tustna. Im Süden der Insel gibt es einen Kiefernwald.

Von den vielen kleinen Inseln südwestlich von Tustna ist **Golma** die größte, dann folgen an BB die kleine Insel **Møyslåtten** und eine Reihe noch kleinerer Inseln.

Ca. 63°10'N 7°45'E ⑩

Wir passieren die Grenze zwischen den Gemeinden Aure und Kristiansund.

Die Gemeinde Kristiansund

Bedeutung des Gemeindewappens: Gibt die Stadtprivilegien wieder. Der heutige Entwurf stammt aus dem Jahre 1900.
Bedeutung des Namens: Nach König Christian VI, der 1742 der Stadt die Handelsrechte verlieh. Vorher hieß der Ort Fosna, vom nordischen Folgsn, Versteck.
Gemeindezentrum: Kristiansund (17.094 Einw.).
Position: 63°06'48"N 7°44'17"E.
Areal: 22 km². **Einw.:** 17.026.
Bevölkerungsdichte: 773,91 Einw./km².
Arealverteilung: Landw. 2 %, Forstw. - %, Süßwasser - %, verbleibendes Areal 98 %.
Wirtschaft: Nahrungsmittelindustrie innerhalb der Fischwirtschaft, Konservenfabrik und Gefrierhallen. Zulieferbetriebe für die Offshore-Industrie vor der Küste Mittelnorwegens. Chemische und graphische Industrie.
Sehenswertes: Die Insel Gripholm.
Die Stadt Kristiansund.
Website der Gemeinde Kristiansund:
www.kristiansund.kommune.no

Den Inselgarten **Grip** haben wir an BB hinter uns gelassen, 14 km nordwestlich von Kristiansund. Die 82 flachen Inseln haben kaum eine Erdkrume. Den Friedhof hat man deshalb auf **Averøy** gelegt (S 351). Von 1897 bis 1964 war Grip eine eigene Gemeinde, und zwar die kleinste in Norwegen.

Die Insel **Gripholm** (0,04 km²) ist schon seit dem Mittelalter bewohnt, vermutlich seit dem 9. Jh., die Insel hat eine einschiffige Stabkirche aus den 1470er Jahren, eine von Norwegens kleinsten und einfachsten. 1621 wurde die Kirche restauriert und umgebaut, die Wandmalereien stammen auch aus dieser Zeit. Der Altarschrein von 1515 wurde vermutlich in Norddeutschland hergestellt oder ist ein Geschenk der niederländischen Prinzessin Elisabeth, die mit König Christian II (1481-1559) verheiratet war. 1860-70 wurde die Kirche erneut restauriert und bekam eine Vorhalle und eine Sakristei. 1932-33 hat man versucht, den alten Zustand vom 17. Jh. wieder herzustellen. 2006 begann wiederum eine Restaurierung. Wegen Mangel an Erdreich lag der Friedhof von Grip bei der Bremsnes Kirche auf Averøy. Die Häuser stehen dicht um die Kirche herum.

Früher haben einmal mehr als 400 Menschen auf Grip gewohnt, und in der Fischereisaison konnten sich mehr als 2000 Fischer aus Nordmøre auf der Insel aufhalten.

Die Inselgruppe war verschiedentlich Naturkatastrophen ausgesetzt. Im Kirchenbuch von Grip ist nachzulesen, dass 1796 ein starker Sturm über das Inselreich hereinbrach und 100 Gebäude zerstörte. Drei Personen kamen dabei ums Leben.

Die Lotsenstation auf Gripholm wurde 1969 aufgelöst. 1964 wohnten noch 70 Menschen auf der Insel, doch 1974 zogen die beiden letzten Bewohner von der Insel fort. Im Sommer herrscht dort wieder Leben. Viele Häuser werden als Ferienwohnungen benutzt und der Tourismus blüht.

Das Grip Feuer, nördlich von Grip, wurde 1888 aufgestellt. Der eiserne Turm steht auf einem Sockel von zugehauenen Steinen und hat eine Gesamthöhe von 44 m, damit ist er der höchste Leuchtturm in Norwegen. Die Höhe des Lichtes beträgt 47 m ü M, die Reichweite 15-19 n. M., das Grip Radiofeuer war 1947-86 in Betrieb. Die Automatisierung erfolgte 1977, der Denkmalschutz 2000.

63°09'26"N   7°44'21"E   + 5 Std 41 Min

Das Schiff nähert sich dem nächsten Hafen, Kristiansund. Die Stadt liegt auf den drei Inseln **Kirkelandet** (5,9 km²), **Nordlandet** (14,3 km²) und **Innlandet/Gomalandet** (0,7 km²). Kirkelandet wird nahezu durchtrennt von der 1 km langen Bucht **Vågen**, in der der Hafen Kristiansund liegt. Die Inseln sind mit Brücken untereinander verbunden.

Wir nähern uns der Nordseite von Kirkelandet und haben den Stadtteil **Karihola** an BB vor uns.

Die Masten von Kristiansunds Flughafen, **Kvernberget**, sehen wir an BB, der Flugplatz selbst ist vom Schiff aus nicht zu sehen.

Wir umrunden Kirkelandet. Es gibt mehrere Kirchen auf der Insel, die aber vom Schiff aus nicht sichtbar sind.

An SB das Stavenes Feuer in der Gemeinde Averøy.

Wir fahren in den **Sørsund** ein, zwischen **Kirkelandet** und **Innlandet**, und unter der Sørsundbrücke hindurch, die die Inseln verbindet. Die Brücke wurde 1963 eröffnet, ist 408 m lang mit einem Hauptspannelement von 100 m.

Die Kirche von Nordlandet liegt sehr schön und dominierend an einem Abhang an BB. Der Beschluss für den Kirchenbau erfolgte schon 1875, doch der Grundstein wurde erst 1913 gelegt. Die Einweihung geschah 1914. Sie ist aus dem grauen Gestein der Umgebung gebaut, jeder einzelne Stein wurde sorgfältig von Hand zugehauen. Die Kirche hat eine sehr gute Akustik. Die Orgel stammt aus dem Jahre 2000, doch die Orgelfassade ist immer noch unverändert dieselbe von der ersten Orgel aus dem Jahre 1914. Man sagt, sie repräsentiert das Beste, was es innerhalb der norwegischen Orgelbaukunst gibt.

Während des Bombenangriffs auf die Stadt im Jahre 1940 wurde der größte Teil der Bebauung auf Nordlandet zerstört. Die Kirche war eines der wenigen Gebäude, die stehen blieben.

Das Schiff legt am Kai in Kristiansund an

Kristiansund erhielt 1742 von König Christian VI Stadtstatus und Handelsrechte. Davor hieß der Ort **Fosna** und ist einer der Orte, die von sich behaupten können, die ersten Bewohner Norwegens beherbergt zu haben. Die Fosnakultur geht bis 8000 Jahre vor Christus zurück. Man nimmt an, dass hier schon Menschen gelebt haben, bevor vor 10 000 Jahren die letzte Eiszeit zu Ende ging. Auf Nordlandet in Kristiansund hat man Kulturspuren aus der Jungsteinzeit gefunden. (S 83).

Genau wie bei anderen Küstenstädten war auch in Kristiansund der gute Hafen die Grundlage für Entwicklung und Wachstum. Wenn auch das Fischereigebiet Grip die größere Bedeutung für die Küstenschifffahrt hatte, so wuchs doch die Bedeutung des Hafens für die drei Inseln, so dass im 17. Jh. ein kleiner Ort entstand. Der Staat richtete hier eine Zollstation für die Kontrolle des holländischen Holzhandels in Nordmøre ein (S 333). Mit dem Status des Verladehafens erhielt die Stadt Erlaubnis, mit einer begrenzten Auswahl an Waren Handel zu treiben.

Man sagt, Kristiansund sei auf Klippfisch gebaut. Die Kenntnis für die Produktion von Klippfisch hat der Holländer Jappe Ippe in den 1690er Jahren mitgebracht. Er erhielt 1691 das königliche Privileg, diese Art der Fischverarbeitung und den Export des Produktes zu betreiben. Einige Jahre später übernahm der Schotte John Ramsay den Betrieb, und im Laufe des 18. Jh.s entwickelte sich die Produktion von Klippfisch zu einem wichtigen Wirtschaftszweig. Die Schiffe kamen von See mit gesalzenem Fisch, der erst gewaschen wurde, bevor er neu eingesalzen und zu Stapeln geschichtet wurde. Danach wurde der Fisch zwei Wochen lang unter Druck zusammen gepresst, damit die Salzlake abfließen konnte.

Nachdem Kristiansund 1742 Stadtstatus erhalten hatte, schritt die Entwicklung rasch voran, nicht zuletzt auf Grund des Fischhandels. Nach 1776 baute man eine große Schiffsflotte auf, mehrere Werften und Reeperbahnen wurden gegründet. Die Wirtschaft nahm in den folgenden Jahrzehnten einen kräftigen Aufschwung, und der Wohlstand wuchs. Die Nachfrage nach Klippfisch wuchs derartig, dass die Fischer in der näheren Umgebung nicht mehr genug liefern konnten. Deshalb musste Mitte des 19. Jh.s Rohfisch von den Lofoten und aus Finnmark dazu gekauft werden. Der Klippfischmarkt weitete sich aus. Die Fischhändler in der Stadt wurden sehr reich. Ab ca. 1820 wurde auch Salzhering zu einer wichtigen Exportware. Am Ende des 19. Jh.s war Kristiansund eine schöne Stadt mit vielen großen Kaufmannshäusern und Lagerschuppen.

Als Kuriosität kann erwähnt werden, dass Schiffe, die Klippfisch nach Spanien transportierten, auf dem Rückweg Erde als Ballast mitbrachten. In Kristiansund und Umgebung gab es wenig Erde, deshalb wurde die spanische Erde für den ersten öffentlichen Friedhof der Stadt verwendet. Die Toten von Kristiansund weilen demzufolge in südwesteuropäischer Erde.

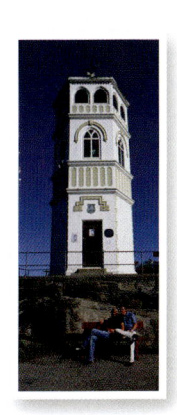

Wegen der einseitigen Erwerbsgrundlage traf Kristiansund die ökonomische Krise nach dem 1. Weltkrieg besonders hart. Im Laufe der 1930er Jahre versuchte man, alternative Wirtschaftszweige aufzubauen, doch erst nach dem 2. Weltkrieg wuchs die Wirtschaft auf mehreren Ebenen.

Ende April 1940 warfen die Deutschen vier Tage lang fast ununterbrochen Bomben auf Kristiansund, danach lag die Stadt in Ruinen. Die Deutschen glaubten, der norwegische König und die Regierung würden sich in der Stadt befinden. Fünf Menschen starben, ca. 800 Gebäude waren den Bomben zum Opfer gefallen oder brannten in dem mehrere Tage anhaltenden Inferno ab. Der größte Teil der Holzbebauung ging verloren.

In der Nachkriegszeit wurde Kristiansund wie viele andere Städte entlang der Küste in der typischen Nachkriegsarchitektur aufgebaut. Nur einige wenige der alten Anwesen aus dem 18./19. Jh. stehen noch, einige sind denkmalgeschützt. Die auf Fisch basierende Nahrungsmittelindustrie ist immer noch wichtig, aber zusätzlich hat sich in der Stadt eine Basis für die Zulieferung zur Ölindustrie vor der mittelnorwegischen Küste entwickelt, und die ist heute der wichtigste Wirtschaftszweig in der Stadt. Im Jahre 2008 werden Kristiansund und die Nachbargemeinde Frei zu einer Gemeinde zusammen geschlossen.

Das Schiff hält sich nur kurz in Kristiansund auf, man hat also keine Gelegenheit zu einer ausführlichen Stadtwanderung. Die meisten von Kristiansunds Behörden, Hotels, Geschäften, weiterführenden Schulen und Kaianlagen befinden sich auf Kirkelandet.

Kristiansund ist als **Opernstadt** bekannt. 1928, 32 Jahre bevor „die norwegische Oper" in Oslo gegründet wurde, nahm „die norwegische Volksoper" in Kristiansund ihren Anfang. Das Ziel war die Zusammenarbeit zwischen professionellen Opernsängern und Amateuren. Jedes Jahr im Februar wird eine Opernfestwoche arrangiert, die sich gern über 2-3 Wochen ausdehnt.

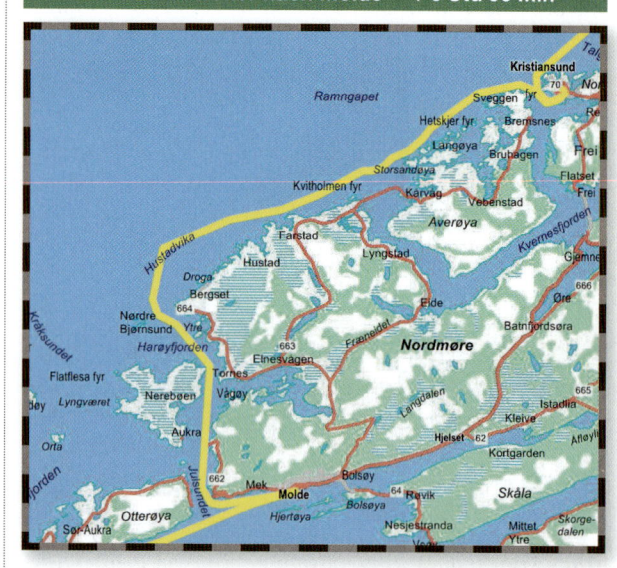

Wir fahren wieder durch den Sørsund, vorbei an der Kirche von Nordlandet und unter der Sørsundbrücke hindurch. Vor uns liegt der Ort Bremsnes in der Gemeinde Averøy.

Südlich der Gemeinde Kristiansund liegt die Gemeinde Frei. Am 1.1.2008 werden die beiden Gemeinden zu einer zusammen gefasst.

Die Gemeinde Frei

Bedeutung des Gemeindewappens: Die beiden Kronen verknüpfen Vergangenheit und Gegenwart, von Håkon, dem Guten, und der Schlacht bei Rastarkalv einerseits und dem Besuch Håkons VII in Frei zur tausendsten Wiederkehr dieses Ereignisses andererseits. Das Wappen verwendet Elemente des alten Gemeindewahrzeichens, das aus einem Helm mit einer Krone darüber bestand, und hinter dem Helm ein Kreuz und ein Schwert.
Bedeutung des Namens: Vielleicht vom nordischen fridr, friedlich, schön.
Gemeindezentrum: Rensvik (16.785 Einw.).
Position: 63°06'48"N 7°44'17"E.
Areal: 65 km². **Einw.:** 2.121.
Bevölkerungsdichte: 32,63 Einw./km².
Arealverteilung: Landw. 2 %, Forstw. 33 %, Süßwasser 2 %, verbleibendes Areal 63 %.
Wirtschaft: Die Hälfte der Berufftätigen arbeitet in Kristiansund. Landwirtschaft mit Gemüseanbau und Gartenbetrieben. Fischerei mit Nahrungsmittelindustrie. Netzflickerei. Mechanische Werkstätten. Holzwaren- und Möbelindustrie.
Sehenswertes: Das Kvalvik Fort.
Website der Gemeinde Frei: www.frei.kommune.no

Im Süden der Insel Frei fand 955 eine Schlacht zwischen Håkon, dem Guten, und den Söhnen von Eirik Blodøks statt. Mehrere Schiffsgräber in der Umgebung werden mit der Schlacht in Verbindung gebracht. Es gibt viele Grabhügel auf der Insel (S 83).

Das Kvalvik Fort liegt im Nordosten der Insel Frei, nahe Kristiansund. Es ist eines der am besten bewahrten aus dem Krieg. Der Ausbau des Forts wurde im Frühjahr 1943 begonnen. Kriegsgefangene aus vielen Ländern, darunter auch 50 Russen, mussten das Fort bauen. Am Ende des Krieges 1945 war das Fort immer noch nicht fertig und wurde niemals für kriegerische Zwecke verwendet. Das Fort liegt strategisch günstig an der Mündung der Fjorde Vinjefjord, Tingvollfjord/Sundalsfjord und Halsafjord/Stangvikfjord, und sollte damals u.a. alliierte Truppenbewegungen verhindern. Die Fjorde dringen tief ins Land hinein und hätten den Alliierten schnelle Truppenbewegungen im Falle einer Invasion geboten.

Der Freifjordtunnel im Süden von Frei verbindet die Kristiansundinseln mit dem Festland. Der Unterwassertunnel wurde 1992 eröffnet, er ist 5.086 m lang, der tiefste Punkt liegt 130 m u M.

63°07'N   7°41'E

Wir passieren die Grenze zwischen den Gemeinden Kristiansund und Averøy.

Die Gemeinde Averøy

Bedeutung des Gemeindewappens: Weist auf archäologische Funde in der Gemeinde hin, ist später als Friedenssymbol umgedeutet worden.
Bedeutung des Namens: Möglicherweise vom nordischen afr, groß, oder von av, im Sinne von Wasserpfütze/Bucht, wegen der flachen Sunde und Fjorde nordwestlich der Insel.
Gemeindezentrum: Bruhagen (-).
Position: 63°04'20"N 7°38'34"E. **Areal:** 174 km².
Einw.: 5.448. **Bevölkerungsdichte:** 31,31 Einw./km².
Arealverteilung: Landw. 12 %, Forstw. 19 %, Süßwasser 1 %, verbleibendes Areal 68 %.
Wirtschaft: Moderne Fischereiflotte. Fischzucht. Die Industrie ist zumeist an die Fischerei geknüpft. Nahrungsmittelindustrie. Futterfabrik. Produktion von Maschinen und Zubehör. Milch- und Fleischproduktion. Tourismus.
Sehenswertes: Der Atlanterhavsvei. Die Kvernes Stabkirche. Das Freilichtmuseum Gamle Kvernes Bygdemuseum. Der Höhle Bremsneshola. Das Fischerdorf Håholmen.
Website der Gemeinde Averøy: www.averoy.kommune.no

Im Südosten der Insel Averøy steht die Kvernes Stabkirche, vermutlich im 14. Jh. erbaut. 1633 wurde der alte Chor abgerissen und durch einen neuen ersetzt, inwendig wurde die Kirche mit Wandmalereien geschmückt, bekam neue Fenster und neues Gestühl. Seit 1893, als eine neue Kirche gleich neben der alten errichtet wurde, ist sie im Besitz des Altertumsvereins.

In der Nähe der Stabkirche befindet sich Gamle Kvernes Bygdemuseum, ein Freilichtmuseum mit 11 Häusern aus der Averøy- und Nachbargemeinde. Es hat eine maritime Abteilung mit Bootsschuppen, Rorbu (Ruderhaus), Booten und maritimer Ausrüstung, dazu eine archäologische Ausstellung mit Funden der Fosnakulturen aus der ersten Besiedlungsphase nach Ende der letzten Eiszeit ca. 9.500 v. Chr. (S 83). In der Umgebung des Museums liegen ca. 70 Gräber aus der Bronze- und Eisenzeit.

63°07'33"N   7°38'30"E   + 0 Std 18 Min ①

Auf unserem Weg unter der Brücke hindurch und hinaus in den **Bremsnesfjord** sehen wir an SB den Ort **Bremsnes** (415 Einw.) auf der Insel Averøy.

Der Häuptlingssitz und Großhof Bremsnes steht hier schon seit ca. 600 n. Chr. Die Geschichte erzählt, dass Harald Hårfargre, als er noch ein Kleinkönig war, 872 n. Chr. bei einem Besuch bei Ragnvald Mørejarl gelobt hat, Haar und Bart so lange wachsen zu lassen, bis er Norwegen in einem Reich geeint hätte. Als ihm das nach der Schlacht bei Hafrsfjord ca. 885 gelungen war, reiste er zurück nach Bremsnes und ließ sich Haar und Bart am Opferstein, mitten auf dem alten Opferplatz des Hofes, abnehmen. Sowohl der Stein als auch der Platz ist bis heute erhalten.

Der Berg **Bremsneshatten** (130 m ü M) mit der Höhle **Bremsneshola** liegt nahe am Bremsnes Hof. Bremsneshola ist Nordmøres größte Grotte, 80 m tief und 25 m hoch. In der Umgebung gibt es mehrere steinzeitliche Spuren der ersten Menschen in Nordmøre.

Schon vor dem Jahre 1300 gab es in Bremsnes eine Langkirche in Stabbauweise. Die brannte 1770 bis auf die Grundmauern ab und wurde 1771 durch eine neue ersetzt, eine Holzkirche aus an den Ecken zusammen gefügten Baumstämmen mit Wandverkleidung. 1886 und in den 1960er Jahren erfolgten umfassende Restaurierungen. Das schöne Altarbild stammt von 1771. Bei einer Restaurierung im Jahre 1869 wurde das Altarbild mit Wandfarbe übermalt, 1932 aber wieder frei gelegt, als man die ursprüngliche Dekoration wieder herstellte. Rund um die Kirche wachsen schöne Bäume: Buchen, Lärchen, Kastanien und Eichen, die der damalige Besitzer des Gutes Bremsnes aus Schottland importiert und um 1790 hier angepflanzt hat.

Sowohl Kristiansund als auch das Inselreich Grip hatte von alters her seinen Friedhof bei der Kirche von Bremsnes.

Die Fähre, die heute zwischen Bremsnes und Kristiansund verkehrt, soll 2008 still gelegt werden, wenn das neue Reichstrassenprojekt „Atlanterhavstunnelen" (der Atlantiktunnel) vollendet ist. Der 5,7 km lange Tunnel unter dem Bremsnesfjord hindurch, zwischen Averøy und Kristiansund, und einige zusätzliche Straßenverbindungen auf beiden Seiten werden die Gemeinden Averøy, Kristiansund und Frei miteinander verbinden.

An BB passieren wir das Stavenes Feuer, 1842 errichtet mit einer Reichweite von 14,3 n. M. 1976 wurde es automatisiert.

Nachdem wir das Stavenes Feuer hinter uns haben, setzen wir Kurs auf den Ramnefjord und zu unserem nächsten Hafen, Molde. Den Ort **Øksenvågen** haben wir an BB, der dortige Fischereihafen wurde im 19. Jh. etabliert. Wegen seiner guten Hafenbedingungen hat man erwogen, hier das Gas vom Ormen Lange Feld in der Nordsee an Land zu führen. Øksevågen hat Anschluss an den Atlantiktunnel.

Die flache Insel **Ekkilsøya** (4,5 km²) sehen wir in der breiten Bucht an BB. Hier werden Lachse gezüchtet, und eines der führenden Forschungsinstitute auf dem Gebiet der Aquakulturen hat eine Meeresforschungsstation auf der Insel. Zwischen Ekkilsøya und Averøya gibt es eine Brücke.

An BB sehen wir vor uns das Hestskjær Feuer.

63°05'24"N   7°28'40"E   + 0 Std 37 Min ②

Das Hestskjær Feuer an BB von 1879 wurde 1960 umgebaut und verstärkt. Es handelt sich um ein 20 m hohes weißes Betongebäude, das Licht reicht 15 n. M. weit. Bis 1986 war das Feuer bemannt, seitdem ist es automatisiert.

Vor uns an BB sehen wir die Berge in den Gemeinden Eide und Fræna.

Die Schiffsstrecke windet sich an vielen kleinen, flachen Inseln vorbei, die zu den Gemeinden Averøy und Eide gehören. Die Inseln sind schwer voneinander zu unterscheiden.

63°04'N   7°25'E   + 0 Std 49 Min

Von der Mündung des **Lauvøyfjords** an BB bis zum Kvitholmen Feuer fahren wir parallel zum **Atlanterhavsveien** (Atlantikweg, Reichsweg 64), ab und zu können wir an BB eine Brücke sehen.

Der einzigartige, spektakuläre Atlanterhavsvei wurde 2005 zum Jahrhundertbauwerk in Norwegen (1905-2005, hundert Jahre freies Norwegen) erkoren. Er ist eine der großen Touristenattraktionen der Gegend und hat den Status eines nationalen Touristenweges. Die britische Zeitung „The Guardian" hat die Strecke zur „schönsten Autostraße der Welt" gekürt.

Die Straße verbindet die Gemeinden Eide und Averøy. Der Bau begann 1983, die Eröffnung fand 1989 statt. Während der Bauarbeiten erlebten die Arbeiter 12 Orkane. Schon Anfang des 20. Jh.s hatte man hier eine Trasse für den öffentlichen Transport geplant, doch damals dachte man an eine Eisenbahn, keine Straße. 1935 wurden die Pläne erst einmal auf Eis gelegt. In den 1970er Jahren kamen dann neue auf.

Der Atlantikweg ist 8,27 km lang, die acht Brücken machen allein 891 m aus. Die Straße schwingt sich im wahrsten Sinne des Wortes über Holme und Schären. Einige von ihnen waren um 1900 bewohnt, sind nun aber verlassen. Entlang des Weges trifft man auf Rorbuer (auf Pfählen stehenden Hütten an der Küste), Hüttendörfer, Cafés, Restaurants und ein Taucherzentrum.

Die Brücken in unserer Fahrtrichtung sind die folgenden: **Lille Lauvøysund** Brücke, 115 m lang, Segelhöhe 7 m, **Store Lavøysund** Brücke, 52 m lang, Segelhöhe 3 m, **Geitøysund** Brücke, 52 m lang, Segelhöhe 6 m, **Storseisund** Brücke, 260 m lang, Segelhöhe 23 m, **Hulvågen** Brücke, drei Brücken zusammen 293 m lang, Segelhöhe 4 m, **Vevangstraumen** Brücke, 119 m lang, Segelhöhe 10 m.

Nahe am Nordende des Atlanterhavsveien liegt das Fischerdorf **Håholmen** mit 20-30 Gebäuden aus dem 18. und 19. Jh., das bis 1960 aktiv in der Fischerei war. Heute gibt es auf der Insel das Kurs- und Konferenzzentrum Håholmen Havstuer.

Der Besitzer von Håholmen, Ragnar Thorseth (geb. 1948), ist ein bekannter Abenteurer und Schriftsteller. Seine erste Expedition unternahm er 1969 allein in einem Ruderboot von Måløy (S 30) nach Lerwick auf den Shetlands. Er reiste auf den Spuren vieler norwegischer Wikinger und Polarforscher in Fahrzeugen, die oft Kopien von den ursprünglich benutzten waren oder ihnen zumindest sehr nahe kamen. 1975 brauchte er fünf Monate für denselben Weg über den Atlantik, den die ersten Wikinger nach Vinland (Neufundland) genommen hatten. 1979-80 ließ er sich mit dem Eis in einem 20 Fuß langen Boot durch die Nordwestpassage treiben, genau wie einst Roald Amundsen. Und er war der Kapitän des Wikingerschiffes „Gaia" das unter großer Anteilnahme 1991 seine Überfahrt von Norwegen nach New York vollzog.

63°02'25"N 7°13'17"E + 1 Std 08 Min ④

An BB passieren wir das Kvitholmen Feuer im Norden von Hustadvika. 1842 wurde es als Küstenfeuer eingerichtet, ca.100 Leute aus dem ganzen Land erledigten die Bauarbeiten, Zimmerleute aus Nordfjord, Tischler aus Kristiania (heute Oslo), Steinmetze und Sprengfachleute aus Sunnmøre, Schmiede aus Porsgrunn. Der Leuchtturm war 16 m hoch und wurde aus dem grauen Gestein eines nahe gelegenen Steinbruchs erbaut. 39.000 Steine wurden verbaut. Der Rest der Anlage ist ein geschlossenes Anwesen mit Maschinenhaus, Wohnhaus und Schuppen. 1902 wurde ein Nebenfeuer auf Kvitholm entzündet. Beim Umbau 1906 wurde das Nebenfeuer auf den alten Steinturm gesetzt und fungierte nun als Leitfeuer. 1956 wurde das Feuer auf einen neuen 12 m hohen Betonturm versetzt und mit Strom aus einem eigenen Aggregat elektrifiziert. Das Licht hat eine Reichweite von 15,1 n. M. Der alte Steinturm steht da immer noch und soll unter Denkmalschutz gestellt werden. 1977 wurde ein Radarfeuer installiert, das wurde 1990 automatisiert und ist seitdem unbemannt. Die Anlage ist ein Kulturdenkmal.

Die Bergketten hinter Kvitholmen Feuer befinden sich in den Gemeinden Midsund und Haram (S 77, S 75).

Ca. 63°03'N 7°17'E

Wir passieren die Grenze zwischen den Gemeinden Averøy und Eide.

Die Gemeinde Eide

Bedeutung des Gemeindewappens: Weist auf die vielen Feuchtgebiete mit Singschwänen hin.
Bedeutung des Namens: Vom nordischen eid, Landschwelle.
Gemeindezentrum: Eide (1.155 Einw.).
Position: 62°54'22"N 7°27'E.
Areal: 153 km².
Einw.: 3.304.
Bevölkerungsdichte: 21,6 Einw./km².
Arealverteilung: Landw. 13 %, Forstw. 30 %, Süßwasser 4 %, verbleibendes Areal 53 %.
Wirtschaft: Landwirtschaft mit Haustierhaltung. Etwas Fischerei. Steinbruch. Produktion von Transportmitteln, Textilien, Kleidung und Holzwaren.
Website der Gemeinde Eide:
www.eide.kommune.no

Ca. 63°01'N 7°10'38"E

Wir passieren die Grenze zwischen den Gemeinden Eide und Fræna.

Die Gemeinde Fræna

Bedeutung des Gemeindewappens: Symbolisiert das Meer.
Bedeutung des Namens: Von Frænfjord, ungewisse Bedeutung.
Gemeindezentrum: Elnesvågen (2.105 Einw.).
Position: 62°51'N 7°10'E. **Areal:** 368 km².
Einw.: 9.023. **Bevölkerungsdichte:** 24,52 Einw./km².
Arealverteilung: Landw. 17 %, Forstw. 20 %, Süßwasser 2 %, verbleibendes Areal 61 %.
Wirtschaft: Landwirtschaft, große Gebiete mit gutem Ackerboden. Milch- und Getreideproduktion. Fischerei. Fischveredelungs- und Nahrungsmittelbetriebe. Holzwaren- und Plastikindustrie. Kalkproduktion. Werkstattindustrie. Ca. 25 % der Arbeitnehmer arbeiteten 2001 in Molde.
Sehenswertes: Die Fischersiedlung Bjørnsund. Die Fischereisiedlung Bud. Das Ergan Küstenfort.
Website der Gemeinde Fræna: www.frana.kommune.no

Die berüchtigte **Hustadvika** (Hustadbucht) an BB, so nennt man offene Meeresgebiet zwischen Kvitholmen Feuer und Bjørnsund Feuer. Die Strecke ist gut 10 n. M. lang und gilt mit ihren vielen Schären und dem offenen Meer davor als eine der gefährlichsten an der norwegischen Küste. Hier sind viele Schiffe gescheitert. Der Begriff Hustadvika ist verbunden mit Sturm und Unglück, tapferen Seeleuten und mutigen Rettungseinsätzen. Das Fahrwasser ist in einem Streifen zwischen 1,5 und 2 n. M. vom Land entfernt sehr tückisch.

> Einer der vielen Schiffsuntergänge bei Hustadvika geschah im Juli 1909 beim Kvitholmen Feuer. Das Passagierschiff „Olav Kyrre", 1886 in Bergen gebaut, lief auf eine der vielen Schären in der Gegend. Das Schiff blieb einige Zeit auf der Schäre stehen, bevor der Sturm es zerschlug und es sank. Die Wrackreste hat man 1987 gefunden.

> Das norwegische Schiff MS „Kongstind" sank im Januar 2003. Das Notsignal wurde am 4. Januar um Mitternacht ausgesendet. Schiffe und Hubschrauber wurden für die Suche eingesetzt. Spät in der Nacht wurde das Schiff gefunden, nur der Bug guckte noch aus dem Wasser heraus. Von der vierköpfigen Mannschaft wurde einer tot geborgen, die anderen drei waren verschwunden. Das Schiff war mit Kunstdünger unterwegs nach Kristiansund. Heute ruht das Wrack in 36 bis 47 m Tiefe.

Das Festland, das an Hustadvika grenzt, besteht zum Teil aus großen, landwirtschaftlich angebauten Moorflächen. Weiter von der Küste entfernt steigt das Land steil an.

63°01'13"N 7°06'08"E   + 1 Std 20 Min

An BB umrunden wir das Nordneset Feuer, bevor wir in die Bucht **Breivika** hineinfahren, in der das Dorf **Farstad** liegt. Der Berg dahinter heißt **Sjurvarden** (667 m ü M).

In der nächsten Bucht liegt das Dorf **Hustad** mit seiner Kirche, die 1874 gebaut wurde. Hustad war einst Königsgut und Adelssitz, wurde 1122 zum ersten Mal erwähnt. Man meint, dass König Øystein (I) Magnusson (1088-1123) hier gestorben ist. Im 16. Jh. war das Gut im Besitz des dänischen Adelsgeschlechtes Rosenkrantz, später in dem des Statthalters Christoffer Urne. 1713 wurde es vom Reknes Hospital für Aussätzige in Molde übernommen, und später diente es als Sanatorium für Tuberkulosekranke. Das Gut ist heute in viele Höfe unterteilt, es findet sich keine Spur eines Königsgutes mehr.

Hinter Hustadvika liegt eine Bergkette, u.a. mit den Bergen **Raudtua** (950 m ü M), **Talstadhesten** (913 m ü M) und **Skalten** (692 m ü M).

Das Leuchtfeuer **Vikan** sehen wir an BB bei der Einfahrt zum Fischereihafen **Vikan**. Auf der breiten, flachen Strandebene liegt auch das Dorf **Bergset**.

Beim Storesund Feuer von 1915 dreht unser Kurs nach Südost.

Das Bjørnsund Feuer auf der Insel Moøy, im Nordwesten der Inselgruppe, wurde 1871 als Leitfeuer gebaut und 1886 verstärkt. Es ist wichtig für den Schiffsverkehr in der gefährlichen Hustadvika. Das Licht steht 26 m hoch und hat eine Reichweite von 15 n. M., 1917 wurde ein Nebelhorn, das bei Nebel alle 10 Sekunden ein Signal abgab, installiert. 1848 kam die Elektrifizierung des Leuchtturms, er erhielt ein Supertyphon mit einem verbesserten Nebelsignal und einen speziellen Nebeldetektor, der aber unter den harten Bedingungen nicht funktionierte, wie er sollte. Als der Produzent des Nebeldetektors mit diesem Problem konfrontiert wurde, zeigte er sich verständnislos. „Der Prototyp dieses Detektors hat viele Jahre fehlerfrei in der Wüste Gobi gearbeitet!" 1959 wurde ein Radiofeuer eingerichtet, das 1977 durch ein Radarfeuer ersetzt wurde, das erste im Lande. 1994 erfolgte die Automatisierung, 2000 der Denkmalschutz.

Die verlassene, idyllische Fischersiedlung **Bjørnsund** liegt vor uns. Um 1900 wohnten 500-600 Menschen auf dieser Inselgruppe, heute niemand mehr. Der letzte Bewohner zog 1971 fort. Doch im Sommer kommen die Feriengäste. Die Häuser, die sich an den Holmen und Schären „festklammern", sind restauriert worden und dienen als Ferienwohnungen. In Bjørnsund steht eine Eisbärenstatue zur Erinnerung an umgekommene Fischer.

Anders Sandvig (1862-1950), der Gründer des bekannten Museums „De Sandvigske Samlinger" in Lillehammer, wurde auf Bjørnsund geboren. Er praktizierte in Lillehammer als Zahnarzt, als er das Museum aufbaute, das dann 1902-1904 nach Maihaugen verlegt wurde.

62°54'32"N 6°50'E   + 2 Std 07 Min (5)

An BB passieren wir die alte traditionsreiche Fischereisiedlung **Bud** an der Landspitze. Der Name Bud (Bude) leitet sich von den alten Fischer- und Ruderhütten (Rorbuer) ab. Die ersten Bewohner waren vermutlich Bauern aus den Fjorden, die in der Saison zum Fischen hierher kamen. Die starke Nachfrage nach Fisch für den Export in der Hansezeit im 14. und 15. Jh. und die Nähe zu den Fischgründen boten den Menschen gute Bedingungen für ganzjährigen Fischfang. Die Fischersiedlung nahm an Größe und Bedeutung zu und wurde im 16./17. Jh. einer der größten Handelsplätze zwischen Bergen und Trondheim. 1530 hatte Bud ca. 130 Einwohner, 1801 waren es 278 und 1901 sogar 548.

Im Jahre 1533 wurde in Bud die letzte norwegische Reichsversammlung abgehalten. Der Erzbischof Olav Engelbrektsen (S 89) berief die Versammlung ein, als der norwegische Reichsrat und die norwegische katholische Kirche sich vom Dänenkönig und der Reformation bedroht fühlten. Es wurden wichtige reichpolitische Fragen erörtert, aber man kam zu keinem Ergebnis. Die Reformation wurde eingeführt, der norwegische Reichsrat aufgelöst und Norwegen enger in das dänische Reich eingebunden. Diese Ereignisse setzten einen Schlussstrich unter die norwegische Selbstständigkeit. Zur Erinnerung an dieses Treffen hat man einen Gedenkstein aufgestellt, den die Deutschen 1941 entfernten, der aber am 17. Mai 1947 wieder aufstellt wurde.

Die Holzkirche in Bud stammt von 1717 und hat 250 Sitzplätze. Der kuppelförmige Turm war in früheren Zeiten für die Fischer eine Landmarke auf ihrem Weg nach Hause. Während des 2. Weltkrieges lag diese Landmarke in der Schusslinie der deutschen Kanonen vom Ergan Küstenfort, weshalb man plante, sie abzureißen. Da trugen die Einwohner von Bud den kuppelförmigen Turm ab, versteckten ihn im Nachbardorf und setzten ihn nach dem Krieg wieder an seinen Platz.

Noch heute ist Bud ein aktives Fischerdorf, das seine Fischprodukte exportiert und eine mechanische Werkstatt unterhält, ein charmanter, beliebter Ausflugsort mit guten Fischrestaurants.

Das Ergan Küstenfort bei Bud wurde in den Kriegsjahren 1941-43 erbaut. Dieses Fort war eines der größten Festungswerke, das Deutschland während des Krieges an der norwegischen Küste gebaut hat. Es war ein Teil des Verteidigungssystems „Atlantikwall". Zusätzlich zu den 350 Deutschen waren 150 russische und polnische Kriegsgefangene während des 2. Weltkrieges hier untergebracht. Das Fort war in der Lage, den lebhaften Verkehr in Hustadvika, die Einfahrten zu den Städten Ålesund, Molde und Kristiansund und die Inselgruppen Bjørnsund und Ona zu kontrollieren. Das Fort ist heute restauriert, hat eine Kommandozentrale, Kanonenstellungen, Krankenstation und in den Bergen ein Wasserreservoir.

Gleich neben dem Fort erhebt sich ein Vogelfelsen, wo Hunderte von Dreizehenmöwen in der Brutsaison versammelt sind (S 217).

Vor uns an SB liegt die Insel **Gossen** in der Gemeinde Aukra.

Wir befinden uns im **Harøyfjord**. Die beiden kleinen Inseln **Ytre** und **Indre Harøya** sehen wir vor dem Fischerdorf **Harøysund** liegen.

Ca. 62°53'N   6°54'41"E   ⑥
An BB passieren wir die Gemeinde Aukra.

Die Gemeinde Aukra

Bedeutung des Gemeindewappens: Der Armring aus dem Mittelalter symbolisiert Zusammenhalt und Verwurzelung.
Bedeutung des Namens: Aukra ist eine ältere Form von akrø, nach dem Hof und Kirchenplatz Aukra im Osten der Insel, vom nordischen Aukrin, von akr, Acker, und vin, natürliche Wiese. **Gemeindezentrum:** Aukra (730 Einw.).
Position: 62°47'45"N 6°55'37"E. **Areal:** 58,5 km².
Einw.: 3.142. **Bevölkerungsdichte:** 51,7 Einw./km².
Arealverteilung: Landw. 14 %, Forstw. 11 %, Süßwasser - %, verbleibendes Areal 75 %.
Wirtschaft: Landwirtschaft mit Wiesen und Binnenlandweiden, Rinderhaltung. Fischereiflotte für variierenden Fischfang. Schiffbau. Fischzucht. Nyhamna in Aukra ist Anlandungshafen für Gas vom Ormen Lange Feld.
Website der Gemeinde Aukra: www.aukra.kommune.no

Die Insel **Gossen** (46,5 km²) ist die größte Insel in der Gemeinde Aukra, hier wohnen 80% der Einwohner. Gossen hat ein sumpfiges Strandgebiet, der höchste Punkt liegt 99 m ü M.

Rindarøya ist eine kleine Insel an der Nordwestspitze von Gossen, heute landfest mit Gossen verbunden. Hier steht das „Roktamonument", eine Steinskulptur zur Erinnerung an den Frachtsegler „Rokta", der am 3. April 1938 während eines Orkans bei Galleskjærene westlich von Bjørnsund verunglückte und sank. Wegen des Unwetters gelang es der Rettungsmannschaft erst einen Tag nach dem Unglück, an die Rokta heran zu kommen. Sechs der 12 Mannschaftsmitglieder kamen ums Leben, die übrigen wurden vom Rettungskreuzer an Bord genommen. Der Untergang und die Rettungsaktion wurden direkt im Radio übertragen. Im ganzen Land verfolgten die Hörer Stunde um Stunde die Rettungsaktion, eine der dramatischsten in der norwegischen Küstengeschichte. Die Rettungsmannschaft bewies einen derartigen Mut und Einsatzwillen, dass später ein Buch darüber geschrieben und Gedichte verfasst wurden. 1988 wurde zur Erinnerung an dieses dramatische Ereignis das Roktamonument aufgestellt.

An der Nordspitze der Insel liegt **Nyhamna**, das man 2002 als Anlandungshafen für das Naturgas vom Ormen Lange Feld ausgewählt hat. Bevor man mit den Bauarbeiten in Nyhamna begann, wurden umfassende archäologische Ausgrabungen durchgeführt, die größten in neuerer Zeit. Bis zu 57 Archäologen waren gleichzeitig beschäftigt, sie untersuchten 32 verschiedene Lokalitäten und konnten 60 Kulturhinterlassenschaften nachweisen, die dann unter Schutz gestellt wurden. Unter dicken Lagen von Torf, Kies und Sand kamen in einem abgegrenzten Gebiet Siedlungsspuren zu Tage, die älter als 11.000 Jahre sind. Rund 320.000 Funde wurden eingesammelt, ca. 167.000 katalogisiert, davon waren ca. 50.000 Werkzeuge oder Teile von Werkzeugen. Es wurden auch Kiefer- und Schädelreste eines kleinen Kindes gefunden, zwischen 7.000 und 4.500 Jahre alt, dazu 10 Wohnkonstruktionen mit Feuerstellen, Pfostenlöchern, Gräben und Wällen aus der Steinzeit (S 83).

Das Ormen Lange Feld wurde 1997 von Norsk Hydro entdeckt. Das Feld liegt ca. 100 km westlich von Kristiansund und ist das zweitgrößte, das man bis 2006 entdeckt hatte. Es ist benannt nach dem Wikingerschiff

König Olav Tryggvassons (968-1000), "Ormen Lange" (der lange Lindwurm). Im Herbst 2007 soll es in Betrieb genommen werden.

Die Erschließung des Feldes war schwierig, sie verlangte neue Technologien, da es in 800-1000 m Tiefe liegt, und zwar in dem lawinengefährdeten Gebiet, wo die Storeggaslawine herunter gekommen ist (S 85). Das Gasreservoir liegt dann noch einmal ca. 1.500 m unter dem Meeresboden. Zwei Schachtrahmen, jeder mit Platz für acht Unterwasserbrunnen, kombiniert mit einem gemeinsamen Terminierungsrahmen für die Rohrverbindungen bis hinauf zur Prozessanlage in Nyhamna, wurden am Meeresboden installiert ohne sichtbare Einrichtungen an der Wasseroberfläche. Zwischen den Unterwasserbrunnen und Nyhamna wurden insgesamt 720 km Rohre, zwei 30" Rohrleitungen für Gas, zwei 6" Rohrleitungen für Glykol und zwei Umbillicals, Steuerungskabel, verlegt, um in den beiden Brunnenschächten arbeiten zu können. Das Unterwasserterrain, wo die Rohrleitungen liegen, ist sehr uneben und schwierig. Hydro war daher gezwungen die Bodenverhältnisse in geeigneter Weise vorzubereiten, indem mit ferngesteuerten Baggern in 850 m Tiefe Rinnen gegraben wurden, die man als Unterlage für die Rohre mit Gesteinsschotter auskleidete. Die Rohre gehen ohne weitere Unterstützung 1.000 m in die Höhe. Die Firma Marintek (das norwegische marintechnische Forschungsinstitut A/S, das Entwicklungsarbeit auf diesem Gebiet leistet) in Trondheim hat berechnet und ausprobiert, eine wie lange Strecke man eine Rohrleitung ohne Unterstützung führen kann, ohne dass sie Schaden nimmt. Es gibt eine Menge Wind, Wellen und Strömungen in dem Meeresgebiet. Am Meeresboden sind die Strömungen sehr stark und die Temperaturen liegen unter 0°Celsius. Man hat viel Geld investiert, um die geologischen Verhältnisse am Meeresboden zu untersuchen, immer mit dem Gedanken an die Gefahr einer neuen Storeggaras (Erdrutsch).

Nachdem das Naturgas die Prozessanlage in Nyhamna passiert hat, wird das Gas durch die längste Unterwasser-Gasleitung der Welt, die 1.200 km lange Transportleitung mit Namen Langeled (lange Leitung), bis nach Easington, südöstlich von Leed, in England geführt. Man hat veranschlagt, dass das Gas vom Ormen Lange Feld 20% des englischen Gasbedarfs decken wird. Die Tagesproduktion wird auf 70 Millionen m³ Gas berechnet, und das Feld soll 30-40 Jahre lang reichen. Zusätzlich zu dem Gas soll ein Naturgaskondensat entwickelt werden, d.h. Gas in flüssiger Form, das Butan, Propan und Pentan enthält.

Während des 2. Weltkrieges war Gossen voller Leben, wenn auch 800 von den 2.000 Einwohnern zwangsevakuiert worden waren. Dafür waren 5.000 andere auf der Insel: Deutsche, Kriegsgefangene und norwegische Zwangsarbeiter. Die deutsche Besatzungsmacht legte mehrere Flugplätze an der norwegischen Küste an, berechnet für Bomben- und Jagdflugzeuge, einer von denen befand sich auf Gossen. Der Flugplatz sollte auch für Notlandungen zwischen Herdla, nördlich von Bergen (S 384), und Trondheim zur Verfügung stehen. Ab 1943 war er ausschließlich für Jagdflugzeuge reserviert, die alliierte Schiffe und Flugzeuge angreifen sollten, deren Basis in Schottland und auf den Shetlands lag. Die wiederum griffen deutsche Schiffe an, die Truppen von Norwegen zum Kontinent transportierten, weil die Deutschen dort an mehreren Fronten Schwierigkeiten hatten. Dieser Flugplatz sollte der größte in ganz Nordeuropa werden, falls der Krieg fortgesetzt worden wäre. Die 1.650 m lange Rollbahn wurde 1944 fertig und hatte eine Unterlage aus Kies und darauf eine Decke aus Holzplanken. Heute ist sie nur 500 m lang und wird für Kleinflugzeuge benutzt.

Das Gemeindezentrum Aukra liegt im Südosten der Insel.

Die erste Kirche in Aukra war 1430 vermutlich eine Stabkirche. 1648 wurde sie zu einer halben Kreuzkirche erweitert, 1709 brannte sie nach einem Blitzeinschlag nieder. Vor der heutigen achteckigen Holzbalkenkirche von 1834 hatte Aukra noch zwei andere Kirchen, 1712 und 1772 erbaut, die auch beide nach Blitzeinschlag abbrannten. In der heutigen Kirche finden wir noch Teile des Altarbildes und –tisches und des Antemensale, der dekorierten Vorderseite des Altartisches, diese Dinge waren beim Brand 1712 gerettet worden.

Vor Gossen passieren wir an BB das Dorf **Tornes** (899 Einw.) vor dem **Frænfjord** gelegen, an dem das Gemeindezentrum **Elsnesvågen** von Fræna liegt. Elsnesvågen ist der zweit größte Ort in Romsdal und hat einige Industriebetriebe. Hier wird der bekannte Jarlsbergost (Jarlsbergkäse) hergestellt.

Im Süden von Gossen kommen wir an dem Fähranleger von Aukra vorbei, von wo eine Autofähre nach **Hollingholm** auf dem Festland abgeht. Danach folgt, ebenfalls an BB, das Dorf **Eiskrem.**

Ca. 62°45'N   6°57'37" E
Wir passieren die Gemeindegrenze zwischen Aukra und Molde (S 79).

Vor uns liegt der **Julsund** zwischen den Gemeinden Molde und Midsund mit der Insel **Otterøya** (S 78).

Auf unserer Fahrt durch den Julsund sehen wir die majestätischen Berggipfel und Felsformationen, die die Romsdalsalpen vor anderen Gebirgen auszeichnen.

Bei dem Ort **Setet** auf Otterøya an BB passieren wir eine Aufzuchtsanlage für Lachs, nahe der Fährroute nach **Solholmen**.

Nachdem wir an **Julneset** vorbei gefahren sind, setzen wir Kurs auf die Stadt Molde, die sich wie ein 10 km langer Gürtel an der Nordseite des Molde- und Fannefjords hinzieht, an SB sehen wir die Romsdalsalpen. Der **Isfjord** mit den Orten **Isfjord** (1 240 Einw.) und **Åndalsnes** (2 071 Einw.), der **Langfjord** mit dem Ort **Eidsvåg** (900 Einw.), der **Fannefjord** mit den Orten **Hjelse**t (997 Einw.) und **Kleive** (495 Einw.) münden alle in den **Romsdals-** und **Moldefjord**, an dem die Stadt Molde liegt (S 360). Die Fjorde im nördlichen Teil der Provinz Møre und Romsdal haben immer eine wichtige Rolle im Zusammenspiel zwischen den Tälern im Binnenland und dem Meer gespielt.

Die kleine Insel **Veøya** (1,1 km²), auch „die heilige Insel" genannt, weil dort in vorchristlicher Zeit ein Heiligtum stand, liegt am Knotenpunkt des Isfjords, Langfjords und Romsdalsfjords, östlich der Insel **Sekken** (18,45 km²) (S 79). Die Wikinger fuhren gern auf ihrem Weg nach Ostnorwegen oder Nidaros (heute Trondheim) ans Ende dieser Fjorde, bevor sie ihren Weg von dort aus dann über Land fortsetzten. Veøya war der erste größere Ort in dieser Gegend und wird schon in Snorres Königssagen erwähnt, und zwar in Verbindung mit einer Schlacht auf der Nachbarinsel **Sekken** im Jahre 1162. Die Insel war einer der größeren Handelsplätze an der Küste, die mit der Hansestadt Bergen (S 8) in Verbindung standen, genau wie Borgund bei Ålesund (S 70), Alstahaug im äußeren Teil des Trondheimsfjordes (S 338) und Vågan auf den Lofoten (S 156). Archäologische Ausgrabungen haben Funde aus dem 12. und 13. Jh. aufgedeckt, vermutlich hatte dieser Handelsplatz 350-400 Einwohner in seiner Blütezeit von ca. 1050 bis 1350.

Am Ende des Mittelalters (S 83) wurde ein Großteil der Handelstätigkeit in die Fischersiedlung Bud verlegt (S 356). Der Grund war die Zunahme der Fischfangerträge und der Transport von Trockenfisch und anderen Handelsgütern entlang der Küste. Dennoch hatte der Schiffsverkehr nach Veøya und in die Fjorde hinein weiterhin seine Bedeutung. Die „Holländerzeit" im 16. und 17. Jh. war die Blütezeit für den Holztransport von Norwegen nach Europa. Die Mehrzahl der Schiffe kam aus Holland, aber auch England, Schottland, Deutschland, Frankreich und Portugal waren repräsentiert (S 333).

Die Insel hat heute keine Dauereinwohner mehr, doch die alte Veøy Kirche und das Pfarrhaus stehen noch, sie gehören dem Romsdalsmuseum und sind denkmalgeschützt. Die Kirche ist eine Langkirche aus gemauerten Steinen im romanischen Stil aus dem 13. Jh., dem heiligen Petrus geweiht, mit 400 Sitzplätzen. Sie hat in den 800 Jahren seit ihrem Bau eine Reihe Umbauten und Restaurierungen erfahren. Das Interieur stammt aus der Zeit nach der Reformation um 1536. Im Jahre 1901 war ihre Zeit als aktive Kirche abgelaufen, bis 1907 behielt sie jedoch den Status einer Kirchspielkirche. Noch heute wird sie an bestimmten Tagen im Jahr benutzt. Der Pfarrhof wurde vermutlich um 1750 gebaut, er besteht aus zwei Holzhäusern, deren Balken an den Ecken zusammen gefügt worden sind. Sie sind zweigeschossig und haben stehendes Paneel. 1898 zog der letzte Priester von Veøy fort.

Das Schiff legt am Kai in Molde an

Auch Molde ist auf Fisch gebaut. Die Heringe standen zeitweise dicht an dicht im Moldefjord. Das Einsalzen der Heringe und ihr Export waren der Grund, weshalb der Ort 1612 Verladehafen wurde und 1742 von König Christian VI (1699-1746) Stadtstatus verliehen bekam, und damit freien Handelsstatus gegenüber Bergen und Trondheim hatte. Schon vorher hatte Molde eine zentrale Stellung im Handel und Transport von Holz inne gehabt (S 333). Die Stadt entwickelte sich zum Sitz der Verwaltung, strategisch günstig zwischen Fjorden und Meer gelegen. Die Kaufleute der Stadt hatten im 19. Jh. großes ökonomisches Interesse an der Fischerei und den großen nahe liegenden Fischereihäfen Bud und Bjørnsund (S 356).

Am Ende des 19. Jh.s wurden die majestätischen Fjorde in Romsdal von ausländischen Touristen entdeckt. Damit wurde Molde mit seinen kleinen Holzhäusern, den schönen Blumengärten und dem sogn. Moldepanorama „mit Aussicht auf 222 Berggipfel über 1000 m" eine der führenden Touristenstädte des Landes. Der Norwegenliebhaber Kaiser Wilhelm II von Deutschland (1859-1941) kam von 1889 bis 1913 fast jährlich für einige Wochen zu Besuch. Er nannte Molde „das Nizza des Nordens". Als Gefolge seiner Yacht „Hohenzollern" kam eine deutsche Flotte von 10-12 Fahrzeugen. Mehrere Adlige und andere Berühmtheiten folgten auf des Kaisers Spur. Dass die „Vornehmen" Molde besuchten, sprach sich in Europa rum und machte die Stadt auch für die übrigen Besucher attraktiv. Kaiser Wilhelm II kam 1913 das letzte Mal nach Molde, ein Jahr, bevor der erste Weltkrieg ausbrach. Ein Stadtbrand im Januar 1916 zerstörte 225 kleine Häuser und viele Gärten im östlichen Stadtteil. In Stein baute man ihn später wieder auf. Als 1919 zwei große Hotels in der Stadt abbrannten und nicht wieder aufgebaut wurden, war das ein Zeichen dafür, dass die Epoche als Touristenstadt vorüber war.

Molde wurde am Anfang des 2. Weltkriegs stark zerstört. Der damalige König Håkon VII, Kronprinz Olav, führende Regierungsmitglieder und der norwegische Goldvorrat befanden sich in der Stadt, die von den Deutschen heftig bombardiert wurde. Nach einer dramatischen Woche begaben sich der König und der Kronprinz mit Gefolge und ihrer kostbarer Last an Bord des Kreuzers „Glasgow", der sie in Sicherheit bringen sollte. Das berühmte Foto von König Håkon und Kronprinz Olav unter der Kongebjørka (Königsbirke) wurde in diesen gefahrvollen Tagen gemacht. Das Zentrum von Molde mit seinen hübschen kleinen Häusern wurde in Schutt und Asche gelegt und nach dem Krieg durch große einfache Gebäude an breiten Strassen ersetzt.

Molde hat nach dem Krieg bedeutend an Fläche und Bevölkerungszahl zugenommen. Die Stadtgrenzen wurden mehrmals ausgedehnt. Heute ist die Stadt nicht mehr so abhängig von Fischerei und Fischexport. Zusätzlich zu der Funktion als Provinzhauptstadt von Møre und Romsdal befinden sich mehrere staatliche Organe in der Stadt, es gibt ein Krankenhaus (der größte Arbeitgeber der Stadt) und eine Hochschule. Molde ist auch die größte Industriestadt der Provinz, es gibt Betriebe für Lichtarmaturen, Wärmetechnik und Mechanik, dazu lebhaften Handel und viele Dienstleistungen.

Wenn die Stadt Molde auch nicht mehr der Urlaubsort der Aristokratie Europas ist, so wird sie doch von vielen Touristen besucht. Sie liegt in der Nähe berühmter Attraktionen wie der kurvenreichen Strasse **Trollstigen** (Trollsteig), der bei Bergsteigern international bekannten **Trollveggen** (Trollwand), dem norwegischen Jahrhundertbauwerk **Atlanterhavsveien** (Atlantikweg) (S 353) und dem **Ergan** Küstenfort (S 357).

Das „Molde International Jazz Festival", kurz „Moldejazzen" genannt, ist national und international ein Begriff. Seit dem Beginn im Jahre 1961 hat eine imponierende Anzahl Weltstars innerhalb der Jazzwelt daran teilgenommen. Das Jazzfestival in Molde gehört zum IJFO, einem Zusammenschluss der 14 bedeutendsten Jazzveranstaltungen in der Welt. Es findet jedes Jahr in der 29. Woche statt. Im Jahre 2006 wurden 140 Konzerte auf 17 Bühnen angeboten, 25.000 Eintrittskarten wurden verkauft, 80-100.000 Besucher kommen zu dem Ereignis.

Der Schriftsteller Bjørnstjerne Bjørnson (1832-1910) verbrachte seine Kindheit und Jugend in Romsdal und Molde. Seit 1991 findet das nach ihm benannte Bjørnsonfestival einmal im Jahr statt. Es handelt sich um ein internationales Literaturfestival, zu dem Verfasser und Gäste aus aller Welt kommen. Das Ziel des Festivals ist es, „das Interesse an Literatur und der Kunst des Schreibens zu fördern".

Schon bevor das Schiff am Kai anlegt, sieht man folgende monumentalen Gebäude:

„Seilet" (das Segel) ist der Name eines Hotels mit einer glitzernden Fassade, die an ein großes Segel erinnern soll. Dieses Kultur- und Konferenzhotel ist 16 Stockwerke hoch, hat 170 Zimmer und steht dort seit 2002, zum Teil ist es auf Pfählen in den Fjord hinein gebaut worden.

Das Aker Stadion (früher Molde Stadion, 1998 eingeweiht) ist ebenfalls ein Monumentalbau und liegt in der Nähe von „Seilet". Das Stadion ist ein Geschenk zweier bekannter Geschäftsleute, die inzwischen fort gezogen sind. Es hat eine Publikumskapazität von 11.167 Sitzplätzen.

Die Molde Domkirche wurde 1957 eingeweiht, seit 1983 fungiert sie als Domkirche, eine zweischiffige Langkirche aus Stein mit 900 Sitzplätzen. Der frei stehende Glockenturm ist 50 m hoch und hat ein elektronisch gesteuertes Glockenspiel, bestehend aus 26 Glocken. Auf demselben Platz haben vorher drei andere Kirchen gestanden. Die erste Kirche war eine Kreuzkirche aus Holz von 1661, die zweite wurde im selben Stil 1841 gebaut, brannte aber 1885 ab. Die dritte wurde 1887 im Drachenstil erbaut, sie wurde 1940 von deutschen Bomben zerstört. Das Altarkreuz von 1661 und das Altarbild von 1887 hängen in der heutigen Kirche. Die Domkirche ist von einem schönen Kirchenpark umgeben.

Der alte Großhof Moldegård besteht aus einem Patrizierhaus aus dem 17. Jh. mit Flügeln aus dem 18. Jh. Ab 1704 diente der Hof als Amtmannswohnsitz. Er soll Modell gestanden haben für den Schauplatz des Schauspiels „Romersholm" des norwegischen Verfassers Henrik Ibsen (1828-1906). Seit 1788 ist der Hof im Besitz derselben Familie.

Die Reise geht weiter zum Ålesund (S 68)

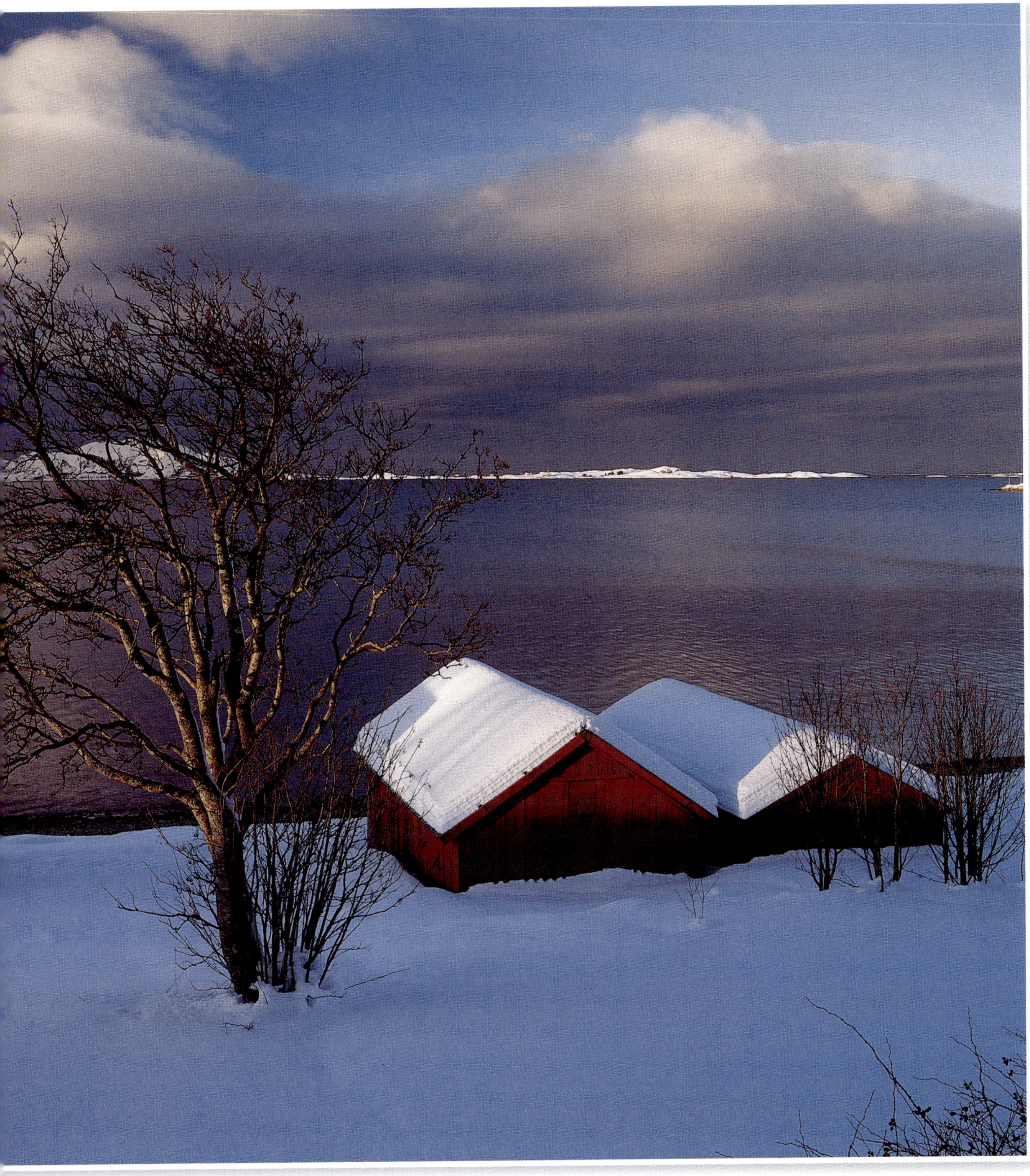

TAG 12

Ålesund, Måløy, Florø und Bergen

Nach Abgang von Molde haben wir die Gemeinden Midsund, Haram, Giske und Ålesund mit dem Hafen **Ålesund** (62°28'30"N 6°09'10"E, 00.00-00.45 Uhr) (S 70) passiert. Danach die Gemeinden **S**ula, Hareide, Ulstein und Herøy mit dem Hafen **Torvik** (62°20'10"N 5°44'E, 02.00-02.15 Uhr (S 44), dann die Gemeinde Sande**.** Diese Gemeinden liegen im Fylke (Provinz) Møre og Romsdal (S 81). Nachdem wir die Fylkesgrenze nach Sogn og Fjordane (S 384) passiert haben, fahren wir durch die Gemeinden Selje und Vågsøy mit dem Hafen **Måløy** (61°56'20"N 6°07'25"E, 05.15-05.45 Uhr).

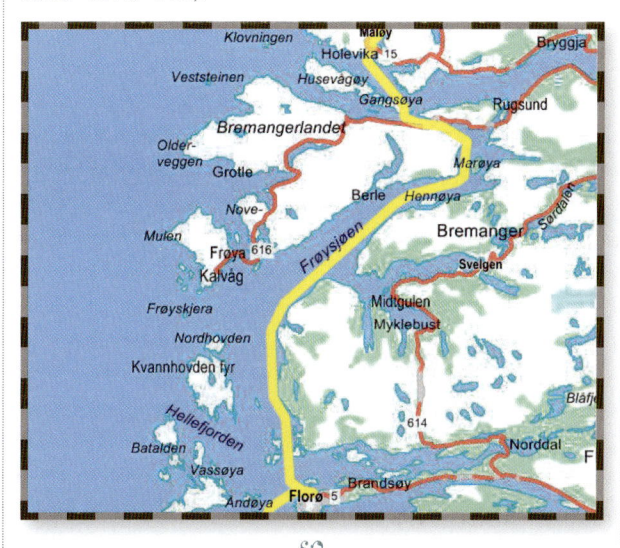

61°52'40"N 5°11'20"E
Wir passieren die Grenze zwischen den Gemeinden Vågsøy und Bremanger.

Die Gemeinde Bremanger

Bedeutung des Gemeindewappens: Bezieht sich auf die Verbindung zum Meer.
Bedeutung des Namens: - .
Gemeindezentrum: Svelgen (1.174 Einw.).
Position: 61°46'N 5°18'E.
Areal: 176 km². **Einw.:** 4.031.
Bevölkerungsdichte: 34,8 Einw./km².
Arealverteilung: Landw. 4 %, Forstw 14 %, Süßwasser 3 %, verbleibendes Areal 79 %.
Wirtschaft: Fischerei. Fischindustrie. Fischexport. Werkstattindustrie in Verbindung mit der Fischereiflotte. Landwirtschaft mit Haustierhaltung (Rinder und Schafe), oft in Kombination mit Fischerei.
Sehenswertes: Das Tongane Küstenfort. Der Handelsplatz in Rugsund.
Website der Gemeinde Bremanger:
www.bremanger.kommune.no

An SB haben wir die Insel **Gangsøya** (1.1 km², 80 m ü M) (S 29) hinter uns gelassen. Die Insel wir in schriftlichen Dokumenten aus dem 14. Jh. erwähnt, seit 1650 wird sie bewirtschaftet. Im Sommer herrscht dort ein reges Leben, aber ganzjährige Bewohner gibt es dort nur wenige.

An BB die kleine Insel **Risøya**

Das Schiff fährt in den schmalen Skatestraumen hinein, an BB **Rugsundøya** (10,7 km²), vom Festland durch den schmalen **Rugsund** getrennt.

❶ Der **Skatestraumen**, ein starker Tidenstrom zwischen den Inseln Bremangerlandet an BB und Rugsundøya an SB, ist ein Teil des Hauptschifffahrtsweges zwischen Bergen und Nordfjord. Auf beiden Seiten des Skatestraumens hat man Kulturhinterlassenschaften aus der Stein- ,Bronze- und Eisenzeit bis in die Völkerwanderungszeit hinein registriert (S 83). Ca. 151 Wohnplätze hat man entdeckt, z. T. mit Resten von Haus- oder Zeltkonstruktionen. Die Funde deuten darauf hin, dass Landwirtschaft, Jagd, Fischerei und Haustierhaltung in der Gegend betrieben worden ist. Unter anderem hat man 40 kleine Knöpfe aus Bernstein gefunden. Diese haben ein Gewand geschmückt, das man in einem Grab gefunden hat. Sie stammen vermutlich aus dem Baltikum.

Am 13. September 1909 ging das norwegische Frachtschiff „Sterk" im Skatestraumen unter. Das Schiff geriet in einen starken Sturm, lief um Mitternacht auf eine Schäre und versank schnell mit seiner Kalkladung. Von der 16köpfigen Mannschaft wurden 9 gerettet. Das Wrack liegt in 25 bis 37 m Tiefe.

An BB sehen wir **Rugsundøya.** Das Tongane Küstenfort liegt an der Westspitze der Insel. Das Fort war eines der deutschen Festungswerke in Norwegen im 2. Weltkrieg. Es war strategisch so platziert, dass es gute

Übersicht auf den Schifffahrtsweg nach Måløy, die Einfahrt in den Nordfjord an BB und den Skatestraumen direkt voraus hatte. Das Fort erlebte seine Feuertaufe beim Måløykampf an Weihnachten 1941 (S 31). Große Teile der Festung, die Hauptkanone und die Mannschaftsbaracke stehen noch heute.

Das Fort hatte ursprünglich zwei 13 cm Kanonen, die an verschiedenen Orten in Gebrauch waren, bevor sie im Tongane Küstenfort landeten. Die Kanonen wurden zur Überraschung der Deutschen im Frachtraum eines finnischen Frachters gefunden, der am 9. April 1940 in Bergen lag. Ursprünglich waren sie auf einem russischen Schlachtschiff installiert, das 1914 vom Stapel lief. Nach der russischen Revolution gelangte das Schlachtschiff unter deutsches Kommando, danach als Kriegsbeute 1918 unter englisches, 1919 kam es zur weißrussischen Flotte, bevor es 1920 in Frankreich interniert wurde. Das Schlachtschiff verfiel und sank 1931, wurde 1932 gehoben und 1933-1936 abgewrackt. Die Kanonen blieben intakt und sollten als Waffengeschenk nach Finnland geschickt werden, um im Krieg gegen die Sowjetunion eingesetzt werden zu können. Doch auf dem Weg nach Finnland kamen sie eben nur bis Bergen, als der Krieg Norwegen heimsuchte. Die ursprünglich 18 russischen 13 cm Kanonen wurden 1940 auf sechs Küstenforts in Norwegen verteilt.

1945 wurde das Fort der norwegischen Küstenartillerie zugeordnet unter dem Namen Rugøysund Fort, doch ca. 1950 wurde es aufgegeben. Eines der russischen 1940er Schiffskanonen-Modelle steht immer noch an seinem Platz.

Rugsund Handelssted an der Nordostspitze der Insel war schon im 17. Jh. ein wichtiger Handelsknotenpunkt mit Gerichtsstand, Heringsverarbeitung, Branntweinausschank und Kirche. Lange vorher gab es schon einen Bootsverkehr mit Personen- und Warentransport zwischen Nordfjord und Bergen durch den Rugsund, wie man in den Sagen aus dem 13. Jh. nachlesen kann, u.a. in der Sage um den Streit zwischen den Baglern und Birkebeinern.

Der Handelsplatz in Rugsund erlebte im 19. Jh. einen Aufschwung. Ab ca. 1850 war hier für die Postroute, die mit Dampfschiffen betrieben wurde, ein Zwischenstopp zwischen Bergen und Trondheim. Rugsund war 1870 ein wichtiger Anlaufhafen für die Dampfschiffe nach Bergen und für die Lokalrouten. Um 1919 wurde am Festland ein neuer Kai gebaut, der eifrig von den Schiffen benutzt wurde. Rugsund Handelssted wurde 1924 unter Denkmalschutz gestellt.

Heute ist der Hafen von Rugsund eine beliebte Marina mit Liegeplätzen für Gäste und einem Servicegebäude. Der Landhandel findet immer noch im alten Stil über den Verkaufstresen statt. Einige der alten Häuser werden an Touristen vermietet und das Taucherzentrum bietet gute Tauchmöglichkeiten an.

Die alte Kirche von Rugsund stand im Mittelalter (S 83) auf der Insel Rugsundøya, der Priester wohnte schon vor 1338 im Kirchspiel. 1723 gelangte die Kirche in Privatbesitz, 1834 brannte sie nach einem Blitzeinschlag total ab, die Fundamente sollen noch sichtbar sein. Eine neue Kirche wurde 1838 am Festland gebaut, und zwar nach einer Zeichnung von Architekt Linstow, der auch das Schloss in Oslo entworfen hat. Der Grund, warum man die neue Kirche am Festland gebaut hat, war die spärliche Erdkrume auf Rugsundøya. Die Trauergemeinde musste die Erde zur Bestattung selbst mitbringen. 1911 wurde die Kirche umgebaut und erweitert und galt dann als die schönste Kirche in Nordfjord. Sie ist ausgeschmückt mit Rosenmalerei, Wandbildern, Glasmosaik und Schnitzereien.

An SB haben wir die gebirgige Insel **Bremangerlandet** (153 km²), der höchste Berg ist der **Klubben** (889 m ü M). Die meisten Einwohner leben in **Bremanger** (400 Einw.) in der Bucht **Bremangerpollen** an der Westseite der Insel.

Die Bremangerverbindung, eine Strassenverbindung zwischen dem Ort **Klubben** auf Bremangerlandet und dem Festland via Rugsundøya wurde 2002 eröffnet. Die Gesamtlänge beträgt 8.050 m und schließt die Rugsundbrücke mit 311 m zwischen Rugsundøya und dem Festland mit ein, genau wie den unter Wasser verlaufenden Skatestraumtunnel (1.890 m lang, 80 m u M) zwischen Klubben und Rugsundøya. Dieser Tunnel war der erste seiner Art in der Provinz Sogn og Fjordane.

Wir fahren an dem bekannten Berg **Hornelen** (860 m ü M) an SB vorbei, der oft in der nationalen Dichtung vorkommt und an den sich mehrere Sagen knüpfen. Hornelen wurde, soweit man weiß, 1897 zum ersten Mal bestiegen.

Der Berg Hornelen gilt als die höchste Meersklippe in Nordeuropa. Der Gipfel beugt sich etwas vorn über. Der Sage nach soll er eine Kluft haben. Wenn die Seeleute hier das Signalhorn ertönen ließen, mussten sie damit rechnen, dass die Vibration einen Bergsturz, und damit eine Flutwelle, auslösen konnte.

Einige der Sagen um den Hornelen stammen aus der Sammlung von Snorres Königssagen, wo der Berg auch **Smalsarhorn** genannt wird.

Eine Sage erzählt, dass König Olav Tryggvason (968-1000) auf den Berg kletterte und dort an der Spitze seinen Schild befestigte. Als einer seiner Gefolgsleute hinauf kletterte, um den Schild wieder herunter zu holen, gelang ihm der Abstieg nicht. Da kletterte der König hinauf, nahm den Mann unter den Arm und brachte ihn sicher nach unten.

Eine andere Sage erzählt von Juratinden, der höchsten senkrechten Felswand am Hornelen. Die hat nämlich die Form eines Trollweibes mit einem Kind unter dem Arm. Der Sage nach handelt es sich um „Jygra, die der Heilige Olav (995-1030) in Stein verwandelte, als er einmal mit seinem Schiff so hart an den Berg stiess, dass er einen mächtigen Steinblock aus der Wand heraus brach, der dann hernieder fiel und liegen blieb als das, was wir heute als die Insel Marøya kennen."

Noch eine andere Sage berichtet, dass Marøya einstmals mit Bremanger landfest verbunden war, dass aber der Heilige Olav dem Berg befahl, sich zu teilen, damit er geradeaus segeln konnte. So wurde Marøya zu einer eigenen Insel.

Hornelen ist einer der bekanntesten Hexenberge in Sogn og Fjordane. Dem Aberglauben nach haben sich hier die Hexen in der Weihnachts- und Jonsoknacht (Mittsommernacht am Johannestag) versammelt, um mit dem Teufel zu tanzen und zu feiern. Denselben Aberglauben verbindet man u.a. mit den „Hexenbergen" **Lyderhorn** bei Bergen, **Dovrefjell** in der Gemeinde Oppdal und **Domen** in Vardø (S 231).

Hinter dem Hornelen liegt der Berg **Klubben** (889 m ü M).

Die kleine Insel **Marøya** passieren wir an BB, sie wird in mehreren Sagen mit dem Berg Hornelen in Verbindung gebracht, an dem wir gerade vorbei gefahren sind.

Das Schiff umfährt die Südostnase von **Bremangerlandet** an BB. Auf dem Berg **Blålida** an SB wurde 1944 ein Küstenfort mit vier 10,5 mm Kanonen angelegt. Diese Art von Kanonen hatte eine Reichweite von 11.000 m.

61°50'N   5°15'30"E   ②

Die Bucht **Botnane** liegt hinter Marøya an SB vor dem Berg **Hesten** (823 m ü M). Man hat acht Grabhügel in der Gegend gefunden, von denen einer in die Bronzezeit datiert werden konnte (S 83). Es handelt sich vermutlich um Häuptlingsgräber, um sogn. Steinkisten, in die man die Toten mit Waffen und persönlichen Beigaben gelegt hat, die dann mit ungeheuren Mengen an Steinen abgedeckt wurden, so dass sie sich schließlich als steinerne Grabhügel in der Landschaft abzeichneten. Das größte Grab, an der Nordseite der Bucht, hat 36 m Durchmesser und ist 3-4 m hoch. Es hat einen breiten Rand und einen 10 m großes Loch auf dem höchsten Punkt (vermutlich von einer Raubgrabung). An der Südseite der Bucht befinden sich mehrere andere Gräber, auch gut sichtbar vom Schiff aus, das größte mit 30 m Durchmesser und 4 m Höhe. Die Grabhügel von Botnane sind typische „Küstengrabhügel", nicht mit Erde bedeckt, doch mit der Zusatzfunktion als Landmarken für vorbeifahrende Seeleute.

Danach an SB die Bucht **Vingenpollen** und das Dorf **Vingen** zwischen den Bergen **Bortneskora/Hesten** (823 m ü M) und **Vingekarven** (940 m ü M). Die ersten Felszeichnungen im „Vingen Felszeichnungsfeld" wurden 1910 entdeckt. Dies ist eines der größten Vorkommen in Norwegen mit annähernd 2.000 Felszeichnungen aus der Steinzeit. Ca. 1.500 Felsritzungen hat man in Vingen selbst gefunden, den Rest in der Umgebung. Die meisten stellen hirschartige Tiere dar, einige können als Fruchtbarkeitssymbole aufgefasst werden, auch Darstellungen von Schlangen, Hunden und Menschen beiderlei Geschlechts kommen vor. Man nimmt an, dass die Zeichnungen im Laufe der Periode von ca. 4.000-3.000 v. Chr. entstanden sind. Es wird immer noch am Vingenfeld gearbeitet, viele Zeichnungen sind wohl noch gar nicht entdeckt worden. Das Landschaftsschutzgebiet von Vingen wurde 1980 auf 5 km² festgelegt. Das Vingenfeld mit seiner Umgebung wurde 2002 vom Reichsantiquaren unter Schutz gestellt.

Es gibt viele verschiedene Deutungen der Felszeichnungen. Eine geht davon aus, dass Vingen ein Versammlungsplatz und eine Kultstelle in Verbindung mit der Hirschjagd gewesen ist. Die „Absturzjagd" sah folgendermaßen aus: viele Menschen trieben die Rotwildrudel eines großen Gebietes auf einen Abhang zu, andere standen unterhalb des Abgrundes und warteten auf die herabstürzenden Tiere.

Das Schiff fährt in den Fjord **Frøysjøen** hinein (25 km lang, 2-4 km breit).

An BB passieren wir die kleine Insel **Hennøya**, dahinter am Festland, unterhalb des Berges **Aksla** (592 m ü M) finden wir das Dorf **Hennøya.**

❸ Das Dorf **Berle** auf der Insel Bremangerlandet haben wir an BB. Berle war schon um 750 als Wikingerdorf bekannt (S 83, S 123). Der Name Berle-Kåre kommt in der Sage um Harald Hårfargre vor, in der Sammlung von Snorres Königssagen. Berle-Kåre schloss sich Ragnvald Jarl mit einem Langschiff und der dazu gehörenden Mannschaft an, als der Jarl sich in der zweiten Hälfte des 9. Jh.s in der Gegend von Flora aufhielt, um Norwegen in einem Reich zu vereinen. Berle-Kåre wurde später ein Vertrauter des Königs. Er war bekannt als ein abgehärteter, starker und mutiger Mann, der oft auf Wikingfahrt (Raubzug) ging. Seine beiden Söhne kämpften in der Schlacht von Hafrsfjord ca. 885 in vorderster Linie für König Harald Hårfargre (865-933).

Während des 2. Weltkriegs wurde in den Bergen bei Berle ein deutsches Festungswerk gebaut mit Tunneln und grottenartigen Höhlen. Die Alliierten sollten an der Einfahrt in den **Frøsjøen** gehindert werden. Vier der Kanonen wurden 1943 nach **Skarstein** verlegt. Heute benutzt man die Grotten für Konzertarrangements.

Im Dorf **Skarstein** an SB gab es im 2. Weltkrieg eine deutsche Kanonenstellung. Die Batterie wurde 1943 eingerichtet und hatte vier 10,5 cm Kanonen.

61°46'28"N 5°03'E ④

Hinter der Landnase **Ospeneset** und dem Dorf **Høfledal** an BB sehen wir den Fjord **Gulen,** der sich weiter im Innern in drei Arme teilt, den **Sørgulen, Midtgulen** und **Nordgulen.** Am Ende des Nordgulen liegt die Industriestadt **Svelgen** (1.174 Einw.), die auch Gemeindezentrum ist, mit dem Bremanger Schmelzwerk.

Südlich vom Gulen haben wir die Landnase **Gulestøa** am Fuße des Berges **Skudalsnipa** (670 m ü M). Auf Gulestøa hat man 1991 Reste eines steinzeitlichen Wohnplatzes gefunden, dem man den Namen „Litlesommaren" (kleiner Sommer) gegeben hat.

Die Südspitze der gebirgigen Insel Bremangerlandet mit dem Ort **Smørhamn** passieren wir an BB, danach kommt die Insel **Frøya** (17,5 km², 378 m ü M).

Die Frøya Kirche an der Ostspitze der Insel, eine Langkirche aus Holz mit 400 Sitzplätzen, wurde 1865 eingeweiht. In den ersten Jahren hatte die Kirche eine hohe Kirchturmspitze. Doch bei dem stürmischen Wetter war es schwierig, die Spitze an ihrem Platz zu halten, und außerdem leckte das Kirchendach. So hat man schließlich den alten Turm abgerissen und 1933 einen kürzeren, breiteren an seine Stelle gesetzt. Das alte Altarbild wird auf 1752 datiert, ein weiteres auf 1865.

Auf der Südostseite der Insel befindet sich der traditionsreiche Fischereihafen **Kalvåg** (352 Einw.), der sich auf Grund der reichen Heringsfänge in den Wintern der 1860er Jahre entwickelt hat (S 371). Das bis heute gut erhaltene Hafenmilieu mit seinen Fischerhäusern, Kais und dem Verkehrsweg nach Bremangerlandet hat dazu beigetragen, das Fischerdorf am Leben zu erhalten. Mit seinem guten, geschützten Hafen für die offenen Fischerboote lag es nahe an ergiebigen Fischgründen. In der Blütezeit der Fischerei in den 1860er Jahren haben sich leicht 7.000-10.000 Menschen auf Frøya und in Kalvåg versammelt. In den 1870er Jahren hatte man 52 Salzereien in Kalvåg eingerichtet mit einer Gesamtproduktionskapazität von über 35.000 Tonnen Fisch. Doch der Hering, der seit 1811 jedes Jahr in diese Gegend geschwommen kam, verschwand ab 1873 für einige Zeit.

Der Kai, die guten Hafenverhältnisse, der Dampfschiffsverkehr und die Frachtexpedition, dazu Post, Telegraf und Telefon bewirkten, dass die Bevölkerung wuchs. Ab 1866 wurde Kalvåg außerdem Verwaltungszentrum für die Gemeinde Bremanger. Der Hering kam in großer Zahl vor 1960 für einige Jahrzehnte zurück, dann verschwand er wieder. Damit nahmen die Aktivität und Bevölkerungszahl wieder ab. Kalvåg hatte für die großen Fischerboote irgendwann nicht mehr die geeigneten Möglichkeiten für die Annahme der Fischmengen, die sie mitbrachten, doch heute hat der Ort wieder einige Bedeutung in Bezug auf Veredelung und Verkauf von Fisch erlangt. Einige der alten Rorbuer (Ruderhäuser) hat man umgebaut, um sie an Touristen zu vermieten. Die Insel wird mit Hilfe einer Strasse über kleine Inseln hinweg mit der Nachbarinsel Bremangerlandet verbunden und von dort durch einen Unterwassertunnel mit dem Festland. Die Bremangerverbindung wurde 2002 dem Verkehr übergeben, sie führt über Rugsundøy nach Rugsund ans Festland (S 366).

Der kleine Ort **Liset** nahe der Südspitze Frøyas weist Spuren aus der jüngeren Eisenzeit auf (S 83). Vermutlich haben Bauern aus dem Binnenland für kurze Zeit hier gewohnt, um zu fischen.

An BB passieren wir die Bucht **Botnen** mit den Dörfern **Nordbotnen** und Sørbotnen, jedes auf seiner Seite der Bucht.

Ca. 61°42'N   4°57'30''E ⑤
Wir passieren die Grenze zwischen den Gemeinden Bremanger und Flora.

Die Gemeinde Flora

Bedeutung des Gemeindewappens: Weist auf die reichen Heringsfänge in der Gemeinde in früheren Zeiten hin.
Bedeutung des Namens: Vielleicht der ursprüngliche Name des Florelandes im Westteil der Brandsøya, vom nordischen flodr oder flor, Strom oder Gegenströmung, bezieht sich wahrscheinlich auf die Strömung im Sund, die die Insel in zwei Teile teilt.
Gemeindezentrum: Florø (8.343 Einw.).
Position: 61°36'N 5°01'37''E. **Areal**: 693 km².
Einw.: 11.364. **Bevölkerungsdichte**: 16,4 Einw./km².
Arealverteilung: Landw. 3 %, Forstw. 20 %, Süßwasser 4 %, verbleibendes Areal 73 %.
Wirtschaft: Industriegemeinde mit Schiffbau. Fischindustrie. Ölbezogene Industrie. Ölbasis. Landwirtschaft. Fischerei. Fischfutter. Fischzucht. Tourismus.
Sehenswertes: Die Kirche von Kinn.
Die Insel Svanøy.
Website der Gemeinde Flora:
www.flora.kommune.no

An BB die kleine Insel **Nordhovden** und die größere, hügelige und bewaldete Insel **Hovden** (14,6 km²), die größte Insel in der Gemeinde Flora. 1991 kam eine niederländische Familie hier her und war so von der Insel angetan, dass sie in den niederländischen Medien von Hovden schwärmten. Daraufhin verlegten mehrere niederländische Familien ihren Wohnsitz auf die Insel und Umgebung. Einige zogen später zurück in die Niederlande, andere verteilten sich in der Gemeinde.

Auf Nordhovden lebt die größte Robbenkolonie der Gemeinde (ca. 20 Stück) und die größte Kolonie an Silbermöwen südlich von Stad (ca. 1.500 Paare). Auf der Westseite der Insel hat man ca. 4.000 Jahre alte Felszeichnungen mit Bootsdarstellungen gefunden.

Das Kvanhovden Feuer steht an der Nordwestspitze von Hovden. Es wurde 1895 aufgestellt und ist damit das jüngste Leuchtfeuer der Gemeinde, ein Einfahrts- und Leitfeuer für Schiffe, die vom Meer kommen und nach Frøysjøen im Norden von Hovden wollen. Dieses Fahrwasser ist voller Hindernisse.

Die Anlage besteht aus dem Wohnhaus des Leuchtturmwärters, in dessen westlichem Flügel man das Leuchtfeuer untergebracht hat, dem ungefähr 300 m davon entfernten Bootsschuppen, einem Anleger und Schwingkran. Die Höhe des Lichtes beträgt 40,3 m, die Reichweite 17,7 n. M., 1980 wurde das Feuer automatisiert. Der Leuchtturmwärter, der früher mit seiner Familie dort wohnte, betrieb neben seinem Job auf dem Turm noch Landwirtschaft.

An BB haben wir am Festland das Dorf **Husefest** am Fuß der Berge **Grønegga** (634 m ü M) und **Tverrdalsnipa** (533 m ü M). Danach kommen die Dörfer **Sunnavåg** und **Ura**.

Das Schiff fährt zwischen den flachen Inseln der Gruppe **Nærøyane** an BB und dem Festland an SB hindurch, wo die Dörfer **Årebrotet** und **Vaulen** liegen. Auf Nærøyane befinden sich ein Vogelschutzgebiet und eine Aufzuchtsanlage für Dorsch.

Vor uns an BB sehen wir die Gebäude der EWOS Futterfabrik, die Fischfutter für Aufzuchtanlagen produziert. Dies ist einer der weltweit führenden Betriebe auf diesem Gebiet.

Mehrere größere Inseln und Inselgruppen folgen an SB, sie alle gehören zu der Inselgemeinde um Florø herum und lagen zeitweise im Zentrum der reichen Heringsfänge dieser Gegend. Südlich von Hovden liegt die Inselgruppe **Batalden**, die aus 30 Inseln besteht, von denen **Store-Batalden** (1 km², 492 m ü M) die größte ist. Nur die beiden größeren Inseln südlich und südöstlich von Store-Batalden, **Fanøya** und **Vevlingen** sind bewohnt.

Das Stabben Feuer auf der Insel Skorpa sehen wir an SB vor uns. Weiter westlich liegt die Inselgruppe Kinn und die Insel Reksta.

Das Schiff legt am Kai in Florø an.

Florø wird im Jahre 1300 in schriftlichen Quellen erwähnt, es gibt aber schon Spuren der Besiedlung in Felszeichnungen und in Form von Grabhügeln, die auf 6000 v. Chr. datiert werden.

Die Nähe zum Meer hat die Geschichte Florøs geprägt. Viele Wikingerfahrten in andere Länder nahmen ihren Ausgang in den Fjorden östlich von Florø, und viele bekannte Wikinger hielten sich in dieser Gegend auf. Einer von ihnen war Kvedulv von der Insel Batalden, einer der äußersten Inseln nordwestlich von Florø. Kvedulv kommt sowohl in Snorres Königssagen als auch in Egil Skallagrimssons Saga vor. Kvedulv wird in den Sagas als ein Grobian beschrieben, was dem Ruf der Wikinger als brutale und gnadenlose Krieger entspricht. „..... und so kam Kvedulv und packte einen von hinten. Er näherte sich allein ohne seine Männer, griff Einar von hinten an und haute ihm seine Axt zwischen die Schulterblätter, während Einar seine eigene Axt in Simons Schädel sausen ließ. Dann drehte Kvedulv sich um und bohrte mit dem spitzen Ende seiner Axt dem Tord die Kehle durch, so bahnte er sich einen Weg."

Eine andere Geschichte, die die Gewalttätigkeit der Wikinger bestätigt, erzählt wie Inge, der Sohn König Harald Gilles (1103-1136), den Tod seines Vaters rächte. „Sie brachen ihm Arme und Beine (dem Sigurd Slembe, ??- 1139) mit der stumpfen Seite der Axt und zogen ihm dann die Kleider aus, um ihm die Haut abzuziehen. Sie kratzten ihm die Kopfhaut ab, bis es nicht mehr ging, da er zu sehr blutete. Dann schlugen sie ihn so lange mit Lederriemen, bis seine Haut in Fetzen hing und er wie gehäutet aussah. Sodann stießen sie mit einem Stock in seinen Rücken, dass ihm das Rückgrat brach. Daraufhin schleppten sie ihn zu einem Baum, erhängten ihn, schlugen ihm den Kopf ab und verscharrten den Körper in einem Steinhaufen. Dies geschah im Jahre 1139." Mehr als 800 Jahre später hatten die Nachkommen der Wikinger die Ehre, den hoch angesehenen Friedensnobelpreis zu überreichen und betätigten sich als Friedensvermittler bei Konflikten in der ganzen Welt!

Florø erhielt im Jahre 1860 Stadtstatus, das Storting (Parlament) war zu der Überzeugung gekommen, dass es zwischen Bergen und Ålesund einer Kaufmannsstadt bedurfte. Die Wahl fiel auf Florø, da der Ort gute Hafenverhältnisse, Zugang zu Trinkwasser und große flache Landareale in der Umgebung aufwies. Außerdem lag der Ort direkt am Schifffahrtsweg. Die Kaufleute in Bergen waren vehement gegen die neue Stadt, sie sahen sie als eine Bedrohung ihrer Handelsinteressen rund um Bergen an und fürchteten um ihre ökonomische Dominanz. Von alters her hatten sie die volle Kontrolle über den Fischhandel im Vestland gehabt.

Man sagt, der Hering hat Florø entstehen lassen. Die Stadt liegt mitten in dem früheren „Heringsgebiet". Das Meeresgebiet rund um die Inseln im Westen war, solange man denken konnte, Laichplatz für den Groß- und Frühjahrshering. Die Winterfischerei auf den Hering findet seit 1699 bis heute statt. Die Wanderwege des Herings waren aber nicht gerade stabil, es gab Zeiten, da war er verschwunden, um dann viele Jahre später zurückzukehren. In Zeiten reichen Heringsvorkommens pulsierte das Leben auf den Inseln. Während sonst nur einige hundert Menschen auf den Inseln vor Florø lebten, konnten sich in den besten Jahren bis zu 13.000 Fischer dort aufhalten, die sich in den kleinen Fischerhütten drängten und sogar in den kalten Winternächten im Februar und März unter umgekippten Booten schliefen, wenn der Hering entsprechend stand. Im Zeitraum 1873-80 war das Meer nahezu frei von Heringen, in dieser Krisenzeit war die Not der Fischer groß. Einige wanderten nach Amerika aus, andere zogen in andere Gegenden von Norwegen. Um 1875 wurde es so schlimm, dass man für die Not leidenden Fischer von Kinn und Florø landesweit Geld sammelte. Die Fischer beteiligten sich auch an der Fischerei in anderen europäischen Ländern, um neue moderne Fangmethoden zu erlernen.

Die größten Heringsfänge der Welt sollen an der Vestlandsküste in den Jahren 1945 bis 1957 stattgefunden haben. 12 Jahre lang wurden 105 Mill. Hl Großhering gefangen, allein 1956 waren es 12,3 Mill. Hl. An jedem einzelnen Tag wurden also 340.000 Hl. Großheringe von 227 Heringsfängern an Land gebracht. Die Zentren dieser Fischerei waren Florø und Måløy (S 30). 1959 war das Meer wieder fast heringsfrei.

Die unsicheren Verhältnisse in der Heringsfischerei, die sich vom höchsten Gipfel in die tiefsten Tiefen bewegten, führte zu alternativen Erwerbsquellen in Florø. 1949 begann der Industrielle Ole E. Aaserud mit einer kleinen mechanischen Werkstatt in der Stadt. Im Laufe von 30 Jahren hatte er zwei große Schiffswerften aufgebaut, die eine in Florø, die andere in Førde. In ihrer Blütezeit hatten die beiden Werften mehr als 1000 Beschäftigte und setzten große Betriebsamkeit in Gang, indem sie Zulieferern in anderen Branchen Arbeit verschafften. In den ersten 20 Jahren wurden in Florø hauptsächlich Fischerboote gebaut, später dann Tanker in Zusammenarbeit mit der Werft in Førde. Dann tauchten finanzielle Probleme auf, und 1985 folgte der Konkurs. In den folgenden Jahren wechselte mehrmals der Eigentümer, 1996 wurde ein neues, überdachtes Trockendock gebaut, das zu einer Landmarke in Florø geworden ist. Seit 2006 gehört die Werft Aker Yards (S 77).

Florø wird auch die „Aufzuchtsstadt" der Provinz Sogn und Fjordane genannt, mehrere große Konzerne der Lachszucht haben hier ihre Aktivitäten konzentriert und in den 1980ger Jahren große Annahmestationen für die Veredelung von Lachs gebaut. In der Stiftung Svanøy auf der Insel Svanøy (S 374) wird auf dem Gebiet der Fischzucht geforscht. In den am nächsten gelegenen Fjorden und bei einigen Inseln werden große Anlagen für Setzfische eingerichtet, und die Fischfutterfabrik EWOS ist weltweit die größte ihrer Art. Ein Welt umspannender Lachsaufzuchtskonzern hat sein Hauptbüro für seine Aktivitäten in Norwegen nach Florø verlegt. Der Hafen der Stadt ist gut ausgebaut, er hat u.a. die größte Kapazität an Gefriercontainern in Norwegen.

Die Ölindustrie ist an die Ölvorkommen der Fjord Base geknüpft, die seit Mitte der 1980ger Jahre in Betrieb ist.

Florø hat einen eigenen Kurzbahnflugplatz mit einer 820 m langen asphaltierten Rollbahn, die 1971 eröffnet wurde.

Das Schiff fährt weiter nach Bergen   + 0 Std 00 Min

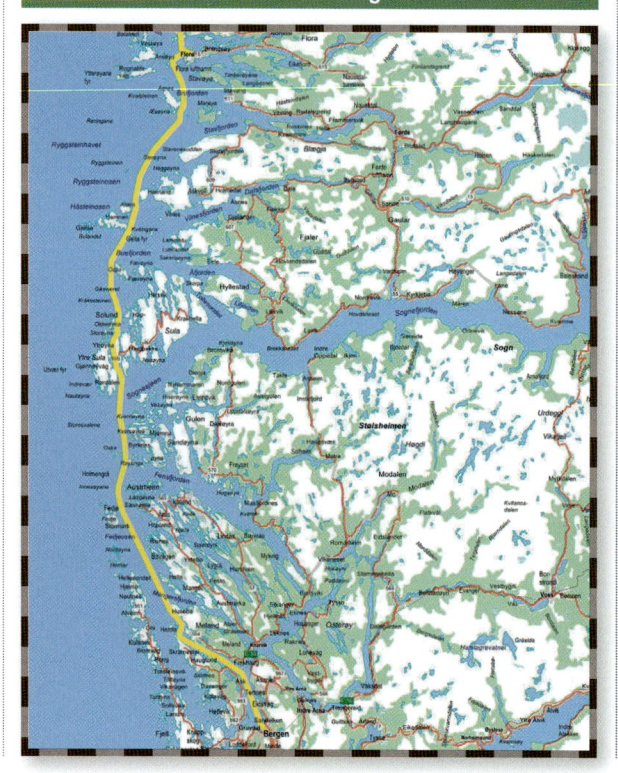

Kurz nach Abfahrt von Florø passieren wir das Stabben Feuer. Die Umgebung von Florø wird stark befahren, ist aber gefährlich und schwierig zu navigieren. Als der Heringsfang Mitte der 1860er Jahre einen Aufschwung erlebte, entschloss man sich, mehrere Leuchtfeuer in der Gegend zu bauen.

Das Stabben Feuer auf der kleinen Schäre an SB war das erste dieser Feuer, das man aufgestellt hat, und auch das erste in der Provinz Sogn og Fjordane. Dieses Leitfeuer nahm seine Arbeit 1867 auf. Die Schäre steigt steil aus dem Meer auf und hat die Form eines Hackklotzes, auf norwegisch Hoggestabbe, daher der Name, und ist von allen Seiten von tiefem Wasser umgeben. Da sie so winzig ist, war nur Platz für den Leuchtturm selbst. Das Fundament musste mehrere Etagen hoch sein, um alle Nebenfunktionen in den unteren Geschossen unterbringen zu können, das Feuer wurde dann aufs Dach gesetzt. Um Gemüse für den Hausgebrauch anbauen zu können, bedeckte man den schmalen Streifen zwischen dem Gebäude und dem Meer mit Erde, doch im Herbst musste die Erde wieder entfernt werden, sonst wäre sie von den Winterstürmen fortgeschwemmt worden. Bei schlechtem Wetter war es unmöglich, mit einem Boot dort anzulegen.

Schon zwei Monate nach dem Bau des Leuchtturms wurde ein Balkon von der Brandung zerstört. Im Jahr darauf baute man eine pflugförmige Schutzmauer vor die Nordwestseite des Bauwerks. Im Jahre 1899 fuhr ein Segelschiff gegen die Schutzmauer, und zwar mit so viel Schwung, dass der Bugspriet die Hauswand durchschlug. 1905 wurde das Feuer ausgebaut und verstärkt und ein Holzturm draufgesetzt. Der jeweilige Leuchtturmwärter wohnte mit seiner Familie bis 1975 auf dem Turm, dann zog der letzte weg, und es wurde automatisiert.

Nordöstlich vom Stabben Feuer liegt der Holm **Grasskjær**. 1919 lief das damals 10 Jahre alte Hurtigrutenschiff DS „Astrea" auf den Holm und sank, niemand kam dabei um. Das Schiff war auf dem Weg nach Norden und wollte gerade Florø ansteuern. DS „Astrea" war mit ihren 765 Tonnen zu der Zeit das größte Hurtigrutenschiff.

Das Ytterøyane Feuer steht auch vor Florø, westlich von Stabben auf der äußersten Insel in der Nordsee. Die Genehmigung für den Bau wurde 1851 erteilt, doch erst 1881 wurde es fertig. Man errichtete einen 31 m hohen Eisenturm mit einem roten Gürtel um die Mitte.

Die Reichweite des Lichtes beläuft sich auf 20,4 n. M., es steht 57 m über Hochwasser. Neben dem Leuchtturm steht das Wohnhaus und ein Nebengebäude. 1913 wurde das Feuer erheblich verstärkt, 1950 elektrifiziert und bekam ein Dieselaggregat in einem Maschinenhaus aus Beton. Wechselnde Leuchtturmwärter haben bis 1965 mit ihren Familien dort gewohnt, bis es zu einer Törnstation umgebaut wurde. 1999 wurde das Ytterøyane Feuer unter Schutz gestellt und 2004 als eines der beiden letzten in Südnorwegen automatisiert.

Die meisten Leuchttürme entlang der Küste haben ihre spezielle Geschichte. Von Ytterøyane wird erzählt, dass eine Hebamme, die Ende des 19. Jh. bei einer Geburt helfen sollte, wegen des Wetters mehrere Wochen hier festgesessen hat. 1940 und 1941 wurde der Leuchtturm von alliierten Flugzeugen beschossen.

Nordöstlich von Kinn und westlich von Florø liegt die Insel **Skorpa** (0,9 km²) mit dem Berg **Blåkollen** (393 m ü M) als höchste Erhebung. Wie viele andere Inseln der Umgebung hatte auch Skorpa ihre Blütezeit in der Heringsfangzeit von 1880 bis ins 20. Jh., die Bevölkerungszahl brachte es während der Fangsaison im Maximum auf 15.000 Menschen für alle diese Inseln zusammen. Im Jahre 2001 wohnten ca. 60 Menschen auf Skorpa.

Kinn (7,3 km², 315 m ü M) ist die abgelegenste der größeren Inseln zwischen dem Ytterøyane Feuer und Florø. Sie gehört zu den historischen Inseln in Norwegen, die mit Selja und der Sage um St. Sunniva in Verbindung stehen. Dieser Sage nach sollen drei Schiffe Irland verlassen haben, als die christliche Königstochter Sunniva vor einem heidnischen Freier floh. Zwei der Schiffe – auf einem von ihnen befand sich Sunniva – trieben in Selja an Land, das dritte mit Sunnivas Schwester Borni an Bord, trieb auf Kinn an. Das Schiffsvolk hauste zunächst unter einem Bergvorsprung mit Namen Byrjehellaren, in dessen Nähe Spuren eines Gebäudes gefunden wurden. Bei der Kirche von Kinn auf der Westseite der Insel liegt Bornihellaren. Vermutlich war es keine Königstochter, die auf der Flucht war, sondern keltische Missionare, die vor religiöser Verfolgung flüchteten und sich hier auf der Insel nieder gelassen hatten.

Die Kirche von Kinn wurde im 12. Jh. erbaut, wahrscheinlich von König Øystein (1088-1123), der auch die Kirche von Selja bauen ließ (S 34). Die Kirche ist im romanischen Stil in zwei Bauabschnitten errichtet worden, zuerst der Chor mit 7,2 m x 7,65 m, danach das Kirchenschiff mit 10 m x 17,7 m. Der Altar besteht aus Speckstein und hat eine Marmorplatte aus dem 12. Jh., das Altarbild stammt von 1641, die Altardecke von 1739. Der Chorbogen aus geschnitztem Holz aus den 1250er Jahren zeigt u.a. die Apostel und zählt zu den wertvollsten Stücken mittelalterlicher Kunst. Er enthält auch drei Heiligenfiguren aus katholischer Zeit. Wegen der Verbindung zu St. Sunniva und Selja soll die Kirche im Mittelalter ein Pilgerziel gewesen sein (S 83).

Seit 1985 dient der Kirchhof, der die Kirche von Kinn umgibt, als Bühne für das jährlich stattfindende Kinnaspiel. Die Handlung ist in die Zeit der Reformation gelegt worden, also 1537, doch die Geschichte von der Flucht der Königstochter von Irland ist mit in das Spiel einbezogen worden. Professionelle Schauspieler und lokale Amateure bestreiten die Aufführung.

Der berühmte Berg **Kinnaklova** in der Nähe der Kirche von Kinn ist eine bekannte Landmarke, die im weiten Umkreis sichtbar ist.

61°35'10"N 4°57'25"E + 0 Std 14 Min ①

Wir fahren zwischen den Inseln **Nekkøyane** an SB und **Færøya** an BB hindurch. Südöstlich von Nekkøyane sehen wir die Insel **Reksta** (220 m ü M). Westlich von Reksta haben wir das Fischerdorf Rognaldsvåg (170 Einw.) mit einer besonderen Bausubstanz aus Wohnhäusern, Bootsschuppen und Fischerbuden. Das Dorf hat zwei Häfen, die mit einem Kanal verbunden sind, an dem die Bootsschuppen dicht an dicht stehen. Auf der Insel hat man Gräber und Gebäudereste aus der Wikingerzeit gefunden.

61°34'N 4°58'E   + 0 Std 14 Min

Der **Solheimsfjord** an BB teilt sich im Innern in den langen, schmalen **Eikefjord** mit dem Dorf **Eikefjord** und den kurzen, breiten **Høydalsfjord.**

An der südlichen Mündung des Solheimsfjords liegt die Insel **Stavøya**, die 1990 eine Brückenverbindung zum Festland bekam.

Hinter der Insel sieht man am Festland das Dorf **Stavang** mit der Stavang Kirche, die um 1870 von Svanøy hierher versetzt wurde, im Hintergrund der Berg **Skålefjellet** (765 m ü M).

Die Reise geht weiter durch den Brufjord.

61°33'27"N 5°00'E   + 0 Std 24 Min   ②

An SB, noch vor der Insel **Askrova**, sehen wir eine Gruppe kleiner Inseln mit Namen **Oddane**. An der Westseite von Askrova, in der Bucht **Vallestadvågen,** wurde 1936 die größte jemals bekannte Heringsmenge gefangen. Es wird erzählt, dass die Leute an Land sahen, wie enorme Mengen an Heringen die Bucht ansteuerten. In aller Eile holte man die Netze von den Trockengestellen, legte sie doppelt und sperrte mit Hilfe von langen Führungsleinen die Heringe in der Bucht ein. Als man nach einigen Tagen entdeckte, dass die Heringe durch ein Loch im Gestein unter Wasser entkamen, schickte man Taucher hinunter, die das Loch zumauerten. Danach konnte man wochenlang Fische aus der Bucht holen. Die offizielle Fangmenge wurde mit 100.000 bis 120.000 Hektoliter Hering angegeben, aber wer dabei war, schätzte die Menge eher auf 200.000 Hektoliter.

61°31'N 5°00'E   + 0 Std 33 Min   ③

Die fruchtbare Insel **Svanøy** (10,3 km², 235 m ü M) an BB hat eine interessante Geschichte. Neben Kinn ist Svanøy die meist besuchte Insel der Gegend. Die reiche Flora umfasst nahezu alle Pflanzenarten, die im Vestland vorkommen, außerdem gibt es hier Jahrhunderte alten Kiefernwald. Auch das Tierleben ist sehr reichhaltig, Seeadler und Hirsch sind typische Vertreter.

Archäologische Funde zeigen, dass Svanøy schon seit der Steinzeit besiedelt ist. In der Wikingerzeit war die Insel ein beliebter Wohnsitz. Die Geschichte berichtet, dass der Wikingerkönig Eirik Blodøks (895-954), der Sohn Harald Hårfargres, der Norwegen in einem Reich vereinte, hier aufgewachsen ist. Der Hof wurde nach ihm benannt und heißt heute Erikstad**.**

Die Insel und der Hof trugen beide den Namen **Bru**. Nach der Reformation wurde der Hof ein Krongut, das 1662 an den Erzbischof Hans Svane in Kopenhagen verkauft wurde. Als Svane 1668 starb, erhielt seine Witwe die Genehmigung, die Insel und das Gut in **Svanøy** umzutaufen. Wenn auch niemand aus der Familie jemals die Insel besuchte, blieb sie doch bis zum Verkauf im Jahre 1718 im Familienbesitz. Nach mehrmaligem Besitzerwechsel wurde sie an Severin Seehusen verkauft, der unbedingt einen Platz im norwegischen Adelsregister ergattern wollte. Als ihm das 1720 gelungen war und er den Namen „Severin de Svalenheim" verliehen bekam, wurde Svanøy zum Adelsgut. Svalenheim verschuldete sich dem König gegenüber, daher wurde das Gut nach seinem Tod auf einer Auktion versteigert. Doch um 1730 übernahm die Familie Svalenheim das Gut erneut. 1749, nach dem Tod des damaligen Besitzers, wurde es wiederum verkauft.

Im Jahre 1804 wurde die Insel mit dem Gut an den Prediger Hans Nielsen Hauge (1771-1824) verkauft. Zu der Zeit standen 28 Häuser auf dem Gut, einschließlich Kirche und Hauptgebäude.

Ein guter Freund von Hauge, Ole Torjussen, übernahm die Leitung des Gutes und der Insel. Er baute Getreide an, errichtete eine Korn- und eine Sägemühle und begann Schiffe zu bauen. Später richtete er auch noch eine Salzkocherei ein. Svanøy wurde das Zentrum im Sunnfjord. 1812 erhielt Torjussen als Kaufmann den Bürgerstatus von Bergen. Als einer von vier Repräsentanten von Nordre Bergenhus ging Ole Torjussen Svanøe 1814 nach Eidsvoll, wo man sich versammelte, um für Norwegen ein neues Grundgesetz zu schaffen. Er war von 1821 bis 1842 Mitglied des Stortings (norwegisches Parlament).

Ole Torjussen Svanøe

Sein älterer Sohn Christoffer, auch ein Stortingsmitglied, übernahm 1840 den Haupthof und machte ihn zu einem Musterbetrieb, der jüngere übernahm den Hof Erikstad.

Die Insel und das Gut sind immer noch im Besitz dieser Familie, doch das 1750 erbaute denkmalgeschützte Hauptgebäude, das sein heutiges Aussehen 1820 erhielt, wurde 1972 der Svanøy Stiftung übertragen. Es sollte der Wirtschaft, Wissenschaft und Politik als Kurs- und Konferenzzentrum dienen. Die Forschung auf der Insel sollte ihre Schwerpunkte auf die Gebiete Zoologie, Botanik und Ökonomie legen. 1997 wurde dieses Gebäude der Firma Kværner übertragen.

Die Brukirche, später in Svanøykirche umgetauft, wurde lange vor dem 14. Jh. erbaut als eine Nebenkirche zur Hauptkirche in Kinn (S 373). Sie war sicherlich so lange in Gebrauch, bis sie 1870 abgetragen und nach Stavang auf dem Festland versetzt wurde.

Neben dem früheren Kirchturm steht das bekannte St. Olavs Kreuz. Der Sage nach stand das Steinkreuz zuerst auf Brandsøya westlich von Florø, doch der Heilige Olav hat es versetzt (S 88). Das ca. 2 m hohe Kreuz ist eines der wenigen, die noch heute in Norwegen stehen. Auf der einen Seite befindet sich eine Runeninschrift, von oben nach unten zu lesen, doch bisher hat sie noch niemand entziffern können. Diese Art von Kreuzen markierte früher einen Versammlungsplatz für Gottesdienste.

Hinter Svanøya liegt die Mündung des gewundenen **Førdefjords** (36 m lang). Die Orte **Naustdal** (1.072 Einw.) und **Førde** (8.799 Einw.) liegen auf halber Strecke zwischen der Mündung und dem Fjordende.

Ca. 61°27'N 4°55'E

Wir passieren die Grenze zwischen den Gemeinden Flora und Askvoll.

Die Gemeinde Askvoll

Bedeutung des Gemeindewappens: Bezieht sich auf das Korssundkreuz, ein Steinkreuz aus dem frühen Mittelalter, das sich an die Sage vom Heiligen Olav knüpft.
Bedeutung des Namens: Nach dem Hof Askvoll, nordisch Askvollr, zusammengesetzt aus dem Namen des Baumes „ask", Esche und „voll" Wiese.
Gemeindezentrum: Askvoll (607 Einw.).
Position: 61°21'N 5°04'E. **Areal:** 322 km².
Einw.: 3.229. **Bevölkerungsdichte:** 10 Einw./ km².
Arealverteilung: Landw. 6%, Forstw. 10%, Süßwasser 2%, verbleibendes Areal 82%.
Wirtschaft: Im äußeren Bereich Fischerei, im inneren Landwirtschaft mit Milchproduktion und Schafhaltung. Metallwarenindustrie. Fischveredelung. Sommertourismus.
Sehenswertes: Die Inselgruppe Bulandet. Die Insel Værlandet.
Website der Gemeinde Askvoll: www.askvoll.kommune.no

61°28'N 4°57'E 0 Std 46 Min ④

An BB passieren wir den **Stavfjord**, hinter Svanøya setzt er sich als **Førdefjord** fort.

Die charakteristische Insel **Alden** (481 m ü M) sehen wir an SB vor uns, sie ist auch unter dem Namen „Den norske hesten" (das norwegische Pferd) bekannt. Hinter Alden liegt die Insel **Tvibyrge**, die im Profil einem liegenden Hund ähnelt.

Dann folgt die Landzunge **Stavenesodden** mit dem Ort **Stavenes**. Entlang des Strandes im Süden der Landzunge hat man insgesamt 30 Grabhügel und 11 Felszeichnungen aus der Bronzezeit gefunden (S 83). Die Zeichnungen stellen meistens Schiffe dar, aber es ist auch ein „Sonnenwagen" dabei, ein von zwei Pferden gezogener zweirädriger Wagen. Das ist ein seltenes Felszeichnungsmotiv. Der Sage nach können die Gräber die Folge einer Schlacht in der Bucht **Stavenesvågen** gewesen sein, einer Schlacht zwischen dem Wikingerhäuptling Håkon Grjotgardsson von Selva (S 103) und Atle Jarl von Atløy um die Herrschaft über das Vestland.

Hinter Stavenesodden mündet der **Stongfjord**.

61°23'N 4°49'20"E + 1 Std 12 Min ⑤

An SB haben wir die kleine Inselgruppe **Storøyna** und an BB **Heggøyna**, bevor wir an BB die Insel **Atløya** (38 km²) erreichen mit dem Berg **Skredvarden** (636 m ü M). Auch auf Atløya hat man Felszeichnungen mit Boot- und Sonnenmotiven gefunden. Im Westen der Insel liegt das Dorf **Hærland** mit Handelsplatz und Fischannahmestelle, an der Südspitze das Dorf **Vilnes** mit der Vilnes Kirche, einer gezimmerten Langkirche von 1674 mit 130 Sitzplätzen, 1959 restauriert.

61°20'25"N 4°48'01"E + 1 Std 22 Min ⑥

Das Schiff fährt weiter durch den **Aldefjord** zwischen Alden und Tvibyrge hindurch. Auf der gebirgigen Insel **Alden** (3,4 km²) erhebt sich der Berg **Norskehesten** (das Norwegenpferd) (460 m ü M), als eine bekannte Landmarke. Der Hof **Alden** liegt im Süden der Insel.

61°18'N 4°47'50"E + 1 Std 34 Min ⑦

Die flache Insel **Værlandet** (9 km², 165 m ü M) und die Inselgruppe **Bulandet** mit ihren ca. 300 Inselchen, Schären und Holmen liegen im Südwesten von Alden. Ca.15 der Inseln sind bewohnt (260 Einw.). Bulandet hat die am westlichsten gelegenen Siedlungen in Norwegen, wo Fischerei, Fischveredelung und Tourismus die wichtigsten Einnahmequellen sind.

Die Strecke von Bulandet nach Værlandet beträgt 6,7 km, sechs Brücken mit insgesamt 986 m Länge verbinden die beiden Orte, die Norwegens westlichste Gemeinde bilden. Das Straßenprojekt war 2003 fertig und gewann 2006 den Preis „der schönen Straße". Autofähre und Schnellboote stellen die Verbindung zum Festland her.

Die Mündung des **Vilnesfjords** öffnet sich im Süden von Atløya. Der Fjord findet seine Fortsetzung in dem schmalen **Dalsfjord**. Er hat eine Gesamtlänge von ca. 40 km, eine Breite von ca. 3,5 km, an der schmalsten Stelle ist er 0,5–1 km breit. An seinen Ufern finden wir die Orte **Holmedal, Dale** und **Bygstad.**

Der Sage nach kam der erste Landnehmer, Ingolf Arnason, 874 nach Island aus dem Dorf **Rivedal** am Dalsfjord. Man hat ihm dort ein Denkmal gesetzt.

61°17'N 4°47'E + 1 Std 38 Min ⑧

An BB passieren wir das Geita Feuer, 1897 erbaut, 1961 verstärkt, 1980 automatisiert und seit 1982 unbemannt. Die Höhe des Lichtes beträgt 42,8 m, 1999 wurde es unter Denkmalschutz gestellt.

Ca. 61°15'11"N 4°44'17"E

Wir passieren die Gemeinden Fjaler und Hyllestad an BB.

Die Gemeinde Fjaler

Bedeutung des Gemeindewappens: Spielt auf „Den Trondhjemske Postveg" an (den Trondheimischen Postweg).
Bedeutung des Namens: Plural vom nordischen fjol, „fjel,brett", hier in der Bedeutung Gebirgskante, vielleicht ist der 8 km lange Helleberget gemeint, dersenkrecht in den Dalsfjord abfällt.
Gemeindezentrum: Dale am Sunnfjord (1.019 Einw.).
Position: 61°22'N 5°24'E.
Areal: 418 km².
Einw.: 2.916.
Bevölkerungsdichte: 6,97 Einw./km²
Arealverteilung: Landw. 6 %, Forstw. 31 %, Süßwasser 7%, verbleibendes Areal 56%.
Wirtschaft: Fischzucht. Landwirtschaft mit Schafhaltung und Milchproduktion. Lederwarenindustrie mit Schuhfabrik. Skiproduktion.
Website de Gemeinde Fjaler:
www.fjaler.kommune.no

Die Gemeinde Hyllestad

Bedeutung des Gemeindewappens: Symbolisiert Landwirtschaft und Mühlsteinproduktion.
Bedeutung des Namens: Erster Teil vermutlich der Fjordnamen Hylli oder Hyllir vom nordischen hylli, ruhiger, freundlicher Ort oder Wohlwollen.
Gemeindezentrum: Hyllestad (- Einw.).
Position: 61°10'30''N 5°17'46''E.
Areal: 259 km².
Einw.: 1.526.
Bevölkerungsdichte: 5,9 Einw./km².
Arealverteilung: Landw. 6%, Forstw. 31%, Süßwasser 3%, verbleibendes Areal 60%.
Wirtschaft: Fischerei hat wenig Bedeutung, aber Fischzucht in mehreren Anlagen. Landwirtschaft mit Rinder- Schaf- und Hühnerhaltung. Schiffswerft. Baufirmen. Stromproduktion.
Website der Gemeinde Hyllestad:
www.hyllestad.kommune.no

Schon um das Jahr 1000 wurden Mühlsteine in Hyllestad zugeschlagen und an der Küste entlang geliefert. Auch große Steinkreuze, bis zu 4 m hoch, machte man aus demselben Gestein, das es überall im Vestland gibt.

Wir passieren die Grenze zwischen den Gemeinden Askvoll und Solund.

Die Gemeinde Solund

Bedeutung des Gemeindewappens: Den Ursprung des Motives findet man im Wappen des Geschlechtes Losna.
Bedeutung des Namens: Erster Teil vom nordischen sol, Furche/Einschnitt, -und, versorgt mit, also: mit einer Furche versehen. Ursprünglich der Name der Insel Sula.
Gemeindezentrum: Hardbakke (232 Einw.).
Position: 61°04'N 4°50'E.
Areal: 229 km². **Einw.:** 877.
Bevölkerungsdichte: 3,82 Einw./km².
Arealverteilung: Landw. 1 %, Forstw. 2 %, Süßwasser 4 %, verbleibendes Areal 93 %.
Wirtschaft: Fischerei. Etwas Rinder- und Schafhaltung auf kleinen Landstellen. Bau und Reparatur von Booten.
Website der Gemeinde Solund:
www.solund.kommune.no

61°14'47''N 4°43'40''E + 1 Std 50 Min ⑨

Die Inselgruppe **Ospa** mit der Namen gebenden Insel **Ospa** (111 m ü M) sehen wir an BB, weiter zum Festland hin die Inselgruppe **Færøyna**, die Nordspitze der Insel **Sula** und die Mündung des **Åfjords**, der sich als **Hyllestadfjord** fortsetzt. Der Ort **Hyllestad** liegt am Ende des Fjords.

Ospa war im 2. Weltkrieg ein Zentrum für illegale Tätigkeiten. Auf Grund seiner geographischen Lage war Ospa ein natürliches Versteck für norwegische und alliierte Militärfahrzeuge. Im Juni 1943 wurde das norwegische Schiff MTB 345 von den Deutschen aufgebracht. Nach einem kurzen Kampf musste die siebenköpfige Mannschaft sich ergeben. Sie wurde gefangen genommen, unter Folter verhört und als Saboteure hingerichtet. 60 Jahre später wurde ihnen ein Denkmal gesetzt.

61°10'23''N 4°44'E + 2 Std 09 Min

Wir fahren weiter durch die zahlreichen Inseln der Gemeinde Solund. Draußen im Meer sehen wir die Gruppen kleiner Inseln liegen: **Gåsværet** und **Kråkesteinen.**

61°00'N 4°45'21''E + 2 Std 52 Min ⑩

Die größte Insel in Solund ist **Sula** (117,8 km², 569 m ü M), sie ist von den anderen Inseln durch enge Fjorde und Sunde getrennt. Wir fahren durch den **Ytre Steinsund** zwischen den Inseln **Ytre Sula** (34,7 km², 202 m ü M) an SB und **Steinsundøyna** (18,7 km², 315 m ü M) an BB hindurch. Die Inseln sind steil und steinig. Aus dem Sund heraus fahren wir an der Südostseite von Ytre Sula mit dem Ort **Trovågen** entlang.

Westlich von Ytre Sula liegt die kleine Inselgruppe **Utvær** mit der Insel **Utvær** (0,2 km²) und dem **Utvær Feuer**. Utvær ist Norwegens westlichste Insel. Sie ist heute unbewohnt, hatte aber einmal ein Fischerdorf, bis ins 18. Jh. hinein mit einer eigenen Kapelle.

Die frühere Utvær-Kapelle wird im Zusammenhang mit dem Kloster Selje (S 34) und der Kirche in Kinn (S 373) genannt. Die Geschichte berichtet, dass eines der drei Schiffe, das Irland mit der fliehenden Königstochter Sunniva und ihrem Gefolge verließ, bei Utvær gestrandet ist. Die Kapelle wird in einem Schriftstück von 1320 erwähnt, man weiß aber nicht, wann sie gebaut wurde. Sie war aus Baumstämmen zusammengefügt, maß 7,3 x 6,5 m und hatte 130 Sitzplätze. Ihre Einkünfte kamen aus Spenden und dem Zehnten, den die Fischer von ihrem Fang ablieferten. Im 17. Jh. wurde sie von schottischen Seeräubern ausgeraubt. Vier Gottesdienste wurden pro Jahr in der Kapelle abgehalten. Der Priester kam dann mit dem Boot aus Eivindvik vom Festland, oft aber saß er wegen Unwetters auf dem Weg dorthin auf einer dem Land näher gelegenen Insel fest. 1718 versetzte man die Kapelle von Utvær.

Das Utvær Feuer wurde 1900 als Küstenfeuer errichtet. Es bestand aus einem 31 m hohen gusseisernen Hauptturm und einem kleinen Nebenturm, ebenfalls aus Gusseisen, der auf einer Zisterne aus Beton platziert war. Die Höhe des Lichtes beträgt 45 m, die Reichweite 18,6 n. M., 1999 stellte man es unter Denkmalschutz. Das Utvær Radiofeuer nahm seinen Dienst 1954 auf mit dem Kennungssignal **VR** (..._ ._.) auf der Frequenz 300,0 kHz. Es sendet Korrekturen an das Satellitennavigationssystem Navstar GPS.

Bei einem alliierten Luftangriff im Februar 1945 wurde das Utvær Feuer in Brand gesetzt, 1948 dann wieder aufgebaut, aber in anderer Form als vorher. Maschinenhaus, Wohnhaus und Nebengebäude stehen dicht beieinander um den Leuchtturm herum in einem Naturreservat.

Ca. 60°58'N   4°45'E ⑪

Wir passieren die Grenze zwischen den Gemeinden Solund und Gulen.

Die Gemeinde Gulen

Bedeutung des Gemeindewappens: Bezieht sich auf zwei Steinkreuze in Eivindvik als die ersten Monumente des Christentums in Norwegen.
Bedeutung des Namens: Vom nordischen gul, Windstoß, vielleicht auch germanischen Ursprungs von geul, nordisch gjól, Kluft, Spalte.
Gemeindezentrum: Eivindvik (255 Einw.).
Position: 60°59'N 5°04'30''E.
Areal: 596 km². **Einw.:** 2.459.
Bevölkerungsdichte: 4,11 Einw./km².
Arealverteilung: Landw. 4 %, Forstw. 19 %, Süßwasser 3 %, verbleibendes Areal 74 %.
Wirtschaft: Landwirtschaft mit Rinder-, Schaf- und Federviehhaltung. Fischzucht. Etwas Küstenfischerei. Mülldeponie. Zementfabrik. Tourismus.
Sehenswertes: Der Sognefjord. Skjerjehamn. Der Ort Eivindvik.
Website der Gemeinde Gulen:
www.gulen.kommune.no

Wir befinden uns im **Sognesjøen**, der sich als **Sognefjord** (205 km) fortsetzt, Norwegens längster Fjord und auch einer der längsten der Welt, mit vielen Armen, die meisten und größten befinden sich im inneren Teil.

Mehrere Gemeinden grenzen an den Sognefjord. Die Gemeinden Solund und Hyllestad liegen nördlich des äußeren Fjordteils. Der kurze **Bøfjord** mit den Orten **Heggebøen** und **Leirvik** mit der Werft Havyard Leirvik gehört zur Gemeinde Hyllestad. Südlich des Sognefjords liegt die Gemeinde Gulen mit dem **Risnefjord** und den Orten **Brekke** und **Instefjord.**

Daran schließt sich die Gemeinde **Høyanger** auf beiden Seiten des Sognefjords an. Vom Nordufer des Fjords geht der kurze **Vadheimsfjord** ab, an dem der Ort **Vadheim** liegt. Den tiefsten Punkt des Sognefjords mit 1.308 m findet man vor dem Vadheimsfjord, danach kommt der **Høyangerfjord** mit der Industriestadt **Høyanger** (2.221 Einw.). Auf der Südseite des Sognefjords geht der kurze **Fuglsetfjord** ab mit den Orten **Osland, Bjørdal** und **Søreide**.

Die Gemeinde **Balestrand** grenzt an Høyanger auf der Nordseite des Sognefjords. Der kurze **Lånefjord** mit dem Ort **Låne** ist der westlichste der Gemeinde, darauf folgt der 25 km lange, schmale Seitenarm **Fjærlandsfjord** mit dem Touristenort **Balestrand** (758 Einw.), den Orten **Dragseid** an der Fjordmündung und **Fjærland** am Ende des Fjords. In Fjærland befindet sich das Gletschermuseum, das 1991 eröffnet wurde in Verbindung mit dem Nationalpark Jostedalsbreen (1.310 km²). Der **Jostedalsbre** ist Norwegens größter Gletscher.

Im Osten des Sognefjords schließt sich die Gemeinde **Vik** mit zwei kurzen Fjorden an, dem **Finnafjord** und **Arnafjord** und dem Ort **Vikøyri** (1.076 Einw.). Dann folgt die Gemeinde **Aurland** mit dem schönen **Aurlandsfjord**, der sich in Richtung Osten ins Land hinein schneidet und an dem der Ort **Aurlandsvangen** liegt. Die bekannte Eisenbahnlinie Myrdal – Flåm (**Flåmsbahn**) endet am Schluss des Aurlandsfjords. Der schmale, schöne 20 km lange **Nærøyfjord** steht auf der Liste der schützenswertesten Objekte der UNESCO, genau wie der Geirangerfjord (S 61).

An der Nordseite des Sognefjords schneidet sich der kurze **Sogndalsfjord** in die Gemeinde **Sogndal** ein, an dessen Ende sich der Ort **Sogndalsføra** (3.075 Einw.) befindet, auch **Kaupanger** (845 Einw.) liegt in der Nähe.

Die Ortschaft **Lærdalsøyri** (1.105 Einw.) finden wir am Ende des **Lærdalsfjords** in der Gemeinde **Lærdal** auf der Südseite des Sognefjords.

Der Sognefjord teilt sich im Innern in den 43 km langen, malerischen **Lustrafjord**, der sich nach Norden in die **Lustragemeinde** erstreckt mit den Orten **Gaupne** (1.031 Einw.) und **Luster,** und den **Årdalsfjord,** der in Richtung Osten in die Gemeinde **Årdal** eindringt, dort liegt der Ort **Årdalstangen** (1.496 Einw.).

60°57'N   4°45'E   + 3 Std 10 Min

Die Fahrt geht weiter durch den äußeren Teil der Gemeinde Gulen, wo an BB die Inseln so dicht beieinander liegen, dass sie schwer zu unterscheiden sind.

Östlich der Südspitze von **Ytre Sula** passieren wir **Hille**, die letzte größere Insel der Gemeinde Gulen, davor liegt die Insel **Hisarøy** (18,7 km²). Etwas südlich von Hille sehen wir die größere Insel **Byrknesøy** (18,7 km²), davor die Inseln **Mjømma** (10,3 km²) und **Sandøy** (31,9 km²).

In **Skjerjehamn**, an der Nordwestspitze von Sandøy, soll die umstrittene Statue von König Olav aufgestellt werden. Die Gemeinde Oslo hatte die Statue bestellt und wollte sie auf dem Rathausplatz der Hauptstadt aufstellen. Doch als das Werk im Jahre 2006 fertig war, stieß es auf Ablehnung.

Skjerjehamn ist ein alter Handelsplatz und ein altes Kommunikationszentrum. 1641 wird der Ort in schriftlichen Quellen genannt, ist aber vermutlich schon lange vorher der Handelsplatz dieser Insel gewesen. Ab 1839 wurde Skjerjehamn Anlaufstelle für Linienschiffe und hatte einen Landhandel, ab 1866 dann eine Posthalterei, dazu Telegraph, Pensionat, Holz- und Öllager. Heute ist Skjerjehamnn dabei, sich zu einem lokalen Kunstzentrum zu entwickeln.

In Gulen gibt es viele historische Hinterlassenschaften, archäologische Funde von steinzeitlichen Siedlungsplätzen, Grabhügel aus der Bronzezeit und viele Funde aus der Jungsteinzeit (S 83). In dem Ort **Eivindvik** stehen zwei große Steinkreuze, die vermutlich aufgestellt wurden, als Norwegen zum Christentum überging.

Die wikingerzeitliche Gerichtsstätte Gulating soll in dieser Gegend gelegen haben, vielleicht in Eivindvik. Gulating war der gemeinsame Gerichtsort für alle Provinzen des Vestlandes Norwegens. Hier wurden Urteile gefällt und neue Rechtsregeln beschlossen. Vermutlich wurde die Gerichtsstätte vor dem Jahre 930 als „Allting" gegründet, d. h. alle freien Bauern konnten daran teilnehmen. Später wurde es zu einem Repräsentationsting ausgeweitet. Jedes Jahr trafen sich 400 Bauernrepräsentanten oder „Nemdemenn" (Ernennungsmänner), dazu königliche „Ombudsmenn" (eine Art Beamte) und Kirchspielpriester. Die Anzahl der Repräsentanten wurde mit der Zeit stark reduziert. Im 14. Jh. zog das Gulating nach Bergen um und erhielt 1604 den Namen „Bergen Lagting".

Ca. 60°51'N 4°46'E

Wir passieren die Grenze zwischen den Gemeinden Gulen und Austrheim.

Die Gemeinde Austrheim

Bedeutung des Gemeindewappens: Symbolisiert die vielen Brücken, die die Teile der Gemeinde miteinander verbinden.
Bedeutung des Namens: -
Gemeindezentrum: Årås (542 Einw.).
Position: 60°47'10"N 4°55'13"E.
Areal: 56 km². **Einw.:** 2.520.
Bevölkerungsdichte: 45,13 Einw./km².
Arealverteilung: Landw. 10 %, Forstw. 13 %, Süßwasser 0 %, verbleibendes Areal 77 %.
Wirtschaft: StatoilHydros Ölraffinerie ist Hauptarbeitgeber. Servicebetriebe und Werkstätten in dieser Branche.
Website der Gemeinde Austrheim: www.austrheim.kommune.no.

An BB passieren wir die Mündung des **Fensfjords**. Er ist ca. 30 km lang, 3-5 km breit und verläuft in südöstlicher Richtung. Der 24 km lange Seitenarm mit Namen **Masfjord** verläuft in nordöstlicher Richtung.

An SB sehen wir das Holmengrå Feuer, 1892 erbaut, 1950 umgebaut und umgesetzt, bis 1991 in Betrieb. Es bestand aus einem Gebäude mit einem 16 m hohen Turm, das Licht hatte eine Reichweite von 17 n. M., Holmengrå besaß ein Nebelsignal und ab 1954 ein Diaphon, das später von einem Typhon abgelöst wurde. Von 1947 bis 1992 auch gab es auch ein Radiofeuer.

60°50'40"N 4°45'47"E + 3 Std 35 Min ⑫

An BB wird die große Ölraffinerie von **Mongstad** sichtbar, die größte Raffinerie in Norwegen, im europäischen Maßstab eine mittelgroße. Die Raffinerie gehört Mongstad Refining, bei der die norwegische Ölgesellschaft StatoilHydro 79 % der Anteile besitzt und die niederländische Shell 21 %.

Der älteste Teil der Raffinerie in Mongstad wurde zu Beginn der 1970ger Jahre erbaut. Als die Anlage 1989 erweitert wurde, wuchs die Förderungskapazität von 6,5 auf 8 Millionen Tonnen Rohöl pro Jahr. Im Jahre 2006 lag die Kapazität bei 10 Millionen Tonnen. 1996 wurde eine Entschwefelungsanlage für Diesel und Gasöl in Betrieb genommen, 1997 eine Anlage für die Reduktion von Benzen. 2003 war eine neue Entschwefelungsanlage betriebsbereit.

Das Rohöl vom norwegischen Sockel wird mit Hilfe von Rohrleitungen an Land befördert und zu Benzin, Diesel, Flugzeugtreibstoff und anderen leichteren Petroleumprodukten verarbeitet, wobei das Benzin eineinhalb mal den norwegischen Verbrauch deckt. Aus den schwersten Komponenten des Rohöls macht man Petrolkoks, der bei der Anodenproduktion in der norwegischen Aluminiumindustrie verwendet wird. Ca. 60 % dieser Produktion werden nach Europa, Nordamerika und Asien exportiert.

StatoilHydro unterhält auch ein Rohölterminal in Mongstad. Sechs Kavernen im Berg haben insgesamt eine Lagerungskapazität von 9,4 Millionen Fass Rohöl. An zwei Kais können Öltanker bis zu 380.000 dwt und an einem Umladekai Tanker bis zu 440.000 dwt abgefertigt werden. Von der Tonnage her gesehen ist die Hafenanlage in Mongstad die größte in Norwegen und nach Rotterdam in den Niederlanden die zweitgrößte in Europa.

In Mongstad soll eine neue Wärmekraftanlage gebaut werden. Die Arbeiten sollen 2007-2009 ausgeführt werden und die Anlage 2010 betriebsbereit sein.

Die Fahrt geht weiter in den **Fedjefjord** hinein.

Ca. 60°50'N   4°45'E
Wir passieren die Gemeinde Fedje an SB.

Die Gemeinde Fedje

Bedeutung des Gemeindewappens: Symbolisiert die Anstrengung, an der Küste Norwegens seinen Lebensunterhalt zu erwerben.
Bedeutung des Namens: Vom nordischen Fedjar, verwandt mit dem gotischen Fath, Zaun, Abschirmung, hier in der Bedeutung Inselkette.
Gemeindezentrum: Fedje (464 Einw.).
Position: 60°46'50''N 4°42'17''E.
Areal: 9 km². **Einw.:** 661.
Bevölkerungsdichte: 73,4 Einw./km².
Arealverteilung: Landw. 3 %, Forstw. 0 %, Süßwasser 5 %, verbleibendes Areal 92 %.
Wirtschaft: Fischerei, Fischannahme, Fischveredelung. Fischzucht. Fedje Verkehrszentrale. Metallwaren- und Maschinenindustrie. Tourismus.
Hinweis auf Aktivitäten: Meeresangeln. Leuchtturmsafari.
Website der Gemeinde Fedje: www.fedje.kommune.no

60°47'30''N   4°45'E   + 3 Std 40 Min   ⑬

Die Insel **Fedje** (7,5 km², 42 m ü M) passieren wir an SB. Sie steht unter Naturschutz und ist ein Seevogelreservat. Mehr als 200 Vogelarten wurden hier beobachtet. Die sehr sumpfige Insel weist hervorragende Feuchtgebiete auf.

Die Besiedlung von Fedje war immer an die Fischerei und das Meer geknüpft. Vor mehreren tausend Jahren haben die Steinzeitmenschen (S 83) den Wald gerodet, um auf der flachen Insel eine Winterweide für ihre Tiere zu schaffen. Der Walfang war lange Zeit die wichtigste Ernährungsgrundlage. Um 1900 herum begann man mit dem industriellen Torfabbau auf Fedje, um den Bedarf an Brennmaterial zu decken, u.a. für die Stadt Bergen. 1920 hörte man damit wieder auf. In Verbindung mit dem Walfang gab es mal eine Tranfabrik auf Fedje und eine Fischkonservenfabrik, beide Betriebe sind aufgegeben worden.

Die Verkehrszentrale befindet sich im Norden von Fedje, am Rande der konzentrierten Bebauung. Sie überwacht den nach Norden und Süden gehenden Schiffsverkehr entlang der Vestlandsküste, von und nach Bergen, von und nach Mongstad. Die Verkehrszentrale hat man auf dem höchsten Punkt der Insel platziert. Sie ist auf den Grundmauern eines deutschen Radarturmes aus dem 2. Weltkrieg erbaut worden. Mehr als 300 deutsche Soldaten waren während des Krieges hier stationiert.

Die Kirche von Fedje ist eine Langkirche aus Stein, 1941 gebaut, mit 400 Sitzplätzen.

In einer U-Boot-Schlacht mit dem englischen U-Boot HMS „Venturer" wurde im Februar 1945 das 87 m lange und 2.150 t schwere deutsche U-Boot „U864" bei Fedje versenkt. „U864" war vermutlich das einzige deutsche U-Boot, das von einem anderen U-Boot versenkt wurde, während beide auf Tauchfahrt waren. Das U-Boot sollte über Bergen nach Japan fahren mit einer Ladung, die u.a. aus 1.857 Kannen, gefüllt mit 65 t Quecksilber für die Waffenproduktion der mit den Deutschen verbündeten Japaner. Das U-Boot hatte außerdem Jet-Motorteile für die hoch entwickelten deutschen Messerschmitt-Jagdflugzeuge an Bord. Hitlers Absicht war dabei, den Japanern zur Herrschaft im Luftraum über dem Pazifik zu verhelfen und somit die USA zum Umlenken ihrer Streitkräfte zu zwingen, die für die alliierte Kriegsoffensive gegen Deutschland eingesetzt werden sollten.

Englische „Codeknacker" hatten eine Meldung über das Ziel und die Ladung des U-Bootes abgefangen. Deshalb wurde HMS „Venturer" los geschickt, um „U864" zu stoppen. Nach einem dreistündigen Katze-und-Maus-Spiel feuerte das englische U-Boot vier Torpedos ab, drei gingen daneben, das vierte traf mittschiffs und teilte das U-Boot in zwei Teile. 73 Männer kamen ums Leben.

Im Jahre 2003 wurde das U-Boot in 152 m Tiefe gefunden, ca. 2 n. M. von Fedje entfernt. Es handelt sich um eine tickende Milieubombe. Die vielen mit Quecksilber gefüllten Stahlflaschen sind nach 60 Jahren in der Tiefe vom Rost zerfressen. Im Umkreis von ca. 150 m um das Wrack herum ist das Wasser schon so verunreinigt, dass Tauch- und Angelverbot herrscht. In Norwegen wird, auch auf höchster politischer Ebene, intensiv diskutiert, wie man das Problem lösen könnte. Entweder kapselt man das U-Boot und seine Umgebung ein oder man hebt und entsorgt es. Auch große internationale Medien haben über das U-Boot und die damit zusammen hängenden Umweltprobleme berichtet. Im Mai 2007 war aber immer noch keine Entscheidung gefallen, ob es eingekapselt oder gehoben werden soll.

Das Hellisøy Feuer steht auf dem Holm **Hellisøy** südlich von Fedje. Der 32 m hohe eiserne Leuchtturm wurde 1855 errichtet, ist seit 1992 automatisiert und unbemannt und steht seit 2000 unter Denkmalschutz. Das Licht hat eine Reichweite von 18,8 n. M.

Im Februar 2007 ging der 180 m lange zypriotische Frachter MS „Server" beim Hellisøy Feuer unter. Er fuhr mit Ballast in der steifen Brise. Die 25-köpfige Mannschaft wurde gerettet, aber das Schiff brach entzwei und verursachte eine Ölverschmutzung. Der vordere Teil des Frachters wurde an Land geschleppt, der hintere liegt auf dem Meeresgrund in der Nähe des Leuchtturms.

60°44'40''N   4°48'42''E

Wir passieren die Grenze zwischen den Gemeinden Fedje und Radøy an BB

Die Gemeinde Radøy

Bedeutung des Gemeindewappens: Weist auf archäologische Funde in der Gemeinde hin.
Bedeutung des Namens: Vom nordischen rod, Kiesrücken, Moräne.
Gemeindezentrum: Manger (818 Einw.).
Position: 60°39'37''N 4°58'45''E. **Areal:** 112 km².
Einw.: 4.635. **Bevölkerungsdichte:** 41,4 Einw./km².
Arealverteilung: Landw. 24 %, Forst. 17 %, Süßwasser 4 %, verbleibendes Areal 55 %.
Wirtschaft: Nahrungsmittelindustrie. Werkstattindustrie. Holzwarenindustrie. Fischereiausrüstung. Landwirtschaft mit Haustierhaltung, Rinder, Schafe, Hühner. Fischzucht.
Website der Gemeinde Radøy:
www.radoy.kommune.no

Wir passieren die Grenze zwischen den Gemeinden Fedje und Øygarden an SB.

Die Gemeinde Øygarden

Bedeutung des Gemeindewappens: Symbolisiert das Meer.
Bedeutung des Namens: Weist darauf hin, dass viele Inseln (Schärengarten) sich wie ein Zaun zwischen Meer und Land dahin ziehen.
Gemeindezentrum: Tjeldstø (- Einw.).
Position: 60°33'N 4°53'E. **Areal:** 67 km².
Einw.: 4.077. **Bevölkerungsdichte:** 60,85 Einw./km².
Arealverteilung: Landw. 5 %, Forstw. 20 %, Süßwasser 4 %, verbleibendes Areal 71 %.
Wirtschaft: Ölförderung. Aufzucht von Lachs, Dorsch und Schalentieren. Landwirtschaft mit Haustierhaltung in Kombination mit anderen Berufen.
Website der Gemeinde Øygarden:
www.oygarden.kommune.no

60°43'N   4°49'36''E   + 4 Std 08 Min   (14)

Die Dörfer **Rossnes** und **Risnes** liegen auf der Nordspitze der Insel **Radøya** an BB.

Die kleinen Inseln **Nordøyni** und **Hernar** der Gemeinde Øygarden liegen an SB.

60°42'13''N   4°50'17''E   + 4 Std 12 Min

Die Fahrt geht weiter in den **Hjeltefjord** hinein, vorbei an der Insel **Marøy** und den Orten **Bøvågen** und **Hordabø**, danach folgen die Inseln **Uttoska** und **Toska**.

60°41'18"N   4°51'25"E   + 4 Std 17 Min ⑮

Stureterminalen in der Gemeinde Øygarden sehen wir an SB vor uns. Das Rohölterminal nimmt Rohöl und Kondensat von den Ölfeldern aus dem Oseberggebiet mittels 115 km langer Rohrleitungen mit 71,1 cm Durchmesser entgegen und ebenfalls vom Granefelt-Ölfeld mittels 220 km langer Rohrleitungen. Die Ölfelder liegen westlich und südwestlich vor Bergen.

Stureterminalen wurde 1988 in Betrieb genommen. Dies ist der wichtigste Ausschiffungshafen für das Rohöl vom norwegischen Sockel. Die Anlage schließt zwei Kais ein, die Öltanker bis zu 300.000 t bedienen können, fünf Kavernen im Gebirge für die Lagerung von Rohöl mit einer Kapazität von 10 Mill. Fass, eine Kaverne für die Lagerung von LPG in einem Umfang von 6 Mill. Fass und eine für 2 Mill. Fass Ballastwasser. Es wurde eine separate Anlage für die Behandlung von VOC (Volatile Organic Compounds, flüchtige Gase, die beim Betanken in die Luft entweichen) installiert.

Ca. 60°38'N   4°55'E
Wir passieren die Grenze zur Gemeinde Meland an BB und die Grenze zur Gemeinde Askøy an SB.

Die Gemeinde Meland

Bedeutung des Gemeindewappens: Weist auf die Produktion von navarbor (Holzbohrer) hin.
Bedeutung des Namens: Kommt vom nordischen Medalland, ein Landstück, das in der Mitte liegt.
Gemeindezentrum: Frekhaug (1.610 Einw.).
Position: 60°30'34"N 5°14'E. **Areal**: 91 km².
Einw.: 5.861. **Bevölkerungsdichte**: 64,4 Einw./km².
Arealverteilung: Landw. 13 %, Forstw 31 %, Süßwasser 5 %, verbleibendes Areal 51 %.
Wirtschaft: Werkstattindustrie. Holzwarenindustrie. Landwirtschaft mit Rinder- und Schafhaltung. Gärtnereien. Viele Einwohner arbeiten außerhalb der Gemeinde.
Website der Gemeinde Meland: www.meland.kommune.no

60°36'30"N   4°56'39"E
Wir passieren die Grenze zur Gemeinde Askøy an SB.

Die Gemeinde Askøy

Bedeutung des Gemeindewappens: Illustriert den Gemeindenamen: eine grüne Esche auf einer Insel vor silberfarbenem Hintergrund.
Bedeutung des Namens: Nach dem Hof Ask (Esche) nordöstlich von Askøy (Escheninsel).
Gemeindezentrum: Kleppestø (17.224 Einw.).
Position: 60°24'13"N 5°13'10"E **Areal**: 100 km².
Einw.: 22.020. **Bevölkerungsdichte**: 220,2 Einw./km².
Arealverteilung: Landw. 5 %, Forstw. 18 %, Süßwasser 6 %, verbleibendes Areal 71 %.
Wirtschaft: Landwirtschaft mit Rinder- und Schafhaltung. Erdbeerzucht. Fischerei. Öltankeranlage. Nahrungsmittel-, Werkstatt- und chemische Industrie. Ca. 50 % der Einwohner arbeiten außerhalb der Gemeinde.
Website der Gemeinde Askøy: www.askoy.kommune.no

Das Schiff fährt an BB an der Westseite der Insel **Holsnøy** (88.8 km², 324 m ü M) in der Gemeinde Meland entlang. Vor deren Nordspitze sind die kleinen, zur Gemeinde Askøy gehörenden Inseln **Prestholm, Store Agnøy** und **Lille Agnøy** vorgelagert.

Holsnøy macht 98 % des Areals der Gemeinde Meland aus und hat eine sumpfige, leicht hügelige Landschaft. Die Besiedlung ist im Südwesten am dichtesten. Die Insel hat mehrere Brückenverbindungen zum Festland.

60°35'N   4°59'E   + 4 Std 47 Min ⑯

Wir fahren in den **Herdlefjord** hinein, haben **Holsnøy** an BB und die Ostseite von **Askøy** an SB. Die Insel **Herdla** (1,6 km², 32 m ü M) liegt vor der Nordspitze Askøys. Die flache Insel unterscheidet sich von den anderen in der Umgebung, die alle hügelig sind. Herdla ist aus einer Endmoräne entstanden, besteht also aus dem Material, das die Gletscher der letzten Eiszeit, die vor 10.000 Jahren zu Ende ging, hierher geschoben haben. Der fruchtbare Moränenboden eignet sich gut für die Landwirtschaft. Im Jahre 1597 wurde Herdla zum Wirtschaftshof des Schlosses Bergenhus. Bis in unsere Zeit hinein befand sich der größte Hof von Hordaland auf der Insel Herdla.

Archäologische Funde belegen, dass schon seit 7-8.000 Jahren Menschen auf Herdla leben. Im Norden der Insel hat man Spuren einer Burg aus der Völkerwanderungszeit gefunden, und nördlich der Kirche soll sich einst ein Häuptlingssitz befunden haben. Darauf weisen Spuren eines großen Hofes mit Bauresten, Kulturschichten und Lederfunden aus dem Mittelalter hin (S 83).

Schon 1146 wird die Kirche von Herdla in einem Schriftstück von Papst Eugenius III. erwähnt. Die Kirche war dem St. Nicolaus von Myra, dem Heiligen der Seeleute, geweiht. Wie die Kirche von Kinn (S 373) war auch diese eine Steinkirche ohne Turm, ursprünglich im einfachen romanischen Stil erbaut, später aber im gotischen Stil mit Spitzbögen umgebaut. Die Kirche hatte im Laufe der Zeit mehrere Eigentümer, u.a. das Munkelivkloster und die Kristkirche in Bergen. Der Schlossherr der Festung Bergenhus (S 9, S 13) schenkte in den 1630er Jahren der Kirche eine Kanzel, versehen mit dem Namenszug von König Christian IV. (1577-1648) aus dem Jahr 1631. 1861 wurde die Kirche von einem Unwetter zerstört, woraufhin man sie abriss und die Steine für den Bau einer neuen Kirche verwendete. Bei einem Brand im Jahre 1931 wurde der größte Teil der alten Kanzel vernichtet. Nach Fotos hat man die Kopie angefertigt, die heute in der Kirche steht.

Während des 2. Weltkriegs, im Jahre 1942, sprengten die Deutschen den Kirchturm, weil sie befürchteten, dass er den alliierten Bombenflugzeugen aus England als Landmarke dienen könnte. Das Kirchendach wurde abgerissen und das Inventar ausgelagert. Dann bekam die Kirche ein Flachdach und diente als Munitionslager und Pferdestall. Russische Kriegsgefangene mussten von der Kirche aus in mehrere Richtungen Tunnel graben. Es war verboten, Tote auf der Insel zu beerdigen. 1951 wurde eine neue Kirche gebaut.

„Festung Herdla" nannten die Deutschen die Anlage, die sie während des Krieges auf Herdla bauen ließen. Die Lokalbevölkerung von 115 Personen wurde zwangsevakuiert, weil ein Teil der flachen Landschaft mit Holzbohlen und Beton bedeckt zu einem großen Flugplatz werden sollte. Obendrein baute man Hangars, Lagergebäude, Baracken, Kaianlagen, Tunnel und eine Reihe Kanonenstellungen. Diese Flugbasis war die bedeutendste zwischen Stavanger und Trondheim und ebenfalls wichtig für die Verteidigung der U-Bootbase in Bergen. Sie war bis 1955 in Betrieb, dann wurde sie von dem Flugplatz Flesland bei Bergen abgelöst.

Als die Einwohner von Herdla nach dem Krieg auf ihre Insel zurückkehrten, stand ihnen immense Aufräumarbeit bevor. Viele Baracken wurden demontiert und nach Finnmark verfrachtet, weil dort die Wohnungsnot am größten war. Die norwegische Verteidigung übernahm zunächst einige der Anlagen und neue wurden dazu gebaut. Später hat man alles aufgegeben, die deutschen Verteidigungsanlagen sind heute nur noch Ruinen.

Die Seen und Feuchtgebiete auf Herdla gaben die Veranlassung, einen Teil der Insel als Naturreservat unter Schutz zu stellen. Dies ist die vogelreichste Insel der Umgebung, 225 verschiedene Vogelarten hat man registriert, darunter Eiderente, Samtente, Brandgans, Feldlerche und Alpenstrandläufer.

60°33'23''N 5°00'E + 4 Std 54 Min

An SB passieren wir einen Steinbruch mit Ausschiffungshafen, etwas nördlich des Ortes **Abbedisso** auf der Insel Askøy gelegen.

Die Insel **Askøy** (89 km²) ist die größte Insel der Gemeinde Askøy, die der Gemeinde Bergen benachbart ist. 1992 wurde die Askøybrücke eingeweiht, damit war die Insel mit dem Festland bei Bergen verbunden. Die Brücke ist 1.150 m lang, der Abstand zwischen den 150 m hohen Brückentürmen beträgt 850 m, die Segelhöhe 63 m. Bevor die Storebeltbrücke zwischen Dänemark und Schweden gebaut wurde, war die Askøybrücke die längste in Nordeuropa.

Die Brückenverbindung zum Festland hat zu einer erheblichen Bevölkerungszunahme auf der Insel geführt, besonders im südlichen Teil.

An BB gleitet die Insel **Holsnøya** in der Gemeinde Meland vorbei. Auch hier ist zu merken, dass wir uns Bergen nähern. Wir passieren die Orte **Fløksand** und **Holme**, an der Südspitze der Insel liegt das Gemeindezentrum **Frekhaug**.

60°32'48''N 5°01'E + 5 Std 18 Min ⑰

Vor Frekhaug kommt die Nordhordalandsbrücke in Sicht, die die Insel **Flatøy** in Nordhordaland mit dem Festland bei Bergen verbindet. Die Brücke wurde 1994 eingeweiht, mit ihren 1.614 m Länge ist sie die zweitlängste Brücke in Norwegen. Oberhalb der Schiffsdurchfahrt handelt es sich um eine Schrägkabelbrücke, der Rest ist nach dem Prinzip einer 1.243 m langen Floßbrücke gebaut. Damit ist dies die längste Floßbrücke der Welt ohne Seitenverankerung. Von Flatøy führt eine kürzerer Brücke nach Knarvik in der Gemeinde Lindås.

60°32'N 5°02'E

Wir befinden uns im **Byfjord** und passieren an BB die Stadtteile **Tertnes** und **Eidsvåg**, an SB die Orte **Ask, Erdal, Florvåg** und **Kleppestø** auf Askøy.

Vor dem Schiff breitet sich der Vågen und das Panorama von Bergen aus. Die Stadt mit den sieben Hügeln wird unter Tag 1 beschrieben (S 8).

Das Schiff legt am Kai in Bergen an

Sogn og Fjordane fylke (die Provinz Sogn und Fjordane)

Fylkeswappen (Provinzwappen): Zeigt die drei Fjorde und den größten Teil des Provinzareals an den Fjorden: Sogn, Sunnfjord und Nordfjord.
Ursprung des Namens: Kommt vom nordischen Sogn, basierend auf dem Verb súga, saugen, bezieht sich auf den Strom im Fjord, dessen Name eigentlich Sognefjord lautet.
Areal: 18.623 km². **Einwohnerzahl:** 106.650. **Verwaltungszentrum:** Hermansverk.
Gemeinden, die auf dem Weg nach Süden der Reihe nach passiert werden: Selje, Vågsøy, Bremanger, Flora, Askvoll, Hyllestad, Solund, Gulen.
Landschaftsformen: Die Topographie der Provinz wurde durch Erosion geprägt, zunächst durch fließendes Wasser in Klüften und Schwächezonen des Gesteins, dann durch heftige Eiserosion. Dies kann man deutlich erkennen an den tiefen Fjorden und en u-förmigen Tälern in Fortsetzung der Fjorde. Die größten Fjorde verlaufen in Ost-West-Richtung, kürzere quer dazu. Nördlich des Sognefjords erstreckt sich der größte Gletscher Europas, der Jostedalsbreen. Der Strand ist nur schwach ausgeprägt. Die Baumgrenze sinkt von maximal 800 m ü M im Landesinnern auf 200 m ü M an der Küste. Die Provinz hat zwei Nationalparks (einer davon ist der Jostedalsbreen Nationalpark) und mehrere Landschaftsschutzgebiete. Der Nærøyfjord steht als Fjordlandschaft auf der Liste der UNESCO über schützenswertes Kultur- und Naturerbe.
Klima: Die vorherrschenden Luftströmungen und Tiefdruckgebiete mit Niederschlag kommen von Westen oder Südwesten. Im Winter bläst der Wind meistens aus Richtung der Fjorde und Täler, d.h. von Osten, im Sommer oft von Westen entlang der Küste. Der äußere und mittlere Landstrich bekommen viel Niederschlag, 1.500-3.00 mm in Küstennähe, das Binnenland liegt im Schutz der Berge. An der Küste ist der Februar der kälteste Monat mit einer Mitteltemperatur von 1-2°C, August ist am wärmsten mit einer Mitteltemperatur von 14°C, weiter im Innern herrscht Binnenlandsklima. Im nördlichen Teil der Provinz, besonders bei Stad, gibt es oft Sturm.

Besiedlung: Hauptsächlich entlang der Fjorde und in Ortschaften am Ende der Fjorde. Die Provinz ist am wenigsten urbanisiert im ganzen Lande, manche Gemeinden haben keine größere Ortschaft.

WIRTSCHAFT:
Land- und Forstwirtschaft: Von allen Provinzen hat diese den größten Anteil an Beschäftigten in der Primärwirtschaft, in der Landwirtschaft mit Haustierhaltung (Rinder, Schafe, Ziegen). 98% des Landwirtschaftsareals werden als Wiesen und Weiden genutzt. Die Größe der Höfe liegt unter dem Landesdurchschnitt. Im mittleren und inneren Landstrich werden Obst und Gemüse angebaut.
Waldwirtschaft: Wird vor allem Nebenerwerb zur Landwirtschaft betrieben.
Fischerei: Ist an der Küste von großer Bedeutung, die meisten Fische werden in Måløy angelandet.
Industrie und Bergwerk: Nahrungs- und Genussmittelindustrie mit Verarbeitung von lokalen Rohstoffen, Meiereien, Schlachtereien, Obstkonservierung, Fischveredelung. Bootsbau und Reparaturwerkstätten. Autokarosseriefabrik. Die Eisen- und andere Metallindustrie, z. B. Verarbeitung von Aluminium, nutzt den Strom aus lokalen Wasserkraftwerken. Schmelzwerk. Textil- und Bekleidungsindustrie. Plastikindustrie. Skifabrik. Möbelproduktion. Ölgewinnung.
Stromversorgung: Die Provinz hat 77 Wasserkraftwerke mit einer Gesamtproduktion von 1 MW.
Tourismus: Auf Grund seiner Fjorde und Gletscher ist Sogn und Fjordane ein bedeutendes Touristengebiet. Flåmsbahn, Stabkirchen, Gletschermuseen, Sommerskizentrum, Stadland, Nærøyfjord.
Verkehr: Führt wegen der tiefen Fjorde oft übers Wasser. Straßen- und Tunnelbau haben zu immer mehr Verbindungen zum Festland geführt. Mehrere ganzjährig zu befahrende Straßen schaffen die Verbindung mit dem Rest des Landes. Der Lærdalstunnel ist der längste Autotunnel der Welt (2006, 24,5 km lang). Es gibt vier Flugplätze: Sogndal, Førde, Florø und Sandane.

Quelle: Store norske Leksikon.

KARTEN

388 KARTEN | TAG 1

Stadtplan von Bergen

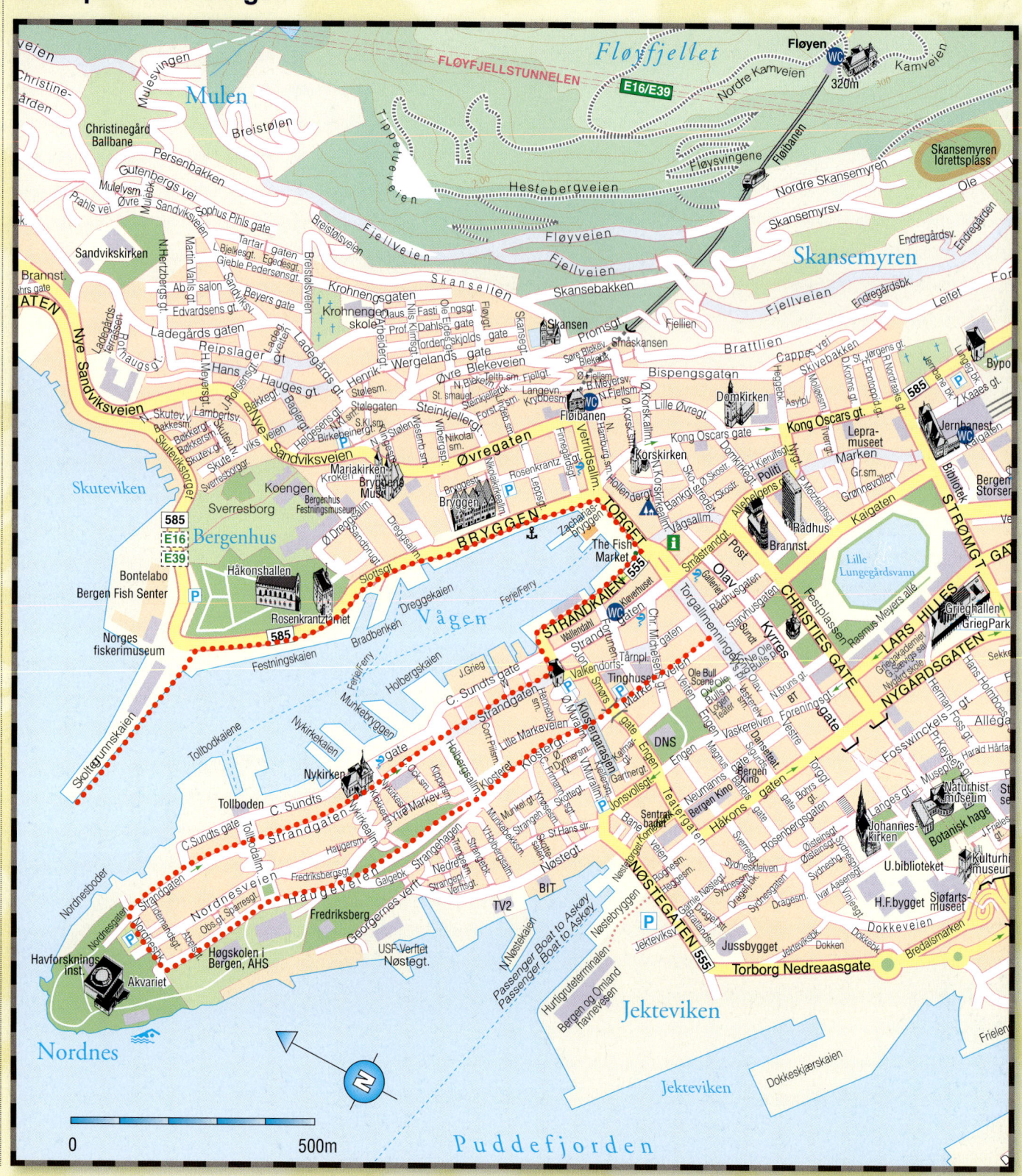

Måløy - Torvik

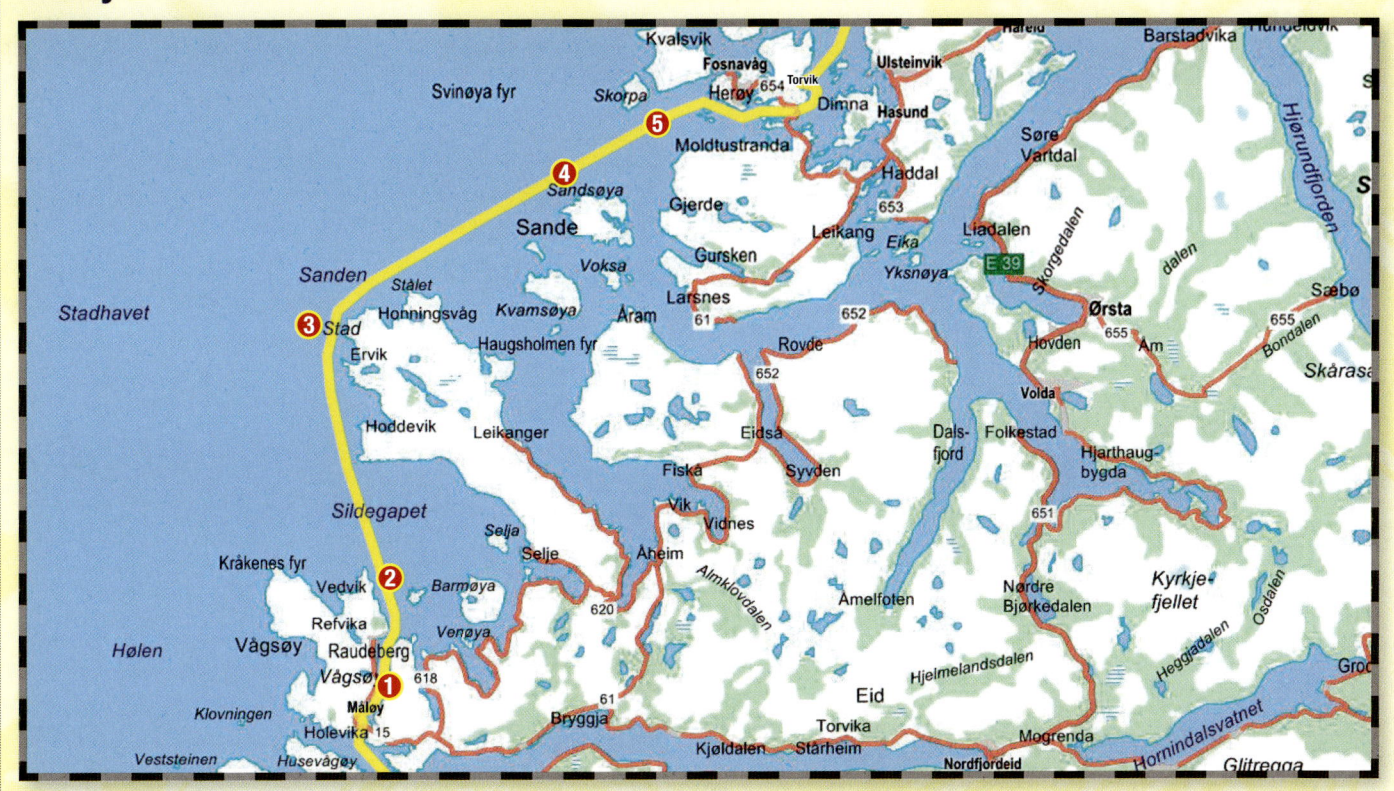

Torvik - Ålesund

Ålesund - Geiranger - Ålesund

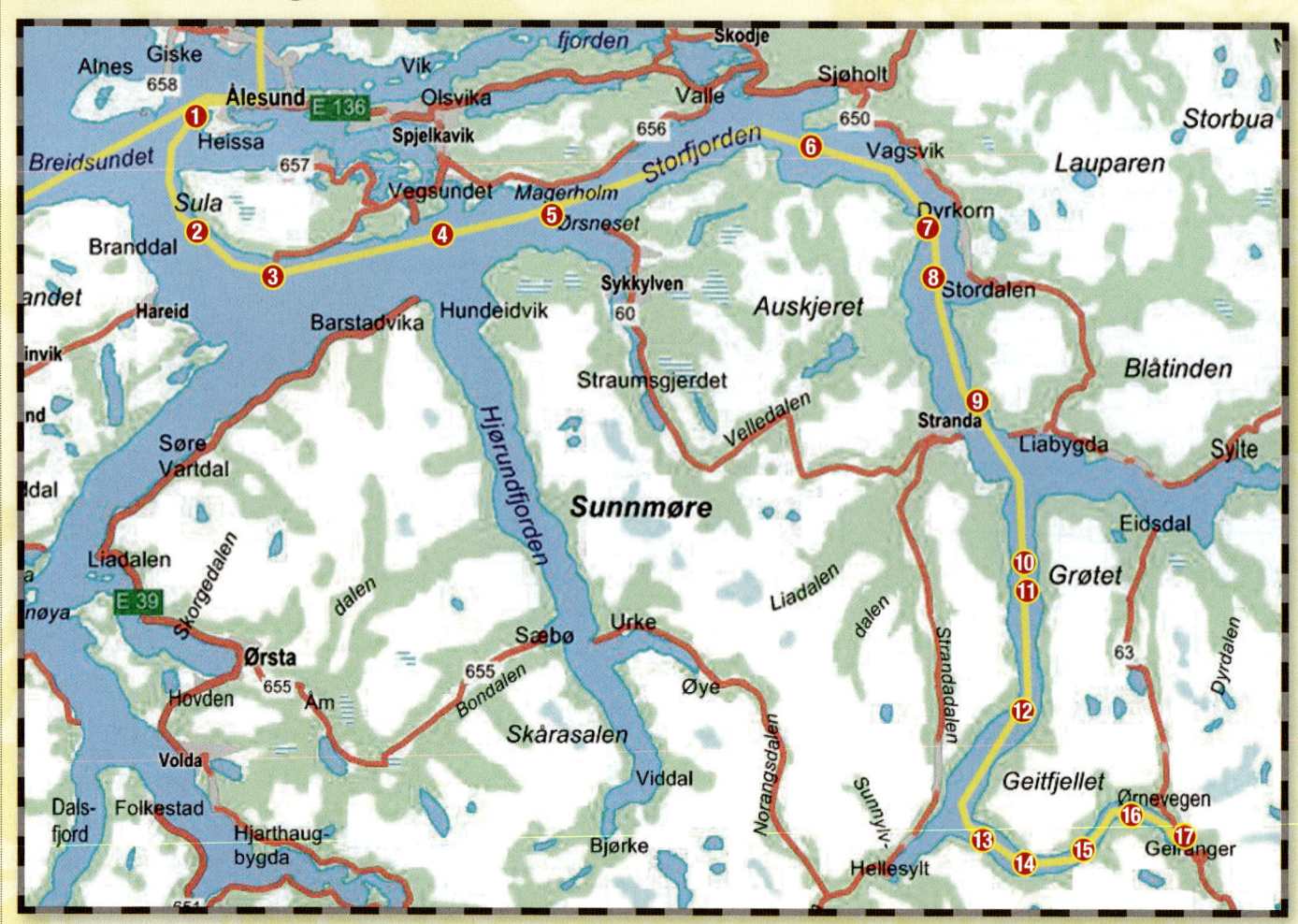

Ålesund - Molde

Stadtplan von Ålesund

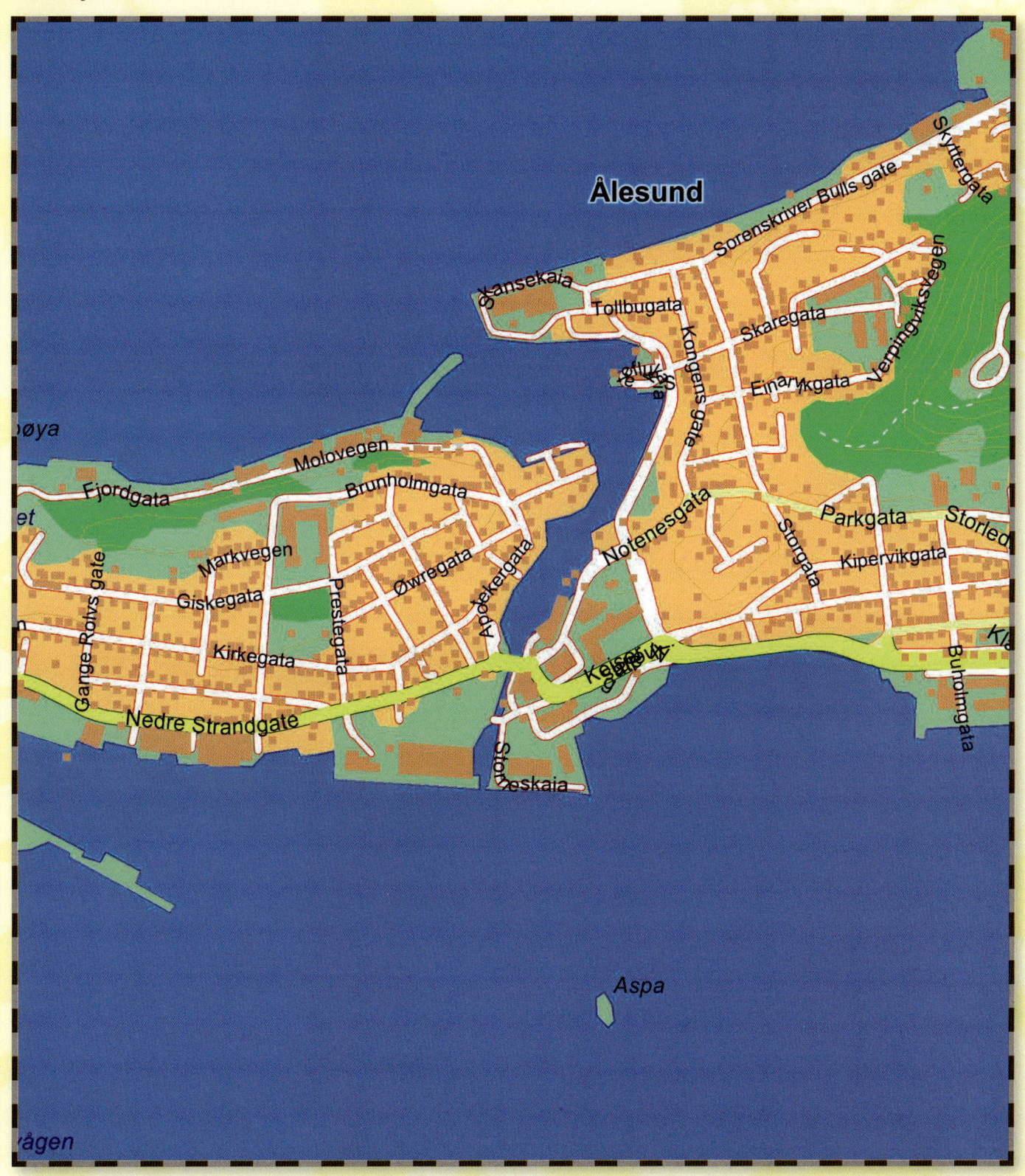

Stadtplan von Trondheim

TAG 3 | KARTEN 393

Trondheim - Bjugn

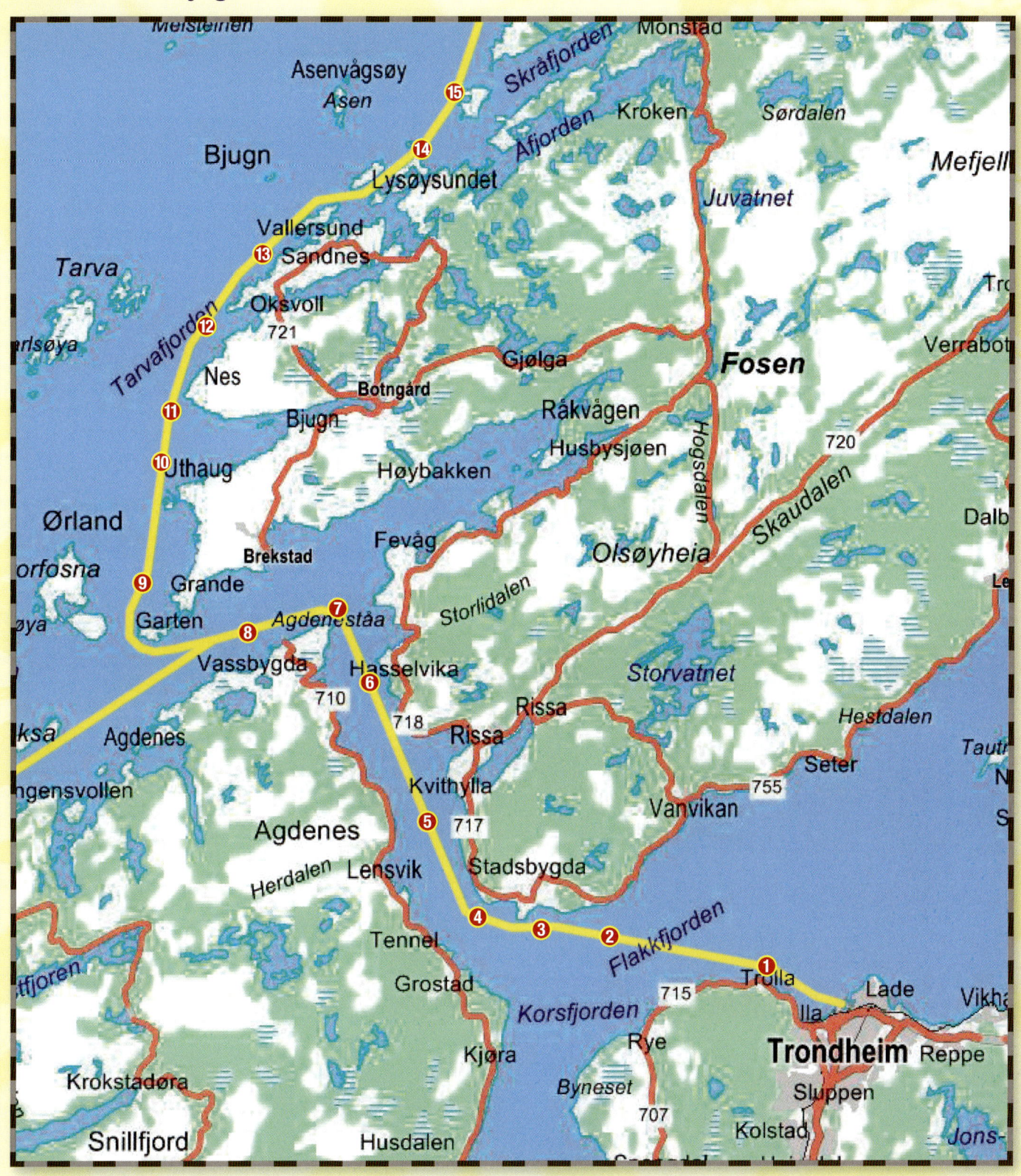

Bjugn - Rørvik I

Bjugn - Rørvik II

KARTEN | TAG 4

Nesna - Ørnes - Bodø

Bodø - Stamsund

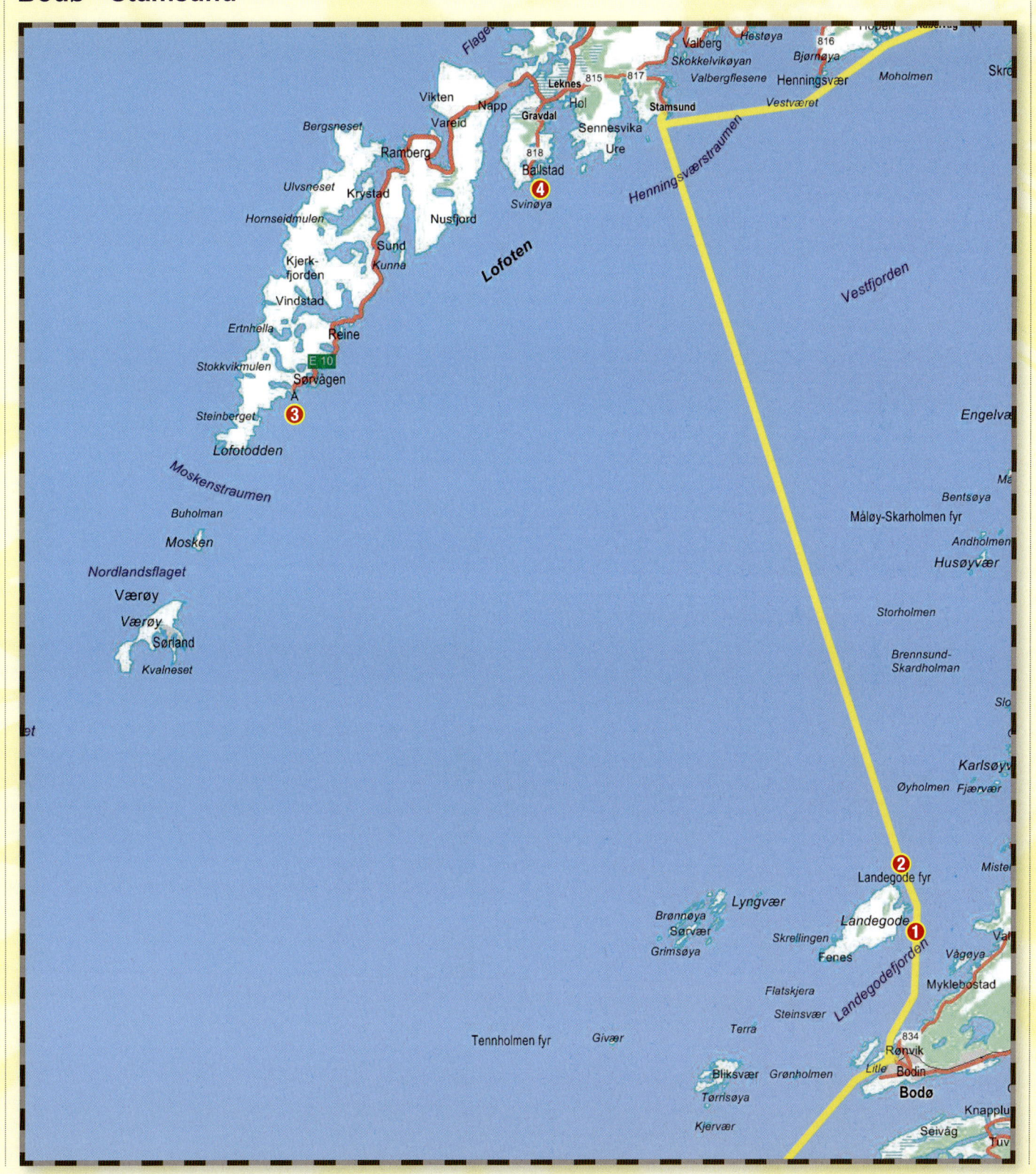

Stadtplan von Bodø

Stamsund - Svolvær

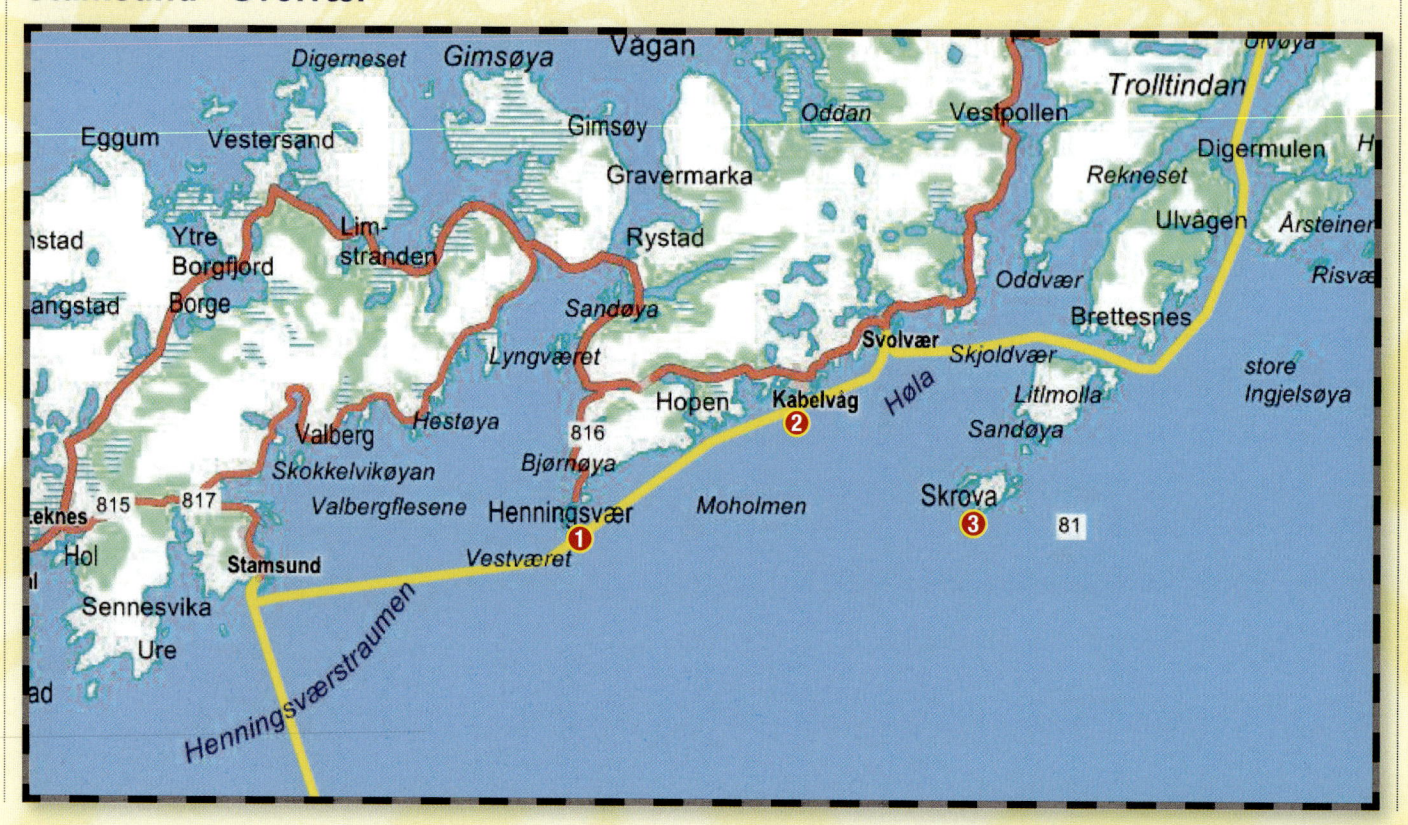

TAG 5 | KARTEN 399

Harstad - Finnsnes

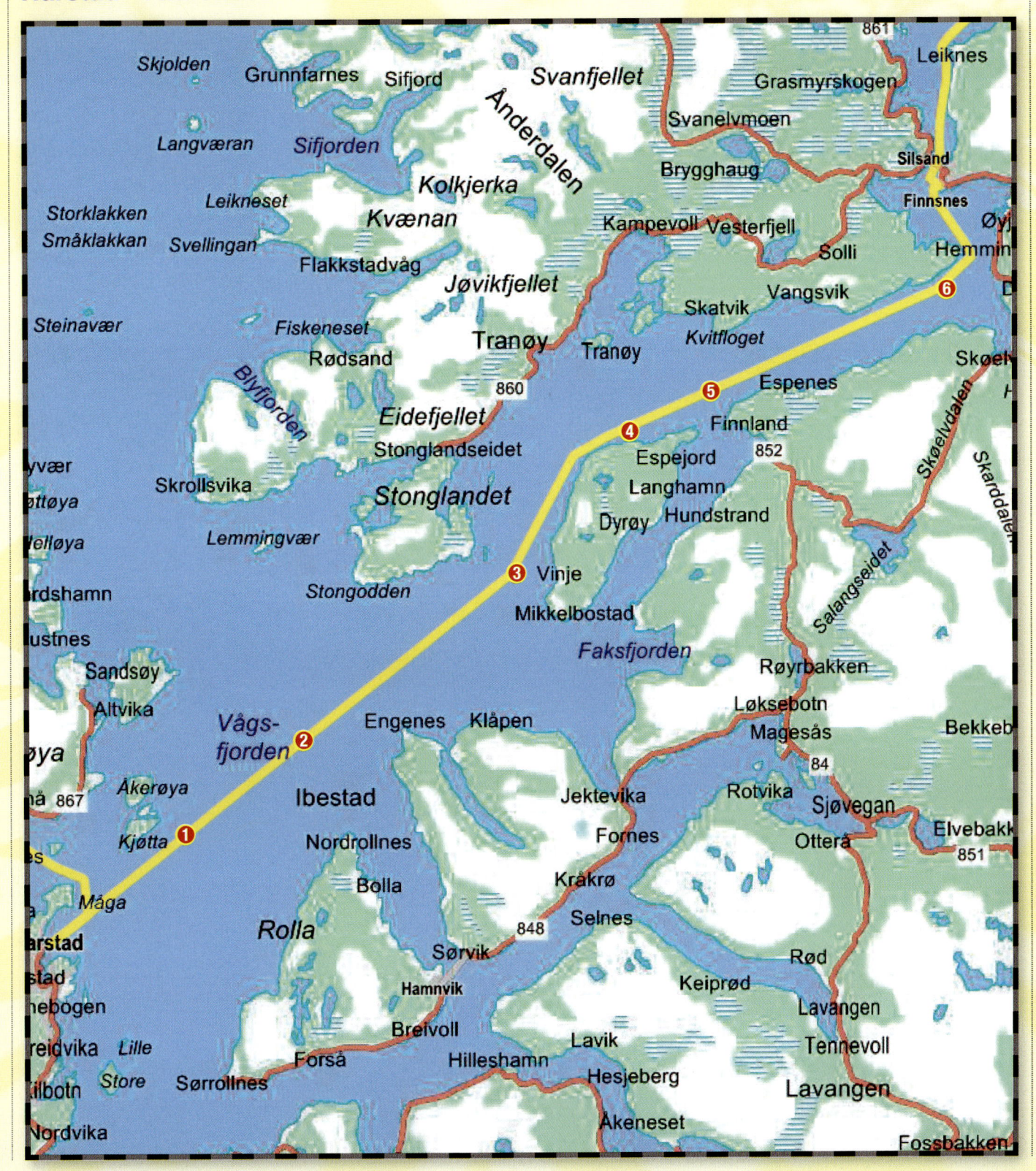

KARTEN | TAG 5

Finnsnes - Tromsø

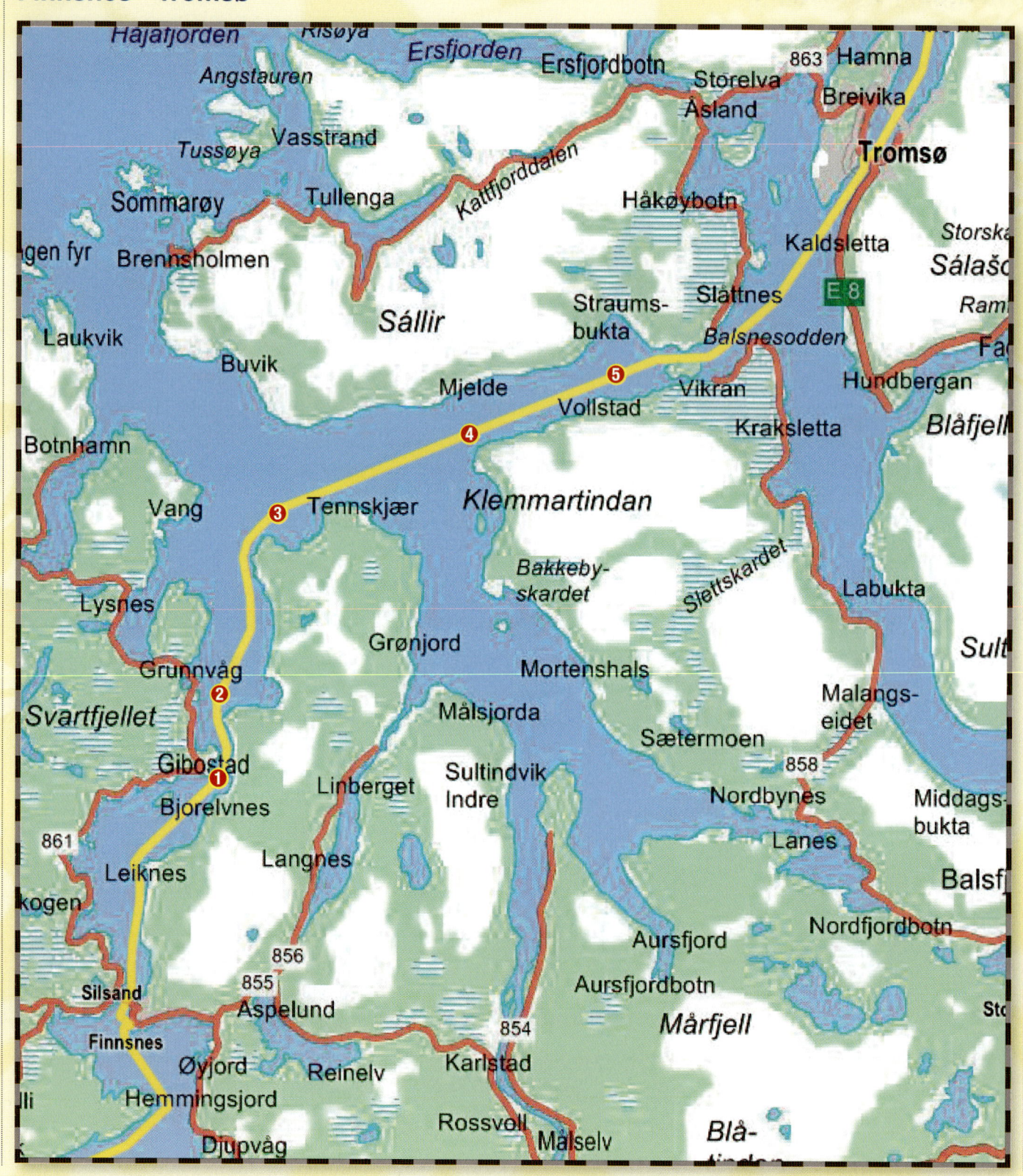

Stadtplan von Tromsø

Tromsø - Skjervøy

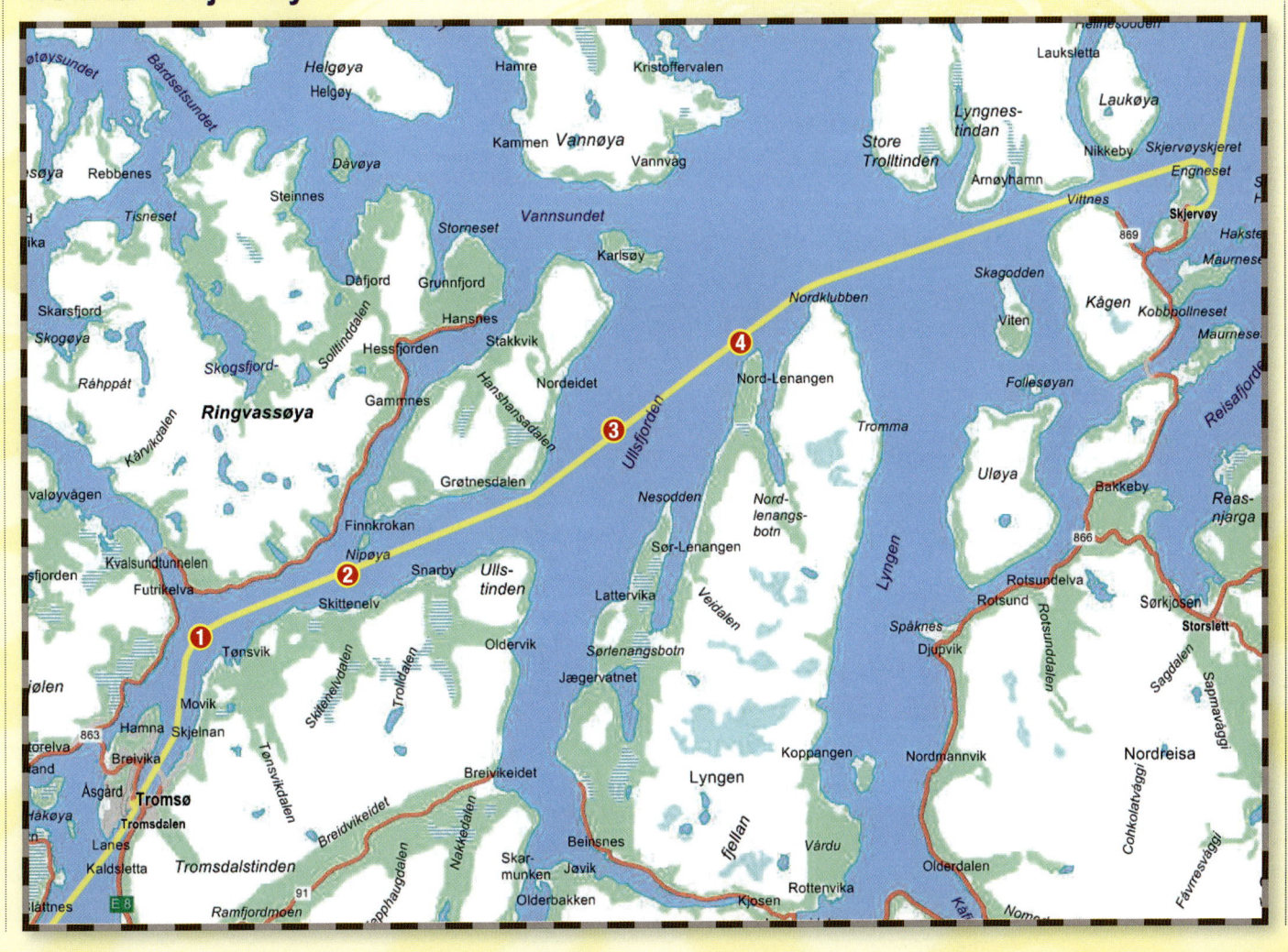

KARTEN | TAG 6

Hammerfest - Havøysund

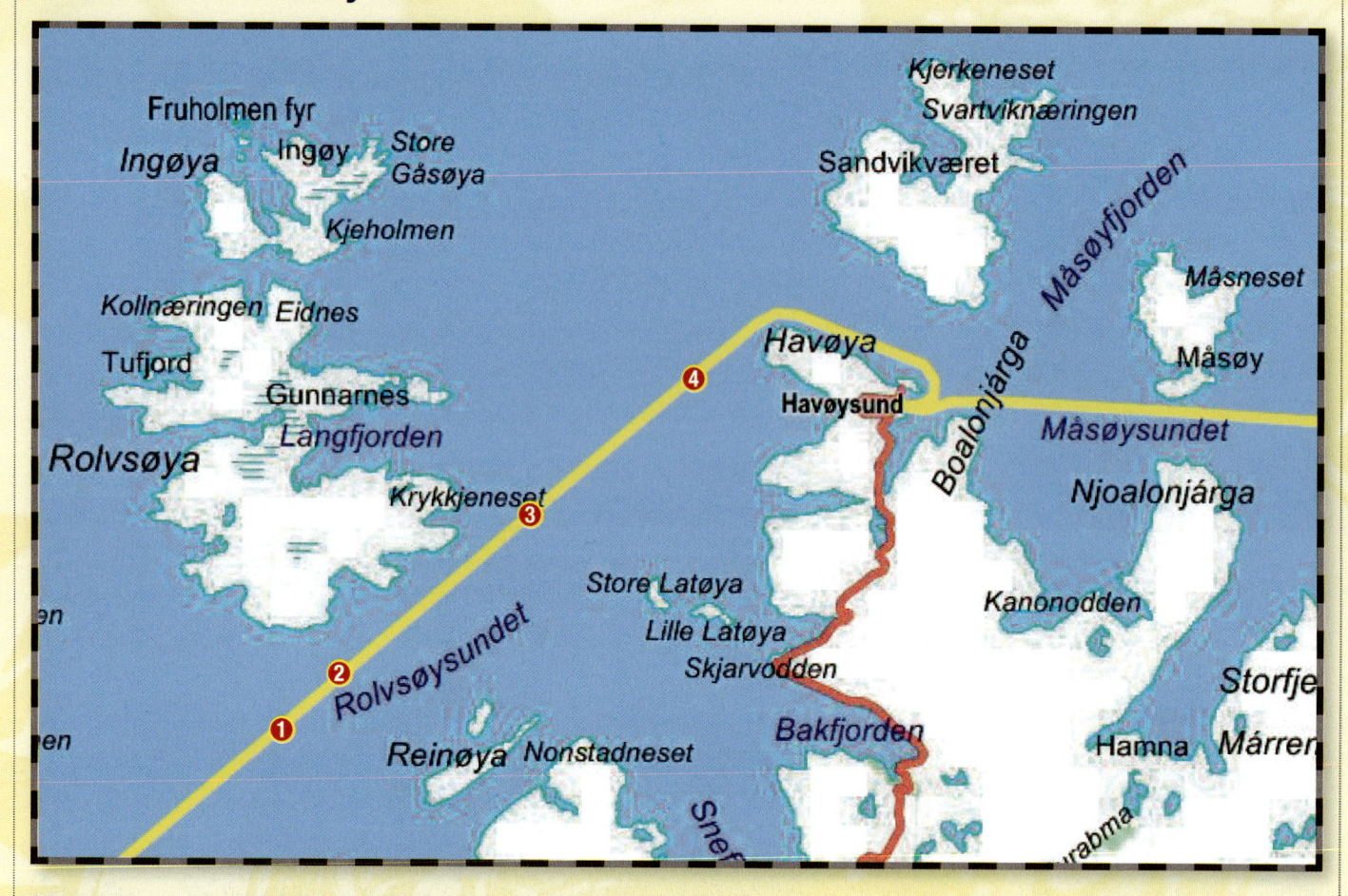

Havøysund - Honningsvåg / Nordkapp

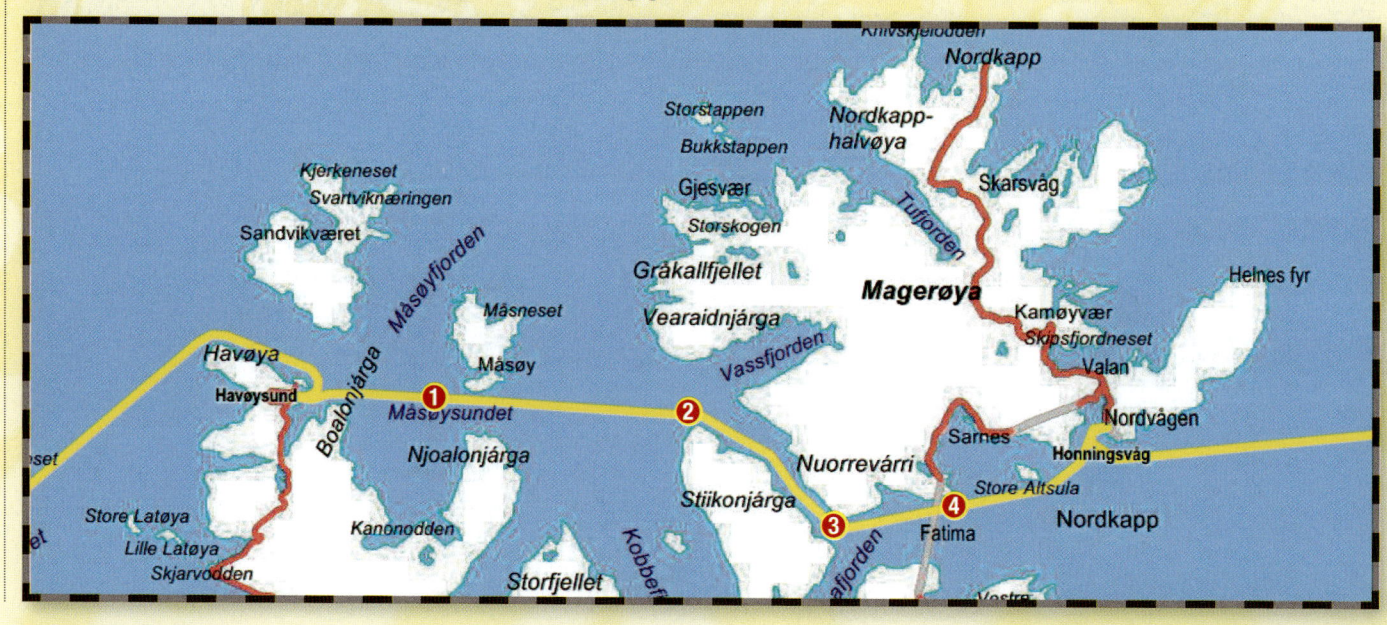

Honningsvåg / Nordkapp - Kjøllefjord

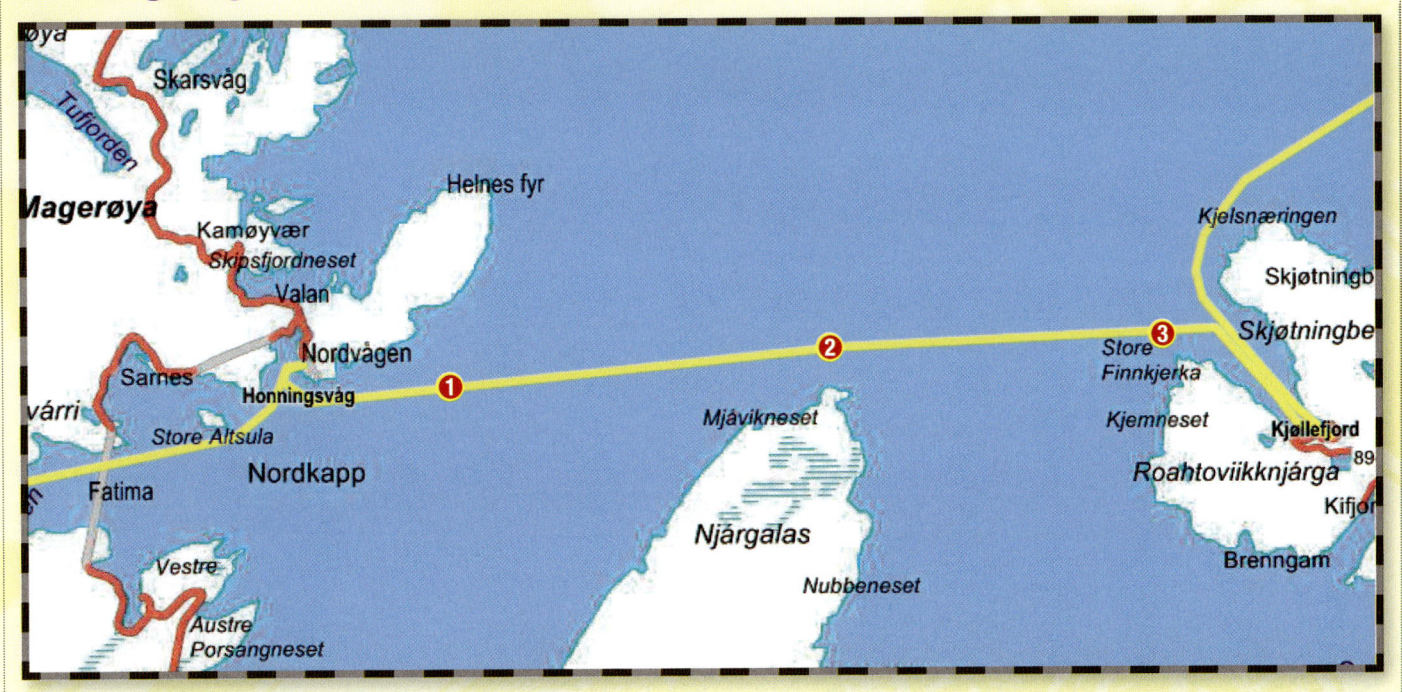

Kjøllefjord - Mehamn - Berlevåg

404 KARTEN | TAG 7

Vadsø - Kirkenes

Kirkenes - Vardø

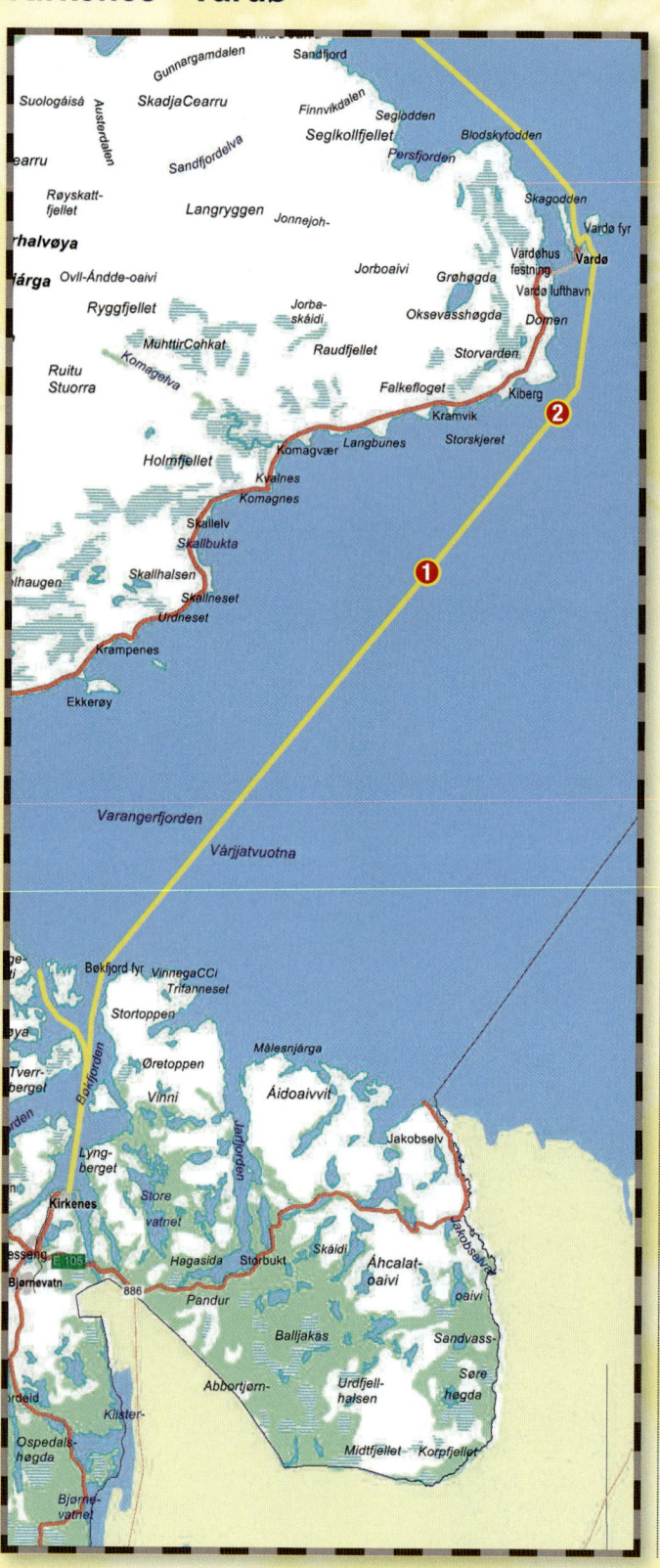

Stadtplan von Kirkenes

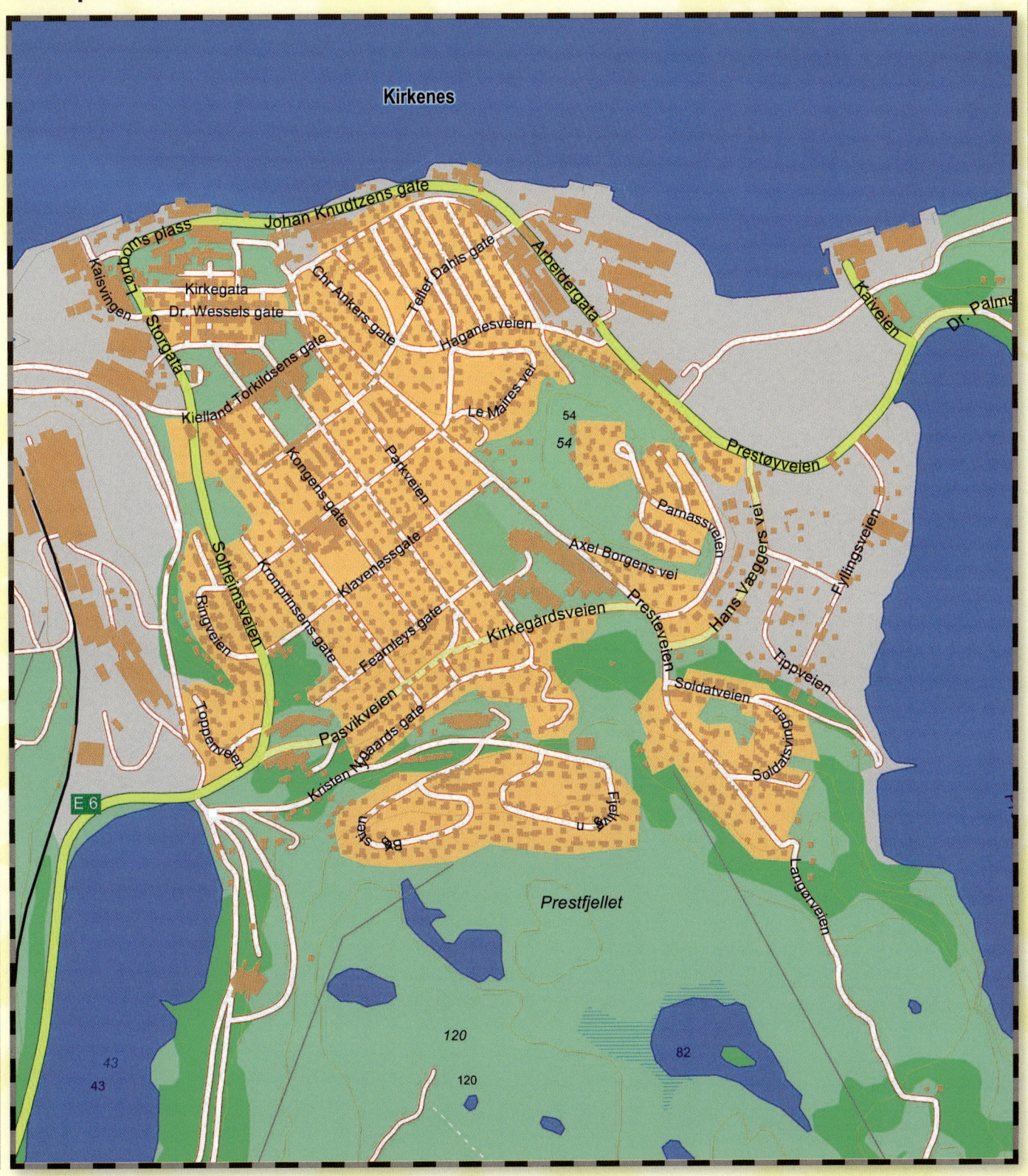

Stadtplan von Vardø

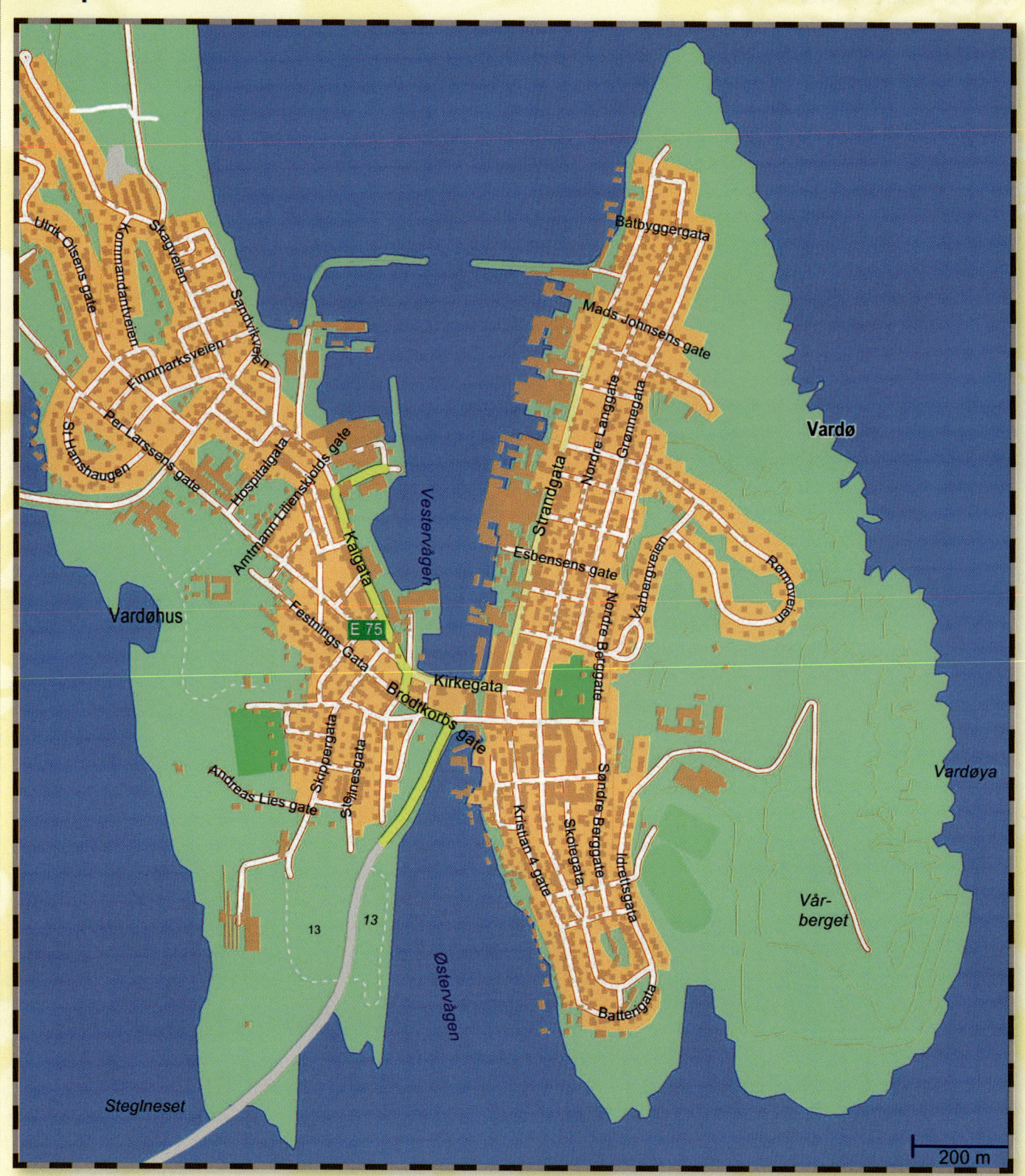

Vardø - Båtsfjord

Båtsfjord - Berlevåg

KARTEN | TAG 8

Honningsvåg - Havøysund - Hammerfest

TAG 8 | KARTEN

Hammerfest - Øksfjord

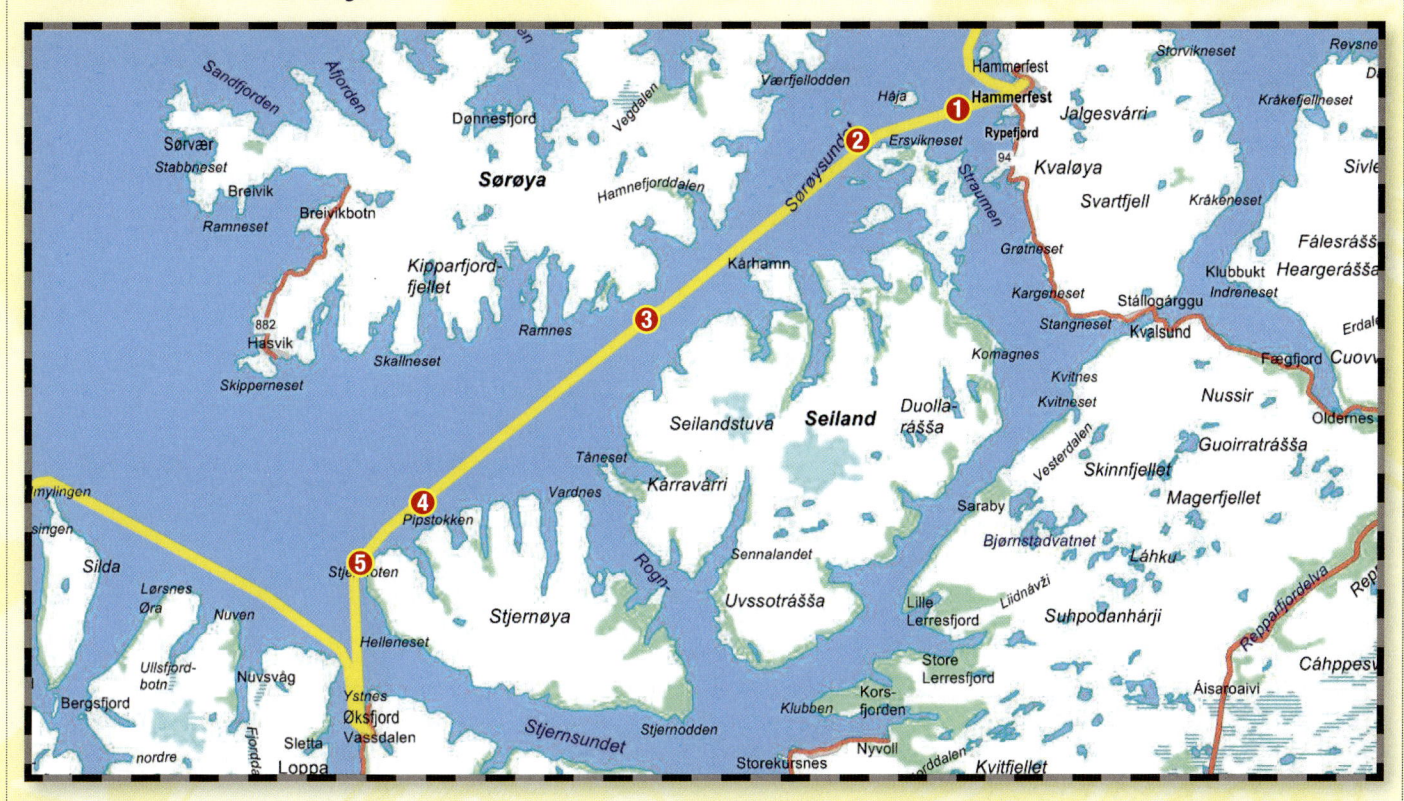

Øksfjord - Skjervøy

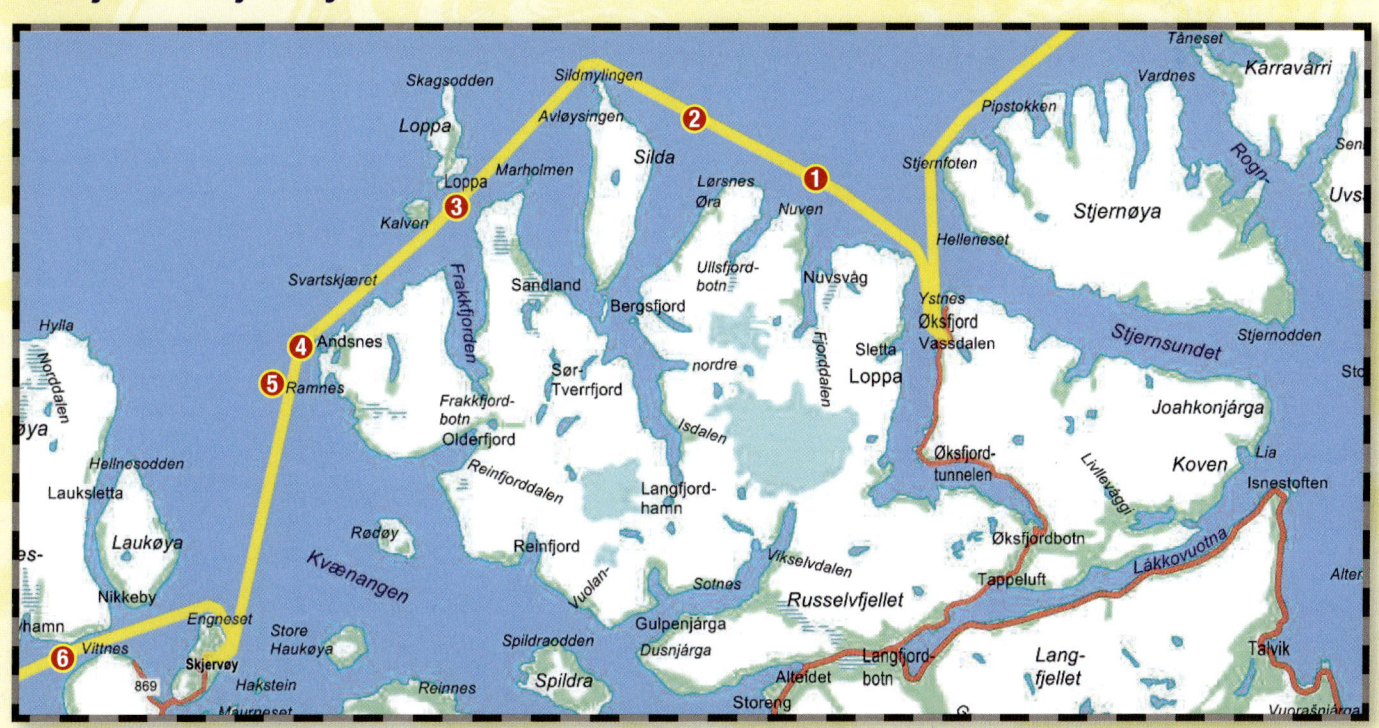

KARTEN | TAG 9

Harstad - Risøyhamn - Sortland

TAG 9 | KARTEN | 411

Sortland - Stokmarknes

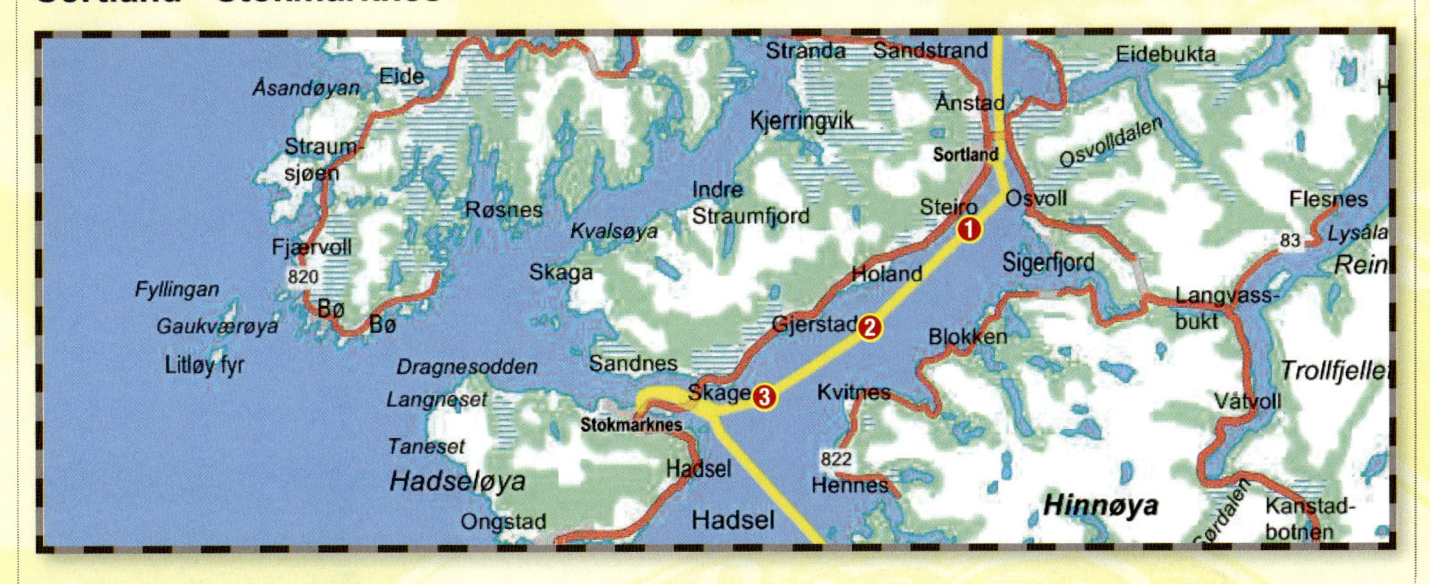

Stokmarknes - Svolvær

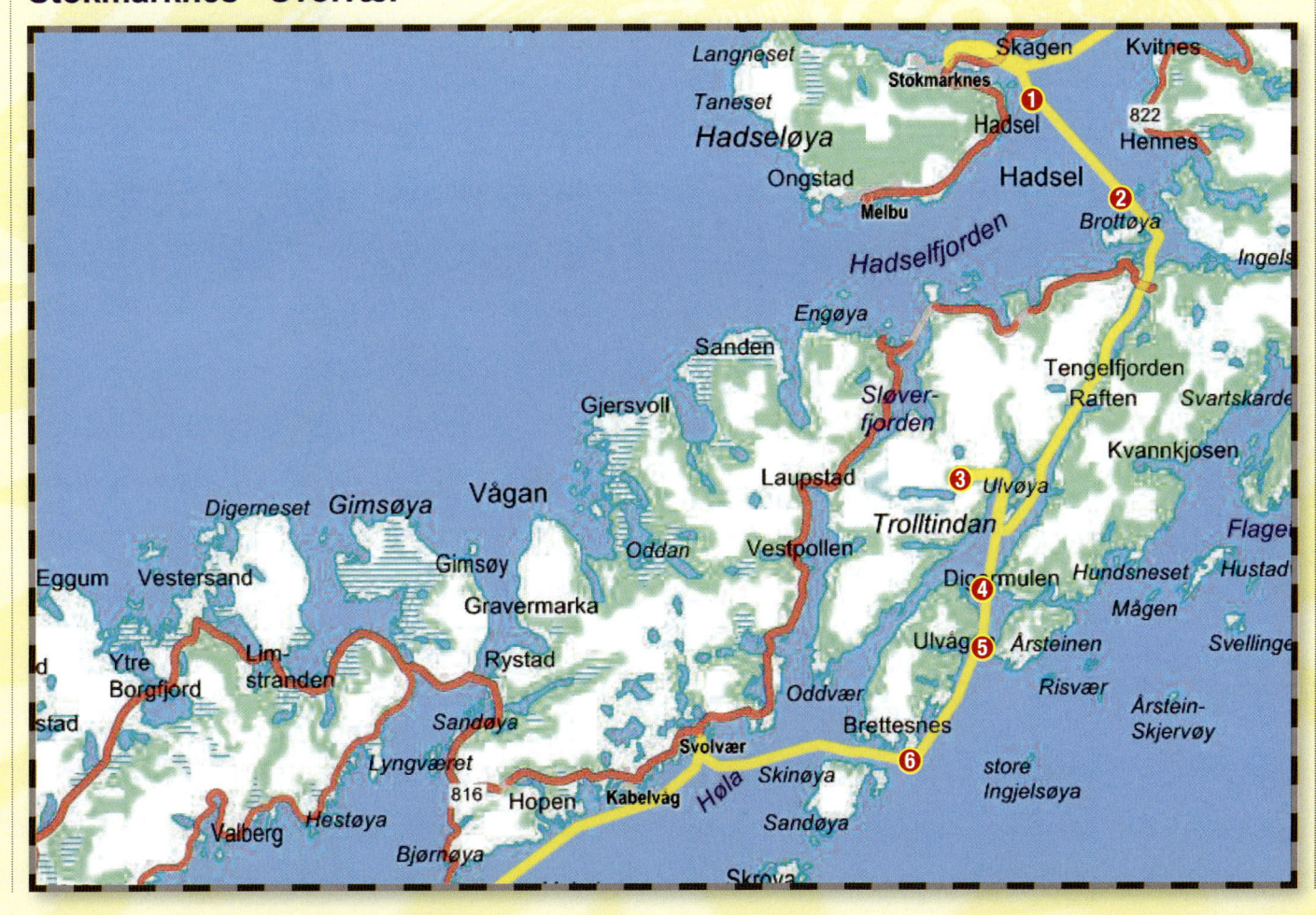

Ørnes - Nesna - Sandnessjøen

TAG 10 | KARTEN | 413

Sandnessjøen - Brønnøysund

KARTEN | TAG 10

Brønnøysund - Rørvik

TAG 11 | KARTEN

Trondheim - Kristiansund

Kristiansund - Molde

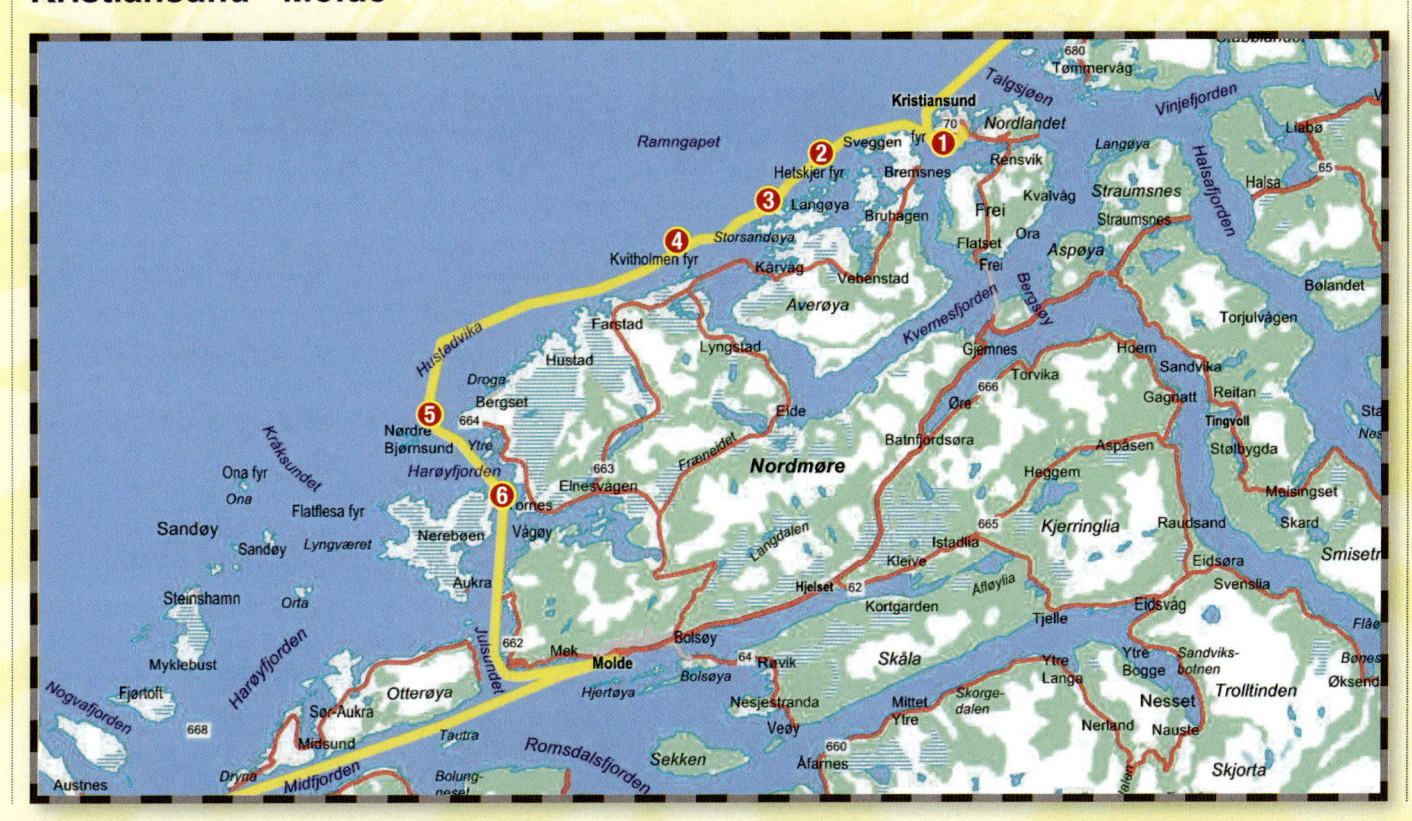

Stadtplan von Kristiansund

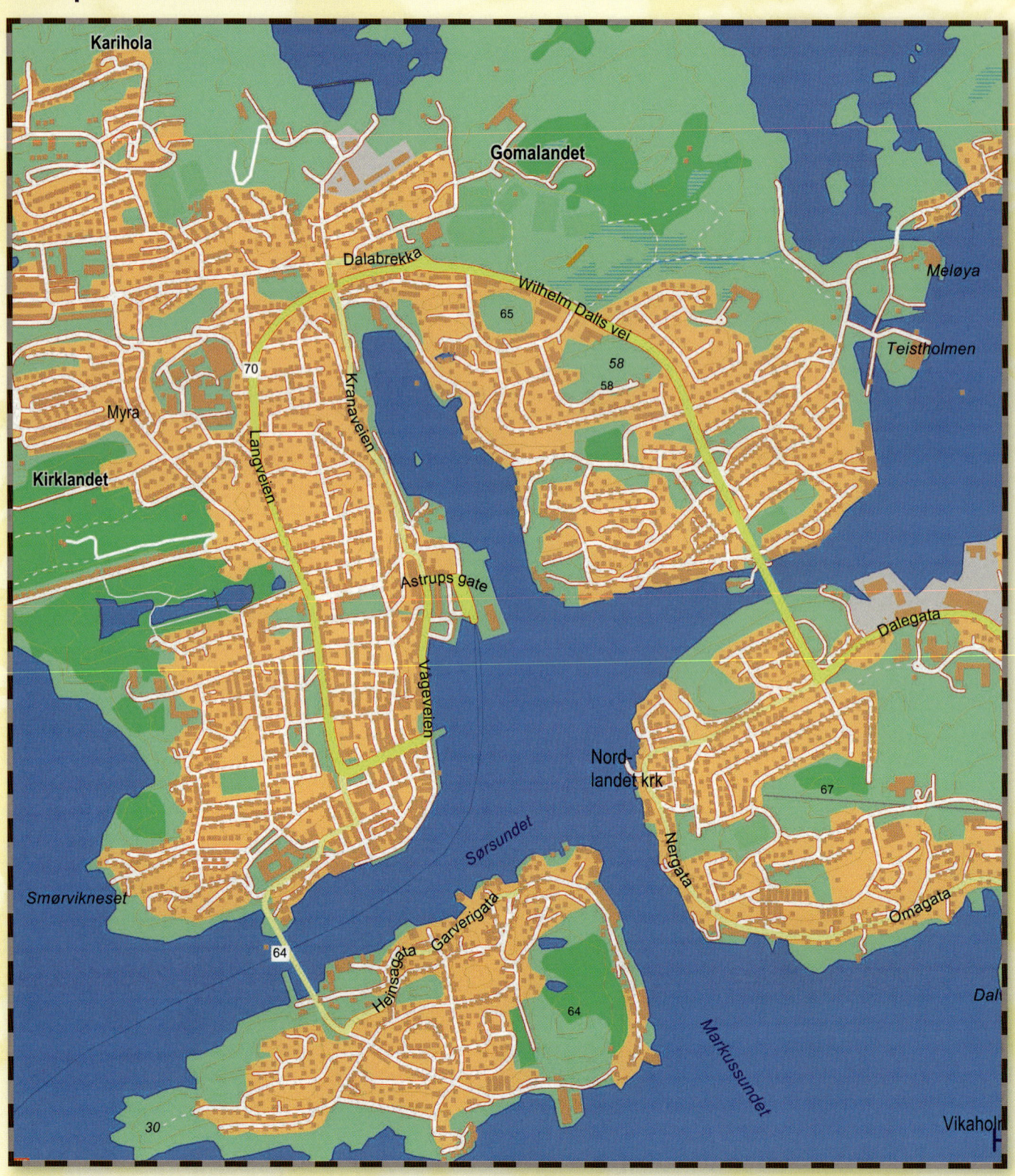

Stadtplan von Molde

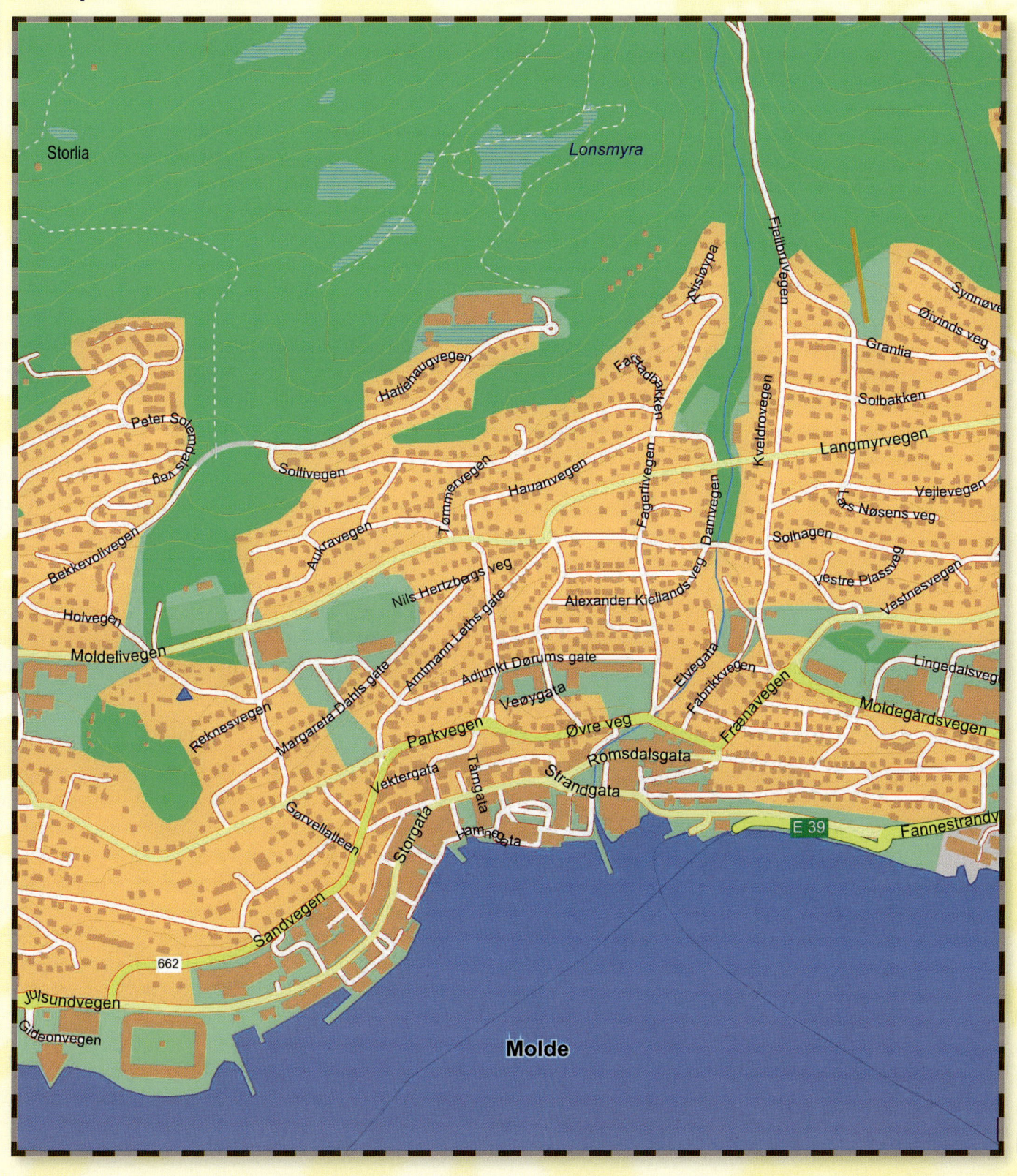

Måløy - Florø

TAG 12 | KARTEN | 419

Florø - Bergen I

Florø - Bergen II

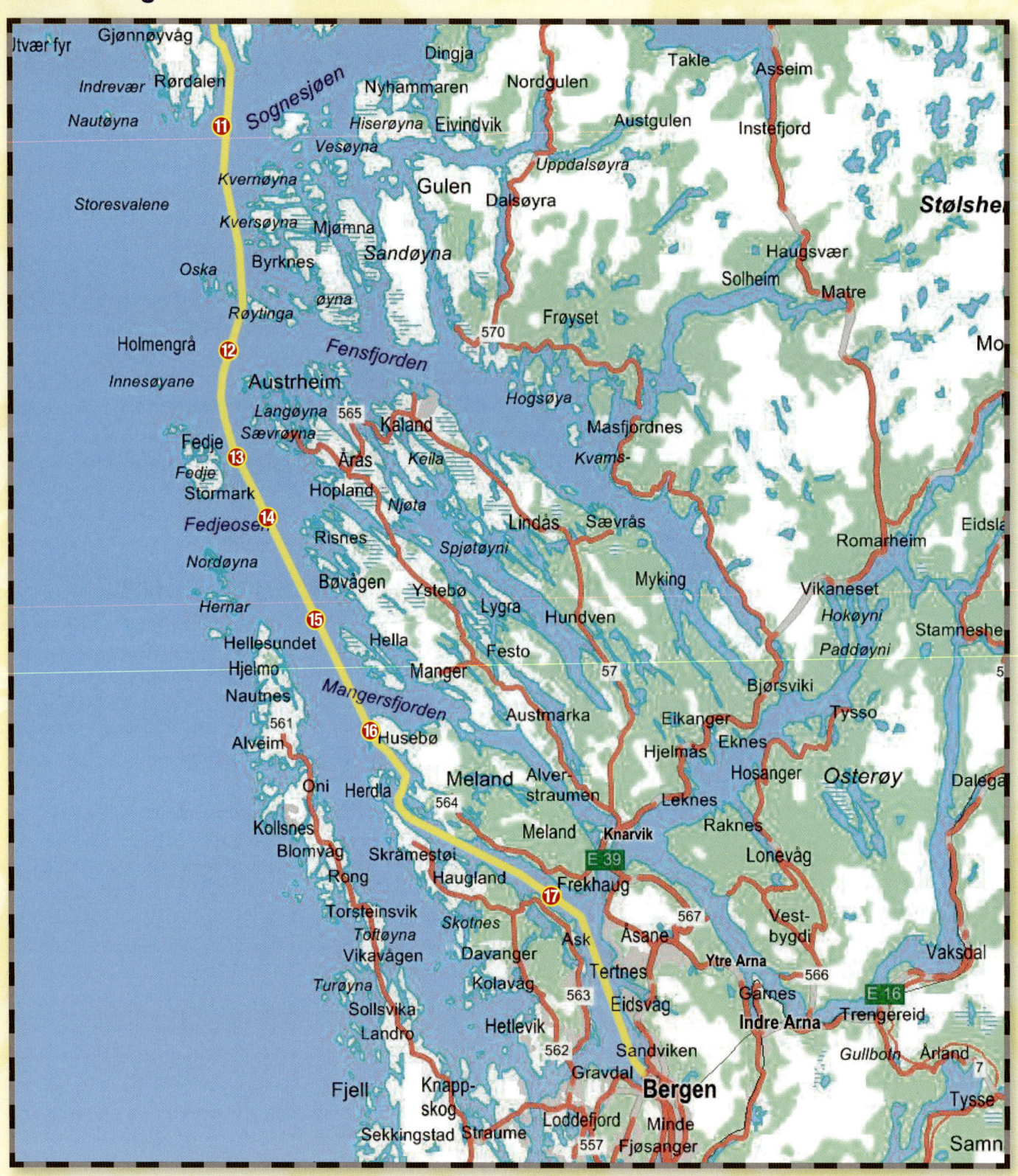

DAS SEEZEICHENSYSTEM

SEITENMARKIERUNG (Lateralmarkierung)

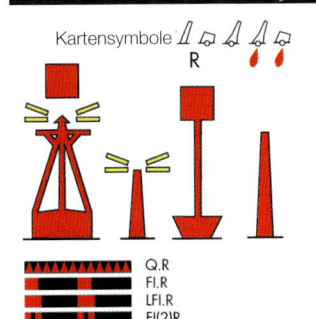

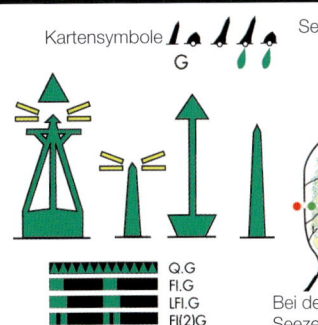

Kartensymbole R

Q.R
Fl.R
LFl.R
Fl(2)R

Seekartensymbol, das die Markierungen in Hauptfahrtrichtung angibt

Kartensymbole G

Q.G
Fl.G
LFl.G
Fl(2)G

Seitenmarkierung in Hauptfahrtrichtung

Bei der Fahrt in Hauptrichtung der Seezeichen haben wir grüne Markierung an Steuerbord und rote an Backbord.

FREILIEGENDE UNTIEFEN/GEFAHREN

Kartensymbole BRB

Fahrwasser um einen Sand oder andere Gefahr.

Weißes Licht mit der Kennung Fl (2)

FAHRWASSERMARKIERUNG

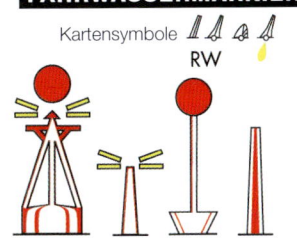

Kartensymbole RW

Geeignetes Fahrwasser rund um das Seezeichen. Zeigt an, das keine Gefahr besteht. Markiert oft die Mitte eines Kanals oder einer Durchfahrt.

Weißes Licht mit der Kennung
Iso
Oc oder
LFl 10s

KOMPASSBEZEICHNUNGEN (Kardinalbezeichnungen)

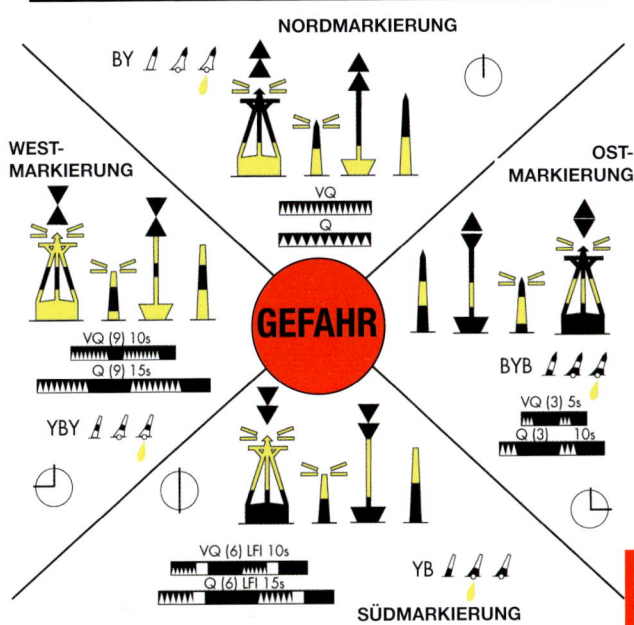

NORDMARKIERUNG
BY
VQ
Q

WESTMARKIERUNG
VQ (9) 10s
Q (9) 15s

YBY

OSTMARKIERUNG
BYB
VQ (3) 5s
Q (3) 10s

SÜDMARKIERUNG
VQ (6) LFl 10s
Q (6) LFl 15s
YB

GEFAHR

SPEZIALZEICHEN

Markieren Gebiete mit eingeschränktem Verkehr, z. B. Anlege- und Badestellen. Motor- und Segelboote (auch Surfbretter) haben innerhalb der mit Bojen markierten Gebiete Fahrverbot und im Abstand von 50 m von Badestellen eine Geschwindigkeitsbegrenzung von 5 Knoten.

Kartensymbole Y

EISENSTANGEN

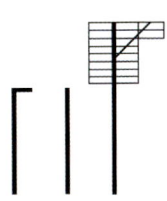

Markieren kleine Schären und flache Untiefen. Der Zeiger weist in Richtung sicheren Fahrwassers. Bei Eisenstangen ohne Zeiger muss man sich anhand der Karte sorgfältig informieren, wie die Eisenstange im Verhältnis zur Untiefe angebracht ist.

Kartensymbole

Q = ca 60 Lichtimpulse pro Minute
VQ = ca 120 Lichtimpulse pro Minute
UQ = ca 240 Lichtimpulse pro Minute

DIE SCHIFFE DER HURTIGRUTEN

Hurtigruten ASA wurde 2006 gegründet durch den Zusammenschluss der beiden früheren Hurtigrutenreedereien Ofoten und Vesteraalens Dampskipsselskab (OVDS) und Troms Fylkes Dampskipsselskap (TFDS). Die Hurtigrute, die eine Passagier- und Frachtlinie entlang der norwegischen Küste ist, hat tägliche Abfahrten. Die Rundreise Bergen – Kirkenes – Bergen dauert 11 Tage und hat läuft viele Häfen an. 11 Spezialschiffe bedienen die Linie.

Zusätzlich bietet Hurtigruten ASA im Sommer Kreuzfahrten nach Grönland und Svalbard (Spitzbergen) an, im Winter in die Antarktis.

Schiffe im Fahrplan der Hurtigrute für die Sommersaison 2007:

Name	Baujahr	Schlafplätze	Kabinen	Passagierzahl
MS Midnatsol	2003	648	304	1000
MS Finnmarken	2002	643	285	1000
MS Trollfjord	2002	654	305	822
MS Nordnorge	1997	457	214	691
MS Polarlys	1996	479	225	737
MS Nordkapp	1996	481	226	691
MS Nordlys	1994	482	226	691
MS Kong Harald	1993	490	230	691
MS Richard With	1993	483	230	691
MS Vesterålen	1983	316	149	560
MS Lyngen	1982/88/95	327	150	500

Ersatzschiffe der Hurtigrute im Fahrplan für die Wintersaison 2007/2008

Name	Baujahr	Schlafplätze	Kabinen	Passagierzahl
MS Lofoten	1964	171	91	410
MS Nordstjernen	1956	168	75	450

Angebot der Hurtigrute an Kreuzfahrten nach Grönland und Svalbard im Sommer 2007:

Schiff	Baujahr	Schlafplätze	Kabinen	Passagierzahl
MS Fram (Grönland)	2006	318	136	500
MS Nordstjernen (Svalbard)	1956	168	75	450
MS Polarstar (Svalbard)	1969/88	100	45	-

Angebot der Hurtigrute an Kreuzfahrten in die Antarktis im Winter 2007/2008:

Schiff	Baujahr	Schlafplätze	Kabinen	Passagierzahl
MS Nordnorge	1997	457	214	691
MS Fram	2006	318	136	500

Die Erlebniskreuzfahrten haben Zu- und Abgang in Chile und Argentinien.
Geschichte der Hurtigrute (S 299)
Mehr Information über Hurtigruten ASA unter: www.hurtigruten.com

TABELLEN

OFFIZIELLE FLAGGENTAGE IN NORWEGEN

1. Januar	Neujahrstag
21. Januar	Prinzessin Ingrid Alexandras Geburtstag
6. Februar	Tag des samischen Volkes
21. Februar	König Haralds V. Geburtstag
16. April	Ostersonntag
1. Mai	Offizieller Feiertag
8. Mai	Befreiung 1945
17. Mai	Tag des Grundgesetzes (Nationalfeiertag)
7. Juni	Unionsauflösung 1905
4. Juli	Königin Sonjas Geburtstag
20. Juli	Kronprinz Haakon Magnus` Geburtstag
29. Juli	Olsoktag
19. August	Kronprinzessin Mette-Marits Geburtstag
25. Dezember	1. Weihnachtstag

UMRECHNUNGSTABELLE CELSIUS – FAHRENHEIT

Celsius	Fahrenheit
40°C	104
30°C	86
20°C	68
10°C	50
0°C	32
-10°C	14
-20°C	-4
-30°C	-22
-40°C	-40

Von Celsius nach Fahrenheit: Multipliziere die Celsiusgrade mal 9, dividiere durch 5 und addiere 32.
(Beispiel: 10°C x 9 = 90, 90:5 = 18, 18 + 32 = 50°F)

Von Fahrenheit nach Celsius: Subtrahiere von Fahrenheit 32, multipliziere mit 5 und dividiere durch 9.
(Beispiel: 68°F – 32 = 36, 36 x 5 = 180, 180 : 9 = 20°C)

RELATIVE TEMPERATUR

		Gefühlte Temperatur in Grad Celsius / Windstärken in Beaufort										
Beaufort	**Knop**	**m/s**	25	20	15	10	5	0	-5	-10	-15	-20	-25
2 leichte Brise	5	2,5	25	19	14	9	3	-2	-7	-12	-17	-23	-28
3 schwache Brise	9	4,5	22	16	10	4	-2	-8	-14	-20	-26	-32	-38
4 mäßige Brise	13	7	21	15	8	2	-4	-11	-18	-25	-32	-38	-45
5 frische Brise	19	9,5	21	14	7	0	-7	-14	-21	-29	-36	-43	-50
6 starker Wind	24	12,5	21	13	5	-2	-9	-17	-24	-32	-39	-47	-54
7 steifer Wind	30	15,5	20	13	5	-3	-11	-18	-26	-34	-42	-49	-57
8 stürmischer Wind	37	19	20	12	4	-4	-11	-19	-27	-35	-43	-51	-59
9 Sturm	44	22,5	20	12	4	-4	-11	-20	-28	-36	-44	-52	-60

Den Begriff „relative Temperatur" oder „effektive Temperatur" soll der amerikanische Südpolarforscher Paul Sople eingeführt haben, der 1941 eine mathematische Formel entwickelte, mit der er errechnen konnte, welchen Wärmeverlust ein menschlicher Körper durch die Kombination von Temperatur und Wind erfährt. Die Tabelle wurde inzwischen mehrmals revidiert, zuletzt 2001, und basiert jetzt auf Standardmessungen bei 10 m überm Erdboden, die auf den Wind in Gesichtshöhe umgerechnet werden.